ein Ullstein Buch

Ullstein Buch Nr. 2994
im Verlag Ullstein GmbH,
Frankfurt/M – Berlin – Wien
Der in diesem Ullstein-
Taschenbuch veröffentlichte
Text von Wolfgang Sauer
erschien als »Dritter Teil:
Die Mobilmachung der Gewalt«
des 1962 veröffentlichten Werkes
*Die nationalsozialistische
Machtergreifung*

Ungekürzte Ausgabe

Umschlagentwurf:
Kurt Weidemann

Lizenzausgabe mit freundlicher
Genehmigung des
Westdeutschen Verlags,
Köln und Opladen

Printed in Germany 1974
Gesamtherstellung:
Ebner, Ulm
ISBN 3 548 02994 9

Bracher/Schulz/Sauer

Die nationalsozialistische Machtergreifung

Studien zur Errichtung des totalitären Herrschaftssystems in Deutschland 1933/34

III
Wolfgang Sauer
Die Mobilmachung der Gewalt

ein Ullstein Buch

INHALT

ERLÄUTERUNGEN

1. Zitierweise der Anmerkungen

Im Interesse einer schnellen Orientierung wird einer mehrfach zitierten Schrift in Klammern der Ort des ersten, vollständigen Zitats beigefügt. Dabei gibt die römische Ziffer das Kapitel, die arabische Ziffer die Anmerkung selbst an. Die Anmerkungen der einzelnen Teile sind jedoch unabhängig voneinander eingerichtet. Die Abkürzung *a. a. O.* wird nur verwendet, wenn sich die Angaben auf die gleiche Quelle wie in der unmittelbar vorhergehenden Anmerkung beziehen; *ebda.* bedeutet nicht nur die gleiche Quelle, sondern auch dieselbe Seitenzahl.

2. Wichtigste Abkürzungen

AA	Auswärtiges Amt
ADGB	Allgemeiner Deutscher Gewerkschaftsbund
ADIK	Archiv des Deutschen Industrieinstituts Köln
ADST	Archiv beim Deutschen Städtetag im Ernst-Reuter-Haus zu Berlin
AfA	Allgemeiner freier Angestelltenbund
AWA	Akademisches Wissenschaftliches Arbeitsamt
BA	Bundesarchiv Koblenz
BNSDJ	Bund Nationalsozialistischer Deutscher Juristen
BVP	Bayerische Volkspartei
DAF	Deutsche Arbeitsfront
DAZ	*Deutsche Allgemeine Zeitung*
DDP	Deutsche Demokratische Partei
DGO	Deutsche Gemeindeordnung
DGT	Deutscher Gemeindetag
DHV	Deutschnationaler Handlungsgehilfen-Verband
Dienatag	Dienst nationaler Tageszeitungen
DIHT	Deutscher Industrie- und Handelstag
DJZ	*Deutsche Juristenzeitung*
DNVP	Deutschnationale Volkspartei
Doc. C.	Document Centre Berlin
DVP	Deutsche Volkspartei
Egelhaaf	*Egelhaafs historisch-politische Jahresübersicht für 1933*, Stuttgart 1934

GGO	Gemeinsame Geschäftsordnung der Reichsministerien
GRUSA	Grundsätzliche Anordnung (der SA-Führung)
HAB	Hauptarchiv Berlin
HDv	Heeres-Druckvorschrift
HJ	Hitler-Jugend
Horkenbach	Cuno Horkenbach, Hrsg., *Das Deutsche Reich von 1918 bis heute,* Berlin 1933
HZ	*Historische Zeitschrift*
IMT	*Der Prozeß gegen die Hauptkriegsverbrecher vor dem Internationalen Militärgerichtshof. Nürnberg. 14. November 1945 bis 1. Oktober 1946,* Nürnberg 1947
KPD	Kommunistische Partei Deutschlands
MGN	Militärgerichtshof Nürnberg. Ungedr. Prozeßakten der sog. Nachfolgeprozesse vor dem US-Militärgerichtshof in Nürnberg
NSBO	Nationalsozialistische Betriebszellenorganisation
NSDAP	Nationalsozialistische Deutsche Arbeiterpartei
NSDStB	Nationalsozialistischer Deutscher Studentenbund
NSRB	Nationalsozialistischer Rechtswahrerbund
OSAF	Oberster SA-Führer
P. O.	Politische Organisation der NSDAP
RFSS	Reichsführer SS
RGBl.	*Reichsgesetzblatt*
RLM	Reichsluftfahrtministerium
RMinBl.	*Reichsministerialblatt*
RVA	Reichsverteidigungsausschuß
RWM	Reichswehrministerium
RWiM	Reichswirtschaftsministerium
SA	Sturm-Abteilung der NSDAP
SABE	SA-Befehl
SADV	SA-Dienstvorschrift
Schultheß	*Schultheß' Europäischer Geschichtskalender 1933,* München 1934
SD	Sicherheitsdienst
SPD	Sozialdemokratische Partei Deutschlands
SS	Schutz-Staffel der NSDAP
SWR	Kampffront Schwarz-Weiß-Rot
VB	*Völkischer Beobachter*

Erstes Kapitel: DIE WEHRMACHT IN DER REVOLUTION

1. Gewalt und Charisma in der nationalsozialistischen Revolution

Das Bild der Eroberung Deutschlands durch die Nationalsozialisten wäre nicht vollständig ohne die Darstellung und Analyse einer Gruppe von Vorgängen und Maßnahmen, die ein Spezifikum der nationalsozialistischen Strategie bildeten und im Gesamtprozeß der Machtergreifung eine wichtige Rolle spielten: die bewußte und zielstrebige Mobilisierung sowohl der kriegerischen Kraft der Nation als auch der dunklen, von Kultur und Zivilisation bisher gezähmten Mächte des Terrors und des Barbarismus. Im folgenden wird dieser Prozeß im einzelnen zu studieren sein, doch bedarf es noch einiger erläuternder Bemerkungen zu Auffassung und Abgrenzung des Themas. Zunächst könnte die Frage aufgeworfen werden, ob die gemeinsame Behandlung der Probleme der militärischen Rüstung und Landesverteidigung und des totalitären Terrors mit der inneren Ordnung des Stoffes zu vereinbaren sei. Geht man von der klassischen politischen Vorstellungswelt aus, die für jedes Herrschaftssystem eine, sei es rationale, sei es traditionale, Rechtsgrundlage forderte,[1] so sind Krieg und Terror unvereinbar miteinander, denn der eine ist vom Völkerrecht als politische Verkehrsform legitimiert, der andere ist keiner rechtlichen Begründung fähig. Ihre Zusammenfassung unter dem Oberbegriff der Gewalt, obwohl theoretisch möglich, verspräche doch für empirische Untersuchungen wenig Nutzen.[2] Geht man aber vom Bezugssystem der totalitären Herrschaft aus, so scheint die eigentlich wesentliche und für die Aufstellung von Einteilungsprinzipien ausschlaggebende Verbindung die zwischen Ideologie und Terror zu sein. Sie bewirkt, daß der Terror ein integraler Bestandteil aller totalitären Systeme ist, und sie wird dadurch zu einem Spezifikum des Totalitarismus, durch das er sich von allen anderen politischen Herrschaftsformen unterscheidet, während er das Mittel des Krieges mit ihnen gemein hat. Sowenig die Kriege, die totalitäre Diktatoren führen, der ideologischen Kampfführung entbehren, so brauchen sie doch nicht notwendig ideologischen Ursprungs zu sein. Der Eintritt Sowjetrußlands in den zweiten Weltkrieg geschah nicht zum Zwecke und mit der Absicht zur Ausbreitung der Weltrevolution, sondern war eindeutig durch den Angriff Hitlers erzwungen. Im nationalsozialistischen Herrschaftssystem gibt es jedoch einige Eigenheiten der Organisation und der politischen Strategie, die diese Vorstellung in Frage stellen und die Vermutung aufkommen lassen, daß zumindest hier eine direkte Beziehung nicht nur zwischen Ideologie und Terror, sondern zwischen Ideologie und Gewalt überhaupt, einschließlich des Krieges, besteht.

Schon in der Aufbauphase des »Dritten Reiches« wurde – behält man zunächst den organisatorischen Gesichtspunkt im Auge – das scheinbar klare Nebeneinander von Reichswehr und Terrorgruppen – SA, SS, Gestapo – durch die Tatsache verwirrt, daß die SA ungeachtet ihrer terroristischen Aktionen zugleich auch den Anspruch erhob, das nationalsozialistische Revolutionsheer zu bilden, und man weiß, daß der Konflikt mit der Reichswehr, der daraus entstand, sich 1934 zu einer allgemeinen Krise des revolutionären Regimes ausweitete. Mit der Ausschaltung der SA am 30. Juni 1934 schien sich das Bild dann im Sinne einer deutlichen Aufgabenteilung zwischen Wehrmacht und SS/Gestapo zu klären, aber es ist bekannt, daß die SS nichtsdestoweniger sofort den Keim einer eigenen bewaffneten Macht zu bilden und damit das Erbe der SA anzutreten begann – eine Entwicklung, in deren Verlauf Himmler sich schließlich als Herr nicht nur der Konzentrationslager, sondern auch einer Armee von 600 000 Mann Waffen-SS sah. Diese Wiederaufnahme der militärisch-terroristischen Doppelfunktion der SA durch die SS ist ein bedeutsamer Vorgang, der bisher noch zu wenig beachtet worden ist. Er zeigt die Tendenz des nationalsozialistischen Herrschaftssystems zur Ausbildung eines gänzlich neuartigen Typs von Machtinstrumenten, die zur Ausübung jeder Art von Gewalt und Zwang, sei es physisch, sei es psychisch, nach innen wie nach außen, geheim oder offen, geeignet sein sollten und die man mithin als *totale Gewaltorganisationen* bezeichnen könnte. Tatsächlich hat die SS den immer wieder auftretenden Spezialisierungstendenzen bewußt entgegengearbeitet; so wurden die Bewachungseinheiten der Konzentrationslager, die Totenkopf-Verbände, ständig militärisch ausgebildet und im Kriege auch an der Front eingesetzt, während die Waffen-SS ihrerseits zu Terroraktionen wie den Massakern von Oradour und Lidice herangezogen wurde.[3]

Ähnliche Beobachtungen kann man bezüglich der politischen Strategie und Herrschaftstechnik der Nationalsozialisten machen. Die politischen Kampfmittel, deren sich Hitler und seine Gefolgsleute bedienten, waren allerdings sehr vielgestaltig; die nationalsozialistische Herrschaft entsprach in dieser Hinsicht durchaus der

Lehre Paretos, wonach die Eliten ihren Machtkampf sowohl mit Gewalt als auch mit List führen.[4] Hitler selbst, der ja keineswegs den Typ des elementaren Gewaltmenschen darstellte, hat sich wiederholt ganz ähnlich geäußert,[5] und die nationalsozialistische Praxis bietet viele Beispiele für die Anwendung von Listen und Kniffen aller Art; hier sei nur auf die Technik der pseudolegalen Machtergreifung verwiesen. Auf der anderen Seite hat Hitler oft genug mit besonderer Betonung ausgesprochen, daß nach seiner Ansicht Grausamkeit, Brutalität und Blutvergießen ganz unentbehrliche Kriterien erfolgreicher politischer Aktivität seien,[6] und eine vergleichende Untersuchung würde vermutlich zu dem Resultat führen, daß diese Auffassung sich von der – äußerlich ähnlichen – bolschewistischen Lehre doch in wichtigen Punkten unterschied; schon auf den ersten Blick scheint diese differenzierter und elastischer, jene primitiver und roher zu sein. Sehr bezeichnend ist in diesem Zusammenhang die bewußte und planmäßige Einbeziehung von Terror und Gewalt in das Instrumentarium der nationalsozialistischen Propaganda. Ausgehend von dem Axiom, daß der Masse nur Kraft und Stärke imponieren, wurden nicht nur die psychologisch-suggestiven den intellektuellen und die mündlichen den schriftlichen Propagandamitteln vorgezogen, sondern auch bewußt die Faszination von Gewalt und Terror als propagandistischer Effekt ausgenutzt – eine Überlegung, der bezeichnenderweise die SA ihre Entstehung verdankt. Aber auch sonst scheint der nationalsozialistischen Praxis eine Tendenz zunehmender Gewaltsamkeit innegewohnt zu haben. Es kann heute kein Zweifel mehr daran sein, daß Hitler von Anfang an die Entfesselung eines Krieges ins Auge gefaßt hat, und als ihm das dann 1939 gelungen war, versteifte sich die nationalsozialistische Kriegführung mehr und mehr auf militärische Mittel, um schließlich auf alle politisch-diplomatischen Wege zum Frieden zu verzichten. Mehr noch, sie kombinierte jetzt ganz konsequent militärische und terroristische Maßnahmen. Das klassische Beispiel dafür ist die Kriegführung gegen Sowjetrußland, die allen großartigen ideologischen Proklamationen zum Trotz gerade auf die so naheliegende politisch-ideologische Revolutionierung der Bevölkerung in den besetzten Gebieten verzichtete und sie durch ein Terrorsystem ersetzte, das mit seinen Todeslagern und Massenerschießungen, seiner »Untermenschen«-Politik und der Massenverschleppung von Arbeitssklaven nicht nur – um ein Wort Talleyrands zu variieren – ein Verbrechen, sondern auch ein

Fehler war[7] und das in seinem Zusammenwirken mit den militärischen Operationen die gleiche Tendenz zur totalen Gewalt sichtbar werden läßt, die im organisatorischen Bereich erkennbar ist.

Diese Hinweise mögen zunächst genügen, um zu zeigen, daß die hier gewählte Einteilung dem Forschungsgegenstand keineswegs inadäquat ist, sondern sehr wohl wichtige, ja vielleicht typische Züge des nationalsozialistischen Totalitarismus zu erfassen vermag. Aber die hier zugrunde gelegte Problemstellung könnte noch einen anderen Einwand herausfordern. Ist es erlaubt, so könnte man fragen, in einer Untersuchung über die Errichtung und Konsolidierung der nationalsozialistischen Herrschaft von einer Mobilisierung von Kräften zu sprechen, wo man doch nach konventionellen Vorstellungen zunächst nur Prozesse der Unterdrückung und Unterwerfung erwarten sollte? So berechtigt der Einwand erscheint, so geht er doch an der Wirklichkeit des Nationalsozialismus vorbei. Es war eines der grundlegenden Ziele der Nationalsozialisten und insbesondere Hitlers, die Prozesse der Unterwerfung und der Kraftsteigerung zu einem einzigen Vorgang zu verschmelzen, beides, die Bändigung und die Mobilisierung der Massenkräfte zugleich, gewissermaßen mit einem Schlag zu bewältigen. Wie das zu verstehen war, kann man sich am besten am Beispiel von Hitlers rhetorischen Kraftakten vergegenwärtigen. Der Massenrausch, der dabei erzeugt wurde, brachte gewöhnlich eine doppelte Wirkung hervor: Er schaltete alle selbständigen Regungen der Hörer aus und unterwarf sie völlig dem Willen des Redners; gleichzeitig wirkte er als mächtiges Stimulans für ihre Willenskräfte, die in einer ekstatischen Steigerung über sich hinauswuchsen. Dieses Modell ist für die nationalsozialistische Führungs- und Herrschaftstechnik grundlegend, und vor allem Hitler hat sich an ihm orientiert. Schon in *Mein Kampf* kehren seine Gedanken immer wieder zu der Frage der Beherrschung der Masse zurück; er kritisiert die bürgerlichen Politiker, die das Problem nicht sehen, und überschüttet diejenigen mit Hohn, die es für unerheblich halten oder sich vergeblich an ihm versucht haben.[8] Denn er hat es, wie er glaubt, gelöst. Nicht die Beruhigung der Masse, die Dämpfung ihrer Leidenschaften, so erklärte er, müsse das Ziel des Staatsmannes sein, sondern ihre Fanatisierung. »Nur die fanatisierte Masse wird lenkbar.«[9] Oder ganz allgemein: »Führen heißt, Massen bewegen können.«[10]

Es leuchtet ein, daß von der Anwendung dieser Prinzipien eine außerordentliche Dynamisierung der nationalsozialistischen Politik ausgehen mußte. Eine Stabilisierung der nationalsozialistischen Herrschaft im konventionellen Sinne war damit unmöglich. Sie konnte nur durch ständige Bewegung und Aktion, durch unentwegte Inangriffnahme neuer spektakulärer Aufgaben und die Um- und Ablenkung der Aufmerksamkeit der Massen auf diese gesichert werden, wobei es gleichgültig war, ob die jeweils gerade aktuellen Aufgaben auch wirklich gelöst wurden; erwies es sich als unmöglich, die gestellte Aufgabe zu bewältigen, bevor die Möglichkeiten propagandistisch-suggestiver Stimulierung erschöpft waren, so mußte sie beiseite geschoben und durch eine neue ersetzt werden, die die Bewegung in Fluß hielt. Es ist klar, daß sich für ein derartiges Verfahren besonders Kampfaufgaben eigneten; wo sie sich nicht aus der Lage ergaben, mußten sie geschaffen werden, und so wurde die Arbeitsbeschaffung in die *Arbeitsschlacht* und die landwirtschaftliche Produktionssteigerung in die *Erzeugungsschlacht* usw. verwandelt. Die Verwandlung brachte indessen noch keine Lösung – ein »Sieg« ließ sich auf diesem Gebiet nicht erfechten –, und da es in anderen Fällen meist ähnlich ging, stellt sich die Entwicklung der nationalsozialistischen Herrschaft als eine fortgesetzte Akkumulation in Angriff genommener, aber ungelöster Probleme dar. Dies und der kampfbetonte Charakter der Mobilisierungstechnik machen es verständlich, daß die ständig angeheizte Dynamik früher oder später über die nationalen Grenzen hinausschlagen und in eine kriegerische Expansionspolitik münden mußte. Damit ergab sich zugleich die Möglichkeit, den integrierenden Effekt, den der äußere Druck des Krieges auf die einzelnen kriegführenden Parteien ausübt, zur weiteren Stabilisierung des Systems auszunützen, bis schließlich die totale Niederlage die Bewegung endlich zum Stillstand brachte.

Diese Bewegungsstruktur der nationalsozialistischen Herrschaft stellt der Forschung ein schwieriges methodisches Problem. Die Rationalität der Wissenschaft zwingt dazu, im allgemeinen mit statischen Modellen zu arbeiten, wenn man soziale und politische Stukturformen verstehen und begreifen will. Das war bisher ausreichend und wird es im allgemeinen auch in Zukunft sein; denn Stabilität und Dauer, nach denen alle politischen und sozialen Systeme streben, lassen sich im Grunde nur durch statische Ordnungen garantieren, so sehr auch, namentlich im jetzigen Zeitalter, in dem die allgemeine Entwicklung eine starke Beschleunigung erfahren hat, dynamische Elemente damit gekoppelt werden müssen, wenn die nötige Elastizität erreicht werden soll. Gegenüber dem nationalsozialistischen Totalitarismus jedoch versagen die statischen Modelle; wendet man sie an, so kommt man zu einem Resultat, das nur die Alternative gestattet, die Nationalsozialisten entweder für unfähige Ignoranten oder für reine Kriminelle zu halten, was, sowenig es direkt falsch ist, im ersten Fall dem relativen Erfolg des Regimes nicht gerecht wird, im anderen zu einer ausschließlich moralisch-juristischen Betrachtungsweise führt, die das genuin politische Problem verfehlt.

Aus diesen Gründen hat man schon früh versucht, dynamische Modelle zu bilden; ohne auf Vollständigkeit Anspruch zu erheben, sei hier nur auf die bedeutenden Arbeiten von Sigmund Neumann, der das Phänomen mit dem Begriff der *permanenten Revolution* zu fassen suchte, und Rudolf Heberle, der es in den Gesamtrahmen der *sozialen Bewegungen* stellte, hingewiesen.[11] Schon Hermann Rauschning hatte das Problem richtig erkannt, als er den Nationalsozialismus in einer anregenden Studie als *Revolution des Nihilismus* charakterisierte, und Hannah Arendt lieferte einen wichtigen Beitrag zur Lösung, indem sie die totalitären Gesetze, die einer Bewegung immanent sind, klassifizierte. Auch Ernst Jünger ist in diesem Zusammenhang zu nennen, der mit seiner Konzeption der *totalen Mobilmachung* einen fruchtbaren, weit über den militärischen Ausgangspunkt hinausreichenden Denkansatz schuf.[12] Im Anschluß an diese Arbeiten geht der folgende Versuch einmal davon aus, daß das logische Dilemma der Wissenschaft gegenüber dem irrational-dynamischen Charakter des nationalsozialistischen Totalitarismus nur durch Bildung paradoxer Begriffe zu überwinden ist. »Stabilisierung durch Bewegung« ist normalerweise Unsinn, gibt aber die nationalsozialistische Wirklichkeit in den Grenzen des Möglichen wieder. Zum anderen wird hier Max Webers Modell der charismatischen Herrschaft zugrunde gelegt.[13] Die starken charismatischen Elemente im nationalsozialistischen System sind ebenfalls bereits oft beobachtet worden, doch hat man die Möglichkeiten des Weberschen Modells bisher noch nicht genügend ausgeschöpft.[14] Um sie anzudeuten, sei hier nur auf das System der Sonderkommissare und Sonderbevollmächtigten (das den »Sendboten« des charismatischen Herrn entsprach), auf die nationalsozialistische Erziehung (körperliche und seelische Exerzitien, Mut- und Härteproben; geringe Bedeutung der ideologischen Schulung und Abwertung der Fachbildung), auf die Rechtsfeindlichkeit (Führerbefehle als Wahrsprüche des charismatischen Herrn statt Verfassung und Gesetzgebung) und auf die nationalsozialistische Wirtschaftspolitik verwiesen, deren Tendenz zur Unwirtschaftlichkeit, zur Raubbau- und Beutewirtschaft (Vierjahresplan bzw. Krieg) nicht bloßer Unfähigkeit, sondern typisch charismatischer Wirtschaftsfremdheit entsprang.

Abgesehen von diesen Einzelzügen, die sich zu einem überraschend geschlossenen Gesamtbild zusammenfügen ließen, hat man aber bisher vor allem das Zentralproblem übersehen, das sich bei der Anwendung charismatischer Prinzipien in der Praxis stellt. Die charismatische Herrschaft ist – im strikten Gegensatz zur rationalen oder traditionalen – nicht auf die Lösung der Alltagsprobleme, auf die Deckung des dauernden Bedarfs, sondern auf die Bewältigung der überalltäglichen, einmaligen Not- und Krisenlagen gerichtet; in der tatsächlichen Existenz solcher Ausnahmezustände liegt ihre objektive, in der Bewährung des charismatischen Führers bei deren Überwindung ihre subjektive Legitimation.[15] Sie besteht daher, wie Max Weber es formulierte, in reiner Form nur *in statu nascendi*; sobald sich der Alltagszustand wiederherstellt, schwindet ihre objektive und damit auch die Gelegenheit zum Nachweis ihrer subjektiven Legitimation, und es beginnt normalerweise der Prozeß der *Veralltäglichung des Charismas,* der über eine größere oder geringere Zahl von Zwischenstufen (je nach den Umständen des individuellen Falles) zu einer Umbildung in andere Herrschaftsformen bzw. entsprechende Mischformen führt. Der Nationalsozialismus zeichnet sich nun dadurch aus, daß er diesem Prozeß der Veralltäglichung grundsätzlich widerstrebte und sich das utopisch-paradoxe Ziel setzte, der charismatischen Herrschaft in ihrer reinen Form Dauer zu verleihen.[16] Nicht nur sollte die revolutionäre Bewegung in ihrem Schwung erhalten, sondern Staat und Gesellschaft sollten nach ihrem Vorbilde umfassend umgestaltet werden. Dazu aber mußte der Ausnahmezustand zur Norm erhoben bzw. der *status nascendi* – bei der NSDAP die »Kampfzeit« – ständig erneuert werden, was dann in der Ausführung die oben beschriebene Herrschaft durch kämpferisch-aktivistische Bewegung ergab.[17]

Eine ausführliche Darstellung des Sachverhalts hätte an dieser Stelle auch auf die geistesgeschichtlich-ideologischen und soziologischen Ursprünge einzugehen und in diesem Rahmen vor allem auch die Frage zu stellen, inwieweit die nationalsozialistische Bewegungsstruktur gemeinsames Merkmal revolutionärer und besonders totalitärer Regime, inwieweit sie singuläres Charkateristikum des »Dritten Reiches« ist – eine Frage, die speziell das Verhältnis zum Bolschewismus auf der einen, zum Faschismus auf der anderen Seite betrifft. Alle diese Probleme können hier nicht *in extenso* behandelt werden, aber einige andeutende Bemerkungen sind doch unumgänglich. Sicher ist, daß die Nationalsozialisten das Prinzip der Herrschaft durch Bewegung nicht erfunden haben, in gewissem Sinne gehört es zum Instrumentarium aller Politik. Selbst in relativ ruhigen Zeiten und unter gesicherten Verhältnissen ist seine Anwendung gelegentlich unumgänglich oder gar nützlich, und besonders revolutionäre Bewegungen haben seit alters her davon Gebrauch gemacht, nicht zuletzt der Leninismus, der die Technik der Revolution auf eine neue Höhe führte. Auch der Charismatismus ist gerade in revolutionären Bewegungen ein unentbehrliches Element; im stalinistischen Persönlichkeitskult war er sogar regelrecht in ein System gebracht worden. Einzigartig ist aber am Nationalsozialismus der utopische Charakter des Charismatismus; er ist hier nicht nur das jeder Kritik entzogene utopische Ziel, sondern zugleich auch Mittel zu diesem Ziel – also gewissermaßen ein utopisches Mittel. Im Bolschewismus dagegen ist er nur ein – in der Ideologie noch nicht einmal vorgesehenes und daher auch kritikfähiges – Mittel zum Zweck, Durchgangsstadium auf dem Wege zur Utopie der klassenlosen Gesellschaft. Daraus folgt ein wichtiger Unterschied im Verhältnis zur Praxis: Während das bolschewistische System, da es die Trennung von Mittel und Zweck aufrechterhält, die Verwirklichung der Utopie in der Praxis *ad calendas graecas* verschieben kann, mußte das nationalsozialistische vermöge seiner Identifikation von Mittel und Zweck damit sofort beginnen. Daraus resultierte die Ziel- und Uferlosigkeit, aber auch eine Art Automatismus der nationalsozialistischen Dynamik; einmal in Gang gesetzt, lief sie von selbst weiter und konnte nur von systemfremden Kräften gestoppt werden, während die Bolschewisten ihre Bewegung in gewissen Grenzen regulieren können. Damit ergab sich zugleich aber auch der zerstörerische Charakter des Systems, denn Utopien sind nun einmal nicht realisierbar; der Versuch dazu kann nur die bisherige Ordnung zerstören und ihr durch die Fiktion der utopischen Realität einen praktisch völlig unzureichenden Ersatz geben. Diese Fiktion erreichten die Nationalsozialisten durch ihr System der spektakulären Scheinlösungen. Wie ein Zauberer mit seinen Zaubertricks verblüffte, verwirrte und begeisterte Hitler sein

Publikum durch scheinbar überraschende Beseitigung der schwierigsten Probleme und Hindernisse. Aber da ihm das nur mittels fortgesetzter Anleihen bei der Zukunft gelang, wurde die Lage des Regimes allem äußeren Glanz und allem Anschein überwältigender Macht zum Trotz immer kritischer.

Wenn es nichtsdestoweniger mehr als ein Jahrzehnt gedauert hat, bis die Katastrophe des Tausendjährigen Reiches eintrat, so scheinen dafür vor allem zwei Gründe ausschlaggebend gewesen zu sein. Erstens sah sich das revolutionäre Regime durch den außergewöhnlichen Umstand, daß das Deutschland von 1933 durch den Versailler Vertrag praktisch vollständig entwaffnet war, zu einer systemwidrigen Pause gezwungen, die es mit Kampf-Surrogaten überbrücken mußte; hätte Deutschland 1933 die militärische Rüstung von 1914 gehabt, ist kaum zweifelhaft, daß der Krieg schon 1935 oder 1936 ausgebrochen wäre. Dazu kam als zweites die – im einzelnen von sehr verschiedenen Motiven und Triebkräften gespeiste – Bereitschaft erheblicher Teile der Bevölkerung, das utopische Spiel Hitlers mitzuspielen. Sie mobilisierte, namentlich auch bei der Elite der Fachleute, die deutschen Kardinaltugenden der Disziplin, der Ordnungsliebe und des Pflichtbewußtseins als starke Gegenkräfte gegen die Zerstörung; konnten sie auch deren Fortgang nicht aufhalten, so haben sie ihn doch gebremst und damit dem Regime eine Dauer verliehen, die es aus eigener Kraft nicht erreicht hätte.[17a]

Auf Grund dieser beiden Faktoren präsentiert sich das historische Bild des »Dritten Reiches« teilweise als das einer Doppelstruktur: Neben die rudimentären Elemente einer alten, an Rechtsnormen und rationalen Regeln orientierten Ordnung trat ein System einmaliger, rein zweck- und situationsbedingter Maßnahmen, in denen die charismatische Herrschaft ihren Ausdruck fand. Wenn dagegen eingewendet worden ist, das Recht sei unteilbar, man könne nur dort von Rechtsnormen sprechen, wo sie innerhalb eines Systems allgemein verbindlich seien, und folglich könne es sie im nationalsozialistischen Reich auch nicht gegeben haben,[18] so hat das zwar die Logik für sich, aber die Tatsachen gegen sich, deren paradoxer Charakter auch hier wieder deutlich wird. Auf der anderen Seite ist an dem Einwand soviel richtig, daß das Nebeneinander von Norm und Maßnahme, Alltag und Charisma auf die Dauer nicht haltbar war; da der normative Bereich seiner wesentlichen Grundlagen beraubt war und auch von keiner politischen Macht mehr gestützt wurde – Bürokratie, Wirtschaft und Militär konnten sie nicht ersetzen –, mußte sich die permanente Revolution durchsetzen, wenn es nicht rechtzeitig zur Neubildung politischer Macht außerhalb des Systems kam.[19] So gibt das Bild der Doppelstruktur nicht eigentlich ein Zustandsbild der nationalsozialistischen Herrschaft, sondern mehr einen Querschnitt durch ihre Bewegung in einem Stadium, in dem die alltäglich-normativen Kräfte noch stark genug waren, um in dem kämpferisch-destruktiven Gesamtprozeß noch sichtbar zu sein.

Es wäre jedoch mindestens voreilig, wollte man daraus schließen, daß die Doppelstruktur des Systems jemals ganz verschwunden wäre. Zwar sind sichere Aussagen darüber wegen der kurzen Dauer der nationalsozialistischen Herrschaft nicht möglich, aber es gibt Anzeichen dafür, daß, wenn auch die letzten Reste rechtsstaatlicher Normen und rationaler Regeln bis zur Unkenntlichkeit reduziert und die alten Mächte von Wirtschaft und Militär zur Bedeutungslosigkeit herabgedrückt worden sind, sich nichtsdestoweniger eine bilaterale Machtstruktur[20] auch fernerhin, nur jetzt innerhalb der NSDAP, erhalten bzw. wiederhergestellt hat. Zwar scheint die Endphase des »Dritten Reiches« im Zeichen der wachsenden, nur noch durch Hitler selbst eingeschränkten Macht Himmlers und der SS zu stehen, doch darf man daneben nicht die gerade ab 1944 sich regenerierende Macht des Parteiapparates unter Bormann übersehen. Man hat kürzlich mit Recht darauf hingewiesen, daß der Bestand dieses an sich labilen bilateralen Systems entscheidend davon abhing, daß beide Machtträger über eine bewaffnete Macht verfügten.[21] In diesem Zusammenhang ist es bemerkenswert, daß nicht nur Himmler sich in der Waffen-SS und in dem von ihm befehligten Ersatzheer der Wehrmacht eine eigene militärische Basis zu schaffen suchte; auch die Partei unter Bormann machte mit der Ausdehnung ihrer Kontrolle über die NS-Führungsoffiziere, der Ernennung der Gauleiter zu Reichtsverteidigungskommissaren und der Aufstellung des *Volkssturmes* beträchtliche und keineswegs erfolglose Anstrengungen, im militärischen Bereich Fuß zu fassen. Hier zeichnete sich die Möglichkeit einer Aufteilung des alten militärischen Apparats zwischen SS und Partei und der Ablösung der bisherigen Konkurrenz zwischen SS und Wehrmacht durch eine neue zwischen einer SS-Wehrmacht und einer Parteiwehrmacht ab. Es ist kaum zweifelhaft, daß Hitler diesen Spaltungsprozeß gefördert hat, entsprach er doch dem Prinzip des *divide et impera,* das neben der Beherrschung der Massen das zweite grundlegende Instrument war, durch das Hitler seine unbestrittene Herrschaft zu sichern vermochte.

Es bedarf keines Hinweises, daß die vorliegenden Ausführungen keine erschöpfende Darstellung des Problemkreises erstreben; das muß einer anderen Gelegenheit vorbehalten bleiben. Hier sollte nur der begriffliche Rahmen skizziert werden, der sich während des Forschungsprozesses herausgebildet hat und daher der folgenden Darstellung zugrunde liegt.[22] An ihr muß sich daher auch erweisen, wieweit dieser Rahmen haltbar ist, wobei freilich zu beachten ist, daß sie nur ein Teilproblem zu behandeln hat, nämlich die Art und Weise, wie die Nationalsozialisten bereits in der Periode der Machtergreifung die Mobilmachung der Gewalt auslösten, um sie als eines der Stabilisierungselemente für ihre Herrschaft zu verwenden.

2. Hitler, Reichswehr und Republik

In der ausgebreiteten, alle Grade des Temperaments und alle Stufen des Niveaus durchlaufenden Diskussion, wie sie seit 1945 über Ursachen und Gründe für Entstehung und Dauer der Hitlerschen Tyrannei geführt worden ist, hat das Thema der Haltung und Rolle des Offizierskorps einen hervorragenden Platz eingenommen. Die Kernfrage ist dabei immer wieder die des Widerstands gewesen. Warum haben die Offiziere dem Unrecht, der Vergewaltigung, dem Terror und vor allem der abenteuerlichen Kriegspolitik Hitlers keinen oder keinen stärkeren Widerstand entgegengesetzt? Sind sie nicht von Hitler zunächst unbehelligt in ihren Ämtern gelassen worden? Geboten sie nicht über die Waffen, d. h. über das einzige Machtmittel, mit dem man in einem Kampf gegen den totalitären Herrschaftsapparat Erfolgschancen hatte? Man hat diese Fragen auf die verschiedenste Weise zu beantworten gesucht. Von der Behauptung, daß Hitler im wesentlichen nur ein Bundesgenosse des in antiquierten Traditionen lebenden Offizierskorps der Reichswehr gewesen sei, mit dessen Hilfe es seine mehr oder weniger militaristischen Ziele habe verwirklichen wollen, bis zu der anderen, daß die Offiziere als letzte Träger ritterlicher Werte und bester preußisch-deutscher Überlieferungen entschiedene, aber hilflose Gegner und deshalb auch vornehmste Opfer des nationalsozialistischen Terrorregimes gewesen wären, sind wohl alle nur irgend denkbaren Thesen und Theorien vertreten worden. Es ist offensichtlich, daß hier Klarheit geschaffen werden muß, wenn man der Erkenntnis der historischen Wahrheit näherkommen will.

Das Problem ist eng verknüpft mit einem zweiten. Setzt man voraus, daß die nationalsozialistische Machtergreifung in ihrem Verlauf eine Revolution darstellte – und das trifft mindestens insofern zu, als das Weimarer Regime *de facto* und *de jure* beseitigt werden sollte –, so muß es verwundern, daß eines der wichtigsten Machtinstrumente des Staates zunächst nicht revolutioniert worden ist: die Wehrmacht. Die Länder wurden gleichgeschaltet, die Parteien aufgelöst, Interessengruppen, öffentliche und private Organisationen und Verbände nazifiziert, die Künste terrorisiert, ja selbst die protestantische Kirche attackiert – die Reichswehr blieb scheinbar unangetastet. Nur die katholische Kirche mit ihrem internationalen Rückhalt ist ähnlich rücksichtsvoll behandelt worden. Widerspricht das nicht aller historischen Erfahrung? Lehrt nicht die Geschichte der Revolutionen, daß jede revolutionäre Bewegung erst auf irgendeine Weise – sei es im Bürgerkrieg, sei es durch moralische Zersetzung – den Widerstand der bewaffneten Macht überwinden mußte, bevor sie siegen konnte? Hitler selbst scheint ähnliches gedacht zu haben. »Es ist«, so verkündete er am 30. Januar 1934, »ein einzigartiger geschichtlicher Vorgang, daß zwischen den Kräften der Revolution und den verantwortlichen Führern einer aufs äußerste disziplinierten Wehrmacht solch herzliche Verbundenheit im Dienste des Volkes in Erscheinung trat wie zwischen der Nationalsozialistischen Partei und mir als ihrem Führer einerseits und den Offizieren und Soldaten des deutschen Reichsheeres andererseits.«[23]

Die Genugtuung, ja Erleichterung, die in Hitlers Worten mitklingt, ist nicht zu verkennen. Er hatte offensichtlich einen härteren Widerstand von seiten der Reichswehr erwartet. Um so eindringlicher stellt sich die Frage nach den Gründen für diesen ungewöhnlichen Vorgang. Die eine Antwort darauf ist, daß die Reichswehr mit der Weimarer Republik unzufrieden war; sie war antidemokratisch, und sie verabscheute die wehrpolitische Passivität des republikanischen Regimes. Infolgedessen hatte sie sich schon vor 1933 von der Republik distanziert, und als Hitler an die Macht kam und ihr mehr bot, hatte sie genug Bewegungsfreiheit, um zu ihm überzugehen. Daher brauchte er sie gar nicht gleichzuschalten; sie schaltete sich von selbst gleich.[24] Demgegenüber haben die Militärs ihrerseits nach 1945 eine andere Auffassung vertreten. Hitlers Herrschaft, so sagen sie, sei in legalen Formen errichtet worden und habe sich bis in die Jahre 1937/38 trotz vielen »Auswüchsen«, »verwerflichen Methoden« und revolutionären »Kinderkrankheiten« doch im großen und ganzen im Rahmen einer legalen Diktatur gehalten; zumindest sei der verbrecherische Charakter des Regimes für die Offiziere nicht erkennbar gewesen, da sie als Nicht-Politiker nur einen ungenügenden Einblick gehabt hätten. Auch Hitlers Kriegspläne seien, sofern er sie überhaupt vor 1937 entwickelt hatte, den verantwortlichen Offizieren verborgen geblieben. Zwar habe er eine energische und weitschauende Aufrüstungspolitik betrieben, aber dabei habe es sich zunächst nur um den Aufbau einer Verteidigungsrüstung gehandelt, wie sie jeder andere Staat auch für sich in Anspruch nehme, und da Hitler in dieser Zeit weder die technische noch die personelle Selbständigkeit der Wehrmacht angetastet und sich sogar vernünftigen Ratschlägen zugänglich gezeigt habe, habe die militärische Führung mit Recht annehmen dürfen, daß sie kriegerische Abenteuer werde verhindern können.[25]

Beide Ansichten können sich auf Tatsachen stützen, keine von ihnen ist schlechthin unglaubwürdig. Welche von ihnen richtig ist oder ob man sie beide aufgeben und eine dritte Erklärung suchen muß, kann nur eine eingehende Untersuchung zeigen. Sie wird sich entsprechend der Problemstellung zunächst kurz der Vorfrage zuwenden müssen, in welchem Verhältnis Armee und Staat in der Weimarer Republik gestanden haben.[26] Das Problem ist bis heute Gegenstand lebhafter Kontroversen, aber darin sind sich alle Beobachter im wesentlichen einig, daß die Beziehungen zwischen Reichswehr und Republik bis 1933 nie eine konstruktive, beide Seiten befriedigende Form gefunden haben. Strittig sind aber die Gründe, die eine Lösung verhinderten; sie werden von den einen mehr beim Offizierskorps, von den anderen mehr bei der Zivilgewalt und den demokratischen Kräften gesucht. Eine eindringende Betrachtung zeigt jedoch, daß diese Alternative falsch ist, daß das verhängnisvolle Scheitern der militärisch-zivilen Zusammenarbeit in der ersten deutschen Republik von beiden Seiten verursacht war, und daß darin ein Jahrhundert ebenso heftiger wie im Grunde ergebnisloser Kämpfe zwischen Militär und Demokratie in Deutschland nachwirkte.[27]

In ihr entscheidendes Stadium trat diese Auseinandersetzung anläßlich der Gründung des neuen einheitlichen Nationalstaats.

Nachdem der Versuch der Revolution von 1848, die Bildung eines deutschen Einheitsstaates auf parlamentarisch-demokratischem Wege, also durch freie Einigung und konstruktive Kompromisse zu erreichen, gescheitert war, blieb nur noch die Alternative, sie entweder *ad calendas graecas* zu verschieben oder den Integrationsprozeß gewaltsam zu erzwingen. Der starke, teils romantisch, teils wirtschaftlich-technisch akzentuierte Drang nach nationaler Einheit in den aufstrebenden bürgerlichen und proletarischen Schichten und das Übergewicht Preußens haben die deutsche Entwicklung in die letztere Richtung gelenkt, und das Eingreifen Bismarcks hat diese Tendenzen dann zum Siege geführt. Mit meisterhaftem Geschick hat er die sich bietenden Gelegenheiten ausgenutzt, um den Krieg in seinen beiden soziopolitischen Funktionen zum Zwecke der deutschen Staatsbildung auszunutzen: erst in seiner trennenden gegen Österreich 1866, dann in seiner integrierenden gegen Frankreich 1870/71.

Das Ergebnis war, daß das Werkzeug, die preußische Armee, im neuen Reich zu einem staatsbildenden Faktor erster Ordnung wurde – ein Umstand, der die Geschichte des mordernen deutschen Nationalstaates bis zu seinem Untergang 1945 in jeweils verschiedener Art nachhaltig besimmt hat. Unter hervorragender Beteiligung der Armee zustande gekommen, hat dieser Staat in der Folge des militärischen Beistandes niemals ganz entraten können; gegenüber den vielfältigen zentrifugalen Tendenzen blieb die Armee die »eiserne Klammer des Reiches«, sie war nicht nur wie in anderen Staaten ein Instrument der Außenpolitik, sondern auch in hohem Maße ein »Ordnungsfaktor« der Innenpolitik. Diese Rolle spielte sie im Kaiserreich jedoch weniger in der Form direkten Eingreifens als vielmehr dadurch, daß sie zum Paradigma für soziopolitisches Verhalten erhoben wurde. Militärische Organisation, militärische Führungstechnik und militärisches Denken galten mehr oder weniger als vorbildlich auch für die Politik; das Heer der allgemeinen Wehrpflicht war die »Schule der Nation zum Staat«, in ihr lernte der junge Staatsbürger, wie er sich im Staat überhaupt zu verhalten habe, und sofern ein Unterschied zwischen politischem und militärischem Bereich anerkannt wurde, so nur mit dem Ausdruck des Bedauerns darüber, daß die in der Politik zutage tretenden menschlichen Schwächen hier eine so saubere und klare Ordnung wie beim Militär nicht zuließen. Dazu kam eine entsprechende Aufwertung des Waffendienstes – im Lichte romantisch-ritterlicher Vorstellungen erschien er so erhaben, daß er als vollgültiger Ersatz für die politische Mitbestimmung galt, die der Nation im Rahmen der Bismarckschen Reichsverfassung weitgehend vorenthalten wurde.

Diese eigenartige und in einem zivilisierten Staatswesen auch wohl einzigartige Rolle des Militärs hat dem neuen Kaiserreich zunächst eine unerwartete Stabilität verliehen; es hat ihm unter der vorsichtigen Führung Bismarcks eine Periode außenpolitischer Ruhe und Sicherheit verschafft und seinen wirtschaftlichen Kräften eine großartige Entfaltung gestattet. Aber sie hat auch das politische Denken und die politische Moral der Nation tiefgreifend und nachhaltig verwirrt. Sie hat im Denken der Militärs (und auch vieler Zivilisten) die irrige Vorstellung hervorgerufen, als sei militärisches Interesse identisch mit dem der Nation, und sie hat im politischen Bereich die Ausbildung jener Kompromißtechnik verhindert, durch die allein die noch ausstehende innere Einigung der Deutschen hätte nachgeholt und für die Zukunft stabilisiert werden können. Wo die Zivilgewalt nicht durch eine überragende Führerpersönlichkeit wie Bismarck repräsentiert wurde, blieb sie schwach und von militärischer Hilfe abhängig, und das innenpolitische Zentralproblem, die Eingliederung des erstarkten vierten Standes in den Staat, wurde nicht gelöst, sondern durch politische Zernierung und Disqualifizierung der Arbeiterschaft verdrängt. All das wurde immer wieder mit den außenpolitischen Gefahren motiviert, die Deutschland als dem »Land der Mitte« eine starke Rüstung und eine autoritäre Regierungsform aufnötigen; aber im ersten Weltkrieg zeigte sich dann, daß das System gerade vor den Aufgaben der Kriegführung versagte. Als der von den Militärs angestrebte Blitzsieg ausblieb, resignierte die schwache Zivilgewalt endgültig, und die Armeeführung sah sich vor der Alternative, entweder die Einstellung des Kampfes zu empfehlen oder die Lücke selbst auszufüllen. Mit der Errichtung der notdürftig verschleierten Ludendorffschen Diktatur wählte sie den zweiten Weg, aber ihr Versuch, gegen eine ganze Welt einen »Siegfrieden« zu erkämpfen, überstieg die Kräfte der Nation bei weitem und endete in Zusammenbruch und Revolution.

Die Novemberrevolution von 1918 schien endlich eine Möglichkeit zu bieten, das Versäumte nachzuholen und der Nation eine politische Form zu geben, die sie von der militärischen Bevormundung befreite und die nötige Elastizität aufwies, um die Erhaltung des deutschen Nationalstaates in einer Zeit beschleunigter Entwicklungen und großer Massenbewegungen zu ermöglichen. Es ist eine für uns Heutige besonders bittere Wahrheit, daß diese Chance, sofern sie bestand (und daran wird man festhalten müssen, wenn man nicht in einen historischen Fatalismus verfallen will), jedenfalls nicht hat wahrgenommen werden können. Die aus der Revolution entstandene *Weimarer Republik* blieb bis zu ihrem Ende, wie man heute sagt, ein »schwacher« Staat, der seinerseits ebensowenig auf militärische Unterstützung zu verzichten vermochte wie das Kaiserreich. Zwar hatte die Armee ihren Einfluß als staatsbürgerliches Bildungsinstitut verloren, aber dafür stieg sie jetzt zu einer halbautonomen politischen Macht auf und sah sich mehrfach zu regulierenden Eingriffen in den politischen Bereich veranlaßt. Schon am Anfang stand das vielberufene Bündnis zwischen Ebert und Groener, zwischen dem Chef der Revolutionsregierung und dem leitenden Mann der kaiserlichen Heeresleitung, und dieses Bündnisverhältnis zwischen Zivil- und Militärgewalt hat sich auch fernerhin im wesentlichen nicht geändert. Die Regierung gewann nie eine wirkliche Kontrolle über die Armee, und diese behielt eine politische Handlungsfreiheit, die auf die Dauer weder ihr noch dem Staat dienlich war.

Das war zunächst eine Folge davon, daß die traditionelle Schwäche der Zivilgewalt und der Demokratie trotz der Revolution und dem Zusammenbruch des monarchisch-autoritären Regimes nicht überwunden werden konnte.[28] Damals wie heute hat man das weitgehend auf die Mängel der Weimarer Staatskonstruktion zurückgeführt, und wenn man heute auch nicht, wie die Zeitgenossen, die parlamentarisch-demokratische Verfassung schlechthin dafür verantwortlich macht, so halten viele doch daran fest, daß der Untergang der Republik weitgehend durch die Mängel einer von Anfang an unglücklich angelegten Verfassung bedingt gewesen wäre. Doch erscheint diese Auffassung als zu einseitig. Gewiß war die Weimarer Verfassung keine Ideallösung, aber die gibt es in der Politik überhaupt nicht, und es ist eine der vornehmsten Aufgaben der Wissenschaft, die Kritik an der ersten deutschen Republik von jener gefährlich illusionistischen Neigung zu befreien, ihre historische Wirklichkeit an dem utopischen Bild eines Idealstaats zu messen. Diese historische Wirklichkeit schloß nicht nur die Gebrechen der Weimarer Staatskonstruktion ein, sondern auch eine Reihe von Druck- und Belastungsfaktoren, die in ihrer Häufung auch jedem anderen Staat erheblich zu schaffen gemacht hätten.[29] Dazu gehörten die wirtschaftlichen, sozialen und politischen Folgen eines verlorenen Krieges (des ersten totalen Krieges der neueren Geschichte), dazu gehörte ferner der außenpolitische Druck und die internationale Deklassierung durch eine im Ansatz verfehlte Politik der Siegermächte in der Zeit bis 1924 sowie die in Ausmaß und Dauer anomale Weltwirtschaftskrise, die den kaum gefestigten Staat nach nur fünfjähriger Schonzeit mit voller Wucht erfaßte; dazu gehörte aber vor allem auch das böse Erbe der tiefen sozialen Zerklüftung und des Mangels einer eigenständigen, traditionell verwurzelten Kompromißtechnik, das die gestürzte Monarchie der jungen Republik hinterlassen hatte. Statt die Deutschen zu einigen, entzweite die nationale Not sie nur noch tiefer, und bald standen sich Freunde und Gegner der Republik in zwei großen, annährend gleich starken Lagern gegenüber. Die Schwäche des modernen deutschen Nationalstaats, so hat man mit Recht bemerkt, bestand darin, daß weder eine starke Mitte zwischen Rechts und Links als Rückgrat der Demokratie, noch eine echte konservative Partei als stabilisierender Faktor vorhanden waren; die DNVP hat sich dieser Rolle entzogen und die Republik immer grundsätzlicher bekämpft.[29a]

Die Lage bedeutete für die Soldaten zweifellos eine erhebliche objektive Belastung. Eine Armee braucht klare Befehlsverhältnisse, und dazu gehört in erster Linie, daß die Befehlsgewalt ihrer Führer politisch eindeutig legitimiert ist. Diese Legitimation war in der Weimarer Republik mehrfach gefährdet oder konnte doch angesichts der starken antirepublikanischen Opposition gefährdet scheinen. In Situationen wie dem Kapp-Putsch und der Herbstkrise des Jahres 1923 mochte sich auch ein politisch nicht gebundener Soldat ernsthaft fragen, welche der streitenden Kräfte nun wirklich beanspruchen durfte, im Namen der Nation zu sprechen. Auf der anderen Seite fehlte es nicht an Gesichtspunkten, die selbst hier noch Maßstäbe des Verhaltens geben konnten. Zunächst war das Bild von den zwei Lagern bei genauerer Betrachtung nur bedingt zutreffend, denn die antirepublikanischen Kräfte waren selbst unüberbrückbar gespalten: Zwischen den Kommunisten und den verschiedenen Spielarten des Rechtsextremismus gab es, abgesehen von taktischen Bündnissen, keine Möglichkeit der Vereinigung, und das demokratische Lager war jedem einzelnen von ihnen überlegen, ja, wenn man von dem durch Wahlziffern repräsentierten Volkswillen ausgeht, so bestand während der überwiegenden Dauer der Republik ein eindeutiges Votum zumindest gegen monarchistische Restauration und rechts- bzw. linksradikale Diktatur.[30] Nimmt man hinzu, daß das republikanische Regime staatsrechtlich zweifelsfrei legalisiert war und die Grenzen des Rechtsstaates im Rahmen des Menschenmöglichen (und teilweise in noch höherem Grade!) respektiert hat, so ergab sich hier immerhin eine Basis, auf der auch eine Armee Halt finden konnte.

Die Situation wurde jedoch erheblich kompliziert durch die Tatsache, daß das Offizierskorps der Reichswehr geschlossen und unter seiner alten Führung aus der Monarchie übernommen worden war. Die politischen Vorurteile gegen Parlamentarismus und Demokratie, die zur Tradition des preußisch-deutschen Offizierskorps gehörten, und die antimilitärischen Ressentiments, die in demokratischen Kreisen und insbesondere in der SPD ebenfalls traditionell waren, führten zu einer latenten und zeitweise akuten Spannung, die das Verhältnis zwischen Staat und Wehrmacht zusätzlich belastete und ein Zusammenwachsen beider behinderte. Und das um so mehr, als Niederlage, Revolution und Bürgerkrieg diesen Ressentiments auf beiden Seiten neue Nahrung gegeben hatten. Auf seiten der Offiziere verrannte man sich in dem Bestreben, die Erschütterung des eigenen Selbstbewußtseins seit 1918 zu überwinden, in den unfairen Versuch, die Verantwortung mittels der *Dolchstoß*-Legende auf die Sozialdemokratie abzuwälzen. Und genauso verfuhr man bei Gelegenheit der Annahme des *Versailler Vertrages,* ja, dies war überhaupt der eigentlich wunde Punkt, denn die militärischen Friedensbedingungen trafen das Offizierskorps viel härter als der Sturz der Monarchie. Wie der Zeitpunkt ihres öffentlichen Auftauchens – Sommer 1919 – beweist, war die Dolchstoß-Legende im Grunde nichts als der Versuch, eine wenigstens halbwegs glaubwürdige Art zu finden, um die Verantwortung für die Annahme des Versailler Vertrages auf die Demokraten abzuwälzen. Auf seiten der Arbeiterschaft war der Haß neu entflammt durch die Rücksichtslosigkeit, mit der die Freikorps 1919/20 gegen Streiks und Aufstände eingeschritten waren, und selbst die antikommunistischen Arbeiter, die die Niederwerfung der Aufstände guthießen, mißbilligten doch, daß das durch die »reaktionäre Offizierskaste« geschehen war, ohne freilich zu sagen, wer sonst es denn hätte tun sollen. Vor allem aber hatte der Kapp-Putsch dem Mißtrauen neue und nie wieder ganz erlahmende Antriebskräfte verliehen.

Unter diesen Umständen stand die militärische Führung vor der schwierigen Entscheidung, ob sie trotz aller Hemmungen und Vorurteilen die Brücken zur Vergangenheit abbrechen und sich rückhaltlos für den bestehenden Staat entscheiden oder ob sie sich auf die Seite der verfassungsfeindlichen Opposition schlagen und ihr mit ihren Waffen zum Sieg verhelfen sollte. Der erste Weg hätte den großen Vorteil gehabt, daß er der militärischen Führung eine klare und eindeutige Haltung erlaubt und aus der Armee jedes »Zwiedenken« verbannt hätte; aber freilich waren in diesem Fall große Widerstände im Offizierskorps und eine zumindest zeitweilige Isolierung von denjenigen Kreisen außerhalb der Armee zu erwarten, in denen sie bisher ihren sozialen Rückhalt gefunden hatte. Trotzdem haben Noske und Reinhardt diese Lösung in den Jahren 1919/20 versucht, doch scheiterte sie und rief als eine ihrer Rückwirkungen den *Kapp-Putsch* hervor, der nun seinerseits den Versuch darstellte, das Problem auf dem zweiten, revolutionären Weg zu lösen. Diese Lösung widersprach jedoch soldatischem Denken überhaupt und der preußisch-deutschen Tradition im besonderen, und der Mißerfolg der Putschisten bestätigte überdies die Erfahrung der Novemberrevolution, daß die Waffen allein gegenüber dem Willen moderner politisierter Bevölkerungsmassen hoffnungslos unterlegen sind. Die Reichswehrführung hat daher in der Folge jeden Gedanken an einen bewaffneten Putsch aufgegeben. Aber sie hat sich auch nicht zu einer Rückkehr auf den Noske–Reinhardtschen Weg eindeutiger Loyalität entschließen können, sondern unter Führung Seeckts und unter maßgeblicher Mitwirkung Schleichers eine Ausweichlösung gewählt, die die Grundsatzentscheidung über die politische Zugehörigkeit der Armee aufschob. Die Reichswehr diente jetzt, so lautete die offizielle Version, einer imaginären »Staatsidee«, die über den wechselnden »Staatsformen«, wie Monarchie und Republik, stehen sollte. Das erlaubte ihr den Waffendienst für die Republik, hielt ihr aber auch die Tür für eine Revision dieses Dienstverhältnisses offen. Die Masse der Soldaten wurde zu einem doppelten Gehorsam verpflichtet: Formell der Republik, *de facto* ihrer obersten militärischen Führung gegenüber, die ihrerseits sich das Recht auf Ungehorsam vorbehielt, es aber vorläufig nicht ausübte, sondern eine Wartestellung bezog, von der aus sie einem unerwünschten Regimewechsel entgegenwirken, einen erwünschten aber fördern konnte.

Das war der Inhalt des sogenannten »Überparteilichkeits-Prinzips«. Mit ihm wurde die Situation des Bündnisses zwischen Groener und Ebert zur militärpolitischen Verfassungswirklichkeit des Weimarer Staates: Militär- und Zivilgewalt standen zueinander im Verhältnis einer Allianz zweier gleichgestellter Partner.[31] Damit begann sich die Verstaatlichung des Kriegswesens, die von der absolutistischen Monarchie während des 17. und 18. Jahrhunderts in einem langwierigen und mühseligen Prozeß erkämpft worden war, in Deutschland wieder zu lockern und machte Verhältnissen Platz, die in abgewandelter Form gewisse Züge des vorabsolutistischen Söldnerwesens widerspiegelten. Freilich wiederholt sich die Geschichte nicht; die Situation der Reichswehr war erheblich komplizierter und problematischer als die der Landsknechte des 16. und 17. Jahrhunderts. Das klassische Beispiel dafür ist die Meuterei der Münchener Offiziersschule im Jahre 1923 und ihre Beilegung durch Seeckt. In der hektischen und verwirrten Atmosphäre jener Novembertage hatte sich die Mehrheit der jungen, leidenschaftlich antirepublikanisch gesinnten Offiziersschüler dazu hinreißen lassen, an der Hitlerschen Revolte teilzunehmen.[32] Es war ein klarer Fall von Meuterei, eines der schwersten Verbrechen, die das Militärstrafrecht kennt. Die Münchener Offiziersschüler konnten Milderungsgründe für sich geltend machen, aber daß hier ein Exempel statuiert werden mußte, wenn nicht schwerwiegende Folgen für die Moral der Armee eintreten sollte, schien unvermeidlich. Seeckt jedoch begnügte sich damit, die Schule nach Dresden zu verlegen und die Schüler bei der nächsten Begegnung mit den Worten zu begrüßen, er stehe zum ersten Male in seinem Leben Meuterern gegenüber.[33] Es war eine seiner typischen Kompromißlösungen und das Schlimmste, was er tun konnte. Wenn die jungen Leute Meuterer waren, mußten sie bestraft werden; waren sie es aber nicht, durfte man sie auch nicht so nennen. Da es Seeckt aber doch tat, ohne die entsprechenden Konsequenzen zu ziehen, mußte bei ihnen unvermeidlich der Eindruck entstehen, daß der General einen »Türken« aufführte, weil es die Verhältnisse eben verlangten, daß er aber im übrigen ganz einverstanden mit ihnen sei. Es gibt keine Armee der Welt, deren Moral unter solchen Umständen intakt bleiben kann.[34]

Das Beispiel zeigt, daß Seeckts Versuch, die preußisch-deutsche Militärtradition durch Beziehen einer Ausweichposition unversehrt in die neue Zeit hinüberzuretten, fehlschlagen mußte. Nach dem Fall der Monarchie mußte das Offizierskorps der neuen Zeit in irgendeiner Form seinen Tribut zahlen und entweder auf die soziopolitischen oder auf die moralischen Ingredienzen der bisherigen

Tradition verzichten. Seeckt und seine Mitarbeiter haben diese Alternative aber offenbar nicht für so dringend gehalten; für sie stand im Vordergrund – und nur so erklärt sich Seeckts Verhalten gegenüber den Münchener Meuterern und nicht zuletzt auch im Kapp-Putsch –, daß der Zusammenhalt des Offizierskorps und damit die Existenz der Armee schlechthin gewahrt bleiben mußte, nicht nur, weil man im Reichswehrministerium bis in die Jahre 1924/25 hinein in der Erwartung eines baldigen neuen Kriegsausbruchs lebte, sondern auch, weil man die Existenz der Armee als »Vorbild« und Ordnungsfaktor im Innern für unerläßlich hielt. Die Armee erschien diesem Denken – und hier wird wieder die Identifikation von militärischem und nationalem Interesse sichtbar – als höchstes Gut der Nation überhaupt; sie auch nur einer ernsthaften Krise auszusetzen, schien gleichbedeutend mit einer Existenzbedrohung, ja mit dem Untergang der Nation, sie zu erhalten, mußte jeden Preis rechtfertigen, auch den einer – wie man wohl glaubte: vorübergehenden – Gefährdung der militärischen Berufsmoral. Das aber war nicht nur unverträglich mit den Grundsätzen der Demokratie, es war sowohl außen- wie innenpolitisch eine Selbstüberschätzung. Es genügt daher nicht, das Verhältnis zwischen Reichswehr und Republik lediglich unter dem Blickwinkel der beiderseitigen Ressentiments und der »Schwäche« der Zivilgewalt zu sehen,[35] man muß auch berücksichtigen, daß die Einstellung des Offizierskorps über die monarchistische Tradition hinaus auf falschen politischen Prämissen beruhte. Wenn das Offizierskorps seine Stellung in der Republik als unbefriedigend empfand, so war das berechtigt, soweit es die antimilitaristischen Anfeindungen und den Einsatz als eine Art Reichspolizei betraf. Aber die antimilitaristischen Angriffe gingen nicht von der Republik und nicht einmal von der ganzen SPD aus (anders als das nicht ganz unberechtigte *Mißtrauen* in die Loyalität der Reichswehr!), und die Schwäche des Staates erwuchs, soweit sie überhaupt innenpolitisch bedingt war, aus einer Gesellschaftskrise, die durch Einschaltung des Militärs, gleich in welcher Form, nur verdrängt und unterdrückt, aber nicht gelöst und überwunden werden konnte. Wenn der deutsche Nationalstaat noch eine Existenzchance haben sollte, so mußte das Wagnis unternommen werden, die im Kaiserreich versäumte Schaffung eines tragfähigen nationalen Fundaments durch freie Einigung und konstruktive Kompromisse allmählich nachzuholen. Man kann natürlich einwenden, daß das ein von vornherein aussichtsloses Experiment gewesen wäre, aber dann muß man auch die Frage zulassen, welchen Sinn und Zweck ein Staat haben sollte, dessen Glieder ständig mit Gewalt zusammengezwungen werden mußten.

Von den Prämissen des Militärs aus betrachtet, war das kein ernst zu nehmender Gesichtspunkt. Sie gaben der Demokratie von vornherein keine Chance, für sie war die Demokratie eine Verirrung, in die die Nation nur durch die Verzweiflung über die Niederlage geraten sei, ein schöner Traum, aus dem es schon bald ein ernüchtertes Erwachen geben würde. Sie waren bereit, die Nation zu schützen, damit ihr während des Schlafwandels nichts zustoße, aber sie fühlten sich verpflichtet, das Erwachen von sich aus zu beschleunigen und zugleich die geeigneten Vorkehrungen zu treffen, um den Übergang in den Zustand wachen Lebens zu erleichtern. In politischen Begriffen ausgedrückt: Sie hielten es für unwahrscheinlich, daß die Nation jemals ohne Zwang zusammengehalten werden könne, aber sie sahen sehr wohl, daß das Militär auf die Dauer nicht das Zwangsmittel sein dürfe, wenn es nicht korrumpiert werden sollte. Aber welchen Ausweg gab es dann? Nach Ansicht Seeckts und der Reichswehrführung nur die Rückkehr zur Struktur des Kaiserreichs (ob mit oder ohne Monarchie): ein autoritäres Regime der Zivilgewalt mit der Armee als Schule der Nation. Die Reichswehrpolitik von 1920 bis 1933 war, mit Ausnahme eines kurzen Seitensprungs nach links, den Groener und Schleicher nach dem Sturz Seeckts versuchten, ein kontinuierliches Bemühen, in immer wechselnden Formen eine Lösung zu ermöglichen.

Die Bestrebungen waren im übrigen aufs engste verknüpft mit dem zweiten Hauptdifferenzpunkt: der *Rüstungspolitik*. Wenn die Armee die von ihr erstrebte Stellung als staatspolitisches Bildungsinstitut wieder einnehmen wollte, mußte die allgemeine Wehrpflicht eingeführt werden; das war aber wegen des Versailler Verbots nicht möglich. Doch nicht nur in dieser Frage, auch und vor allem in der der Landesverteidigung war der Versailler Vertrag eine dauernde Belastung. Er hatte die militärische Kraft Deutschlands bis zu praktisch vollständiger Entwaffnung reduziert und die Reichswehr außerstand gesetzt, irgendeinen wirksamen Schutz der deutschen Grenzen aufzubauen. Das führte, nachdem man sich endlich 1923/24 über die Konsequenzen klar geworden war, zu dem Versuch, das Fehlende wenigstens provisorisch durch Geheimrüstungen auszugleichen. Die Folge war, daß die Reichswehr die

Feinde der Republik bewaffnen und finanzieren mußte (auch dann, wenn sie nichts mit ihnen zu tun haben wollte), daß sich in dieser konspirativen Atmosphäre eine erhebliche politische Kriminalität entwickelte und erhielt und daß die militärische Führung obendrein durch die Illegalität des ganzen Unternehmens in eine auf die Dauer unhaltbare Zwangslage geriet, die ihre Neigung, eine Verfassungsänderung zu befürworten, verstärkte. Und das um so mehr, als man im Reichswehrministerium der Ansicht war, daß das demokratische System den Erfordernissen einer Mobilmachung im Zeitalter totaler Kriegführung nicht gewachsen sei – ungeachtet der Erfahrung des ersten Weltkrieges, die gerade umgekehrt gezeigt hatte, daß die westlichen Demokratien die Probleme des totalen Krieges besser bewältigt hatten als die autoritäre Monarchie der Hohenzollern.

Wenn diese innenpolitischen Wünsche und Ziele der Reichswehrführung weitgehend unerfüllt blieben, so deshalb, weil die verschiedenen Versuche, sie zu verwirklichen, nicht die Bedingungen zu schaffen vermochten, die man militärischerseits nach den Erfahrungen von Revolution und Kapp-Putsch für unerläßlich hielt. Da man keine Militärdiktatur errichten wollte, brauchte man eine zivile politische Bewegung, die stark genug war, um die Führung an sich zu reißen, die aber auch – und das war eine *conditio sine qua non* – die Masse der Bevölkerung und insbesondere der Arbeiterschaft hinter sich zu bringen und zur Anerkennung der Diktatur wie der militärisch-nationalen Ziele zu veranlassen vermochte. Überdies durfte eine entsprechende Umwandlung des Staates nicht gewaltsam erfolgen, sondern sollte wenigstens die Fassade der Legalität wahren; denn die Reichswehrführung legte entscheidenden Wert darauf, daß sie selbst zu keinem revolutionären Schritt gezwungen wurde. Solange diese Bedingungen nicht gegeben waren, lehnte die Reichswehr alle Diktaturbestrebungen ab oder zog sich, wenn sie sich zunächst darauf eingelassen hatte, wieder von ihnen auf die Wartestellung der Überparteilichkeit zurück,[36] wo sie sich dann mit taktischen Bindungen an die jeweils stärkste Macht im politischen Feld begnügte, die der Armee ein zeitweiliges politisches Quartier bieten und sie gegen innere Angriffe und zivile Reformversuche abschirmen konnten, die jeweiligen verbündeten Mächte zugleich aber auch selbst binden und ihre dynamischen Energien bremsen oder gar im Dienste der militärisch-nationalen Interessen zähmen sollten. Von Groener in der Revolutionszeit entwickelt, um die revolutionären Energien der sozialistischen Arbeiterschaft abzufangen, ist diese Zähmungstaktik dann vor allem durch Schleicher – dem auch Seeckt in diesem Punkte folgte – zur Grundlage der Reichswehrpolitik während der Weimarer Republik gemacht worden. Das hat der Republik zunächst ihren Bestand garantiert, hat aber auch ihre zahlreichen und teilweise mächtigen radikalen und autoritären Gegner ermutigt, ja z. T. (auf dem Wege über die geheime Aufrüstung) am Leben erhalten.

Selbstverständlich hätte die Reichswehrführung eine solche Politik nicht durchsetzen können, wenn sich Regierung, Reichstag und Parteien in militärpolitischen Fragen grundsätzlich einig gewesen wären und eine entsprechend durchgreifende Kontrolle der Armee erreicht hätten. Das hat in negativem Sinne das Beispiel der nationalsozialistischen Herrschaft gezeigt, und das ist vor allem die Lehre, die man für Gegenwart und Zukunft aus den Erfahrungen der Weimarer Republik ziehen muß. Aber für die historische Beurteilung spielt auch die umgekehrte Überlegung eine Rolle, daß nämlich der Kampf der Republik gegen ihre Feinde zweifellos bedeutend erleichtert worden wäre, wenn die Loyalität der Armee außerhalb jeder Diskussion gestanden hätte und die Gegner der Republik keine Hoffnungen auf Hilfe von der Reichswehr hätten setzen können. In solchen nationalen Krisenlagen, wie sie die Weimarer Republik erlebte, trägt jeder, der an führender Stelle im Staat steht, eine Mitverantwortung, und davon kann sich auch die militärische Führung nicht unter Hinweis auf das Versagen der Zivilgewalt ausschließen. Es gibt viele historische, soziologische und menschliche Erklärungsgründe, die die Irrtümer Seeckts und seiner Mitarbeiter verständlich machen; aber daß es Irrtümer waren, die nicht nur in der Weimarer Republik gefährlich waren, muß unzweideutig festgestellt werden.

Einer der Gegner der Republik und potentieller Bündnispartner der Reichswehr war Hitler. Er hat sogar, wie man weiß, seine politische Laufbahn im Dienste der Reichswehr, genauer: des Münchener Divisionskommandos, begonnen und sich in jener zwielichtigen Atmosphäre teils geheimer, teils halboffizieller Rüstungen und Verschwörungen, wie sie für die Zeit am Anfang der 20er Jahre charakteristisch war, nach oben gearbeitet.[37] Bis zu der Entzweiung vom November 1923 ist er auch im großen und ganzen ein Verbündeter der bayerischen Reichswehrführung geblieben. In dieser seiner Lehrzeit unter und neben seinem Mentor, dem Hauptmann

Röhm, erwarb er sich eine genaue Kenntnis der hervorragenden Bedeutung der Reichswehr als Machtfaktor im politischen Kraftfeld der Republik, ihrer Taktik und strategischen Zielsetzung, und sein ganzes Bestreben ging in jenen Jahren darauf, sich dem anzupassen und sich der Reichswehr als ein Massenführer zu präsentieren, der in der Lage sei, die Arbeiter zu »nationalisieren«.[38] Auch muß man wohl annehmen, daß er zunächst nicht mit dem Gedanken an einen bewaffneten Putsch umgegangen ist; er muß gewußt haben, daß die führenden Offiziere auch in München dem zutiefst abgeneigt waren. Wenn er nichtsdestoweniger am 8. und 9. November 1923 zu gewaltsamen Mitteln griff, so vermutlich deshalb, weil ihm Röhm inzwischen seine militante Propagandatruppe, die SA, aus der Hand genommen und im Zeichen der gegen Frankreichs Ruhrbesetzung gerichteten Mobilmachungsversuche des Jahres 1923 in einen vom bayerischen Reichswehrkommando abhängigen Wehrverband verwandelt hatte. Dadurch sah er seine künftige Alleinherrschaft bedroht, und der Putsch vom 8. November 1923 war für ihn der Versuch, die Führung der Aufstandsbewegung wieder an sich zu reißen. Dabei hatte er den Legalitäts-Komplex der Offiziere aber doch unterschätzt, und so scheiterte das Unternehmen.

Der Irrtum kostete ihn das Bündnis mit der Reichswehr, aber er stellte ihn auch auf eigene Füße und führte ihn in jene aus alter Achtung und neuem Mißtrauen gemischte Distanz zu seinen Lehrmeistern, die ihm dann die Mittel in die Hand gab, sich später selbst zum Meister aufzuwerfen und dem Offizierskorps die Bedingungen zu diktieren. Er wußte nun, daß es für ihn nur eine Chance gab, die Macht im Staat zu erobern: indem er die Gegnerschaft der Reichswehr vermied, sich aber auch nicht so weit mit ihr einließ, daß man ihn wieder, wie 1923, durch Entzug der SA entmachten konnte. Sollte es daher zu einem neuen Bündnis kommen, so nur in Form einer *societas leonina,* in der Hitler die Rolle des Löwen zu spielen gedachte; sonst mußte es genügen, die Reichswehr zu neutralisieren, indem man ihr die Vorwände für ein erneutes Eingreifen gegen die NSDAP nahm. Hier lag die stärkste Wurzel der Hitlerschen Legalitätstaktik. Er hat später selbst bekannt, daß er den Weg der legalen Machtübernahme vor allem auch deshalb gewählt habe, um den »Widerspruch der Reichswehr« gegen seine Kanzlerschaft auszuschalten und sie zu hindern, die »Keimzelle von Staatsstreichen von der Art des Röhmputsches« zu werden.[39] Er wußte nur zu gut, daß sie die »Keimzelle« oder doch der Anreiz zu ganz anderen Staatsstreichversuchen gewesen war. So ist es denn auch nicht von ungefähr, daß die erste programmatische Verkündung dieser Taktik in Form jenes Legalitätseides erfolgte, den Hitler im Reichsgerichts-Prozeß gegen die drei Ulmer Reichswehroffiziere ablegte.

Das hat seine Wirkung auf die Reichswehrführung nicht verfehlt. Trotz aller Schwankungen und Bedenken war man im Reichswehrministerium im allgemeinen doch geneigt, Hitler zu glauben. Selbst Hammerstein erklärte im April 1931 vor den Befehlshabern mit Bezug auf Hitlers Legalitätsversprechen: »Er will dies wirklich, nicht nur scheinbar!«[40] Dazu kam dann noch die massive Verführung durch die nationalsozialistische Massenbewegung, die den Schein erweckte, die Arbeiter für die »nationale Sache« gewonnen zu haben (oder doch gewinnen zu können), und die obendrein in ihren paramilitärischen Verbänden SA und SS ein wertvolles militärisches Menschenreservoir zu bilden schien. Beides hatte schon Anfang der zwanziger Jahre die führenden Offiziere in München fasziniert[41] und tat auch in der Krise der 30er Jahre seine Wirkung. Die weitgehend spontane Opposition, die sich im Offizierskorps gegen das SA-Verbot vom April 1932 meldete, ist in diesem Zusammenhang ebenso bezeichnend wie die zahlreichen Symptome für ein Sympathisieren mit dem Nationalsozialismus unter den jüngeren Offizieren, vor allem in Ostpreußen, aber auch an anderen Orten und nicht zuletzt in der Marine.[42] Zu einem neuen Bündnis freilich langte auch das noch nicht, denn wie schon im Jahre 1923 erhob sich auch jetzt, nur in noch schärferer Zuspitzung, die Frage, wer wen beherrschen würde. Die Reichswehr hatte unter der Führung Schleichers und Groeners im Zeichen der Präsidialregierung den Gipfel ihrer inneren Machtstellung erreicht; Groeners stolzes Wort, daß die Reichswehr zu einem Faktor geworden sei, an dem bei politischen Entscheidungen niemand mehr vorbeigehen könne,[43] traf durchaus zu, und man wollte diese Position um jeden Preis halten. Hitler aber wollte die ganze Macht, unumschränkt, und seine Kampfverbände SA und SS drohten obendrein, das von der Reichswehr eifersüchtig gehütete Waffenmonopol zu gefährden. Zwar gibt es Anzeichen dafür, daß in der SA-Frage ein Kompromiß erreichbar gewesen wäre,[44] aber das allein genügte nicht, um Schleichers Sorge vor Hitlers totalem Machtanspruch zu beseitigen.

Daher ist es trotz vieler Anläufe und Experimente in den Jahren 1930 bis 1932 zu keinem neuen Bündnis zwischen Reichswehr und NSDAP gekommen, sondern nur zu ständigen Kontakten und Verhandlungen, in denen einer den anderen zu übervorteilen versuchte – ein Spiel, in dem Schleicher im ganzen gesehen von vornherein die schwächeren Trümpfe hatte, nicht nur, weil er sich statt auf eine verläßliche politische Machtbasis nur auf den Reichspräsidenten und den Exekutivapparat der Reichswehr stützen konnte, sondern auch, weil er einen ernsthaften Abbruch der Beziehungen wegen der Stimmung in der Reichswehr und auch wegen seiner eigenen Hoffnungen nicht riskieren wollte. Nicht nur die Erschütterung der Republik in der Wirtschaftskrise, sondern mehr noch das sich ständig zuspitzende Dilemma der illegalen Rüstungspolitik trieben die Politik der Reichswehrführung in Richtung auf möglichst baldige Neuordnung des Staates voran. So stellte Schleicher seine Politik gegenüber der NSDAP auf die – fundamental falsche – Voraussetzung ab, daß die nationalsozialistische Bewegung im Prinzip der der sozialistischen Arbeiterschaft gleiche und daß man jener auch mit den gleichen Mitteln Herr werden könne wie dieser. Daher lehnte man ein »Antinazigesetz« unter Hinweis auf die schlechten Erfahrungen mit dem Sozialistengesetz ab,[45] und Groener erklärte 1931 im Reichstag mit deutlichem Bezug auf Hitlers Legalitätserklärung, auch Parteien könnten sich ändern; sie seien, »wie die Geschichte oft genug gezeigt hat, von einer ultra-revolutionären Einstellung zur konservativen staatserhaltenden Partei geworden ... und umgekehrt«.[46] Dieser Irrtum wurde noch durch den anderen befestigt, es werde auch jetzt wieder, wie 1923, möglich sein, Hitler im entscheidenden Moment die SA zu entwinden. Daher erachtete Schleicher es für vertretbar, wieder auf die Zähmungstaktik zurückzugreifen. Sein Plan war, die SA als militärische Hilfsorganisation der Reichswehr auszubauen und damit unter Reichsaufsicht zu stellen, die Hitlersche Restbewegung aber zur Beteiligung an Regierungsbildungen in den Ländern und im Reich zu zwingen, um sie in der Verantwortung abzunutzen.[47]

Diesen Plan hat er in den verschiedensten Varianten durchexerziert, aber immer mit dem gleichen Mißerfolg. Er hat ihm sogar seinen Freund und Vertrauten Groener zum Opfer gebracht, als dieser seine Absichten durch das SA-Verbot durchkreuzte. Es ist hier nicht der Ort, auf dies Problem näher einzugehen, aber es muß doch darauf aufmerksam gemacht werden, daß die bisher herrschende, hauptsächlich auf dem Groener-Nachlaß fußende Auffassung von einem plötzlichen Stellungswechsel, einem »Umfall« Schleichers anläßlich des SA-Verbots, kaum haltbar ist.[48] Wenn man schon von einem »Umfall« sprechen will, so allenfalls in bezug auf Groener. Groener hatte die politische Linie Schleichers bisher weitgehend mitgehalten, war aber, wie seine stark schwankenden Äußerungen zeigen, dieser Situation noch weniger gewachsen als Schleicher. Außerdem hatte er, seit er im Herbst 1931 auch das Innenministerium übernommen hatte, einen weiteren Horizont gewonnen. Als dann im Frühjahr 1932 die Opposition gegen den milden Kurs der Reichsregierung gegenüber der NSDAP vor allem in den Ländern wuchs und die Landesregierungen drohten, das Verbot der SA von sich aus auszusprechen, wenn es das Reich nicht täte, glaubte Groener, ihnen auf alle Fälle zuvorkommen zu müssen, war es doch seit der Revolutionszeit der oberste Grundsatz seiner Politik, daß die Zentralgewalt gegenüber den Ländern gestärkt werden müsse, um die Reichseinheit zu erhalten.[49] Ihn sah er jetzt bedroht, wenn die Länder dem Reich in einer so wichtigen Frage die Initiative entrissen.

Die Alternative SA oder Reichseinheit, vor die sich Groener gestellt glaubte, hat Schleicher für seine Person sicher ebensowenig ernst genommen wie die neue Initiative seines Ministers in einer auch im Reichswehrministerium schon oft erörterten Frage. Als er dann erkannte, daß er eingreifen müsse, um Groener von einem Seitensprung zurückzuhalten, war es zu spät; sein Versuch, noch in letzter Minute einen Kompromißvorschlag zustande zu bringen, mißlang.[50] Wie weit der anschließende Sturz Groeners auf eine planmäßig angezettelte Intrige Schleichers zurückging, wie weit er durch andere Einflüsse mitbewirkt worden ist, kann hier nicht erörtert werden; entscheidend ist, daß Schleicher dadurch freie Hand gewann, seine bisherige politische Linie forzusetzen und in ihrem Dienste das SA-Verbot als Handelsobjekt mit den Nationalsozialisten zu verwenden. Aber dadurch bekam das Spiel nun eine höchst gefährliche Zuspitzung. Das Prestige des Präsidialregimes hatte durch den »Rückzieher« eine schwere Einbuße erlitten, das der Nationalsozialisten erlebte jetzt seinen Höchststand. Neue Zwangsmaßnahmen gegen die NSDAP, auf die auch Schleicher für den äußersten Notfall nicht verzichten wollte, waren, wenn überhaupt, so nur noch unter erschwerten Umständen durchzusetzen; mehr als bisher hing ihre Legitimierung vom Reichspräsidenten ab, und gerade er hatte sich anläßlich des SA-Verbots als ziemlich schwankendes Rohr im Winde gezeigt. So erhielt Schleichers Zähmungspolitik jetzt zwar einen Anstrich des Unausweichlichen, aber ihr Erfolg war ungewisser denn je. Zwar verließ auch Hitler den Weg der Bündisverhandlungen noch nicht, sein Vertrauen in Schleicher war noch unerschüttert – Schleicher war bezeichnenderweise in dieser Zeit für die hemmungslose nationalsozialistische Demagogie *persona grata* –, aber wie 1923 mußte auch jetzt der Augenblick kommen, wo die Karten auf den Tisch gelegt werden mußten.

Das geschah an jenem 13. August, als Hitlers Anspruch auf die totale Macht – ungeachtet Schleichers freilich lauer Unterstützung – von Hindenburg entschieden und scheinbar endgültig zurückgewiesen wurde.[51] Damit war der Plan eines neuen Bündnisses zwischen Reichswehrführung und NSDAP praktisch erledigt, wenn auch die Kontakte zwischen Hitler und Schleicher vorläufig noch nicht abrissen. Aber seit dem 13. August begann Hitler Schleicher zu mißtrauen – er war jetzt vorsichtiger als 1923 –, und seit Schleichers Versuch einer Spaltung der NSDAP im Dezember 1932 schlug das Mißtrauen in offene Feindschaft um. Während Schleicher noch immer – bis in den Januar 1933 hinein – nach einer Möglichkeit suchte, um die nationalsozialistische Flut zu kanalisieren und dieser schwachen Chance zuliebe auf energische Dammbau-Arbeiten verzichtete (wobei er freilich in seiner Entschlußfreiheit auch durch die beginnende Rivalität zu dem jetzt mit eigenen, ebenso fragwürdigen Plänen operierenden Papen behindert wurde), verzichtete Hitler nun auf ein Bündnis mit der Reichswehr und stellte sich auf deren Neutralisierung um. Seine Aussichten dafür waren durchaus günstig. Er konnte sich, anders als 1923, auf eine das ganze Reichsgebiet erfassende Volksbewegung stützen und brauchte Zwangsmaßnahmen um so weniger zu fürchten, als er an seinem Legalitätskurs trotz der Niederlage vom 13. August unbeirrt festhielt. Auch konnte er auf wachsende Zustimmung im Offizierskorps selbst rechnen. Nicht nur waren die pro-nationalsozialistischen Stimmungen namentlich unter den jüngeren Offizieren seit der Zeit des SA-Verbots mindestens nicht abgeflaut,[52] auch unter der älteren Generation, den Stabsoffizieren und Befehlshabern breitete sich ein wachsendes Mißbehagen über die Schleichersche Politik aus. Was Groener mit so großem Stolz als Errungenschaft gepriesen hatte, die innenpolitische Schlüsselstellung der Armee, eben das beunruhigte jetzt die Offiziere und weckte in ihnen einen starken Drang zurück in die Ruhe des unpolitischen Daseins. Ihnen schien es, die Reichswehr werde wie eine »Schachfigur« auf dem Felde der Innenpolitik hin und her geschoben,[53] und sie wünschten sich eine stabile Regierung, die sie davon befreite und endlich das immer dringendere Problem der illegalen Rüstungen löste.

Es war von folgenschwerer Bedeutung, daß diese Sehnsucht nach der Windstille des unpolitischen Spezialistentums sich in der Reichswehr ausgerechnet in dem Augenblick bemerkbar machte, als der Kampf um den Staat in sein Entscheidungsstadium eintrat. Es war genau das, was Hitler brauchte. Rechnet man dazu noch die *fellow travellers* unter den Offizieren, so hatte er nun für seine Neutralisierungspolitik eine Mehrheit im Offizierskorps zu erwarten; wenn es ihm gelang, Schleicher matt zu setzen, konnte er damit rechnen, daß die Reichswehr seiner legalen Machtergreifung Gewehr bei Fuß zusehen würde. Freilich sah es um die Jahreswende 1932–1933 gar nicht nach einem nationalsozialistischen Siege aus; ganz im Gegenteil bewegte sich die NSDAP auf absteigender Linie. Da öffnete ihr die bekannte Rache-Intrige Papens vom 4. Januar 1933 überraschend die Türen zum Sturm auf die letzte Bastion. In die Enge getrieben, blieb Schleicher nur noch das Mittel des Ausnahmezustandes – und damit das Eingeständnis des Fiaskos seiner Zähmungspolitik; aber nun verweigerte Hindenburg ihm die Unterstützung; einmal mehr zeigte sich, daß die Idee vom Reichspräsidenten als starkem Rückhalt der Präsidialregierung unrealistisch war. Es folgte dann der verzweifelte Vorstoß Hammersteins bei Hindenburg, von dem heute noch nicht völlig klar ist, was er bezweckte; wahrscheinlich ist, daß eine Regierung Papen–Hugenberg verhindert und für den Fall einer Regierung Hitler das Wehrministerium für Schleicher gesichert werden sollte.[54] Auch einen letzten Versuch, sich mit Hitler direkt zu verständigen, scheint Schleicher unternommen zu haben,[55], aber all das schlug fehl. Hindenburg hatte sich längst gegen Schleicher – wenn auch noch nicht für Hitler – entschieden, und Hitler hatte ein Bündnis mit Schleicher nicht mehr nötig; er sah Papen und die Kamarilla im Reichspräsidentenpalais auf seiner Seite, Hindenburgs Widerstand ließ schon nach, und die geschickte Benutzung eines Gerüchtes über einen abgeblich drohenden Reichswehrputsch, das in dem hektischen Durcheinander der letzten Verhandlungsphase auf dunkle Weise und vermutlich nicht ohne Nachhilfe von nationalsozialistischer Seite entstanden war,[56] brachte ihn endgültig an das

Ziel seiner Wünsche: Hindenburgs letzte Hemmungen fielen gegenüber dieser vermeintlichen »Insubordination«, er ernannte Hitler zum Reichskanzler und, noch vorher, den General Werner v. Blomberg zum Reichswehrminister.

Damit hatte Hitler nicht nur die Macht in den von ihm erstrebten pseudolegalen Formen erobert – über den Widerstand der Reichswehr, oder richtiger: der Gruppe um Schleicher hinweg –, er hatte auch in der Person Blombergs einen Mann an der Spitze der Reichswehr, der ihm den zweiten Teil seines Vorhabens, die Revolutionierung des Staates, ungewöhnlich erleichtern sollte. Das Duell Hitler-Schleicher war beendet; Schleicher war nicht nur ausmanövriert, sondern vollständig ausgeschaltet, seine Zähmungspolitik lag in Trümmern. Es war das unvermeidliche Ergebnis einer schon im Ansatz verfehlten Politik. Schleicher hat das später selbst freimütig zugestanden: »Er müsse bekennen«, äußerte er 1934 zu einem ehemaligen Mitarbeiter, »daß er den untauglichen Weg versucht habe, einer Revolution mit parlamentarischen Mitteln Herr zu werden. Sie hätte nur mit Gewalt bekämpft werden können, die ihm nicht zur Verfügung stand.«[57] Dies letztere ist freilich nicht so sicher. Wenn Schleicher unter »Gewalt« die Waffen der Reichswehr verstand, so mag er recht gehabt haben; aber wenn er damit auch eine rechtzeitige und energische staatliche Verbotspolitik meinte, so muß man ihm entgegenhalten, daß es nicht die Schuld Groeners oder der zivilen Behörden war, wenn das SA-Verbot wieder aufgehoben wurde.

3. Das Bündnis Reichswehr – Hitler

Was immer Hitler als »Endziel« seiner Herrschaft vorgeschwebt haben mag – der Aufbau eines neuen Staates, die reine Willkürherrschaft, die permanente Revolution oder noch anderes –, sicher ist, daß er zunächst das bestehende Regime beseitigen wollte, jenes »Weimarer System«, das ihn in seiner Bewegungsfreiheit, so wie er sie verstand, entscheidend behinderte. Daher war sein Machtantritt, so sehr er sich in legalen oder, genauer: in den damals üblichen Formen abgespielt hatte, nicht eine normale Regierungsübernahme, sondern der Beginn der eigentlichen Revolution: Der Führer der revolutionären Bewegung bekam dadurch Gelegenheit, die Umwälzung des bestehenden Staates mit dessen eigenen Machtmitteln durchzuführen. Dies Rezept der »legalen Revolution«[58] bedeutete für Hitler eine große Erleichterung insofern, als die Illegalität jetzt im Gewande der Legalität auftreten und so unter den Exponenten des republikanischen Regimes tiefe Verwirrung verbreiten konnte. Aber es bedeutete in gewissem Sinne auch eine Erschwerung, denn Hitler sah sich dadurch zu einem schrittweisen Vorgehen, zu einer Revolution in Etappen gezwungen: Der Prozeß der »Gleichschaltung« konnte jeweils nur an einem Teil des bestehenden politischen Systems vollzogen werden, während die anderen Machtzentren zum Stillhalten oder gar zur Mithilfe veranlaßt werden mußten. Hitlers Risiko lag darin, daß sich die zunächst nicht betroffenen Teile zur Abwehr zusammenschlossen. Tatsächlich war dieses Risiko aber weit geringer, als es scheinen mochte, da sich Hitler zwei der politisch unheilvollsten Fehler der Deutschen zunutze machen konnte: ihre Neigung, Handlungen und Maßnahmen der Regierung als schlechthin unparteiisch, sachbezogen und rechtmäßig zu betrachten, und ihre Tendenz zur Exklusivität der – sei es sozialen, sei es politischen – Gruppenbildung. Das eine erhöhte seine Chance zur Tarnung seiner Maßnahmen, das andere erleichterte ihm sein etappenweises Verfahren, indem es ihm ermöglichte, die jeweils zur Gleichschaltung vorgesehene Gruppe oder Institution als »Staatsfeind«, »Krebsschaden«, »Weltpest« usw. zu verfemen und ihre Nachbarn zur Mithilfe oder doch wenigstens zur Duldung der Vergewaltigung zu bewegen.

Hitlers Präsidialkabinett war eine Koalitionsregierung, in der die nicht-nationalsozialistischen Kräfte nicht nur zahlenmäßig die Überhand, sondern auch die wichtigsten klassischen Ressorts im Besitz hatten. Man weiß, daß dies die beiden Punkte waren, auf die Papen, Hugenberg und ihre Kollegen ihre Hoffnung gründeten, sie hätten Hitler »eingefangen«, aber es ist ebenso bekannt, daß das eine grausame Täuschung war. In Wirklichkeit spiegelt die Kabinettszusammensetzung nur Hitlers Aktionsplan wider. Die Gefahr der Majorisierung im Ministerrat kümmerte ihn wenig, denn er war ohnehin gesonnen, allein zu regieren, und konnte mit Hilfe seiner braunen Terror- und Bürgerkriegsbanden jederzeit vollendete Tatsachen schaffen, die dann durch keine »papiernen Beschlüsse« mehr umzustoßen waren. Und die Verteilung der Ressorts zeigt an, welche Gebiete des öffentlichen Lebens zuerst gleichgeschaltet und welche vorläufig ausgespart werden sollten. Außer dem Reichskanzleramt und dem in diesem Zusammenhang unwichtigen neugeschaffenen Reichskommissariat für die Luftfahrt besetzten die Nationalsozialisten nur das Reichsinnenministerium und das Preußische Innenministerium. Dieses gebot über die weitaus stärkste Polizeimacht im Reiche, stärker als die Polizeikräfte aller übrigen Länder zusammen,[59] und da es vom Reichsinnenministerium Rückendeckung und Unterstützung erwarten durfte, verfügten die Nationalsozialisten nun ungehindert über den entscheidenden Teil der zivilen staatlichen Exekutive. Das entsprach genau Hitlers schon vor der Machtergreifung wiederholt aufgestelltem Grundsatz, daß die gegenwärtige Lage vom Primat der Innenpolitik bestimmt werde; nicht nur die Erringung der äußeren Freiheit, sondern selbst die Überwindung der Wirtschaftskrise sei abhängig von der »inneren Wiedergesundung«, der Beseitigung der »Zerrissenheit klassenmäßiger Natur«.[60] Die Ressortverteilung vom 30. Januar gab ihm dazu die Mittel an die Hand, bedurfte es doch jetzt nur noch einer geeigneten Steuerung der Polizeiaktionen, um die Polizei zu einem Bündnispartner der braunen Parteiarmee zu machen. Die polizeiliche Duldung oder gar Unterstützung des Terrors der SA und SS in seinen zahlreichen Formen war die Voraussetzung für die volle Entfaltung von dessen innenpolitischer Funktion: der Verbreitung einer allgemeinen Atmosphäre von Druck und Einschüchterung als Basis für die geplante Gleichschaltungspolitik. Daher konnte Hitler auf die Besetzung der anderen Ministerien, insbesondere auch des Außen-, Wirtschafts- und Wehrministeriums, auf die seine Partner so großen Wert gelegt hatten, vorläufig verzichten; war erst einmal der erste Schritt getan, so würden diese Bereiche sich um so leichter gleichschalten lassen.

Freilich ergab sich dabei eine Schwierigkeit. Diese anderen, von Deutschnationalen, Stahlhelm und parteilosen Konservativen besetzten Ressorts besaßen im allgemeinen keine Exekutive, die in der Lage gewesen wäre, gegen Aktionen der Polizeigewalt zu intervenieren, konnten also den Gleichschaltungsprozeß auch nicht stören. Aber es gab eine Ausnahme: das Reichswehrministerium. Solange es nicht in nationalsozialistischer Hand war, bestand die Möglichkeit, daß eine etwa sich bildende Opposition gegen Hitler an der bewaffneten Macht Rückhalt fand und sie gegen die nationalsozialistische Revolution mobilisierte. Auch war die Möglichkeit nicht auszuschließen, daß die Reichswehr auf Grund und im Interesse ihrer bisherigen halbautonomen Stellung von selbst aktiv wurde und Hitler in den Weg trat. Allerdings war die zahlenmäßige Kräfteverteilung ungünstig für die Reichswehr; eingehende Studien dieses Problems im Reichswehrministerium hatten schon im November 1932 zu dem Ergebnis geführt, daß die Ordnungskräfte des Reiches – hauptsächlich Wehrmacht und Polizei – gegen eine kombinierte nationalsozialistisch-kommunistische Aktion nicht ausreichten,[61] und dieses Resultat durfte trotz der veränderten Verhältnisse auch im Frühjahr 1933 als gültig angesehen werden. Zwar bestand jetzt die Möglichkeit eines rot-braunen Bündnisses nicht mehr, dafür aber verfügten die Nationalsozialisten mindestens über die preußische Polizei.[62] Aber die bloß quantitative Stärkeberechnung gab nicht genügend Aufschluß über die beiderseitige Kampfkraft, und überdies kam es Hitler im Zeichen seiner »legalen Revolution« ja gerade darauf an, jeden offenen Zusammenstoß mit der bisherigen staatlichen Exekutive zu vermeiden. Die Furcht vor einem »Staatsstreich« der Reichswehr war einer der Hauptgründe gewesen, die Hitler bereits vor 1933 auf den Weg der Legalität geführt hatten,[63] und sie bestimmte auch jetzt seinen Kurs. Wollte er ihn durchhalten, so bedurfte es dazu zweier Voraussetzungen: Er mußte erstens Hindenburg ständig auf seiner Seite haben; gegen ihn würde die Reichswehr nicht putschen. Aber Hindenburg stand an der Schwelle des Todes, und Hitler mußte damit rechnen, daß er starb, bevor die ihm zugedachte Rolle im Rahmen der nationalsozialistischen Revolution beendet war. Daher kam es für ihn zweitens darauf an, die neue Reichswehrführung zu einem Kurswechsel zu veranlassen, der sie von dem Schleicherschen Weg der *Diktatur in der Diktatur* abbrachte und sie auf den anderen der »Neutralität« und d. h. der *Nichteinmischung* führte. Gelang das, so mußte die Reichswehr in demselben Maße, in dem der Gleichschaltungsprozeß voranschritt, isoliert werden und Hitler schließlich als reife Frucht in den Schoß fallen.

Hitler hat nach bewährter Methode alle Register gezogen, um sein Ziel zu erreichen. Gleich in seiner Regierungserklärung vom 30. Januar erklärte er seine »Liebe zu unserem Heer als Träger unserer Waffen und Symbol unserer großen Vergangenheit«,[64] und damit begann eine regelrechte Brautwerbung, in der das nationale Schaustück des »Tages von Potsdam« einer der Gipfelpunkte und die hier wie andernorts geschauspielerte Verehrung für Hindenburg einer der Köder war. Trotz den im Versailler Vertrag auferlegten Beschränkungen, so hieß es am 23. März, dürfe das deutsche Volk »in stolzer Befriedigung auf seine Reichswehr ... [als den] Träger unserer besten soldatischen Traditionen« blicken.[65] Solche Töne mußten um so mehr wirken, als sie das Offizierskorps seit 1918 nicht mehr zu hören bekommen hatte. Aber Hitler hatte auch konkrete Angebote zu machen. Welcher Art sie waren, erfährt man aus einer Rede, die er vier Tage nach dem Regierungsantritt, am 3. Februar 1933, vor den in Berlin versammelten Befehlshabern der Reichswehr hielt.[66] Sie wird an anderer Stelle noch ausführlicher zu würdigen sein; hier soll nur der Inhalt seiner Bündnisbedingungen zusammengefaßt werden. Die »wichtigste Voraussetzung« für seine Ziele, so erklärte er, sei die Aufrüstung der Wehrmacht; sie müsse durch Beseitigung des »Pazifismus« und durch »Ertüchtigung der Jugend und Stärkung des Wehrwillens mit allen Mitteln« ergänzt werden. Das, die vom Offizierskorps lange ersehnte Aufrüstung, war das eine Angebot; das zweite präsentierte er mit der Erklärung, unter seiner Regierung sei, anders als in Italien, »keine Verquickung von Heer und SA beabsichtigt«. Die große Sorge der Reichswehr, daß aus Röhms SA und SS eine Konkurrenzarmee entstehen und das Waffenmonopol der Reichswehr gefährden könnte, schien damit beseitigt. Dann aber präsentierte Hitler seine Gegenforderung, und es kennzeichnet seine gefährliche Geschicklichkeit, daß er das in einer Form tat, die wiederum nur die Wünsche der Reichswehr zu erfüllen schien. Wenn er erklärte, die Wehrmacht solle nach seinem Willen »unpol[itisch] und überparteilich bleiben« und »der Kampf im Innern nicht ihre Sache, sondern [die] der Nazi-Organisationen« sein, so hieß das, in eine mehr konkrete Sprache übersetzt, daß er bei der Niederringung seiner inneren Gegner und der Entfesselung der Revolution von der Reichswehr nicht gestört werden wollte; aber indem er sich der traditionellen Formeln von »Überparteilichkeit« und »unpolitischer Haltung« bediente, versuchte er den Offizieren zu suggerieren, er verlange von ihnen nichts als die Rückkehr zu der von ihnen gewünschten zwielichtigen Distanzierung, wie sie einst Seeckt praktiziert hatte.

Die Reaktion der Reichswehr auf dieses Angebot mußte gemäß der hierarchischen Struktur des Offizierskorps in hervorragendem Maße von der Haltung des neuen Reichswehrministers v. Blomberg und seines nächsten Beraters, des Obersten v. Reichenau, abhängig sein. In dieser Beziehung erwies sich die Wahl Blombergs als für Hitler ungewöhnlich günstig, doch ist zu bezweifeln, ob das nur ein »unverhoffter Glücksfall« war.[67] Wie bei so vielen Vorgängen jener wahrhaft dunklen letzten Januarwoche 1933 ist auch der Hergang bei der Ernennung Blombergs noch nicht in allen Punkten geklärt; sehr wahrscheinlich hat aber Krausnick recht, wenn er ihn einen »für Hitler günstigen Kompromiß« zwischen Hindenburg und den Nationalsozialisten nennt.[68] Hindenburg hatte sich die Besetzung des Wehrministeriums ausdrücklich vorbehalten, weil er es – ebenso wie das Außenministerium – »in der Hand absolut zuverlässiger Männer wissen« wollte. Seinem Denken entsprechend glaubte er das am besten durch die Wahl eines Offiziers zu erreichen, und überdies wollte er »Schluß mit der Methode Schleichers« machen.[69] Dementsprechend waren alle in Erwägung gezogenen Kandidaten – außer Blomberg noch Fritsch und Joachim v. Stülpnagel – Generale, die mehr oder weniger als Gegner Schleichers galten. Da sie überdies alle dem Nationalsozialismus mindestens wohlwollendes Verständnis entgegenbrachten,[70] darf man schließen, daß schon frühzeitig eine Konsultation mit Hitler stattgefunden hatte. Jedenfalls berichtete er später gesprächsweise, »er [habe] Göring besonders eingeschärft . . ., als Reichswehrminister nur einen General zu akzeptieren, der, wie der ihm von Ostpreußen her empfohlene General v. Blomberg, sein Vertrauen habe«.[71] Sehr wahrscheinlich bezog sich Hitler damit auf die Aktivität des Obersten v. Reichenau, Blombergs ehrgeizigen ostpreußischen Stabschef, der sich in der Endphase der Regierungsverhandlungen ständig in Berlin aufhielt und hier – nachdem er etwaige eigene Hoffnungen hatte begraben müssen – sowohl im nationalsozialistischen Hauptquartier als auch in der Umgebung des Reichspräsidenten seine Fäden zugunsten Blombergs zog. Dies und Hindenburgs fatale Schwäche für weltmännisch-gewandtes und verbindliches Auftreten, die schon gegenüber Papen hervorgetreten war und sich im Falle Blomberg jetzt erneut bewies, werden schließlich für ihn den Ausschlag gegeben haben.[72]

Eine der ersten Amtshandlungen des neuernannten Ministers war die Berufung Reichenaus zum Nachfolger von Schleichers Gehilfen Oberst v. Bredow als Chef des Ministeramts, jenes politischen Führungsstabes im Reichswehrministerium, der Schleichers ureigenste Schöpfung war. Damit begann eine bedeutsame Verschiebung im Spitzengremium des Offizierskorps. Mit Schleicher war eines der letzten Mitglieder jener Clique aus der kaiserlichen Obersten Heeresleitung des ersten Weltkrieges abgetreten, die die Reichswehr aufgebaut und ihre Geschicke seitdem maßgeblich beeinflußt hatte – in vermindertem Grade auch unter Seeckt.[73] Sie war schon in den letzten Jahren der Ära Schleicher allmählich abgebröckelt und durch eine neue, von Schleicher zielstrebig aufgebaute Führungsgruppe jüngerer Offiziere abgelöst worden; aber in der Person Schleichers war eine gewisse Kontinuität erhalten geblieben. Mit seinem Rücktritt riß diese Tradition ab, und die Reichswehr verlor ihren Fachmann für Innenpolitik, der sich in den bewegten Jahren der Republik wieder und wieder als unersetzlich erwiesen hatte, weil er es wie keiner seiner Kameraden verstand, das Reichswehrschiff durch die klippenreichen Gewässer der republikanischen Politik zu steuern.[74] Und die Entlassung Bredows leitete die Entmachtung und Auflösung der Schleicherschen Führungsgruppe und damit des letzten Restes der die Reichswehrgeschichte bestimmenden Offiziersschicht ein. An ihre Stelle trat mit Blomberg und Reichenau das ostpreußische Wehrkreiskommando als Avantgarde einer Offiziersschicht neuen Typs. Bei aller Verschiedenheit der Individualitäten läßt sie sich doch durch eine Reihe gemeinsamer Merkmale kennzeichnen: Lockerung, ja Lösung der Bindungen an die preußischen Traditionen und insbesondere an die Monarchie; Aufgeschlossenheit für die neue Zeit, für ihre ideologischen Tendenzen, ihre sozialen Probleme und den technischen Fortschritt; damit verbunden aber auch geistige Heimatlosigkeit, die sich bei den einen in Richtungslosigkeit, bei den anderen in geistiger Verkümmerung äußerte; und schließlich Professionalisierung und Funktionalisierung, die in Verbindung mit der geistigen Leere zu Sorglosigkeit und Ignoranz in allen nichtmilitärischen Fragen führten und sich bei manchen bis zu Skrupellosigkeit und Brutalität steigerten. Es war der Typ des Technikers der Macht, des »Ingenieurs der Zerstörung«, den einst Robespierre für den Offizier der Zukunft gefordert hatte[75] und der in seiner deutschen Form im 20. Jahrhundert alsbald in den Sog der revolutionären Dynamik des Nationalsozialismus geriet, sei es, daß er der Faszination Hitlers, der pseudoreligiösen Verkündigung oder dem kalten Rausch schrankenloser Macht erlag.[76]

Blomberg und Reichenau waren bei aller Verschiedenheit doch jeder in seiner Weise Repräsentanten dieses Typs. Blomberg ist von seinen ehemaligen Kameraden nach der Katastrophe von 1945 als Außenseiter im Offizierskorps und als Hauptschuldiger für die Auslieferung der Wehrmacht an Hitler verfemt worden. Aber das Urteil Rundstedts vor dem Nürnberger Gerichtshof, Blomberg sei im Offizierskorps »immer etwas fremd« gewesen, es habe »ihn eigentlich niemand recht leiden« können,[77] wird durch Fritschs Zeugnis widerlegt, der, freilich schon 1938, gestand, er habe Blomberg trotz vielen Vorbehalten als Menschen sehr geschätzt; »wir waren, menschlich gesehen, fast befreundet.«[78] Tatsächlich scheinen Blombergs allseits gerühmte Liebenswürdigkeit und Verbindlichkeit Fritschs Angaben eher zu bestätigen, und wenn auch seine »romantisch-phantastischen« Neigungen von der traditionellen Nüchternheit seiner Kollegen fremdartig abgestochen haben mögen, so resultierte daraus doch noch keine Entfremdung. Auch seiner Laufbahn nach ist Blomberg keineswegs ein Außenseiter.[79] Aus einer Offiziersfamilie stammend, hat er die normale Karriere durchlaufen: Kadettenhaus, Generalstab, im ersten Weltkrieg Wechsel zwischen Frontdienst und Truppengeneralstab. Bei Kriegsende bot sich ihm die Chance zum Sprung nach oben; vielseitig begabt und intelligent, hat er sie genützt und einen schnellen und glänzenden Aufstieg bis zum Chef des Truppenamtes (1927 bis 1929) und Anwärter auf den Posten des Chefs der Heeresleitung erlebt. Dabei hat ihm nach eigenem Zeugnis geholfen, daß er, schon vor 1914 voll Skepsis und Kritik an den bestehenden Verhältnissen, durch den Ausgang des Krieges nicht »aus allen Himmeln gerissen wurde« und sich unbeschwerter und vorurteilsfreier als andere dem Dienst der Republik widmen konnte.[80] Lange Zeit galt er als einer der »demokratischsten« Offiziere,[81] aber er war auch Anhänger der Steinerschen Anthroposophie und zeigte sich 1928, auf einer Reise nach Rußland, sehr beeindruckt von dem sowjetischen System der ideologischen Massenmobilisierung und -lenkung – Zeugnisse für einen ebenso entzündbaren wie unbeständigen Geist, der gewonnene Eindrücke nicht gründlich verarbeitete.[82]

Der Wendepunkt in seinem Leben trat 1929 ein, als er sich aus einem noch nicht näher geklärten Anlaß mit Schleicher überwarf,[83] als Wehrkreisbefehlshaber nach Ostpreußen versetzt wurde und hier ab 1931 unter den Einfluß seines neuen Stabschefs v. Reichenau geriet, der ihn im Verein mit dem unrühmlich bekannten Wehrkreispfarrer Ludwig Müller für den Nationalsozialismus zu interessieren begann. Bald hörte ihn einer seiner Offiziere urteilen, der Nationalsozialismus sei »in seinem Fanatismus nur mit dem Chirstentum in seiner Urform zu vergleichen«.[84] Hinzu kam, daß er nach einem Sturz vom Pferde und nach dem Tode seiner ersten Frau physisch und psychisch erschüttert schien. Schon Brüning hatte angeregt, ihn als Chef der deutschen Militärmission bei der Abrüstungskonferenz in Genf kaltzustellen, und gegen Ende 1932 begannen Schleicher und der Chef des Heerespersonalamtes, General v. d. Bussche-Ippenburg, Überlegungen über seine Verabschiedung anzustellen.[85] Aber da machte Hindenburg in seinem unglückseligen Hang, den falschen Leuten im falschen Augenblick die Treue zu halten, auch hier einen Strich durch Schleichers Rechnung und ernannte gerade Blomberg zum Reichswehrminister. Die Folge war, daß der labile, sanguinische Mann der suggestiven Wirkung Hitlers rasch verfiel. Es seien ihm, so schrieb er später in seinen Memoiren, 1933 über Nacht Dinge in den Schoß gefallen, die er nach 1919 niemals erwartet hätte: Zuerst Glauben, Verehrung für einen Mann und völlige Anhänglichkeit an eine Idee; später ein Tätigkeitsfeld, das große Zukunftsmöglichkeiten barg. Er habe sich dem Nationalsozialismus verschrieben, weil er gefunden habe, daß im Kern dieser Bewegung alles richtig war.[86]

Aus ganz anderem Holze war Reichenau geschnitzt. Seine Karriere bis 1933 war weniger bewegt und interessant. Kaum jünger als Blomberg und wie er Generalstabsoffizier, kam er dem Typ des »Ingenieurs der Zerstörung« wesentlich näher. Als er 1935 als Kommandierender General nach München versetzt wurde, erwarteten die dortigen Offiziere einen typischen »Potsdamer«; aber sie mußten zu ihrem Erstaunen feststellen, daß er »ebensogut ein amerikanischer General [hätte] sein können«.[87] Er hatte sich mit den technischen Errungenschaften der Zeit vertraut gemacht und hatte Verständnis für sie; er war ein vielseitiger Sportsmann und hatte seinen militärisch glänzend geschulten Geist durch Aneignung mehrerer Fremdsprachen zu vielseitiger Verwendung ausgebildet. Geist und Körper waren sicher beherrschte Werkzeuge seines starken Willens, aber außer der Macht sucht man vergeblich ein Ziel, auf das er seine Willenskraft gelenkt hätte – der Macht der Armee, der Deutschlands und nicht zuletzt seiner eigenen.[88] Durch einen süddeutschen Verwandten schon frühzeitig mit Hitler bekannt geworden, trat er in Ostpreußen mit dem unvermeidlichen NS-Pfarrer Müller und dem nationalsozialistischen Gauleiter Koch in so enge Beziehungen, daß man ihn darob im Sommer 1932 nach Berlin zitierte; der generöse Hammerstein verhinderte seine Entlassung,[89] aber Reichenau setzte seine Eskapaden unbeeindruckt fort und hat sogar mit Hitler in Briefwechsel gestanden.[90] Indessen wird man ihn wohl kaum in ideoligischem Sinne einen Nationalsozialisten nennen dürfen, wohl aber mag er schon früh mit sicherem Blick erfaßt haben, daß hinter der offiziellen Phraseologie der Hitlerschen Bewegung ein ähnlicher unbändiger Machtwille wirkte wie bei ihm selbst, und die Skrupellosigkeit und Brutalität, die sich damit verbunden zeigten, werden ihn eher angezogen als abgestoßen haben, war er doch selbst von beidem nicht frei. Trotzdem ist es nicht unglaubwürdig, daß er, wie berichtet wird, für die Schwächen Hitlers und der nationalsozialistischen Bewegung nicht blind gewesen sein und sich später im Kriege von Hitler abgewandt haben soll,[91] denn als geschulter Fachmann kann er die Gefahren des systematischen Hitlerschen Dilettantismus nicht übersehen haben. Aber eitel und ehrgeizig, immer nur das Nächstliegende vor Augen, schlug er Bedenken leichtfertig in den Wind und paktierte bewußt mit dem Teufel, in der vermessenen Hoffnung, ihn im entscheidenden Augenblick schon überlisten zu können.

Es bedarf keines Hinweises, daß Reichenau als die stärkere Persönlichkeit fortan der *spiritus rector* der Reichswehrpolitik wurde; wie seinerzeit unter Groener wurde das Ministeramt jetzt wieder zum entscheidenden Schaltwerk im Reichswehrministerium. Nur funktionierte es nicht mehr so gut; der Meister war gegangen, und die beiden Lehrlinge, die ihm folgten, mußten bald entdecken, daß der komplizierte Mechanismus mit bloßem Selbstvertrauen allein nicht zu beherrschen war. Aber zunächst steuerten sie unbekümmert darauf los, und ihr Kurs war eindeutig. Man hat oft erörtert, wann eigentlich das Bündnis zwischen Reichswehr und Hitler perfekt wurde, am Tag von Potsdam, im Sommer 1933 nach der Auflösung der Parteien und dem Beginn der Aufrüstung, im Herbst nach dem Austritt aus dem Völkerbund oder im Sommer 1934 nach der Röhm-Krise und dem Tode Hindenburgs. Die traurige Wahrheit ist, daß Reichenau und in seinem Fahrwasser Blomberg dieses Bündnis sofort nach der Regierungsbildung geschlossen haben. Die ersten Absprachen werden vermutlich schon in der letzten Januarwoche zwischen Reichenau und Hitler getroffen worden sein. Am 30. Januar hatte Blomberg dann nach der Vereidigung der Regierung und noch vor der ersten Kabinettssitzung eine Konferenz mit Hitler im Kaiserhof,[92] in der offensichtlich die endgültige Übereinkunft auf der Bais der genannten Hitlerschen Vorschläge geschlossen wurde.

Die ersten Verlautbarungen der Bendlerstraße waren freilich noch vorsichtig und bei oberflächlicher Betrachtung auch mehrdeutig, aber bei eindringender Analyse bleibt kein Zweifel, daß sie genau in Hitlers Konzeption paßten. Den Rahmen hatte bereits

Hindenburg selbst abgesteckt, als er Blomberg bei dessen Vereidigung den Auftrag gab, die Reichswehr jeder politischen Diskussion zu entziehen und »Schluß mit der Methode Schleichers« zu machen.[93] Dementsprechend lautete die offizielle Formel für den neuen Kurs »Entpolitisierung der Reichswehr«. Das war die Überschrift, unter der die Presse die Ablösung Bredows durch Reichenau ankündigte.[94] In diesem Sinne muß auch das Programm verstanden werden, das Blomberg sowohl in seinem öffentlichen Antrittserlaß an die Wehrmacht am 1. Februar als auch drei Tage später in einer internen Befehlshaberbesprechung im Reichswehrministerium bekanntgab: Erhaltung der Reichswehr als überparteiliches Machtmittel des Staates; Verbreiterung ihrer Basis durch Wehrertüchtigung des Volkes und Ausbau der Wehrmacht zu einem vollwertigen nationalen Sicherheitsinstrument.[95] Der Begriff der Überparteilichkeit könnte hier um so mehr irreführen, als Blomberg ihn in der Befehlshaberbesprechung noch ausdrücklich mit der Bemerkung kommentierte, ein »Herabsinken zur Parteitruppe hebt [die] Grundlagen auf, auf denen wir stehen!« Auch berief er sich in seinem Aufruf ausdrücklich auf das »Vermächtnis meiner Amtsvorgänger« und leitete die Befehlshaberbesprechung mit einer Würdigung von Schleichers Tätigkeit und einer Danksagung für seine Verdienste ein. Aber zugleich gab er hier eine Interpretation der Schleicherschen Politik, die diese als Vorstufe des neuen Kurses usurpierte und damit einen neuen Begriff der Überparteilichkeit andeutete: Neben seinen Erfolgen im Kampf um die militärische Gleichberechtigung sei Schleichers Hauptverdienst das »Heraushalten der R[eichs] W[ehr] aus [der] Politik«, und das Ziel seiner Kanzlerschaft sei es gewesen, »die Nationalsozialisten mit der Regierung zu versöhnen u[nd] in d[ie] Verantwortung zu bringen«.

Die Bemerkung enthüllt einmal mehr die fatale Ambivalenz der Schleicherschen Politik, die mit den Nationalsozialisten paktieren und sie zugleich bekämpfen wollte. Sie machte es Blomberg jetzt möglich, sich auf Schleicher zu berufen, obwohl er mit Hitler paktieren wollte, ohne ihn zu bekämpfen.[96] Daß das der Sinn von Blombergs Äußerungen war, wurde sofort klar, als die Frage des Einsatzes der Wehrmacht im Innern aufgeworfen wurde. Blombergs Haltung in diesem Punkt entsprach so weitgehend den Wünschen Hitlers, daß sie sogar in Gegensatz zu Hindenburgs Vorstellungen zu treten drohte. Wenn Hindenburg die Entpolitisierung der

Wehrmacht gefordert hatte, so in der Absicht, die von der Armee bisher ausgeübte Kontrollfunktion gegenüber den Nationalsozialisten wieder in die Hände der Zivilgewalt zu legen, also den nicht-nationalsozialistischen Kabinettsmitgliedern und vor allem sich selbst vorzubehalten. Dies erforderte aber auch, daß er in ungeschmälertem Besitz seiner verfassungsmäßigen Rechte blieb und insbesondere notfalls den militärischen Ausnahmezustand nach Artikel 48 RV verhängen konnte.[97] Aber gerade hier schlug Blomberg noch am 30. Januar eine Bresche. Als das neue Kabinett in seiner ersten Sitzung die Gefahren eines Generalstreiks erörterte, den man als Folge eines Verbots der KPD erwartete, stellte Hitler fest, die Reichswehr dürfe in diesem Falle nach Möglichkeit nicht eingesetzt werden. Blomberg fing den Ball auf und erklärte seinerseits, er »begrüße« diese Auffassung, und er fügte hinzu, »daß der Soldat als einzig möglichen Gegner einen äußeren Feind anzusehen gewöhnt sei«.[98] Das war *de jure* ein Eingriff in die Diktaturgewalt des Reichspräsidenten; ihm allein war es vorbehalten, zu entscheiden, ob und wann die bewaffnete Macht im Innern eingesetzt werden sollte. Blombergs Eingriff in diese Rechte wog um so schwerer, als er zugleich den Bruch mit einer fundamentalen Tradition der Reichswehrpolitik bedeutete. So zögernd die militärische Führung bisher gegen Aufstandsversuche von rechts eingeschritten war, so prompt und unbedenklich war sie gegen jeden derartigen Versuch vorgegangen, wenn er von links kam, und insbesondere der Generalstreik war im Reichswehrministerium immer mit dem großen Anathema belegt gewesen. Blombergs neue Haltung bedeutete daher einen eminenten Vertrauensbeweis für Hitler und seine militanten Organisationen, er kam aber zugleich auch einem Freibrief für Hitler gleich; denn wenn die Reichswehrführung schon nicht bereit war, gegen die Kommunisten einzuschreiten, so erst recht nicht gegen die »nationale Bewegung«. Damit war der Papen–Hindenburgsche Plan, Hitler »einzurahmen«, von der Wehrmacht bereits am 30. Januar verlassen und die Entpolitisierungsformel im Sinne einer konsequenten Nichteinmischung der bewaffneten Macht in etwaige innenpolitische Auseinandersetzungen definiert,[99] während die Überparteilichkeit nur mehr als Abschirmung der Armee selbst gegen »Parteieinflüsse« verstanden wurde.

Daß Blombergs Stellungnahme nicht etwa aus Gedankenlosigkeit und Fahrlässigkeit entstanden war, sondern auf einer zielbewußten, über die bloße »Entpolitisierung« hinausgehenden Option für ein Regime Hitlers beruhte, kam auf der Befehlshaberbesprechung vom 3. Februar zum Ausdruck. Das neue Kabinett, so urteilte er hier, sei »Ausdruck breiten nationalen Wollens u[nd die] Verwirklichung dessen, was viele der Besten seit Jahren angestrebt« hätten. Zwar vertrete es nur eine »Volksminderheit«, aber doch eine, die nach Millionen zähle und festgefügt sei in der Entschlossenheit, »für ihre Idee zu leben u[nd] – wenn nötig – auch zu sterben. Daraus ergeben sich große Möglichkeiten, wenn die leitenden Männer festes Herz und glückliche Hand beweisen.«[100] Blomberg war nicht blind genug, um nicht zu sehen, daß der Minderheitscharakter der NSDAP der Reichswehr bei strenger Auslegung der Überparteilichkeitsmaxime ein Bündnis mit Hitler verwehrte, und man muß hinzufügen, daß ein solches Bündnis auch jene Legalitätsbasis aufgab, die die Regierung des 30. Januar offiziell noch festgehalten hatte. Aber die Reichswehrführung kalkulierte kühl, daß diese Legalitätsbasis ohnehin fragwürdig und ihre konservativen Verteidiger schwach und unentschlossen waren, während sich Hitler auf eine immerhin millionenstarke, »festgefügte« Anhängerschaft stützen konnte und von dieser Basis aus zielbewußt und kraftvoll operierte. Und da er überdies in seinen militanten Massenorganisationen fruchtbare Ansätze zu einer modernen Form der Wehrhaftmachung geschaffen zu haben schien, fiel die Entscheidung nicht schwer. Gestützt auf die Hoffnung, daß die Aufrüstung die Wehrmacht im Zeitalter der totalen Mobilmachung zum beherrschenden Faktor im Staate machen werde – davon wird noch zu sprechen sein[101] –, entschlossen sich Blomberg und Reichenau kurzerhand, alle Brücken hinter sich abzubrechen und Hitler eine Chance zu geben.

Dabei hat Reichenau die Konsequenzen dieser Entscheidung allerdings wohl klarer überblickt als Blomberg. Schon bei seinem Amtsantritt hatte er verkündet: »Niemals war die Wehrmacht identischer mit dem Staat als heute.«[102]

Einige Zeit später hat er seine Gedanken einem Kriegskameraden etwas eingehender auseinandergesetzt. Weder die Deutschnationalen, so meinte er, noch Hindenburg, noch selbst »die führenden Persönlichkeiten der Wehrmacht« hätten erkannt, daß mit dem Regierungsantritt Hitlers eine revolutionäre Auseinandersetzung großen Ausmaßes begonnen habe. Hitler erstrebe zweifellos die »legale Diktatur«, und für die Wehrmacht sei es notwendig, ihm dabei zu helfen, indem sie die »parteimäßigen Einflüsse seitens der NSDAP zurückzudrängen und zu paralysieren« versuche. Dazu aber bedürfe es unorthodoxer und unkonventioneller Mittel; so müsse man sich z. B. dem Lebensstil Hitlers anpassen, wenn man an ihn herankommen wolle. Das Problem der SA müsse man auf dem Wege über die Aufrüstung lösen; entsprechend den Seecktschen Gedanken solle die Reichswehr zu einer Elitearmee ausgebaut und die SA ihr als eine Miliz angegliedert werden.[103]

Diese Mischung von Klarsicht und Selbsttäuschung ist für Reichenau bezeichnend. Er sah wohl den revolutionären Charakter der Entwicklung seit dem 30. Januar; aber trotzdem glaubte er, Hitler für die Wehrmacht okkupieren, die Partei neutralisieren und die SA bändigen zu können.[104] Er hatte richtig erkannt, daß Hitler seine Entscheidungen häufig in »Gesprächen am Kamin« fällte, aber seine Hoffnung, durch bloße Beteiligung daran Einfluß zu gewinnen, beruhte auf einer Fehleinschätzung von Hitlers mißtrauischem und starrsinnigem Chrakter. Als sein Gesprächspartner ihm vorhielt, Hitler habe sich bisher immer als unzuverlässig erwiesen und gegebene Versprechen nie gehalten, antwortete er sichtlich verstimmt, »es sei ja doch ein Unterschied, ob man als Parteiführer verhandle oder ob man als verantwortlicher Staatsmann Abkommen schließe«.[105] Es war noch immer die alte Illusion Schleichers, daß man das wilde Tier Hitler im Zwinger der Regierungsverantwortung domestizieren und für die Zwecke der Wehrmacht abrichten könne. Daß Schleicher damit gescheitert war, bewog Reichenau nur zu dem Schluß, er müsse falsche Mittel angewendet haben. Zugleich wird hier eine der Wurzeln für diesen unausrottbaren Illusionismus deutlich: die doppelbödige politische Moral, die die Parteipolitik für schlechthin korrupt, den »verantwortlichen Staatsmann« aber für unbegrenzt kreditwürdig hielt.

Nachdem Blomberg und Reichenau sich mit Hitler geeinigt hatten, gingen sie unverzüglich daran, Offizierskorps und Truppe durch eine geeignete Sprachregelung auf den neuen Kurs vorzubereiten. Zu diesem Zweck unternahm Blomberg im Februar eine Reise durch die Wehrkreise und wiederholte dort in öffentlichen Reden seine Version von den Millionen von Idealisten, die jetzt geschlossen hinter oder neben der Reichswehr ständen.[106] Vorher noch, am 3. Februar, hatte er, wie erwähnt, die Befehlshaber nach Berlin gerufen und sie über die Kursschwenkung instruiert. Darüber hinaus schien es ihm wünschenswert, sie auch mit Hitler selbst in Kontakt zu bringen. Daher benutzte er die Gelegenheit und lud Hitler ein, bei einer abendlichen Zusammenkunft am selben Tage, die als Geburtstagsfeier für den 60jährigen Außenminister v. Neurath arrangiert wurde und im Hause Hammerstein stattfand,[107] vor den Offizieren zu sprechen. Der Vorgang war an sich schon bemerkenswert, war er doch in der Geschichte der Weimarer Republik ungewöhnlich,[108] und der *Völkische Beobachter* versäumte nicht, ihn unter der Überschrift »Das Reichsheer Schulter an Schulter mit dem neuen Kanzler« (nicht »Regierung«!) entsprechend auszumünzen.[109] Das traf sich genau mit den Intentionen von Blomberg und Reichenau, aber welch ein Risiko die Reichswehrführung mit solch einer »Tuchfühlung« einging, zeigten die Gedanken und Ziele, die Hitler hier in einer zweieinhalbstündigen Rede vor seinen Zuhörern entwickelte. Die gegenwärtige wirtschaftliche Krise, so sagte er, könne nur durch »Kampf« überwunden werden; alle anderen, insbesondere wirtschaftlichen Mittel wie etwa Handels- und Exportpolitik oder innere Kolonisation seien nur »Aushilfsmittel«. Erst die »Eroberung neuen Lebensraums im Osten und dessen rücksichtslose Germanisierung« werde eine endgültige Entlastung bringen. Dafür sei aber die »völlige Umkehrung der gegenwärt[igen] innenpol[itischen] Zustände« als Voraussetzung nötig: »Straffste autoritäre Staatsführung, Beseitigung des Krebsschadens der Demokratie, ... Ausrottung des Marxismus mit Stumpf und Stiel«. Daran schlossen sich die schon erwähnten Angebote und Forderungen an die Wehrmacht an: Aufrüstung, Wehrertüchtigung, Bekämpfung des Pazifismus, Beschränkung der SA auf politische Aufgaben, Nichteinmischung der Wehrmacht in den inneren Kampf.[110]

Für einen aufmerksamen Zuhörer mußten das wahrhaft erschreckende Perspektiven sein, vor denen sich das bisher so sorgfältig retuschierte offizielle Bild der legalen nationalen Erhebung zu bloßem schönem Schein verflüchtigte. In krassem Gegensatz zu der Regierungserklärung vom 30. Januar, in der außenpolitisch von »unserem aufrichtigsten Wunsch« nach »Erhaltung und Festigung des Friedens« sowie nach »Beschränkung der Rüstungen«, und innenpolitisch von einem »Akt der Versöhnung« die Rede gewesen war,[111] proklamierte Hitler hier Aufrüstung und Krieg, Krieg nach innen und nach außen.

Zum Glück für Hitler und seine militärischen Parteigänger ließ die Aufmerksamkeit seiner Zuhörer zu wünschen übrig; ihre Reaktion war geteilt, z. T. kühl, aber keiner der verantwortlichen Befehlshaber war sich bewußt, daß er hier vor eine Entscheidung über Sein oder Nichtsein der militärischen Institution, der soldatischen Traditionen und des deutschen Staatswesens überhaupt gestellt wurde. Es wird in anderem Zusammenhang noch darauf zurückzukommen sein; hier genügt die Feststellung, daß Hitlers Rede beim Offizierskorps keine einmütige Opposition hervorrief, ja, bei einigen blieb ein »starker Wille und idealer Schwung« nicht ohne Eindruck.[112] Damit durften Blomberg und Reichenau ihren neuen Kurs wenn nicht als gebilligt, so doch als zugelassen betrachten; sie hatten jetzt freie Hand, die Nichteinmischungspolitik *de facto* als Bündnispolitik zu führen.

4. Reichswehr und Gleichschaltung

Die Übereinkunft mit der Reichswehrführung gab Hitler Raum und Rückendeckung für die Revolutionierung des Staates auf allen nichtmilitärischen Gebieten. Er säumte nicht, davon Gebrauch zu machen, und setzte, zunächst in Gestalt des Wahlkampfes, nun zu einem Angriff an, der das schöne Bild der nationalen Einigung bereits jetzt als Trugbild entlarvte. Schon am 7. Februar stellte ein aufmerksamer Beobachter fest, die Sorge, daß die NSDAP ganz von parteiegoistischem Machtstreben beherrscht werde und »sich aus der Bevormundung von Papen und Hugenberg ... befreien« wolle, scheine »sich schneller zu bestätigen, als ursprünglich zu befürchten war«; während die konservativen Kabinettsmitglieder, insbesondere der Wirtschaftsminister Hugenberg, sich einer schier überwältigenden Flut sachlicher Aufgaben gegenübersähen, die sie wegen ihrer schmalen politischen Basis nicht ohne Mithilfe der NSDAP lösen könnten, kümmere diese sich allein um den Ausbau ihrer Macht.[113] Diese Offensive erreichte ihren ersten und bereits entscheidenden Gipfelpunkt in der Reichstagsbrand-Affäre. Mit der Proklamation des Ausnahmezustandes und der sofort und ohne jede Untersuchung und rechtliche Grundlage einsetzenden Verfolgung des »Marxismus« war sie der eigentliche Staatsstreich, der das wankende Gehäuse der Republik zum Einsturz brachte.

Zunächst verschob sich jetzt die Machtverteilung innerhalb der Koalitionsregierung endgültig zugunsten der Nationalsozialisten. Sofern es überhaupt ein machtpolitisches Gleichgewicht in dieser Regierung gegeben hatte, so bestand es darin, daß Hitlers Koalitionspartner, die mit Ausnahme Seldtes allesamt Offiziere ohne Heer waren, der Hitlerschen Massenbewegung die *Diktaturgewalt* des Reichspräsidenten entgegenzustellen vermochten; darauf gründeten sich nicht zuletzt die Hoffnungen einer besorgten Öffentlichkeit.[114] Zwar machen die Memoiren der Beteiligten heute klar, daß die konservativen Kabinettsmitglieder offenbar von vornherein auf die volle Ausschöpfung der präsidialen Möglichkeiten verzichtet haben,[115] und Blomberg hatte sogar mit Hitler sofort sein Nichteinmischungsabkommen geschlossen. Aber Hitler konnte das zweifellos nicht genügen. Von seinen zivilen Kabinettskollegen hatte er den Eindruck, daß sie, mit Ausnahme Neuraths, »durchaus nach ihrem eigenen Kopf arbeiten« wollten,[116] und was die Reichswehr anging, so hatte er schon einmal erlebt, daß sie in revolutionären Situationen auf Grund ihres Legalitätskomplexes eine Unentschlossenheit zeigen konnte, die in ihrer praktischen Auswirkung auf ein Doppelspiel hinauslief, und es ist unwahrscheinlich, daß Blombergs überraschend großzügiges Entgegenkommen sein Mißtrauen von einem auf den andern Tag beseitigt haben sollte. Überdies waren Blomberg und Reichenau nicht die Reichswehr; noch war Hitlers Gegner Hammerstein Chef der Heeresleitung, und daß die übrigen Befehlshaber ihm mit einiger Reserve gegenüberstanden, hatte er bei dem Zusammentreffen vom 3. Februar sehr wohl herausgespürt.[117] Angesichts der schwer abzuschätzenden Kettenreaktion, die seine geplante Revolution auslösen konnte, durfte er eine Schwenkung der Reichswehr noch keineswegs für ganz ausgeschlossen halten; insbesondere dann nicht, wenn Hindenburg doch noch aus seiner Reserve heraustreten sollte. So günstig auch sonst die Situation für Hitler sein mochte, solange das Damoklesschwert des Ausnahmezustandes über ihm hing, konnte er nicht die Bewegungsfreiheit für sich in Anspruch nehmen, die er brauchte. Die Reichstagsbrand-Verordnung befreite ihn jetzt von diesen Sorgen. Indem sie die Ausnahme-Befugnisse auf den Reichsinnenminister übertrug, entwand sie den konservativen Koalitionspartnern ihre einzige scharfe Waffe und spielte sie in die Hände der Nationalsozialisten, die sie mit Hilfe der Polizei und der zur Hilfspolizei avancierten SA sofort rücksichtslos anwandten. Diesem zivilen noch einen militärischen Ausnahmezustand entgegenzusetzen, war staatsrechtlich wie machtpolitisch unmöglich.[118]

Dabei war der Coup eindeutig illegal, wenn er auch erfolgreich als »Abwehr eines kommunistischen Aufstandsversuchs« getarnt wurde. Zwar ist noch immer nicht eindeutig nachweisbar, wer nun wirklich den Reichstag angezündet hat, sicher ist aber, daß es die Kommunisten nicht waren; sie hätten auch gar nichts Dümmeres tun können. Nichtsdestoweniger fand Hitlers »Haltet-den-Dieb«-Schrei weithin Glauben. Die seit Jahren immer wieder als Integrationsmittel verwendete krankhafte Kommunistenfurcht im Verein mit der Obrigkeitshörigkeit machten die bürgerlichen Schichten blind und ließen sie glauben, wo sie hätten prüfen und protestieren sollen. Menschen, die ihren Kopf von der Kommunistenpsychose freigehalten hatten, wie die ausländischen Beobachter,[119] aber auch z. B. der Chef der Heeresleitung, General v. Hammerstein, argwöhnten gleich den Pferdefuß,[120] aber die Masse, und dazu gehörten auch viele sonst kritische Beobachter der politischen Rechten,[121] schrie ihr *»crucifige«*, kaum daß man ihr den bösen Feind, den sie sehen wollte, gezeigt hatte, ja sie ließ es sogar geschehen, daß die Nationalsozialisten ohne viel Federlesens außer den Kommunisten auch gleich die Sozialdemokraten unter Verfolgung stellten. Damit hatte Hitler die für ihn größte Gefahr: die Vereinigung der gemäßigten bürgerlichen mit den gemäßigten sozialistischen Kräften, verhindert und besaß die Ausnahmebefugnisse, mit denen er jetzt den einen Teil der Nation gegen den anderen hetzen und um so besser über beide herrschen konnte. Zwar brachte ihm die Wahl vom 5. März nicht den Gewinn, den er erhofft hatte, aber dadurch, das hatte er schon vor der Wahl angekündigt, ließ er sich jetzt nicht mehr aufhalten.[122] Er hatte die Initiative an sich gerissen und wußte sehr gut, daß er sie nicht mehr abgeben dürfe. So setzte er seinen Blitzkrieg fort und hatte in stürmischem Lauf innerhalb der nächsten vier Monate sowohl die Länderregierungen wie die Parteien niedergeworfen; Mitte Juli 1933 existierte weder die föderative Struktur der Weimarer Republik noch ihr Parteiensystem mehr.

Die Reichswehr stand, geführt von Blomberg und Reichenau, bei alledem Gewehr bei Fuß, obwohl die Wogen der Revolution vor ihren Augen Recht und Gesetz in Deutschland in die Gosse spülten und gelegentlich sogar schon über die eigenen Dämme und Deiche schlugen. Der Einwand, daß ihr ja angesichts der Legalität der Regierung und der soldatischen Gehorsamspflicht die Hände gebunden gewesen wären, stellt die Dinge auf den Kopf, denn das Problem ist doch gerade, daß die Reichswehrführung den Standpunkt der Legalität aufgab, indem sie durch ihre Nichteinmischungspolitik die Entfaltung der nationalsozialistischen Revolution ermöglichte. Ein gutinformierter Beobachter äußerte schon am 11. März, er habe den Eindruck, »daß der Versuch, das autoritäre Regime vor der Revolution zu retten, zu spät ist«. Wenn er aber hinzufügte, dieser Versuch würde allerdings in der Umgebung Papens und Blombergs noch immer »durchaus optimistisch beurteilt«,[123] so war das hinsichtlich Blombergs ein Mißverständnis. Denn Blombergs zweifellos vorhandener Optimismus galt nicht den Papenschen Plänen einer konservativen »Revolution von oben«, sondern dem, was Reichenau die »legale Diktatur« Hitlers genannt hatte. Wenn Hitler hier Mißtrauen gehegt hat, so war es unbegründet; die Reichswehrführung vollzog das Nichteinmischungsabkommen durchaus loyal. Bereits kurz vor dem Reichstagsbrand wurden die Befehlshaber informiert, daß sich die Stellung der Armee im Staat angesichts der sich anbahnenden Revolution geändert habe.[124] Sie solle sich zwar an dem von der Regierung geplanten Kampf gegen Kommunismus und Marxismus »nicht beteiligen, aber ihm gegenüber doch in wohlwollender Neutralität verharren«. Das war eine deutliche Ankündigung des kommenden Staatsstreichs und darf als ein Indiz mehr dafür gelten, daß in Kreisen der nationalsozialistischen Führung die Auslösung der Revolution bereits vor dem Reichstagsbrand terminmäßig geplant war.

Zwar wurden die Anweisungen des Ministeriums von den Wehrkreis-Befehlshabern vielfach nur in abgeschwächter Form weitergegeben, aber ihre Ausführung berührte das um so weniger, als die Haltung der Reichswehr in den entscheidenden Fällen doch von den Weisungen des Ministeriums abhängig blieb. Ein Beispiel dafür sind die Vorgänge in Bayern. Einst unter dem euphemistischen Titel »Ordnungszelle Bayern« der politische Abfalleimer der Republik und die Brutstätte des Nationalsozialismus, war Bayern im Februar 1933 noch einer der haltbarsten Räume in dem zerfallenden Gebäude des Weimarer Staates, und das insbesondere deswegen, weil die bayerische Polizei noch nicht in nationalsozialistischer Hand war. Hinzu kam, daß für eine Verbindung zwischen Landesregierung und Reichswehr in Bayern relativ günstige Verhältnisse vorlagen. Zu den wenigen Resten, die das Wehrgesetz von 1921 von den weitgehenden militärischen Reservat-Rechten der ehemaligen dynastischen Bundesstaaten übriggelassen hatte, gehörte die Bestallung eines »Landeskommandanten« für jedes Land der Weimarer Republik.[125] Das hatte insofern Bedeutung, als die Landesregierungen nach Art. 48 Absatz IV der Reichsverfassung berechtigt waren, »bei Gefahr im Verzuge« die sonst dem Reichspräsidenten zustehende Verhängung des Ausnahmezustandes für ihr Gebiet von sich aus vorzunehmen und ihrem Landeskommandanten entsprechende Anweisungen zu erteilen. In den meisten Ländern waren die Landeskommandanten freilich untergeordnete Offiziere, die nur über kleine, befehlsmäßig nicht selbständige Truppenteile verfügten und deren Funktion mehr oder minder dekorativ geblieben war; in Bayern aber war dies Amt mit dem des Kommandeurs der 7. Division und Befehlshabers im Wehrkreis VII verbunden, dessen Befehlsbereich sich mit den bayerischen Landesgrenzen deckte. Diese Regelung war durch die Ereignisse des Jahres 1923 noch besonders präjudiziert worden. Damals hatte der bayerische Ministerpräsident v. Knilling im Konflikt mit der Reichsregierung unter Berufung auf den erwähnten Verfassungsartikel die bayerische 7. Division »in Pflicht genommen«. Die Reichsregierung bestritt die Legalität dieser Maßnahme (mit Recht), aber bei der Beilegung dieses Konflikts im Februar 1924 vermochte Bayern eine Ausdehnung des Fahneneides auch auf die Landesverfassung durchzusetzen (Homburger Vereinbarung). Rechtlich war es also möglich, die 7. Reichswehrdivision unter Berufung auf den Fahneneid und den Artikel 48 zur Verteidigung der bayerischen Verfassung einzusetzen.[126]

Damit ergaben sich Ansatzmöglichkeiten für die Kristallisation eines erfolgreichen Widerstandes gegen nationalsozialistische Überwältigung. Schon im Februar hatten monarchistische Kreise um den Kronprinzen Rupprecht versucht, die Furcht vor Hitler als Vehikel für die Restauration der Monarchie zu benutzen. Als Blomberg anläßlich seiner Wehrkreisreise am 23. Februar in München weilte, war auch er ins Vertrauen gezogen worden, hatte aber gegen diese Pläne protestiert und erklärt, darüber pflichtgemäß dem Reichspräsidenten und dem Reichskanzler berichten zu müssen.[127] Blombergs Zurückhaltung war nur vernünftig; denn das Unternehmen hätte im Falle der Ausführung lediglich Hitler in die Hände gespielt, der nur auf einen Vorwand zum Eingreifen in Bayern wartete. Aber die Art von Blombergs Stellungnahme zeigt zugleich, daß er sich weniger von diesem Gesichtspunkt als von der Treue zu Hitler hatte leiten lassen. Als dann die Bewegung zur Gleichschaltung der Länder am 9. März auch auf Bayern übergriff, trat das ganz unzweideutig zutage. Was jetzt von der Reichswehr erwartet wurde, war nicht die Teilnahme an einem monarchistischen Staatsstreich, sondern die Abwehr eines nationalsozialistischen Putsches. Ohne Rücksicht auf die staatsrechtlichen Gegebenheiten und die Mehrheitsverhältnisse im Landtag, die beide durch den Ausgang der Reichstagswahl ja nicht berührt worden waren, forderten die Nationalsozialisten den Rücktritt der amtierenden Landesregierung, wobei beruhigende Erklärungen aus Berlin mit einem höchst beunruhigenden SA-Aufmarsch in München gekoppelt wurden. Angesichts dieser Drohung mit brachialer Gewalt hing die Haltung der Regierung Held entscheidend von der Frage ab, ob sie auf die Unterstützung der Reichswehr rechnen konnte; mit ihr und der bayerischen Landespolizei hoffte sie, Widerstand leisten zu können. Da die Voraussetzungen des Artikels 48 gegeben und auch der Fahneneid berührt war, durfte Held hoffen, daß seiner Bitte um Hilfe Folge geleistet wurde. In Abwesenheit des bayerischen Wehrkreiskommandeurs, Generalleutnant Ritter v. Leeb, nahm dessen Chef des Stabes, Oberst Wäger, das Ansuchen der Regierung entgegen. Er entschloß sich zu einer Anfrage in Berlin, erhielt aber die Antwort: »Die Reichswehr müsse Gewehr bei Fuß stehen, da die Angelegenheit in Bayern als eine rein innenpolitische betrachtet würde, aus der die Reichswehr sich vollständig herauszuhalten habe.«[128] Damit war das Schicksal der Regierung Held und mit ihr das der Demokratie in Bayern besiegelt.

In den anderen deutschen Ländern war die Reichswehr noch zurückhaltender; dem für Württemberg, Hessen, Thüringen und Teilen Preußens zuständigen Kommandeur des Wehrkreises V hatte Blomberg schon bei seinem Besuch in Stuttgart am 24. Februar befohlen, für den Fall von Unruhen nach der Reichstagswahl die Wehrmacht nicht zugunsten der verfassungsmäßigen Regierung, sondern zugunsten der Nationalsozialisten einzusetzen.[129] So überlieferte die Reichswehr nicht nur die Demokratie in den deutschen Ländern, sondern auch deren durch die Weimarer Verfassung geschützte Sonderrechte dem Untergang, und es war nur konsequent, daß wenig später auch die formale Beseitigung der föderativen Staatsverfassung durch das Reichsstatthaltergesetz von Blomberg unterstützt wurde. Anfang Juni wies er die Wehrkreisbefehlshaber an, für ein »gutes, noch besser herzliches Verhältnis« mit den Reichsstatthaltern Sorge zu tragen; das Reichsstatthaltergesetz müsse »mit Leben erfüllt werden, gleichgültig, welche z. Z. die Persönlichkeiten d[er] R[eichs-] St[atthalter] sind«.[130]

Eine ähnliche Haltung nahm die militärische Führung in der

Frage der Beseitigung der Parteien ein. Am 11. März äußerte Hitler gegenüber Papen den Wunsch, die schwarzrotgoldene Flagge der Weimarer Republik durch die Hakenkreuzfahnen zu ersetzen. Als Papen sich darauf in der Absicht, den Widerstand des Kabinetts dagegen zu mobilisieren, auch an Blomberg wandte, wurde er von diesem abgewiesen, und zwar mit dem gleichen Argument, mit dem Hitler seinen Wunsch begründet hatte: Die außerordentlichen Verdienste, die sich die NSDAP beim Neuaufbau erworben habe, rechtfertigten durchaus die Erhebung des Hakenkreuzes zum Symbol des Reiches.[131] Damit gab Blomberg *implicite* den Grundsatz der prinzipiellen Gleichberechtigung aller Parteien zugunsten einer Überordnung der NSDAP auf. Am 1. Juni hat er das in einer Befehlshaberbesprechung noch näher ausgeführt. Ganz im Sinne von Reichenaus oben zitierter Auffassung kritisierte er die Irrtümer der Deutschnationalen und des Zentrums über den »völligen Umschwung« seit dem 30. Januar. Da diese Revolution alleiniges Verdienst der Nationalsozialisten sei, wäre der »Anspruch der D[eutsch] Nat[ionalen] auf Gleichberechtigung verfehlt«; und er fuhr fort: »Es wird ein Glück sein, wenn diese Bewegung *bald* zu der von ihr erstrebten Totalität kommt« und Deutschnationale und Zentrum verschwinden.[132] In den Anweisungen vom Februar war nur von wohlwollender Neutralität gegenüber der Beseitigung von Kommunismus und Marxismus, also KPD und SPD, die Rede gewesen. Die Stellungnahme Blombergs zum Flaggenstreit zeigt, daß er sich innerhalb von längstens drei Wochen bereit gefunden hatte, auch die konservativen Koalitionspartner des 30. Januar fallenzulassen, und am 1. Juni erkannte er sogar den Totalitätsanspruch der NSDAP an und gab seine Zustimmung zur Beseitigung des republikanischen Parteiensystem überhaupt.

Mag man den bedingungslosen Verzicht der militärischen Führung auf ihre bisherige halbautonome Stellung im Staat und ihre unbedenkliche Option zugunsten der Revolutionierung der staatlichen Institutionen, wenn auch nicht für sehr weitblickend, so doch noch für verständlich halten, da sie damit an die tiefverwurzelten zentralistischen und antiparlamentarischen Vorstellungen der preußisch-deutschen Militärideologie anknüpfte, so muß die Bereitwilligkeit überraschen, mit der sie auch einen Teil der bisher eifersüchtig gehüteten militärischen Interessen ihrem neuen revolutionären Kurs opferte. Es war einer der ehernen Grundsätze der Reichswehrpolitik gewesen, sich selbst das Waffenmonopol zu sichern und keinen zweiten »Waffenträger« im Staat zu dulden. Nicht so sehr aus Loyalität für die Republik als vielmehr aus diesem Monopolprinzip leitete sich die distanzierte Haltung her, die die Reichswehrführung gegenüber den zahlreichen und vielgestaltigen paramilitärischen Verbänden in der Weimarer Zeit eingenommen hatte. Dementsprechend war ihre Politik gegenüber den Wehrverbänden vornehmlich von zwei Gesichtspunkten bestimmt gewesen: Sie hatte sich auch hier um eine wenigstens prinzipiell festgehaltene Überparteilichkeit bemüht und in dieser Absicht auch – freilich oft getrübte – Beziehungen zum Reichsbanner unterhalten; und sie war außerdem bestrebt gewesen, die vielfach als Parteigruppen auftretenden militanten Organisationen zu »entpolitisieren«, d. h. sie den Parteien zu entziehen und unter die Kontrolle staatlicher Dachorganisationen zu stellen.

Die Gründung einer solchen Dachorganisation war eines der Hauptziele gewesen, die 1931 zur Übernahme des Reichsinnenministeriums durch Groener geführt hatten, und die Abkehr Schleichers von Groener wurzelte nicht zuletzt darin, daß Groener diese ihm zugedachte Aufgabe nicht zu lösen vermochte. Im Herbst 1932 hat dann Schleicher mit der Gründung des »Reichskuratoriums für Jugendertüchtigung« einen neuen, im Effekt freilich ebenso vergeblichen Anlauf in dieser Richtung unternommen.[133] Unter dem Vorsitz des 1931 verabschiedeten Generalleutnants Edwin v. Stülpnagel sollte es die Wehrverbände zum Zwecke der vormilitärischen Ausbildung zusammenfassen und dem politischen Kampf entziehen. Dies gelang natürlich nicht; insbesondere die SA nutzte die Einrichtung nur für ihre Zwecke aus, ließ sich aber von ihrem Kurs nicht abbringen.[134] Überdies distanzierte sich bald das Reichsbanner unter dem Druck der SPD, wodurch Stahlhelm und SA ein Übergewicht erhielten und der überparteiliche Charakter der Institution in Frage gestellt wurde.

Mit Hitlers Machtergreifung verschob sich die bisherige Situation wesentlich. Jetzt stand der Reichswehr nicht mehr eine Vielzahl im Prinzip gleichberechtigter und unter sich konkurrierender Wehrverbände gegenüber, sondern in Gestalt der SA rückte nun einer dieser Verbände, nach Reichsbanner und Stahlhelm der größte und vor allem der aktivste, in eine Art halboffizielle Stellung, was auch bald durch die Bildung der SA-Hilfspolizei unterstrichen wurde. Hitler hatte der Reichswehrführung zwar die bindende Zusage gegeben, daß an keine militärische Verwendung der SA gedacht sei, aber die bisherigen Erfahrungen mit derartigen Zusagen Hitlers gaben zu einiger Vorsicht Anlaß. Vom Gesichtspunkt der Reichswehrinteressen aus hätte man daher erwarten dürfen, daß Blomberg und Reichenau energisch auf eine Erhaltung bzw. Stärkung der nichtnationalsozialistischen Verbände hingewirkt und auch das Reichskuratorium als überparteiliche Dachorganisation weiter ausgebaut hätten, um so im Sinne der bisherigen Gleichgewichtspolitik ein Gegengewicht gegen die SA in Reserve zu haben. Aber auch diese unerläßliche Vorsichtsmaßnahme ließ man im Reichswehrministerium außer acht. Wie gegenüber den Parteien, so wurde auch gegenüber den Wehrverbänden die Überparteilichkeitsmaxime bereits im Februar aufgegeben. Die neue, noch sehr vorsichtig formulierte Richtlinie lautete: »Derjenige hat ein Recht auf die Freundschaft der Wehrmacht, der sich zur Pflege der Landesverteidigung und zu ihrer praktischen Betätigung bekennt«, und es wurde ausdrücklich hinzugesetzt, dies bedinge eine Änderung in der bisherigen Haltung gegenüber den Wehrverbänden.[135]

Bedeutete das die Distanzierung vor allem von dem als »wehrfeindlich« geltenden Reichsbanner, das jetzt der nationalsozialistischen Überwältigung preisgegeben wurde, so schloß es doch noch immer die rechtsgerichteten Verbände wie vor allem den Stahlhelm ein, ja Blomberg hatte noch in der Befehlshaberbesprechung vom 3. Februar gerade den Stahlhelmführer Seldte, der als Arbeitsminister in das Kabinett Hitler eingetreten war, als den »geeigneten Mann« bezeichnet, um »im Verein mit uns Soldaten« die Wehrhaftmachung des Volkes zu bewerkstelligen.[136] Es schien ganz auf dieser Linie zu liegen, daß, nachdem Edwin v. Stülpnagel am 6. März gestorben war, Seldte Anfang April den Vorsitz des Reichskuratoriums übernahm. Aber in Wirklichkeit war das ein Pyrrhus-Sieg in einem verzweifelten Rückzugsgefecht gegen die auch auf diesem Gebiet heftig attackierenden Nationalsozialisten,[137] und die Reichswehrführung war jetzt schon nicht mehr gesonnen, ihnen entgegenzutreten. Seldte selbst sah seine Stellung bald als so erschüttert an, daß er den Stahlhelm nach heftigen Richtungskämpfen im Innern und nach schweren Zusammenstößen mit der SA in Braunschweig und in der Pfalz Ende April Hitler zuführte und den opponierenden Duesterberg mit seinen Anhängern rücksichtslos ausbootete.[138] Der einzige Unterschied zum Reichsbanner bestand hier also darin, daß der Stahlhelm nicht aufgelöst, sondern gleichgeschaltet wurde, was die Reichswehrführung offenbar unter dem Gesichtspunkt militärischer Vereinheitlichung befürwortete. Als der Stahlhelm am 21. Juni endgültig der NSDAP angegliedert und mit Teilen in die SA überführt wurde, figurierte denn auch Blomberg neben Seldte, Hitler und Papen als einer der offiziellen Paten dieser Neugeburt.[139] Die Entwicklung wurde abgeschlossen, als am 1. Juli auch das Reichskuratorium unter maßgeblicher Mitwirkung Reichenaus der SA unterstellt wurde. Seldte mußte dem SA-Gruppenführer Krüger weichen, der die Organisation in Zusammenarbeit mit der Reichswehr in die neue SA-Dienststelle des »Chefs des Ausbildungswesens« im Stab der Obersten SA-Führung eingliederte.[140] Damit hatte Reichenau seinen Plan einer Kombination von Reichswehr und SA voll durchgesetzt und ihm zuliebe alle anderen Wehrverbände mitsamt der Idee einer überparteilichen staatlichen Dachorganisation geopfert.

Auf derselben Linie lag ein zunächst ganz unscheinbarer Vorgang, aus dem aber späterhin Konflikte von weittragender Bedeutung entspringen sollten. Wie alle Armeen, so hatte auch die Reichswehr ihre Spionageabwehr- und Nachrichtenorganisation. Ihre Zentrale war die dem Ministeramt unterstellte Abwehrabteilung, die seit Juni 1932 von einem Vertreter der Marine, Kapitän z. S. Conrad Patzig, geleitet wurde. Mit der Machtergreifung begannen die Nationalsozialisten, auch auf diesem Gebiet höchst aktiv zu werden.[141] Ein Versuch, Patzig zu verdrängen, scheiterte zwar am Widerstand Reichenaus, der als Chef des Ministeramts der unmittelbare Vorgesetzte Patzigs war. Aber dafür entwickelten nun die verschiedenen Parteiorganisationen – Außenpolitisches Amt, Auslandsorganisationen, SA, Stellvertreter des Führers und nicht zuletzt Heydrichs SD – ihrerseits eine nachrichtendienstliche Tätigkeit, die ebenso ausgedehnt wie dilettantisch war. Das Resultat war ein wildes Durcheinander und das Aufhören der auf diesem Felde so notwendigen Diskretion. Daher versuchte Patzig über den Reichswehrminister eine Entscheidung Hitlers herbeizuführen, die die nachrichtendienstliche Konkurrenz der Parteidienststellen ausschaltete. Aber Hitler lehnte mit der Begründung ab, er begrüße die Aktivität seiner Parteiorganisationen, und Blomberg fügte sich ohne Widerstand.[142] Ein weiterer Versuch Patzigs, wenigstens mit dem Auswärtigen Amt eine Einheitsfront gegen die Parteiorganisationen zu bilden, schlug ebenfalls fehl, angeblich wegen des traditionellen Mißtrauens der Diplomaten gegen die Militärs.[143] So blieb es bei dem kräftezehrenden unterirdischen Dschungelkrieg der

Geheimdienste – und nicht nur dabei; Göring richtete um die Wende 1933/34 einen als Forschungsamt getarnten Abhördienst für Ferngespräche ein, mit dem er auch die Wehrmachtsdienststellen bespitzelte.[144] Ab Frühjahr 1934 begann dann der Aufstieg von Heydrichs SD, der nun zum gefährlichsten Konkurrenten der militärischen Abwehr wurde. Heydrichs erster Erfolg war, daß es ihm Ende 1934 gelang, Patzig zum Rücktritt zu zwingen.[145] Dessen Nachfolger Canaris erwies sich allerdings als ein wesentlich standfesterer Gegenspieler und hat daher die militärische Position noch jahrelang halten können. Aber den Fehler, daß man überhaupt Konkurrenten der militärischen Abwehr zugelassen hatte, konnte auch er nicht mehr rückgängig machen.

So wurde das ganze weitverzweigte und tiefgegliederte System von Befestigungen, das die Reichswehr in jahrelanger Arbeit mit oder ohne Grund in den Staat hineingebaut hatte, von ihrer neuen Führung jetzt innerhalb kürzester Frist ohne Schwertstreich aufgegeben, und das gerade in dem Augenblick, in dem sie seiner am nötigsten bedurft hätte. Aber auch in die eigentliche Zitadelle der Reichswehrfestung gelang den Nationalsozialisten ein folgenschwerer Einbruch. Mit der nun einsetzenden Aufrüstung wurde das Problem der neuen Luftwaffenführung akut. Die Reichswehr hatte auch auf diesem Gebiet bereits langjährige Vorarbeiten geleistet, so daß das Gerippe einer Führungsorganisation bereits vorhanden war.[146] Allerdings gingen die Meinungen noch darüber auseinander, ob man die neue Luftwaffe als selbständigen Wehrmachtsteil oder als Annex zu den bereits bestehenden einrichten sollte. Blomberg und Reichenau waren zusammen mit den Fliegeroffizieren Anhänger der ersten Lösung, und so wurde am 1. April 1933 ein »Luftamt« eingerichtet, das, noch getarnt, die bisher auf Heeres- und Marineleitung verteilten Fliegerstäbe innerhalb des Reichswehrministeriums zusammenfaßte.[147] Indessen stand diese Entwicklung bereits unter dem Druck des neuen Luftfahrtministers Göring, der angeblich schon bei den Regierungsverhandlungen am 30. Januar den Anspruch auf den Oberbefehl über die Luftwaffe geltend gemacht und anschließend mit steigendem Nachdruck vorgetragen hatte.[148]

Das war nun ein Fall, der selbst Blomberg alarmieren mußte, denn es konnte gerade ihm, der ein entscheidender Anhänger der Idee eines Wehrmachtsgeneralstabs war, nicht entgehen, daß durch die Unterstellung der Luftwaffe unter den Reichsluftfahrtminister ein einheitlicher Oberbefehl über die Wehrmacht praktisch unmöglich und durch die Betrauung Görings, eines der mächtigsten Parteigänger Hitlers, mit dem Oberbefehl über einen Wehrmachtsteil das Prinzip der parteipolitischen Neutralität der Wehrmacht an entscheidender Stelle durchbrochen wurde. Aber alles Sträuben half nichts, denn die Reichswehr sah sich jetzt in der eigenen Schlinge gefangen. Sie hatte im Zeichen ihrer illegalen Aufrüstung von 1933 aus Gründen der Geheimhaltung eine weitgehende Verflechtung von militärischer und ziviler Luftfahrt hergestellt. Nachdem nun Göring die zivile Luftfahrt in die Hand bekommen hatte, war es ihm auf Grund seines überlegenen politischen Einflusses ein leichtes, auch die militärische zu annektieren, ohne Rücksicht darauf, daß Blomberg gleichzeitig zum Oberbefehlshaber der Wehrmacht ernannt wurde.[149] Bereits am 15. Mai wurde das Luftamt dem Luftfahrtminister unterstellt,[150] und am 1. Oktober folgte die Ernennung des Hauptmanns a. D. Göring zum General, wobei Hindenburg, der diese aller militärischen Tradition widersprechende Beförderung ohnehin nur widerstrebend genehmigt hatte, noch auf höchst üble Weise düpiert wurde. Hindenburg hatte nur die Ernennung zum Generalmajor vorgesehen; die Parteipresse aber veröffentlichte die Beförderung zum General der Infanterie,[151] und der aufgebrachte Hindenburg wurde überredet, zur Vermeidung einer öffentlichen Blamage nachzugeben.[152]

Unter dem Eindruck der fürchterlichen Verbrechen, deren sich das nationalsozialistische Regime schuldig gemacht hat, überwiegt heute häufig eine moralische Beurteilung auch des Verhaltens seiner konservativen Mitläufer und Helfershelfer, ja dieser Gesichtspunkt wird z. T. so ausgiebig benutzt, daß man in die Gefahr gerät, über den Verstößen gegen ethische Normen diejenigen gegen die politische Vernunft zu übersehen und moralische Integrität als legitimen Ersatz für politische Klugheit zu akzeptieren. Um dieser Gefahr entgegenzuwirken, ist hier bewußt auf moralische Beurteilung verzichtet und statt dessen danach gestrebt worden, die politischen Entscheidungen der Reichswehrführung von deren eigenen Voraussetzungen aus und unter dem Gesichtspunkt ihrer eigenen Interessen zu betrachten. Erst unter diesem Blickwinkel zeigt sich der Leichtsinn und die Fahrlässigkeit, mit der Blomberg und Reichenau um unrealistischer Hoffnungen bzw. unausgereifter Pläne willen duldeten und z. T. sogar mithalfen, daß alle ihre potentiellen Bundesgenossen Hitler ans Messer geliefert wurden. Indessen ist es leider bei der Fehleinschätzung der eigenen Interessen nicht geblieben. Zwar verstieß die nationalsozialistische Gleichschaltungsaktion des Frühjahrs und Sommers 1933 nur gegen staats- und verfassungsrechtliche Normen, aber ihr parallel lief bzw. in sie ununterscheidbar verflochten war die brutale, als Mittel physischen Zwanges und terroristischer Vergewaltigung einbeziehende persönliche oder kollektive Verfolgung politischer und weltanschaulicher Gegner, und die Herausforderung, die darin für die ritterlichen Traditionen des Offizierskorps lag, stellte die Reichswehrführung schon jetzt auch vor eine moralische Entscheidung.

Noch zwei Monate vor der Machtergreifung, am 1. Dezember 1932, hatte Oberstleutnant Ott, als er im Auftrage Schleichers mit den nationalsozialistischen Führern über eine Regierungsbeteiligung verhandelte, das Ansinnen Görings, ihm die Straße zum Kampf gegen den »Marxismus« freizugeben, als unannehmbar zurückgewiesen; die Reichswehr stehe, so sagte Ott damals, »auf dem Boden der Verfassung und hätte dem Terror gegenüber nur die Antwort der Waffe«.[153] Im Februar 1933 aber leitete Reichenau eine neue Ära in der Geschichte des preußisch-deutschen Offizierskorps ein, als er in Vertretung des abwesenden Ministers auf einer Befehlshaberbesprechung erklärte: »Erkenntnis [ist] notwendig, daß wir in einer Revolution stehen. Morsches im Staat muß fallen, das kann nur mit Terror geschehen. Die Partei wird gegen Marxismus rücksichtslos vorgehen. Aufgabe der Wehrmacht, Gewehr bei Fuß. *Keine Unterstützung, falls Verfolgte Zuflucht bei der Truppe suchen.*«[154] Die Hörer zeigten sich von Reichenaus Worten »stark betroffen«, beschränkten sich aber im allgemeinen auf eine Weitergabe in abgeschwächter Form. Soweit bekannt, hat nur einer der anwesenden Offiziere bei Reichenau protestiert; es war ebenderselbe Oberstleutnant Ott, der Görings terroristischen Wünschen schon im Dezember entgegengetreten war.[155] Der Protest kostete ihn seine Stellung, aber er trug ihm die Achtung der Nachwelt ein.

Hier stellt sich nun die Frage, ob und wie denn Hitler seinerseits mit dem Vollzug des Abkommens begonnen hat. Sein erstes Versprechen hatte sich auf die Aufrüstung bezogen. Das hat er gehalten. Erste einleitende Maßnahmen erfolgten schon im Februar, und ab 1. April 1933 lief, wie noch zu zeigen sein wird, die Aufrüstung auf vollen Touren an.[156] Sein zweites Versprechen war, daß die SA nicht zu einer Konkurrenzarmee ausgebaut werden würde.

Auch darüber wird noch ausführlich zu sprechen sein, doch sei im voraus bemerkt, daß auch diese Zusage eingehalten wurde, obwohl die Lage im Sommer und Herbst 1933 noch einigermaßen undurchsichtig schien.[157] Hitlers dritte Zusage war, daß die Wehrmacht unpolitisch bleiben und ihre Tradition gewahrt werden sollte. Auch das hat er, allerdings in seinem Sinne, erfüllt; denn die Reichswehr verlor bereits bis zum Sommer 1933 fast alle Außenpositionen, auf die ihre halbautonome Stellung im Staat bisher gegründet war, aber sie schien dafür auch der politischen Sorgen enthoben zu sein, die bisher auf ihrer Führung gelastet hatten. Die Betrauung Görings mit dem Oberbefehl über die Luftwaffe paßte freilich weniger gut in dieses Bild, aber der Schönheitsfehler wurde verdeckt durch ein paar Schönheitspflästerchen, die man unter dem Titel »Traditionspflege« zusammenfassen kann. Dazu gehörte die verfassungswidrige Wiedereinführung der schwarzweißroten Kokarde an Mütze und Stahlhelm und die Beseitigung der schwarzrotgoldenen Gösch aus der bisher schon schwarzweißroten Kriegsflagge.[158] Dazu gehörte wieder eine Novelle zum bisherigen Wehrgesetz, erlassen am 20. Juli 1933, in der die letzten Dekorationsstücke sowohl der föderalistischen Struktur wie der demokratischen Wehrverfassung beseitigt wurden.[159] Und dazu gehörte schließlich als dritter Restaurationsakt die Wiedereinführung der von der Weimarer Verfassung (Art. 106) aufgehobenen Militärstrafgerichtsbarkeit durch Gesetz vom 12. Mai 1933.[160] Das war nicht nur ein weiterer Verfassungsbruch; da die neue Militärstrafgerichtsordnung das feudale System der »Gerichtsherren« wieder einführte, handelte es sich dabei auch um einen Verstoß gegen die Prinzipien des Rechtsstaates.[161]

Zieht man die Bilanz für die Reichswehr, so könnte man versucht sein, sie in Abwandlung des alten Opferspruchs aus den Befreiungskriegen mit »Macht gab ich für Ehre« zu umschreiben, und selbst der Gewinn an Ehre hatte angesichts des von der Reichswehr geduldeten Terrors seine Grenzen. Aber Blomberg und Reichenau sahen die Dinge in anderem Licht. Sie betrachteten es bereits als Erfolg, daß die Reichswehr als einzige große Staatsinstitution außer dem Reichspräsidenten von der nationalsozialistischen Revolution verschont geblieben war, und sie schlossen daraus, daß ihr Vertrauen zu Hitler berechtigt gewesen sei. Blomberg wies in der Befehlshaberbesprechung vom 1. Juni ausdrücklich darauf hin und schloß daran eine bezeichnende Rechtfertigung seiner Politik an. Daß die Reichswehr, so sagte er, nicht der Gleichschaltung verfallen sei, liege nur daran, »daß wir unpol[itisch] waren. Dieses Unpolitischsein«, so fuhr er fort, »hatte ja nie die Bedeutung, daß wir mit dem System der früheren Regierungen einverstanden waren; es war vielmehr ein Mittel, uns vor zu enger Verstrickung in dieses System zu bewahren.«[162] Gegen die Auslegung hat Ott aus der Rückschau nachdrücklich protestiert,[163] aber ganz unrecht hatte Blomberg nicht; er sprach zweifellos die Ansicht eines freilich schwer meßbaren Teils des Offizierskorps aus. Dieser Teil war es, der jetzt zum Zuge kam und mit einer im Reichswehrministerium bisher unbekannten Entschiedenheit und Konsequenz für Hitler optierte. »Jetzt«, so schloß Blomberg seine Ausführungen, »ist das Unpolitischsein vorbei, und es bleibt nur eins: der nat[ionalsozialistischen] Bewegung mit voller Hingabe zu dienen.«

Solche Worte hat die Weimarer Republik von ihren Soldaten nie zu hören bekommen. Doch drückte sich in ihnen nicht nur die Dankbarkeit dafür aus, daß die Wehrmacht von der Revolution verschont geblieben war; Blomberg und Reichenau hatten dabei noch etwas anderes im Auge, und das ist der zweite Grund, warum sie ihre Lage optimistisch beurteilten und unerschüttert an dem Glauben festhielten, daß das eigene Schiff schwimmfähig bleiben würde, wo alle anderen bei dem Versuch, mit dem Sturm zu segeln, leckgeschlagen worden waren. Um was es sich dabei handelte, deutete Blomberg in einer Rede an, die er am 6. September bei einer im Anschluß an die Herbstmanöver und in Anwesenheit Hitlers stattfindenden Truppenbesichtigung in Ulm hielt.[164] Den ehrenden und freudigen Anlaß, so führte er aus, Hitler »in unserer Mitte zu sehen«, wolle er benutzen, um über das »Verhältnis der Wehrmacht zum Reichskanzler« zu sprechen. Er wies auf die spontane Begeisterung hin, mit der Hitler nicht nur von der Bevölkerung, sondern auch von »unseren Soldaten« begrüßt worden sei. Dies sei kein Wunder, denn Hitler sei der Frontkämpfer des ersten Weltkrieges, der nach einem vierzehnjährigen Kampf für das »Wohl des Volkes ... jetzt Führer des deutschen Volkes geworden« sei. Die Wehrmacht, so fuhr er fort, verdanke diesem Manne viel; er habe ihr »im neuen Reich ... den Platz angewiesen, der ihr gebührt; er gab uns die alten ruhmreichen Fahnen und Kokarden wieder, brachte uns, als er die Regierung übernahm, vollstes Vertrauen entgegen. Was aber«, so fragte er dann, »geben wir? Nun, wir geben unser vollstes Vertrauen, rückhaltlose Zuverlässigkeit, unerschütterliche Hingabe an unseren Beruf und den Entschluß, in diesem neuen, neugeformten und neu durchbluteten Reich zu leben, zu arbeiten und, wenn nötig, zu sterben.«

Außer der in so schwärmerischem Stil und in aller Öffentlichkeit vorgetragenen Loyalitätserklärung sind an dieser Rede vor allem zwei Punkte bemerkenswert: die Akzentuierung dieser Loyalität auf Hitler persönlich, der nur als »Reichskanzler« oder »Führer des deutschen Volkes«, aber nicht als Chef der NSDAP apostrophiert und überdies als »Frontkämpfer« gleichsam in die Gemeinschaft der Reichswehr eingeschlossen wird; und der Hinweis auf die bevorzugte Stellung der Armee im neuen Reich. Beides zusammen läßt das innenpolitische Hauptziel der Reichswehrführung erkennen: Die Armee als erste Macht im Staate unter einer Diktatur Hitlers oder – die Rückkehr in das verlorene Paradies des Kaiserreiches unter veränderten Vorzeichen.

Es ist nicht schwer zu erraten, wie Hitler solche Worte aufnahm. Er wird die Töne selbstbewußten Anspruchs auf Mitregierung im Staat nicht überhört und sich eine eigene Stellungname dazu vorbehalten haben. »Wir werden sehen, wer den zäheren Willen und die härtere Geduld hat, ich oder die Generäle«, soll er im Februar 1934 zu Rauschning gesagt haben,[165] und wie immer man den Quellenwert der Rauschningschen Zitate einschätzen mag, daß hier zumindest der Sinn von Hitlers Gedanken getroffen wurde, ist kaum zweifelhaft. Aber das waren Zukunftssorgen; für den Augenblick durfte Hitler vollauf zufrieden sein. Die Reichswehr, sein gefürchteter Gegner, hatte sein Mißtrauen Lügen gestraft, sie war allen Schwenkungen und Steigerungen seines Kurses willig gefolgt, und die Ovation, die ihm ihr oberster Vorgesetzter soeben dargebracht hatte, gab ihm die Gewißheit, daß sie ihm fernerhin folgen werde, mindestens für die nächste Zukunft. Sie hatte es ihm ermöglicht, das Weimarer Regime zu beseitigen und einen großen, vielleicht sogar schon den entscheidenden Teil des States in Besitz zu nehmen, und er durfte damit rechnen, daß sie ihm auch für die totale Eroberung des Staates Rückendeckung geben würde. Dann aber war die Wehrmacht machtpolitisch isoliert; schon jetzt waren wichtige Positionen ihrer bisherigen politischen Stellung gefallen, und wenn er erst die totale Herrschaft im zivilen Bereich in der Hand hatte, stand die Armee ganz allein. Dann brauchte er ihre Opposition nicht mehr zu fürchten; als der Stärkere konnte er ihr dann die Bedingungen diktieren.

Um so mehr hatte er Grund, sie diese Gedanken im Augenblick nicht erraten zu lassen, und so waren seine Äußerungen jetzt ganz auf Dank und Anerkennung gestimmt. Seine Worte sind freilich nur sehr unvollkommen überliefert,[166] aber wahrscheinlich entsprachen sie dem, was er drei Wochen später auf dem Stahlhelmappell in Hannover sagte: »Wenn das Heer nicht in den Tagen der Revolution auf unserer Seite gestanden hätte, dann ständen wir heute nicht hier.« Diese Worte wurden und werden oft zitiert; weniger bekannt ist Hitlers Nachsatz, den man aber nicht übergehen sollte: »Wir können versichern, daß wir das niemals vergessen werden, daß wir in ihnen *[sic!]* die Träger der Tradition unserer ruhmreichen alten Armee sehen und daß wir mit ganzem Herzen und mit allem, was wir vermögen, uns für den Geist dieser Armee einsetzen werden.«[167] Es ist die Vorwegnahme der bekannten Selbstverpflichtung Hitlers gegenüber der Armee nach dem Tode Hindenburgs, und man muß annehmen, daß er sie Blomberg gegenüber auch bereits vor dem 6. September 1933 ausgesprochen hat.[168] Es war eines mehr in der berühmten Reihe Hitlerscher Versprechen, und wie die anderen hat er auch dieses ebenso leicht gegeben wie gebrochen.

5. *Offizierskorps und Nationale Revolution*

Die Politik des Reichswehrministeriums unter Blomberg und Reichenau war ausschlaggebend für die Stellungnahme der Reichswehr zu den Ereignissen von 1933, aber sie repräsentierte nicht durchweg die Haltung des Offizierskorps, und es bedarf der Klärung, warum diese Differenz sich nicht auf die politische Linie der Reichswehr ausgewirkt hat. Die naheliegende Antwort, daß Soldaten nicht zu debattieren und zu opponieren, sondern zu gehorchen haben, verdeckt das Problem nur. Gewiß, in einer gutorganisierten Armee gehorchen die Unteren den Oberen und alle dem Höchsten; das ist nicht nur natürlich, sondern auch notwendig. Aber auf der anderen Seite ist eine Armee auch keine Maschine; sie besteht aus lebenden Menschen, für die es eine Grenze des Gehorsams gibt und geben muß. Darüber besteht auch bei allen einsichtigen Militärs Einigkeit. »Der Ungehorsam«, sagt General Hoßbach, »ist selbstverständlich im Grundsatz zu verwerfen, als Ausnahme kann er von sittlicher Notwendigkeit oder gar gesetzlich gefordert sein.«[169] Solche Ausnahmen sind der verbrecherische Befehl (der hier nicht zur Debatte steht) und revolutionäre Situationen. Daß im Jahre 1933 in Deutschland eine solche revolutionäre Situation herrschte, ist unzweifelhaft; das mußte spätestens ab Sommer, im Grunde aber schon vom März ab auch allen Fernstehenden klar sein. Es ist daher eine durchaus berechtigte Frage, warum das Offizierskorps, das doch der Republik einen Eid geschworen hatte und das solche Eide, wie man aus späteren Ereignissen weiß, sehr ernst nahm, nichtsdestoweniger dem revolutionären Kurs Blombergs und Reichenaus folgte. Die Frage ist um so mehr berechtigt, als es in der Geschichte der Reichswehr bereits mehrere Fälle gegeben hatte, in denen der Befehlsmechanismus aus politischen oder anderen Gründen nicht funktionierte, so z. B. in den Revolutionsjahren 1919–1920 und zur Zeit der bayerischen Krise 1923. Noch im Jahre 1932 hatte der Widerstand des Offizierskorps gegen das SA-Verbot erst den Rücktritt des Ministers Groener und dann die Aufhebung des Verbots erzwungen – ein Fall, der hier insofern von besonderem Interesse ist, als sich an ihm die Bedingungen studieren lassen, unter denen damals eine erfolgreiche militärische Opposition gegen politische Maßnahmen möglich war. Drei dieser Bedingungen lassen sich erkennen: Erstens hatte das Offizierskorps in Gestalt Schleichers einen politischen Sprecher, der den Widerstand organisierte; zweitens standen die Offiziere in diesem Fall in ihrer überwiegenden Mehrzahl hinter Schleicher;[170] und drittens fand die militärische Opposition einen Weg zum Reichspräsidenten und damit zu einem politisch gelegenen Hebel, mit dem sie ihren Willen auf das politische Feld übertragen konnte.

Keine dieser Bedingungen war im Jahre 1933 gegeben. Hindenburg war einer Opposition gegen Hitler nicht in jedem Fall, einer solchen gegen Blomberg lange Zeit überhaupt nicht zugänglich; Blomberg war zunächst sein Favorit.[171] Überdies begann schon im Jahre 1933 jene Isolierung des Reichspräsidenten, die sich am 30. Juni 1934 bis zu einer Art Hausarrest in Neudeck steigerte.[172] Aber nicht nur Hindenburg fiel aus, das Offizierskorps hatte auch keinen Führer, der sich aus seinen Reihen heraus zum Sprecher einer Oppositionsbewegung hätte machen können. In politischer Hinsicht wäre dafür der Chef der Heeresleitung, General Frhr. v. Hammerstein-Equord, der gegebene Mann gewesen. Nüchtern, weitblickend und politisch vorurteilsfrei, war er zu einem kompromißlosen Gegner Hitlers geworden,[173] aber einer ernsthaften politischen Aktivität von seiner Seite stand sowohl sein Charakter wie seine schwache Stellung im Ministerium und im Offizierskorps entgegen. Er war ein Grandseigneur, der es, großzügig und weitherzig, im Bewußtsein eigenen Wertes verschmähte, sich in die Niederungen des täglichen Kleinkriegs zu begeben, und alle seine Bekannten, selbst die wohlwollendsten, stimmen darin überein, daß diese Charaktereigenschaft bei ihm zu einer »ungewöhnlichen Abneigung gegen normale Arbeit« ausgeartet war.[174] Da sich das selbst in seiner militärischen Tätigkeit bemerkbar machte, hatte er schon die Kritik Hindenburgs herausgefordert, und Hammersteins politische Motion am 27. Januar hatte ihn Hindenburg endgültig entfremdet.[175] So fehlte ihm eine der wichtigsten Voraussetzungen für eine politische Aktion: der Einfluß auf den Reichspräsidenten, und es ist ihm auch nicht mehr gelungen, ihn wiederzugewinnen – sofern er sich überhaupt ernsthaft darum bemüht hat.[176]

Dazu kam, daß aus den gleichen Gründen sein Ansehen im Offizierskorps nicht sehr groß war. Das Offizierskorps wollte einen energischen, mitreißenden Führer, und dies war Hammerstein nicht. Und schließlich war auch seine Stellung im Reichswehrministerium erschüttert. Zwar waren seine Beziehungen sowohl zu Blomberg als auch zu Reichenau ursprünglich nicht schlecht,[177] aber die veränderte politische Lage brachte auch darin eine Wandlung mit sich, und wenn man auf seine sofortige Ablösung verzichtete, so nur, um das Offizierskorps nicht durch einen allzu abrupten Kurswechsel zu beunruhigen.[178] Aber Blomberg tat alles, Hammersteins Bewegungsfreiheit einzuengen; er griff unbekümmert in dessen Dienstgeschäfte ein, bestellte Amts- und z. T. Abteilungschefs der Heeresleitung unmittelbar zum Vortrag und schaltete Hammerstein mehr und mehr aus, wobei er auch von Dienststellen der Heeresleitung unterstützt worden sein soll. Ende Juni hatte der Chef der Heeresleitung nach eigenem Zeugnis nur noch die nominelle Befehlsgewalt.[179] Hammerstein hat, offenbar tief beeindruckt von der chiliastischen Psychose, die weite Kreise der Nation ergriffen hatte, demgegenüber resigniert; er hat sich nach außen auf korrektes Verhalten und dem Offizierskorps gegenüber auf Betonung der formalen Loyalität beschränkt; nur im kleinen Kreise sagte er, was er dachte.[180] Auch alle Annäherungsversuche politischer Kreise hat er als mehr oder minder vergeblich zurückgewiesen.[181]

Fehlte dem Offizierskorps so der Führer, der es zum Protest hätte aufrufen können, so mangelte ihm nicht minder die einmütige Stellungnahme zu den neuen Ereignissen. General Adam wußte, was er sagte, als er auf der Generalstabsreise im Sommer 1933 die teilnehmenden Offiziere zum Zusammentreffen ermahnte, denn: »Die Geschlossenheit ist unsere Stärke und die Wurzel unserer Kraft.«[182] Aber aller Korpsgeist hilft nichts, wenn kein Ziel da ist, auf das er sich richten kann, keine gemeinsame Überzeugung, die dem Zusammenschluß Halt gibt. Und beides fehlte gegenüber dem neuen Regime. Das beste Beispiel dafür ist der Zerfall der Gruppe von Offizieren, die Schleicher sich als seine Helfer herangezogen hatte. Nur wenige hielten an den bisherigen politischen Grundsätzen fest; sie wurden nach und nach entfernt.[183] Andere gingen zu Hitler über, wie der Major Marcks, der Sohn des Historikers, der als langjähriger Leiter der Pressestelle im Reichswehrministerium maßgeblich an der Ausarbeitung der Reichswehr-Ideologie beteiligt gewesen war.[184] Andere Schleicher-Mitarbeiter sagten sich auch persönlich von ihm los, und wieder andere gerieten trotz inneren Hemmungen und Bedenken in den Sog der »nationalen Bewegung«.[185]

So ähnlich lagen die Dinge im Offizierskorps überhaupt. Die bisherige Auffassung geht dahin, daß die jüngeren Jahrgänge weitgehend für, die älteren, etwa vom Stabsoffizier an, meist gegen den Nationalsozialismus Stellung genommen hätten.[186] Das ist im großen und ganzen richtig, bedarf aber noch einiger Korrekturen, namentlich hinsichtlich der älteren Generation, deren Haltung zu Hitler und dem Nationalsozialismus doch zwiespältiger war, als es auf den ersten Blick scheinen mag. Das hatte sich schon an jenem 3. Februar gezeigt, als Hitler den Generalen seine Kriegspläne und sein Angebot einer wechselseitigen Zusammenarbeit darlegte.[187] Einige wenige wie Fritsch und Fromm – dieser damals als Oberst und Chef des Wehramts – waren von Hitlers Kriegsplänen alarmiert, beruhigten sich aber als echte Fachleute im Vertrauen auf die Macht der Tatsachen.[188] Die meisten anderen hatten aus Hitlers Rede überhaupt nur seine direkten Angebote an die Wehrmacht herausgehört.[189] Die klügsten unter diesen – wie Bussche-Ippenburg, Adam, Gienanth und Boehm-Tettelbach – erfaßten sehr richtig, daß Hitler ihnen »Brei um den Mund« schmieren wollte, andere stieß sein marktschreierisches Gebaren ab.[190] Aber es gab auch schon einige, die sich der Suggestivkraft Hitlers zugänglich zeigten. Zu ihnen gehörte der Chef der Marineleitung, Admiral Raeder, der von Hitlers geschauspielerter Verehrung für Hindenburg beeindruckt war und noch heute behauptet, Hitlers »Ansprache [sei] mit großer Befriedigung aufgenommen« worden.[191]

Diese Zwiespältigkeit kennzeichnete die Haltung der höheren Offiziere auch weiterhin. Sehr viele von ihnen waren unpolitische Offiziere, wie etwa General Frhr. v. Fritsch. Aus der Seeckt-Schule stammend, war er ein ausgesprochener Gegner von Schleichers politischer Aktivität. Als einer seiner Offiziere ihm 1932 über einen Schleicherschen Vortrag Bericht erstatten wollte, lehnte er mit den Worten ab: »Nein, ist doch alles gelogen!«[192] Später bekannte er: »Ich habe es mir zur Richtschnur gemacht, mich von jeder politischen Tätigkeit fernzuhalten . . . Zur Politik fehlt mir alles.«[193] So war bei Fritsch die dienstliche Zurückhaltung des Offiziers gesteigert durch die Befangenheit eines Menschen, dem die Politik eine fremde, unverständliche Welt ist, die man aber, da mit dem eigenen Beruf unlöslich verknüpft, als unvermeidliches Übel hinnehmen mußte. Daher fehlte ihm der Blick für den grundlegenden Wechsel, der sich mit dem Übergang von der Weimarer Republik zur Hitlerschen Diktatur vollzogen hatte. Er mochte sie im Grunde beide nicht; nur hatte Hitler scheinbar mehr »Ordnung«, mehr Überschaubarkeit in die politischen Verhältnisse gebracht und regierte »energisch«, ein Mann der Tat und nicht des scheinbar fruchtlosen parlamentarischen Geredes. Dem Wort des alten Generals v. Einem im Frühjahr 1933: »Wir haben wieder einen Kanzler«, hätte auch Fritsch, und mit ihm viele seiner Kollegen, sicher zugestimmt.[194] Deshalb diente er Hitler mit Hingabe, obwohl er ihm persönlich wesensfremd war, ja er kam anfangs sogar mit Hitler besser aus als mit Blomberg.[195] Gestützt auf dieses sachliche Vertrauensverhältnis zu Hitler, ging sein ganzes Bemühen darauf, das Heer von »Parteieinflüssen« freizuhalten, und es ist bezeichnend, daß er noch nach seinem auf so infame Weise erfolgten Hinauswurf 1938 zwischen Partei und Nationalsozialismus zu unterscheiden vermochte: »Ganz unabhängig davon, daß die Grundlage unseres heutigen Heeres nationalsozialistisch ist und sein muß, kann ein Eindringen parteipolitischer Einflüsse in das Heer nicht geduldet werden«, schrieb er in einer Niederschrift vom 1. Februar 1938.[196] Für die Sinnlosigkeit solcher Unterscheidungen hatte er keinen Blick, und daß nicht die Partei, sondern Hitler selbst die Wurzel allen Übels war, hat er, wenn überhaupt, so erst nach seiner Verabschiedung begriffen, wie ihn denn auch Hitlers niederträchtiges Vorgehen bei seinem Sturz in tiefste Verwirrung stürzte.[197] So hätte auch

Fritsch schreiben können, was Halder im Sommer 1934 an Beck schrieb: »Das reine und von idealistischem Schwunge getragene Wollen des Kanzlers wird durch die Überzahl völlig unzulänglicher, zum Teil wahrhaftig minderwertiger Ausführungsorgane in der Praxis vielfach zu einem Zerrbild, teilweise zu einem Gegenteil dessen, was der Kanzler will . . .«[198]

Die Haltung Fritschs ist typisch für die vieler seiner Kollegen. Denjenigen aber, die politisches Interesse und Verständnis zeigten, schien das neue System den militärischen Interessen mehr zu bieten als das alte. Der Nationalismus, der rücksichtslose Kampf gegen die überschätzte kommunistische Gefahr und damit verbunden die scheinbare Gewinnung der Arbeiterschaft für den »nationalen Gedanken«, die Errichtung der Diktatur, die endlich der »Schwäche« der Demokratie ein Ende machte, nicht zuletzt auch die Aussicht auf energische Aufrüstungspolitik und Wiedergewinnung des alten Prestiges der Wehrmacht in Staat und Gesellschaft, all das mußte um so mehr anziehen, als Hitler es zumindest anfangs mit einem entschiedenen Bekenntnis zur Tradition verband. Freilich übersah man auch die negativen Seiten nicht: die revolutionäre Wildheit und das Rabaukentum, Radikalismus und Intoleranz, kirchen- und judenfeindliche Tendenzen, Anmaßung und Postenjägerei. Aber das schienen nur sekundäre Merkmale, »Auswüchse« und »Kinderkrankheiten«, die man als Charakteristika jeder Revolution in Kauf nehmen mußte.[199] Daß aber die großen historischen Revolutionen jeweils von der Idee einer neuen sozialen und politischen Ordnung getragen worden waren, während der positive Inhalt des Nationalsozialismus, soweit es ihn überhaupt gab, keineswegs neu, die revolutionäre Form also im besten Falle Theater, im schlimmsten reiner Terror und das Ganze folglich eine Gegenrevolution im tiefsten Sinne war – diesen entscheidenden Unterschied erkannten sie nicht. Das Mißbehagen, das sie verspürten, beruhte im Grunde auf dem sehr richtigen Gefühl, daß die konservativen Interessen, die sie selbst vertraten, durch die revolutionären »Formen« des Nationalsozialismus letzten Endes zerstört werden mußten. Diese instinktiven Hemmungen wurden aber beiseite geschoben teils von einem antihumanistischen Machtrationalismus, dem der Erfolg der oberste Maßstab war, teils von einem Wunschdenken, das von dem Glauben an die Entwicklungsfähigkeit der scheinbar positiven Elemente des Nationalsozialismus nicht lassen wollte und die Bedeutung aller entgegenstehenden Faktoren bagatellisierte.

Das beste Beispiel für eine solche politische Stellungnahme ist General Ludwig Beck, z. Z. der Machtergreifung Kommandeur der 1. Kavallerie-Division (als Nachfolger Fritschs) und seit Herbst 1933 Chef des Truppenamts. Er feierte schon 1930 im Manöverquartier den Wahlsieg der NSDAP und trat anschließend während des Leipziger Hochverratsprozesses so nachdrücklich für seine beiden der Konspiration mit dem Nationalsozialismus angeklagten Offiziere ein, daß Groener ihn sogar verabschieden wollte.[200] Folgerichtig verwarf er auch den vorsichtigen Kurs Schleichers gegenüber dem Nationalsozialismus, begrüßte dann die Machtergreifung Hitlers, und wenn ihm auch ab 1934 in steigendem Maße Bedenken kamen, so hat er doch noch lange auf eine Evolution des nationalsozialistischen Regimes zum Guten gehofft.[201] Erst die Einsicht in den blutigen Ernst von Hitlers Kriegsplänen öffnete ihm endgültig die Augen, bis er dann im Juli 1942 verzweifelt in die auf Hitler gemünzten Worte ausbrach: »Was macht der Hund aus unserem schönen Deutschland?!«[202] Aber neben den Idealisten gab es auch die Karrieristen. Generalleutnant Fedor v. Bock, seit 1932 Befehlshaber im Wehrkreis II, Stettin, war damals Anhänger der Richtung Schleicher–Hammerstein und schwor sich, den Abschied zu nehmen, falls Hitler Reichskanzler werden würde.[203] Wie man weiß, hat er sich dann anders besonnen, ist von Hitler im Krieg zum Feldmarschall ernannt worden und hat es abgelehnt, seinen Marschallstab für die Widerstandsbewegung zu riskieren.[204]

Diese Haltung des höheren Offizierskorps ist nicht zuletzt durch die Einstellung der jüngeren Offiziersgeneration beeinflußt worden, die sich in überraschend hohem Grade Hitler zuwandte. Der Ursprung dieser Bewegung geht bis auf die Meuterei der Münchener Offiziersschule anläßlich Hitlers Novemberputsch im Jahre 1923 zurück.[205] Da Seeckt, wie erwähnt, gegenüber den Schuldigen unangebrachte Nachsicht walten ließ, wurde das Feuer nicht gelöscht, der Funke glimmte weiter. Auch in den Jahren 1925–1927 sympathisierte ein großer Teil der Fähnriche mit der NSDAP,[206] und das wird sich später, in den Jahren der Wirtschaftskrise und des überraschenden Aufstiegs der Partei, kaum geändert haben. Von der Schule wurde der Bazillus in die Truppe getragen; der Fall der drei Ulmer Artillerie-Offiziere, die im Jahre 1929 nationalsozialistische Zellen im Heer zu bilden versuchten, ist zwar ein Einzelfall, insofern es sich hier um *aktive* Betätigung für die NSDAP handelte, aber er indiziert zugleich eine starke Tendenz innerhalb des gesamten jüngeren Offizierskorps, insofern die betreffenden Offiziere sich berechtigt glaubten, ihr Vorgehen auf die Gesinnungsgemeinschaft ihrer Kameraden zu stützen.[207] Ein anderes Zentrum nationalsozialistischer Infektion war überraschenderweise das Potsdamer Offizierskorps, von dem man doch, als dem Traditionsträger der preußischen Garde, eine besonders enge Bindung an den konservativ-monarchischen Gedanken und eine entsprechende Immunität gegen revolutionäre Bewegungen erwartet hätte. Aber schon 1930 versuchte der damalige Oberleutnant Henning v. Tresckow, später einer der vornehmsten Führer der Widerstandsbewegung und unerbittlichsten Gegner Hitlers, das Offizierskorps des 9. Infanterie-Regiments in Potsdam nationalsozialistisch zu beeinflussen,[208] und nach Hitlers Machtergreifung wies Hammerstein den am 1. Februar nach Potsdam versetzten Generalmajor v. Weichs an, der »politischen Anfälligkeit des Potsdamer Offizierskorps« entgegenzuwirken.[209] Es hat nicht viel genutzt; am 3. April besuchte Goebbels das Potsdamer Kasino, und Hammerstein, der gleichfalls anwesend war, stellte nachher resigniert fest, »daß die Leutnants den völlig akzeptiert hätten«.[210]

Ähnlich lagen die Dinge auf der im Jahre 1933 noch getarnten Kriegsakademie. Der Kommandeur sympathisierte selbst mit der NSDAP und wurde 1934 deshalb durch den General Liebmann ersetzt. Unter den Schülern gab es drei Gruppen: die eine optierte leidenschaftlich für den Nationalsozialismus, eine zweite, erheblich kleinere, lehnte ihn ab, und die meisten reagierten wohlwollend oder indifferent.[211] Zu der ersten gehörten vor allem bayerische Offiziere, unter denen sich Träger des »Blutordens« und enge Freunde Röhms befanden; als einer von ihnen von Röhm ehrenhalber zum SA-Standartenführer ernannt wurde, erregte er bei vielen seiner Mitschüler Neid und Bewunderung.[212] Eine der stärksten Triebkräfte für diese ausgesprochene Anfälligkeit war ein verständlicher, wenn auch irregeleiteter Idealismus. Bekannt ist der Fall des späteren Attentäters vom 20. Juli 1944, des Grafen Stauffenberg, den seine starke Bindung an die Ideenwelt Stefan Georges in den dreißiger Jahren verleitet haben mag, seine Ideale in den Nationalsozialismus hineinzudeuten,[213] und ähnliches gilt, wenn auch mit anderen Vorzeichen, für Tresckow und viele andere. Der junge Xylander, 1933/34 Schüler an der Kriegsakademie, überraschte seine Vorgesetzten bei einer Feier mit einem Festvortrag, in dem er ausführte, der Offizier von heute müsse ebenso revolutionär denken wie die Offiziere von 1813.[214]

Aber auch hier fehlten Ehrgeiz und Aufstiegsstreben nicht. Zwar werden sie sich nicht überall so primitiv geäußert haben wie bei dem damaligen Hauptmann Ramcke, der seinen Soldaten im Herbst 1932 versprochen hatte: »Jungens, wir Soldaten wittern Morgenluft ... Eure harte, entsagungsvolle Arbeit wird alsbald ihren Lohn bekommen, und jeder von euch wird Aussicht haben, befördert zu werden ...«[215] Immerhin entwickelte sich 1933 nicht nur an der Kriegsakademie, sondern im ganzen jüngeren Offizierskorps ein überraschend starker Drang zur SA, wobei Unzufriedenheit mit dem starren Traditionalismus vieler älterer Offiziere, unklare Träume von der SA als der künftigen revolutionären Wehrmacht und freigebigste Aufstiegsangebote Röhms zusammenwirkten.[216] Im Wehrkreis V mußte der Befehlshaber schon im März 1933 rügen, daß eine Anzahl junger Offiziere bei Parteistellen um Aufnahme in die SA mit höherem Dienstrang nachgesucht hatte.[217] Andere meldeten sich als Lehrer für die SA-Organisation des Chefs des Ausbildungswesens, von wo einige den Weg in die Waffen-SS fanden, wie der spätere SS-General Felix Steiner.[218] Und auch hier findet sich wieder eines der Mitglieder der späteren Widerstandsbewegung: Der damalige Oberleutnant Mertz v. Quirnheim trat Anfang 1934 auf eigenen Wunsch zur SA über, wo er als Verbindungsoffizier des Heeres bei der SA-Obergruppe Schlesien wirkte, aber freilich auch bald sein Damaskus erlebte.[219]

Ein Spezialfall der Verführung durch Angebot von Berufschancen war die Anziehungskraft, die die revolutionäre Bewegung und insbesondere Hitler mit seinem – bei genauerem Hinsehen allerdings problematischen – Interesse für militärtechnische Fragen auf jene Offiziere ausübte, die dem Reichenauschen Typ des »modernen Soldaten«, des Ingenieurs der Zerstörung, nahekamen. So hatte z. B. der damalige Oberst Guderian seit Jahren um einen großzügigen Ausbau der Motorisierung und insbesondere der Panzerwaffe gekämpft, war aber mit seinen kühnen, weit ausgreifenden Ideen bei der auch in diesen Dingen konservativen Reichswehrführung nicht so durchgedrungen, wie es seiner Ungeduld gut schien.[220] Da kam ihm Hitler mit seinem technischen Verständnis und Interesse wie gerufen; von der ersten Begegnung an war er überzeugt, daß er bei ihm Unterstützung finden würde, wenn es ihm gelänge, ihm seine Ansichten vorzutragen. Kurzsichtig in allen nichtmilitärischen Fragen, rücksichtslos und entschlossen ging er zu Hitler über, und mit ihm viele seiner Geistesverwandten. »Es war herrlich, 1934 zum erstenmal wirkliche Panzer zu haben«, hat einer seiner Kollegen später zu Liddell Hart gesagt.[221] In womöglich noch stärkerem Maße galt das für die Luftwaffen-Offiziere, die vor Freude darüber, daß sie endlich wieder unbehindert fliegen konnten, dazu neigten, alles andere zu vergessen und die Politik als »komischen Lärm im Hintergrund« zu ignorieren.[222]

Auch die Marine machte hier keine Ausnahme. Zwar hatte sie in der Weimarer Republik nie solch eine politische Rolle gespielt wie das Heer, aber das lag an der ihr eigenen technischen und organisatorischen Struktur, nicht an der politischen Einstellung ihrer Offiziere und Mannschaften.[223] Diese war vielmehr noch stärker rechts orientiert als beim Heer, und zwar aus zwei Gründen. Erstens hatte sich infolge der Kieler Marine-Meuterei vom November 1918 beim Offizierskorps ein besonders scharfer antimarxistischer Komplex ausgebildet, in den mehr oder weniger auch Republik und Demokratie einbezogen wurden und der in gewissen alldeutschen Tendenzen der Marine in der Zeit vor 1914 tief verwurzelt war.[224] Und zweitens waren diese Einstellungen noch zusätzlich verstärkt worden, als nach dem Kapp-Putsch große Teile der beiden meuterischen Marine-Freikorps Ehrhardt und v. Loewenfeld groteskerweise in die Marine überführt und als Stamm für deren Personalaufbau verwendet worden waren.[225] So war es denn kein Wunder, daß der weitgehend aus den gleichen Quellen entsprungene Nationalsozialismus in der Marine schon bald offene Ohren fand und daß auch die Machtergreifung Hitlers begrüßt, z. T. sogar begeistert gefeiert wurde.[226] Zwar behauptet Dönitz heute, nur das Auftreten der NSDAP hätte verhindert, daß die KPD die stärkste Partei in Deutschland wurde; da die Reichswehr nicht gegen beide Seiten habe kämpfen können, hätte sie sich für eine von beiden entscheiden müssen.[227] Aber er wird von seinem Kollegen Raeder widerlegt, der unzweideutig erklärt, daß die Reichswehr in »einen unlösbaren Konflikt« geraten wäre, wenn es im Januar 1933 zu einer bewaffneten Auseinandersetzung zwischen der Regierung und der Bewegung Hitlers gekommen wäre.[228] Indessen kann man Raeder nicht eigentlich als Nationalsozialisten bezeichnen. Er war ein Fanatiker der Korrektheit und ein Perfektionist des Ressortdenkens, der im Grunde heute noch nicht versteht, in welchem Sinne ein Oberbefehlshaber der Marine außer seinem Wehrmachtsteil auch die Nation repräsentiert und für sie die Mitverantwortung trägt.

Seine Nation war die Marine, freilich die deutsche Marine,[229] und da diese sich unter Hitler im großen und ganzen unangetastet entwickeln konnte, sah er keinen Anlaß, politisch in irgendeiner Form aktiv zu werden. Das ist bei einem Mann wie Raeder um so weniger begreiflich, als er sich ständig um eine betont christliche Haltung bemühte und auch die Infamie der nationalsozialistischen Judenpolitik durchaus begriff. Wenn er, um bei diesem Fall zu bleiben, dennoch einen öffentlichen Protest dagegen und selbst ein »ostentatives Vermeiden der Judenfrage« in seinen Reden ablehnte und das noch heute damit begründet, daß sonst die Marine geschädigt worden wäre, so war das genau die Haltung der Gruppenegozentrik, die allein Hitler seine Verbrechen ermöglicht hat.[230] Aber selbst der Preis der moralischen Selbstaufgabe, den Raeder für die Erhaltung der Marine zahlte, war vergeblich; er mußte sie in einen Krieg führen, in dem sie von vornherein keine vernünftigen Chancen hatte und in dem sie auch, und mit ihr sein Lebenswerk, untergegangen ist.

Dieser Überblick über Stimmung und Haltung des Offizierskorps macht deutlich, wie groß die durch Hitlers Machtergreifung entstandene Verwirrung war. Er zeigt zugleich, daß die Trennungslinie zwischen älteren und jüngeren Offizieren mehr eine Sache des Temperaments als der politischen Stellungnahme war. Den Stabsoffizieren und Generalen fehlte die Leidenschaft und Bedingungslosigkeit der Option für Hitler, wie sie unter den Leutnants und Hauptleuten so verbreitet war. So groß die Reserve der Älteren gegen Hitler und den Nationalsozialismus gewesen sein mag, wirklich entschiedene Gegner, Gegner aus Prinzip und Überzeugung wie Schleicher und Hammerstein, hat es nur wenige gegeben, aber sie fanden sich, wie die Frontbildung an der Kriegsakademie zeigt, auch in der jüngeren Generation. Die Mehrheit jedoch neigte dazu, in Hitler mindestens das kleinere Übel zu sehen. Das war, wie gerade das Beispiel Becks zeigt, nicht in jedem Fall ein Mangel an Intelligenz oder Charakter. Wenn ein so gebildeter und intelligenter, menschlich achtbarer und charakterlich gereifter Offizier wie Beck so verhängnisvoll irren konnte, so lag es nicht allein an ihm, sondern an der gesellschaftlichen Umwelt, aus der er kam, und an der Erziehung, die er genossen hatte.[231] Insofern ist der Fall Beck exemplarisch für die ideologische Gebundenheit des protestantisch-»nationalen« Bürgertums und der pseudo-aristokratischen Geisteswelt des Offizierskorps, aber auch für die Anfälligkeit dieser

Kreise gegenüber romantizistisch-politikfremden Führeridealen und politischem Wunderglauben.

Unter diesen Umständen war an eine geschlossene Stellungnahme des Offizierskorps gegen die nationalsozialistische Diktatur nicht zu denken. Damit entfiel auch die letzte Voraussetzung, die einen erfolgreichen Widerstand gegen die unbekümmerte Bündnispolitik Blombergs und Reichenaus ermöglicht hätte, und für die widerstrebenden Offiziere blieb zunächst lediglich der Ausweg vereinzelter Abwehr- und Abschwächungsmaßnahmen in ihrem jeweiligen Befehlsbereich. An Versuchen dazu hat es nicht gefehlt; man hat den überhasteten Anpassungsmaßnahmen Blombergs ebenso Widerstand entgegengesetzt, wie man die unglücklichen, vom Arierparagraphen betroffenen Offiziere zu schützen versuchte; sogar von gelegentlichen Eingriffen gegen den SA-Terror wird berichtet.[232] Aber so ehrenvoll das für die Beteiligten war, so wenig hatte es noch politisches Gewicht. Der Kampf gegen Übergriffe, Rabaukentum und revolutionäre »Formen« mußte scheitern, weil er sich gegen Symptome und nicht gegen Ursachen richtete.

Unter diesen Umständen fiel es Blomberg leicht, die gegnerischen Elemente durch eine zielbewußte Personalpolitik noch weiter zu schwächen. So schob er nach und nach alle ehemaligen engeren Mitarbeiter Schleichers ab und ersetzte sie durch ihm genehmere; bezeichnend dafür ist die Ernennung des Korvettenkapitäns v. Friedeburg, der Nationalsozialist war und zu Himmler Beziehungen hatte, zum Marine-Adjutanten des Reichswehrministers.[233] Zum 1. Oktober 1933 erfolgte dann ein größeres Revirement, in dem eine ganze Reihe von Generalen, die man offenbar politisch als »schwierig« ansah, verabschiedet wurde.[234] Dazu gehörte auch der Chef des Personlamts, Generalleutnant Frhr. v. d. Bussche-Ippenburg, der als entschiedener Hitler-Gegner in einer solchen Schlüsselstellung nicht länger tragbar war. Mit ihm schied der letzte jener Clique aus der ehemaligen Obersten Heeresleitung, die die Reichswehr so lange durch alle Fährnisse der unruhigen Zeit gesteuert hatte. An seine Stelle trat der General v. Schwedler, der mehr der Seecktschen Richtung angehörte und insofern als unpolitisch gelten durfte.[235] Schließlich wurde auch der Chef des Truppenamtes, der als Gegner des Nationalsozialismus bekannte General Adam, durch General Beck ersetzt. Ebenso wurde die Verabschiedung Hammersteins bereits jetzt formell geregelt; *de facto* erfolgte sie allerdings erst zum Jahreswechsel.[236]

Um die Nachfolge Hammersteins ist dann ein Kampf entbrannt, dessen Ausgang einen ersten Rückschlag für Blomberg und Hitler bedeutete und der damit zugleich klarmacht, daß erfolgreicher Widerstand in jener Zeit durchaus möglich war. Blomberg und Hitler hatten Hammerstein durch einen Mann des neuen Kurses ersetzen wollen und dafür Reichenau ins Auge gefaßt. Aber alsbald bildete sich eine Einheitsfront zwischen Hindenburg und dem Offizierskorps gegen Reichenaus Kandidatur, die sich sowohl gegen seinen politischen Extremismus wie gegen seine mangelnde Anciennität richtete.[237] Mit der Ernennung von Hindenburgs Kandidaten Fritsch bahnte sich dann ein Wandel in den Beziehungen zwischen Heeresleitung und Reichswehrministerium an. So wenig Fritschs Amtsantritt einen politischen Kurswechsel zur Folge hatte, so führte er doch zu einer gewissen Verselbständigung des Heeres gegenüber dem Ministerium. Gestützt auf seine große Autorität im Offizierskorps, die fast an die Seeckts heranreichte, ging Fritsch zunächst daran, die alte Machtposition der Heeresleitung, die Hammerstein hatte verfallen lassen, wiederherzustellen. Gleich eine seiner ersten Amtshandlungen war eine Anweisung zur strikten Einhaltung des Dienstweges, wodurch Blombergs Eingriffen ein Riegel vorgeschoben wurde.[238] Damit sah er sich dann in der Lage, die zahlreichen, aber bisher verstreuten und daher meist wirkungslosen Verzögerungs- und Abschwächungsaktionen untergeordneter Befehlsstellen zu einer systematischen Bremspolitik zusammenzufassen. Sie hatte Erfolg, solange Hitler sich in seiner zunächst schwachen Position zu taktischer Zurückhaltung gezwungen sah bzw. eine Duldung von Fritschs Eigenwilligkeiten für ungefährlich hielt. Sobald er aber die Hände frei hatte und die Gelegenheit für günstig erachtete, begann er diese rein militärisch-fachlich begründete und damit politisch schutzlose Sonderstellung des Heeres Stück für Stück abzubauen.

Zweites Kapitel: AUFRÜSTUNG UND KRIEGSVORBEREITUNG

Die Wiederherstellung ihrer zentralen Stellung im Staat wie im Kaiserreich war das eine Ziel der Reichswehrführung gewesen, als sie sich mit Hitler verbündete, und die geschilderten Ereignisse im Jahre 1933 schienen ihr berechtigten Grund zu der Annahme zu geben, daß Hitler diese Bedingung loyal erfüllen werde. Diese Annahme wurde bestärkt durch den Nachdruck, mit dem Hitler, kaum daß er zur Macht gekommen war, die Aufrüstung vorantrieb. Die Reichswehrführung, die sich unter der Republik jahrelang vergeblich um eine Verbesserung von Deutschlands Rüstungsstand bemüht hatte, glaubte auch darin eine Übereinstimmung zwischen ihren und Hitlers Zielen sehen zu dürfen, denn sie nahm an, daß die politische Konzeption, die Hitler mit seiner Rüstungspolitik verband, nicht wesentlich von ihrer eigenen abwich: Wiederherstellung von Deutschlands »Bündnisfähigkeit« im Spiel der Großmächte. Wie man heute weiß, war dies ein Irrtum, denn Hitler war von Anfang an entschlossen, einen Eroberungskrieg zu führen, sobald Deutschlands Macht und die außenpolitische Lage ihm die Möglichkeit dazu boten. Daraus ergeben sich zwei Fragen, die beantwortet werden müssen, bevor eine Darstellung der Anfänge der nationalsozialistischen Aufrüstungspolitik möglich ist. Erstens: Welche Ziele und Motive veranlaßten Hitler zu einem so verhängnisvollen und – gemessen an den Maßstäben einer vernünftigen deutschen Interessenpolitik – widersinnigen Entschluß? Und zweitens: Wie war es möglich, daß sich die führenden Militärs über Hitlers wahre Ziele so schwerwiegend täuschen konnten?

1. Hitlers Kriegsideen

Daß Hitler in *Mein Kampf* sehr ausschweifende Pläne kriegerischer Expanison, insbesondere nach Osten, entwickelt hat, ist immer bekannt gewesen, aber die Absurdität dieser Ideen, die Unstetigkeit und scheinbare Planlosigkeit von Hitlers Handeln im allgemeinen und nicht zuletzt der auf den ersten Blick verwirrende Charakter der nationalsozialistischen Außenpolitik bis 1938 haben die außenstehenden Zeitgenossen wie auch die seit 1945 einsetzende wissenschaftliche Forschung veranlaßt, die Verbindlichkeit jener frühen Äußerungen für Hitlers spätere Politik in Frage zu stellen; bis vor kurzem beharrte die vorherrschende Auffassung dabei,[1] daß die im sogenannten *Hoßbach-Protokoll* überlieferten Äußerungen Hitlers auf der Konferenz vom 5. November 1937 das erste Anzeichen für den Übergang zu einer expansiven Kriegspolitik gewesen seien. Erst gründlichere, auf neuen Quellen fußende Untersuchungen der letzten Jahre haben diese Auffassung zu erschüttern vermocht; es kann heute kein Zweifel mehr daran sein, daß Hitler die Ideen kriegerischer Expanison, die er Mitte der 20er Jahre in *Mein Kampf* entwickelt hatte, nie aus den Augen verloren hat.[2]

Die Wurzeln und Motive, aus denen diese Ideen entstanden sind, sind auch in diesem Fall recht vielgestaltiger Art. Ihre ideologischen Voraussetzungen mit ihren verschiedenen Komponenten sind hier bereits in anderem Zusammenhang behandelt worden, wobei das Zusammenwirken älterer großdeutsch-alldeutscher Vorstellung mit dem Mitteleuropa-Gedanken, der Idee einer deutschen Herrschaft im Osten und den geopolitischen Pseudotherorien Haushofers auf dem Hintergrund der Nationalismus-Imperilaismus-Problems deutlich wurde.[3] Als Rahmenvorstellung diente Hitler dabei die sozialdarwinistische Idee des Lebenskampfes, aus der dann die Forderung nach ausreichendem Lebensraum abgeleitet wurde. Das alles ist im wesentlichen bereits bekannt; nicht genügend beachtet worden ist bisher jedoch, daß darin zugleich ein zwar ungewöhnliches und in seinen Konsequenzen höchst fragwürdiges, nichtsdestoweniger aber in sich durchaus folgerichtiges Programm der Wirtschaftspolitik enthalten war. Da es im wesentlichen darauf hinauslief, grundlegende wirtschaftspolitische Entscheidungen bis zur Eroberung von Lebensraum zu vertagen und die Zwischenzeit mit Behelfslösungen zu überbrücken, mußte seine Durchführung das Regime in eine sich ständig zuspitzende Zwangslage bringen, gegenüber der der Ausweg des Krieges schließlich auch dann unumgänglich war, wenn die nationalsozialistische Führung ihre ideologischen Postulate einer realistischeren Einstellung zur Außenpolitik zu opfern bereit gewesen wäre. Gerade der wirtschaftspolitische Aspekt der nationalsozialistischen Lebenskampf-Ideologie ist daher ein ausgezeichneter Ansatzpunkt, um zu zeigen, wie sich die anfängliche Willkür der Hitlerschen Kriegsideen allmählich in eine verhängnisvolle Zwangsläufigkeit verwandelte, die ihrem Urheber auch dann keine Umkehr mehr gestattete, falls er das selbst gewollt hätte. Dieser Prozeß soll im folgenden zunächst im Spiegel der Hitlerschen Äußerungen dargestellt werden. In den weiteren Abschnitten dieses Kapitels werden dann die Anfangsstufen der praktischen Durchführung zu behandeln sein.

Ausgangspunkt muß auch hier eine kurze Betrachtung von Hitlers Ausführungen in *Mein Kampf* sein.[4] Sie machen bereits die zentrale Stellung der sozialdarwinistischen Ideen Hitlers deutlich. Sieht man einmal von den sehr handfesten psychologischen und taktischen Überlegungen ab, die den Charakter des Buches weitgehend bestimmen, so scheint die Auffassung vom Leben als einem unausgesetzten Kampf aller gegen alle, sei es zwischen einzelnen, sei es zwischen Gruppen und Völkern, überhaupt den einzigen faßbaren Kern in dem amorphen und widerspruchsvollen Ideenkonglomerat der hier dargelegten nationalsozialistischen »Weltanschauung« auszumachen, ja, gelegentlich wird ihr zuliebe sogar die Rassenlehre, sonst das als revolutionäre Neuigkeit gepriesene Paradestück der nationalsozialistischen Ideologie, unbekümmert beiseite geschoben. So vielleicht am eindrucksvollsten an jener Stelle, wo Hitler die Auslese von Persönlichkeiten erörtert (S. 492 f.). Sie soll natürlich zunächst nach rassischen Gesichtspunkten erfolgen. Aber das ist, so erklärt Hitler, das »gröbere« Verfahren, weil es »fast mechanisch« angewendet werden kann. »Die Siebung nach Fähigkeit und Tüchtigkeit (dagegen) kann nicht mechanisch vorgenommen werden, sondern ist eine Arbeit, die *der Kampf des täglichen Lebens* ununterbrochen besorgt.«[5] Damit ist das Prinzip des Lebenskampfes eindeutig dem der Rasse vorangestellt, und es wird überdies klar, daß es sich dabei nicht nur um den Kampf der Völker – von dem sonst die Rede ist – handelte, sondern auch um den der einzelnen. Von dem an sich bekannten Inhalt dieser Idee verdient besondere Aufmerksamkeit die Überzeugung Hitlers, daß dieser elementare Kampf aller gegen alle »ewig«, d. h. unaufhörlich, nie endend sei, und daß, wer sich darin nicht durchsetzt, untergehen muß: »wer rastet – rostet« (S. 440). Das führt dann zu der Vorstellung, daß Sicherheit und Gedeihen der Völker und Staaten nur in der bevölkerungspolitischen wie geographischen Expanison liegen. So wettert Hitler gegen die Geburtenbeschränkung, die das deutsche Volk zum »Aussterben« verdamme (S. 144 ff.), und behauptet zugleich, daß man die Existenz des deutschen Volkes nur dann »auf Jahrhunderte hinaus« sichern könne, wenn ausreichender »Grund und Boden« erobert werde (S. 754 und *passim*).

In dieser Forderung nach Eroberung von Lebensraum ist, wie erwähnt, gleichzeitig auch Hitlers Theorie der Wirtschaftspolitik enthalten – oder das, was an ihrer Stelle steht. Denn tatsächlich gibt es für Hitler nur eine wirtschaftspolitisch relevante Frage: die der Sicherung der Ernährung. Daß die Menschen darüber hinaus z. B. auch der Kleidung bedürfen – ganz abgesehen von der Aufrechterhaltung eines zivilisierten Lebensstandards mit seinem vielfältigen Bedarf an Rohstoffen, seinen komplizierten Organisations- und Finanzierungstechniken usw. –, das liegt außerhalb seines Gesichtsfeldes. Ihn beherrscht nur ein Problem: wie man der Gefahr der »Hungerverelendung« (S. 144) vorbeugen könne, die durch die ständige Bevölkerungszunahme bei gleichbleibendem »Lebensraum«[6] heraufbeschworen werde. Er erörtert vier verschiedene Möglichkeiten dafür (S. 144 ff.): 1. Geburtenbeschränkung, 2. »innere Kolonisation«, also Siedlungspolitik, 3. Erwerbung neuen Bodens, 4. Industrialisierung, Export- und Kolonialpolitik. Von ihnen schließt er die beiden ersten aus, weil sie seinem Prinzip der Expansion widersprechen: Geburtenbeschränkung bedeutet Unterbindung des Bevölkerungswachstums, und innere Kolonisation bedeutet Verzicht auf Beteiligung am Kampf um den noch freien Raum auf der Erde und Verewigung der ungünstigen militärpolitischen Lage Deutschlands –»je größer die Raummenge ist, die einem Volk zur Verfügung steht, um so größer ist auch dessen natürlicher Schutz« (S. 150) –; außerdem ermutigt sie nur die in Deutschland ohnehin zu starke »pazifistische Gesinnung«, weil sie im Volke die Hoffnung erweckt, »in sanftem Schlummerleben sich das Dasein ›erarbeiten‹ zu können« (S. 149). Den vierten Weg erörtert er – bezeichnenderweise – nicht gesondert, führt aber im Verlauf der weiteren Erörterung die alten Autarkie-Argumente gegen ihn ins Feld: zu großes Risiko wegen gefährdeter Seeverbindungen, mangelnde Eignung der Kolonien für Ansiedlungen usw. So bleibt also nur der dritte Weg: Gebietserweiterung in Europa mit dem Ziel, dem deutschen Volk eine ausreichende Ernährungsgrundlage und zugleich eine günstige militärgeographische Position zu schaffen (vgl. auch S. 684 ff. und S. 726 ff.), und man weiß, daß Hitler dabei an den Osten, speziell an Rußland denkt. »Wir Nationalsozialisten«, so lautet seine vielzitierte Formel, ». . . stoppen den ewigen Germanenzug nach dem Süden und Westen Europas und weisen den Blick nach dem Land im Osten« (S. 742).

Daß das nicht ohne Krieg ging, darüber war sich Hitler nicht nur klar, das plante er bedenkenlos mit ein: »Was der Güte verweigert wird, hat eben die Faust sich zu nehmen« (S. 152). Schließlich, so meint er, sei auch die Erwerbung von Siedlungsland in den Kolonien oder die Wiederherstellung der Grenzen von 1914 nur »mit Blut« zu erreichen, und dann sei es schon besser, gleich »ein dessen würdiges Ziel« aufzustellen (S. 153; S. 738).

Der Grundgedanke der Hitlerschen Wirtschaftspolitik – Lösung der Wirtschaftsprobleme durch Ost-Expansion – kam Anfang 1932 noch einmal in dem Vortrag Hitlers im Düsseldorfer Industrie-Klub zum Ausdruck.[7] Zeit, Ort und Publikum zwangen Hitler, seine wirtschaftspolitischen Karten auf den Tisch zu legen. Betrachtet man sie näher, so ergibt sich als Quintessenz der Gedanke, daß die augenblickliche Wirtschaftskrise, wie alle Wirtschaftsprobleme überhaupt, nur mit außenpolitischen Mitteln zu lösen sei. Zwar müsse zunächst, so erklärte er, der Primat des innenpolitischen gegenüber dem außenpolitischen »Wiederaufstieg« gelten. Denn nicht die Weltwirtschaftskrise und nicht einmal der Versailler Vertrag hätten die gegenwärtige Notlage geschaffen, sie seit vielmehr aus innenpolitischen Fehlern entstanden. Folglich könne man ihre Beseitigung auch nicht, wie es die Regierung Brüning versuche, von dem *deus ex machina* außenpolitischer Erfolge erwarten, auch nicht von rein wirtschaftlichen Maßnahmen, sondern nur von einer Beseitigung dieser inneren Fehler, d. h. also vor allem der verderblichen Demokratie, die nicht fähig sei, die Kraft der Nation zu sammeln (S. 25). Man hat sehr richtig bemerkt, daß damit das taktische Prinzip der nationalsozialistischen Außenpolitik in der Periode der Machtergreifung verkündet wird.[8] Denn wozu die Sammlung der Nation? Wie sollte die Krise dadurch überwunden werden? Verständlicherweise drückte Hitler sich hier vorsichtig aus. Die von ihm geforderte »politische Willensbildung der gesamten Nation«, so erklärte er, sei der Ausgangspunkt für »politische Aktionen«; erst auf dieser Basis könne eine Regierung »die Wege wählen, die eines Tages zum Erfolg führen können« (S. 25). An welche Wege er dabei denkt, wird deutlich, wenn er im Anschluß an seine eingangs gegebene sozialdarwinistische Definition der Politik – sie sei »die Wahrnehmung der Lebensinteressen eines Volkes und die praktische Durchführung seines Lebenskampfes mit allen Mitteln« (S. 6) – die Forderung stellt, »ein Volk [müsse], um bestehen zu können, seine Kraft nach außen wenden«! Nur deshalb sei auch die innere Neuordnung erforderlich: All die großen Probleme, die Unterbringung der »6 oder 7 Millionen Erwerbslosen«, die Aufrechterhaltung der Exportwirtschaft, der Aufbau eines neuen Binnenmarktes, die

Lösung der »Raumfrage« (!), die Herstellung unserer Bündnisfähigkeit – all das sei nicht lösbar, wenn man nicht die innere Kraft findet, »die allein uns nach außen wieder Wirksamkeit zu schaffen vermag«. Sie sei angesichts der augenblicklichen »Zerrissenheit klassenmäßiger Natur« nicht vorhanden, und deshalb nütze es gar nichts, wenn »man im Reichstag den Antrag einbringt, auf dem Verhandlungswege ein paar schwere Batterien, acht oder zehn Tanks, zwölf Flugzeuge oder meinetwegen ein paar Geschwader zu beschaffen ...«, denn was nützten die Waffen, wenn hinter ihnen nicht der entschlossene Kampfwille der ganzen Nation stehe (S. 25). So wird der Primat der Außenpolitik, nachdem er zur Vordertür hinausgeworfen worden ist, durch die Hintertür wieder hereingelassen, und zwar in viel umfassenderer Form. Während die von Hitler bekämpfte Brüningsche Politik nur die innenpolitischen Spannungen durch begrenzte außenpolitische Erfolge dämpfen wollte, will Hitler gleich die ganze Wirtschaftskrise durch »Wirksamkeit nach außen« überwinden. Daß er damit seine in *Mein Kampf* aufgestellten expansionistischen Ziele meint, kann nicht zweifelhaft sein, obgleich er sie an dieser Stelle, mit Ausnahme des kurzen Hinweises auf die »Raumfrage«, nicht ausdrücklich erwähnt.

Man hat oft den Dilettantismus und die Ignoranz Hitlers auf wirtschaftlichem Gebiet bemerkt und kritisiert. Hier deutet sich an, daß das nicht zufällig war, sondern daß darin System lag, nämlich das System der Eliminierung von Tatsachen zugunsten einer einzigen fixen Idee, die schließlich, ausgesprochen oder nicht, immer wieder auf den Krieg hindeutet. In völliger Klarheit erscheinen dieser Prozeß und seine Resultate in jener Rede Hitlers vor den Reichswehrbefehlshabern Anfang Februar 1933, deren äußere Umstände und unmittelbare politische Bedeutung schon beschrieben wurden. Sie stellt ein wichtiges Glied in der Entwicklungsreihe seiner Gedanken dar und muß deshalb hier noch näher untersucht werden.[9] Hitler begann mit der damals bei ihm beliebten zweckbedingten Schwarzmalerei: Seine Regierung stünde vor ungeheuren, fast unlösbaren Aufgaben und müsse infolgedessen eine völlige Umwälzung der innenpolitischen Zustände herbeiführen. Er ging dann ausführlich auf das Arbeitslosenproblem und die Wirtschaftskrise ein und entwickelte – nach einem mißlungenen Versuch, beide zu analysieren – seine Lösung dafür, wobei er nun jene Schleier, die er noch in der Industrie-Klub-Rede darüber gebreitet hatte, bedenkenlos fallenließ. Die Scheinblüte in den Jahren vor 1930 sei, so meinte er, auf die Reparationsaufträge zurückzuführen gewesen; danach habe es keine Absatzmöglichkeiten mehr gegeben, und daraus sei dann die gegenwärtige Krise entstanden.[10] Die Möglichkeit, sie durch erhöhten Export zu überwinden, schloß er aus, denn die Aufnahmefähigkeit der Welt sei begrenzt und die Produktion überall übersteigert, nicht zuletzt, weil sich in den Absatzländern eigene Industrien entwickelt hätten – ein neues, in *Mein Kampf* noch nicht verwendetes Argument, in dem man wohl ein freilich klägliches Resultat seiner Auseinandersetzung mit dem Problem der Wirtschaftskrise zu sehen hat. Deshalb, so folgert er, bleibe nur die Möglichkeit der Siedlungspolitik, um das Arbeitslosenheer wieder einzuspannen, aber das sei nur ein Aushilfsmittel, denn der Lebensraum sei dazu zu klein. Erst wenn dieser genügend erweitert sei, könne man mit einer durchgreifenden Lösung rechnen. Das könne in zwei Richtungen geschehen: entweder in der Erkämpfung neuer Absatzmärkte oder – was besser sei – durch Eroberung neuen Lebensraums im Osten und dessen rücksichtslose Germanisierung.[11] Sicher aber sei, daß die jetzigen wirtschaftlichen Zustände nur durch Kampf geändert werden könnten.

Das ist, wie man sieht, nichts als die Anwendung des Programms von *Mein Kampf* auf den konkreten Fall. Bisher hatte sich Hitler, notgedrungen, auf die Theorie beschränkt, jetzt geht er dazu über, seine Ideen in der Praxis zu verwirklichen. Zugleich läßt sich an dieser Rede gut verfolgen, wie er alle neuen Erfahrungen, die er macht, alle neuen Tatbestände, die ihm entgegentreten, in seine bereits fertig ausgearbeitete »Weltanschauung« hineinzwängt. So muß seine fixe Idee vom mangelnden Lebensraum, die er schon in *Mein Kampf* arg strapaziert hatte, auch als Erklärung für das neue Phänomen der Wirtschaftskrise und zugleich als eine bequeme Lösung des Problems herhalten, die ihn des weiteren Nachdenkens enthebt und die eigentliche Bewältigung der Gewalt überläßt – der Gewalt und der Zukunft. Denn auch das taktische Rezept der nationalsozialistischen Außenpolitik, in der Industrie-Klub-Rede schon angedeutet, tritt jetzt ganz unverhüllt hervor: erst Errichtung der absoluten Herrschaft im Innern und Aufbau eines ausreichenden militärischen Kampfapparats, abgeschirmt durch eine defensive, vorsichtig lavierende Außenpolitik, dann gewaltsame Expansion mit gesammelter Kraft.[12] Daß Hitler sich dabei im Gegensatz zu seiner Haltung in *Mein Kampf* jetzt den Anschein gibt, als erwäge er ernsthaft mehrere mögliche Expanisonsrichtungen, wird man nicht zu ernst nehmen dürfen; für die hier gestellte Frage genügt die Feststellung, daß er sich bereits jetzt, in völliger Übereinstimmung mit seinen Gedanken von 1924, darauf festlegt, daß eine Expanison stattfinden muß und daß sie nur gewaltsam durchzuführen ist.

Das Gewicht dieser, man darf wohl sagen, programmatischen Rede, deren überraschende Offenheit vermutlich auf einer irrigen Einschätzung der Vorstellungen und Wünsche des Offizierskorps beruhte,[13] wird noch unterstrichen durch eine weitere Ansprache Hitlers, die er ungefähr ein Jahr später, am 28. Februar 1934, vor etwa dem gleichen Kreis von Offizieren, vermehrt um eine Gruppe hoher SA- und SS-Führer einschließlich Görings und Röhms, im Reichswehrministerium gehalten hat.[14] Die politische Situation, in der das geschah – es wird noch darauf zurückzukommen sein –, läßt darauf schließen, daß er sich jetzt hauptsächlich an die SA-Führer wandte, um ihnen klarzumachen, warum er ihren militärischen Aspirationen zugunsten der Reichswehr entgegentreten müsse. Wieder begann er mit Zweckpessimismus: »Das deutsche Volk geht einem furchtbaren Elend entgegen.« Zwar habe die NSDAP die Arbeitslosigkeit beseitigt (eine, milde ausgedrückt, sehr kühne Behauptung), doch werde nach Erfüllung der Staatsaufträge in etwa acht Jahren ein ernster wirtschaftlicher Rückschlag eintreten – eine Prophezeiung, hinter der offenbar wieder sein Dogma von den fehlenden Absatzgebieten für die deutsche »Überproduktion« stand. Diesem Übel, so fuhr Hitler fort, könne man aber nur dadurch abhelfen, daß man für den Bevölkerungsüberschuß neuen Lebensraum schaffe, und da die Westmächte dem nicht untätig zusehen würden, könnten »kurze, entscheidende Schläge erst nach Westen, dann nach Osten notwendig werden«. Diesen sehr abgekürzt wiedergegebenen Gedankengang hat man – wie spätere Reden zeigen – offenbar so zu verstehen, daß die »Schläge« nach Westen der Niederhaltung der Westmächte, insbesondere Frankreichs, die nach Osten aber der eigentlichen Expansion dienen sollten.[15]

Diese Ausführungen bestätigten Hitlers bisherige Äußerungen und zeigen zugleich, daß er es gegenüber den Generalen auch nach seiner Antrittsrede vom Februar 1933 nicht an Offenheit hat fehlen lassen.[16] Darüber hinaus wird unterstrichen, daß Hitler die Wirtschaftsprobleme keineswegs ignorierte, wie man häufig gemeint hat, sondern sich offenbar nachhaltig mit ihnen auseinandersetzte. Und wenn die Resultate dieses Nachdenkens überaus kümmerlich waren, so hatten sie doch eine primitive und unbarmherzige Konsequenz, die im Verein mit Hitlers enormer Willenskraft höchst gefährlich erscheinen mußte. Offenbar war die Frage der Wirtschaftspolitik für ihn ein äußerst beunruhigendes Problem. Es lag ihm nicht, sich damit zu beschäftigen, aber sein sicherer Instinkt für Massenreaktionen sagte ihm, daß er hier nicht ausweichen durfte. Wenn er in anderem Zusammenhang von der Masse als einem »Tier« sprach,[17] so wird er auch die psychologischen Rückwirkungen, die von ihren materiellen Bedürfnissen auszugehen vermochten, nicht gering eingeschätzt haben. Er mußte also, so mag er gefolgert haben, den Menschen zu essen geben, wenn er wollte, daß sie eine willige Kulisse für seine Schaustücke und einen empfänglichen Resonanzboden für seine rhetorischen Ausbrüche abgaben. In dieser Zwangslage ergriff er den für ihn charakteristischen Ausweg: Da er dem Problem nicht durch Ignorierung ausweichen konnte, wich er in die Gewalt aus und proklamierte die Eroberung von »Lebensraum«. Freilich standen 1933/34 andere Probleme im Vordergrund; auch war zu übersehen, daß ihm zunächst noch eine Galgenfrist verblieb, bis das Problem unerbittlich auf ihn zukam. Aber eines Tages mußte er sich ihm stellen, eines Tages, das sah er schon 1933 voraus, mußte er dafür eine wirkliche, keine bloße Scheinlösung finden.

Es ist durchaus möglich, daß Hitler in den folgenden Jahren in dieser Frage geschwankt hat; aber wie in allen anderen Fällen von Gewicht, ist er auch in diesem seinem Instinkt gefolgt, der ihm sagte, daß es für ihn auf dem einmal eingeschlagenen Wege kein Zurück gab. Wie noch zu zeigen sein wird, trieb er die Aufrüstung mit allen Mitteln voran und versperrte sich, indem er sie mit der Bekämpfung der Wirtschaftskrise verband, jeden Rückweg. Als dann im Jahre 1936 der kritische Punkt eintrat, hat er die Konsequenzen rücksichtslos gezogen. Das Zeugnis dafür ist seine bekannte Denkschrift zum *Vierjahresplan* vom August 1936.[18] Die 1933 von ihm geforderte Voraussetzung der »Wiedergewinnung der politischen Macht« war zu diesem Zeitpunkt nahezu vollständig erfüllt: Hitler war unumschränkter Herr in Deutschland. Aber mit der zunehmenden Aufrüstung hatten sich auch die ersten Schwierigkeiten eingestellt, vor allem auf wirtschaftlichem Gebiet, wo Rohstoff-

und Devisenmangel die weitere Rüstungsausweitung in dem von Hitler gewünschten Tempo und Umfang zu hemmen drohten. Hier sollte der Vierjahresplan Abhilfe schaffen, und die von Hitler verfaßte Denkschrift sollte ihn begründen und gegen Einwände der Fachkritik verteidigen.[19]

Selbst für denjenigen, der die früheren Auslassungen Hitlers über seine Kriegsabsichten nicht kennt, springt ins Auge, daß es sich bei dieser Denkschrift um ein Programm nicht für friedliche Entwicklung einer Autarkiewirtschaft, sondern zur Kriegsvorbereitung handelt. Die Denkschrift, so urteilt der Herausgeber,[20] die den Vierjahresplan begründen sollte, »galt wie jener selbst der Rüstung, und zwar nicht zur Wiederherstellung einer Rüstungsgleichheit mit anderen Mächten, sondern zum Kriege«. Tatsächlich ist die ganze Argumentation Hitlers auf den Kriegsfall abgestellt. »Wenn es nicht gelingt, in kürzester Frist die deutsche Wehrmacht ... zur ersten Armee der Welt zu entwickeln, wird Deutschland verloren sein!« (S. 205); die Auffassung, daß die Aufrüstung zurückgestellt werden müsse, um Devisen zur Hortung von Rohstoffen freizubekommen, »beruht auf einem gänzlichen Verkennen – um mich nicht schärfer auszudrücken – der vor uns liegenden Aufgaben und militärischen Erfordernisse« (S. 207); es sei jetzt notwendig, »der Friedensernährung und vor allem der Kriegsführung die [erforderlichen] Mittel zu sichern« (S. 208); von einer Lösung des Treibstoffproblems hänge – nicht etwa der Fortschritt von Motorisierung und Industrialisierung im Frieden, sondern – »die kommende Kriegführung« ab (S. 208); und schließlich bezüglich der Schwierigkeiten des Erzimports: »Die Existenz der nationalen Wirtschaft und vor allem der Kriegführung darf davon jedoch nicht abhängig sein« (S. 209).

Aber könnten alle diese Sätze nicht auch im Sinne einer Bemühung um bloße Verteidigungsbereitschaft, also ohne aggressive Tendenz, interpretiert werden? Untersucht man daraufhin die Denkschrift, so scheint sich das Problem auf den ersten Blick in der Tat zu komplizieren, denn Hitler gibt dort für seine wirtschaftlichen und militärischen Forderungen überraschenderweise zwei einander widersprechende Begründungen: Anknüpfend an einleitende Bemerkungen über den Lebenskampf der Völker erklärt er zunächst, daß dieser Kampf für das deutsche Volk heute durch die Drohung des Bolschewismus heraufbeschworen werde (S. 204 f.). Das könnte also auf eine Verteidigungskonzeption schließen lassen.

Dann aber bringt er im Verfolg seiner wirtschaftlichen Darlegungen wieder das aggressive Lebensraum-Argument vor: Eine »endgültige Lösung« der wirtschaftlichen Schwierigkeiten sei nur von einer Verbreiterung der Ernährungs- und Rohstoffbasis in Form der Ausweitung des Lebensraums zu erwarten (S. 206). Eine ähnliche Koppelung der Argumente findet man auch in den vorhergehenden Zeugnissen,[21] aber hier wie dort stehen sie beide unverbunden nebeneinander, hier wie dort – abgesehen von *Mein Kampf* – gilt Hitlers Augenmerk hauptsächlich der Entwicklung und Begründung der Lebensraumthese, während seine Polemik gegen den Bolschewismus überall als ein nicht dazugehörendes und den Hauptgedankengang durchkreuzendes Anhängsel erscheint.[22] In der Vierjahresplan-Denkschrift steigert sich das bis zum offenen Widerspruch, aber dort liefert Hitler auch zugleich eine Erklärung für diese Zweigleisigkeit seines Denkens: »Auch die idealistischen Weltanschauungskämpfe«, so sagt er in der Einleitung, »besitzen ihre letzten Ursachen und tiefsten Antriebe in dem Daseinskampf der Völker« (S. 204). Wie ein Schlaglicht erhellt dieser Satz die totale Instrumentalisierung, der im Rahmen von Hitlers kämpferischem Dynamismus selbst die Ideen und Weltanschauungen unterworfen werden; sie haben, wie er schon in *Mein Kampf* ausgeführt hat (z. B. S. 596 f.), lediglich die Aufgabe, seiner politischen Bewegung die notwendige Durchschlagskraft zu verleihen, und können bedenkenlos beiseite geschoben werden, wenn der »Lebenskampf des Volkes« es erfordern sollte – was Hitler dann ja auch im Falle des sowjetischen Bündnisses im August 1939 wahr machte. Und so darf man auch die antibolschewistische Polemik in den hier zitierten Reden und in der Denkschrift von 1936 als ein bloß zusätzliches Mittel Hitlerscher Schwarzmalerei und Scharfmacherei werten; was ihm bei seiner Kriegsplanung vor Augen schwebt, ist ein gewaltsames Ausgreifen nach Osten, nicht die Drohung eines bolschewistischen Angriffs.

Aber Hitlers Vierjahresplan-Denkschrift bietet noch mehr Überraschungen. So hat man auch in diesem Fall auf die Inkompetenz und Ignoranz Hitlers in wirtschaftlichen Fragen hingewiesen.[23] Sie zeigen sich hier verständlicherweise besonders deutlich, und zwar hauptsächlich in zweierlei Hinsicht: Einmal enthält die Denkschrift Forderungen, von denen von vornherein feststand, daß sie nicht erfüllbar waren, und zum anderen ging Hitler bei seinen Vorstellungen von Kriegswirtschaft scheinbar von irrigen Voraussetzungen aus. Die Analyse seiner Ausführungen führt jedoch zu dem unerwarteten Ergebnis, daß diese Kritik den Kern des Problems nicht trifft. Hitler kannte die Einwände der Fachleute sehr wohl, und er war auch nicht unfähig, ihren Gedankengängen zu folgen. Wenn er sie sich dessenungeachtet nicht zu eigen machte, so, weil sie ihm nicht die Lösungen boten, die er wollte. Auch das ist, von der Industrie-Klub-Rede 1932 angefangen, ein ständig wiederkehrendes Motiv seines Denkens.[24] Die Vorschläge der Fachleute zur Lösung der Wirtschaftsprobleme greifen ihm nicht tief genug, sie liefern allesamt nur Lösungen auf Zeit und garantieren ihm nicht die vollständige Sicherheit gegen wirtschaftliche Krisen, die totale Autarkie, die er anstrebt. Und sie machen ihn vor allen Dingen abhängig, abhängig von den Gesetzen des freien Marktes, insbesondere auch des Weltmarktes, und der Währung, von den Bindungen an Handelspartner und von der Berücksichtigung der Konkurrenten. Aber Hitler will nicht handeln, schon gar nicht verhandeln, er will befehlen. Deshalb fordert er »für die Zukunft eine endgültige Lösung«, die Deutschlands Wirtschaftsprobleme durch Erweiterung des Lebensraums ein für allemal beseitigen und »dereinst« durch die »politische Führung« herbeigeführt werden soll. Die Zwischenzeit soll durch eine Übergangslösung überbrückt werden, die sowohl ein Minimum an Ernährungs- und Konsumbedarf befriedigt als auch ein Maximum an Kampfmitteln zur Verwirklichung der »endgültigen Lösung« bereitstellt (S. 206 f.). Diesem Zweck – und nicht der Errichtung einer Autarkiewirtschaft, über deren Undurchführbarkeit im gegenwärtigen Zeitpunkt (1936) sich Hitler durchaus klar ist[25] – soll der Vierjahresplan dienen, ihn soll die Denkschrift klarmachen und begründen.

Der entscheidende und vielfach nicht genügend gewürdigte Gesichtspunkt Hitlers für diese Übergangslösung ist der *bewußte* Verzicht auf alle Rücksichten gegenüber der Eigengesetzlichkeit der Volkswirtschaft. Bisher hatten die wirtschaftlichen Kräfte Deutschlands den Anforderungen, die das nationalsozialistische System und besonders die Rüstungspolitik an sie stellte, noch einigermaßen genügen können, ohne daß man die sachbezogenen Operationsregeln und Strukturformen der Volkswirtschaft hatte aufgeben müssen. Aber die deutsche Wirtschaft war dabei an die Grenze ihrer Leistungsfähigkeit gelangt. Jetzt, im Jahre 1936, war eine Steigerung nur noch möglich, wenn man entweder zu einer normalen, sich in den weltwirtschaftlichen Gesamtprozeß eingliedernden

Wirtschaftspolitik zurückkehrte, oder sich einer rücksichtslosen, alle Prinzipien der Wirtschaftlichkeit und Rentabilität verleugnenden Ausbeutungs- und Raubbauwirtschaft verschrieb. Im ersten Fall war freilich nur mit sehr langfristigen Fortschritten zu rechnen, ja, Hitler fürchtete nicht zu Unrecht, daß er auf diesem Wege nie den gewünschten Kräftevorsprung vor seinen Gegnern erreichen werde. Nach den Maßstäben normaler politischer Kalkulation zwang das zu dem Schluß, daß Expansionspläne der Hitlerschen Art also überhaupt undurchführbar waren. Aber Hitler war weit davon entfernt, sich zu solchen Schlüssen zwingen zu lassen. Im Vertrauen auf seine »Intuition« und voll Verachtung gegenüber der Vernunft in jeder Gestalt, rechnete er sich für seine Lebensraumpläne Erfolgschancen aus, wenn er unter Ausnutzung des Rüstungsrückstands, in den die Westmächte infolge ihrer Abneigung gegen Krieg und Aufrüstung geraten waren, und unter äußerster Anspannung aller in Deutschland verfügbaren Mittel wenigstens anfänglich eine Rüstungsüberlegenheit gewann und diese dann in Form der schon 1934 ins Auge gefaßten, überraschenden »kurzen Schläge« gegen seine vorher sorgfältig isolierten Gegner zur Geltung brachte, um sie nacheinander »auszuschalten«.

Daher wandte er sich in seinem Sinn durchaus folgerichtig der zweiten Lösung, also der Raubbau-Wirtschaft zu, die ihm eine kurzfristige und relativ erhebliche Kräftekonzentration versprach. So erklärt es sich, daß das ganze in der Vierjahresplan-Denkschrift entwickelte »Programm« Hitlers (S. 108 ff.) im wesentlichen nur aus apodiktischen Forderungen besteht, deren Realisierungsmöglichkeiten kaum erörtert, sondern die einfach und kategorisch aus dem übergeordneten Ziel der »Selbstbehauptung« und der »kommenden Kriegführung« abgeleitet werden. Mit dem Hinweis darauf werden alle auf Einschätzung von Fakten und realen Grenzen beruhenden Einwände der Experten zurückgewiesen bzw. als böswillig verdächtigt und die kaum verhüllte Drohung ausgesprochen, die Privatwirtschaft zu verstaatlichen, falls sie die gesteckten Ziele nicht erreicht: »Die deutsche Wirtschaft aber wird die neuen Wirtschaftsaufgaben begreifen, oder sie wird sich eben unfähig erweisen, in dieser modernen Zeit, in der ein Sowjet-Staat einen Riesenplan aufrichtet, noch weiter zu bestehen!«[26]

Wenn Hitler so eine weitgehende Überspannung der wirtschaftlichen Kräfte Deutschlands schon im Frieden bewußt in Rechnung stellte, so erhebt sich freilich die Frage, wie er sich dann die Wirtschaftsführung im Kriege vorstellte. Hier hat denn auch die – zeitgenössische wie rückschauende – Kritik eingesetzt und darauf hingewiesen, daß man mit einem weitgehend ausgebluteten Wirtschaftsorganismus keinen Krieg führen kann, am allerwenigsten einen so ausschweifenden, wie Hitler ihn plante.[27] Aber auch in diesem Falle unterschätzt die Kritik Hitlers Intelligenz und – Bedenkenlosigkeit; er war auch diesem Problem gegenüber nicht blind, aber er glaubte andere Mittel für seine Lösung zu haben und auf die sachlichen Ratschläge der Fachleute verzichten zu können. Er hat sich später in einem der Tischgespräche im Führerhauptquartier gelegentlich darüber ausgesprochen, und seine Ausführungen sind in ihrer zynischen Offenheit und hochmütigen Verachtung der elementarsten Regeln politischer Vernunft so kennzeichnend, daß sie verdienen, hier vollständig wiedergegeben zu werden. An der Abendtafel vom 4. Mai 1942 führte Hitler aus,

»daß die Bezahlung der durch den Krieg verursachten Reichsschulden kein Problem sei:

1. Die durch das deutsche Schwert getätigten Landgewinne brächten eine so bedeutende Vermehrung des Nationalvermögens, daß sie die Kriegskosten um ein Vielfaches aufwögen.

2. Die Einschaltung von 20 Millionen billiger ausländischer Arbeitskräfte in den deutschen Wirtschaftsprozeß bringe einen Gewinn, der die durch den Krieg entstandenen Reichsschulden bei weitem übertreffe.

Man müsse nur einmal errechnen, wieviel dadurch gewonnen werde, daß der ausländische Arbeiter statt – sagen wir – 2 000 Mark, wie der Inlandsarbeiter, nur 1 000 Mark jährlich verdiene. Es sei jedoch bemerkenswert, daß das den wenigsten Wirtschaftsführern bisher aufgefallen sei. Selbst dem Reichswirtschaftsminister Funk habe er gelegentlich einer Berechnung des Nationalvermögens erst einmal auseinandersetzen müssen, wie wesentlich der Lebensstandard des deutschen Volkes durch die zahlreichen ausländischen Arbeitkräfte und die durch ihre Einschaltung bedingte Verbilligung der Handarbeitskraft (vergleiche die Kostenspanne zwischen den inlandsdeutschen und der auslandsdeutschen Arbeitskraft) gehoben werde . . .

Man könne daher auch unserer Wirtschaft nur empfehlen, bei den Rüstungsausgaben, die der Krieg mit sich bringe, sich in finanzieller Hinsicht zu 100 % optimistisch einzustellen.«[28]

Das bezieht sich speziell auf die Kosten der Kriegführung selbst. Daß Hitler in gleicher Weise die Kosten der ruinösen wirtschaftlichen Mobilmachung im Frieden zu »decken« gedachte, zeigt ein Aktenvermerk Bormanns über eine Äußerung Hitlers vom 25. März 1942:

> »Seit Wiedereinführung der Wehrpflicht hat unsere ungeheure Rüstung bisher völlig ungedeckte Beträge verschlungen. Es gibt nun lediglich zwei Wege: Entweder wird diese Steuerschuld doch im Laufe der Zeit auf die deutschen Volksgenossen im Reich abgewälzt, oder aber sie wird aus den möglichen Gewinnen der besetzten Ostgebiete bezahlt. Das letztere müßte selbstverständlich sein. Der Führer ist daher auch der Auffassung, die Preise und Löhne müßten in den besetzten Ostgebieten unbedingt festgehalten werden, selbstverständlich damit auch der Lebensstandard der Bewohner in den besetzten Ostgebieten. Die Gewinne aus den Preisunterschieden zwischen Ostgebieten und Reichsgebieten müßten ausschließlich dem Reich zufließen.
> Der Führer betonte ferner, auch die Monopole und damit die Monopolgewinne müßte das Reich in der Hand behalten. Unverständlicherweise sei bereits daran gedacht worden, Herrn Reemtsma das Tabakmonopol in den besetzten Ostgebieten zu überlassen. Der Führer hat das rundweg verboten und betont, das Tabakmonopol könne von vornherein nur für das Reich selbst in Frage kommen. Auch im Reich müßte übrigens, wie der Führer schon lange gefordert hat, baldigst die Tabakmonopolwirtschaft kommen!
> Aus gleichen Gründen müßte drüben auch der größte Teil des landwirtschaftlichen Besitzes wie bisher Staatsbesitz bleiben, damit auch die Gewinne aus den landwirtschaftlichen Erträgen dieses riesigen Staatsbesitzes ausschließlich dem Staate zugute kämen und zur Deckung der Kriegsschulden verwandt werden können. Ganz abgesehen davon würden die notwendigen Überschüsse an landwirtschaftlichen Produkten lediglich aus dem Großgrundbesitz erzielt.«[29]

Knapp einen Monat später, am 12. April 1942, griff Hitler das Thema noch einmal auf, um seine Ansichten dazu grundsätzlich festzulegen. Anknüpfend an das Beispiel vom Bau des Berliner Olympiastadions, zu dem ihm die Fachleute in Verkennung des Prestige-

Aspekts viel zu niedrige Voranschläge gemacht hatten, stellte er fest:

»Gerade dieses Beispiel zeige, daß wir Deutsche lernen müßten, uns von Halbheiten freizumachen und stets an dem größtmöglichen Erfolg orientierte ganze Lösungen zu suchen. Wallenstein habe recht gehabt, als er die aufgegebene Bildung eines Heeres von 5 000 Mann mit der Bemerkung abgelehnt habe, er könne nur ein Heer von 50 000 Mann aufstellen. Es sei heller Wahnsinn, nur einen einzigen Pfennig für ein Heer auszugeben, das nicht stark genug sei, gegebenenfalls auch zu kämpfen und zu siegen.
Gerade für die Führung eines Krieges sei es entscheidend, daß man bereits die Friedensrüstung ausschließlich auf die erforderlichen Kriegsleistungen und den anzustrebenden militärischen Erfolg abstelle. Das habe leider ein Mann wie Schacht verkannt ... Schacht sei immer wieder zu ihm gekommen mit der Behauptung, daß sich aus der deutschen Wirtschaft höchstens Beträge von jährlich eineinhalb Milliarden für Aufrüstungszwecke herausziehen ließen, wenn die Wirtschaft nicht zusammenbrechen solle.
Heute, nachdem man der Wirtschaft das Hundertfache entzogen habe, arbeite sie nach wie vor auf Hochtourenzahl.
Gerade bei diesem Krieg müsse man sich immer wieder vor Augen halten, daß bei einem Verlust sowieso alles im Buddel sei. Wir müßten deshalb alle unsere Bemühungen rücksichtslos an die Parole ›Sieg‹ setzen. Wenn wir siegten, spielten die für Wehrmachtszwecke ausgegebenen Milliarden überhaupt keine Rolle. Denn sie würden allein schon durch die Erzvorräte abgegolten, die im russischen Raum im letzten Jahr in unsere Hand gefallen seien.«[30]

Mit anderen Worten: Die Besiegten sollten sowohl die deutsche Kriegsvorbereitung als auch die deutsche Kriegführung bezahlen. Hitlers Vierjahresplan-Programm riskierte bewußt den Ruin der deutschen Volkswirtschaft in der Hoffnung, sie durch einen als Beutezug geführten Krieg wieder sanieren zu können. In gleicher Weise sollten auch die im Frieden nicht zu beseitigenden Engpässe der wirtschaftlichen Mobilmachung durch den Krieg selbst überwunden werden. Dieser Gedanke findet sich schon in der Denkschrift von 1936, freilich nur in Form einer dunklen Andeutung, deren Sinn erst durch die späteren Äußerungen Hitlers im Führerhauptquartier ganz erschließbar wird. Nach Erörterung des Erzmangels und der beschränkten Abhilfsmöglichkeiten dafür stellt Hitler unvermittelt die Behauptung auf: »Der Krieg ermöglicht die Mobilisierung auch der letzten Metallvorräte. Denn dies ist dann kein *Wirtschaftsproblem*, sondern ausschließlich eine *Willensfrage*.[31] Und die nationalsozialistische Staatsführung würde den Willen und auch die Entschlußkraft und Härte [!] besitzen, um diese Probleme im Kriegsfalle zu lösen« (S. 207). Das ist, in verschleierter Form und in drei Sätzen, schon das ganze Ausbeutungsprogramm. Da Hitler nicht hoffen konnte, die für seine ausschweifenden Pläne benötigte Rüstungsüberlegenheit aus den natürlichen Hilfsquellen Deutschlands zu gewinnen, begnügte er sich mit einem Zeitvorsprung, der ihm wenigstens Anfangserfolge gestattete. Und dann mußte der Krieg, einmal in Gang gesetzt, sich selbst ernähren: Jeder Schritt vorwärts im Kriege mußte zugleich der Überwindung des Gegners und der Erweiterung der materiellen Basis Deutschlands dienen, damit der nächste Schritt möglich wurde.

Hier enthüllt sich die unerbittliche Zwangsläufigkeit, zugleich aber auch der erschreckende Glücksspielcharakter von Hitlers Politik und Kriegführung. Indem sich Hitler 1936 zu der Raubbau-Wirtschaft des Vierjahresplans entschloß, war er in absehbarer Zeit zur Eröffnung eines Krieges gezwungen, wenn seine Wirtschaftspolitik nicht in einer Katastrophe enden sollte. Und die Eröffnung des Krieges zwang ihn dann auch zur Ausbeutungspolitik in den eroberten Gebieten und nahm ihm alle Möglichkeiten zu einer sinnvollen Besatzungspolitik. »Die jeder politischen Vernunft zuwiderlaufende Ausbeutungspolitik«, schreibt Hans Buchheim, war »die logische Folge von Hitlers 1936 gefaßtem Entschluß, in seine Kriegsplanungen das Potential des erst zu erwerbenden ›Lebensraumes‹ schon miteinzusetzen und gewissermaßen im Vorgriff darauf Deutschlands Reserven zu überziehen.«[32] Das war die Politik eines Vabanque-Spielers: »Alles oder nichts«, »Siegen oder Untergang«.

Das militärische und außenpolitische Gegenstück zu dem wirtschaftlichen Programm der Denkschrift von 1936 findet man in Hitlers bekannten Ausführungen auf der Sitzung vom 5. November 1937.[33] In jener hatte er die wirtschaftliche Mobilmachung befohlen und den Verantwortlichen die Aufgabe gestellt: »I. Die deutsche Armee muß in 4 Jahren einsatzfähig sein. II. Die deutsche Wirtschaft muß in 4 Jahren kriegsfähig sein«;[34] jetzt, ein Jahr danach, begann er folgerichtig konkrete Überlegungen darüber anzustellen, wie man den angestrebten Expansionskrieg politisch eröffnen und durchführen könnte. Wie immer leitete er seinen Vortrag mit einer Darlegung seiner sozialdarwinistischen Ideen ein: Das gegenwärtige Staatsgebiet sei für das deutsche Volk zu klein und müsse ausgeweitet werden, wenn keine »Sterilität« und in deren Folge soziale Spannungen eintreten sollten; auch politische und weltanschauliche Ideen könnten diesen Verfall nicht aufhalten, weil sie »nur so lange von Bestand seien, als sie [wieder die Instrumentalisierung der Ideen zum Zwecke des »Lebenskampfes«!] die Grundlage zur Verwirklichung der realen Lebensansprüche eines Volkes abzugeben vermöchten«. Die »deutsche Zukunft« sei daher »ausschließlich durch die Lösung der Raumnot bedingt« (S. 208). Dann folgt ein Katalog der Argumente gegen friedliche und nichtexpansionistische Auswege: Die Autarkie sei unter den bestehenden Verhältnissen nicht durchführbar (S. 208 f.),[35] und eine »Beteiligung an der Weltwirtschaft« enthalte zu große Risiken: Konjunkturschwankungen, Unzuverlässigkeit von Handelsverträgen, Industrialisierung der Ernährungsausfuhrländer, Unsicherheit der Seeverbindungen usw. (S. 209). Daraus zieht Hitler wiederum seinen Schluß, daß »die einzige, uns vielleicht traumhaft erscheinende Abhilfe in der Gewinnung eines größeren Lebensraums« in Europa läge (S. 209 f.). Freilich müsse dabei mit dem Widerstand der beiden »Haßgegner«, England und Frankreich, gerechnet werden. Also hatte er jetzt die Hoffnung auf ein Bündnis mit England – ursprünglich das Fundament seines Expansionsplans – aufgegeben. Den Widerstand der östlichen Staaten erwähnt er überhaupt nicht; das war offenbar kein Problem für ihn. Nachdem er dann die machtpolitische Situation Englands und Frankreichs noch eingehender analysiert hat, kommt er schließlich zu dem Ergebnis: »Zur Lösung der deutschen Frage könne es nur den Weg der Gewalt geben, dieser niemals risikolos sein« – nicht ohne dabei historische Vorbilder wie Friedrich den Großen und Bismarck zu bemühen (S. 212).

Bestätigen diese Gedanken die unveränderte Fortwirkung seiner Lebensraum-Manie, so spiegeln seine folgenden Ausführungen den Druck, in den er seit 1936 durch seine exzessive militärische und wirtschaftliche Rüstungspolitik zu geraten begann. Für eine gewaltsame Lösung gebe es drei Möglichkeiten: Die erste bestehe darin, daß Deutschland spätestens in den Jahren 1943–1945 zum Losschlagen gezwungen würde, während die anderen beiden sich in denjenigen Fällen ergäben, in denen ein früheres Losschlagen möglich sei. Warum ist aber nach Hitlers Meinung der Zeitpunkt 1943–1945 die äußerste Zeitgrenze? Weil, so antwortet er selbst, »nach dieser Zeit ... nur noch eine Veränderung zu unseren Ungunsten zu erwarten« sei. Denn erstens lasse sich die Aufrüstung nicht mehr wesentlich steigern, Waffen und Gerät veralteten, »Sonderwaffen« ließen sich nicht unbeschränkt geheimhalten, Menschenzuwachs aus älteren Jahrgängen sei nicht mehr zu erwarten, und angesichts der zunehmenden Aufrüstung der »Umwelt« nähmen wir »an relativer Stärke« ab. Außerdem müsse ab 1943/45 infolge Devisenmangels von Jahr zu Jahr mehr mit einer Ernährungskrise gerechnet werden, was zur Senkung des Lebensstandards und zur Geburtenbeschränkung führe. Hierin sei ein »Schwächungsmoment des Regimes« zu erblicken. Und schließlich sei auch das »Älterwerden der Partei und ihrer Führer« zu bedenken (S. 212 f.). Mit anderen Worten: Der unter ruinöser Belastung der deutschen Volkswirtschaft erzwungene Rüstungsvorsprung droht verlorenzugehen, die Wirtschaftskatastrophe zeichnet sich am Horizont ab, und das zunehmende Alter Hitlers vermindert ständig die Chance, seine Feldherrnkunst »vor der Geschichte« unter Beweis zu stellen.

Von den weiteren Ausführungen Hitlers interessieren hier nur wenige Punkte: daß er, befangen im kontinentalen Denken, England für schwächer und weniger gefährlich hielt als Frankreich und fest an seine Nichtbeteiligung am Krieg glaubte; daß er infolgedessen Frankreich zunächst als Hauptgegner betrachtete; daß er in diesem Zusammenhang eine »blitzschnelle« Überwältigung nicht nur der Tschechoslowakei, sondern auch Österreichs plante, nicht, um die dortigen Deutschen heimzuführen, sondern um sich den Rücken gegen Frankreich freizukämpfen, und schließlich: daß er ankündigte, das menschliche und wirtschaftliche Potential *beider* Staaten, also auch Österreichs, sofort nach der Besetzung für seine Zwecke auszubeuten und sich dabei einen Nahrungsmittel-Zuwachs für »5 bis 6 Millionen Menschen« ausrechnete, »unter Zugrundelegung, daß eine zwangsweise Emigration aus der Tschechei von zwei, aus Österreich von einer Million Menschen zur Durchführung gelange« (S. 214).

Der Zeitdruck, den Hitler schon jetzt fühlte, kam kurz darauf noch einmal zum Ausdruck. Neurath, der von Hitlers Ausführungen »aufs äußerste erschüttert« war, stellte ihn im Januar 1938 zur Rede und legte ihm dar, »daß seine Politik zum Weltkrieg führen müsse« und daß er das nicht mitmache. »Viele seiner Pläne könne man auf friedlichem Wege, allerdings etwas langsamer, lösen. Er erklärte mir darauf, er habe keine Zeit mehr.«[36] Das war genau der springende Punkt: Hitler konnte nicht mehr warten, er hatte sein Spiel begonnen und mußte es nun weiterspielen. So zeigen ihn diese Äußerungen im Begriff, seinen wahnwitzigen Plan auszuführen, und sie bestätigen die Auffassung, daß das Münchener Abkommen von 1938 in den Augen Hitlers nur ein halber Sieg war, versperrte es ihm doch zunächst den Weg zum Kriege als dem einzigen Ausweg, der ihm in seiner selbstgeschaffenen Zwangslage offen blieb. Und das war nicht einmal seine einzige Sorge; denn im Verlauf der tschechischen Krise hatte sich nur zu deutlich offenbart, daß die Bevölkerung keineswegs jene Kriegsbegeisterung zeigte, die Hitler für seine Pläne brauchte. Seine Reaktion darauf spiegelte sich in einer jüngst bekanntgewordenen Rede vor der Presse am 10. November 1938 im Braunen Haus in München.[37] Es war kaum 48 Stunden nach der berüchtigten Reichs-Kristallnacht, der ersten zentral geleiteten Massenterror-Aktion des nationalsozialistischen Regimes, und naive Geister könnten meinen, Hitler habe diese Pressekonferenz einberufen, um sich zu rechtfertigen. Aber er war weit entfernt davon, er erwähnte die Vorgänge des 8./9. November nicht einmal. Er mag sie zu jenen »Kleinigkeiten« gerechnet haben, die er in seiner Rede den »großen Aufgaben« und »traumhaften Erfolgen« seines Regimes gegenüberstellte und die nach seiner Meinung »in eben dem Maße, in dem ich diese gewaltigen Aufgaben löse, . . . zu einer unbedeutenden Lächerlichkeit« zusammensinken. »Kein Mensch redet mehr davon, damit überwinde ich das auch. Man beachtet es eben gar nicht mehr, man sieht es nicht« (S. 187). Wenn man glauben könnte, daß Hitler ein Gewissen gehabt habe, müßte man annehmen, daß diese wiederholten Affirmationen ein Versuch waren, es zu betäuben. Aber vielleicht ist das schon eine zu gewagte Annahme. Jedenfalls beschäftigten Hitler in dieser Rede ganz andere Dinge. Nicht der – wenn auch noch so fadenscheinigen – Rechtfertigung eines Gewaltaktes, sondern der Vorbereitung eines neuen, alle bisherigen weit übertreffenden galten seine oratorischen Bemühungen.

Seine Zuhörer waren Pressevertreter, und das mag erklären, daß er seine Kriegspläne nicht mit jener kaltschnäuzigen Unverblümtheit darlegte wie ein Jahr zuvor gegenüber den Oberbefehlshabern. Er leitete seine Rede sogar ganz unverfänglich mit einem Dank für die Unterstützung ein, die die Presse ihm bei den Leistungen des vergangenen Jahres geboten habe. Doch dann ließ er die Maske fallen, und von nun an hat seine Rede nur noch zwei Themen: die schlecht verhehlte Enttäuschung, Verärgerung und Sorge über die »defaitistische« Stimmung in der Bevölkerung und, daran anknüpfend, die nachdrückliche Anweisung an die Presse, die Öffentlichkeit zur Kriegsbegeisterung zu erziehen. Seine Erbitterung über die schweigende Opposition der Bevölkerung gegen seine Kriegspolitik kannte keine Grenzen und steigerte sich gegenüber der Kritik aus den Kreisen der »oberen Zehntausend« und der Fachleute zu leidenschaftlichem Haß, wenn er sie als »diese überzüchtete, intellektuelle und hysterische Schicht« [*sic!*] beschimpfte (S. 186; S. 184), ihr die Schuld an dem weitverbreiteten Defaitismus in die Schuhe schob und ihr in einem Augenblick, in dem er die Gefahren dieses Defaitismus besonders lebhaft empfunden zu haben scheint, die Drohung entgegenschleuderte: »Wenn ich so die intellektuellen Schichten bei uns ansehe, leider, man braucht sie ja; sonst könnte man sie eines Tages, ja, ich weiß nicht, ausrotten, oder so was. Aber man braucht sie leider ...!« (S. 188). Die Transkription der Schallplatte verzeichnet an dieser Stelle »Bewegung« im Auditorium. Freilich, auf dem Hintergrund der eben beendeten Judenjagd mag dieser Haßausbruch selbst für abgebrühte Nationalsozialisten etwas zu drastisch geklungen haben.

Groteskerweise fühlte Hitler sich nicht frei von Schuld an dieser Situation. Er glaubte zu wissen, daß die Aufgabe, das Volk kriegswillig zu machen, »nicht ... in einem oder zwei Jahren erfüllt werden« könne (S. 186), und folglich hätte man früher damit anfangen müssen (daß es für die Beeinflußbarkeit selbst des gläubigen »breiten Volks« Grenzen geben könnte, kommt Hitler bezeichnenderweise nicht in den Sinn); aber leider sei das nicht möglich gewesen, denn: »Die Umstände haben mich gezwungen, *jahrzehntelang* [*sic!*] fast nur vom Frieden zu reden.«[38] Nur dadurch sei es möglich gewesen, »dem deutschen Volk ... die Rüstung zu geben, die immer wieder für den nächsten Schritt als Voraussetzung notwendig war«. Dieser »Zwang war die Ursache, warum ich jahrelang nur vom Frieden redete« (S. 182 f.) – ein bemerkenswertes Eingeständnis der Zielstrebigkeit sowohl als auch der Doppelbödigkeit seiner Politik.

Aber diese Zurückhaltung sei jetzt nicht mehr am Platze. Auf der einen Seite habe die Maske der Friedfertigkeit im Verlaufe der tschechischen Krise, in der die propagandistisch-psychologischen Vorbereitungen »zum erstenmal auch auf die letzte Konsequenz hin durchgeführt und getroffen werden mußten«, ohnehin ihre Wirksamkeit eingebüßt, sowohl dem eigenen Volk als auch dem Ausland gegenüber. »Irgendwie, glaube ich, hat sich diese Platte, die pazifistische Platte, bei uns abgespielt« (S. 183 f.). Auf der anderen Seite aber habe diese »*jahrzehntelang* [*sic!*] betriebene Friedenspropaganda« auch grundsätzlich ihre »bedenklichen Seiten«. Denn sie stärke die Friedseligkeit der Bevölkerung und täusche sie über die wahren Absichten der Führung. Mit Hitlers eigenen Worten (zugleich als Stilprobe): es entstehe dadurch die Gefahr, »daß die deutsche Nation, statt den Ereignissen gegenüber gewappnet zu sein, mit einem Geist erfüllt wird, der auf die Dauer als Defaitismus gerade die Erfolge des heutigen Regimes nehmen würde und nehmen müßte« (S. 182).

Die Aufgabe, dieses Hindernis für seine Kriegspläne aus dem Wege zu räumen, fällt der Presse zu. Damit kommt Hitler zu seinem zweiten Hauptthema, das zugleich den Zweck der ganzen Veranstaltung enthüllt: Befehlsausgabe an die Presse zur verstärkten psychologischen Kriegsvorbereitung. Immer wieder und mit steigendem Nachdruck schärfte er der Presse ein, daß sie die heute noch zögernde Bevölkerung auf den kommenden Krieg vorbereiten müsse. Harmlosen Gemütern, die seine Rattenfänger-Tricks nicht zu erraten vermögen, erklärt er dabei noch ausdrücklich, daß es sich selbstverständlich nicht darum handeln könne, die Gewalt »als solche« zu propagieren, sondern es sei notwendig, »dem deutschen Volk bestimmte außenpolitische Vorgänge so zu beleuchten, daß die *innere Stimme* des Volkes selbst langsam nach der Gewalt zu schreien« beginnt (S. 182)! Dazu müsse »mit allen Mitteln *Schritt* für *Schritt* das Selbstbewußtsein des deutschen Volkes« gestärkt werden (S. 186), es müsse lernen, »fanatisch an den Endsieg zu glauben« (S. 189), und müsse bereit sein, »geradezustehen, auch wenn es zu blitzen und zu donnern beginnt« (S. 183), kurz »*die ganze Nation* [muß] wie eine geschlossene Truppe«[39] hinter die Führung treten (S. 189).

Man darf annehmen, daß er verstanden worden ist, und eine

Analyse der deutschen Presse in den folgenden Monaten könnte zeigen, daß seine Befehle ausgeführt worden sind.[40] Um so kläglicher war das Ergebnis: Man weiß, daß die Bevölkerung im September 1939 mit der gleichen »defaitistischen« Stimmung in den Krieg ging, die sie ein Jahr zuvor gezeigt hatte, höchstens war sie noch um einen Grad resignierter und apathischer. Damit mußte Hitler diese Voraussetzung für sein Spiel endgültig abschreiben, und es war gerade diejenige, die er immer für besonders wichtig gehalten hatte: die »fanatische« Entschlossenheit seiner Gefolgschaft. Aber das hat ihn nun nicht mehr irritieren können. Er war bereits viel zu tief in sein halsbrecherisches, alle Grenzen der Vernunft und Moral mißachtendes Spiel verstrickt und hatte keine andere Wahl als Krieg oder Untergang. Auf diesen Ton sind denn auch jene drei Reden gestimmt, in denen er im Jahre 1939 seinen Kriegsentschluß vor den militärischen Befehlshabern begründete.[41]

Im übrigen ähneln sie alle den früheren Militär-Reden Hitlers. In ermüdender Monotonie kehren die Hauptgedanken wieder: der Sozialdarwinismus, die Lebensraum-Idee, die fatalen historischen Vergleiche und die als »nüchtern« posierenden, in Wirklichkeit aber auf bloßem Wunschdenken beruhenden politisch-militärischen Kalkulationen. An konkreten Elementen findet man nur drei: Hitler muß zugestehen, daß sein ursprünglicher Plan, seine eingebildeten oder wirklichen Gegner zu isolieren und nacheinander einzeln zu schlagen, kaum noch reelle Chancen hat und daß folglich die Gefahr eines europäischen, ja Weltkrieges droht; Hitler zeigt sich trotzdem entschlossen, den lange erstrebten Krieg jetzt unwiderruflich vom Zaun zu brechen; und er hat sich entschieden, entgegen seiner ursprünglichen Absicht, den ersten Schlag gegen Polen zu führen. Alle drei Gedanken sind schon in der ersten Rede vom 23. Mai 1939 voll entwickelt, nur der genaue Termin des Beginns wird noch offengelassen. Am 22. August wird er dann als unmittelbar bevorstehend bekanntgegeben, mit der Begründung, es lägen jetzt besonders günstige Umstände vor.[42] Und am 23. November, nach dem Siege über Polen, gibt Hitler rückblickend noch einmal eine Rechtfertigung seiner Entschlüsse und versucht seine zögernden Generale mit dem Vorwurf der Feigheit und Nervenschwäche zum Angriff gegen Westen zu ermuntern.

Dabei tritt, besonders in seinen ersten beiden Reden, ganz klar der Widerspruch hervor, daß Hitler den Krieg entfesseln will, obwohl die von ihm ursprünglich selbst geforderten außenpolitischen

Voraussetzungen nicht gegeben sind. Schon in *Mein Kampf* hatte er den Grundsatz aufgestellt, daß die von ihm geplante Ostexpansion nur im Bündnis mit England und nach Niederwerfung Frankreichs durchführbar sei, und noch am 5. November 1937, als ein Bündnis mit England längst außerhalb jeder Reichweite lag, hatte er doch wenigstens dessen Neutralisierung gefordert; jetzt, im Mai 1939, verkündete er seine Bereitschaft, den Krieg selbst dann zu eröffnen, wenn er ihn gegen Polen, England und Frankreich zugleich führen muß. »*Grundsatz* Auseinandersetzung mit Polen – beginnend mit Angriff gegen Polen – ist nur dann von Erfolg, wenn der Westen aus dem Spiel bleibt. Ist das nicht möglich, dann ist es besser, den Westen anzufallen und dabei Polen zugleich zu erledigen.«[43] So haben sich also nach den pyschologischen jetzt auch die außenpolitischen Voraussetzungen eines »genialen« Planes als illusorisch herausgestellt. Um so stärker treten aus dem Dschungel der Hitlerschen Argumente die wahren Gründe hervor, die ihn vorwärtstreiben. Er erklärt unumwunden, daß sich die Blufftaktik totgelaufen habe: »Weitere Erfolge können ohne Blutvergießen nicht mehr errungen werden ... An eine Wiederholung der Tschechei ist nicht zu glauben.«[44] Welche Erfolge aber braucht er denn noch, er, der Schöpfer »Großdeutschlands«, der »erfolgreichste deutsche Staatsmann seit Bismarck«? Er gibt selbst die Antwort: »Die 80 Millionen Masse [der Deutschen] hat die ideellen Probleme gelöst. Die wirtschaftlichen Probleme müssen auch gelöst werden. Um die Schaffung der wirtschaftlichen Voraussetzungen hierzu kommt kein Deutscher herum ... Ohne Einbruch in fremde Staaten oder Angreifen fremden Eigentums [!] ist dies nicht möglich ... Eine Zeitlang kann man Verzicht leisten, dann aber kommt die Lösung der Probleme so oder so. Es bleibt die Wahl zwischen Aufstieg oder Abstieg. In 15 oder 20 Jahren wird für uns die Lösung zwangsweise notwendig. Länger kann sich kein deutscher Staat um die Frage herumdrücken.«[45] Und noch dringender im August: »Unsere wirtschaftliche Lage ist infolge unserer Einschränkungen so, daß wir nur noch wenige Jahre durchhalten können. Göring kann das bestätigen. Uns bleibt nichts anderes übrig, wir müssen handeln.«[46] Wenn also die Lage auch noch nicht unmittelbar bedrohlich ist, so läßt sich doch nach Hitlers zweifellos zutreffender Meinung voraussehen, daß sie es in absehbarer Zeit werden wird, wenn er sein Regime nicht durch einen Griff in »fremdes Eigentum« sanieren kann. Der Krieg als Raubzug, erst eine aus einem angeblichen »Gesetz der Geschichte« abgeleitete, scheinbar unverbindliche Phantasie, wird nun im kritischen Stadium des leichtsinnig begonnenen Spiels zur letzten Rettung.

Es ist eine Rettung, die Deutschland und die Welt in jedem Falle Millionen von Toten und Krüppeln kosten und deren materielle Einbuße kaum hinter den Folgen eines bloß wirtschaftlichen Zusammenbruchs zurückstehen wird. Aber sie hat einen Vorteil: Sie bietet Hitler die einzige Chance, seine Herrschaft zu erhalten, und lockt obendrein noch mit der Aussicht, als »größter Feldherr aller Zeiten« in die Geschichte einzugehen. Unter diesen Umständen wird es Hitler nicht schwer, die Entscheidung zu fällen: »Das Fassen von Entschlüssen, bei denen Blut fließen muß, ist schwer, aber für uns verhältnismäßig leicht, indem es für uns nur die Wahl gibt: Hindurch oder verlieren.«[47] Jetzt, im Jahre 1939, hat er noch einen Rüstungsvorsprung gegenüber seinen Gegnern, und er ist entschlossen, ihn zu nutzen: »Jetzt ist der Zeitpunkt günstiger als in 2–3 Jahren«, erklärt er im August,[48] und im November: »Die Zeit arbeitet für die Gegner. Jetzt ist ein Kräfteverhältnis, das sich für uns nicht mehr verbessern, sondern nur verschlechtern kann ... Heute haben wir noch Überlegenheit, wie wir sie nie gehabt haben.«[49] Und so gewinnt sein Pathos des »Alles oder nichts«, so oft als theatralische Pose belächelt, nun eine furchtbare Wirklichkeit. Schon im Mai erklärt er unmißverständlich: »Die Ansicht, sich billig loskaufen zu können, ist gefährlich; diese Möglichkeit gibt es nicht«, es »geht auf Leben und Tod«.[50] Im August heißt es: »Für uns bestünde aber nur die Alternative, zu handeln oder auf die Dauer vernichtet zu werden.«[51] Und schließlich im November: »Jede Hoffnung auf Kompromisse ist kindisch: Sieg oder Niederlage! ... Ich habe zu wählen zwischen Sieg oder Vernichtung. Ich wähle den Sieg.«[52] Was aber würde geschehen, falls das Schicksal doch gegen ihn stünde? Mußte man nicht damit rechnen, daß dann nicht nur er, sondern daß das ganze deutsche Volk in die von ihm prophezeite »Vernichtung« hineingezogen würde? Hitler hatte auf diese Frage zwei Antworten. Die eine hat er schon 1938 in der erwähnten Presse-Rede gegeben, als er seine Zuhörer mit dem zynischen »Scherz« belustigte: Das deutsche Volk habe seit den Zeiten der Römer so viele Kriege und Katastrophen überstanden, »es hat sogar einen Weltkrieg überstanden, sogar eine Revolution [von 1918] – es wird auch mich überstehen«![53] Die andere atmet den gleichen beispiellosen Zynismus, ist aber in Hitlers Sinne konsequenter.

Bereits im November 1939 hatte er sie mit den Worten angedeutet, es ginge »nicht um ein nationalsozialistisches Deutschland, sondern darum, wer künftig in Europa dominiert«.[54] In völliger Übereinstimmung damit erklärte er sechs Jahre später, im März 1945, auf den Trümmern Deutschlands: »Wenn der Krieg verloren geht, wird auch das Volk verloren sein. Dieses Schicksal ist unabwendbar ... Denn das Volk hätte sich als das schwächere erwiesen, und dem stärkeren Ostvolk gehöre dann ausschließlich die Zukunft.«[55]

Hitler hatte vollkommen recht: Das deutsche Volk war – wenn auch nicht in Hitlers Sinne – zu »schwach« für die Aufgabe, die ihm 1939 aufgebürdet wurde. Aber um das festzustellen, war es nicht nötig, einen der fürchterlichsten Kriege zu führen, die je die Welt erschütterten; das stand, wie aus Hitlers eigenen Worten hervorgeht, schon vorher fest. Wenn diese sinnlose »Probe« trotzdem veranstaltet wurde, so trägt Hitler allein dafür die Verantwortung, und es ist bezeichnend für seinen Charakter, daß er das im Unglück nicht mehr wahrhaben wollte, obwohl er sich im Glück damit gebrüstet hatte. Seine Person sei »unersetzbar«, hatte er nach dem Siege über Polen erklärt; »ich bin überzeugt von der Kraft meines Gehirns und von meiner Entschlußkraft ... Das Schicksal des Reiches hängt nur von mir ab.«[56]

Es bleibt noch übrig, das Ergebnis kurz zusammenzufassen. Setzt man voraus, daß die hier benutzten Quellen wo nicht den Wortlaut, so doch den Sinn von Hitlers Äußerungen im wesentlichen zutreffend wiedergeben – und das wird wohl kaum ernsthaft bestritten –, so ergibt sich aus ihnen, daß es keine *ex-post*-Interpretation war, wenn Hitler am 23. November 1939 erklärte: »Grundsätzlich habe ich die Wehrmacht nicht aufgestellt, um nicht zu schlagen. Der Entschluß zum Schlagen war immer in mir.«[57] Und die Analyse seiner Äußerungen zeigt darüber hinaus einen unzweifelhaften Zusammenhang seiner Kriegspläne mit seiner Wirtschaftspolitik. Die bisherige Darstellung zeigte den zunehmenden Druck, der, erzeugt durch Hitlers übersteigerte Rüstungspolitik, ihn in den Krieg trieb, wenn er nicht eine neue Inflation riskieren wollte. Es wäre jedoch ein Irrtum, zu glauben, daß Hitler sich anfänglich über diese Konsequenzen seiner exzessiven Aufrüstungsmaßnahmen getäuscht hätte, daß er, verführt durch wirtschaftspolitische Ignoranz, gleichsam fahrlässig in jene Situation des Jahres 1936 gesteuert sei, in der er dann nur noch die Alternative hatte, entweder Vabanque zu spielen oder einen tödlichen Prestigeverlust hinzunehmen. Angefangen von *Mein Kampf* zeigen seine Äußerungen vielmehr, daß er sich einen wohldurchdachten Plan zurechtgelegt hatte und dessen Konsequenzen, wenn nicht in allen Einzelheiten, so doch im großen überschaute. Es führt im Verständnis des Phänomens Hitler nicht weiter, wenn man sich mit der Analyse der leicht erkennbaren Mängel seiner Geistesarbeit begnügt und von der kümmerlichen Form seiner Äußerungen auf mangelnde Schärfe des Denkens schließt. Der Mann, der die militärischen Fachleute wieder und wieder durch seine Kenntnisse mundtot machte, war nicht unfähig, die wirtschaftlichen Fachprobleme zu verstehen. Wenn er sich nichtsdestoweniger nicht damit abgab, so deshalb, weil er es nicht wollte, weil er mit sicherem Instinkt spürte, daß ihm das Wesen der freien Wirtschaft fremd war, daß sie ihm nicht die Entfaltungsmöglichkeiten bot, die er suchte, und daß er diese Welt daher zerstören mußte, wenn er zu seinem Ziel gelangen wollte.

Das theoretische Mittel dazu war seine Lebensraum-Philosophie; sie war sein Ersatz für eine Wirtschaftstheorie. In dem Bestreben, alle Erscheinungen jeweils auf das Primitive zurückzuführen – eine für Hitlers Denken charakteristische Perversion des normalen analytischen Prinzips der Reduktion auf das Einfache –, erklärte er, daß alle Wirtschaftsprobleme gelöst seien, wenn man für eine ausreichende Ernährung sorge, und das sei zu erreichen, wenn man zwischen Bevölkerungszahl und »Grund und Boden« ein »günstiges« Verhältnis herstelle. Dieser harmlos klingende Unsinn enthüllt seinen gefährlichen Sinn, wenn man ihn mit Hitlers Grundsatzerklärung in Zusammenhang bringt, daß die Wirtschaft von der Politik abhängig sei, nicht umgekehrt.[58] Für sich genommen, schien auch das nur als eine, und nicht einmal sehr originelle, Stellungnahme in einer alten theoretischen Kontroverse. Was aber Hitler wirklich damit sagen wollte, war, daß die Wirtschaft sich der Politik zu unterwerfen habe und für sie instrumentalisiert werden müsse, derart, daß die Politik von allen Rücksichten auf wirtschaftliche Belange frei werde. Darum mußte »Lebensraum« erkämpft werden: Das politische Herrschaftssystem mußte räumlich so weit ausgedehnt werden, bis das erbeutete Wirtschaftspotential zur Selbstversorgung ausreichte und jeder wirtschaftlichen Krisengefahr gewachsen war.

In zwei Punkten unterschied sich also diese Hitlersche Pseudo-Theorie von dem herrschenden Wirtschaftssystem: Sie setzte der weltwirtschaftlichen Verflechtung der Nationalwirtschaften das Ideal – oder besser die Utopie – der totalen Autarkie entgegen, und sie stellte, mindestens in ihrem Anfangsstadium, dem Prinzip des freien Austauschs in seinen verschiedenen Formen das Prinzip des gewaltsamen Erwerbs, also des Raubs gegenüber. Der Krieg wurde damit zur *conditio sine qua non* für die Verwirklichung des nationalsozialistischen Wirtschaftsprogramms, und wenn Hitler von Beginn an den Krieg proklamierte, so war das nicht bloß die Ausgeburt seiner blutrünstigen Phantasie, sondern die ebenso klarsichtige wie skrupellose Schlußfolgerung aus seiner Ablehnung des bestehenden Wirtschaftssystems. Die Zwangssituation, in der er sich im Jahre 1936 befand, bestand daher potentiell schon vom ersten Tage seiner Regierung an, und seine anfängliche Zusammenarbeit mit Schacht beruhte darauf, daß dessen gewagte Operationen genau in seinen Plan paßten. Schacht sei »ein unerhört intelligenter Mensch im ›Beschupsen‹« gewesen, hat er später erzählt.[59] Hitler hat in seiner ordinären Denkweise Schacht gewiß nicht richtig eingeschätzt, aber um so deutlicher tritt hervor, was er selbst schon vor 1936 im Auge hatte, und daß und inwiefern er Schacht als sein Werkzeug benutzte.

Wenn hier als Grundprinzipien dieser Hitlerschen Wirtschaftspolitik das der totalen Autarkie und das des gewaltsamen Erwerbs geschildert worden sind, so liegt darin in gewissem Sinne ein Widerspruch, denn gesetzt den Fall, die Autarkie-Vision ließe sich verwirklichen, so wäre Raub nicht mehr nötig. Theoretisch sollten daher auch beide Prinzipien nacheinander angewandt werden: erst die gewaltsame Erweiterung des Lebensraums, dann der Aufbau der Autarkie-Wirtschaft. Aber sowohl der utopische Charakter der Autarkie-Idee als auch die immanente Gewaltsamkeit und zerstörerische Dynamik der nationalsozialistischen Theorie und Praxis lassen es als sicher erscheinen, daß es nie zur Ausbildung des zweiten Stadiums gekommen wäre. Der Krieg wurde im Nationalsozialismus, wie sonst nur in primitiven Gesellschaften, mit Notwendigkeit zur Wirtschaftsform: Man holte sich mit Gewalt als Beute, was man an Wirtschaftsgütern brauchte.

Angesichts dieses Befunds stellt sich die Frage, wie es geschehen konnte, daß die verantwortlichen militärischen Führer Hitlers Bahn im wesentlichen widerstandslos folgten. Dabei konnte von einer Täuschung oder Irreführung keine Rede sein. Wenn die breitere Öffentlichkeit sich verwirren ließ, so mag das noch verständlich sein, obwohl es auch da hellsichtige Warner gab.[60] Aber den führenden Offizieren gegenüber hat Hitler aus seinen Absichten kein Hehl gemacht, und seine exzessive Rüstungspolitik konnte an dem bedrohlichen Ernst seiner martialischen Proklamationen keinen Zweifel lassen. Die bei Offizieren vielleicht naheliegende und von den Nürnberger Anklägern auch prompt gezogene Schlußfolgerung, daß die deutschen Generale Hitlers Kriegskurs mithin gebilligt hätten, ist nichtsdestoweniger falsch. Zwar waren sie keine Pazifisten, und gegen begrenzte kriegerische Unternehmungen unter günstigen Umständen hätten die wenigsten Einwände gehabt;[61] aber selbst Blomberg war nicht verblendet genug, zu verkennen, daß diese Bedingungen damals nicht gegeben waren.[62] Wenn sie Hitler dennoch gewähren ließen, so entsprang das derselben fahrlässigen Selbstttäuschung, die auch die Kollaboration weiter Kreise der zivilen Fachleute, Beamten und Funktionäre kennzeichnete. Ein Extrem stellt in dieser Hinsicht Admiral Raeder dar, der noch heute behauptet, Hitler habe der Wehrmacht am 3. Februar 1933 die Aufgabe der »Verteidigung des Vaterlandes nach außen hin« gestellt – also das genaue Gegenteil von dem, was Hitler wirklich gesagt hatte.[63] Das Gegenstück bildet Eugen Ott, der sich erinnert: »Der Plan, im Osten Lebensraum zu schaffen, erschien mir damals als entscheidende Erklärung.«[64] Auch andere Teilnehmer waren alarmiert, aber Hitlers Pläne erschienen doch im ganzen so phantastisch und in der Form so wirr, daß sich niemand bewogen fühlte, ernsthafte Konsequenzen zu ziehen; ein Ungenannter zitierte das Schiller-Wort: »Stets war die Rede kecker als die Tat.«[65]

Dabei ist es dann im wesentlichen auch späterhin geblieben. Man war zwar immer wieder alarmiert, erschreckt, bedenklich, aber man entschied sich dann doch jedesmal, Hitlers Ankündigungen »nicht ernst zu nehmen«,[66] sei es, daß man sie als bloße taktische, ausschließlich auf Augenblicksziele gerichtete Manöver bagatellisierte,[67] sei es, daß man sie als Ausgeburten einer »in die Zukunft schweifenden Phantasie« abtat, die »an der Härte der Tatsachen scheitern« würden.[68] Das letztere Argument tat seine Wirkung hauptsächlich in den Anfangsjahren, als man noch im Bewußtsein überlegenen Sachverstands glaubte, die Dinge in der Hand zu haben und über Hitlers vermeintliche Hirngespinste stillschweigend zur Tagesordnung übergehen zu können.[69] Später, als das fachmännische Selbstbewußtsein durch die verblüffende, alle Kassandra-Rufe widerlegende Erfolgsserie Hitlers ins Wanken geraten war, blieb nur noch das Taktik-Argument übrig, und man klammerte sich an die schon fast verzweifelte Hoffnung, daß Hitler, da ihm die ersten Eroberungen auf unkriegerische Weise gelungen waren, auch seine übrigen »Fragen« waffenlos zu lösen vermöchte.[70] Angefangen vom Februar 1933 bis in den August 1939 hinein ergibt sich immer wieder das gleiche Bild: Hitler stellt den Generalen unverblümt seine Kriegspläne vor Augen, aber sie weigern sich, sie zu erkennen. Das ist alles bloß Phantasie, das schafft er doch nicht, »Kommt Zeit, kommt Rat«,[71] das meint er gar nicht wirklich, er meint nur die SA, Blomberg, Fritsch, den Generalstab usw., und schließlich: er wird es schon wieder ohne Krieg schaffen.

Für jemanden, der vom Rathaus kommt, ist es freilich immer mißlich, diejenigen zu kritisieren, die erst auf dem Wege dahin waren. Man kann geltend machen, daß namentlich in den Jahren 1933 und 1934 die Diskrepanz zwischen Hitlers vermeintlichen Wunschträumen und der Wirklichkeit so unüberbrückbar schien, daß Achselzucken eine durchaus vernünftige Reaktion war. Aber erstens hat sich das später geändert; in der Tat haben einige wenige, an ihrer Spitze Beck, dann ernsthaft Widerstand zu leisten versucht. Man weiß, daß diese Opposition nicht nur an Hitlers Starrsinn, sondern auch an der mangelnden Unterstützung von seiten der Generalität scheiterte, und hier stellt sich wohl die Frage, ob diesen Generalen nicht möglich war, zu erkennen, was Beck zu sehen vermochte. Und zweitens handelt es sich bei diesem Problem weniger um die Frage, ob man den Hitlerschen Amoklauf hätte voraussehen können oder nicht, sondern um die andere, warum verantwortliche militärische Befehlshaber die unzweideutigen Erklärungen des Regierungs- und Staatschefs nicht ernst nahmen. Was man an der Haltung der Generale vermißt – und das betrifft schon die erste Rede Hitlers vom Februar 1933 – ist das Bewußtsein, daß ein verantwortlicher Politiker in höchster Staatsstellung solche Gedanken wie die Hitlerschen nicht einmal denken, geschweige denn aussprechen darf, und daß, tut er es doch, es die Pflicht der zuständigen Fachleute ist, ihn nachdrücklich in seine Schranken zu verweisen. Dabei spielt es keine Rolle, ob und welche Erfolgsaussichten solche Schritte gehabt hätten; entscheidend ist, daß wenigstens der Versuch unternommen werden mußte, und das ist, von dem Einzelfall Beck abgesehen, nicht geschehen. Um dieses Versäumnis verständlich zu machen, wird man wiederum zunächst auf die verlockenden

Angebote Hitlers – innere Stabilität und Aufrüstung – hinweisen müssen, die den Offizieren die Befreiung von ihren augenblicklichen Sorgen verhießen. Ihnen gegenüber mochten seine gefährlichen Kriegspläne als Zukunftsmusik erscheinen, deren Klang man zur gegebenen Zeit noch mit eigenen Instrumenten zu beeinflussen hoffte. Aber diese Erklärung reicht allein noch nicht aus. Denn die Frage drängt sich doch auf, warum man den einen Teil von Hitlers Ausführungen für kreditwürdig erachtete, wenn man zugleich den anderen als ungereimt, ja verhängnisvoll erkennen mußte. Diese Zwiespältigkeit, die Hitler auf der einen Seite ein Vertrauen entgegenbrachte, wie es vor ihm keinem zivilen Politiker außer Bismarck von seiten des Offizierskorps zuteil geworden ist, und ihm auf der anderen Seite in einer so entscheidenden, tief in den militärischen Bereich einschneidenden Frage wie der eines künftigen Krieges Narrenfreiheit gewährte – diese Zwiespältigkeit ist die eigentliche Herausforderung an die Vernunft; sie bedarf einer Erklärung. Einen Hinweis darauf findet man in einer Bemerkung des ehemaligen Feldmarschalls v. Weichs zur Rede Hitlers vom Februar 1934. »Ich gebe zu«, schreibt er, »daß ich zunächst, als ich die aggressiven Worte hörte, einen Schrecken bekam, bei weiterer Überlegung aber zu der Auffassung kam, daß Politiker bei der Begründung ihrer Entschlüsse es mit der Wahrheit nicht immer genau nehmen.«[72] Wohlgemerkt: nicht von Hitler im besonderen, sondern von Politikern im allgemeinen ist die Rede. Hier klingt jene in Deutschland weitverbreitete abschätzige Beurteilung der Politik als »charakterverderbend«, als grundsätzlich amoralischer Bereich an, auf die schon mehrfach hingewiesen wurde und in der zweifellos eine der Hauptursachen für die Unsicherheit der Offiziere gegenüber Hitler und ihre daraus sich herleitenden Versäumnisse gesehen werden muß. Das gilt um so mehr, als derartige Vorstellungen und Überzeugungen im Verlaufe der illegalen Rüstungsbemühungen der Reichswehr bereits vor 1933 in die militärische Praxis eingedrungen waren.

2. *Die illegale Aufrüstung vor Hitler*

Die Aufrüstung der Wehrmacht ist nicht ausschließlich Hitlers Werk; er setzte nur fort, was schon vor ihm begonnen war. Freilich hat selbst die Nürnberger Anklage zugestanden, daß die geheimen Rüstungsmaßnahmen der Reichswehr vor 1933 sich in ihrer Zielsetzung im Rahmen dessen gehalten hätten, was als militärische Sicherheitsvorkehrung in jedem souveränen Staat üblich ist, und daß ihre politische Motivierung weit von der Expansions-Manie Hitlers entfernt war.[73] Aber diese Maßnahmen verstießen zugleich auch gegen die militärischen Klauseln des Versailler Vertrages, und daraus ergaben sich politische, moralische und rechtliche Probleme, in denen auf ganz andere Weise wichtige Züge des »Dritten Reiches« vorgebildet schienen. Da dieser Problemkreis bisher noch nicht genügend erhellt worden ist, soll hier zunächst ein kurzer Abriß gegeben werden.

Der Versailler Vertrag hatte bekanntlich die militärische Kraft Deutschlands so rigoros beschnitten, daß sie zu irgendeiner Art wirksamer Kriegführung nicht mehr ausreichte. Eine genaue Analyse der Vertragsbestimmungen zeigt, daß die Reichswehr selbst gegen eine drittklassige Militärmacht nicht länger als höchstens acht bis zehn Tage organisierten Widerstand hätte leisten können, sofern sie sich strikt an die Versailler Vorschrift hielt.[74] Das stellte die politische Führung Deutschlands vor eine ebenso prekäre wie folgenschwere Entscheidung, denn es ließ ihr nur die Alternative zwischen einer »pazifistischen« Außenpolitik und dem Bruch des Friedensvertrages. Hielt man sich an die Vertragsbedingungen, so mußte man sich darauf beschränken, die Reichswehr als eine Art Polizeistreitmacht aufzubauen[75] und die außenpolitische Sicherung Deutschlands in Anlehnung an größere Militärmächte und unter Ausnutzung aller im Völkerbund gegebenen Möglichkeiten zu suchen. Wollte man das nicht, so mußte man sich bereitfinden, unter Verletzung der völkerrechtlichen Verpflichtungen eine Aufrüstung im Geheimen zu betreiben. Beide Wege waren in der gegebenen Lage gleichermaßen riskant. Für die Anbahnung von Bündnisbeziehungen stand seit dem Rückzug der Amerikaner in die Isolation zunächst nur der für Deutschland kaum gangbare Weg nach Rußland offen; so wenig Versuche in anderen Richtungen grundsätzlich als aussichtslos gelten konnten, so brauchten sie doch Zeit zum Ausreifen, und in dieser Zeit war Deutschland ohne militärischen Schutz. Ähnliches galt für den Völkerbund, zu dem Deutschland zunächst der Zutritt verwehrt war.

Indessen konnte auch eine Aufrüstung unter Umgehung der Versailler Bestimmungen einen solchen Schutz nicht liefern. Denn infolge des außerordentlich wirksamen alliierten Kontrollsystems war es definitiv unmöglich, im Geheimen eine Militärmacht aufzubauen, die Deutschlands Sicherheitsbedürfnisse auch nur in bescheidenem Maße erfüllte. Dazu kam, daß der Weg militärischer Sicherung seinerseits erhebliche Risiken mit sich brachte. Da er nur unter Verletzung des Friedensvertrages beschritten werden konnte, mußte er allen den Kräften in Deutschlands Nachbarstaaten, die eine »Verbesserung« des Versailler Resultats wünschten, einen willkommenen und propagandistisch wirksamen Vorwand zum Eingreifen in Deutschland bieten – konnte also unter Umständen gerade das provozieren, was mit ihm verhindert werden sollte. Darüber hinaus mußte aber auch mit gefährlichen inneren Rückwirkungen gerechnet werden. Sie bestanden nicht nur darin, daß die militärische Führung, um in ihrem Sinne zuverlässige und verschwiegene Helfer zu gewinnen, sich an die rechtsradikalen, republikfeindlichen und z. T. sogar offiziell verbotenen Verbände und Organisationen wenden und sie durch finanzielle Zuwendungen stärken mußte; sie bestanden ferner auch in einer folgenschweren Verwirrung der Rechtsbegriffe. Der Friedensvertrag war nicht nur ein völkerrechtliches Instrument, er war auch deutsches Reichsgesetz. Infolgedessen entbehrten Maßnahmen, die ihn verletzten, jeder Rechtsgrundlage; sie waren nicht nur nach dem Völkerrecht, sondern auch nach deutschem Recht schlechtweg illegal. Wer sie plante, befahl, ausführte oder sich sonst irgendwie an ihnen beteiligte, machte sich in jedem Falle strafbar, wie andererseits derjenige, der sie verriet, nicht anders handelte als derjenige, der Vergehen und Verbrechen anzeigt.[76] Ihre Durchführung mußte daher bei allen Beteiligten unvermeidlich zu einer Moral mit doppeltem Boden führen.

Unter diesen Umständen ist wohl die Frage berechtigt, ob die Politik der illegalen Aufrüstung überhaupt einen Sinn hatte, ob es nicht besser gewesen wäre, eine Sicherheitspolitik ohne militärische Geheimexperimente zu führen. Die Diskussion darüber ist noch im Gange, wobei vor allem die Militärs verständlicherweise an der Zweckmäßigkeit der geheimen Rüstungsmaßnahmen festzuhalten versuchten. So hat jetzt Feldmarschall v. Manstein darauf hingewiesen, daß der Sinn dieser Maßnahmen für die Reichswehr in erster Linie darin bestanden habe, eine Art Überbrückungsschutz für die deutschen Grenzen bis zum Eingreifen des Völkerbundes zu schaffen.[77] Die Reichswehr, so meint Manstein, habe in voller Erkenntnis ihrer unzureichenden Mittel ihre ganze Verteidigungsplanung auf eine Völkerbundshilfe abstellen müssen. Aber angesichts ihrer Schwäche und der sehr langsamen Prozedur der Genfer Gremien habe die deutsche militärische Führung mit dem Fall rechnen müssen, daß die vom Versailler Vertrag zugestandene militärische Abwehrkraft Deutschlands im Ernstfall erschöpft wäre, bevor in Genf die notwendigen Entscheidungen fielen. Dann hätte der betreffende Gegner Zeit gefunden, durch Besetzung deutschen Territoriums vollendete Tatsachen zu schaffen, und es wäre zu befürchten gewesen, daß der Völkerbund demgegenüber resigniert hätte – eine Überlegung, die sich vor allem auf Polen, seine unbefriedigten Wünsche und seine bisher verfolgte Taktik bezog. Um also dem Völkerbund jeden Vorwand für eine Nichteinmischung zu nehmen, habe man die Reichswehr durch die geheime Aufrüstung befähigen wollen, bis zum Eingreifen des Völkerbundes gegen einen Überfall Widerstand zu leisten.

Dies erscheint auf den ersten Blick plausibel, indes es scheint nur so. Denn da man auf diese Weise wichtige völkerrechtliche Verbindlichkeiten verletzten mußte, lief man Gefahr, dem Völkerbund einen anderen Grund zur Abstinenz zu bieten, und so mündet das Problem in die damals wie heute unentscheidbare Frage, was den Völkerbund im Ernstfall eher zur Untätigkeit veranlaßt hätte: vollendete Tatsachen durch feindlichen Überfall oder Bruch der vertraglichen Verpflichtungen durch deutsche Aufrüstung. Sicher ist nur, daß Mansteins Überbrückungsschutz auch nicht risikolos war, und Manstein sagt denn auch selbst, daß man in der damaligen ausweglosen Lage eben »irgendeinen Preis« hätte zahlen müssen.[78] Das ist vollkommen richtig, zeigt aber nur, daß die Entscheidung darüber nicht von militärischen Überlegungen allein abhängig gemacht werden durfte. Der ausschlaggebende Gesichtspunkt mußte vielmehr sein, daß, wie Mansteins Darstellung eindringlich klarmachte, auch die Strategie der illegalen Aufrüstung auf die Hilfe des Völkerbundes angewiesen, deutsche Außenpolitik mithin ohne ihn überhaupt unmöglich war. Also konnte es nur realistisch sein, sich an seine Prinzipien zu halten und die völkerrechtlichen Grundlagen, auf denen er ruhte, peinlich genau zu respektieren. Im übrigen muß hier vorgreifend festgestellt werden, daß die von Manstein dargelegte außenpolitische Konzeption in der Reichswehrführung keineswegs ausschließlich geherrscht und daß der materielle Ertrag der geheimen Aufrüstung Deutschlands Sicherheit bis 1933 nicht vermehrt hat.

So hat denn auch die Kritik von seiten der Historiker auf eine

Rechtfertigung der geheimen Aufrüstung verzichtet. Nichtsdestoweniger hält sie aber daran fest, daß die einzige verbleibende Alternative eine »Utopie« und die Weimarer »Politik des Kompromisses« zwischen Vertragserfüllung und Vorbereitung der Aufrüstung unvermeidlich gewesen sei.[79] Andere erkennen zwar den »inneren Widerspruch« einer Außenpolitik an, die »Deutschland wieder zur gleichberechtigten Großmacht machen wollte«, obwohl »es seine Macht und sein Eigengewicht verloren hatte«, gelangen aber mit einem bemerkenswerten histrorischen *sacrificium intellectus* dann doch zu der Feststellung: »Weil Deutschland eine potentielle Großmacht geblieben war, mußte es das alte Spiel noch einmal versuchen.«[80] Das ist nicht einmal in tatsächlicher Beziehung richtig – und ganz abgesehen von der Frage, ob der Historiker gezwungen werden kann, die Unterwerfung unter die Geschichte so weit zu treiben, daß er auf selbständiges Urteil verzichtet und das Geschehene bloß deshalb als gerechtfertigt anerkennt, weil es eben geschehen ist. Es hieße die Gerechtigkeit gegenüber der Geschichte *ad absurdum* führen, wollte man ihr zuliebe die Pflichten gegenüber Gegenwart und Zukunft vernachlässigen.

Aber diese Alternative stellt sich hier gar nicht mit solcher Schärfe. Zunächst war Deutschland seit 1918 tatsächlich nicht einmal eine »potentielle Großmacht« mehr; eben das war ja die Lehre des ersten Weltkrieges. Die deutsche Niederlage war zum großen Teil, wenn nicht sogar in erster Linie, durch die englische Wirtschaftskriegführung herbeigeführt worden, die sich die Tatsache zunutze gemacht hatte, daß Deutschlands hochindustrialisierte Wirtschaft in hohem Grade auslandsabhängig und wegen der geographischen Lage zugleich leicht von ihren überseeischen Zufuhren abzuschneiden war. Diese Lage hatte sich seit dem Kriegsende nicht nur nicht verbessert, sondern durch Gebietsverluste noch verschlechtert. Zwar konnte man sie – das Versailler Mobilmachungs-Verbot einmal beiseite gesetzt – bei geeigneter Wirtschaftspolitik mildern, aber nur ökonomischer Wunderglaube konnte hoffen, in Deutschland eine auch nur annähernd vollkommene Autarkie-Wirtschaft aufzubauen – ganz abgesehen von der Frage, ob das kriegswirtschaftlich wünschenswert war. Denn jede Art von Autarkie-Politik, sofern sie ein Höchstmaß an Selbstversorgung zum obersten Wirtschaftsprinzip erhob, mußte in gewissem Umfang zu einer industriellen Schrumpfung und damit zu einer Schwächung jener Produktionskräfte führen, die die Nation zur Führung eines modernen technisierten Krieges ebenso dringend brauchte wie Rohstoffe und Nahrungsmittel. Daraus ergab sich eine einfache, aber weitreichende Schlußfolgerung: Deutschland war im modernen Sinne keine Großmacht mehr und konnte es, solange die genannten Bedingungen bestanden, auch nicht mehr werden. In der industriellen und Bevölkerungsentwicklung hatte Deutschland mit den anderen Großmächten Schritt gehalten, ja sie zum Teil überflügelt, aber infolge seiner geographischen Lage war es gerade dadurch doppelt verwundbar geworden. So hatte es seine Großmachtstellung ohne einen Schwertstreich verloren, noch bevor der erste Weltkrieg dieses Resultat offenbar machte. Daß diese Schlußfolgerungen von einem großen Teil der Nation nicht gezogen wurden, weil man die Augen vor den Problemen der Wirtschaftskriegführung verschloß, ist freilich wahr, aber das darf die Nachfahren nicht veranlassen, in dieselbe optische Täuschung zu verfallen.

Darüber hinaus wäre es eine unbillige Simplifizierung der historischen Tatsachen, wollte man behaupten, daß diese Täuschung allgemein war. Sie war nicht einmal immer herrschend. Gerade weil die Außenpolitik der Weimarer Republik im ganzen eine »Politik des Kompromisses« war, enthielt sie auch die Elemente einer Alternative zu militärischer Sicherheits- und Großmachtpolitik. So wird zu oft vergessen, daß der erste Außenminister, Graf Brockdorff-Rantzau, gestützt auf eine breite Volksstimmung, in einem grundlegenden Entwurf versucht hat, die künftige deutsche Außenpolitik prinzipiell auf Anlehnung an den Völkerbund und Verzicht auf eine militärisch untermauerte Machtpolitik festzulegen. »Eine Außenpolitik«, so erklärte er in seiner Programm-Rede in der Weimarer Nationalversammlung, »die sich auf überlegene Waffenmacht stützt, ist zwar eine bequeme, aber meist eine schlechte und unfruchtbare Politik.«[81] In diesem Sinne trat er der unrealistischen Groenerschen Wehrpolitik in Polen und im Baltikum entgegen,[82] in diesem Sinne war er auch bereit, in der fast hoffnungslosen Lage auf der Pariser Friedenskonferenz militärische Interessen preiszugeben, um wenigstens die schlimmsten wirtschaftlichen und territorialen Einbußen abzuwenden, und er hat diese Zielsetzung gegen den erbitterten Widerstand des militärischen Chefdelegierten, General v. Seeckt, durchgesetzt.[83]

Brockdorffs fruchtbarer Ansatz ist dann allerdings vom Versailler Vertrag erstickt worden, und man kann darin, wenn man will, den Beweis dafür sehen, daß er utopisch war. Die Frage ist nur, was dann die Alternative war. Historisch bestand sie auf seiten der Alliierten in dem Versuch, eine Herrschaft der Sieger über die Besiegten zu errichten, und auf seiten des von unaufhörlichen inneren Krisen heimgesuchten Deutschlands in einer Eintags-Politik, die zwischen loyaler Vertragserfüllung, ohnmächtigen Protesten und verzweifelten Ausbruchs- und Selbsthilfeversuchen (Rapallo 1922 und passiver Widerstand 1923) hin und her schwankte. Das alles war in gewissem Sinne unvermeidlich. Vielleicht hätte eine geschicktere Führung der deutschen Außenpolitik das Übel mildern können, und das wäre für alle Teile sicher von großem Vorteil gewesen. Aber eine grundsätzlich andere Linie war in dieser Lage unmöglich, am wenigsten die einer »Machtpolitik«, wie sie die sogenannte nationale Opposition in völliger Verblendung forderte. Schon der bloße Ansatz dazu im passiven Widerstand an der Ruhr hat Deutschland an den Rand des Staatsbankrotts gebracht, und der verzweifelte Versuch Seeckts, den aktiven Widerstand zu organisieren, war vollends ein Schlag ins Wasser; Frankreich hat Seeckt nicht einmal die Ehre angetan, davon Notiz zu nehmen. Das einzig mögliche Rezept war daher, wie Arthur Rosenberg richtig bemerkt hat, abzuwarten, bis »erst einmal die Politik der Ultimaten und Sanktionen sich verbraucht hatte«.[84]

Das war nun freilich keine Politik, sondern eine zeitbedingte Notlösung, und so muß denn die Frage nach einer Alternative zu der Brockdorffschen Konzeption negativ beantwortet werden; zwar ist Brockdorff-Rantzau gescheitert, aber alle anderen Möglichkeiten waren unter den gegebenen Umständen auch nicht praktikabel. Deutschland war von 1919 bis 1923 Objekt der internationalen Politik und konnte aus eigener Kraft nichts daran ändern. Folglich kann auch Brockdorffs Mißerfolg nicht als Argument gegen seine Konzeption vorgebracht werden. Erst nachdem Frankreichs kurzsichtige Sicherheitspolitik 1923/24 kulminiert hatte, öffnete sich der deutschen Politik ein wenn auch beschränkter Spielraum, der ihr wieder selbständige Entscheidungen ermöglichte, und es ist die beste Rechtfertigung für Brockdorff, daß der neue Außenminister Stresemann jetzt an die von ihm entwickelten Grundgedanken anknüpfte. Das Urteil Arthur Rosenbergs, Stresemann sei der erste deutsche Staatsmann seit Bismarck gewesen, der einen umfassenden und wohldurchdachten außenpolitischen Plan hatte und diesen mit Konsequenz und taktischem Geschick zu verwirklichen wußte,[85] muß daher durch die Feststellung ergänzt werden, daß dieser Plan in wichtigen Elementen bereits von Brockdorff-Rantzau entworfen worden war.

Sonst aber besteht Rosenbergs Urteil zu Recht. Stresemann hatte aus den Erfahrungen der Jahre bis 1923 den Schluß gezogen, daß dem praktisch völlig entwaffneten und an einer Wiederaufrüstung wirksam gehinderten Deutschland nur ein einziger Weg blieb, seine nationalen Interessen außenpolitisch zu vertreten: Es mußte sich mit denjenigen Mächten, von denen sein Schicksal abhing, so eng verbinden, daß die dadurch entstehende Interessenverflechtung es seinen Partnern unmöglich machte, seine Interessen und insbesondere seine berechtigten Revisionsforderungen zu ignorieren. Die Gerechtigkeit fordert es, festzustellen, daß die in Versailles errichtete europäische Ordnung, die Deutschlands Ohnmacht begründet hatte, zugleich auch in Gestalt des Völkerbundes den wichtigsten Ansatzpunkt für die Stresemannsche Politik geliefert hatte. Wenn es Deutschland gelang, in den Völkerbund aufgenommen zu werden, so mußten die Prinzipien und Grundsätze, auf denen er beruhte, auch ihm zugute kommen, wenn anders man nicht die ganze Institution aufs Spiel setzen wollte. Damit war eine erste Interessenverflechtung gegeben, und wenn die deutsche Politik in dieser Richtung mit Zähligkeit, Mäßigkeit und politischem Geschick weiterarbeitete und sich ein Kapital an internationalem Vertrauen und Verständnis zu erwerben verstand, so konnte der Erfolg auf die Dauer nicht ausbleiben.

Daß dieser Grundgedanke von Stresemanns Verständigungspolitik richtig war, haben die sehr beträchtlichen, in ihrem Ausmaß noch heute so unterschätzten Erfolge bewiesen, die Stresemann selbst und nach ihm Brüning auf diesem Wege erzielt haben. Locarno-Pakt (als Grundlage für eine Verständigung mit Frankreich), Eintritt Deutschlands in den Völkerbund (mit einem Sitz im Völkerbundrat, was Anerkennung als Großmacht bedeutete), Abbau der Militärkontrolle, schrittweise Aufhebung der Rheinlandbesetzung und, vor allem, des gesamten Reparationssystems, schließlich sogar prinzipielle Anerkennung der militärischen Gleichberechtigung Deutschlands – all das ist innerhalb der acht Jahre von 1924 bis 1932 erreicht worden. Mit Ausnahme der Gebietsabtretungen, der Kolonialverluste und verschiedener Spezialbestimmungen war der Versailler Vertrag *de jure* bereits tot, bevor Hitler an die Macht kam. Und diese Fortschritte sind ohne Rückhalt an militärischer

Macht, allein durch diplomatische Verhandlung und internationale Verständigung erzielt worden – ja, die nebenherlaufende geheime Aufrüstung, militärisch ohne Gewicht, hat Stresemanns Operationen nur behindert, weil sie die unerläßliche Atmosphäre internationalen Vertrauens immer wieder erschütterte.

Betrachtet man die Stresemannsche Verständigungspolitik unter diesem Gesichtspunkt, so erscheint sie als eine wahrhaft stolze nationale Leistung, die um so wertvoller war, als sie Deutschland zugleich mit seinen Nachbarn und anderen europäischen Mächten zusammenschloß, statt es mit ihnen zu entzweien. Das war keineswegs ein bloß moralisch-philanthropischer, machtpolitisch aber unbedeutender Gewinn; denn nicht nur war die europäische Solidarität, die sich auf diese Weise allmählich entwickelte, auch ein Sicherheitsfaktor für Deutschland, die führende Beteiligung an dieser Zusammenarbeit brachte darüber hinaus, wie die Auszeichnung Stresemanns mit dem Friedensnobelpreis (zusammen mit Briand 1926) zeigt, Deutschland ein internationales Prestige ein, das einerseits in einem Zeitalter, in dem die Entschlüsse der Regierungen von der öffentlichen Meinung nicht unabhängig sind, auf der Waage der Machtpolitik sehr wohl ins Gewicht fiel. Gerade hier setzt freilich die heutige Diskussion ein, indem sie die Frage aufwirft, ob die Stresemannsche Verständigungspolitik nicht lediglich die taktische Vorstufe für die spätere Wiederaufnahme einer militärisch abgestützten Großmacht- und Hegemoniepolitik gewesen sei, wobei man sich auf manche nationalistische Züge in Stresemanns Auftreten, auf seine Politik gegenüber Rußland und die Duldung der geheimen Rüstungsmaßnahmen beruft.[86] Ob solch skeptische Beurteilung gerechtfertigt ist, kann freilich mindestens fraglich erscheinen, denn es lassen sich ihr gewichtige Argumente entgegenstellen. Aber wie auch immer diese Diskussion ausgehen mag, das hier gestellte Problem wird dadurch nicht berührt. Ganz im Gegenteil, die Tatsache, daß die Stresemannsche Politik auch als Ausgangspunkt nationalistischer Machtpolitik begriffen werden kann, unterstreicht nur um so nachdrücklicher, daß es für die Vertretung von Deutschlands nationalen Interessen zunächst überhaupt nur diesen einen Weg gab, ganz gleich, welchen Kurs man später zu steuern beabsichtigte.

Dies gilt auch für das Verhältnis zu Polen, was freilich erst dann erkennbar wird, wenn man berücksichtigt, daß die teilweise erheblichen deutsch-polnischen Spannungen nicht allein in polnischen

Expansionswünschen ihren Ursprung hatten.[87] Denn auch Deutschland hatte territoriale Ansprüche geltend zu machen, und so verständlich und berechtigt die deutschen Revisionsforderungen namentlich in der Korridorfrage waren, so wenig konnte man von den Polen verlangen, daß sie sie mit lächelnder Ruhe akzeptierten. Diese Sorge um den Korridor war es in erster Linie, die die Polen zu erheblichen eigenen Rüstungen und zu enger militärpolitischer Anlehnung an Frankreich veranlaßten, und wenn die deutsche Militärpolitik ihre Ziele immer wieder, vom illegalen Grenzschutz Ost bis zum Panzerkreuzer A,[88] mit der »polnischen Gefahr« motivierte, so mußte das in Polen angesichts der unleugbaren deutschen Revisionswünsche ebenso beunruhigend wirken wie die deutsche Ablehnung des polnischen Ost-Locarno-Plans, die diese Wünsche indirekt bestätigte. Auf der anderen Seite zeigt gerade dieser Plan, daß es den Polen, von einer radikalen Minderheit abgesehen, nicht so sehr um neue Annexionen als um den *status quo* ging, und das wird durch die polnische Bereitschaft zum Abschluß des Nichtangriffspakts mit Hitler ebenso unterstrichen wie durch die vieldiskutierten Präventivkriegspläne Pilsudskis Anfang der 30er Jahre, die weit mehr durch das drohende Gespenst einer deutschen Aufrüstung, von der man in Polen einen verstärkten Revisionsdruck befürchtete, als durch polnischen Landhunger motiviert waren.[89] Und wenn die Polen ihre Annexionisten hatten, so hatte Deutschland seinen General v. Seeckt, der seit dem russisch-polnischen Krieg von 1920 unablässig auf »aktive Politik« und Beseitigung Polens drang. Daß durch all das eine außerordentlich gespannte Lage entstand, in der auch gefährliche polnische Husarenritte nicht ausgeschlossen waren, ist zwar richtig, aber sie konnte durch geheime deutsche Rüstungsmaßnahmen nur noch verschärft werden, gerade weil diese hauptsächlich Bluff waren. Wollte man in Deutschland nicht formell auf den Korridor verzichten – was tatsächlich unmöglich war – und sich die Tür für irgendeine Kompromißlösung offenhalten, so blieb nur der Weg einer Verständigung mit Frankreich. Denn wie gerade die Geschichte der polnischen Präventivkriegspläne zeigt, hätte man in Polen keine außenpolitischen Eskapaden gewagt, bei denen man nicht auf Rückendeckung durch Frankreich hoffen durfte. Indem Stresemanns Politik diese Verständigung mit Frankreich erreichte, bot sie auch gegenüber Polen die in dieser Lage bestmögliche Sicherheit.

Wenn ungeachtet aller dieser Bedenken die geheime Aufrüstung doch betrieben wurde, so lag das in erster Linie an der chronischen Misere der inneren deutschen Militärpolitik, in der die verschiedenen Regierungen keine klare Linie zu finden und ihren Willen gegenüber der militärischen Führung häufig nicht durchzusetzen vermochten. So schwankte die Haltung der Zivilgewalt gegenüber der Rüstungspolitik der Reichswehr zwischen hilflosem Protest, resignierter Duldung und begrenzter, aber zielloser Förderung, sofern man nicht überhaupt unorientiert war. Ein Musterbeispiel dafür ist Seeckts Rußlandpolitik. Wenn heute so oft behauptet wird, daß die deutschen Regierungen darüber orientiert und mit ihr einverstanden gewesen seien, ja sie teilweise unterstützt hätten, so ist das nur die halbe Wahrheit. Tatsächlich hat Seeckt, wie alle Zeugnisse übereinstimmend ausweisen,[90] diese Politik auf eigene Faust begonnen und die Regierung erst nachträglich darüber informiert (wobei die Frage der Beschaffenheit der Geldmittel keine geringe Rolle spielte). Daß die Zivilgewalt dabei keine wirkliche Entscheidungsfreiheit hatte, zeigt der erbitterte, aber ergebnislose Kampf Brockdorff-Rantzaus gegen die Seecktsche Politik. Obwohl er, in weitgehender Übereinstimmung mit dem Auswärtigen Amt, der Ansicht war, daß militärische Kontakte mit den Sowjets nicht im deutschen Interesse lägen und deshalb besser ganz unterbleiben, mußte er sie doch dulden, weil sie, einmal begonnen, wegen ihrer Illegalität den Russen ein ständiges Druckmittel boten und deshalb nicht ohne schwerwiegende Rückwirkungen auf Deutschlands Verhältnis zu den Westmächten abgebrochen werden konnten.[91] Und ähnlich erging es Stresemann mit dem Rüstungsproblem überhaupt. Freilich stimmte er mit den Militärs grundsätzlich darin überein, daß eine militärische Revision des Versailler Vertrages und der Wiederaufbau einer Defensiv-Rüstung für Deutschland nötig seien. Aber soweit das heute schon erkennbar ist, scheint er doch illegale Geheimrüstungen grundsätzlich abgelehnt zu haben, weil sie seine auf Verständigung ausgerichtete Revisionspolitik bedrohten.[92] Wenn er sie gleichwohl duldete, so deshalb, weil er sie bei seinem Amtsantritt bereits als Tatsache vorfand und sich angesichts der starken politischen Stellung der Reichswehrführung damit begnügen mußte, deren heftigen Widerstand gegen sein Verständnisprogramm zu überwinden; auf weitere Kraftproben durfte er es einstweilen nicht ankommen lassen.

Wenn also die Weimarer Außenpolitik eine Politik des Kompromisses war, so weitgehend deswegen, weil die Zivilgewalt sich gegenüber den Militärs nicht durchzusetzen vermochte, nicht, weil man illegale Rüstungen neben der offiziellen Außenpolitik für unerläßlich hielt. So sehr die meisten Staatsmänner der Republik davon überzeugt waren, daß der Versailler Rüstungsstand für Deutschland auf die Dauer ungenügend war, so hielt doch namentlich seit 1925/26 die Mehrzahl von ihnen daran fest, daß effektive Maßnahmen auf diesem Gebiet bis zu einer offiziellen Revision sistiert werden sollten. Der militärischen Führung dagegen kam es gerade auf Sofortmaßnahmen an, und sie hat sie in der Regel selbständig und auf eigene Verantwortung befohlen und in Gang gesetzt und die Genehmigung der Zivilgewalt, wenn überhaupt, so erst nachträglich eingeholt, ja in vielen Fällen war selbst der Reichswehrminister nicht oder nur ungenügend orientiert.[93] Das hatte zunächst rein professionelle Gründe. Der Versailler Vertrag traf den gesunden Berufsehrgeiz der Offiziere schwer, nicht nur hinsichtlich der technischen Fortschritte des Militärwesens, an denen sie nicht mehr teilnehmen konnten, sondern auch durch die Beschränkung der Aufstiegschancen in der zahlenmäßig sehr kleinen Wehrmacht. Dieser natürliche Übelstand wurde aber künstlich noch dadurch verschärft, daß die traditionelle preußisch-deutsche Militärideologie die Interessen der Armee mit denen der Nation identifizierte. Für dieses Denken war die in Versailles erzwungene Entwaffnung Deutschlands eine Schande; sie störte nicht nur die Berufsausübung der Soldaten, sondern kränkte ihre Menschenwürde, ja verletzte die Ehre der ganzen Nation, indem sie ihr die »Gleichberechtigung« vorenthielt. Sich dem zu widersetzen, galt als moralische Pflicht. Dazu kam ferner die technische Überlegung, daß der Wiederaufbau einer deutschen Rüstung nach jahre- oder gar jahrzehntelanger Unterbrechung große Schwierigkeiten machen würde, wenn man nicht wenigstens Grundlagen und Ansatzpunkte bewahrt hatte. Seeckts Erklärung von 1926, er sähe angesichts der sich anbahnenden Verständigung mit Frankreich seine Aufgabe darin, »daß den Lebensnotwendigkeiten des Heeres daraus kein Schaden« erwachse,[94] deutet an, wie sich diese technischen und professionellen Sorgen der Offiziere in politische Stellungnahme umsetzten.

Damit wird zugleich deutlich, daß die außenpolitischen Vorstellungen der Reichswehrführung keineswegs immer so weitgehend auf den Regierungskurs abgestimmt waren, wie Manstein das dargestellt hat. Insbesondere in den ersten Jahren nach dem Kriege richteten sich die Hoffnungen der meisten Offiziere mehr oder minder offen auf eine Wiederaufnahme des Kampfes, der nach ihrer Meinung im November 1918 vorzeitig abgebrochen worden war. Die Lehre vom *Dolchstoß* in den Rücken des unbesiegten Heeres und Reminiszenzen an die *nationale Erhebung* von 1813 verbanden sich hier zu dem leidenschaftlichen Glauben an die Notwendigkeit eines neuen *Befreiungskampfes,* der die »Ungerechtigkeit« von 1918 korrigieren, Deutschland aus seiner »Schmach« befreien und dem Offizierskorps seinen Mythos der Unbesiegbarkeit zurückgeben sollte. Eine Variante dieser Ansichten im Sinne einer skeptischen Beurteilung der Friedenschancen für die nächste Zukunft findet sich auch bei Seeckt.[95] Diese Erwartungen erlebten ihren Gipfelpunkt in der Krise des Jahres 1923, in der selbst der sonst so vorsichtige Seeckt in Versuchung geriet, mit dem Gedanken eines aktiven Widerstands gegen die Ruhrbesetzung zu spielen.[96] General Otto Hasse, Chef des Truppenamtes (also des Generalstabs), kündigte den Russen im Februar 1923 zum Entsetzen des Botschafters Brockdorff-Rantzau an, daß »in drei bis fünf Jahren« der »große Befreiungskrieg« ausbrechen werde,[97] und der damalige Oberstleutnant Joachim v. Stülpnagel, Chef der 1. (Operations-)Abteilung im Truppenamt, erörterte im Februar 1924 in einem Vortrag vor Offizieren des Reichswehrministeriums die politischen, wirtschaftlichen und moralischen Bedingungen des »Befreiungskriegs«, kritisierte die mangelnde kämpferische Einstellung der Regierung und rief sie auf, dem Volk nach dem Vorbild Preußens von 1813 den »kategorischen Imperativ« des Kämpfens und Sterbens für das Vaterland einzuimpfen und für den Fall der »Erhebung« den »Einsatz der ganzen Volkskraft von vornherein« vorzubereiten.[98] In der Marine war man nicht viel bescheidener. Noch im Winter 1925/26, als die wenigen in Versailles zugelassenen Schiffe völlig veraltet und noch kein einziger Neubau in die Flotte eingereiht war, rechnete man sich im Marinekommando-Amt allen Ernstes »gute Erfolgsaussichten« für einen Seekrieg gegen Frankreich aus, »selbstverständlich unter Annahme der Neutralität Englands«. Hubatsch bemerkt dazu trocken: »Man wird nicht sagen können, daß diese phantastischen, sich von der politischen und militärischen Wirklichkeit entfernenden Ausführungen ein gutes Zeugnis für den Stand der operativen Überlegungen der Marineleitung abgeben.«[99]

Angesichts aller dieser Tatsachen ist die Auffassung, daß die geheimen Rüstungsmaßnahmen der Militärs nur defensiven Zielen dienten, für die Zeit bis 1924/25 nicht zu halten. Sie zielten vielmehr ganz offensichtlich darauf, die Revision des Friedensvertrages unter direktem oder indirektem Einsatz militärischer Mittel zu erzwingen. Noch gegen die ersten Schritte von Stresemanns Verständigungspolitik – Locarno und Völkerbundeintritt – ist Seeckt erbittert Sturm gelaufen. Dann aber, als sich der Erfolg dieser Politik abzeichnete, sah sich die militärische Führung doch zu einer Überprüfung ihrer Vorstellungen gezwungen. Der Sturz Seeckts im Oktober 1926 und eine Reihe von Skandalen, die die trüben Gewässer der illegalen militärischen Aktivitäten aufrührten und deren innen- und außenpolitische Gefahren der erschreckten Öffentlichkeit klarmachten,[100] taten ein übriges, um die Reichswehrführung zu überzeugen, daß sie sich mit der gegebenen Lage abfinden müsse. Die Frage war nur, in welchem Sinne das geschehen solle, und darüber waren die Meinungen im Reichswehrministerium selbst geteilt. Auf der einen Seite stand Oberstleutnant v. Bonin, Chef der Organisationsabteilung (T 2) im Truppenamt, der unmittelbar nach dem Abgang Seeckts eine umfassende Initiative zur Reduktion der illegalen Rüstungsarbeiten und zur Anpassung an die Wünsche von Regierung, Parteien und Volksstimmung entwickelte. In einer grundlegenden Denkschrift vom 6. November 1916 legte er dar, daß der Glaube an friedliche Lösungen der internationalen Konflikte im Gefolge der Locarnopolitik und des Eintritts in den Völkerbund in der deutschen öffentlichen Meinung die Oberhand gewinne und daß auch dem Heere »auf die Dauer der erfolgte Umschwung nicht verborgen« bleibe; »die Aussicht auf den dicht bevorstehenden Waffengang schwindet.« Daher empfahl Bonin, die Reichswehr solle sich zunächst »mit den geschilderten Verhältnissen abfinden«, sich auf eine friedliche Revision der unhaltbaren Versailler Wehrverfassung einstellen und die illegalen Rüstungsarbeiten entsprechend vorsichtiger handhaben.[101]

Doch konnten sich die maßgebenden Männer der Reichswehrführung zu einem so weitgehenden Verzicht auf ihre bisherige Politik nicht durchringen. Statt ihre Pläne, wie es Bonin wollte, den Wünschen der zivilen Gewalt und der bestehenden politischen Lage anzupassen, hat vielmehr Groener nach seinem Amtsantritt im Verein mit Schleicher versucht, die Zustimmung der politischen Führung für die militärischen Rüstungsvorhaben zu erreichen. So trat man im Herbst 1928 an die Regierung heran, um sie für die eigenen Pläne zu gewinnen.[102] Nach längeren Verhandlungen kam es zu Vereinbarungen, die vom Kabinett am 26. April 1929 in Form von Weisungen über den Grenz- und Landesschutz niedergelegt wurden und von nun an eine ständige Zusammenarbeit zwischen politischer und militärischer Führung in Sachen geheime Aufrüstung begründeten.[103] Wenn das Kabinett und mit ihm Stresemann[104] so seine offizielle, aber nicht öffentliche Billigung der illegalen Rüstungspolitik aussprach, so war das zunächst nichts als die Legalisierung eines bestehenden Zustandes, stellte aber zugleich auch den Versuch der Zivilgewalt dar, die getarnten Rüstungsmaßnahmen der Reichswehr endlich unter Kontrolle zu bringen und möglichst zu begrenzen.[105] Das hatte insofern auch eine außenpolitische Bedeutung, als die deutsche Rüstungspolitik jetzt mit den beginnenden internationalen Abrüstungsbemühungen abgestimmt werden mußte.

Zwar stand das Projekt einer totalen Abrüstung im Wilsonschen Sinne um 1930 bereits nicht mehr zur Debatte, weil der Völkerbund zunächst nicht jene Macht und Autorität erlangt hatte, die ihm eine Übernahme der entsprechenden Hoheitsfunktionen der Nationalstaaten ermöglicht hätte. Wenn daraus jedoch damals und z. T. noch heute gefolgert wurde, die ehemaligen Siegermächte hätten ihr in Versailles gegebenes Abrüstungsversprechen nicht erfüllt und mithin sei Deutschland berechtigt gewesen, seinerseits aufzurüsten,[106] so war das wiederum eine jener fatalen Halbwahrheiten, die die deutsche Politik so oft belastet haben. Denn tatsächlich waren seit Kriegsende und insbesondere seit dem *de-facto*-Friedensschluß von 1924/25 sehr ernsthafte Bemühungen um eine wirksame Rüstungsbeschränkung in Gang gekommen. Schon 1922 hatten die Seemächte, noch außerhalb des Völkerbundes, einen ersten Erfolg erzielt, als sie im Washingtoner Abkommen eine Begrenzung der Seerüstungen beschlossen.[107] 1925 setzte dann der Völkerbund die vorbereitende Abrüstungskommission ein, beschloß 1931 einen Rüstungsstillstand und eröffnete im Februar 1932 die Abrüstungskonferenz, die die endgültige Rüstungsbeschränkung seiner Mitgliedstaaten festlegen sollte. Bei Berücksichtigung der technischen Schwierigkeiten und der politischen und psychologischen Widerstände, die ein so revolutionäres Unternehmen zu überwinden hatte, darf man darin beachtliche Fortschritte sehen, die keineswegs hoffnungslos waren. Immerhin waren noch keine definitiven Resultate erreicht, das ganze Problem befand sich 1929/30 noch in der

Schwebe und bedurfte sorgfältigster Behandlung und loyaler Mitarbeit aller, wenn das Vorhaben nicht scheitern sollte.

Es war für Deutschland von vitalem Interesse, nicht seinerseits den Anlaß dazu zu geben, denn die Abrüstungskonferenz war der ideale Weg, seine eigenen militärpolitischen Revisionswünsche vorzubringen. Mehr als bisher galt es daher jetzt, das mühselige Werk des Völkerbundes nicht durch forcierte Geheimrüstungen zu gefährden. Diesen Kurs hat die deutsche Außenpolitik bis zu Hitler auch im großen und ganzen eingehalten und das deutsche Interesse unter geschicktem Ausspielen des Gleichberechtigungs-Prinzips nachdrücklich vertreten. Die militärische Führung hat sich dem im wesentlichen gebeugt und, wie nicht nur die Darstellung Mansteins zeigt,[108] auf die unrealistische »aktive Politik« Seeckts verzichtet. Aber die verfügbaren Quellen zeigen ebenso, daß sie die Abrüstungspolitik grundsätzlich anders beurteilte als die Regierung. Denn während diese bereit war, sich mit dem im Rahmen der Abrüstungsverhandlungen erreichbaren Rüstungsstandard einstweilen zu begnügen bzw. sich wenigstens dem Gang dieser Verhandlungen anzupassen und ihren etwaigen Abbruch nicht von sich aus zu provozieren,[109] folgerten die Militärs aus der wachsenden Konzessionsbereitschaft der ehemaligen Siegermächte die zunehmende Gefahrlosigkeit eines eigenmächtigen deutschen Vorgehens und stellten ihre Planung jetzt ohne Rücksicht auf den Stand der Verhandlungen und ohne Wissen auch der eigenen Regierung bereits auf völlige Rüstungsfreiheit ab. Während Schleicher noch 1932 in den Vorverhandlungen mit dem Auswärtigen Amt zur Abrüstungskonferenz für die Reichswehr nur eine Stärke von 160 000 Mann und eine Miliz mit dreimonatiger Dienstzeit forderte,[110] liefen bereits seit dem Winter 1929/30 die Vorarbeiten für eine Verdreifachung der Reichswehr (300 000 Mann) und einen entsprechenden Grenzschutz.[111] Sie verdichteten sich im Sommer 1932 zu einem konkreten Rüstungsprogramm, das ab 1. April 1933 anlaufen und bis 1938 jährlich einen Aufwand von 97 Millionen RM in Anspruch nehmen sollte.[112] Die Folge war, daß die Reichswehr in eine ernste Zwangslage geraten mußte, wenn die Abrüstungskonferenz doch zu einem Erfolg führen und den von Schleicher offiziell angegebenen Rüstungsstandard sanktionieren sollte – ganz abgesehen von den innenpolitischen Schwierigkeiten, die der militärischen Führung aus ihrem Doppelspiel erwachsen mußten. Daher drängte Schleicher auch auf Abbruch der Verhandlungen seitens

Deutschlands – freilich vergeblich –,[113] und man begreift das erleichterte Aufatmen Blombergs, als Hitler ihm unbegrenzte Unterstützung der Aufrüstungsvorhaben zusagte.

Wenn die getarnten Rüstungsanstrengungen auf diese Weise häufig zur Komplizierung der außenpolitischen Situation beitrugen, so waren ihre innenpolitischen Auswirkungen wenn möglich noch problematischer. Die fatalen Folgen, die sich aus der Tatsache ergaben, daß die Reichswehrführung das für ihre illegalen Rüstungsmaßnahmen benötigte zuverlässige und verschwiegene Personal nur in den Kreisen der staatsfeindlichen Organisationen und Wehrverbände fand, sind bekannt und oft erörtert worden.[114] Es ergab sich daraus der unhaltbare Zustand, daß auf dem Wege über die Reichswehr sozusagen der Staat seine eigenen Feinde finanzierte und unterstützte. Warnungen, die mehrfach und in berechtigter Sorge an das Reichswehrministerium herangetragen worden sind, wurden in den Wind geschlagen, und die Folge war, daß die militärische Führung mehr als einmal die Zügel verlor oder gar selbst in umstürzlerische Unternehmungen hineingerissen wurde. Der Anfang von Hitlers politischer Karriere, der im Schatten der illegalen Rüstungspolitik der Reichswehr stattfand, seine Münchener Novemberrevolte und der Küstriner Putsch von 1923 sind nur die augenfälligsten Beispiele dafür. Die im besetzten Rheinland aufgestellte Partisanenorganisation, ein sehr dunkles Unternehmen, war lange Zeit Objekt von Spekulationen um eine Militärdiktatur;[115] die Organisation Consul des Kapitäns Ehrhardt, die Hauptquelle politischer Kapitalverbrechen in der Republik, diente bis etwa 1926 der militärischen Abwehr als Unterbau,[116] und die SA, die seit 1929/30 namentlich im Osten vielfach neben dem Stahlhelm zum Grenzschutz herangezogen wurde, kündigte mehrfach an, sie werde im Kriegsfall die von der Reichswehr gelieferten Waffen nicht gegen den Feind, sondern gegen die Regierung der »Novemberverbrecher« richten.[117] Das ständige lebhafte Mißtrauen der SPD gegenüber der Reichswehr ist daher nur allzu gut verständlich, und man muß es namentlich der preußischen SPD-Regierung hoch anrechnen, daß sie nichts unversucht ließ, um sich trotzdem mit der militärischen Führung zu einigen. Aber wie die Geschichte des Geßler-Severing-Abkommens vom Jahre 1923 beweist, benutzte die Reichswehrführung derartige Vereinbarungen nur als Schirm, um dahinter ihre zweifelhaften Unternehmungen ungestört voranzutreiben.[118] Sie ist daher auch mindestens mitverantwortlich dafür, daß die gemäßigten und militärpolitisch realistisch denkenden SPD-Führer so wenig Erfolg mit der Bändigung ihrer radikal-antimilitaristischen Genossen hatten.

Vor allem aber darf die politische und moralische Unsicherheit nicht unterschätzt werden, die von diesen Aktivitäten auf die Reichswehr selbst zurückstrahlte. Sie wurde noch verschärft durch die bisher noch zu wenig beachtete staatsrechtliche Problematik der geheimen Rüstungsmaßnahmen. Schon im Winter 1920/21 hatte Seeckt durch die Rechtsabteilung des Reichswehrministeriums eine Prüfung der juristischen Lage veranlaßt;[119] sie wurde um die Wende 1926/27 auf die Initiative von Oberstleutnant v. Bonin hin noch einmal wiederholt. Das Resultat lautete in beiden Fällen übereinstimmend, daß es nicht möglich sei, Rüstungsvorhaben, die über den Versailler Standard hinausgingen, auf eine gesetzliche Grundlage zu stellen. Derartige Vorhaben verstießen, wie erwähnt, gegen die Vorschriften des Völkerrechts wie des deutschen Staatsrechts. Das Rechtsgutachten von 1927 stellte unverblümt fest, daß allein die Gefahren, die sich aus Verstößen gegen das Völkerrecht ergäben, »zweifellos sehr groß« seien und »mit dem Vorteil, den die Mobilmachungsmaßnahmen möglicherweise haben könnten, in keinem Verhältnis ständen«, und der Gutachter wies darauf hin, daß bei – hier automatisch implizierten – Verstößen gegen das deutsche Reichsrecht den Beteiligten Anklage vor dem Staatsgerichtshof drohe, wenn der Reichstag einen entsprechenden Antrag stelle. (Hier wird einer der verborgenen Gründe für das vitale Interesse der Reichswehr an einer geeigneten Zusammensetzung des Reichstags sichtbar.) Die Konsequenzen, die sich daraus für die Reichswehr ergaben, hat Bonin in seinem Memorandum noch im einzelnen aufgeführt: 1. Jeder an den geheimen Arbeiten beteiligte Soldat oder Beamte verstieß gegen ein Reichsgesetz und damit auch gegen seine Dienstpflichten, bei extensiver Auslegung sogar gegen seinen Fahneneid; 2. jeder Befehl in Sachen geheimer Aufrüstung war ein Mißbrauch der Dienstgewalt, brauchte also von Untergebenen nicht befolgt zu werden. Dieser hätte im Gegenteil sogar die Pflicht gehabt, ungesetzliches Verhalten von Kameraden oder Vorgesetzten zur Meldung zu bringen; und schließlich waren 3. auch militärische Dienst- und Verwaltungsvorschriften auf illegale Rüstungsarbeiten nicht anwendbar.

Um diesen Konsequenzen zu entgehen, half man sich, indem man legale und illegale Arbeiten organisatorisch und personell streng trennte und die letzteren als reine »Privatarbeiten« durchführen ließ. Die an ihnen beteiligten Offiziere galten als »freiwillige Arbeitsgemeinschaft«, die ihrerseits juristisch als »Zusammenschluß von Personen zum Zwecke einer gemeinsamen Gesetzesverletzung« definiert werden mußte. Dementsprechend spricht Bonin von einer »auf dem heiligen Eifer und der Gesinnung eines Ordens aufgebauten Gemeinschaft« und nennt die Beteiligten an einer Stelle regelrecht »Mitverschwörer«. Wenn man wissen will, wann und wodurch die preußische Tradition zerstört worden ist, so muß man offensichtlich hier die Sonde ansetzen. Dessenungeachtet war das Verfahren nach dem Urteil Bonins »sachlich ... von Anfang an mangelhaft«. Zwar wurden mit der Zeit Verbesserungen erzielt, aber im ganzen entsprach »der hiermit erreichte Grad der Mobilmachungsbereitschaft ... dem Aufwand an Zeit und Kraft nicht«. Das hatte zur Folge, daß man die strenge Trennung von gesetzlichen und ungesetzlichen Maßnahmen allmählich fallenließ, bis sie schließlich in der täglichen Dienstpraxis der Reichswehr ganz verschwunden war. »Es ist zu bewundern«, stellte Bonin 1927 fest, »in welchem Grade es gelungen ist, den vorhandenen fundamentalen Unterschied zwischen den gesetzlich zulässigen Arbeiten des Heeres und den gesetzwidrigen, auf keinem Gebiet auf dem Boden des Gesetzes ruhenden Mobilmachungsvorarbeiten zu verwischen.« Aber, so fuhr er fort, die Kluft sei trotzdem da, und man werde sie »in der Zukunft mit Sicherheit empfindlich spüren«. Vor allem seien Konflikte mit Regierung und Parlament zu befürchten, und er wies nachdrücklich darauf hin, daß die ständigen Besorgnisse der »Dienststellen des Hauses« vor »Schwierigkeiten auf dem Gebiet der inneren Politik und des Heereshaushalts« hier, in der Illegalität der militärischen Rüstungsvorhaben, ihre Wurzel hätten.

Dieser unerbittlichen Analyse bleibt nichts hinzuzufügen. Sie legt mit erschreckender Deutlichkeit eine der Wurzeln für die Bedenkenlosigkeit frei, mit der das Offizierskorps Hitlers Weg folgte, und es wird leider noch genügend Anlaß sein, auf *diese* Kontinuität hinzuweisen. Doch zuvor soll noch ein Blick auf das militärische Resultat der illegalen Aufrüstung geworfen werden, um zu erfahren, wie denn das Gut beschaffen war, für das ein so hoher Preis gezahlt wurde. Die Antwort darauf kann in den Satz zusammengefaßt werden, daß bis 1933 praktisch nichts einsatzbereit war, was den Versailler Standard wesentlich überschritten hätte. Wenn auch die

Lage bei den einzelnen Wehrmachtteilen Heer, Marine, Luftwaffe verschieden war, so ist im ganzen eine ernst zu nehmende systematische Planung und Entwicklung der Rüstung doch erst nach der Ruhrkrise in Gang gekommen, also gleichzeitig und parallel mit dem Beginn der Stresemannschen Verständigungspolitik. Vorher beschränkt sich die gefürchtete geheime Aufrüstung mehr oder weniger auf eine, in ihren praktischen Auswirkungen unbedeutende Mischung aus Sabotage der von der Interalliierten Militär-Kontroll-Kommission (IMKK) überwachten Entwaffnung und verzweifelte eigenmächtige Wiederaufbauversuche untergeordneter Stellen, die mit stillschweigender Duldung ihrer Vorgesetzten arbeiteten und aus weitgehend privaten Mitteln (Landwirtschaft und Industrie) finanziert wurden. Erst ab 1924/25 begann man mit systematischer Zusammenfassung und Förderung der Arbeiten, die nun im Reichswehrministerium zentralisiert und aus illegal beschafften staatlichen Mitteln finanziert wurden.[120]

Beim *Heer* hatte man nach längeren Vorarbeiten Ende 1929 den Plan für ein *A-Heer* (Aufstellungsheer) entwickelt, der die Verdreifachung der 7 Infanterie-Divisionen auf 21 und den Aufbau eines milizartigen Grenzschutzes vorsah.[121] Seine Durchführung, die am 1. April 1930 begann, stieß aber auf bedeutende Schwierigkeiten. Zwar hoffte man, die benötigten Menschen aus alten Weltkriegssoldaten, verabschiedeten Reichswehrangehörigen und jungen Freiwilligen aufbringen zu können, aber die Umstände erschwerten den Aufbau einer leistungsfähigen Organisation und die Beschaffung ausreichender Bewaffnung und Ausrüstung; 1930 reichten die Bestände praktisch nur für eine Verdoppelung des Heeres, also für zwei Drittel des A-Planes, und die Bevorratung mit Munition war noch geringer. Diese Umstände führten 1932 zu einer Überprüfung der Rüstungsgrundlagen, mit dem Ergebnis, daß man im Herbst ein 2. Rüstungsprogramm aufstellte, das vom 1. April 1933 bis 31. März 1938 laufen und das 21-Divisionen-Heer mit einer bescheidenen, behelfsmäßigen Ausrüstung für eine Kampfzeit von sechs bis acht Wochen versehen sollte. Da man zugleich die Zeit für das Anlaufen einer vollen Rüstungsproduktion der Industrie nach Kriegsausbruch auf etwa drei Monate berechnete, mußte man selbst nach Erfüllung dieses Programms, also 1938, im Kriegsfalle noch mit einem Zeitraum von mindestens vier bis sechs Wochen rechnen, innerhalb dessen das Heer mangels Ausrüstung kampfunfähig war. Dabei ist noch nicht berücksichtigt, daß auch dies Programm keine nennenswerte materielle Reservebildung ermöglichte und überhaupt nur durchführbar war, wenn es gelang, die benötigten Mittel, ca. 96,8 Millionen RM pro Jahr, insgesamt 484 Millionen RM, von Regierung und Reichstag bewilligt zu bekommen.[122]

Wenn hier von Bewaffnung und Ausrüstung gesprochen wurde, so bezog sich das ausschließlich auf die im Versailler Vertrag zugestandenen Kategorien. Verbotene Heereswaffen waren 1933 nur in sehr geringem Umfang einsatzbereit. Der A-Plan sah die Bewaffnung des Heeres mit 96 schweren Geschützen (15 und 21 cm), 276 Flaks (2 cm–8,8 cm), 55 Panzern und 150 Flugzeugen vor.[123] Die Geschütze waren vermutlich vorhanden,[124] aber sie waren veraltet; Neukonstruktionen waren 1933 in den wichtigsten Typen fertig entwickelt, aber noch nicht gebaut.[125] Wie es mit der Flak stand, ist aus den vorliegenden Nachrichten nicht eindeutig zu ersehen, aber wahrscheinlich reichten auch ihre Bestände nicht aus, ganz abgesehen davon, daß sie ebenfalls meist veraltet waren.[126] Noch bescheidener waren die Ergebnisse bei der Panzerwaffe. Zwar bestanden die Anfänge einer Panzertruppe, die in Rußland geschult worden war, und ihr Schöpfer Guderian hatte bereits die grundlegenden Gedanken für ihre Gliederung und Verwendung erarbeitet, aber ein einsatzfähiger Panzerwagen war noch nicht einmal konstruktiv ausgereift, so daß man sich 1932 entschloß, für Ausbildungs- und Übungszwecke zunächst behelfsmäßige, nicht kampffähige Typen als Übergangslösung zu bauen.[127]

Man kann also sagen, daß das A-Heer 1933 noch auf dem Papier stand. Anders verhielt es sich mit dem *Grenzschutz,* der neben dem A-Heer aufgestellt worden war. Er leitete sich in direkter Linie aus den verschiedenen halbmilitärischen Verbänden, Freikorps-Nachfolgeorganisationen, Arbeitsgemeinschaften usw. her, die in den turbulenten Jahren bis 1923 gewuchert hatten und deren Personal ebenso wie ihre zahlreichen geheimen Waffenlager noch zur Verfügung standen. Insofern hatte er mehr Realität als das A-Heer, aber sein Kampfwert überstieg nicht den einer Landesmiliz. Das hatte natürlich zunächst technische Gründe: ungenügendes Training, lockere Organisation, Mangel an schweren Waffen; dazu kamen aber auch die erwähnten politischen Ursachen. Die Reichswehr hatte sich seit 1924/25 bemüht, beiden Mängeln zu begegnen, indem sie die gesamte Arbeit im Reichswehrministerium zentralisierte (Zivilstab Seeckts, Leiter Oberst Frhr. v. Willisen) und an Stelle der bisher üblichen direkten Zusammenarbeit mit den privaten

Verbänden eine eigene Organisation von Grenzschutzstäben mit unterstellten Rahmenverbänden aufbaute. Sie bestand an der Ostgrenze aus ungefähr 30 Brigaden, jede etwa in Regimentsstärke mit einer leichten Artillerie-Abteilung (3 Batterien), insgesamt ca. 45 000 Mann, und sollte einem feindlichen Angriff hinhaltenden Widerstand entgegensetzen, bis die aktiven Reichswehreinheiten einsatzbereit waren.[128] An der Westgrenze war dies System nicht durchführbar, und man entschloß sich daher auf Anregung des Befehlshabers im Wehrkreis V, General Reinhardt, zum Aufbau der sogenannten *Feldjäger-Organisation,* die im Falle eines feindlichen Einmarsches im Rücken der gegnerischen Truppen Partisanentätigkeit entfalten sollte.[129] Eine technische Verbesserung war mit dieser Neuordnung indessen nur bedingt verbunden, und wenn die politischen Gefahren sich zunächst verminderten, so wohl in erster Linie auf Grund der inzwischen eingetretenen inneren Beruhigung. Ab 1930 nahmen die politischen Schwierigkeiten wieder zu, und 1933/34 drohte die Grenzschutz-Organisation gar zu einem Bumerang für die Reichswehr zu werden, da Röhm sie in seine Macht zu bekommen und als Basis für den Aufbau seiner Revolutions-Armee zu benutzen trachtete.

Relativ am weitesten war noch der Aufbau der *Luftwaffe* vorangeschritten, aber an den Maßstäben des internationalen Entwicklungsstandes gemessen war er ebenfalls unzureichend. Die Vorbereitungen reichten auch hier bis in die Zeit unmittelbar nach Kriegsende zurück, doch war bis 1923 nur die Unterbringung von 180 Fliegerreferaten im Reichswehrministerium als Keimzelle des künftigen Luftgeneralstabes zu erreichen gewesen.[130] Bis 1933 gelang es dann, die wesentlichen Elemente einer solchen Führungsorganisation aufzubauen. In der Krise des Jahres 1923 war auch der Aufbau der Fliegertruppe in Gang gebracht worden; mit dem damals durch Seeckt veranlaßten und aus Reichsmitteln finanzierten Ankauf von 50 holländischen Fokker-Jagdeinsitzern begannen Ausbildung und technische Erprobung, die dann in Rußland auf dem Flugplatz Lipezk und in Deutschland im Rahmen der zivilen Verkehrsluftfahrt (seit 1926) fortgesetzt wurden. Das im Jahre 1929 aufgestellte sehr hohe Plansoll von insgesamt 3043 Flugzeugen (darunter 750 für die Marine) war aber bei weitem nicht zu erfüllen.[131] Bis zum 31. März 1933 standen der Reichswehr 15 Staffeln zur Verfügung, von denen acht jedoch ihr Soll noch nicht erreicht hatten; insgesamt mögen es kaum mehr als 90 Flugzeuge gewesen sein. Überdies war das Flugzeug-Material infolge Abnutzung und Überalterung bereits nicht mehr befriedigend. Neukonstruktionen waren teilweise entwickelt, aber die Industrie hatte Schwierigkeiten mit dem Serienbau.[132] Vor allem aber fehlte es an Kaderverbänden und geschultem Personal; 1933 standen rund 450 Mann fliegendes Personal, meist Offiziere (darunter 120 Jagdflieger), nebst einem zahlenmäßig entsprechenden Stamm an Bodenpersonal zur Verfügung.[133] Bei der Beurteilung dieser Zahlen muß man berücksichtigen, daß die Einsatzbedingungen einer Luftwaffe denen der U-Bootwaffe verwandt sind. Bei dieser rechnet man damit, daß jeweils nur ein Drittel der vorhandenen Boote einsatzfähig ist; bei der Luftwaffe ergeben sich etwas günstigere Bedingungen, aber mit viel mehr als 50 % bis 60 % kampffähiger Flugzeuge wird man nicht rechnen dürfen. Nach all dem versteht man, daß der Chef der geheimen Luftwaffe, General v. Mittelberger, 1932 feststellte, »eine Einsatzbereitschaft von Fliegerverbänden [sei] noch nicht gegeben«.[134]

Am ungünstigsten lagen die Verhältnisse bei der *Marine.* Hier war bis 1933 noch nicht einmal der Versailler Rahmen ausgenutzt worden. Das erste der sechs zugestandenen 10 000-t-Panzerschiffe, die *Deutschland,* wurde am 1. April 1933 in Dienst gestellt, ein zweites, die *Admiral Scheer,* lief am selben Tage vom Stapel. Von den sechs zugelassenen 6000-t-Kreuzern waren fünf im Dienst, einzig die zwölf 800-t-Zerstörer waren bereits vollzählig. Es blieb demnach ein Rest von vier Panzerschiffen, einem Kreuzer und zwölf Torpedobooten, der vorläufig aus z. T. sehr veralteten Schiffen der ehemaligen kaiserlichen Marine gestellt wurde.[135] Dieser Rückstand hatte jedoch vorwiegend finanzielle Gründe; sie wurden im Jahre 1931 teilweise dadurch beseitigt, daß der Reichstag auf Vorschlag der Marineleitung einen Schiffbau-Ersatzplan annahm, der das Schiffbauprogramm für eine Reihe von Jahren festlegte und den Bau von zunächst vier Panzerschiffen vorsah. Jedoch war auch die Marineleitung nicht gewillt, sich mit dem Versailler Status zu begnügen. Darauf deutete schon der Bau der 10 000-t-Panzerschiffe hin, die auf Hochseekriegführung zugeschnitten waren und damit über die Grenzen eines bloßen Küstenschutzes, auf den die Marine sich im Versailler Rahmen beschränken mußte, hinauswiesen.[136] Die Verwirklichung entsprechender Pläne war aber bei der Marine aus einleuchtenden Gründen noch mehr als bei den anderen Wehrmachtteilen auf reine Vorbereitungs- und Planungsarbeit beschränkt.

Nach längeren Vorarbeiten stellte man im Jahre 1930 zum erstenmal einen sogenannten *V-Plan* (Verstärkungs-Plan) auf, der alle Batterien und Hilfsschiffe enthielt, die binnen 72 Stunden einsatzbereit sein konnten.[137] Aber über Planungen für die behelfsmäßige Bewaffnung von Handels- und Fischereischiffen, die Hortung von Geschützen und Munition und einen sehr bescheidenen Ausbau der Küstenbefestigung führte das nicht hinaus. Auch die technische Erprobung ließ sich nur in beschränktem Maße durchführen. Neben den Anfängen einer Marineluftwaffe konnte in den Jahren vor 1933 lediglich der Grund zur künftigen U-Bootwaffe gelegt werden, aber auch das nur dadurch, daß man die Konstruktions-, Entwicklungs- und Erprobungsarbeiten ins neutrale Ausland (Holland, Finnland, Schweden, Spanien, die Türkei und Japan) verlegte. Immerhin konnten auf diese Weise bis 1933 zwei Standardtypen zu 250 t und 750 t entwickelt werden. Aber erst in den Jahren 1933–1935 wurden die Teile für zwölf U-Boote in Kiel eingelagert, um nach dem Flottenabkommen mit England zusammengesetzt und in Dienst gestellt zu werden. Als man daher am 15. November 1932 einen bis 1938 befristeten *Umbauplan* für die Marine aufstellte, ging auch er nur in den unteren Schiffsklassen über den Rahmen des Friedensvertrages hinaus und sah für 1933 lediglich die Schaffung einer Rahmenorganisation für die U-Boot- und Marineluftwaffe und die Vermehrung des Personals um 1450 Unteroffiziere und Mannschaften vor.[138]

Der Aufbau einer ausreichenden *Rüstungswirtschaft* ist bis 1933 ebenfalls nicht über Planungen und organisatorische Vorbereitungen hinaus gediehen, konnte hier aber einige Fortschritte buchen. Bereits im November 1925 unternahm Seeckt eine Informationsreise in das Ruhrgebiet, um über die dortige Rüstungsindustrie einen Überblick zu gewinnen.[139] 1926/27 wurde im Heereswaffenamt ein *Wirtschaftsstab* eingerichtet, dem als Vertretung der Industrie eine *Statistische Gesellschaft* an die Seite gestellt wurde. Beide Organisationen sollten gemeinsam eine Bestandsaufnahme der deutschen Rüstungskapazität vornehmen und die Vorbereitungen für ein Anlaufen der Kriegswirtschaft schaffen.[140] Die Marine trat ab 1925 ebenfalls in enge Verbindung zu den entsprechenden Industriefirmen.[141] Auch eine gewisse Produktionsausweitung scheint bis 1933 bereits vorgenommen worden zu sein, doch waren die Möglichkeiten dazu gering, da der Friedensvertrag durch genaue Bezeichnung der zugelassenen Fabriken, Produktionsmengen und -kategorien sehr enge Grenzen gezogen hatte.[142] Daneben arbeitete man seit dem Winter 1929/30 zusammen mit den Zivilbehörden am Aufbau einer Zivilverteidigung, nachdem durch die grundsätzliche Einigung zwischen Reichsregierung und Reichswehrministerium im April 1929 die Bahn dafür freigemacht worden war. Unter Leitung Keitels, damals Oberstleutnant und Chef der Organisationsabteilung, war ein Ausschuß gebildet worden, in den die in Frage kommenden Ressorts ihre Referenten entsandten.[143] Die Resultate waren aber auch in diesem Fall unbedeutend, nicht zuletzt deshalb, weil das Wehrministerium nach der damaligen Rechtslage keinen Zwang auf die Zivilbehörden ausüben konnte, wie denn überhaupt die Ausführung der gesamten Mobilmachungs- und Verstärkungspläne im Ernstfall am Mangel gesetzlicher Vorschriften ein starkes Hindernis gefunden hätte.[144]

Dieser Überblick zeigt, daß die Behauptung, die illegale Aufrüstung hätte irgendeinen konkreten Schutz für die Weimarer Republik geboten, unhaltbar ist. Mit den Mitteln, die die Reichswehr bis 1933 illegal bereitgestellt hatte, konnte die durch den Versailler Vertrag geschaffene aussichtslose Verteidigungslage Deutschlands nicht verbessert werden. Nach den Planungen von Heer und Marine durfte man eine solche Verbesserung frühestens ab 1938 erwarten; das Truppenamt stellte 1932 sogar fest, daß vor 1944 z. B. gegen Polen an keine offensive, und wenn Frankreich noch hinzuträte, auch an keine defensive Kriegführung zu denken sei.[145] Da ein isolierter deutsch-polnischer Krieg auf Grund der politischen Lage so gut wie ausgeschlossen war, hieß das, daß ungeachtet der getarnten Aufrüstung eine militärisch sinnvolle Kriegführung für Deutschland bis 1944 überhaupt unmöglich war. Der Chef des Truppenamts, General Adam, stellte denn auch rückblickend fest, er habe »nur den einen Wunsch [gehabt], daß wir nicht in die Lage versetzt ... würden, diese Pläne in die Wirklichkeit umsetzen zu müssen. Meines Erachtens wäre das ein völliger Mißerfolg geworden.«[146] Diesem Resultat muß man den Preis gegenüberstellen, der dafür gezahlt worden ist. Was den finanziellen Aufwand angeht, so sind im Augenblick nicht einmal Schätzungen möglich,[147] aber es ist ohne weiteres anzunehmen, daß er in keinem vernünftigen Verhältnis zu den Ergebnissen stand. Selbst in der Heeresleitung regte man z. B. im Herbst 1932 angesichts der bevorstehenden Freigabe der Rüstung die Einstellung der Luftwaffenarbeit in Rußland und ihre Rückverlagerung nach Deutschland an, weil dadurch wesentliche Einsparungen erzielt werden könnten.[148] Die hohen Kosten waren nicht nur in den außerordentlich kostpieligen Geheimhaltungsvorkehrungen, sondern auch darin begründet, daß mindestens bis 1929 die Ausgabenkontrolle ungenügend war.[149] So sind dem Reichsfiskus durch Unerfahrenheit, Nachlässigkeit und z. T. auch Gewinnsucht Millionenverluste entstanden.[150] Nimmt man dazu noch die erwähnten moralischen, rechtlichen und politischen Mängel und Gefahren des ganzen Unternehmens, so stellt sich mit erhöhtem Nachdruck die Frage, ob es nicht im nationalen Interesse gelegen hätte, derartige ebenso nutzlose wie gefährliche Experimente zu sistieren, bis entweder der Völkerbund mehr Autorität gewonnen oder aber eine friedliche Vertragsrevision den Weg zu offener und legaler Rüstungsanpassung geöffnet hätte.

Der einzige diskutierbare Einwand dagegen ist der, daß eine offene Aufrüstung sich verzögert hätte, wenn sie sich nicht auf geheime Vorbereitungen hätte stützen können. Tatsächlich hätte Hitler seinen Krieg nicht schon im Jahre 1939 vom Zaun brechen können, wenn die Reichswehr nicht bis 1933 umfangreiche Vorarbeiten geleistet hätte.[151] Hierin, in den langfristigen Auswirkungen, lag der einzige und zweifellos nicht unbedeutende Nutzeffekt der illegalen Maßnahmen der Reichswehr. Indessen verliert dieser Vorteil sehr an Gewicht, wenn man berücksichtigt, daß erstens die von 1925 bis 1932 geleistete Arbeit unter normalen Bedingungen nicht nur billiger, sondern in vieler Hinsicht auch schneller zu bewältigen war, und daß zweitens und vor allem eine ernst zu nehmende Kriegsgefahr für Deutschland nicht bestand und auch nicht zu erwarten war. Infolgedessen standen deutsche Rüstungsanstrengungen auch nicht unter Zeitdruck, und die allenfalls eintretende Verzögerung von vielleicht fünf bis sechs Jahren wäre ein billiger Preis für die Vermeidung aller jener unglückseligen Neben- und Rückwirkungen der Illegalität gewesen.

3. Aufrüstung und Wirtschaftskrise[152]

Wie auf vielen anderen Gebieten, so schien auch auf dem der Rüstungspolitik der Regierungswechsel vom 30. Januar keine umstürzenden Neuerungen zu bringen. Zwar hatte Hitler in seiner Rede vor den Generalen am 3. Februar 1933 keinen Zweifel über seine exzessiven Ziele gelassen, aber die Generale hatten ihm nicht geglaubt, und die Öffentlichkeit kannte nur seine Regierungserklärung und seine »Friedensrede« vom 17. Mai, in denen er genau das Gegenteil, nämlich die Förderung von Abrüstung und Völkerverständigung, proklamiert hatte. Für das Auswärtige Amt vollends war nicht Hitler, sondern Neurath maßgebend, und das hieß ungebrochene Kontinuität der bisherigen außenpolitischen Linie.[153] Und selbst die wenigen, die sich durch Hitlers Erklärungen vom 3. Februar alarmiert fühlten, mochten glauben, daß es mit der Verwirklichung derart phantastischer Pläne vorläufig noch gute Weile habe. Aber schon wenige Tage später machte Hitler seinen Regierungskollegen klar, daß er nicht daran dachte zu warten und sich auch nicht mit den bisherigen bescheidenen Zielen begnügen würde. Als Reichsverkehrsminister v. Eltz-Rübenach in der Kabinettssitzung vom 8. Februar im Rahmen des Arbeitsbeschaffungs-Programms die Finanzierung eines großen Wasserbauvorhabens in Oberschlesien vorschlug, nahm Hitler Gelegenheit zu erklären, daß alle öffentlichen Maßnahmen zur Arbeitsbeschaffung grundsätzlich von dem Gesichtspunkt auszugehen hätten, wieweit sie der »Wehrhaftmachung«, die in fünf Jahren vollendet sein solle, dienlich seien. Den Versuch Eltz-Rübenachs, sein Projekt durch Hinweis auf dessen strategische Bedeutung zu retten, torpedierte dann Blomberg mit der Bemerkung, zunächst müßte erst einmal bei der Wehrmacht selbst ein Mindest-Rüstungsstand erreicht werden, und Hitler betonte noch einmal, daß das oberste Prinzip in den nächsten vier bis fünf Jahren heiße: alles für die Wehrmacht. Dementsprechend beschloß das Kabinett, daß nach Vorlage des Budgets zunächst die Bedürfnisse der Wehrmacht zu befriedigen seien und dann geprüft werden solle, wieviel Mittel für zivile Maßnahmen übrigblieben.[154]

Hitler hatte nichts von Kriegsplänen verlauten lassen, aber es ist offensichtlich, daß er, noch während er dabei war, den ersten Schritt – Eroberung der totalen Macht im Innern – zu tun, zugleich bemüht war, den zweiten vorzubereiten, und seine Äußerungen zeigen, wie geschickt er beides miteinander zu verbinden verstand. Wollte er seine Herrschaft in Deutschland stabilisieren, so war es eine der dringendsten Aufgaben, die Wirtschaftskrise zu überwinden. Noch immer lagen fast 6 Millionen Arbeitslose auf der Straße, und Hitler kann nicht im Zweifel darüber gewesen sein, daß viel, wenn nicht alles für ihn davon abhing, ob er ihre Hoffnungen, denen er nicht zuletzt seinen Sieg verdankte, zu erfüllen vermochte. Das allein war eine Aufgabe, die alle Kräfte in Anspruch nahm; es schien vermessen, daneben noch eine Aufrüstung größeren Umfangs in Gang setzen zu wollen. Aber Hitler hatte entdeckt, daß er die Rüstungsaufträge zur Arbeitsbeschaffung benutzen, Krisenbekämpfung und Kriegsvorbereitung miteinander verknüpfen und so beide Probleme mit einem Schlag lösen konnte.

Damit erklärt sich auch, warum er weder in seiner Regierungserklärung noch in seinen Reden im anschließenden Wahlkampf ein faßbares Wirtschaftsprogramm vorgelegt hatte.[155] Das schien damals und scheint noch heute vielen ein Beweis für seine wirtschaftspolitische Unwissenheit und Unsicherheit zu sein.[156] Das Kabinettsprotokoll vom 8. Februar zeigt jedoch den wahren Grund für Hitlers Zurückhaltung. Er hatte sehr wohl ein Wirtschaftsprogramm – oder, besser, einen Ersatz dafür –, nur konnte er es nicht öffentlich verkünden. Er war gewiß in volkswirtschaftlichen Dingen ein Laie, aber offensichtlich setzte ihn sein perverser Instinkt auch auf diesem Gebiet in die Lage, genau die Wege herauszufinden, die ihn aller Vernunft zum Trotz seinen wahnwitzigen Zielen näherbringen konnten.

Um so überraschender ist, daß das Kabinett Hitlers Programm akzeptierte. Zwar waren seine letzten Ziele daraus nicht unmittelbar zu ersehen, aber daß die Methode der Krisenbekämpfung durch Aufrüstung volkswirtschaftlich bedenklich war, mußte Männern wie Hugenberg und Krosigk klar sein. Noch mehr galt das von Schacht, der nun zur Zentralfigur wurde. Denn die entscheidende Frage für die Durchführung des Vorhabens war die der Finanzierung, und Schacht war es, der sie für Hitler beantwortete. Der Kabinettsbeschluß vom 8. Februar hatte noch von einer Finanzierung durch das Budget gesprochen. Aber wenn das nicht von vornherein als eine bloße Teillösung gedacht war,[157] so muß es Hitler spätestens kurz darauf klargeworden sein, daß das Budget nicht ausreichte und daß sein Rüstungsprogramm angesichts beträchtlicher Haushaltsdefizite, sinkender Steuereinnahmen und einem für Anleihen nicht mehr aufnahmefähigen Kapitalmarkt mit der Erschließung neuer Finanzquellen stand und fiel. Für eine Spieler- und Hochstaplernatur wie Hitler war das indessen kein Problem: »Schließlich aber lehre die Geschichte«, so hat er sich später mit anerkennenswertem Freimut vernehmen lassen, »daß an Schulden bisher kein Volk der Welt zugrunde gegangen sei.«[158] Da er derartige Prinzipien bereits vor 1933 in der Finanzgebarung seiner

Partei angewandt hatte, darf man schließen, daß er auch hinsichtlich der staatlichen Aufgaben von vornherein an freilich verschleierte Geldschöpfung gedacht hat,[159] vielleicht schon jetzt mit dem Hintergedanken, sie später durch Kriegs- und andere Beute abzudecken. Mit Einhelheiten hielt er sich nicht auf, er war überzeugt, daß die Finanzfachleute, die seiner Meinung nach »ja doch letzten Endes . . . Spitzbuben« waren, die Aufgabe schon lösen würden.[160] So trat er Mitte März an den Reichsbankpräsidenten Luther heran, um die Leistungsfähigkeit der Reichsbank zu erkunden. Luther, dem der neue Stil noch fremd war, erklärte sich bereit, dem Reich 100 Millionen RM vorzuschießen.[161] Damit hatte er sich in den Augen Hitlers als offensichtlich unfähig erwiesen; er wurde auf den Botschafterposten in Washington abgeschoben und am 17. März durch seinen alten Widersacher Schacht abgelöst, der schon vorher auf Hitler gesetzt hatte und ihm nun in gewünschtem Umfange Hilfe versprach.[162]

Schacht hat in seinen verschiedenen Äußerungen nach dem Kriege den Eindruck zu erwecken versucht, als sei die finanztechnische Methode, mit der die Krise bekämpft wurde, seine Erfindung, und als habe er sich dabei primär um eine friedenswirtschaftlich und konjunkturpolitisch orientierte Arbeitsbeschaffung und erst in zweiter Linie um die Aufrüstung gehandelt.[163] Beides traf in dieser Form nicht zu. Was das erste angeht, so war das Problem der Aufschwungsfinanzierung prinzipiell schon unter Luther gelöst worden.[164] Das Scheitern der Brüningschen Deflationspolitik hatte klargemacht, daß die klassischen Hilfsmittel gegenüber einer Weltwirtschaftskrise von dem Ausmaß der dreißiger Jahre versagten und durch eine staatliche Interventionspolitik ersetzt werden mußten, die mittels Defizitfinanzierung und staatlicher Aufträge Arbeitsbeschaffung betrieb. In finanzieller Hinsicht dachte man an Geldschöpfung, die als Vorfinanzierung der Produktionsausweitung gehandhabt werden sollte, wobei man darauf rechnete, daß das vermehrte Geld durch vermehrte Güterproduktion gedeckt und die staatliche Schuld durch wachsende Steuereinnahmen abgetragen werden könnte.[165] Als technisches Instrument dafür waren ebenfalls bereits unter Luther die *Arbeitsbeschaffungs-Wechsel* mit einer Prolongationsfrist von fünf Jahren eingeführt worden; die von Schacht geschaffenen *Mefowechsel* unterschieden sich finanztechnisch nicht von ihnen.[166]

Schachts eigene, über diese Pläne hinausgehende Leistung bestand in dem Entschluß, die Geldschöpfung zunächst mengenmäßig nicht zu begrenzen.[167] Während die letzten Weimarer Regierungen jeweils nur begrenzte und festumrissene Arbeitsbeschaffungs-Programme finanziert hatten, gab Schacht den Strom der Geldschöpfung zunächst frei, wenn auch nicht ohne gewisse Vorsichtsmaßnahmen. Er beabsichtigte damit, die Wirtschaftsankurbelung auf breiter Front zu ermöglichen und ihr von vornherein einen Schwung zu verleihen, der die bei geringem Krediteinsatz bestehende Möglichkeit des »Versickerns« der aufgewandten Summen verminderte. Auf der anderen Seite ergab sich daraus das Risiko, daß eine Kreditexpansion solchen Ausmaßes sich schließlich der Kontrolle entzog und in Inflation mündete. Damit ist das Zentralproblem bezeichnet, das Schachts Finanzpolitik zu lösen hatte: die Abwehr der Gefahr der Inflation. Es ist für Schachts Lösung bezeichnend, daß er seine Hauptwaffe in einer geeigneten Kreditpolitik sah. Seiner Meinung nach kam es vor allem darauf an, der Wirtschaft im ganzen nicht mehr Kredite zufließen zu lassen, als sie durch Mobilisierung von Produktionsfaktoren verarbeiten konnte, und daher mußte es zur Abwehr der Inflationsgefahr im wesentlichen genügen, wenn die Kreditschöpfung spätestens bei Erreichen der Vollbeschäftigung wieder eingestellt wurde. Die andere Frage, zu welchem Zweck die Defizitfinanzierung eingesetzt wurde, d. h. also welche Art von Staatsaufträgen erteilt werden sollten, trat demgegenüber in den Hintergrund; entscheidend war nach Schachts Meinung allein, daß man die Kreditexpansion rechtzeitig einstellte, wobei er als äußerste Frist einen Zeitraum von fünf Jahren annahm, aber für eine frühere Einstellung freie Hand behalten wollte.[168]

Nichtsdestoweniger war die Auswahl des Finanzierungs-Objekts für Schacht nicht gleichgültig, und damit wendet sich die Betrachtung dem zweiten Problem, der Rüstungsfinanzierung zu. Wenn Schacht nach dem Krieg Reinhardt-Programm und Autobahnen als Objekte seiner Finanzierungspolitik in den Vordergrund zu rücken versucht hat, so ist das aus den Zeitumständen heraus verständlich; aber es kann kein Zweifel daran bestehen, daß Hitlers Plan, Aufrüstung und Krisenbekämpfung untereinander zu verbinden, von Schacht von Anfang an übernommen worden ist.[169] Nicht nur muß das gemäß dem Kabinettsbeschluß vom 8. Februar bereits die Bedingung für seine Ernennung zum Reichsbankpräsidenten gewesen sein, Schacht hat auch in vertrauten Gesprächen vor dem Kriege mehrfach zugegeben, daß er Hitler die Finanzierung der Aufrüstung versprochen habe.[170] Vor allem aber zeigen – wie hier vorgreifend festgestellt sein mag – die tatsächlichen Maßnahmen, daß die Aufrüstung bereits im Frühjahr 1933 begann und daß auch das zivile Arbeitsbeschaffungs-Programm vom Sommer 1933 bereits soweit wie möglich nach Rüstungsgesichtspunkten gesteuert wurde.[171]

Damit kam nun aber ein tiefgreifender Widerspruch in Schachts Finanz- und Konjunkturpolitik hinein. Schacht war weit entfernt davon, eine Inflation entfesseln zu wollen, und er hatte auch nicht die Absicht, die staatliche Interventionspolitik zur Errichtung einer staatlich gelenkten Zwangswirtschaft zu benutzen; sein Ziel war die Wiederherstellung einer im großen und ganzen marktkonformen, weltwirtschaftlich orientierten und autonomen Volkswirtschaft. Unter diesem Gesichtspunkt aber hätte die staatliche Interventionspolitik so geführt werden müssen, daß sie sich selbst überflüssig machte, d. h., sie hätte den Wirtschaftskreislauf vor allem durch Förderung des privaten Konsums wieder in Gang bringen müssen, und das wäre nur zu erreichen gewesen, wenn die Masse der staatlichen Investitionen in friedenswirtschaftliche Kanäle gelenkt wurde.[172] Aber gerade diesen Weg beschritt Schacht nicht, sondern förderte, indem er nicht nur die Geldschöpfung überwiegend für die Aufrüstung einsetzte, sondern auch die privaten Überschüsse für diesen Zweck abschöpfte und die Handelspolitik darauf ausrichtete, nahezu ausschließlich den staatlichen Konsum. Dies mag um so befremdlicher erscheinen, als er sich mindestens über die währungspolitische Problematik dieses Verfahrens durchaus im klaren war. Wenn sein System der Aufschwungsfinanzierung währungspolitisch funktionieren sollte, so erklärte er 1938 in einer Rede, kam es »nicht nur darauf an, daß das neugeschaffene Geld durch neugeschaffene Güter an sich gedeckt wurde, sondern es kam auch auf die Art der erzeugten Güter an«.[173] Das war in der Tat der entscheidende Punkt. Die Verminderung des Geldwertes, die mit der Geldschöpfung drohte, konnte nur durch gesteigerte Produktion von solchen Gütern abgewehrt werden, die ihrerseits volkswirtschaftliche Werte darstellten. Geldwert und Güterwert waren, grob gesprochen, nur dann in ein Gleichgewicht zu bringen, wenn man die produzierten Güter auch kaufen konnte. Das ist aber bei Rüstungsgütern nicht der Fall. Sie sind nicht-umsatzfähige Stapelgüter, die dem Wirtschaftskreislauf entzogen werden und damit auch kein Äquivalent für eine Geldschöpfung darstellen.[174] Deshalb ist es Grundsatz der Finanzpolitik, daß Rüstungsausgaben aus Überschüssen der Volkswirtschaft finanziert werden müssen. Mit Schachts eigenen Worten: »Das bedeutet, daß die Rüstung endgültig nicht durch Geldschöpfung, sondern nur durch Ersparnisbildung finanziert werden kann.«[175]

Von diesem Grundsatz gibt es nur eine – in Schachts Zusatz »endgültig« angedeutete – Ausnahme. Da Rüstungsinvestitionen Kaufkraft schaffen, sind sie nicht schlechthin unproduktiv. Sie können daher – allein oder in Kombination mit friedenswirtschaftlichen Investitionen – als *Initialzündung* zur Auslösung einer Aufschwungsbewegung verwendet werden. In der damaligen Lage Deutschlands kam dazu noch ein zusätzlicher Gesichtspunkt: Die völlige Abrüstung und Entwaffnung Deutschlands ließ sich, wie die Dinge lagen, nicht mehr lange aufrechterhalten, und daraus entstand in naher Zukunft ein Nachholbedarf an Rüstungsgütern, dessen Deckung man in gewissen Grenzen mit dem Krisenbekämpfungs-Programm verbinden konnte.[176] Sofern damit eine Belastung der Volkswirtschaft verbunden war, durfte man sie als normal und tragbar bezeichnen. Schacht hat in Nürnberg ausgesagt, daß das Konzept der Initialzündung tatsächlich seiner Politik zugrunde gelegen habe,[177] und sein Entschluß, von vornherein sehr große Beträge in die Kanäle der Wirtschaft zu pumpen, scheint das ebenso zu bestätigen wie seine Angabe, er habe Rüstungsinvestitionen nicht zuletzt wegen ihrer breiten und massiven Wirkung auf den Wirtschaftskreislauf bevorzugt.[178] In dieselbe Richtung weist seine oft wiederholte Behauptung, er habe das Ausmaß der Aufrüstung durch rechtzeitigen Kreditstop beschränken wollen,[179] und tatsächlich hat er sich seit Mitte 1935 in wachsendem Maße gegen eine weitere Ausgabenexpansion gewandt.[180] Dementsprechend hat er nach dem Kriege auch die Schuld für das Fehlschlagen seines Experiments ausschließlich auf Hitler und die Partei geladen, die seine Pläne durch ihre hemmungslose Ausgabenpolitik und vor allem dadurch zunichte gemacht hätten, daß sie die Geldschöpfung gegen seinen Willen auch nach Erreichen der Vollbeschäftigung fortgesetzt hätten.[181]

In dieses Bild paßt jedoch schlecht, daß die Kreditfinanzierung der Rüstung jahrelang fortgesetzt wurde. Nach den ersten, vermutlich 1933 getroffenen Absprachen mit Hitler war ein Endtermin zum 31. März 1936 vorgesehen,[182] der dann von Schacht gegen den wachsenden Widerstand des Reichsbank-Direktoriums noch zweimal, erst bis 1937, dann bis 1938 (jeweils zum 31. März) verlängert wurde.[183] Dabei war er freilich nicht mehr ganz Herr seiner Entschlüsse, aber auch der von ihm freiwillig zugestandene Termin von 1936 umschließt einen Zeitraum, der bis nahe an die Grenze der Vollbeschäftigung – und damit weit über die Periode der Initialzündung hinaus – reichte.[184] Dementsprechend hat seine Opposition sich bis 1936 auch nicht so sehr gegen die Fortsetzung der Aufrüstung als vielmehr gegen die Verzettelung der Kräfte durch zusätzliche Partei- und Staatsbauten usw. gerichtet,[185] zielte also gerade nicht auf schnelle Ablösung der militärischen durch zivile Investitionen, sondern auf Konzentration aller Kräfte auf die Aufrüstung. Dabei zeigte sich schon 1934, daß ein solches Vorhaben nicht allein durch kreditpolitische Maßnahmen zu bewältigen war, und so sah sich Schacht gezwungen, im August 1934 auch noch das Wirtschaftsministerium zu übernehmen und die Wirtschaft schrittweise unter ein immer mehr verdichtetes System von staatlichen Kontrollen zu stellen, das die sich allmählich ansammelnden Überschüsse von Anfang an radikal für den Staatskonsum abschöpfte, statt, wie es dem Konzept der Initialzündung entsprochen hätte, sie zur Schaffung einer selbsttragenden Konjunktur der Privatwirtschaft zuzuführen.

Wenn Schacht also überhaupt an Initialzündung gedacht hat, so hat er solche Ideen schon bald freiwillig oder unfreiwillig aufgegeben; wahrscheinlicher aber ist, daß seine diesbezügliche Aussage in Nürnberg eine *ex-post*-Interpretation auf Grund von inzwischen gewonnenen Einsichten ist, denn tatsächlich reichten die Absichten, die er mit der Rüstungsfinanzierung verfolgte, weit über das Konzept der Initialzündung hinaus. So hat er noch nach dem Kriege mehrfach darauf hingewiesen, daß er von der Unentbehrlichkeit einer angemessenen Rüstung für Deutschlands nationale Sicherheit überzeugt gewesen sei.[186] Daß er diesen wirtschaftspolitisch an sich irrelevanten Gesichtspunkt nichtsdestoweniger für erheblich hielt, beruhte auf seiner Ansicht, daß die Hauptwurzel der Weltwirtschaftskrise in der wirtschaftlichen Deklassierung Deutschlands durch den Versailler Vertrag und das Reparations-System zu suchen sei und daß dieser Zustand nur durch politischen Wiederaufstieg Deutschlands und eine Stärkung seiner internationalen Verhandlungsposition überwunden werden könne.[187] Dazu aber bedürfte es des Aufbaus, wenn nicht einer Offensiv-Armee, so doch eines militärischen Instruments, das groß genug war, um in diplomatischen Auseinandersetzungen als wirksames, wenn auch unausgesprochenes Argument Gültigkeit zu haben. Sehr bezeichnend war dabei die Vorstellung, die er von Deutschlands wirtschaftlicher Existenzsicherung in einer neuen weltwirtschaftlichen Ordnung hatte. Denn Schacht war mit Hitler darin einig, daß Deutschlands mitteleuropäischer Lebensraum ungenügend sei und einer Ausweitung bedurfte, die Deutschlands wirtschaftliche Abhängigkeit wenigstens im Frieden milderte. Diese Einschränkung unterschied ihn von Hitler, und dementsprechend dachte er auch nicht an Gebietserwerb in Europa, sondern an den Rückerwerb der ehemals deutschen Kolonien, den er bei den Siegermächten durchsetzen wollte und den er als Basis für die Schaffung einer, wie er es einem amerikanischen Unterhändler gegenüber ausdrückte, »German world of the mark« benutzen wollte[188] – Gedanken, die offensichtlich aus der Welt vor 1914 stammten und aufs seltsamste mit den revolutionären Methoden kontrastieren, die seine Finanzpolitik auszeichneten.[189]

Neben diesen außenpolitisch-weltwirtschaftlichen Überlegungen sprachen aber nach Schachts Ansicht auch innenpolitisch-psychologische Gründe für die Rüstungsfinanzierung. Sollte sein Experiment gelingen, so mußte nicht zuletzt der panischen Inflationsfurcht vorgebeugt werden, von der die deutsche Öffentlichkeit seit der katastrophalen Inflation von 1922/23 besessen war. Die Rücksichtnahme auf diese Empfindlichkeiten war eines der unumstößlichen Prinzipien für die Wirtschaftspolitik der Weimarer Regierungen gewesen,[190] und das Regime Hitler konnte noch weniger darauf verzichten. Aus diesen Gründen sperrte sich Hitler gegen die – handelspolitisch an sich erwünschte – Abwertung der Mark; Schacht unterstützte ihn darin und wurde nicht müde, den vielfachen Inflationsgerüchten mit nachdrücklichen Dementis entgegenzutreten.[191] Deshalb erschien ihm auch die Verschleierung und möglichste Geheimhaltung des von ihm angewendeten Finanzierungsverfahrens als unerläßliche Bedingung für den Erfolg, und die Tatsache, daß dies durch das Öffentlichkeitsprinzip der Demokratie sehr erschwert wurde, war offenbar einer der Gründe, die ihn veranlaßten, das Bündnis mit dem Diktator Hitler dem mit der parlamentarischen Demokratie vorzuziehen.[192] So ist man selbst bei dem öffentlichen Arbeitsbeschaffungs-Programm vom Sommer 1933 sehr bald zur Verschleierung der Wechselfinanzierung übergegangen. Nur im ersten Arbeitsbeschaffungsgesetz vom 1. Juni 1933 wurde sie offengelegt; in dem zweiten Gesetz vom 21. September wurde zwar die Höhe der Mittel, aber nicht die Art ihrer Deckung bekanntgegeben, und in dem Gesetz über die Autobahnen ist selbst die Höhe der Mittel verschwiegen worden.[193] Indessen war diese Tarnung doch nicht vollständig, und überdies durfte es mit Recht als fraglich erscheinen, ob der von Schacht geplante Großeinsatz von Kreditmitteln überhaupt tarnbar war.[194]

In dieser Lage mußte die Rüstingsfinanzierung geradezu als rettender Ausweg erscheinen. Denn nicht nur war Geheimhaltung dabei auch aus außenpolitischen Gründen geboten, konnte also der Wirtschaft gegenüber unverdächtig motiviert werden – auf Grund der langjährigen illegalen Aufrüstung vor 1933 war hier auch von allen Beteiligten, staatlichen Behörden wie Industriefirmen, ein ausreichend erprobter und eingespielter Geheimhaltungsapparat aufgebaut worden, in den sich ein getarntes Finanzierungsverfahren mühelos einbauen ließ. Das geschah, indem Schacht für die Rüstungsfinanzierung neben den Arbeitsbeschaffungs-Wechseln noch die Spezialkonstruktion der Mefowechsel schuf, die sich von jenen allein dadurch unterschieden, daß sie nach Herkunft, Zweck und Menge tarnbar waren. Sie wurden auf die *Metallurgische Forschungsgesellschaft* gezogen, die mit einem von vier Rüstungsfirmen eingebrachten Kapital von nur 1 Million RM ausgestattet war; ihr Vorstand setzte sich aus Vertretern des Reichswehrministeriums und der Reichsbank zusammen, und ihr Personal bestand aus zuverlässigen Beamten der Reichsbank. Sie war also eine reine Scheinfirma, die lediglich als Akzeptstelle für die Wechsel diente und nach außen als privates Unternehmen erschien, das private Kredite vergab.[195] Das schloß Vermutungen und Gerüchte nicht aus, aber sie richteten sich auf den rüstungspolitischen Zweck und nicht auf die konjunktur- bzw. währungspolitische Funktion der Mefowechsel, und zwar um so mehr, als alle Beteiligten bereit waren, den rüstungspolitischen Zweck als ausreichenden Tarnungsgrund gelten zu lassen. So erklärt sich, daß es tatsächlich gelang, die wirtschaftspolitische Bedeutung der Mefowechsel während der ganzen Dauer des »Dritten Reiches« weitgehend, ihre Höhe praktisch vollständig geheimzuhalten.[196] Daß dies auch dann noch versucht wurde, als die Tarnung der Aufrüstung längst gefallen und auch die Wechselfinanzierung bereits eingestellt war,[197] macht eindeutig klar, daß außenpolitische Tarnung nicht der einzige Zweck der Geheimhaltung war, sondern daß auch die Sorge vor der Inflationsangst der Bevölkerung mitspielte, der man so lange vorbeugen wollte, bis zumindest der überwiegende Teil der Mefowechesl aus dem Verkehr gezogen war.

Es ist natürlich heute nicht mehr möglich, zu entscheiden, ob diese außerordentlich weitgehende Geheimhaltung objektiv gerechtfertigt war.[198] Aber wie dem auch sei, allein die Tatsache, daß die Kreditschöpfung verschleiert wurde, beraubt das Schachtsche Experiment jedenfalls jeden paradigmatischen Charakters.[199] Eben weil man die Möglichkeit nicht ausschließen kann, daß Schachts Befürchtungen berechtigt waren, kann man auch nicht entscheiden, ob die unter den Bedingungen der Demokratie und der Marktwirtschaft allein mögliche offene Kreditexpansion zum Erfolg geführt hätte bzw. führen würde. Insofern war das Schachtsche Experiment unlöslich mit den politischen Bedingungen der Diktatur verbunden, unter denen allein eine so rigorose Geheimhaltung möglich war. Aus den gleichen Gründen ist auch die gelegentlich vertretene These, die Schachtsche Konjunkturpolitik sei »an sich« richtig gewesen, nur hätten die Rüstungsinvestitionen durch produktive öffentliche Investitionen ersetzt werden müssen,[200] nicht haltbar. Wenn allein die Rüstungsinvestitionen das von Schacht für erforderlich gehaltene Maß an Geheimhaltung verbürgten, so waren sie ein integraler Bestandteil seiner Konjunkturpolitik. Schacht glaubte, nur die Wahl zwischen zwei Risiken zu haben: der Inflationspanik und den währungspolitischen Gefahren der Rüstungsfinanzierung. Er entschied sich für die letzteren, weil er diese noch am ehesten zu bannen hoffte.

Es zeigte sich jedoch sehr schnell, daß diese Hoffnung nicht berechtigt war. Hätte sie sich erfüllen sollen, so wäre erforderlich gewesen, daß Schacht die Entwicklung unter Kontrolle behielt, und dazu hätte in erster Linie gehört, daß Umfang und Tempo der Aufrüstung von vornherein sorgfältig geplant und den wirtschaftlichen Kräften Deutschlands angepaßt wurden. Aber innen- und außenpolitische Umstände wirkten zusammen, um das zu verhindern; so unglaublich es klingen mag: die nationalsozialistische Aufrüstung beruhte auf keinem umfassenden Zeit- und Aufbauplan, sondern ist ungeachtet vieler Ansätze und Teilplanungen im ganzen recht eigentlich planlos verlaufen. Zwar beschloß das Kabinett – wohl auf Anregung des Reichswehrministers – am 4. April 1933 die Bildung eines *Reichsverteidigungsrates,* der, zusammengesetzt aus den Häuptern der zuständigen Ministerien, unter Vorsitz des Reichskanzlers die oberste Entscheidungsgewalt über alle Verteidigungs- und Rüstungsfragen in Frieden und Krieg ausüben sollte.[201] Aber obwohl dieses neugeborene Organ ausgezeichnet geeignet schien, das Planungsproblem zu lösen, ist es praktisch nie zum Leben erwacht, sondern alsbald von einer Entwicklung überrollt worden, die den sinnvollen Organismus alter Kompetenzen zerstörte, ohne ihn durch etwas Neues zu ersetzen, und die damit ein wachsendes Chaos von mehr oder minder »zuständigen« politischen, administrativen und Parteistellen erzeugte. So war dem Reichswehrminister die Verantwortung für die Fragen der Landesverteidigung, die er bisher allein ausgeübt hatte, mit der Bildung des Reichsverteidigungsrates entzogen worden. Aber da dieser nicht wirksam wurde und da zugleich auch das Kabinett in zunehmendem Maße als verantwortliches Gremium ausfiel, gab es groteskerweise kein gesetzliches Organ mehr, das die Gesamtverantwortung für die Rüstung tatsächlich trug. Da dieser Zustand der dynamischen Art Hitlers freie Entfaltung erlaubte, darf man in ihm auch den mehr oder minder absichtlichen Urheber des Vorgangs erblicken, und es ist nur verwunderlich, daß seine nicht-nationalsozialistischen Mitarbeiter sich eine derartige »Dynamik« aufzwingen ließen. Aber auch Görings Ehrgeiz forderte sein Opfer. So wurde die theoretisch so imponierende Spitzengliederung der Wehrmacht, wie erwähnt, durch das Luftfahrtministerium durchbrochen, und ähnlich ging es mit Blombergs Versuch, die wirtschaftliche Kriegsvorbereitung in militärischer Hand zu zentralisieren.[202]

Sogar die finanzielle Kontrolle der Aufrüstung, in allen geordneten Staatswesen ein zentrales Steuerungsinstrument, wurde unter dem nationalsozialistischen Regime beseitigt. Nicht nur wurde der Reichstag aus den Etatverhandlungen ausgeschaltet, es wurde auch das Bewilligungsrecht des Finanzministers erst eingeschränkt und dann völlig aufgehoben. Das eine geschah dadurch, daß der jährlich auszuwerfende Betrag an Mefowechseln allein zwischen Blomberg und Schacht in seiner Eigenschaft als Reichsbankpräsident ausgehandelt wurde; der Finanzminister erhielt davon Kenntnis, hatte aber keinen Einfluß darauf.[203] Das andere ergab sich, als das überstürzte Tempo der Aufrüstung zu ständigen, teilweise täglichen Änderungen in Bedarf und Verteilung der Geldmittel führte. Da der umständliche Apparat des Finanzministeriums, der nur auf jährlich einmaliges Durcharbeiten des Etats eingestellt war, dem nicht folgen konnte, wurde die Wehrmacht im April 1934 durch einen Kabinettsbeschluß von der Bewilligung der Geldmittel durch den Finanzminister befreit; die Oberbefehlshaber der Wehrmachtteile erhielten die Ermächtigung, fortan in Etatfragen von den einschlägigen gesetzlichen Vorschriften abzuweichen, sofern besondere Umstände dies erforderten.[204] Und da auch Göring sich ab 1935 ein gleiches Recht für sein Luftfahrtministerium erkämpfte, wurde sogar die Kontrolle des Reichswehr- bzw. Reichskriegsministeriums noch durchbrochen.[205] Dazu kam weiter, daß die Wehrmachtteile aus Gründen der Geheimhaltung und wegen der verschiedenen Finanzierungsmethoden gezwungen waren, mehrere Etats aufzustellen. Die Marine z. B. hatte drei Haushalte: den »offenen«, der den Versailler Rüstungsstand und dazu die Instandhaltungskosten für große, nicht tarnbare Schiffsneubauten enthielt; den »Umbau«- oder B-Haushalt (als Nachfolger des ehemaligen »schwarzen« Etats der Reichswehrzeit), in dem alle den Versailler Status übersteigenden fortdauernden Ausgaben geführt wurden (soweit sie tarnbar waren); d. h. die Aufrüstungskosten im engeren Sinne, enthielten. Offener und B-Haushalt wurden aus ordentlichen Etatmitteln (Steuern und Anleihen), die Maiprogramme aus Mefowechseln finanziert. [206] Da die Verhältnisse bei Heer und Luftwaffe kaum anders gelegen haben dürften, war die Folge, daß nicht einmal die einzelnen Wehrmachtteile rechtzeitig einen jährlichen Gesamtetat herausbringen konnten; die Marine versuchte ihn durch periodische Allgemein-Verfügungen über Grundsätze der Geldwirtschaft in der Aufbauzeit zu ersetzen. [207]

Hier wird deutlich, wie Planlosigkeit und Hast schon im Anfangsstadium der Aufrüstung den Staatsapparat zu erschüttern begannen. Nicht nur die Weimarer Verfassung wurde durchbrochen; die Fundamente eines geordneten Staatswesens schlechthin gerieten in Gefahr – ein beredtes Zeugnis für den Fassadencharakter des bombastischen nationalsozialistischen Organisationsgetriebes. Unter diesen Umständen half es auch nicht viel, daß sich die Einsichtigen mehr oder minder nachhaltig um korrektes Verfahren und Sparsamkeit bemühten; [208] da andere Kreise wesentlich weniger schüchtern waren und niemand mehr eine Gesamtübersicht hatte, mußte auch die sozusagen freiwillige Korrektheit einiger »Reaktionäre« wirkungslos bleiben.[209] Damit war eine der unerläßlichen Bedingungen für den Erfolg von Schachts Finanzpolitik hinfällig geworden. Schacht hat das bald selbst einsehen müssen. »Genau so«, erklärte er in seiner Denkschrift vom 3. Mai 1935, [210] »wie auf dem Gebiete der Politik die allzu weitreichende Delegation gesetzgeberischer Vollmachten auf Einzelpersonen in Deutschland den Zustand von lauter Staaten im Staate herbeigeführt hat, genau so wirkt sich dieser Zustand des Nebeneinanders und Gegeneinanders zahlloser Staats- und Parteistellen für die Finanzierungsmöglichkeit der Rüstung geradezu verheerend aus.« Das war, in wenigen Worten, eine sehr treffende Analyse der Lage, aber sie vermochte den einzigen Mann, der eine Änderung hätte bewirken können, nicht zu beeindrucken. Schacht war damals auf dem Gebiete der Finanz- und Wirtschaftspolitik ein fast allmächtiger Mann, aber die Entschlüsse Hitlers konnte er nur so weit beeinflussen, wie das mit Hitlers Wünschen übereinstimmte.

Es bedarf keiner Phantasie, um zu ermessen, welches Maß an »Freiheit« dadurch zunächst eröffnet wurde, und die Entwicklung in den Jahren 1933 und 1934 zeigt, wie nun die verschiedensten Vorgänge und Ereignisse, sei es der Innen-, sei es der Außenpolitik, zusammenwirkten, um, von Hitler geschickt ausgenutzt, Tempo und Umfang der Aufrüstung ständig zu beschleunigen. Dabei lassen sich für den hier behandelten Zeitraum zwei Phasen unterscheiden. Die erste, die etwa bis zum Oktober/November 1933 reichte, stand noch im Zeichen innen- wie außenpolitisch ungeklärter Verhältnisse und zeigt deshalb eine relativ vorsichtige und z. T. auch unentschiedene Behandlung des Rüstungsproblems. Noch war die stille Auseinandersetzung zwischen Reichswehr und SA nicht entschieden, was insbesondere die Lösung des Problems der künftigen Wehrverfassung behinderte, und auch in außenpolitischer Hinsicht war man sich über den einzuschlagenden Weg noch nicht klar. Da man aber auf der anderen Seite zu sofortigem Beginn der Aufrüstung entschlossen war, mußte man sich zunächst mit provisorischen Planungen begnügen, wobei die Entscheidungen infolge Ausfalles des Reichsverteidigungsrates zwischen Hitler und der Reichswehrführung ausgehandelt wurden. Hitler hatte bereits unmittelbar nach seinem Regierungsantritt die Normaletats der Wehrmachtteile für das Haushaltsjahr 1933/34 vorzeitig in Kraft gesetzt.[211] Anfang April erging dann Hitlers noch sehr unbestimmte Weisung, es solle innerhalb von fünf Jahren eine Wehrmacht aufgestellt werden, die er als politisches Machtinstrument auf die Waagschale legen könne, und damit begann die eigentliche Aufrüstung.[212] Als

Grundlage nahm man zunächst das Schleichersche Rüstungsprogramm vom Herbst 1932, das ohnehin am 1. April 1933 anlaufen sollte und, wie erwähnt, bis zum 31. März 1938 die Bereitstellung der personellen und materiellen Mittel für eine Verdreifachung des 100 000-Mann-Heeres, eine entsprechende Vermehrung der Marine und den Aufbau einer bescheidenen Luftwaffe vorsah. [213]

Dieser Plan wurde jetzt nach verschiedenen Richtungen erweitert. Während Schleicher lediglich ein Bereitschaftsprogramm vorgesehen hatte, das erst im Kriegsfall oder im Fall einer diplomatischen Vertragsrevision vollzogen werden sollte, wurde nun beschlossen, mit dem Vollzug sofort zu beginnen.[214] Außerdem wurde jetzt offensichtlich eine erheblich großzügigere Ausstattung für das 21-Divisonen-Heer und ein stärkerer Ausbau der Luftwaffe vorgesehen. Die verfügbaren Zahlen deuten darauf hin, daß die Mittel für das Schleichersche Programm bereits im Frühjahr 1933 auf rund das Vierfache erhöht wurden,[215] was u. a. auf die Absicht zu einem bedeutenden Ausbau der schweren Artillerie und der Panzerwaffe schließen läßt.[216] Im übrigen sollte dieses auf fünf Jahre berechnete Programm jetzt nur als erste Stufe der Aufrüstung gelten; aber über die Größenordnung des weiteren Aufbaus ab 1938 bestanden offenbar keine klaren Vorstellungen.[217] Einen Vorgeschmack dessen, was noch kommen sollte, lieferte die Entwicklung der Planungen bei der Luftwaffe. Hier hatte das Reichswehrministerium noch im März die Aufstellung von fliegenden Verbänden für Heer und Marine in Stärke von 13 Staffeln mit im ganzen etwa 160 Flugzeugen bis zum 1. Oktober 1934 befohlen; bis zum 1. Oktober 1935 bzw. 1936 sollten Aufstellungen in zwei Raten von etwa gleicher Stärke folgen.[218] Aber schon im Juni, gleich nach der Unterstellung der Luftwaffe unter Göring, befahl dieser, die erste Aufstellungsrate auf 26 Staffeln mit ca. 312 Maschinen zu erweitern und sie auf den 1. Juli 1934 vorzudatieren.[219] Insgesamt rechnete die Luftwaffen-Führung zunächst nur mit einer ersten Rüstungsetappe vom 1. Oktober 1933 bis 1. Oktober 1935; weitere Planungen standen noch nicht fest, aber man hoffte auf eine Verdreifachung des Standes von 1935 in fünf Jahren.[220]

Eine wichtige Ergänzung fanden diese Pläne durch den von Reichenau entworfenen Einbau der SA in die Landesverteidigung. Danach sollte die auf 450 000 Mann erweiterte Reichswehr entsprechend den Ideen Seeckts als Elitearmee auf freiwilliger Basis aufgebaut werden, während die Wehrpflichtigen ihre Dienstzeit in einer

Miliz nach Schweizer Vorbild abzuleisten hatten, die aus einer Verschmelzung der SA mit der bisherigen Grenzschutzorganisation gebildet werden sollte.[221] Röhm hatte zunächst seine Zustimmung gegeben, und am 1. Juli 1933 erließ Hitler *Weisungen für die Vorbereitung der Reichsverteidigung,* in der er diesen Plan sanktionierte, Richtlinien für die Ergänzung des Grenzschutzes Ost durch eine Grenzsicherung West und Süd gab und der SA die Aufgabe stellte, 250 000 Mannschaften und Führer innerhalb eines Jahres so auszubilden, daß sie der Reichswehr im Ernstfall zur Verfügung ständen.[222]

Die Durchführung all dieser Planungen setzte z. T. noch während der Ausarbeitung der Programme ein, wobei zunächst die Schaffung der organisatorischen, juristischen und wirtschaftlichen Grundlagen im Vordergrund stand. Dazu gehörte die erwähnte Gründung des unfruchtbaren Reichsverteidigungsrats im April und vor allem die Ernennung des Reichswehrministers zum Oberbefehlshaber aller drei Wehrmachtsteile.[223] Im *Heer* begannen am 1. April bei einer Anzahl von Feldtruppenteilen Versuche mit Kurzausbildung, die am 30. Juni 1933 erfolgreich abgeschlossen wurden.[224] Auch begann im Mai die Auf- bzw. Umstellung der ersten neuen Heereseinheiten,[225] und die Industrie erhielt die ersten zusätzlichen Bauaufträge, dies freilich in beschränktem Umfang.[226] Bei der *Luftwaffe* erfolgte, wie erwähnt, im April die Bildung des Luftamtes,[227] der im Juni »mit Wirkung vom 1. April« die Einrichtung einer geheimen »Kasse L« für Rüstungsausgaben im Luftfahrtministerium folgte. Sie nahm ihre Tätigkeit zwar erst im Juli auf, erstattete aber die bis dahin aufgelaufenen Ausgaben dem Reichswehrministerium zurück.[228] Was die *Marine* betrifft, so wurde ihr Schiffbau-Ersatzplan für 1933, der bereits wichtige Erweiterungen vorsah, im März 1933 aufgestellt und im April/Mai in Kraft gesetzt.[229] Alsbald begann der Bau an diesen Schiffen, unter denen sich auch ein Schlachtkreuzer der 27 000 t-Klasse, die spätere *Scharnhorst,* befand, und bei der Schichau-Werft in Danzig wurde ein Marine-Schwimmdock in Bau gegeben.[230] Bereits im April wurden auch einleitende Maßnahmen zur *wirtschaftlichen* Kriegsvorbereitung getroffen;[231] das entsprechende Referat im Reichswirtschaftsministerium wurde allerdings erst im Oktober errichtet.[232] Und schließlich wurde im Mai 1933 auch die Rüstungsfinanzierung organisiert. Die »Metallforschungsgesellschaft« wurde gegründet und zugleich durch Kabinettsbeschluß ein Kontrollausschuß für den Geld- und Kapitalmarkt gebildet, der unter Leitung Schachts inflationistischen Auswirkungen der Mefowechsel-Finanzierung vorbeugen sollte.[233] Auch erhielten die Wehrmachtteile im Mai die ersten Raten in Mefowechseln zugewiesen.[234]

Wenn man nun dieser rüstungspolitischen Aktivität die Tatsache gegenüberstellt, daß das Kabinett Hitler bis zu diesem Zeitpunkt (Ende Mai) praktisch noch keine zivilen Arbeitsbeschaffungs-Maßnahmen getroffen hatte,[235] so ergibt sich die Vermutung, daß Hitlers Direktive vom 8. Februar über den Vorrang der Aufrüstung bei der Arbeitsbeschaffung den Ablauf der Ereignisse bereits 1933 in weit höherem Maße bestimmte, als das bisher angenommen wurde.[236] Sie wird zur Gewißheit, wenn man die offizielle Arbeitsbeschaffungs-Politik der Nationalsozialisten analysiert, die am 1. Juni mit der Verkündung des ersten Gesetzes zur Verminderung der Arbeitslosigkeit begann.[237] Es bedarf dazu keiner umfassenden Untersuchung;[238] hier genügen drei Feststellungen; erstens, daß diese Maßnahmen sich gegenüber dem Arbeitsbeschaffungs-Programm der letzten Weimarer Regierungen durch eine starke Betonung des arbeitspolitisch-propagandistischen Zwecks auszeichneten; zweitens, daß das militärische Interesse dabei nachweisbar in überraschend hohem Umfange berücksichtigt worden ist; und schließlich drittens, daß das Aufrüstungsprogramm nicht nur daneben unvermindert weiterlief, sondern nach dem Austritt aus dem Völkerbund im Oktober in eine Phase weiterer Beschleunigung und Ausweitung überging.

Was das erste angeht, so ist offensichtlich und auch ganz unbestritten, daß Hitlers Arbeitsbeschaffungs-Maßnahmen im großen und ganzen keine prinzipielle Neuerung gegenüber denjenigen Papens und Schleichers gebracht haben und deren konjunkturpolitische Linie im wesentlichen fortsetzen.[239] Nur zwei neue Maßnahmen finden sich in ihnen: zunächst der Autobahnbau, der den bei weitem größten Posten des Gesamtprogramms darstellte. Aber da er sich über sechs Jahre erstrecken sollte, war er nicht als Initialzündung gedacht, und da sein Beginn sich obendrein lange verzögerte – erster Spatenstich am 23. September 1933 –, trat seine volle Wirkung auf den Arbeitsmarkt erst ab 1934 ein; dafür aber bot er ein außerordentlich wirksames Propagandaobjekt. Das zweite Novum, die Förderung der Einstellung von Hausgehilfinnen und von Eheschließungen hatte, ebenso wie einige andere Maßnahmen des zweiten Arbeitsbeschaffungs-Gesetzes,[240] konjunkturpolitsch nur eine Nebenbedeutung. Sie zielte vornehmlich auf Entlastung des Arbeitsmarktes von weiblichen Arbeitskräften, diente also nur bedingt der Ankurbelung der Wirtschaft.[241] Diese Tendenz wird noch dadurch unterstrichen, daß auch bei den anderen Maßnahmen die Bevorzugung der menschlichen Arbeitskraft gegenüber der Maschinenarbeit angestrebt, also der arbeitspolitische Zweck dem konjunkturpolitischen vorgezogen wurde.[242] Hier wie in dem Autobahn-Projekt wird der propagandistische Aspekt des Programms greifbar; es zielte hauptsächlich darauf, Arbeitslose von der Straße wegzubringen, weniger darauf, die Produktion in Gang zu setzen.

Soweit aber produktionsfördernde Maßnahmen getroffen wurden, berücksichtigte man dabei in erheblichem Umfang die militärischen Interessen. Damit setzte man eine schon vorher eingeleitete Praxis fort. Bereits im Februar und März 1933 hatte Hitler den Wehrmachtteilen außerordentliche Mittel in Höhe von etwa 150 Millionen RM aus den Arbeitsbeschaffungs-Programmen Papens und Schleichers zugeteilt, wo sie buchstabengetreu zu bisher liegengebliebenen Instandsetzungsarbeiten usw. verwendet wurden.[243] Auch erhielt z. B. die Marine im April oder Mai 2 Millionen RM aus der »Spende zur Förderung der nationalen Arbeit« zugewiesen.[244] Mit dem im Juni anlaufenden Arbeitsbeschaffungs-Programm wurde diese Praxis zum System. In der 6. Sitzung des Reichsverteidigungs-Ausschusses Ende Januar 1934 wies der Referent des Reichsfinanzministeriums auf Anfrage von General Beck darauf hin,[245] daß der Forderung der Wehrmacht nach »Erstarkung und Erhaltung kriegswichtiger Betriebe« durch steuerpolitische Maßnahmen entsprochen worden sei: Das Arbeitsbeschaffungs-Gesetz vom 1. Juni 1933 sehe Steuererleichterungen für Ersatzbeschaffungen (von Maschinen usw.), das Gesetz vom 15. Juli 1933 (§ 1) dasselbe für Instandsetzungen und Ergänzungen an Betriebsgebäuden vor, und § 3 desselben Gesetzes ermächtigte den Reichsfinanzminister zur Gewährung von Steuerbefreiungen und Ermäßigungen für die Neugründung von Unternehmungen, für deren Produktion ein »überragendes Bedürfnis der gesamten deutschen Volkswirtschaft« vorliege. Diese Bestimmungen, die in ihrer Gesamtheit lückenlos ineinandergriffen und sowohl die Überholung von Betriebsausrüstungen und -gebäuden als auch die Einrichtung neuer Betriebe und die Umstellung vorhandener auf Rüstungsproduktion ermöglichten, darf man ohne Übertreibung als die Grundlage für den Aufbau der »kriegswichtigen« bzw. Rüstungsindustrie betrachten, ja das Gesetz vom 15. Juli, das außer den beiden genannten nur noch einen weiteren, belanglosen Paragraphen enthielt,[246] stellte für sich so etwas wie ein Spezialgesetz für die Rüstungsindustrie dar. Zweifellos erstreckte sich die Geltung dieser Gesetze offiziell auf die gesamte Industrie und wird ihr auch zugute gekommen sein, aber da es sich um steuerpolitische Maßnahmen handelte, hatte der Finanzminister die Möglichkeit zu entsprechender Auswahl und Lenkung. In diesem Sinne wurde nach Mitteilung des Referenten sogar zusätzlich der § 131 der Reichsabgabenordnung herangezogen.[247]

Damit aber nicht genug. Auch im 2. Arbeitsbeschaffungs-Gesetz vom 21. September 1933 waren militärische Zwecke berücksichtigt, und zwar in Gestalt von Zuschüssen für Ausbauten von Wohn- und Betriebsgebäuden zu Zwecken des *zivilen Luftschutzes,* wobei man hauptsächlich an den Umbau von Kellern zu Luftschutzräumen dachte.[248] Auch stellte das Reichsfinanzministerium den zivilen Ressorts in den Jahren 1933 und 1934 geringe Beträge aus Arbeitsbeschaffungs-Mitteln für Zwecke der Reichsverteidigung zur Verfügung,[249] und die Arbeitsbeschaffungs-Programme von Reichsbahn und Reichspost berücksichtigten sehr wahrscheinlich ebenfalls militärische Gesichtspunkte.[250] Schließlich darf in diesem Zusammenhang der strategische Wert der Autobahnen ebensowenig außer acht gelassen werden wie die militärische Nebenbedeutung der am 10. April 1933 verfügten Steuerfreiheit für solche Kraftfahrzeuge, die nach dem 31. März 1933 zugelassen wurden[251] – eine Maßnahme, auf die die Industrie überraschend schnell mit Zunahme der Produktion und der Beschäftigtenzahl reagierte.[252] An der Kräftigung der Kraftfahrzeug-Industrie war die Wehrmacht hervorragend interessiert, ebenso aber auch an der Vermehrung der zivilen Kraftfahrzeuge, denn nach den damaligen Plänen sollte die Mobilmachung der zu 90 % motorisierten Nachschubverbände der Wehrmacht im Kriegsfall durch Beschlagnahme von Privatwagen erfolgen.[253] Das frühe Datum des Gesetzes, das es zeitlich in Zusammenhang mit dem Beginn der Aufrüstung bringt und deutlich gegen das Arbeitsbeschaffungs-Programm vom Sommer absetzt, könnte ebenfalls darauf hindeuten, daß hier Motorisierung und Aufrüstung, nicht Arbeitsbeschaffung und Krisenbekämpfung im Vordergrund gestanden haben.

Schließlich muß auch berücksichtigt werden, daß das Gesetz vom 21. September 1933 das letzte Arbeitsbeschaffungs-Gesetz war; danach wurden keine neuen zivilen Programme mehr in Gang gesetzt. Das ist insofern bemerkenswert, als mit Ausnahme des Autobahnbaus alle zivilen Arbeitsbeschaffungs-Maßnahmen bis spätestens Ende 1934 befristet waren; die beiden sogenannten Reinhardtschen Indstandsetzungsprogramme in den Gesetzen vom 1. Juni und 21. September waren sogar nur bis zum 1. Juli bzw. 31. März 1934 befristet, und am 14. Juni 1934 erklärte der Reichsfinanzminister ausdrücklich, »zusätzliche Arbeitsbeschaffungs-Maßnahmen in der Form des vorigen Jahres kämen künftig nicht mehr in Frage«.[254] Es kann nicht zweifelhaft sein, daß diese Fristen zu einer Vollendung der Krisenüberwindung nicht ausreichten. Daß andererseits das Autobahn-Programm mit seinen jährlich 500 Millionen RM als alleinige Stütze des weiteren Konjunkturaufschwungs nicht genügte, dürfte nach den amerikanischen Erfahrungen sicher sein.[255] Entweder hatte man sich in dem Ausmaß der notwendigen Stützungsmaßnahmen gründlich verschätzt, oder man hatte, was sehr viel wahrscheinlicher ist, von vornherein andere Absichten. Das letztere wird insbesondere durch die Stellungnahme bestätigt, die Schacht kurz nach seinem Amtsantritt am 7. April 1933 in einer Rede auf der Generalversammlung der Reichsbank abgab. Nachdem er sich zunächst über die damals viel diskutierten Pläne für »Notstandsarbeiten wie Gräbenziehen, Sandkarren und Wegebeschottern« mokiert und sie als ungeeignete Aushilfen abgelehnt hatte, erklärte er, die Wirtschaft könne nur durch große industrielle Aufträge der öffentlichen Hand, durch die der Produktionsapparat wieder besser ausgenutzt werde, angekurbelt werden.[256] Das entsprach seiner auf Großeinsatz von Kreditmitteln zielenden Finanzierungspolitik. Vergleicht man damit die getroffenen Maßnahmen, so ist klar, daß nicht das zivile Arbeitsbeschaffungsprogramm vom Sommer 1933, wohl aber die militärischen Großinvestitionen den Forderungen Schachts gemäß waren, was er im übrigen auch selbst bestätigt hat.[257] Und er hat, im Widerspruch zu anderen seiner Äußerungen, gelegentlich auch zugegeben, daß es politische Gründe waren, aus denen die volle Entfaltung der Aufrüstung zunächst verschoben wurde. Diese Gründe waren nicht nur, wie Schacht es darstellt, außenpolitischer, sondern auch innenpolitischer Natur; eines der größten Hindernisse war hier die noch ungeklärte SA-Frage, ein anderes der Widerstand, dem Schachts Pläne im

Wirtschaftsministerium und bei einigen nationalsozialistischen Wirtschafts- und Agrarideologen begegneten.[258] Schacht hatte sich im Sommer 1933 noch keineswegs voll durchsetzen können, und das Arbeitsbeschaffungs-Programm spiegelt das in seiner Weise wider.

Der Überblick über die Politik der Arbeitsbeschaffung zwingt also zu dem Schluß, daß sie jedenfalls nicht als Versuch einer originalen nationalsozialistischen Krisenbekämpfungspolitik, der erst im Frühjahr 1934 oder später durch die Rüstungskonjunktur abgelöst worden wäre, gelten kann. Sie war vielmehr eine typische Übergangsmaßnahme, die, auf kurze Frist berechnet, mehrere Zwecke geschickt vereinte: Propagandawirkung, innen- und außenpolitische Abschirmung der beginnenden Aufrüstung, Bereitstellung der industriellen Kapazitäten zur Aufnahme der Rüstungsinvestitionen und natürlich auch Konjunkturbelebung – im ganzen also eher eine Vorstufe als eine Alternative zur Aufrüstung. Damit soll, um einem naheliegenden Mißverständnis vorzubeugen, nicht gesagt werden, daß alle an Planung, Ausarbeitung und Durchführung des Programms Beteiligten sich über diese Zusammenhänge und Zielsetzungen klar waren. Das wird allein schon durch die rigorose Geheimhaltung ausgeschlossen, der alle Aufrüstungsvorhaben bis weit in die Jahre 1935/36 hinein noch unterworfen waren und die die militärischen Ziele planmäßig und mit großem Geschick durch unverdächtige Vorwände tarnte.[259] Bei einem Programm wie dem der Arbeitsbeschaffung, das von vornherein auch zivilen Zwecken diente, funktionierte das Tarnsystem natürlich um so besser; unterhalb der Minister- und vielleicht noch der Staatssekretärs-Ebene wird kaum ein Beteiligter gewußt haben, daß er an einem Teil des Aufrüstungsprogramms mitarbeitete. Im übrigen war diese Geheimhaltungspraxis, ähnlich wie im Falle der Rüstungsfinanzierung, nicht nur aus außenpolitischen Gründen geboten; denn offensichtlich hing die propagandistische Wirkung der Arbeitsbeschaffungs-Politik, ihr Wert als demonstrative Anstrengung des neuen Regimes und die legitimierende Rückwirkung ihres Erfolges entscheidend davon ab, daß sie in den Augen der Öffentlichkeit als originaler Versuch der Nationalsozialisten zur Krisenüberwindung und ihr Erfolg als Ausweis der Überlegenheit des nationalsozialistischen über das demokratische Regime erschien.[260] Wie wirksam diese Tarnungspraxis war, zeigt sich an ihren Fernwirkungen, die sich bis in die wissenschaftliche Literatur der Gegenwart erstrecken.

Wenn es noch eines Beweises für die Richtigkeit dieser Deutung der nationalsozialistischen Arbeitsbeschaffung bedürfte, so würde er durch die Tatsache erbracht, daß die Rüstungspolitik daneben unvermindert weiterlief, ja knapp einen Monat nach Abschluß des Gesetzgebungswerks für die Arbeitsbeschaffung sogar eine neue Intensivierung erfuhr, durch die die anfänglichen Planungen zum erstenmal umgestoßen wurden. Noch im Juli hatte der Aufbau der militärischen Ausbildungsorganisation für die SA begonnen; sie nahm am 1. Oktober ihre Tätigkeit auf,[261] und mit dem gleichen Datum begann die Aufstellung der Luftwaffe.[262] Wenn ungeachtet dieser und der eben erwähnten Maßnahmen heute noch vielfach die Auffassung vertreten wird, daß das Jahr 1933 im Zeichen der rüstungspolitischen Zurückhaltung Hitlers gestanden und die Aufrüstung erst 1934 oder gar 1935 begonnen habe, so beruht das auf einer doppelten optischen Täuschung. Man mißt erstens Hitlers Rüstungsmaßnahmen im Jahre 1933 am Maßstab seiner späteren aggressiven Rüstungspolitik, übersieht dabei aber, daß auch die Maßnahmen des Jahres 1933 die in der Republik gewohnten Maßstäbe an Tempo und Umfang weit übertrafen; und man orientiert sich zweitens an der Höhe der aufgewendeten Mittel, ohne zu berücksichtigen, daß die Maßnahmen im Jahre 1933 in ihrer überwiegenden Mehrzahl aus organisatorischen Änderungen und Umgruppierungen bestanden und daher meist wenig zusätzliche Kosten verursachten.[263]

Im übrigen setzte bereits mit dem Austritt aus dem Völkerbund am 14. Oktober die erste Temposteigerung ein. Mit ihm begann der Abbau des außenpolitischen Tarnungssystems, und damit entfiel einer der Hauptgründe dafür, daß Hitler 1933 noch vorsichtig operiert hatte. Wie seine Rede vom 3. Februar zeigt, war er sich von Anfang an klar darüber, daß die Aufrüstung in ihrem Anlaufstadium zugleich eine außenpolitische Schwächeperiode mit sich bringen müsse.[264] Daher führte er zunächst nicht nur die Abrüstungsverhandlungen weiter und unterstützte sie durch lautstarke Proklamationen wie die seiner berühmten »Friedensrede« vom 17. Mai 1933;[265] er scheint auch anfangs selbst geschwankt zu haben, ob es besser sei, die Aufrüstung möglichst schnell voranzutreiben, um die Periode der Verwundbarkeit rasch zu durchlaufen, oder ob nicht in diesem Fall Vorsicht der bessere Teil der Tapferkeit sei, um nicht Gegenaktionen der Versailler Signatarmächte bzw. des

Völkerbundes herauszufordern.[266] Auch dies war übrigens ein Grund für die Unsicherheiten und Schwankungen in der Rüstungsplanung. Bei der Marine z. B. war die Aufstellung eines langfristigen U-Bootbauprogramms zunächst dadurch erschwert, daß man auf Verhandlungen mit England rechnete und deren Resultate abwarten wollte, um sie bestmöglich auszunutzen.[267] Aber über Nacht entschloß sich Hitler dann doch zum »Handeln« und verkündete am 14. Oktober den Austritt Deutschlands aus dem Völkerbund und der Abrüstungskonferenz. Damit gewann er jetzt auch nach außen jene Handlungsfreiheit, die ihm ein so elementares Bedürfnis war, erreichte aber zugleich auch eine Reihe innenpolitischer Zwecke. Er distanzierte seine Herrschaft auch auf außenpolitischem Gebiet durch eine symbolträchtige Handlung von dem »überwundenen System«, entfachte die allmählich erlahmende Begeisterung neu, hielt die Gemüter in Bewegung und zwang, indem er alle Brücken hinter sich abbrach, sich selbst, auf seinem Wege weiterzuschreiten, und die Nation, sich in der zwar willkürlich provozierten, aber doch nun einmal gegebenen Gefahrensituation hinter seiner, Hitlers, Fahne zu sammeln und nicht nur alle »Zwietracht« – und damit auch eventuelle Opposition gegen ihn – aufzugeben, sondern auch willig neue Anstrengungen zu ihrer Sicherheit zu machen.[268]

Das Ergebnis war eine Forcierung der Rüstungspolitik, die nun immer mehr auf jenen Kurs einschwenkte, den Blomberg auf einer Befehlshaberbesprechung im Januar 1935 mit den Worten kennzeichnete: »Gerippe der Wehrmacht *wird absichtl[ich] hochgetrieben,* damit günstige Verhandlungsgrundlage [erreicht wird]!« [269] Im Oktober 1933 stand freilich zunächst die Sorge vor Eingriffen der Völkerbundmächte im Vordergrund.[270] Blomberg entwarf eine »Weisung für die Wehrmacht im Falle von Sanktionen«, die zwar im ganzen noch sehr vorsichtig gehalten war und besonders die Unantastbarkeit des entmilitarisierten Rheinlands betonte, aber auch schon einen neuen Ton anschlug, wenn sie feststellte: »Die Reichsregierung ist gewillt, jedem feindlichen Vorgehen der . . . bezeichneten Art [militärische Sanktionen] *ohne Rücksicht auf militärische Erfolgsaussicht* bewaffneten Widerstand entgegenzusetzen.«[271] Im Reichsverteidigungs-Ausschuß gab der neue Chef des Truppenamts, General Beck, ein düsteres Bild der außen- und militärpolitischen Lage und drängte die Zivilressorts zur Fertigstellung der allerdringendsten Mobilmachungs-Vorarbeiten bis zum 1. April

1934.[272] Schließlich griff Hitler selbst ein, forderte ab Anfang 1934 die Beschleunigung der Heeresvermehrung und befahl dem General v. Fritsch am 1. Februar 1934 bei seinem Amtsantritt als Chef der Heeresleitung: »Schaffen Sie ein Heer in größtmöglicher Stärke und innerer Geschlossenheit und Einheitlichkeit auf dem denkbar besten Ausbildungsstand«,[273] und Ende Februar präzisierte er das noch dahin, die Wehrmacht müsse »nach 5 Jahren für jede Verteidigung, nach 8 Jahren für jeden Angriffskrieg geeignet sein«.[274]

Damit begann die zweite Phase der Aufrüstung, die außer durch Tempobeschleunigung und Ausweitung des Programms vor allem auch durch eine Neuorientierung auf dem Gebiete der Wehrverfassung gekennzeichnet war. Der Machtkampf zwischen Wehrmacht und SA, der sich seit Sommer 1933 zunehmend zuspitzte, entzog dem Reichenauschen Plan, die Reichswehr-Elitearmee mit einer SA-Miliz zu kombinieren, den Boden; an seine Stelle trat das Projekt eines nationalsozialistischen Wehrpflichtheeres unter Führung des Reichswehr-Offizierskorps. Doch bevor es soweit war, mußten Regierung und Reichswehrführung noch mehrere Monate voll Unsicherheit und Spannung durchstehen. Darüber wird noch im einzelnen zu berichten sein, an dieser Stelle interessiert nur die Rückwirkung dieser Auseinandersetzung auf die Aufrüstung. Sie bestand im wesentlichen darin, daß die Ausführung der Rüstungsvorhaben weiterhin erschwert und behindert, Hitlers Pläne aber zugleich gefördert und die im Offizierskorps noch vorhandenen Widerstände gegen eine überhastete Aufrüstung verringert wurden. Denn im Zuge des Machtkampfes zwischen militärischer und SA-Führung erhoben sich in der Heeresleitung nun Stimmen, die auf eine beschleunigte Vermehrung der Reichswehr drängten, um die zahlenmäßig drückende Überlegenheit der SA zu mildern und der Reichswehr im Konkurrenzkampf ein größeres Gewicht zu geben. So entwickelte insbesondere das Allgemeine Heeresamt (bisher Wehramt) den Plan, den Aufbau des 300 000-Mann-Heeres, der nach den bisherigen Plänen erst 1937/38 abgeschlossen sein sollte, bereits zum 1. Oktober 1934, wenn auch mit Einschränkungen, zu vollenden.[275] Das Truppenamt mißbilligte diesen Gedanken, weil Beck außenpolitische Rückwirkungen befürchtete und auch ein schnell aufgeblähtes 300 000-Mann-Heer innenpolitisch für weniger brauchbar hielt als die kleinere, aber festgefügte Reichswehr.[276] Aber da die neue Idee Hitlers Absichten entgegenkam, setzte sie sich nach einigem Hin und Her durch. Bereits am 1. April 1934 trat die Wehrreform in Kraft, die als neue Wehrverfassung die allgemeine Wehrpflicht vorsah.[277] Als Grundlage für die projektierten 21 Divisionsstäbe wurden 21 *Wehrgauleitungen* geschaffen, deren Territorialbereiche sich mit denen der bisherigen Infanterieregimenter deckten. Die bisherige Inspektion der Kavallerie wurde in ein *Kavallerie-Korps-Kommando* umgewandelt, dem drei Kavallerie-Brigaden und zwei »Kavallerie-Kommandos« unterstellt wurden.[278] Zugleich wurde das bei der SA tätige Ausbildungspersonal bis auf geringe Reste zurückgezogen und der Mannschaftsbestand durch umfangreiche Neueinstellungen von nur noch auf ein Dienstjahr verpflichteten Freiwilligen vermehrt.[279] Die Luftwaffe richtete zum gleichen Datum sechs *Luftkreiskommandos* (getarnt als »Höhere Luftämter« mit einem »Präsidenten« an der Spitze) ein und ernannte einen »Kommandeur der 1. Fliegerdivision«, dem die ersten drei Fliegergruppen, zu je drei Staffeln, unterstellt wurden.[280]

Von da an vollzog sich der Aufbau der neuen Wehrmacht fortlaufend und nur noch wenig behindert durch die erst im Juni beendete Auseinandersetzung mit der SA. Am 1. Oktober stand der Rahmen für 9 Armeekorps und 21 Divisionen; die Infanterie war verdoppelt, die Artillerie verdreifacht (Allerdings mit geringerer Ausstattung der Regimenter an Geschützen), die technischen Truppen, Pioniere, Nachrichteneinheiten usw. entsprechend vermehrt und die Grundlage für die neue Panzerwaffe gelegt.[281] Bei der Luftwaffe erfolgte zum gleichen Datum die Aufstellung von fünf neuen Aufklärungsstaffeln.[282] Damit waren die im Herbst 1932 aufgestellten Planziele im ganzen erfüllt; aber schon auf Grund der Planungen vom Frühjahr 1933 war klar, daß es dabei nicht bleiben werde, und die Auslassungen Hitlers vom Februar 1934 griffen selbst darüber noch weit hinaus. Tatsächlich brachte schon die Erklärung der Wehrhoheit im März 1935 eine Vermehrung des Heeres auf 12 Armeekorps und 36 Divisionen, und seitdem erlebte die Wehrmacht eine ständige Expansion, die das Heer bei Kriegsausbruch 1939 auf 6 Heeresgruppen, 22 Armeekorps und 51 Divisionen, die Luftwaffe auf 4 Luftflotten und 36 Geschwader gebracht und auch die Marine erheblich vermehrt hatte.[283] Dessen ungeachtet war die Aufrüstung damit keineswegs abgeschlossen; der Kriegsausbruch unterbrach vielmehr eine Entwicklung, die beim Heer auf die Aufstellung von 3 weiteren Armeekorps, 6 Infanterie-, 4 Panzer-

und 1 Gebirgsdivision bis 1942, bei der Luftwaffe nahezu auf eine Verdoppelung (Rüstungsziel: 66 Geschwader, was einem etatsmäßigen Bestand von fast 8000 Flugzeugen entsprochen hätte) zielte,[284] und für die Marine war im Januar 1939 der *Zielplan* (Z-Plan) in Kraft getreten, der die Flotte einschließlich der vorhandenen Schiffe bis spätestens 1948 auf 10 Großkampfschiffe, 15 Panzerschiffe, 4 Flugzeugträger, 49 Kreuzer verschiedener Typen, 158 Zerstörer und Torpedo-Boote und 249 U-Boote vergrößern sollte.[285]

Selbst wenn man von dieser späteren Entwicklung absieht, erhellt doch aus dem Vergleich zwischen den illegalen Rüstungsmaßnahmen zur Zeit der Weimarer Republik und dem ersten Aufrüstungsprogramm der Regierung Hitler, daß bereits in den Jahren 1933/34 eine erhebliche Steigerung der Anstrengungen auf diesem Gebiet stattfand. Die außergewöhnliche Beschleunigung, der die Durchführung des Programms ständig unterlag, und die Verknüpfung mit der Mobilisierung der wirtschaftlichen Kräfte im Zeichen der Krisenbekämpfung lassen den Vorgang, gemessen an dem bisherigen Zustand, als eine relative Mobilmachung erscheinen. Dieser Eindruck wird noch verstärkt durch die Tatsache, daß sich die Kriegsvorbereitung nicht nur auf die Ausweitung des militärischen Apparats erstreckte, sondern von Anfang an zur totalen Erfassung der nationalen Kräfte strebte, wobei das Tempo und die Zwangsläufigkeit des Prozesses nicht nur durch die Verbindung von Aufrüstung und Konjunkturpolitik, sondern auch durch den Kampf um die Vorherrschaft in Deutschland bestimmt wurde.

4. Auf dem Wege zur totalen Mobilmachung

Die Erkenntnis, daß mit dem ersten Weltkrieg ein neues Zeitalter auch für die Kriegführung angebrochen war, hatte bereits lange vor Hitlers Machtergreifung eine eingehende Diskussion ausgelöst. Es war klar geworden, daß bewaffnete Konflikte zwischen den Nationen im 20. Jahrhundert zur Totalität, d. h. zur Mobilisierung der gesamten personellen, wirtschaftlichen und moralischen Kräfte führten. Die Grenze zwischen Kombattanten und Nicht-Kombattanten war zwar noch erhalten geblieben, aber die Aufbietung der gesamten kampffähigen Mannschaft der Nation hatte in einem Zeitalter beispielloser Bevölkerungsvermehrung Millionenheere geschaffen, zu deren Versorgung das Potential der vorhandenen Arbeitskräfte weitgehend ausgeschöpft und alle nicht kriegswichtige zivile Tätigkeit mehr und mehr gedrosselt werden mußte. Außerdem hatte die Entstehung einer zunehmend arbeitsteiligen Weltwirtschaft die hochindustrialisierten Staaten außerordentlich verwundbar gegen wirtschaftliche Kriegführung – Blockade, U-Bootkrieg – gemacht und sie zu einschneidenden wirtschaftlichen Rationierungsmaßnahmen gezwungen. Dazu trat als drittes die Notwendigkeit einer sorgfältig geplanten psychologischen Kriegführung, die den Kampfwillen der eigenen Nation wachhalten und den der Gegner schwächen sollte. Alles zusammen führte zu immer stärkerer Planung, Lenkung und Reglementierung des gesamten Lebens unter dem alleinigen Gesichtspunkt der Erhaltung und Steigerung der Kampfkraft: Der totale Krieg hatte die totale Mobilmachung geboren. Dadurch wurde nun das Problem der Vorbereitung auf den Kriegsfall neu gestellt: War es möglich, die Sicherheit der Nation im Zeitalter des totalen Krieges zu erhalten, wenn nicht ihr ganzes Leben schon im Frieden darauf eingestellt wurde? Die Beantwortung dieser Frage mußte weitreichende Konsequenzen haben, konnten doch von ihr, namentlich in demokratischen Verfassungsstaaten, geradezu revolutionäre Wirkungen ausgehen: Die totale Kriegsvorbereitung mußte zwangsläufig zum totalen Staat führen.

Für das unterlegene und von inneren und äußeren Krisen geschüttelte Deutschland der Weimarer Republik waren alle diese Fragen besonders schwerwiegend. Die englische Wirtschaftsblockade und die alliierte Kriegspropaganda hatten einen wesentlichen Beitrag zu Deutschlands Niederlage geliefert; es schien nur natürlich, daß man sich bemühte, für die Zukunft bessere Vorsorge zu treffen. Aber die tatsächlichen Verhältnisse legten dem große Hindernisse in den Weg, deren bedeutendstes zunächst die militärischen Bestimmungen des Versailler Vertrags waren, die Mobilmachungsvorarbeiten jeglicher Art für Deutschland verboten. Und doch war nicht das das eigentlich entscheidende Problem, denn Vertragsbedingungen lassen sich ändern; nicht zu ändern aber war Deutschlands wirtschaftsstrategische Lage mit ihrer Abhängigkeit von ausländischen Zufuhren an Rohstoffen und Nahrungsmitteln. Sie war, wie oben bereits dargelegt worden ist,[286] so entscheidend, daß Deutschland dadurch seine Großmachtstellung verloren hatte und sich in jedem Falle, d. h. auch ohne die Rüstungsbeschränkungen des Versailler Vertrages, gezwungen sah, seine Sicherheit in Anlehnung an andere Großmächte zu suchen.

Die deutsche Geschichte von 1918 bis 1945 ist in ihrem katastrophalen Verlauf wesentlich dadurch mitbedingt worden, daß einflußreiche Schichten der Nation sich dieser Einsicht weitgehend verschlossen haben. In der militärischen Führung versuchte man zwar, die wirtschaftsstrategischen Tatsachen wenigstens ins Auge zu fassen. Man studierte die Weltkriegserfahrungen und die Versuche des Auslands[287] und bemühte sich auch, so gut es ging, um die Organisation der wirtschaftlichen Kampfkraft.[288] Das waren zweifellos legitime (wenn auch unter dem Versailler Vertrag illegale) Bemühungen, die als vorausschauende Maßnahmen unentbehrlich waren. Das Studium der wirtschaftsstrategischen Lage war sogar überaus nützlich, konnte es doch zu illusionsloser Einsicht in den wahren Umfang von Deutschlands Machtverlust verhelfen. Leider fanden die Arbeiten des Heereswaffenamts im Reichswehrministerium nicht die Beachtung, die sie verdienten. Die wirtschaftsstrategischen Schwächen Deutschlands wurden unterbewertet, während die Probleme der Organisation der nationalen Kampfkraft und der psychologischen Kriegführung im Denken der Militärs den Vorrang behielten. Der natürliche und unter anderen Umständen auch vernünftige Wille, das Problem der nationalen Sicherheit aus eigener Kraft zu lösen, führte im Zeitalter des totalen Krieges zu der gefährlichen Versuchung, das, was auf wirtschaftlichem Gebiet fehlte, durch straffe Wehrverfassung und psychologische Stimulierung, also durch Anstrengung und Energie zu kompensieren. Da dem – abgesehen von den Versailler Bestimmungen – aber die parlamentarisch-demokratische Verfassung und die Kriegsmüdigkeit bzw. das wehrpolitische Desinteressement weiter Bevölkerungskreise entgegenstanden, erhielt die politische Haltung der Reichswehrführung auch von hier, vom Problem der totalen Mobilmachung aus, zusätzlich Impulse gegen das demokratische Regime, das mehr und mehr als Haupthindernis für den Aufbau einer geeigneten Landesverteidigung erschien.

Dieselbe Tendenz beherrschte in noch vergröberter Form auch die öffentliche Diskussion des Themas, und es gehört mit zu den folgenschwersten Versäumnissen der Reichswehrführung, daß sie den hier sich bildenden Illusionen nicht durch geeignete publizistische Einwirkung – die sie sonst sehr gut zu handhaben verstand – entgegentrat. Wie man die bittere Tatsache der Niederlage mit der Dolchstoß-Legende verdrängte, so verschloß man die Augen vor den wirtschaftlichen Schwächen Deutschlands und verfälschte die Lehre des deutschen Idealismus von der Herrschaft des Geistes über die Materie zu dem Irrwahn vom Triumph der Einbildung über die Tatsachen.[289] Angefangen von Kurt Kesse, der als Reichswehroberleutnant schon 1922 nach dem *Feldherr Psychologos* rief und von ihm eine »neue große Mobilmachung aller Willen und Kräfte« verlangte,[290] bis hin zu Ewald Banse, der Ende 1932, kurz vor Erscheinen des neuen magischen Feldherrn, die Wehrwissenschaft in den Rang einer »Nationalphilosophie« erheben und dadurch »einen einheitlichen Krieges- und Siegeswillen« und »die seelische Bereitschaft zum Opfer« erzeugen wollte,[291] ergoß sich eine Flut von mehr oder minder ernst zu nehmenden Schriften, in denen Militärs und Zivilisten um den Nachweis wetteiferten, daß es nur einer psychologisch richtig angesetzten Mobilisierung des nationalen Willens bedürfe, um die Nation unbesiegbar zu machen und eine Neuauflage des »Dolchstoßes« zu verhindern. Ihre eigentliche und wirkungsvollste Programmschrift war Ernst Jüngers Essay *Die totale Mobilmachung,* in dem bezeichnenderweise von den Problemen der Kriegswirtschaft überhaupt nicht die Rede war, die Totalität mithin ausschließlich als Intensität, als vollständige »Umsetzung des Lebens in Energie« verstanden, eine »Rüstung bis ins innerste Mark, bis in den feinsten Lebensnerv« gefordert und der Kampf zum Selbstzweck erhoben wurde, was – Jünger war sich vollkommen darüber klar – zur Folge hatte, daß »das Bild des kriegerischen Vorganges schon in die Ordnung des friedlichen Zustandes vorgezeichnet« werden mußte.[292]

Damit waren die revolutionären Konsequenzen der Lehre von der totalen Mobilmachung unverblümt ausgesprochen. Es bezeichnete geradezu das Ziel Jüngerschen Denkens, die Grenze zwischen Revolution und Krieg zu beseitigen und beides zu einem einzigen, allumfassenden Prozeß kämpferischer Dynamisierung zu verschmelzen. Dann aber mußte die totale Mobilmachung auch von einem revolutionären Ausgangspunkt her möglich sein, und das war der Weg Adolf Hitlers, der von Anfang an mit rücksichtsloser Energie praktiziert hatte, was Jünger später in der Pose kühler Distanz beschrieb. Reduziert man die Ideen Jüngers auf ihren konkreten Kern, so liefen sie auf die These hinaus, daß Deutschland den Krieg verloren habe, weil es der demokratischen Freiheits- und Fortschrittsideologie, die seine Gegner als scharfe Waffe handhabten, keine eigene, »deutsche« Ideologie entgegenzustellen hatte, woraus dann gefolgert wurde, daß man jetzt eine solche Ideologie entwickeln müsse. Genau das gleiche sagte Hitler in *Mein Kampf*: »Der Mangel einer großen neugestalteten Idee bedeutet zu allen Zeiten eine Beschränkung der Kampfkraft.«[293] Der Unterschied zwischen beiden bestand im wesentlichen darin, daß Jünger – abgesehen von ein paar praktisch nicht verwendbaren Andeutungen – darauf verzichtet hatte, eine solche Ideologie zu entwerfen, während Hitler gerade dies leistete. Zwar hat Jünger die nationalsozialistische »Weltanschauung« nie als ein legitimes Kind seiner Mobilisierungs-Ideen anerkannt; sie entsprach zweifellos nicht seinen intellektuellen und ästhetizistischen Ansprüchen. Aber das bedeutete nur, daß er vor den Konsequenzen zurückschreckte, zu denen die Ausführung seiner Gedanken führen mußte. Hitler hatte solche Hemmungen nicht; er hatte erkannt, daß das Programm der totalen Mobilmachung unvollständig bleiben mußte, wenn es nicht zugleich auch ein Programm der Re-Barbarisierung war. Auf der anderen Seite wußte er freilich auch, daß man den Menschen mindestens den Schein positiver Werte zeigen muß, wenn man sie in Bewegung bringen will, und so entsprach denn die Ideologie, die er entwickelte, genau diesen beiden Forderungen: Die nationalsozialistische Weltanschauung war eine Mixtur aus echten Barbarismen und scheinbaren Idealen.

Die rücksichtslos nihilistische Konsequenz seines Denkens unterscheidet Hitler von all seinen Konkurrenten; sie war einer der Schlüssel für seinen Erfolg. Er hatte den Gedanken der totalen Mobilmachung zu Ende gedacht, noch bevor Jünger den Namen erfand. Das zeigte sich nicht zuletzt darin, daß er mit der Ideologie zugleich auch eine entsprechende politische Organisationsform entwickelte. Zwar hatte auch Jünger – zusammen mit Carl Schmitt und anderen – versucht, wenigstens eine theoretische Lösung dafür zu finden, aber diese Versuche waren daran gescheitert, daß sie letztlich nicht von dem statischen Modell einer rationalen Ordnung loskamen.[294] Hitler dagegen erkannte, daß sich die Idee der totalen Mobilmachung damit nicht vertrug, daß ihr nur eine Organisationsform von totaler Elastizität entsprach, in der rationale Normen durch irrationale Bindung an einen obersten Führer ersetzt wurden. Anknüpfend an ältere Ideen der Jugendbewegung, die sich nach dem Kriege im gesamten Rechtsradikalismus weit verbreitet hatten,[295] entwickelte er das Strukturmodell der *Bewegung* und stellte es als eine neue, irrational-dynamische und weltanschaulich überhöhte Gemeinschaftsform wertbetont gegen »erstarrte« Formen wie Organisation, Partei, ja sogar Staat,[296] ein Gegensatz, den man sich als eine Ausweitung und Politisierung des damals viel mißbrauchten Tönniesschen Begriffspaares von *Gemeinschaft und Gesellschaft* verständlich machen kann.[297] Bewegung wäre demnach die aktivierte Gemeinschaft, die Gemeinschaft in Aktion, und totale Mobilmachung das Verfahren, mit dem man diese Aktivierung und Dynamisierung bewerkstelligen kann.[298] Indem sie das bloße »In-Bewegung-Sein« zum Ziel an sich, ja zum »sittlichen Wert« erhebt,[299] löst sie alle bisherigen Gesellschaftsformen und -ordnungen auf, um die atomisierten Teile in einem einzigen großen Mobilisierungsprozeß zu verschmelzen.

Hitler kalkulierte sehr richtig die enorme Kraftentfaltung, die auf diese Weise möglich war, aber es ist überaus bezeichnend, daß er sich nicht um den Entwurf neuer fester Formen bemühte, in denen diese Kraft gebändigt werden konnte. Die Lehre des Krieges, daß höchste Kraftentfaltung auch der Disziplinierung bedarf, verstand er nicht, denn er kannte selbst keine Disziplin, und die Lehre der Revolutionen, daß die Demagogen nur allzuleicht in die Rolle des Zauberlehrlings geraten und von Herren zu Sklaven der Masse werden, erkannte er für seine Person nicht an, denn er traute sich zu, das Raubtier zu lenken. Der Gefahr, daß die totale Mobilmachung in der totalen Anarchie endete, sollte dadurch begegnet werden, daß die Aktivierung der Massen mit einer unlöslichen Bindung an ihn, den überragenden Führer, verknüpft wurde. Die nationalsozialistische Lehre von der Bewegung bekommt daher erst ihren Sinn, wenn man sie mit der Idee von einem obersten allmächtigen Führer verknüpft, wie sie sich in dem häufig mißverstandenen nationalsozialistischen *Führerprinzip* ausgedrückt findet. Wenn dessen Inhalt nach Hitler in der »unbedingten Verbindung von absoluter Verantwortlichkeit mit absoluter Autorität« bestehen sollte,[300] so konnte das nur heißen, daß der oberste Führer absolute Autorität genießen und alle Unterführer ihm absolut verantwortlich sein sollten. Anders war diese »unbedingte Verbindung« gar nicht denkbar, da absolute Autorität und absolute Verantwortlichkeit sich nicht auf gleicher Stufe vereinigen lassen. Es handelt sich also dabei keineswegs um eine Nachbildung des Aufbauprinzips der militärischen Hierarchie, sondern um das Grundgesetz der Despotie. Freilich standen Hitler, solange er Parteiführer war, keine physischen Machtmittel zur Verfügung, mit denen er die totale Unterwerfung seiner Anhänger hätte erzwingen können. Er ersetzte sie daher durch psychische, durch den Rausch und die Ekstase, in die seine oratorische Suggestionskraft die Massen versetzte. Und hier wird auch die Unentbehrlichkeit der nationalsozialistischen Weltanschauung einsichtig: Sie gab den Stoff für Hitlers Reden her und verlieh zugleich der Massenekstase einen quasireligiösen Charakter.

Aber auch umgekehrt war die Beziehung zwischen Bewegungsstruktur und Führerprinzip unauflöslich: gerade die Befürchtung, daß seine Allmacht durch organisatorische Verfestigungen Einbuße erleiden könnte, veranlaßte Hitler, die lockere Form der Bewegung allen anderen Organisationsmodellen vorzuziehen. »Die mechanischen Formen einer Organisation«, schrieb er in *Mein Kampf,* dürften »nur in eben dem Maße ausgebaut werden, in dem die geistige ideelle Autorität einer Zentrale bedingungslos gewahrt erscheint«.[301] Daher war es eine seiner grundlegenden Maximen, die Macht der Zwischeninstanzen durch ausgiebige Anwendung des Prinzips *divide et impera* auf ein Minimum einzuschränken und nie den unmittelbaren Kontakt zu seiner Massengefolgschaft zu verlieren; die unbeschränkte Herrschaft des einen Führers sollte möglichst durch keine intermediären Organe, gleich welcher Art, gestört werden. Der kommunistischen Utopie der unmittelbaren Demokratie, als welche man das Ideal der klassenlosen Gesellschaft definieren kann[302] – trat so im Nationalsozialismus die Utopie der unmittelbaren Monarchie gegenüber. Daraus erhellt zugleich, daß das kein bloßer, auf die Kampfzeit der NSDAP beschränkter Notbehelf war. Die von einem omnipotenten Führer geführte Bewegung war vielmehr auch das Modell für den künftigen Aufbau des nationalsozialistischen »Dritten Reiches«.

Die Reichswehrführung betrachtete die militant-revolutionäre Unruhe des rechtsradikalen Aktivismus verständlicherweise mit gemischten Gefühlen. So sehr man den kämpferischen Geist und die nationalistische Drapierung dieser Bewegungen begrüßte, so fühlte man doch auch sehr richtig, daß in all dieser nationalrevolutionären Dynamik Kräfte wirksam waren, die der Natur des militärischen Instruments fremd waren. Tatsächlich gingen Hitlers Ideen weit über den militärischen und sogar über den revolutionären Ansatz hinaus. Auch das militärische Denken erhebt zwar den Krieg zum Zweck, aber doch zu einem Zweck zweiter Ordnung; übergeordnet bleibt mit Clausewitz der politische Zweck, für den der Krieg nur ein Mittel ist. Für das Generalstabsdenken müssen daher totaler Krieg und totale Mobilmachung immer relative Begriffe bleiben, die den Bestand einer verteidigungswerten Ordnung voraussetzen, sollen sie nicht allen Sinn verlieren. Ebenso ist die Revolution nach klassischen Begriffen kein Zweck in sich; sie stürzt zwar Werte und Ordnungen, aber doch nur, um sie durch neue zu ersetzen. Der militant-revolutionäre Irrationalismus jedoch, der, eingebettet in eine von Pareto und Sorel geistig geführte und im italienischen Faschismus erstmalig siegreiche kontinental-europäische Strömung,[303] sich auch im deutschen Rechtsextremismus der Zwischenkriegszeit herausbildete, transzendierte diese historischen Positionen und beschritt jenen Weg der *permanenten Revolution,* an dessen Ende nur Nihilismus und Anarchie stehen konnten. Derartige Ideen und Programme waren allerdings geeignet, die Militärs zu beunruhigen, denn die zerstörerischen Kräfte, die hier mobil gemacht wurden, drohten in ihrem Lauf mit den Grundlagen menschlicher Gesellschaft und Gesittung auch alle verteidigenswerten Objekte zu vernichten. Aber die Offiziere der Reichwehr waren durch ihre illegalen Rüstungsbemühungen selbst zu sehr politisch demoralisiert, als daß sie gegen die Versuchungen des revolutionären Aktivismus immun gewesen wären. Von einer klaren Erkenntnis der Gefahren war man weit entfernt oder suchte sie an der falschen Stelle, wie im Fall von Hesses *Feldherr Psychologos,* gegen dessen wohlmeinende Schwarmgeisterei man schwerstes Geschütz auffuhr,[304] während Jüngers Bücher im *Heeresverordnungsblatt* empfohlen wurden.[305] Und wo man eine Gefahr ahnte, versuchte man, wie wiederum der Fall Hesse zeigt, sich mit dem Rückzug auf die Tradition zu helfen, und das war angesichts der elementaren Kraft des revolutionären Dynamismus kaum genug.

Mit der Machtergreifung Hitlers trat diese Auseinandersetzung in ihr entscheidendes Stadium, denn nun hatte die weitaus stärkste und gefährlichste der aktivistischen Bewegungen die Hand am Hebel der staatlichen Macht, und die Reichswehrführung hatte keine Möglichkeit mehr, sich, wie in der Republik, in die Zitadelle der Überparteilichkeit zurückzuziehen, falls der revolutionäre Dynamismus ihre Vorfeldstellungen überrennen sollte. Reichenau hatte das richtig erkannt, aber er und Blomberg glaubten, daß das Offizierskorps sich durch politische Unterwerfung unter das Regime Hitlers nichtsdestoweniger seine soziale und fachliche Selbständigkeit erkaufen und zugleich den Aufbau eines militärisch soliden

Mobilmachungssystems fördern könne. Sie vertrauten dabei nicht nur auf die Versprechungen Hitlers, sondern rechneten auch auf die Unentbehrlichkeit des militärischen Sachverstands und die machtpolitischen Auswirkungen der Aufrüstung. Gerade weil Hitler so ausgreifende Aufrüstungspläne hegte, mußten ihm, so kalkulierten sie, die militärischen Experten unentbehrlich sein, und diesen wiederum mußte im Laufe der Rüstungsausweitung eine Macht zuwachsen, die ihre Stellung auch fernerhin unangreifbar machen werde. Nicht nur werde die Wehrmacht selbst an Gewicht zunehmen, der Aufbau einer umfassenden staatlichen Kontroll- und Lenkungsapparatur für die totale Kriegsvorbereitung werde der militärischen Führung obendrein einen Einflußbereich im zivilen Leben eröffnen, wie sie ihn bis dahin selbst in Deutschland nicht besessen hatte. Die Rechnung schien um so sicherer, als dabei zugleich die SA geschluckt und Hitler auf diese Weise gleichsam entwaffnet werden sollte.[306]

So lief also Reichenaus Plan – im Gegensatz zu dem Groeners im November 1918 – darauf hinaus, die revolutionäre Bewegung zu unterstützen, um ihren Schwung zur Beförderung der militärischen Anliegen auszunutzen und sie nach Erreichen der militärischen Ziele durch das inzwischen angewachsene Gewicht der Wehrmacht auszubalancieren – eine Kalkulation, in der sich ein jahrhundertealter Irrtum der Soldaten einmal mehr verhängnisvoll wiederholte: daß nämlich die militärischen Machtmittel den politischen überlegen seien. Wenn die Rechnung der Militärs aufgehen sollte, so mußte die Wehrmacht durch ihre bloße Existenz schon ein politisches Äquivalent gegen die revolutionäre Bewegung bilden können. Das aber war um so weniger der Fall, als Hitler nicht nur die politische Macht nach Zerstörung des demokratischen Staates fest in den Händen hielt und die Wehrmacht durch seine Risikopolitik nach außen obendrein fest an sich band, sondern auch dem generalstabsmäßigen Kalkül sein eigenes Rezept der totalen Mobilmachung entgegensetzte, das nicht nur den gesamten zivilen Bereich militarisieren, sondern auch die Wehrmacht selbst der Revolutionierung unterwerfen sollte. Daher konnte er auch notfalls auf die SA verzichten, so sehr ihre Eingliederung in die Wehrmacht seine Pläne erleichtert hätte. Röhm hatte zwar völlig recht, wenn er Hitler warnte, das Fundament der neuen Armee müsse revolutionär sein, »aufpfropfen läßt sich das hernach nicht«;[307] nur dachte Hitler nicht an ein Aufpfropfen – dessen Problematik war ihm klar[308] –, er dachte an die Anwendung des Prinzips der revolutionären Mobilmachung auf die Wehrmacht. Auch dies war freilich kein »Plan« im Sinne sorgfältiger Berechnungen, es war vielmehr die einzige Art, in der Hitler überhaupt handeln konnte. Wie er seine Allmacht in seiner Partei errungen und gesichert hatte, indem er die Massen in Bewegung gebracht und Machtkonzentrationen bei den Zwischeninstanzen verhindert hatte, so behandelte er auch den Staat und die Wehrmacht. Seine Hauptwaffe auf militärischem Gebiet war, wie die bisherige Untersuchung schon andeutete, die fortgesetzte Tempobeschleunigung der Aufrüstung, die das Gefüge des militärischen Apparates im gleichen Maße lockerte, in dem er sich ausweitete, und die Hitler zahlreiche Möglichkeiten bot, durch Aufteilung von Machtpositionen, Schaffung von Doppelkompetenzen, Abbau von Kontrollen und Beseitigung regulärer Prozeduren eine durch den Geheimhaltungszwang noch zusätzlich geförderte Verwirrung zu stiften, in der alle Fachleute die Übersicht verloren und sich mehr und mehr auf seine, Hitlers, Entscheidungen angewiesen sahen. Zugleich versetzte er die Offiziere mit eben dem Kunstgriff der Tempobeschleunigung in einen Rausch »sachlicher« Tätigkeit, der sie sowohl von allen tiefergehenden geistigen Auseinandersetzungen als auch von inneren Machtkämpfen ablenkte und ihm und seinen Trabanten freie Hand ließ. Und schließlich gehörte zu dem Rezept der totalen Mobilmachung entsprechend Hitlers Methode der Zangenoperation auch die Revolution von unten, nur daß in der Lage von 1933 noch nicht entschieden war, ob sie in einem Anlauf durch Auffüllung der Reichswehr mit der SA oder in dem langwierigeren Verfahren nationalsozialistischer Infektion durch entsprechend indoktrinierte Wehrpflichtige und Offiziersanwärter geführt werden würde.

Und wenn und solange diese Mittel nicht durchgriffen, konnte Hitler sich auch der Unterstützung durch die Partei bedienen – so sehr er diesen Zusammenhang gegenüber den Generalen auch zu verbergen suchte. Nicht nur die SA-Führer, auch Hierl, Epp, Hühnlein und viele andere entwickelten, wo nicht militärischen Ehrgeiz, so doch militärische Reformideen, und in der Person Görings saß einer der gefährlichsten Exponenten des »neuen Geistes« in einer der Schlüsselstellungen der Wehrmachtführung.[309] Überdies hatten auch diejenigen unter den »kleinen Hitlers«, die selbst keine militärischen Neigungen verspürten, die Lehren ihres Meisters inzwischen gut genug begriffen, um zu fühlen, wie wenig sie ihrer Herrschaft sicher sein durften, solange sie sie mit einer »reaktionären« Generalität teilen mußten, die über einen festgefügten eigenen Machtapparat gebot. Als Rauschning um die Wende 1933/34 in einem internen Parteikonflikt einmal militärische Hilfe in Anspruch nahm, wurde ihm vorgeworfen, er habe »dem verhaßtesten und gefährlichsten Feind des Nationalsozialismus Waffen in die Hand« gegeben.[310] Es war daher nur natürlich, daß sich auch die zivilen Parteiführer an der unterirdischen Spreng- und Minierarbeit ihrer ehrgeizigeren Genossen eifrig beteiligten.[311] Ihre Hauptwaffe war eine Intrigentaktik, die selbst die übelsten Tricks und Kniffe nicht verschmähte; ihr unübertroffenes Muster war die Blomberg-Fritsch-Affäre im Jahre 1938. Soweit darüber hinaus faßbare Ideen als Kampfmittel eingesetzt wurden, handelte es sich um die eines *Politischen Soldatentums,* das seine militärischen Wurzeln in dem Frontsoldaten-Mythos und dem Landsknechts- und Desperadowesen der Weimarer Bürgerkriegsjahre hatte und sich politisch an der Pseudoreligiosität der nationalsozialistischen Bewegungs-Ideologie orientierte. Da dieser »neue Geist« seine Hauptwurzeln in der SA hatte, wird darauf noch bei deren Darstellung im einzelnen einzugehen sein;[312] hier genügt es festzustellen, daß seine wesentlichen Elemente militärisch in der Übertragung eines professionellen Kämpfer- und Landsknechtstums auf das Volksheer und politisch in einer unbegrenzten Risikobereitschaft und Illusionsfähigkeit bestanden, wobei Geist durch Stimmung ersetzt und die Frage nach einem konkreten Wofür und Wogegen von Opfer und Kampf durch Schlagworte wie »für Deutschland«, »für den Führer«, »für die Idee« mundtot gemacht wurden.[313]

Dem hatte die Reichswehr auch jetzt wenig mehr entgegenzusetzen als ihre Traditionen und ihr Expertentum. Sie bemühte sich, diese Trümpfe kräftig auszuspielen; aber dabei zeigte sich, je länger, desto mehr, daß es gar keine Trümpfe mehr waren. Der Kampf entbrannte vornehmlich auf drei Schlachtfeldern: dem des zentralen Kontrollapparats, dem der psychologischen Mobilmachung und dem der wirtschaftlichen Kriegsvorbereitung. Was das erste betrifft, so war es der militärischen Führung gelungen, mit der Ernennung des Reichswehrministers zum Oberfehlshaber aller drei Wehrmachtteile eine scheinbar ideale, politische und militärische Funktionen vereinigende Lösung zu erreichen.[314] Aber mit der Ernennung des Parteiführers und Luftfahrtministers Göring zum Oberbefehlshaber der Luftwaffe wurde der militärische Kontrollapparat bereits an entscheidender Stelle durchbrochen. Darüber hinaus gelang es Blomberg auch nicht, seine Prärogativen als Oberbefehlshaber gegenüber den anderen Wehrmachtteilen voll durchzusetzen. Er und Reichenau versuchten zwar, das bestehende Ministeramt zu einem Wehrmachtgeneralstab auszubauen, um so dem Oberbefehlshaber das unentbehrliche Führungsorgan zu schaffen.[315] Aber teils aus Gründen der Ressortpolitik, teils aus verständlichem Widerstreben gegen den unbedenklichen Blombergschen Gleichschaltungskurs setzten sich die Befehlshaber von Heer und Marine dagegen zur Wehr – mit dem Erfolg, daß es statt zu einer übersichtlichen Teilung der Funktionen zu einer verwirrenden und hemmenden Teilung der Macht kam; neben Blombergs embryonalem Wehrmachtsgeneralstab (in Gestalt der Abteilung Landesverteidigung im Wehrmachtsamt) blieben die Generalstäbe der Wehrmachtsteile praktisch im alten Umfang erhalten, und die dornige Frage der Kompetenzverteilung wurde vertagt.[316] Bezeichnend war dabei die Taktik Hitlers: Er hielt sich zurück und vermied sorgfältig, eine Entscheidung zu fällen, bis sich für ihn die Gelegenheit ergab, selbst den Wehrmachtgeneralstab in die Hand zu bekommen. Erst als ihm das 1938 nach der Verabschiedung Blombergs gelungen war, begann er, die Kompetenzen der Wehrmachtsteile und vor allem die traditionelle Vorrangstellung des Generalstabs des Heeres Schritt für Schritt abzubauen.

Ähnlich entwickelten sich die Verhältnisse bei jenen Organen, die zur einheitlichen Lenkung der Mobilmachungsvorarbeiten im zivilen, vor allem im wirtschaftlichen Bereich aufgebaut wurden; davon wird im Zusammenhang der wirtschaftlichen Mobilmachung noch im einzelnen zu sprechen sein. Der Versuch, eine effektive militärische Kontrollapparatur für die Totalmobilmachung der Nation aufzubauen, war damit bereits im Ansatz gescheitert. Zwar mochte die Lage 1933/34 noch zu unübersichtlich scheinen, um jetzt schon alle Hoffnungen aufzugeben, aber allein die Tatsache, daß sich in der Zusammenarbeit mit der scheinbar so wehrfreudigen nationalsozialistischen Regierung gänzlich unerwartet so schwerwiegende Hindernisse und Friktionen ergeben hatten, daß die Militärs ihre Hoffnungen wieder, wie unter der Republik, auf die Zukunft richten mußten, war ein nicht zu übersehendes Warnungszeichen.

Es blieb jedoch nicht das einzige, denn auch auf dem Gebiet der psychologischen Mobilmachung vermochte die militärische Führung nur Anfangserfolge zu erzielen, ja, im Grunde erreichte sie hier, in der ureigensten Domäne der nationalsozialistischen Massenagitatoren, noch weniger. Ihrem Versuch, die Öffentlichkeit mit solider militärischer Fachbildung zu versehen und die Wehrbereitschaft der Nation in traditionellem Geiste zu stimulieren, waren insofern von Anfang an sehr enge Grenzen gezogen, als die militärische Einflußnahme auf Presse und Publizistik sowie auf die Schulung in den nationalsozialistischen Massenorganisationen, inbesondere HJ und SA, nur beschränkt bleiben konnte; sie hielt sich im wesentlichen im Rahmen militärischer »Beratung« ohne durchgreifende Kontrollmöglichkeiten von seiten des Reichswehrministeriums.[317] So blieb nur die Einwirkung auf die staatlichen Lehranstalten, Schulen, Hochschulen und Universitäten sowie auf die allgemeine militärwissenschaftliche Publizistik, und diesem Ziel sollte die »Deutsche Gesellschaft für Wehrpolitik und Wehrwissenschaften« dienen, die mit Unterstützung des Reichsinnen- und Reichswehrministeriums am 28. Juni 1933 gegründet und aus privaten Spenden – darunter von den Firmen AEG, Deutsche Gasolin AG., Lignose AG., Vereinigte Stahlwerke u. a. – und wahrscheinlich auch aus öffentlichen Mitteln finanziert wurde.[318] Sie war ausdrücklich nach dem »Führerprinzip« aufgebaut; ihr Präsident – Generalleutnant a. D. v. Cochenhausen – entschied über Aufnahme und »Entlassung« von Mitgliedern und, vor allem, über die Publikation der von den Mitgliedern eingereichten Arbeiten.[319] Zum Zeitpunkt der Eröffnungstagung, 6./7. Oktober 1933, zählte sie 600 Mitglieder, darunter »die meisten deutschen Hochschulen und zahlreiche wissenschaftliche Gesellschaften«;[320] in der Liste der mitwirkenden Autoren finden sich neben aktiven Offizieren und bekannten Militärschriftstellern zahlreiche zivile Fachleute und Politiker, so Hierl, Haushofer, Alfred Bäumler, Carl Schmitt; die Historiker Wilhelm Weber, Robert Holtzmann, Walter Elze und sogar der ehemalige Reichswehrminister Otto Geßler.[321] Ihren Tribut an die neue Zeit zahlte sie durch Ernennung des Reichsstatthalters Ritter v. Epp zum Ehrenpräsidenten und durch Ausschluß von Juden und Freimaurern.[322] Die in Aufsätzen und Vorträgen behandelten Themen deckten den ganzen Bereich des damaligen militärischen Wissens einschließlich der psychologischen und wirtschaftlichen Kriegführung und versuchten die Grundlegung der »Wehrwissenschaft« als eigenständiger Fachdisziplin.[323]

Anspruch und Zielsetzung der Institution richteten sich ohne

Zweifel auf eine solide fachliche Arbeit, und wenn sich der Präsident ausdrücklich gegen die »ungeschulten Laien« wandte, die sich »der Wehrwissenschaften annehmen und dabei abwegige Ansichten zutage fördern«,[324] so war das deutlich genug. Auf der anderen Seite zeigt schon die Zusammensetzung der Mitglieder bedenkliche Schönheitsfehler, und es konnte nicht ausbleiben, daß sie sich in den Publikationen wiederholten. So schreckte man nicht davor zurück, in dem ersten *Jahrbuch,* das offensichtlich nur repräsentativen Namen vorbehalten war,[325] auch den Beitrag eines Professors und Majors a. D., v. Arnim, zu veröffentlichen, dessen Tenor mit folgendem Zitat belegt sein mag:

> »Wenn nun die Germanen bei ihrer Seßhaftwerdung im heutigen deutschen Raume die Urvölker nicht ausrotteten, sondern ihr Blut mit dem jener vermischten, dann drang bei dieser allmählichen Volkwerdung auch magisches Blut in den germanischen Körper ein. Wo wir heute den Pazifismus antreffen, wo wir politische Gleichgültigkeit und mangelnde Wehrbereitschaft finden, wo wir Männer treffen, die Rom mehr lieben als ihr Vaterland, da pulsiert das magische Blut der vornordischen Menschheit.«[326]

Wo solch hanebüchener und keineswegs harmloser Unsinn – man beachte die im ersten Satz implizierte Aufforderung zur Ausrottung der Bevölkerung annektierter Gebiete – ernst genommen wurde, war es um die Sache der Wissenschaft schlecht bestellt, und man gewinnt den Eindruck, daß Cochenhausen selbst nicht recht wußte, gegen welche »ungeschulten Laien« und »abwegigen Ansichten« er eigentlich kämpfen wollte. Mit solchen Kampfgenossen jedenfalls konnte er die militärwissenschaftliche Tradition Preußen-Deutschlands, die er in seinem einleitenden Aufsatz als unentbehrlich proklamiert hatte,[327] nicht gegen den Ansturm des revolutionären Nihilismus retten.

Überdies gingen Inhalt und Tendenzen auch der von militärischen Fachleuten gelieferten Beiträge häufig in eine Richtung, die sich dem Ungeist des »politischen Soldatentums« bedenklich näherte und die Grenzen zu verwischen drohten. Anstelle einer eingehenden Analyse der Publizistik der Gesellschaft, für die hier der Raum fehlt, möge als illustratives Beispiel ein Aufsatz von Cochenhausen dienen, in dem das Problem des »Kämpfertums gegen Übermacht« anhand des Schlieffenschen Buches über Friedrich den Großen behandelt wurde.[328] Wenn darin u. a. »unbeugsame Willensstärke«,

»Wille zur kühnen Tat«, »Standhaftigkeit« und die Fähigkeit, »aus den Untergebenen die höchsten Leistungen herauszuholen«, als psychologische Bedingungen des Erfolgs gerühmt wurden, so war das richtig, aber da Cochenhausen den Hinweis unterließ, daß Friedrichs Erfolg nicht zum wenigsten durch den einmaligen Glücksfall mitbedingt war, daß sich der frühe Tod der Zarin Elisabeth im Zeitalter der Kabinettspolitik tiefgreifend auswirken konnte, entstand der Eindruck, als seien die genannten Seelenkräfte zusammen mit entsprechender militärischer Rüstung Garantien für den Erfolg und als sei der Kampf gegen Übermacht ein mit normalen Mitteln lösbares Problem und nicht, wie es doch wirklich ist, ein Vabanquespiel, auf das man sich nur im äußersten Notfall einläßt. Die Erfahrungen des ersten Weltkrieges hatten das deutlich unterstrichen, aber von ihnen sprach Cochenhausen nicht. Statt dessen behauptete er der Wahrheit zum Trotz, daß Deutschland auch 1933 vor der Notwendigkeit stehe, einen Kampf gegen Übermacht zu führen, wenn auch nur in der Form eines »versteckten Kampfes der diplomatischen und Völkerbundversammlungen«, und er fügte hinzu: »Wie im Siebenjährigen und im Weltkriege geht es um unseren Fortbestand als selbständiger, unabhängiger Staat, geht es um die Erhaltung unseres deutschen Volkstums, unserer deutschen Kultur.« Diese Panikmache gipfelte dann in der Forderung, man dürfe sich unter diesen Umständen nicht auf das »rein passive Verhalten des Schwächeren« beschränken, sondern müsse »mit dem scharfen Schwert der Wahrheit dem stärksten und gefährlichsten Gegner offen entgegentreten«.[329] Es bedarf keines Hinweises, daß mit solchen Zweideutigkeiten dem Eindringen der selbstmörderischen Hitlerschen Wahnideen vom *Kampf um Lebensraum* alle Türen offenstanden.

Das Beispiel Cochenhausens ist deshalb so besonders eindrucksvoll, weil er noch zu den betont nüchternen und gemäßigten Offizieren gehörte; andere kannten weniger Hemmungen.[330] Zwar wurde der rauschhafte Überschwang, den die nationalsozialistische Propagandamaschine fortan laufend produzierte, den vernünftigeren Militärs bald suspekt, ja unheimlich; selbst Reichenau hat später gegen allzu ausschweifende Pläne des Propagandaministeriums Stellung genommen.[331] Aber die Grenzen von Vernunft und Unvernunft, von Sachlichkeit und »Intuition« waren im Offizierskorps selbst so fließend und verwischt, daß eine wirksame Abwehr nicht möglich war, von einer disziplinierenden Einwirkung auf die nationalsozialistischen Massen ganz abgesehen. Zwar gelang 1934 die machtpolitische Ausschaltung der SA, aber die wehrpolitischen Tendenzen und Ideologien des Nationalsozialismus vermochte die militärische Führung nicht zu beeinflussen, im Gegenteil, sie drangen, erst auf dem Wege der »Ansteckung«, dann seit der Einführung der allgemeinen Wehrpflicht auch durch ihre Träger, in die Wehrmacht selbst ein. Wie fragwürdig der aus diesen Quellen fließende »Kampfgeist« im übrigen war, zeigt die allgemeine Kriegsfurcht und der »Defaitismus« der Bevölkerung in den Jahren 1938/39. Zwar hat sie dann einen sechsjährigen Krieg ohne größere Widerstandsregungen durchgehalten, und daran hatte möglicherweise die übermächtige und virtuos gehandhabte nationalsozialistische Propaganda-Maschine auch einen gewissen Anteil. Aber wer darin einen Erfolg und ein Muster für die Zukunft sehen wollte,[332] der sollte berücksichtigen, daß die »Ohne-mich-Stimmung« der Zeit nach 1945 der hoffentlich heilsame Katzenjammer war, der auf den Rausch der Wehrbegeisterung folgte. Wirkliche Wehrbereitschaft äußert sich in nüchterner Entschlossenheit und Festigkeit, nicht in pathetischen Worten und rauschhaftem Überschwang.

Erfolgreicher schienen sich die Dinge auf dem Gebiet der *wirtschaftlichen Mobilmachung* zu gestalten, deren doppelter praktischer Aspekt – Kriegsvorbereitung und Überwindung der Wirtschaftskrise – selbst dann noch fachliche Solidität zu erfordern schien, als auf geistig-psychologischem Gebiet schon längst die kritische Urteilskraft durch die Wirrnis der »schöpferischen Intuition« ersetzt war. Zwar erhoben sich auch hier vielfache Widerstände – unpolitische von seiten der Industrie, politische von seiten der Autarkie-Ideologen, die jetzt im Zeichen der neuen Zeit ihre Stunde gekommen glaubten –, aber hier erwuchs der Wehrmacht in den von Schacht geführten Teilen der Wirtschaft ein Bundesgenosse, mit dessen Hilfe sie sich zunächst besser durchzusetzen vermochte.

In der *Industrie* fehlten Unsicherheit und Mißtrauen gegenüber der anscheinend so unklaren nationalsozialistischen Wirtschaftspolitik keineswegs; vor allem fürchtete man »sozialistische Neigungen der neuen Machthaber.[333] Aber wie die Widerstandskraft der Gewerkschaften durch das Millionenheer der Arbeitslosen, so war die der Arbeitgeber durch die Stagnation von Produktion und Absatz geschwächt, und die Autorität Schachts, der mit Übernahme auch des Reichswirtschaftsministeriums im Herbst 1934 anscheinend zum Wirtschaftsdiktator in Deutschland aufstieg, schien um so mehr eine Gewähr gegen gewagte Experimente zu bieten, als das volle Ausmaß selbst der beschränkten Aufrüstungspläne Schachts infolge der aus außenpolitischen Gründen beibehaltenen rigorosen Tarnung und Geheimhaltung von den meisten nicht überblickt wurde. Dazu kam ferner, daß die scheinbar so unabhängige Stellung der Wehrmacht in Wirtschaftskreisen ermutigend wirkte. Einflußreiche Firmen und Firmengruppen wie die Vereinigten Stahlwerke, die I. G. Farben und die Banken, die jede in der einen oder anderen Weise in Hitler ihr Werkzeug, ihren Rettungsanker oder Helfer zu sehen glaubten, gingen voran,[334] und in dem Maße, in dem sich der Konjunkturaufschwung bemerkbar machte, folgten die übrigen nach. Auch Krupp ergriff die Gelegenheit, seine Rüstungskapazität, die er nach 1919 mühselig durch zivile Produktion und mit Regierungshilfe aufrechterhalten hatte,[335] wieder ihrer eigentlichen Bestimmung zuzuführen, wobei er seine Bedenken gegen das Hitlersche Regime im Vertrauen auf die Wehrmacht zurückstellte.[336] Nichtsdestoweniger ergaben sich auch fernerhin Hemmungen, aber sie resultierten hauptsächlich aus den Schwierigkeiten der Umstellung auf die Aufrüstung. Insbesondere der seit Sommer 1933 amtierende Wirtschaftsminister Kurt Schmitt scheint nicht erkannt gehabt zu haben, daß die Wehrmacht vorläufig am längeren Hebelarme saß. Jedenfalls begann das Reichswehrministerium schon im Oktober nachdrücklich auf energischere Maßnahmen von seiten des Wirtschaftsministeriums zu drängen.[337]

Größere Spannungen ergaben sich in der Frage der Autarkie, denn hier stießen die Bestrebungen Schachts und der Wehrmacht mit den Autarkietendenzen zusammen, die von verschiedenen Kreisen innerhalb und außerhalb der NSDAP ausgingen, und die Niederlage der letzteren wurde erst entschieden, als Schacht nach Übernahme des Reichswirtschaftsministeriums seinen »Neuen Plan« durchsetzte, in dem er die Forderungen der Militärs zusammen mit den Erfordernissen der Krisenbekämpfung berücksichtigte.[338] Dabei handelte es sich nicht schlechthin um einen Kampf zwischen Gegnern und Befürwortern der Autarkie, denn sowohl die Vorbereitung einer wirtschaftlichen Mobilmachung als auch die Überwindung der Krise bedingten beide eine Lösung aus der Abhängigkeit vom Weltmarkt; aber Schacht und Blomberg stimmten trotz einigen nicht unerheblichen Differenzen wohl grundsätzlich darin überein, daß das nur eine zeit- bzw. zweckbedingte Maßnahme bleiben sollte. Mit einer solchen, bloß militärischen bzw. Antikrisen-Autarkie wollten sich die Autarkie-Ideologen natürlich nicht begnügen, aber wegen der Ähnlichkeit der Anfangsziele kam es doch zu gelegentlicher Zusammenarbeit.

Ein Beispiel dafür ist das Feder-Bosch-Abkommen über die Benzin-Synthese. Ideen über die Anwendung synthetischer Verfahren zur Treibstoffgewinnung und ihre wirtschaftliche Verwendung lagen damals sozusagen in der Luft. Angesichts der Wirtschaftskrise mit ihren Arbeitsbeschaffungs- und Importproblemen, des sprunghaft steigenden Kraftverkehrs und nicht zuletzt der Tatsache, daß die I. G. Farben das Problem der Synthese technisch bereits gelöst hatte, entzündete sich die Phantasie der Fachleute wie der Scharlatane an den hier vermuteten wirklichen oder vermeintlichen Möglichkeiten. Aber vor 1933 waren alle Pläne noch an der Unwirtschaftlichkeit der bisherigen Verfahren gescheitert, und die Weimarer Regierungen hatten sich ihrerseits zur Subventionierung einer Großproduktion nicht entschließen können.[339] Mit dem Machtantritt der risikofreudigen Nationalsozialisten änderte sich dann die Lage. Schon im Sommer 1933 kam es zu Kontakten zwischen dem zum Staatssekretär im Reichswirtschaftsministerium avancierten nationalsozialistischen Wirtschafts-»Fachmann« Gottfried Feder und verschiedenen Treibstoffexperten. Aber erst als sich im Spätsommer auch das Luftfahrtministerium und, auf dessen Anregung, das Reichswehrministerium einschalteten, nahm das Projekt konkrete Gestalt an.[340] Am 14. Dezember 1933 kam es zum Abschluß eines Vertrages zwischen Reich und der I. G. Farben, in dem sich die Firma zu einer jährlichen Produktion von 300 000 bis 350 000 t synthetischen Benzins verpflichtete, wofür das Reich die Einlösung der Gestehungskosten und die Aufnahme der auf dem freien Markt nicht absetzbaren Mengen garantierte.[341] Ein ähnliches Zusammenwirken von militärischen, autarkiewirtschaftlichen und Krisenbekämpfungs-Motiven zeigte sich auch anderwärts, so bei der Einrichtung der Rohstoff- und Devisen-Überwachungsstellen im Frühjahr 1934, an der bereits das Kriegswirtschafts-Referat des Reichswirtschaftsministeriums beteiligt war.[342]

Aber neben den industriell orientierten Autarkiepolitikern, die wie Feder in der Rohstoff-Frage von der Chemie Wundertaten erhofften, gab es auch noch die Siedlungsfanatiker, die sich vornehmlich aus Kreisen der nationalsizialistischen Landwirtschaft

(Darré) rekrutierten, zu denen aber auch Kräfte aus anderen Lagern, so z. B. der Wirtschaftstheoretiker des Zehrerschen »Tat«-Kreises, Ferdinand Fried, gestoßen waren. Sie hatten eine Art Re-Agrarisierung Deutschlands mittels Siedlungspolitik und agrarischer Reformen im Auge, wovon man sich eine landwirtschaftliche Ertragssteigerung und die Sicherung von Deutschlands Selbstversorgung mit Nahrungsmitteln versprach.[343] Daß dies in vollem Maße erst durch Eroberung zusätzlichen Lebensraums möglich sein würde, war auch in diesem Kreise unbestritten,[344] aber man wollte die Gelegenheit der krisenbedingten Schrumpfungen der Industrie ausnutzen und schon jetzt die Weichen auf Re-Agrarisierung stellen. Mit den Schöpfern derartiger Absurditäten – die fast als Vorwegnahme des Morgenthau-Planes erscheinen könnten – waren für Schacht und Blomberg natürlich keine Kompromisse möglich, und so kam es im Frühjahr 1934 zu heftigen Kämpfen um die Verteilung der Arbeitskräfte und die Währungs- und Außenhandelspolitik.[345] Solange das Interesse Hitlers und der Wehrmacht auf die SA-Frage gerichtet war, wurde die Entscheidung vertagt; aber nach der Röhm-Affäre drangen Blomberg und Schacht mit ihrer Forderung nach einem Wirtschaftsdiktator durch, der bisherige Wirtschaftsminister Schmitt trat zurück, und Hitler übertrug Schacht zusätzlich zu seinem Amt als Reichsbankpräsident auch die kommissarische Leitung des Wirtschaftsministeriums.[346]

Damit war für Schacht und Blomberg der Weg zu einer Lösung in ihrem Sinne frei. Doch bald entstanden neue Hindernisse, die bemerkenswerterweise jetzt nicht von Hitler oder der Partei ausgingen. Dabei handelte es sich zunächst um die Frage der Kompetenzverteilung zwischen Reichswehr- und Reichswirtschaftsministerium. Das Reichswehrministerium ging von der Auffassung aus, »daß im Kriege nur einer führen kann, . . . daß diesem auch die gesamte Vorbereitung des Krieges im Frieden unterstehen muß u[nd] dafür nun das R[eichs] Vert[eidigungs] Min[isterium] in Frage kommt«.[347] Dementsprechend machte es ab Herbst 1934 Anstrengungen, die Keimzelle einer wehrwirtschaftlichen Lenkungsorganisation, die es seit 1926/27 geschaffen hatte, zu einem die gesamte Wehrwirtschaft umfassenden Kontrollapparat auszubauen. Ihr Kopf, die »Wirtschaftsgruppe« im Heereswaffenamt, wurde am 1. November 1934 in das Wehrmachtsamt, d. h. aus dem Befehlsbereich des Chefs der Heeresleitung in den des Reichswehrministers überführt[348] – eine Regelung, die ganz auf der Linie von Blombergs Bestrebungen zur Bildung eines Wehrmacht-Generalstabes lag. Damit verbunden war eine Ausweitung ihrer Zuständigkeit über die Rüstungsindustrie hinaus auf die wirtschaftliche Kriegsvorbereitung überhaupt. Sie erhielt einen neuen Namen – »Abteilung für Wehrwirtschaft und Waffenwesen«, später »Wehrwirtschaftsstab« –, wurde entsprechend umgegliedert, und ihr Chef, Oberst Thomas, bemühte sich um eine theoretische Grundlegung dieses neuen militärischen Tätigkeitsgebietes. Außerdem wurde die dazugehörige Außenorganisation dadurch erweitert und ausgebaut, daß die bisherigen 14 Wirtschaftsoffiziere bei den Wehrkreiskommandos durch Wehrwirtschafts-Inspektionen ersetzt wurden.[349]

Mit dieser Organisation schuf sich der Reichswehrminister ein Instrument, das ihm beträchtliche Einfluß- und Kontrollmöglichkeiten in der Wirtschaft eröffnen und damit auch seine politische Machtposition erheblich stärken konnte. Allerdings ist es nie in der geplanten Weise in Tätigkeit getreten. Zunächst hatte das Wirtschaftsministerium seinerseits begonnen, eine Parallelorganisation zu entwickeln – ab Herbst 1933 ein Zentralreferat im Ministerium unter dem Tarnnamen »Abwehr wirtschaftlicher Kampfmaßnahmen« und, entsprechend den Wirtschaftsoffizieren, 14 »Sonderbeauftragte« als Außenstellen.[350] Es war unvermeidlich, daß daraus Kompetenzkonflikte entsprangen, und Spuren davon sind noch erkennbar. In einer Denkschrift vom 30. September 1934 bestimmte das Reichswirtschaftsministerium die »gewerbliche Wirtschaft« als seinen Zuständigkeitsbereich für die Mobilmachungsvorarbeiten; nur die Rüstungsindustrie sollte davon ausgenommen werden. Das ließ, verglichen mit den Ansprüchen der Wehrmacht, mindestens noch Unklarheiten oder Mißverständnisse zu, und ein – sehr wahrscheinlich militärischer – Leser vermerkte denn auch prompt am Rand: »Abgrenzung!«[351]. Hier war also eine klare Regelung der Zuständigkeitsbereiche erforderlich. Sie erfolgte im Frühjahr 1935, und zwar zugunsten des Wirtschaftsministeriums. Am 21. Mai beschloß das Reichskabinett, daß der von Hitler inzwischen für den Mobilmachungsfall ernannte »Generalbevollmächtigte für die Kriegswirtschaft«, d. h. Schacht in seiner Eigenschaft als Wirtschaftsminister, seine Arbeit »bereits im Frieden« aufnehmen und daß ihm die Leitung der gesamten wirtschaftlichen und finanziellen Kriegsvorbereitung obliegen solle, mit Ausnahme der Rüstungsindustrie, die wie bisher beim Reichswehr- bzw. Reichskriegsministerium verblieb.[352] Aus welchen Gründen diese Regelung getroffen wurde und welches dabei die treibenden Kräfte waren, ergibt sich aus der Frage nach den Interessenten. Da die neue Verteilung der Zuständigkeiten etwa auf der Linie lag, die das Wirtschaftsministerium im Herbst 1934 bereits vorgeschlagen hatte, ist anzunehmen, daß Schacht beteiligt war. Hitler aber mußte eine Machterweiterung Schachts erträglicher erscheinen als eine solche der Wehrmacht. Jedenfalls war das Resultat, daß die Kompetenzen der militärischen Führung, die bisher *de facto* ungeteilt das gesamte Gebiet der Kriegsvorbereitung umfaßt hatten, zum erstenmal beträchtlich beschnitten wurden.[353]

Obendrein wurde der Wehrwirtschaftsstab auch von unten her eingeschränkt. Schon seit Herbst 1933 hatte Göring im Luftfahrtministerium einen eigenen Rüstungsstab, das »C-Amt«, aufzubauen begonnen, der sich allmählich der Kontrolle des Reichswehrministeriums entzog und seine eigene wirtschaftliche Mobilmachung zu betreiben versuchte.[354] Das Beispiel wirkte ansteckend auf die übrigen Wehrmachtteile. Das Heereswaffenamt, bis 1933 die einzige mit kriegswirtschaftlichen und Rüstungsfragen befaßte Stelle, vermochte seine traditionellen Verbindungen zur Rüstungsindustrie aufrechtzuerhalten, und die Marine baute jetzt noch nachträglich ein eigenes Marinewaffenamt auf.[355] Nachdem der Wehrwirtschaftsstab durch die Einrichtung des Generalbevollmächtigten für die Kriegswirtschaft in seiner Zuständigkeit auf die Rüstungsindustrie beschränkt worden war, wurde er durch die Verselbständigung der Waffenämter, über die er keine Befehlsgewalt hatte, selbst an der Wahrnehmung dieser Restkompetenz gehindert und sank zu einer bloßen Koordinierungsstelle herab, die ihre Anregungen lediglich »im Einvernehmen« mit den Waffenämtern wie mit den Zivilstellen durchsetzen konnte[356] – ein Teilaspekt der allgemeinen Aushöhlung der Ministerialinstanz durch die Ressortpolitik der Wehrmachtsteile.

Für die Kompetenzteilung zwischen Wirtschafts- und Wehrministerium lassen sich dabei durchaus sachliche Gründe vorbringen, und Blomberg mag sie im Vertrauen auf die gute Zusammenarbeit mit Schacht auch ohne große Kämpfe hingenommen haben.[357] Will man den Vorgang aber in der richtigen Perspektive sehen, so muß man berücksichtigen, daß dieser Aufspaltung der Kompetenzbereiche zwischen den Fachministerien ein Abbau der Koordinierungsgremien parallel ging. Über die zunehmende Ausschaltung des Reichskabinetts und die Kaltstellung der Reichsverteidigungsrates ist schon berichtet worden. Aber auch dessen provisorischer Ersatz, der aus Ministerialreferenten gebildete Reichsverteidigungsausschuß, trat zusehends in den Hintergrund.[358] Dafür waren zunächst technische Motive maßgebend: Die direkte Zusammenarbeit zwischen den Ministerien – insbesondere zwischen Wirtschafts- und Wehrministerium – hatte sich zusehends eingespielt, und die ständige Beschleunigung der Aufrüstung hatte inzwischen schon ein Maß erreicht, das die Praxis der Plenarsitzungen umständlich und zeitraubend erscheinen ließ.[359] Aber daneben wirkten auch ressortpolitische Gesichtspunkte mit. So war das Reichswehrministerium auch hier bestrebt, seine Handlungsfreiheit zu erweitern und die zivilen Ressorts in den Fragen der Landesverteidigung und Mobilmachungsvorbereitung zu mehr oder minder ausführenden Organen hinabzudrücken,[360] was ja dann durch die Einsetzung des Generalbevollmächtigten für die Kriegswirtschaft z. T. erreicht wurde – nur daß die Kompetenz jetzt dem Wirtschaftsminister zufiel. Aber falls die Fachressorts gehofft hatten, mit diesem Abbau politischer Führungs- bzw. Koordinierungsorgane ihre eigene Machtstellung zu stärken, so war das eine Fehlrechnung; nicht sie, sondern Hitler zog daraus Nutzen, und seine Stellung war bald stark genug, um auch in die Fachressorts selbst einzugreifen und ihre mühsam errungene Handlungsfreiheit wieder zu beschneiden. Auf dem Gebiet der Rüstungspolitik war die schon 1936 erfolgte Einsetzung Görings zum »Bevollmächtigten für den Vierjahresplan« der erste und gleich sehr folgenreiche Schritt, und damit begann ein Prozeß, der schließlich zur Verdrängung Schachts und zur *de-facto*-Übernahme der Leitung der wirtschaftlichen Mobilmachung und Kriegsvorbereitung durch Göring führte – mit den bekannten katastrophalen Ergebnissen.

Der Ausgang des Konflikts um die Leitung der wirtschaftlichen Kriegsvorbereitung war einer der schwersten Rückschläge für die innenpolitische Strategie der Wehrmachtführung und ist zu Unrecht bisher kaum beachtet worden. Aber er ist zugleich nur das äußere Zeichen für einen weit umfassenderen Fehlschlag der militärischen Politik: nämlich das Scheitern des traditionellen militärischen Denkens gegenüber dem Problem des modernen totalen Krieges. Wenn das Reichswehrministerium für sie die alleinige Führung sowohl eines etwaigen Krieges wie der Vorbereitung dazu gefordert hatte, so waren die innenpolitischen Überlegungen mit bezug auf die Hitlersche Diktatur dafür nicht allein ausschlaggebend gewesen, vielmehr stand dahinter vor allem die mehr oder minder klare, aber jedenfalls traditionell fest verwurzelte Auffassung, daß Kriegführung letztlich noch immer eine militärische Aufgabe sei. Diese Auffassung hatte schon bei dem Trugschluß Pate gestanden, als sei mit dem Sieg einer so militanten und außenpolitisch risikobereiten Volksbewegung wie dem Nationalsozialismus die Grundlage für den Aufbau einer modernen Landesverteidigung in Deutschland gelegt, und sie lenkte jetzt auch die auf solcher Basis eingeleitete Rüstungspolitik in eine Sackgasse.

Allerdings war sich die Wehrmachtführung grundsätzlich darüber klar, daß ein moderner Krieg nicht ohne entsprechende wirtschaftliche Rückendeckung und Kraftreserven geführt werden konnte. Sie hat dementsprechend schon im Frühjahr 1933 im Reichsverteidigungsausschuß Arbeiten eingeleitet, die darauf schließen lassen, daß man das Problem auf umfassende Weise zu lösen gedachte.[361] Da man jedoch hier in noch weit höherem Grade von einer *tabula rasa* ausgehen mußte als bei der militärischen Aufrüstung, konzentrierten sich die Arbeiten zunächst darauf, das organisatorische Gerippe und die juristischen Instrumente für eine zukünftige Kriegswirtschaft zu schaffen und, vor allem, statistische Erhebungen über den Bedarf an Rohstoffen und Fertigwaren und dessen Deckungsmöglichkeiten, über die vorhandenen Produktionskapazitäten und über die voraussichtliche Verteilung von Wehrmachts- und Zivilbedarf anzustellen.[362] Das waren relativ leicht zu bewältigende, wenig Kosten verursachende, aber unentbehrliche Arbeiten; insbesondere konnte mit der eigentlichen kriegswirtschaftlichen Vorplanung nicht begonnen werden, bevor nicht die Ergebnisse der statistischen Erhebungen vorlagen, und gerade sie nahmen teilweise erhebliche Zeit in Anspruch. Wo sich wichtige Schwerpunkte oder Engpässe schon früher herausstellten, begann man auch sofort mit Abhilfsmaßnahmen, so in der Treibstoff-Frage mit dem schon erwähnten Benzin-Vertrag vom Dezember 1933; mit der Einleitung der Produktion von künstlichem Kautschuk (Buna) im Herbst 1934; mit der Produktionsausweitung bei kriegswichtigen, aber in der Friedenswirtschaft wenig verwendeten Nichteisen-Metallen; mit der freilich noch sehr bescheidenen Bevorratung mit wichtigen Rohstoffen usw. Teilweise in Verbindung damit, teilweise auch unabhängig davon begann man auch bereits mit der Verlagerung kriegswichtiger Industriezweige in das Innere Deutschlands, und schließlich nahm man ebenfalls jetzt schon den

Bau von Bereitschaftsfabriken, d. h. von Produktionskapazitäten, die erst im Kriegsfall gebraucht wurden, in Angriff.

Aber all das war nur ein Vorgeplänkel; es gehört in den Rahmen jenes frisch-fröhlichen Pläneschmiedens und freizügigen Schaffens, das die ersten Jahre der nationalsozialistischen Ära kennzeichnet und von dem alle Beamten und Fachleute so begeistert waren.[363] Der Ernst des Lebens begann erst bei der Frage der Abstimmung der großzügigen Pläne auf die verfügbaren Mittel und Möglichkeiten, und sie rückte den Verantwortlichen erst um die Wende 1935/36 auf den Leib.[364] Oder besser: bis dahin war es möglich, sie aufzuschieben. Denn natürlich stand sie auch schon über den Planungen des Jahres 1933, und weitschauende Beamte wie der Ministerialrat Godlewski, Leiter des Kriegswirtschafts-Referats im Wirtschaftsministerium, haben schon frühzeitig mit Nachdruck darauf hingewiesen.[365] Dabei handelte es sich in der besonderen rüstungspolitischen Lage Deutschlands 1933/34 eigentlich um zwei Fragen, nämlich erstens um die Anwendung des hier schon erörterten allgemeinen Kriegsautarkie-Problems[366] auf den speziellen deutschen Fall: In welchem Maße würde es möglich sein, eine kriegsmäßige Selbstversorgung Deutschlands im Frieden vorzubereiten, ohne die wirtschaftlichen Kräfte schon vor Beginn des Krieges zu erschöpfen? Und daran anschließend stellte sich die situationsbedingte Frage, in welchem Maße es möglich sein werde, mit den durch die weltwirtschaftliche Krisensituation geschwächten Kräften neben der militärischen Aufrüstung gleichzeitig auch noch das theoretisch an sich Erreichbare an wirtschaftlicher Kriegsvorbereitung zu leisten. Diese Fragen sind in den Anfangsjahren von den Verantwortlichen im Rahmen der allgemeinen Planlosigkeit nicht oder nicht entschieden genug beantwortet worden, und daraus ergab sich eine Fehlsteuerung der Rüstungspolitik, die für die ab 1936 eintretende Krisenlage mitverantwortlich ist und Hitlers Eingreifen mit dem Vierjahresplan herausgefordert hat.

Was die erste Frage betrifft, so stimmten zwar die militärischen Wirtschaftsfachleute wie Thomas, Warlimont und (als einflußreicher Schriftsteller) Koeth mit den Beamten des Wirtschaftsministeriums grundsätzlich darin überein, daß eine Überspannung der Kräfte vermieden und eine eigenständige Friedenswirtschaft bis zum Ausbruch eines Krieges aufrechterhalten werden müsse.[367] Und auch über Deutschlands wirtschaftliche Lage in der damaligen Zeit war man sich auf beiden Seiten einig. Deutschlands »wirtschaftliche Situation«, so hieß es in der Denkschrift des Wirtschaftsministeriums vom 30. September 1934, »erscheint so verzweifelt, daß der Einwand naheliegt, eine Ausrichtung kriegswirtschaftlicher Vorarbeiten auf diese Lage sei zwecklos«.[368] Und General Liese, Chef des Heereswaffenamtes, erklärte zehn Tage später den Befehlshabern, Deutschlands Möglichkeiten, einen Verteidigungskrieg zu führen, seien »noch auf Jahre hinaus auf Wochen beschränkt.«[369] Aber in der Frage, wie diese Lage zu bessern sei, ohne die Prinzipien der Friedenswirtschaft vorzeitig aufzugeben, schieden sich die Geister. Zwar war man auch im Wirtschaftsministerium bereit, nach Kräften zur Besserung der Lage beizutragen; es sei schon viel gewonnen, hieß es in der erwähnten Denkschrift, wenn die wirtschaftliche Durchhaltefähigkeit Deutschlands um einige Wochen verlängert werden könnte. Aber man wies auch zugleich darauf hin, daß Außen- und Bündnispolitik ihre Folgerungen aus der Situation ziehen müßten.[370] Das hieß also, daß die wirtschaftliche Schwäche Deutschlands sich nur durch eine entsprechende Außenpolitik würde ausgleichen lassen. Damit war der entscheidende Differenzpunkt berührt, denn sei es, daß die Militärs die Entwicklungsfähigkeit der deutschen Kräfte überschätzten, sei es, daß sie gegenüber Hitlers Außenpolitik resignierten, jedenfalls stellten sich selbst die Fachleute des Wehrwirtschaftsstabes mehr und mehr auf den »Kampf gegen Übermacht« ein, von anderen wie Blomberg und Reichenau ganz zu schweigen. Unter den ersteren vertraten einige in übereinstimmender Berufung auf Clausewitz den Grundsatz, daß sich die wirtschaftliche Kriegsvorbereitung nach dem jeweils äußersten Fall zu richten habe,[371] und Thomas wie Warlimont bewerteten ebenso übereinstimmend das Hindenburg-Programm von 1916 als zulässigen Maßstab, während der Berichterstatter des Wirtschaftsministeriums es einer harten Kritik unterzog: es habe verhindert, daß das an sich mögliche Optimum an wirtschaftlicher Kraftleistung erzielt werden konnte.[372]

Diese Differenzen wirkten sich unvermeidlich auf die Praxis aus, wobei die Militärs meist am längeren Hebelarm saßen. Ein Beispiel ist der Nachdruck, mit dem sich der Wehrwirtschaftsstab für die Entwicklung des synthetischen Kautschuks einsetzte. Ähnlich wie bei der Benzin-Synthese waren auch hier neben den militärischen zunächst wirtschaftpolitische Autarkie-Interessen beteiligt, als Mitte 1933 die Verhandlungen über eine forcierte Entwicklung und die

Aufnahme der Großproduktion begannen.[373] Aber bald liefen sich die Verhandlungen fest, weil die Industrie wenig Interesse an einem Projekt zeigte, das (im Gegensatz zu der Benzin-Synthese) technisch noch nicht ausgereift und in jedem Fall unwirtschaftlich war. Vor allem lehnte man die Übernahme der Großproduktion ab, so daß im Oktober 1934 nur ein Vertrag über ein Werk mit 200 t Monatsleistung zustande kam.[374] Erst das unentwegte Drängen des Wehrwirtschaftsstabes und die Bereitschaft der Wehrmacht, sich in großem Umfang an der Erprobung zu beteiligen und auch für den Absatz der Produktion Sorge zu tragen, förderten das Projekt weiter und führten schließlich im Zeichen des Vierjahresplans auch zur Eröffnung der Großproduktion.[375] So war die Buna-Produktion im Unterschied zur Benzin-Synthese ein ausschließlich auf die Kriegswirtschaft zugeschnittenes Unternehmen, das für die Volkswirtschaft voll auf das Verlustkonto zu setzen war.[376]

Aber das eigentliche Debakel entstand nicht aus dem militärisch-bürokratischen Perfektionismus des Wehrwirtschaftsstabes, sondern aus der Bevorzugung, die Blomberg und Reichenau der militärischen Aufrüstung gegenüber der wirtschaftlichen Kriegsvorbereitung angedeihen ließen. Denn so klar die Wehrmachtführung die Notwendigkeit wirtschaftlicher Kriegsvorbereitung erkannt hatte, so vertrat sie doch die Ansicht, daß zuerst einmal die Wehrmacht selbst einen Mindestrüstungsstand erreicht haben müsse, ehe andere Aufgaben in Angriff genommen würden. In diesem Sinne hatte sich schon Blomberg in der Kabinettssitzung vom 8. Februar 1933 vernehmen lassen,[377] und Reichenau bestätigte diesen Standpunkt im Juni 1935 noch einmal: »Solange es noch nicht einmal möglich ist, die Finanzierung der geplanten 36 Divisionen des Heeres und die angestrebten Stärken der übrigen Wehrmachtsteile in vollem Umfange sicherzustellen, müssen auch dringende Forderungen der zivilen Verwaltungen zurückstehen.«[378] Infolgedessen gerieten die großangelegten Mobilmachungsvorarbeiten nun ins Stocken. Als die Zivilressorts im Haushalt 1935/36 für diese Zwecke 884,7 Millionen RM anforderten (von der Wehrmacht in die Dringlichkeitsstufen Ia-IV eingeteilt, Ia mit 123,9 Millionen RM), und der Finanzminister diese Forderungen mit dem Hinweis ablehnte, das Reichskriegsministerium möge sie aus seinem eigenen Etat decken, erklärte dieses sich nur zur Freigabe von 100 Millionen – also rund 80% der Dringlichkeitsstufe Ia – bereit.[379]

Problematisch an dieser Situation war nun nicht so sehr die

Tatsache, daß die militärische der wirtschaftlichen Aufrüstung zeitlich vorgezogen, sondern daß die Grenzen beider nicht vorher an Hand einer gesamtwirtschaftlichen Kräfterechnung ermittelt und die Planungen danach eingerichtet wurden. Statt dessen schöpfte die militärische Führung die wirtschaftlichen Kräfte zunächst vollständig für die militärische Rüstung aus. Es sei eine alte Erfahrung, hat Oberst Thomas dazu in rückblickender Kritik – und mit einem leichten Seitenhieb auf das traditionalistische Denken – geäußert, daß man in Friedenszeiten die militärische Rüstung bevorzuge und nur ungern große Geldmittel in die wirtschaftliche Kriegsvorbereitung stecke; trotz grundsätzlicher Anerkennung der wehrwirtschaftlichen Notwendigkeiten sei »auch bei der deutschen Aufrüstung die eben angedeutete Auffassung zum Durchbruch« gekommen.[380] Daß die militärische Wehrwirtschafts-Organisation erst ab Herbst 1934 aufgebaut wurde, als die Aufrüstung schon anderthalb Jahre lief und auch die wirtschaftliche Kriegsvorbereitung bereits in Gang gekommen war, ist seinerseits bezeichnend für diese Einstellung. Damit war nun freilich abzusehen, daß der Nachholbedarf, der hier im Entstehen war, zu irgendeinem nicht zu späten Zeitpunkt würde gestillt werden müssen, wenn man nicht riskieren wollte, daß die deutsche Wehrmacht jahrelang gleichsam in der Luft hing und trotz zahlenmäßiger Verstärkung und bester Bewaffnung und Ausbildung praktisch verteidigungsunfähig bleiben sollte.

Es ist nicht zu verkennen, daß hier eine der Hauptwurzeln des Vierjahresplans lag – und zugleich eine der wichtigsten Ursachen für das Scheitern von Schachts Experiment der Kreditfinanzierung. Setzt man einmal voraus, daß die damalige forcierte Rüstungspolitik den Interessen Deutschlands entsprochen hätte, so ist nicht erkennbar, wie man das Problem der wirtschaftlichen Rückenstärkung der Wehrmacht anders hätte lösen können als durch einen ebenso forcierten Aufbauplan für die wirtschaftliche Rüstung. So hat denn auch der Chef des Wehrwirtschaftsstabes, Oberst Thomas, immer wieder darauf gedrängt, neben der »Breite« der Rüstung – womit er die Gesamtheit der sofort einsetzbaren Kräfte bezeichnete – nicht deren »Tiefe«, d. h. die Durchhaltefähigkeit der Kriegswirtschaft zu vernachlässigen,[381] und er hat diesen seinen Bemühungen nicht zu unrecht einen wesentlichen Anteil am Zustandekommen des Vierjahresplans zugeschrieben.[382] Natürlich haben die Wehrmachtsstellen und insbesondere Thomas nicht beabsichtigt, dieses wirtschaftliche Rüstungsprogramm zu einer derartigen Raubbau-Wirtschaft ausarten zu lassen, wie es Hitler und Göring dann tatsächlich getan haben. Aber immerhin bot die anfängliche Disproportionierung der Rüstung Hitler doch einen sachlichen Anlaß zum Eingreifen, und überdies ist nicht zu erkennen, wie die militärische Führung das Problem anders als durch ein drastisches Abstoppen der militärischen Aufrüstung hätte lösen können. Dazu aber war mindestens bei Göring keine Bereitschaft vorhanden, und obendrein waren die Planungen für die wirtschaftliche Kriegsvorbereitung, wie erwähnt, doch so umfangreich, daß die dadurch entstehenden zusätzlichen Belastungen den Übergang zur Kriegswirtschaft schon im Frieden und damit den Verzicht auf die auch vom Wehrwirtschaftsstab grundsätzlich befürwortete Aufrechterhaltung der Friedenswirtschaft erzwingen mußten. Und das um so mehr, als die Schachtsche Methode der Krisenbekämpfung bereits wichtige organisatorische und handelspolitische Grundlagen dafür gelegt hatte. Wenn im Reichswehrministerium schon im Frühjahr 1934 die Auffassung vertreten wurde, »wirtschaftlich [befände Deutschland sich] schon im Zustand des Krieges«,[383] so war das gewiß übertrieben, aber es zeigt doch die Richtung, die die Entwicklung nahm. Im Oktober erklärte der Chef des Heereswaffenamts, General Liese, vor den Befehlshabern, angesichts der Rohstofflage bedinge die Aufrüstung den »Ausverkauf«, und Blomberg fügte hinzu, es sei »gut, d[ie] Truppe aufzuklären, daß Entbehr[ung] u[nd] Verknappung nötig u[nd] Sparsamkeit«.[384] Tatsächlich hat ja Schachts »Neuer Plan« nicht nur eine Kontrolle des Geld- und Kapitalmarkts und der Lohn-, Preis- und Devisenentwicklung gebracht, sondern auch eine Rohstoffwirtschaftung, die den zivilen Verbrauch zugunsten des militärischen drosselte. Das und der entsprechende Kontrollapparat waren Ansätze, die sich zur vollständigen Kriegswirtschaft ausweiten mußten, wenn noch die wirtschaftliche zu der militärischen Rüstung hinzutrat, selbst dann, wenn man nicht den Weg der Hitlerschen Raubbau-Wirtschaft beschritt, und auch dann, wenn man die exzessiven Repräsentativausgaben von Staat und Partei, auf die Schacht und Thomas vornehmlich die Schuld schoben, einstellte.[385] Die folgenden Jahre waren angefüllt mit Kontroversen über die Verteilung der Rohstoffe, aber dabei handelte es sich kaum noch um die Aufteilung zwischen Zivil- und Rüstungsbedarf, sondern um diejenige innerhalb des Rüstungssektors, also zwischen militärischem Aufbau und wirtschaftlicher Mobilmachungsvorbereitung.

Überblickt man die totale Mobilmachung bzw. die Vorarbeiten dazu in ihrem Anlaufstadium, so läßt sich erkennen, daß sie der Wehrmacht-Führung schon zeitig aus der Hand zu gleiten begannen. Im selben Maße, in dem die Aufrüstung auf allen Gebieten voranschritt, lockerte sich auch das Gefüge der militärischen Apparatur, und die dadurch entstehenden Brüche und Risse boten nicht nur Hitler und seinen Trabanten die ersten Ansatzpunkte für ihre revolutionäre Mobilisierungstaktik, sie stellten auch die technische Effektivität des entstehenden militärischen Instruments in Frage. Wenn die Führer der Wehrmacht die hier drohenden Gefahren, wo nicht überhaupt ignorierten, so doch wesentlich unterschätzten, so vor allem deshalb, weil die Entmachtung der SA im Jahre 1934 bei ihnen den Irrtum veranlaßte, die revolutionäre Dynamik sei damit zum Stillstand gebracht worden. Dieser Irrtum beruhte nicht zuletzt darauf, daß man die SA ausschließlich als potentielles militärisches Instrument ansah. Es wird die Aufgabe der folgenden Darstellung sein, zu zeigen, daß die SA mehr als das – oder etwas ganz anderes – war und daß mit ihrer machtpolitischen Ausschaltung nicht die Revolution, sondern nur eines ihrer Instrumente beseitigt war.

Drittes Kapitel: DIE SA – TERRORINSTRUMENT ODER REVOLUTIONSARMEE?

In der bisherigen Forschung über den Nationalsozialismus hat die SA nur wenig Aufmerksamkeit gefunden.[1] Das mag seinen Grund darin haben, daß das wissenschaftliche Interesse sich bislang hauptsächlich auf die nationalsozialistische Herrschaftsordnung im »Dritten Reich« richtete. Dem scheint die Annahme zugrunde zu liegen, daß sich Natur und Wesen des Nationalsozialismus in dieser Epoche, in der er durch keinerlei Legalitätsrücksichten mehr gehemmt war und sich daher frei nach seinen eigenen Gesetzen entfalten konnte, auch am besten studieren lassen müsse, während die Periode der sogenannten »Kampfzeit« bis 1933 als bloße Vorstufe weniger Beachtung verdiene. Unter diesem Gesichtspunkt muß die SA allerdings als eine Art überwundener Frühform der nationalsozialistischen Bewegung erscheinen – eine Ansicht, die durch die Ereignisse des 30. Juni 1934, in denen die SA ihrer bisherigen Führung beraubt und auf eine unbedeutende Stellung herabgedrückt wurde, bestätigt zu werden scheint.[2] Indessen besteht Anlaß, an der Richtigkeit dieser Deutung zu zweifeln. So könnte man z. B. auf die eigenartige Doppelstruktur des nationalsozialistischen Staatswesens verweisen, die in dem Neben- und Gegeneinander von Partei und Staat nur eine ihrer Ausdrucksformen hatte[3] und auf Grund deren man gerade umgekehrt zu der Vermutung kommen könnte, daß der Nationalsozialismus sich nach der Eroberung der Macht zumindest anfangs in einer wesentlich schwierigeren Position befunden und seine eigentliche Natur gerade noch so »rein« entfaltet habe wie vorher. Wenn man sich hier auch vor Überspitzungen hüten muß, so bleibt doch immerhin so viel bestehen, daß die Nationalsozialisten selbst die Zeit ihres Aufstiegs zur Herrschaft auch auf der Höhe ihrer Macht keineswegs als »überwunden« betrachtet haben, ganz im Gegenteil. In Hitlers Vorstellung galt diese sogenannte »Kampfzeit« geradezu als konstitutiv für das »Dritte Reich«, ihre Erfahrungen und Lehren waren ihm Richtschnur ferneren politischen Handelns; immer wieder hat er, namentlich auch während des Krieges, auf sie verwiesen und sie als Modell für die Prognose der weiteren Entwicklung des nationalsozialistischen Reiches und als Muster für das Verhalten seiner selbst, seiner Gefolgsleute und des ganzen Volkes kanonisiert.[4] Aber auch die übrigen Parteiführer haben ihren Glauben an die pseudoreligiöse Berufung Hitlers und seine unwiderstehliche und alles bezwingende Führungsgabe wiederholt am Bilde dieser »Kampfzeit« aufgefrischt, und die alljährlich veranstalteten Feiern zum 9. November, dem Jahrestag des Münchner Putsches, mit dem anschließendenden Treffen der »alten Garde« unterstrichen diese Tendenzen noch nachdrücklich. Unter diesem Gesichtspunkt stellt sich auch das Problem des 30. Juni 1934 neu: Wurde der Schlag gegen die SA, die Vorkämpferin des nationalsozialistischen »Heldenzeitalters«, wirklich nur geführt, um sie daran zu hindern, das revolutionäre Programm fortzusetzen und zu vollenden? Indiziert der 30. Juni eine tiefgreifende prinzipielle oder nur eine taktische Wendung im politischen Kurs des nationalsozialistischen Regimes?[5] Stellt man die Frage so, wird eine nähere Analyse der Entwicklung der SA vor 1933 und ihrer damaligen Bedeutung für die nationalsozialistische Bewegung unvermeidlich, ja sie verspricht wichtige Aufschlüsse über das Wesen dieser Bewegung selbst.

1. Die SA zwischen Hitler und Röhm

Die Schwierigkeit für ein Studium der SA liegt darin, sie als politische Erscheinung in unser System historischer und soziologischer Kategorien einzuordnen. Die Klassifikation als Partei-Armee, die für den Eventualfall eines revolutionären Bürgerkrieges und als Keimzelle für die Wehrmacht eines zukünftigen nationalsozialistischen Staates bereitgestellt worden sei, ist jedenfalls nicht ausreichend, sosehr sie durch die halbmilitärische Fassade der braunen Truppe und durch ehrgeizige Bestrebungen ihrer Führer unterstützt worden sein mag. Denn sie ignoriert gerade die Konzeption Hitlers, die den Schwerpunkt der SA-Aktivität nicht nur aus Tarnungsgründen, sondern in bewußter Absicht auf eine in dieser Form einzigartige Verbindung von Propaganda und Terror legte. Damit sollte ein Bürgerkriegs-Einsatz grundsätzlich ebensowenig ausgeschlossen werden wie eine spätere Übernahme militärischer Funktionen, aber beides waren nur Teilaspekte der Hitlerschen Konzeption. Im Grunde handelte es sich bei der Schaffung der SA um den Versuch zur Ausbildung eines gänzlich neuartigen Machtinstruments, in dem sowohl die normative Beschränkung als auch die Spezialisierung und Differenzierung der Funktionen, wie sie sich im modernen zivilisierten Staat in Gestalt von Militär und Polizei herausgebildet hatte, wieder zugunsten einer umfassenden, unterschiedslosen und unbeschränkten Gewaltanwendung aufgehoben war. Die SA sollte, so scheint es, eine *totale Gewalt- und Zwangsorganisation* sein, die psychischen Zwang wie physische Gewalt, inneren Terror und militärische Schlagkraft gleichermaßen (wenn nicht gleichzeitig, so doch nacheinander) entfalten konnte. Diese Konzeption ist freilich bis 1933 weder theoretisch noch praktisch völlig ausgereift, aber sie war doch genügend weit ausgebildet, um die Tendenz erkennbar werden zu lassen.

Daß man diese Tendenz so lange verkannt hat, liegt freilich auch daran, daß die SA nicht der einzige Bestandteil der nationalsozialistischen Bewegung war; neben ihr bestand von Anfang an auch die Organisation der Partei im engeren Sinne. Dieses Nebeneinander zweier auf den ersten Blick deutlich unterschiedener Organisationen verführte verständlicherweise zu dem Schluß, daß beiden mithin auch gesonderte, klar definierbare Funktionen zugedacht seien, und von hier war es nur noch ein Schritt bis zu der Annahme, daß die Partei die eigentlich politische, die SA aber die kämpferisch-militärische Aufgabe zu erfüllen habe. Solche Deutungen wurden zwar durch die offiziellen Verlautbarungen der NSDAP unterstützt, und sie sind auch keineswegs direkt falsch; aber sie treffen nicht das eigentlich Wesentliche. Wenn auch die Partei von den Nationalsozialisten selbst immer als die »politische Organisation« klassifiziert wurde, so hat sie doch – wenigstens bis 1934 – nie das Primat der Politik gegenüber der SA ausgeübt, sosehr ihre ehrgeizigen Führer das erstrebten. Auf der anderen Seite wurde zumindest offiziell immer geleugnet, daß die SA eine militärische Organisation sei, und überdies wurde von den Parteigenossen prinzipiell der gleiche kämpferische Aktivismus verlangt wie von den SA-Leuten, wie denn überhaupt der Unterschied zwischen beiden Organisationen z. T. dadurch hinfällig wird, daß sie häufig – vor allem in Kleinstädten und agrarischen Gebieten – identisch waren. Und wo sie es nicht waren, war ihre Differenz mehr graduell als prinzipiell bestimmt: Die SA-Leute waren noch lebhaftere Aktivisten als die Parteigenossen (oder sollten es doch wenigstens sein) – eine Unterscheidung, die auf der praktischen Überlegung beruhte, daß nicht alle Menschen gleichmäßig mobilisierbar sind. Statt unterschiedlicher Funktionen hätte man es also mehr mit einer Art Rangordnung zu tun, und gerade das läßt von einem Studium der SA wichtige Aufschlüsse über die Gesamtbewegung erwarten. Aber die Irrationalität der Strukturprinzipien der nationalistischen Bewegung zwingt auch hier wieder zu Einschränkungen: Die Teilung in Partei und SA kam Hitlers *divide-et-impera*-Taktik so sehr entgegen, daß sie kaum allein aus Gründen der Rangordnung entstanden und aufrechterhalten worden ist. Hitler mußte vielmehr daran interessiert sein, daß das hierarchische Prinzip sich nicht als Norm durchsetzte, sondern durch das Gleichberechtigungsprinzip ausbalanciert wurde, und das um so mehr, als die SA im Gegensatz zur Partei immer einen eigenen Führer hatte, dessen Ehrgeiz in Schranken gehalten werden mußte. Dieses praktische Nebeneinander zweier theoretisch unvereinbarer Prinzipien machte dann freilich jeden Versuch rationaler Formulierung unmöglich, und so wich man auf die geläufige Unterscheidung militärischer und politischer Funktionen aus, obwohl eine solche Kompetenzteilung nur sehr bedingt gegeben war; höchstens kann man sagen, daß die SA mehr das Instrument der Gewalt, die Partei mehr das der List verkörperte.

Der Aufstieg der nationalsozialistischen Partei seit 1919/20 stützte sich in hervorragendem Maße auf Hitlers rednerisch-agitatorische Massenwirkung, die er, nachdem er seiner oratorisch-suggestiven Mittel erst einmal sicher geworden war, ungehemmt und mit Geschick ausnutzte. Aber er hat damit von Anfang an noch ein zweites Propagandamittel verbunden: Terror und physische Gewalt. Hitler hatte, sagt sein Biograph, entdeckt, »daß Gewalt und Terror ihren eigenen Propagandawert haben und daß die Demonstration physischer Kraft ebenso viele anzieht wie abstößt«.[6] Oder mit Hitlers eigenen Worten: »So wie ein mutiger Mann Frauenherzen leichter erobern wird als ein Feigling, so gewinnt eine heldenhafte Bewegung auch eher das Herz eines Volkes als eine feige . . .«[7] Und er dachte dabei nicht nur an das »Volk«, sondern auch an die Presse, deren Macht er sehr wohl einzuschätzen verstand. »Er habe«, so berichtet er später in den Tischgesprächen, »politische Gegner durch Saalschutz stets so unsanft hinausbefördern lassen, daß die gegnerische Presse – die die Versammlungen sonst totgeschwiegen hätte – über die Körperverletzungen bei NSDAP-Versammlungen berichtete und dadurch auf die Versammlungen der NSDAP aufmerksam machte«.[8]

Das war die Keimzelle der SA: eine Bande von Raufbolden und Schlagetots, die möglichst wie »waschechte Proletarier« aussehen[9] und durch ihre Radau- und Prügelszenen das Versammlungspublikum beeindrucken und den Blätterwald zum Rauschen bringen sollten. Da Leute solchen Schlages in der ursprünglichen DAP, die ja nur einer unter Hunderten harmloser bajuwarischer Stammtisch-Debattierklubs war, nicht zu finden waren, holte Hitler sie sich von außen, z. T. aus dem Kreise seiner Kameraden in der Reichswehr, der er noch bis zum 31. März 1920 angehört hat.[10] Der Führer dieser ersten Hitlerschen Knüppelgarde war Emil Maurice, nach Heiden »ein begnadeter Raufbold«. Es existiert sogar noch eine Liste der ersten 25 Mitglieder,[11] aber außer Maurice finden sich keine der bekannteren Nazigrößen darunter; dagegen dürfte interessieren, daß nur acht von ihnen Kriegsteilnehmer waren; alle anderen waren junge Burschen, die bei Kriegsende noch nicht wehrdienstfähig waren[12] – eine Bestätigung mehr für die Beobachtung, daß die Freikorps und Wehrverbände der Nachkriegszeit sich zu einem erheblichen Teil aus Nichtsoldaten zusammensetzten, Kadetten wie Ernst v. Salomon, Schülern wie Heydrich und anderen »Halbstarken«,[13] deren kriegerischer Ehrgeiz und Abenteuerlust durch das vorzeitige Ende des Krieges enttäuscht worden waren. Auf dieser Basis ist die SA dann von Hitler und den ersten SA-Führern konsequent weiterentwickelt worden. Sie erhielt allmählich eine organisatorische Form, zunächst als »Ordnerdienst« der Partei, äußerlich also entsprechend ähnlichen Einrichtungen bestehender Parteien;[14] sie erhielt Armbinden mit dem Hakenkreuz – die Bedürfnisse des Ordnerdienstes haben, wie Hitler selbst berichtete, den Anstoß zur Schaffung der Parteisymbolik gegeben –, und sie bekam eine erste »Schulung«: Die Mitglieder, schrieb Hitler, wurden »von allem Anbeginn darüber belehrt und daraufhin erzogen . . ., daß Terror nur durch Terror zu brechen sei, . . . daß wir für eine gewaltige Idee fechten, . . . daß . . . die beste Waffe der Verteidigung im Angriff liege und daß unserer Ordnertruppe der Ruf schon vorangehen müsse, kein Debattierklub, sondern eine zum Äußersten entschlossene Kampfgemeinschaft zu sein«.

Im August 1921 erfolgte eine Umorganisation unter dem neuen Titel »Turn- und Sportabteilung« und unter einem neuen Führer, Hans Ulrich Klintzsch, einem ehemaligen Marineleutnant, den der damals in München untergetauchte Kapitän Ehrhardt der NSDAP aus dem Reservoir seiner Attentats- und Putschspezialisten zur Verfügung gestellt hatte.[15] Gründe und Hintergründe dieses Vorgangs sind heute noch nicht voll geklärt. In erster Linie darf man hier wohl den Versuch Hitlers vermuten, den bisherigen Ordnerdienst auf Massenbasis umzustellen und zu einem festen Gerippe der Partei auszubauen. Nach heftigen Intrigenkämpfen innerhalb der Parteileitung hatte Hitler, der bisher nur Propagandaleiter gewesen war, Ende Juli 1921 die absolute Herrschaft über die Partei errungen; er war jetzt erster Vorsitzender mit unbeschränkten Vollmachten.[16] Um seiner Herrschaft fortan eine feste Basis zu geben, wollte er den Ordnerdienst, bisher nur ein relativ kleines Rollkommando, in eine straffe Organisation verwandeln und ihn zugleich erheblich erweitern, damit er als Gegengewicht der zivilen Partei dienen konnte.[17] Bezeichnenderweise holte er sich dazu in dem Ehrhardt-Mann Klintzsch einen Parteifremden als Führer und Organisator. Aber damit scheinen zugleich auch die militärischen Tendenzen der damaligen Wehrverbände auf die Ordnertruppe übergegriffen zu haben. Als wenige Wochen später Erzberger ermordet und dadurch Ehrhardts O. C. (Organisation Consul) mindestens vorübergehend erschüttert wurde, folgten viele der heimatlos gewordenen Mitglieder den Spuren Klintzschs und suchten Unterschlupf in der SA,[18] die von ihren militärischen Vorstellungen gewiß nicht unbeeinflußt geblieben ist.

Kurz darauf erlebte die Truppe ihre erste »Feuertaufe«, jene Saalschlacht vom 4. November 1921, in der angeblich 46 SA-Leute 700 bis 800 »Marxisten« in die Flucht schlugen – ein Vorfall, der in der nationalsozialistischen Parteilegende als Geburtsstunde der SA fortlebte. Das trifft insofern zu, als Hitler seinen Rowdys jetzt den Ehrennamen »Sturmabteilung« verlieh[19] und die Parteileitung überdies, wie Hitler berichtet, nun »diese ganzen Fragen, ich darf schon sagen, mit wissenschaftlicher Methodik studiert« habe; die Resultate seien »in der Folgezeit für die organisatorische und taktische Leitung unserer Sturmabteilungen von grundlegender Bedeutung geworden«.[20] Man begnügte sich nicht mit dem »Schutz« der eigenen Versammlungen, sondern bemühte sich auch um »Ruhestiftung« in denen der Gegner: »Er habe«, so erzählte Hitler 1942 im Führerhauptquartier, »Versammlungen anderer Parteien in der Weise sprengen lassen, daß Parteiangehörige sich dort als Ruhestifter betätigt und in dieser Maske Raufereien angezettelt hätten.«[21] Die Äußerung zeigt zugleich, daß Hitler sich nicht mit offener Gewaltanwendung begnügte, sondern sie mit allerhand Tricks und Kniffen verband, die ihre Wirkung verstärkten. Im Laufe der Zeit entwickelte er ein ganzes Arsenal solcher Finten und Techniken, mit denen er gegnerische Versammlungen stören und, vor allem, das äußere Bild und den Verlauf der eigenen in dem von ihm gewünschten Sinne beeinflussen und jenes demagogische Wechselspiel von rhetorischer Ekstase und frenetischem Beifall entfalten konnte, das die nationalsozialistischen »Kundgebungen« von dem bisherigen »bürgerlichen« Versammlungsstil unterschied.[22]

Der nächste Schritt führte aus den Versammlungen hinaus auf die Straße. Aus dem Studium seiner Gegner, der »Marxisten«, wußte Hitler, welche Werbewirkung sich aus der »Beherrschung der Straße« ergeben kann, und das Bedürfnis, sich von den politisch wirkungslosen »bürgerlichen« Konventikeln der Völkischen zu distanzieren und »höheren Orts«, also vornehmlich bei der Reichswehr, als ernsthafter Rivale der sozialistischen Parteien anerkannt zu werden, drängte ihn zur Nachahmung der roten Demonstrationsmärsche und öffentlichen Massenkundgebungen, wobei er den Reklamewert der neuen Parteisymbolik und der Terrortechnik nun in freier Luft erproben konnte. Die Straffung und Vermehrung der SA seit August 1921 bot dazu die Voraussetzung. Hitler selbst bezeichnete als konstituierendes Ereignis die Massendemonstration nationaler Verbände auf dem Königsplatz in München im Spätsommer 1922, bei der die Nationalsozialisten durch ihr Auftreten in Marschordnung mit Fahnen und Musik und durch Prügelszenen, in denen sie »den roten Terror brachen«, zum ersten Mal auffielen.[23] Eine konsequente Fortentwicklung dieser Reklametechniken war dann der Zug nach Coburg zum »Deutschen Tag« im Oktober 1922: Fahrt im fahnengeschmückten Sonderzug, Marsch durch die Stadt in geschlossener Formation mit Fahnen und Musik und anschließend große Straßenschlacht gegen die »Marxisten«.[24] Letztere entstand bezeichnenderweise, weil Hitler sich nicht an eine Vereinbarung zwischen der Festleitung des »Deutschen Tages« und den sozialistischen Parteien hielt, nach der die nationalen Verbände die Stadt nicht mit entrollten Fahnen, Musik und in geschlossenem Zuge betreten sollten. Das waren für Hitler verständlicherweise »schmähliche Bedingungen«, denn ihre Einhaltung hätte ihn seiner entscheidenden Wirkungsmittel beraubt. Aber sie erwiesen sich insofern als vorteilhaft, als sie den Anlaß zur Übertretung und damit zu einer Massenprügelei boten, in der die Hitlerschen Raufbolde Erfahrungen sammeln, sich »bewähren« und im übrigen auch außerhalb Münchens demonstrieren konnten, daß sie kein »Debattierklub« waren. Der Erfolg war, daß die NSDAP mit einem Schlage über München hinaus in ganz

Bayern bekannt wurde und die SA großen Zulauf erhielt. Und auch hier wertete Hitler die Erfahrungen gleich zur weiteren Ausbreitung der nationalsozialistischen Bewegung in Bayern aus. In allen Orten, so berichtet er, in denen die Nationalsozialisten noch nicht Fuß gefaßt hatten, wurde die SA zusammengezogen und unter ihrem Druck »die Versammlungsfreiheit wiederhergestellt«. So fiel »allmählich . . . in Bayern eine rote Hochburg nach der anderen der nationalsozialistischen Propaganda [*sic!*] zum Opfer«.[25]

Damit war die Entwicklung der Hitlerschen Konzeption der SA zunächst abgeschlossen. Sie hatte, wie man sieht, mit militärischen Vorstellungen nichts zu tun, sondern zielte auf die Schaffung einer demagogischen Provokations- und Einschüchterungsgarde, etwa analog den amerikanischen Gewerkschafts- und Wahlrackets,[26] mit denen sie neben der machtpolitischen Funktion auch die Kombination von Gewalt und Tricks in ihrer Taktik teilte, von denen sie sich aber auch in einigen wesentlichen Punkten unterschied. Dazu gehörte vor allem, daß diese hauptsächlich offen auftrat; Geheimorganisationen hat Hitler immer und konsequent abgelehnt – verständlicherweise, denn er erstrebte ja Propagandawirkung. Dazu gehörte weiter, daß sie primär keine Erwerbsorganisation war, sowenig materielle Interessen gefehlt haben. Und dazu gehörte schließlich, daß sie in ihrer zweiten Entwicklungsphase, also seit 1921, zur Massenorganisation tendierte, die zugleich als fester Kern der »Bewegung« und als Gegengewicht gegenüber der Partei dienen konnte.

Diese Tendenz hatte Nebenwirkungen, die sich bald als gefährlich für Hitlers ursprüngliche Konzeption erweisen sollten. Die Erfahrung von Coburg hatte Hitler gelehrt, daß zu Erkennungszwecken bei Straßenschlachten Uniformierung nötig sei, worauf er Skimütze und Windjacke als erste SA-Uniform einführte.[27] Die neue Zielsetzung der SA als relativ eigenständiger Massenorganisation und »Sturmbock« der »Gesamtbewegung«[28] in Verbindung mit der zahlenmäßigen Vermehrung erzwang außerdem eine neue, militärähnliche Organisationsstruktur. Hitler wußte wohl, daß militärische Disziplin in einer nichtstaatlichen politischen Organisation unmöglich ist, weil die Disziplinarstrafgewalt fehlt, und er hat nicht zuletzt deshalb die Umwandlung der SA in einen Wehrverband abgelehnt.[29] Zugleich scheint er aber genau berechnet zu haben, daß die Übernahme militärischer Formen bei den militärfrommen Deutschen disziplinähnliche Reflexhaltungen auslösen konnte, und das mußte seine Kontrolle über die SA und damit über die Partei erheblich unterstützen. Hinzu kommt, daß diese Tendenz noch von unten her, durch die jetzt zahlreicher einströmenden ehemaligen Soldaten und die Ehrhardtschen Offiziere, gefördert wurde. Nichtsdestoweniger hat Hitler sich bemüht, diese Militarisierung in engen Grenzen zu halten, so durch die Titulierung als »Turn- und Sportabteilung«, durch die Benennung der Untergliederungen als »Hundertschaften« und durch die unmilitärische Bekleidung. Aber die Umbenennung in »Sturmabteilung«, die sich schon vor dem 4. November 1921 durchzusetzen begonnen hatte,[30] zeigt auch den Druck von unten her, den die Soldaten in der SA in Richtung auf zunehmende Militarisierung ausübten, nicht nur, weil sie gern weiter Soldat spielen wollten, sondern weil sie vermutlich auch den Sinn von Hitlers Konzeption nicht begriffen.

Damit begann der Kampf zwischen der Hitlerschen totalen und der »militärischen« Konzeption der SA, und die letztere erhielt bald so mächtige Unterstützung von außen her, daß sie den Sieg erringen konnte. Hitler war inzwischen schon eine Macht in Bayern geworden, wenn auch nur eine unter vielen. Aber er war im Grunde noch immer abhängig von der Reichswehr, genauer, vom Münchner Divisionskommando, in dem der Generalstabshauptmann Ernst Röhm so etwas wie der Organisator der geheimen Reservearmee der Reichswehr in Bayern war.[31] Mit stillschweigender Duldung des Divisionskommandos und im Einverständnis mit seinem unmittelbaren Vorgesetzten, dem Infanterieführer General v. Epp,[32] versuchte Röhm die Versailler Restriktionen durch Aufbau halbmilitärischer Organisationen außerhalb der regulären Armee zu umgehen, ähnlich wie es auch in anderen Teilen Deutschlands geschah. Hier wie dort erwuchs daraus der Versuch, das Weimarer Regime, das sich an den Versailler Vertrag gebunden hatte, in irgendeiner Form zu beseitigen. Auch Röhm, der ein roher und primitiver Mann war, aber immerhin ein gerader und aufrechter Charakter, ein Haudegen und »Frontschwein«, war nicht nur ein sehr fähiger Organisator, sondern hatte selbst beträchtlichen politischen Ehrgeiz. »Politik«, sagte Heiden von ihm, »treibt er mit Leidenschaft und mißversteht er mit Leidenschaft.«[33] Wie zur Bestätigung dessen schrieb Röhm in seinen Memoiren, er könne sich nicht denken, »daß sich drei Dinge nicht vereinigen lassen sollten«: seine Anhänglichkeit an die Dynastie Wittelsbach, seine Verehrung für Ludendorff und seine Verbundenheit »mit dem Herold und Träger des politischen Kampfes, Adolf Hitler«.[34] Die revolutionäre Richtung seines politischen Denkens kommt in seiner Idee eines »Wehrstaates« zum Ausdruck, in dem »der Soldat die erste Stelle einnehmen« und »das Primat des Soldaten vor dem Politiker« gelten sollte,[35] womit sich – in scharfer Frontstellung gegen die »bürgerliche« Welt des Kaiserreiches vor 1914 – vage Vorstellungen einer männerbundartigen, am Vorbild der »klassenlosen« Frontkameradschaft orientierten, »sozialistischen« Gemeinschaft verbanden.[36]

Diese doppelte Frontstellung gegen Republik und Kaiserreich, gegen »Marxismus« und »Reaktion« bildete die politische Brücke, auf der sich Röhm mit Hitler traf, aber abgesehen davon, daß Hitler damals nur eine von mehreren Figuren in Röhms Spiel war,[37] unterschieden sich beide auch in militärpolitischer Hinsicht. Denn während Röhm die Revolution durch seine illegale Armee ausführen lassen wollte und darum deren Aufbau und die Eingliederung der SA in sie für vordringlich hielt, wollte Hitler in der klaren Erkenntnis, daß dann seine Alleinherrschaft gefährdet sei, nichts davon hören und sträubte sich dagegen mit dem Argument, erst müsse die politische Revolution stattgefunden haben, ehe man das neue Nationalheer aufstellen könne. Da er über die Geldmittel der Reichswehr verfügte, saß Röhm damals am längeren Hebel, doch fiel ihm erst mit der Besetzung des Ruhrgebiets durch die Franzosen der volle Sieg zu.[38] Denn nun erhob sich eine Welle des nationalen Widerstandswillens; die radikalen Kräfte drängten zum aktiven Widerstand, und die Reichswehr begann mobilzumachen. Da half es Hitler nichts, daß er die landesverräterische Parole ausgab, Widerstand gegen Frankreich sei in dieser Lage zwecklos, denn er käme nur dem »jüdisch-marxistischen Regime der Novemberverbrecher« zugute; er mußte sich widerstrebend dem doppelten Druck der Reichswehr von oben und seiner SA-Leute von unten beugen.[39] Seit dem Januar/Februar 1923 wurde die SA endgültig in eine paramilitärische Formation umgewandelt, erhielt ein eigenes, von der Parteileitung getrenntes »Oberkommando« mit dem abenteuernden Fliegerhauptmann Göring als Führer[40] und dem Kapitänleutnant a. D. Hoffmann von der Ehrhardtschen O. C. als »Chef des Stabes« und hielt zusammen mit den anderen Kampfverbänden Röhms militärische Übungen ab.[41]

Damit war Hitler die SA und mit ihr das eigentliche Machtinstrument seiner Herrschaft in der Partei aus der Hand gewunden; er war jetzt praktisch nicht viel mehr als ein sehr erfolgreicher Agitator im Dienste der Reichswehr. Heiden vermutet wohl mit Recht, daß Röhm gar nicht ahnte, was er seinem Freunde damit antat,[42] und man darf hinzufügen, daß dieser Vorgang von weitreichender Bedeutung für die Zukunft geworden ist: für Hitler, weil er ihn zu dem Entschluß veranlaßte, sich nie wieder so weit mit der Reichswehr einzulassen und seinen Aufstieg hinfort ausschließlich auf eigene Kraft zu gründen, und für die Reichswehr, weil er bei ihr den Irrtum begünstigt zu haben scheint, als könne man beliebig oft wiederholen, was schon einmal so gut gelungen war. Für Hitlers Ziele und Absichten war es kennzeichnend, daß er 1923 sofort versuchte, den Entzug der SA wenigstens z. T. wettzumachen, indem er sich im März 1923 eine persönliche, von Klintzsch geführte Garde einrichtete, die ihm bedingungslos ergeben sein sollte.[43] Im Mai 1923 wurde diese sogenannte »Stabswache« unter Führung eines anderen dieser Prügelhelden, Josef Berchthold, zum »Stoßtrupp Hitler« erweitert. Weitere Mitglieder waren Julius Schreck, Erhard Heiden, Ulrich Graf, Karl Fiehler und der unvermeidliche Emil Maurice. Es war bezeichnenderweise dieser »Stoßtrupp«, mit dem Hitler am Abend des 8. November 1923 seinen Bierkeller-Putsch ausführte, und es war zugleich der Kern, aus dem sich nach 1925 die SS entwickelte.[44]

Nach dem Mißerfolg des November-Putsches versuchte zunächst Röhm, der nach dem Hitler-Prozeß mit Bewährungsfrist entlassen worden und inzwischen aus der Reichswehr ausgeschieden war, das Werk in seinem Sinne fortzuführen. Das Resultat war die Gründung des »Frontbanns«, in dem Röhm die nach dem 9. November zerstreuten und teilweise ihrer Führer beraubten völkischen Wehrverbände wieder unter einer »überparteilichen« Dachorganisation zusammenzufassen strebte. Tatsächlich gelang ihm die Sammlung vieler Kräfte, darunter auch der in Bayern verbotenen SA, die auf diese Weise überwinterte. Insbesondere wurde der Frontbann dadurch von Bedeutung, daß er im Gegensatz zu der alten SA über die Grenzen Bayerns hinausgriff und infolgedessen bei der späteren Neugründung der SA außerhalb Bayerns weitgehend zu deren Basis wurde. Als politischen Führer wählte sich Röhm den General Ludendorff, den er, getreu seiner Devise, mit dem vorläufig noch gefangenen Hitler zu versöhnen hoffte. Hitler seinerseits spielte den Unentschlossenen, d. h. er hielt sich alle Wege offen.[45]

Als er dann entlassen war und zur Neugründung der Partei und SA schritt, kam es zum Bruch mit Röhm. Hitler war entschlossen, seine Konzeption der SA jetzt energisch durchzusetzen und, wie er in den Richtlinien vom 26. Februar 1925 sagte, zu den Grundlagen zurückzukehren, »die bis zum Februar 1923 maßgebend waren«: ausschließliche Unterstellung unter die Parteileitung; keine Bewaffnung; als Aufgabe die »Stählung des Körpers unserer Jugend, Erziehung zur Disziplin und Hingabe an das gemeinsame große Ideal, Ausbildung im Ordner- und Aufklärungsdienst der Bewegung«,[46] also wieder die Idee des politischen Massenrackets. Für einen alten Soldaten wie Röhm war das schwer verständlich und überdies, da er ja »das Primat des Soldaten vor dem Politiker« forderte, unannehmbar; nach seiner Vorstellung sollte die SA in den Frontbann eingegliedert und dieser mit der NSDAP nur durch gemeinsames Bekenntnis zur »Idee Adolf Hitlers« verbunden werden. Aber Röhm war jetzt keine Macht mehr; er war nicht mehr der Vertreter der Reichswehr, sondern nur noch ein Privatmann, und so konnte Hitler sich den Bruch mit ihm leisten; am 17. April 1925 trat Röhm von der Leitung des Frontbanns zurück und gab Hitler auch den Auftrag zur Neugründung der SA zurück.[47] Freilich mußte Hitler damit zunächst auch mangels eines anderen charismatisch qualifizierten Führers auf einen Wiederaufbau der SA verzichten; zwar bildeten sich vielenorts lokale SA-Einheiten, aber sie waren lediglich Organe der örtlichen Parteiführer und von diesen völlig abhängig.[48] Dafür baute Hitler nun ab November 1925 die SS *(Schutzstaffeln)* auf, wobei er konsequent nach dem Elite-Prinzip verfuhr: kleine Zahl, strenge Auslese, bedingungslose Ergebenheit für ihn. Neben dem persönlichen Schutz Hitlers übernahm sie zunächst auch die SA-Aufgaben vom Versammlungs-»Schutz« bis zur Mitgliederwerbung für die Partei und zur Bezieherwerbung für den *Völkischen Beobachter*. Ihre ersten Führer wechselten schnell: Schreck, Berchthold (ab 15. April 1926), Erhard Heiden (ab März 1927) und schließlich Heinrich Himmler (seit 6. Januar 1929); ihre Zahl betrug etwa 200 Mann, gegliedert in »Zehnerstaffeln«.[49]

Im Herbst 1926 erfolgte dann die Neugründung der SA, bezeichnenderweise wiederum, wie 1921, erst nachdem Hitler im Mai die Alleinherrschaft über die NSDAP zurückerobert hatte.[50] Dazu kam, daß im Laufe des Jahres 1926 das Heer der Wehrverbände unter dem Druck der innenpolitischen Stabilisierung und der Umstellung der Reichswehrpolitik zu zerbröckeln begann; einige wie der Stahlhelm und der Jungdeutsche Orden vermochten die

Schwenkung der Reichswehr zum Staat hin mitzumachen, aber viele, und gerade die radikal-revolutionären wie der völkische »Frontbann«, die Organisation Roßbachs und die O. C. Ehrhardts, die sich jetzt »Wiking-Bund« nannte, lösten sich auf, und ihre unentwegten Aktivisten suchten nun eine neue Heimat, in der sie weiter »kämpfen« konnten.[51] Da bot ihnen Hitler in der NSDAP eine Zufluchtsstätte an.[52] Seine damalige Argumentation mit ihrer Kritik an den »unpolitischen« Wehrverbänden und der Geheimbündelei traf hauptsächlich Röhms Frontbann-Ideen und Ehrhardts Untergrundaktivität und zeigt damit, aus welchen Kreisen er den Zustrom für seine SA erwartete. Den Frontbann- und Freikorps-Leuten machte er klar, daß sie zwar die militärische Macht und die Herrschaft über die Straße besessen, aber einer politischen Idee und eines politischen Ziels ermangelt hätten; darauf beruhe ihr Mißerfolg. Wie die französische, die russische und die faschistische Revolution gezeigt hätten, besäßen politische Ideen einen unschätzbaren Offensivwert. In Deutschland habe erst der Nationalsozialismus das erkannt, erst in ihm sei jenes »Zusammenspiel von politischem Wollen und aktivistischer Brutalität« geschaffen worden, das allein den ähnlich operierenden Marxismus mit Erfolg bekämpfen könne.[53] Und Ehrhardts Attentatsspezialisten wies er nach, daß der Versuch, das herrschende Regime durch Verschwöreraktivität und Mordattentate zu stürzen, aussichtslos sei. Derartiges habe nur Sinn, wo ein Regime allein durch eine einzige Persönlichkeit, einen Tyrannen, repräsentiert werde; der »Marxismus« aber stütze sich gerade nicht auf Persönlichkeiten, sondern auf anonyme Kräfte.[54] *»Der Kampf gegen den heutigen Staat«,* so rief er ihnen zu, muß »aus der Atmosphäre kleiner Rache- und Verschwörungsaktionen herausgehoben [werden] zur *Größe eines weltanschaulichen Vernichtungskrieges* gegen den Marxismus, seine Gebilde und seine Drahtzieher«.[55]

Aus denselben Kreisen holte er sich dann auch den neuen Führer der SA: Franz Pfeffer v. Salomon, Hauptmann a. D., Freikorpsführer in Westfalen und im Baltikum (Urheber des Libauer Putschs), Teilnehmer am Kapp-Putsch, an den Oberschlesien-Kämpfen und dem Sabotagekrieg an der Ruhr, seit 1924 Führer der NSDAP in Westfalen und im Ruhrgebiet.[56] Mit ihm zusammen entwarf Hitler die neuen Richtlinien für die SA, in denen nun der Versuch gemacht wurde, die Umwandlung kleiner Rollkommandos und Knüppelgarden in eine Organisation des Massenterrors, die 1922/23 mißlungen war, mit besserem Erfolg zu wiederholen. Das Resultat war eine Verbindung von Hitlers Konzeption der SA als einer Organisation zur Umsetzung von Ideen in Kampfkraft mit organisatorischen und taktischen Erfahrungen des Freikorpswesens, die Pfeffer beisteuerte.[57] In einer Reihe von »SA-Befehlen« und »Grundsätzlichen Anordnungen«, abgekürzt »SABE« und »GRUSA«,[58] hat Pfeffer die gemeinsamen Anschauungen niedergelegt.[59] Die Hauptschwierigkeit sah er mit Recht darin, den SA-Führern den Unterschied zwischen der Konzeption der SA und dem in Deutschland so mächtigen militärischen Vorbild deutlich zu machen und sie vor ständigen Rückfällen ins »Militärische« zu bewahren. »Wir sind«, so erklärte er ihnen, »etwas Neues, durchaus Eigenartiges, wie auch unsere Gesamtbewegung und unsere Ziele neu und eigenartig sind.«[60] Dieser Einsicht in die Neuartigkeit des Unternehmens stand eine bemerkenswerte Unfähigkeit gegenüber, dessen Sinn und Zweck klar und einleuchtend zu bestimmen. Die Aufgabe des Heeres, so erklärte Pfeffer, sei die Kriegführung gewesen, die der SA sei dagegen der »innenpolitische Kampf«.[61] Der innenpolitische Kampf kennt viele Formen; Hitler und Pfeffer kam es aber nur auf eine an: gewaltsames Unterdrucksetzen der politischen Gegner im Saal und auf der Straße. Wenn Pfeffer also in diesem Zusammenhang vom »Kampf ohne Waffen« sprach, so meinte er nicht den Verzicht auf Gewalt, sondern den auf militärische Waffen und Kampfformen.[62]

Darüber hinaus kalkulierte man wiederum sehr genau die propagandistische Wirkung der bloßen Zurschaustellung von Gewalt, und die Überlegungen, die Pfeffer hier anstellte, waren so bezeichnend, daß sie verdienen, im Wortlaut zitiert zu werden. In einem Befehl vom 3. November 1926 über »SA und Öffentlichkeit (Propaganda)« erklärte er:[63]

> »1. Die einzige Form, in der sich die SA an die Öffentlichkeit wendet, ist das geschlossene Auftreten. Dieses ist zugleich eine der stärksten Propagandaformen. Der Anblick einer starken Zahl innerlich und äußerlich gleichmäßiger, disziplinierter Männer, deren restloser Kampfwille unzweideutig zu sehen oder zu ahnen ist, macht auf jeden Deutschen den tiefsten Eindruck und spricht zu seinem Herzen eine überzeugendere und mitreißendere Sprache, als Schrift und Rede und Logik je vermag.
> Ruhiges Gefaßtsein und Selbstverständlichkeit unterstreicht den Eindruck der Kraft – der Kraft der marschierenden Kolonnen

und der Kraft der Sache, für die sie marschieren. Die innere Kraft der Sache läßt den Deutschen gefühlsmäßig auf deren Richtigkeit schließen; ›denn nur Richtiges, Ehrliches, Gutes kann ja wahre Kraft auslösen.‹ Wo ganze Scharen planmäßig (nicht in der Aufwallung plötzlicher Massensuggestion) Leib, Leben, Existenz für eine Sache einsetzen, da *muß* die Sache groß und wahr sein!«

Das war ein für das damalige Denken der Militärs wie für die militarisierten Vorstellungen weiter Bevölkerungskreise bezeichnendes Mißverständnis – aber eben deshalb auch eine sehr erfolgreiche Spekulation, die noch durch folgende Bemerkung unterstrichen wird:

»2. Der gefühlsmäßige ›Wahrheitsbeweis‹ wird durch gleichzeitige Beigabe von logischen Beweisen und Werbemitteln nicht unterstrichen, sondern gestört und abgelenkt. Es hat zu unterbleiben: Hoch- und Niederrufe, Plakate über Tagesstreit, Schmähungen, begleitende Reden, Flugzettel, Feste, Volksbelustigung.«

Aus denselben Gründen verbot Pfeffer auch die propagandistische Einzelbetätigung der SA-Leute:

»3. . . . Der SA-Mann ist der heilige Freiheitskämpfer. Der Pg ist der kluge Aufklärer und gerissene Agitator. Die politische Propaganda sucht den Gegner aufzuklären, mit ihm zu disputieren, seinen Standpunkt zu begreifen, auf seine Gedanken einzugehen, ihm bis zu gewissem Grade recht zu geben. – Wenn aber die SA auf dem Plan erscheint, hört das auf. Sie kennt keine Konzession. Sie geht aufs Ganze. Sie kennt nur das Motto (bildlich): Slah dot! Du oder ich!«

Auch die Rückwirkungen und Nebeneffekte auf die eigenen Anhänger wurden berücksichtigt. So bekam der »Kampf ohne Waffen« über seine offensiven Zwecke hinaus in der damaligen Lage, in der die NSDAP von einem erneuten Griff nach der staatlichen Macht noch weit entfernt schien, noch zusätzlich die Aufgabe, den aktivistisch-revolutionären Elan der Freikorps- und Bürgerkriegszeit zu konservieren, bis der »Endkampf auf Leben und Tod« begann[64] – also eine Parallele etwa zu Karl Liebknechts »revolutionärer Gymnastik« in den Jahren 1918/19. Auf der anderen Seite erhoffte man von der SA-Organisation auch wieder die »disziplinierende Wirkung« auf die Mitglieder. Die SA soll, erklärte Pfeffer, »die Form bilden . . ., in der selbst sehr große in der Öffentlichkeit auftretende Mitgliedermassen noch lenkbar sind und in Ordnung gehalten werden können«.[65] Das gelte insbesondere für Umdispositionen, für den Fall »störender Eingriffe« von außen und bei sonstigen erschwerenden Umständen.[66] Das darf man als eine Art Ergänzung zu Hitlers Grundsatz ansehen, daß nur die fanatisierte Masse lenkbar ist. Der »Fanatismus« sollte in der SA gewissermaßen exerziermäßig geübt und demonstriert werden. Bezeichnend dafür ist Pfeffers »Allgemeiner SABE« vom 13. Juli 1929 für den bevorstehenden Parteitag in Nürnberg, der sich stellenweise wie eine Regieanweisung für eine Massenszene im Film liest und alle Details der SA-Veranstaltungen bis zum Armaufheben und Heilrufen auf Trompetensignal regelte.[67]

Zur Verwirklichung dieses Programms mußte Pfeffer zunächst einen scharfen Trennungsstrich zwischen der SA und allen von außen an sie herantretenden militärischen Versuchungen ziehen, und so wurden bereits bestehende Verbote Hitlers betreffend Waffentragen, Teilnahme an militärischen Übungen, Verbindungen zur Reichswehr und Mitgliedschaft in Wehrverbänden jetzt nachdrücklich wiederholt. Vor allem wurde die Ausbildung der SA ganz auf den »Kampf ohne Waffen« abgestellt. Sie sollte aus einer Kombination von »weltanschaulicher« Schulung mit »körperlicher Ertüchtigung« bestehen. Für die ideologische Schulung ist es bezeichnend, daß man sich über ihre Formen und Inhalte nur ein Bild machen kann, wenn man die fast ausschließlich von unteren SA-Führern oder gar einfachen SA-Leuten geschriebenen Erinnerungsbücher heranzieht. In den verfügbaren Zeugnissen der Obersten SA-Führung oder der höheren Führer wird zwar des öfteren gefordert, daß die SA »in die große Idee der Bewegung vollständig eingeweiht« werden müsse,[68] aber nirgendwo finden sich Anweisungen über Form und Inhalt solcher Schulung, es bleibt bei der ständigen Wiederholung stereotyper Wendungen von der »nationalsozialistischen Weltanschauung«; meist wird überhaupt bloß von »der Idee« gesprochen, die es zu verwirklichen gelte, und man ist versucht, die Autoren dieser SABEs, GRUSAs und »Dienstvorschriften« mit jenem Mann in Ionescos »Stühlen« zu vergleichen, der sich einbildet, er habe irgendeine große, weltbeglückende Idee erfunden und dem der Begriff »meine Idee« zu einer mystischen Formel mit autosuggestiver Wirkung wird.[69]

So waren die unteren SA-Führer, die die Schulung verantwortlich zu leiten hatten, auf ihre eigene Weisheit angewiesen. Liest man ihre Berichte, so zeigt sich, daß für sie der Inhalt der nationalsozialistischen »Idee« im wesentlichen in der – häufig nicht einmal besonders scharf antisemitisch akzentuierten – Synthese von Nationalismus und Sozialismus bestand, durch die alle Klassenschranken überwunden und die »wahre Volksgemeinschaft« hergestellt werden würde.[70] Irgendwelche klaren Vorstellungen über das Wie einer solchen Synthese kamen dabei nicht zum Ausdruck; man beschränkte sich anscheinend auf die mehr oder minder chiliastische Hoffnung und den Glauben, daß der große Führer Adolf Hitler schon das Rezept für die Verwirklichung »der Idee« wissen werde – ja, in gewissem Sinne bestand das, was die breite Masse der Nationalsozialisten und vor allem der SA-Leute ihren »Glauben an die Idee« nannten, gerade in diesem gläubigen Vertrauen, daß Hitler das Unmögliche möglich machen könne.[71] Aber selbst die Vorstellungen der SA von Volksgemeinschaft waren, milde ausgedrückt, unvollkommen. Von Horst Wessel heißt es, er habe seine Leute zur »Liebe zum Volksgenossen, zu allem, was deutsch war«, angehalten, habe »aber auch den Haß gegen alles Undeutsche, gegen alle Feinde unserer Bewegung und gegen ein verkommenes Untermenschentum [geschürt], welches glaubte, mit viehischen Mordtaten eine Freiheitsbewegung ersticken zu können«.[72] Nach den Begriffen dieses herabgekommenen Pfarrerssohnes war also Volksgenosse nur, wer ein Braunhemd trug. Die Gegner hatten allenfalls die Anwartschaft auf diesen Ehrentitel, solange sie sich noch nicht als unbelehrbar erwiesen hatten. Dabei hat Horst Wessel die sogenannten »Sturmabende«, soweit man hört, noch interessant zu gestalten gewußt; vor seinem Auftreten waren sie »langweilig«, und sobald er nicht anwesend war, »verloren [sie] an Reiz«, und das wird im großen und ganzen von der SA-Schulung überhaupt zu gelten haben.[73]

Dem stand die »körperliche Ertüchtigung« gegenüber, die in Wiederaufnahme der Hitlerschen Idee einer »Turn- und Sportabteilung« von 1921 die militärischen Exerzitien durch sportliche Übungen, insbesondere Boxen und Jiu-Jitsu, zu ersetzen strebte.[74] Das war nicht bloß, wie man gemeint hat, Tarnung aus innenpolitischen Gründen; 1927 wurde in der Obersten SA-Führung eine besondere Abteilung für Sport eingerichtet,[75] und tatsächlich scheint sich mindestens in einigen SA-Verbänden ein reges sportliches Leben entwickelt zu haben; auf dem Parteitag 1929 fanden SA-Meisterschaften im Boxen, Ringen und Jiu-Jitsu statt.[76] Nichtsdestoweniger verstand man sich auch in puncto Waffen zu helfen: Totschläger, Schlagringe, Gummischläuche und Spazierstöcke – altbekannte Verbrecherwaffen – stellte die Polizei als Bewaffnung der SA fest, wozu noch die üblichen improvisierten Waffen der Saalschlachten wie Biergläser, Flaschen, Stuhlbeine usw. kamen.[77] Und für die Pistolen wurden – ebenfalls nach bewährtem Verbrechervorbild – die »Mädels« als im Notfall stets hilfsbereite »Waffenträger« eingesetzt.[78] Hier wird der Einbruch krimineller Tendenzen greifbar, der sich als Konsequenz der permanent revolutionären Haltung und der terroristischen Praxis vollzog.

In der Kampf- und Propagandatechnik wurden die von Hitler vor 1923 entwickelten Ansätze konsequent weitergeführt. Mit ermüdender Monotonie wiederholt sich in den SA-Berichten[79] immer wieder das gleiche Bild: In den Versammlungen läßt man es meist gar nicht erst zu langen Reden oder gar Diskussionen kommen, vielmehr fühlt sich die SA sehr bald durch Zwischenrufe oder sonstige Lebensäußerungen des Publikums »provoziert« und »greift durch«, und je nach dem Erfolg, den sie dabei hat, endet das Ganze entweder in einer wüsten Saalschlacht, oder es gelingt, die Versammlung zu »reinigen« und in eine »Kundgebung« zu verwandeln.[80] Oder man besucht gegnerische Versammlungen mit »Rollkommandos« in Zivil, die dann durch Zwischenrufe und Erzeugung von Lärm Unruhe stiften oder in überfallartigem Einsatz die Versammlung sprengen.[81] Auf den Straßen werden Propagandamärsche abgehalten, die zu Prügeleien führen, teilweise hervorgerufen durch SA-Leute in Zivil, die die marschierende Kolonne auf dem Bürgersteig begleiten.[82] Oder es werden Juden terrorisiert, teils durch Anpöbelungen auf der Straße, teils durch Demolierung von Geschäften.[83] Häufig ereigneten sich auch Schießereien und Überfälle im Anschluß an Versammlungen; speziell in den Großstädten entwickelte sich förmlich ein permanenter Unterweltskrieg zwischen SA und Rotfrontkämpferbund, in dem auf beiden Seiten Kneipen und Spelunken als Stützpunkte dienten – das politische Gegenstück zu dem gleichzeitigen Gangsterkrieg in den USA.[84] Und schließlich fehlten auch die schon vor 1923 geübten Propagandafahrten in die agrarische Umgebung der Städte nicht; als sich die NSDAP seit 1929/30 um die bisher vernachlässigte Bauernschaft zu bemühen begann, wurden diese Fahrten zum Rückgrat der Kampagne.[85]

All dies geschah möglichst in pausenlosem Nacheinander und

nicht abreißender Kette, und es war neben der Fiktion einer weltanschaulichen Idee vor allem diese Erfindung eines unentwegten »Kampfes ohne Waffen« mitten in der innenpolitischen Entspannungsperiode von 1925 bis 1929, eine Art permanenten Wahlkampfes mit terroristischen Mitteln,[86] die die ehemaligen Freikorpsleute und Putschisten der Fahne Adolf Hitlers folgen ließ. Beim Wikingbund Ehrhardts habe man sich ständig in Alarmstimmung befunden, berichtete Horst Wessel;[87] »eigentlich erwartete man jeden Tag einen Putsch«. Da aber niemals derartiges eintrat, verbreiteten sich allmählich Ermüdung und Enttäuschung. Ganz anders dagegen bei der SA. »Die Schwungkraft der jungen Bewegung«, so schrieb er, »war ungeheuer . . . Eine Versammlung jagte die andere, eine immer toller und stürmischer als die andere. Rot-Front versuchte dutzende Male zu sprengen: immer vergeblich. Straßenumzüge, Pressewerbeaktionen, Propagandafahrten in die Provinz schufen eine Atmosphäre des Aktivismus und der Hochspannung, die der Bewegung nur dienlich sein konnte. Zusammenstöße gab es unzählige. Verwundete, sogar Tote blieben auf dem Platze.«[88]

Auch in Aufbau und Gliederung der SA-Einheiten bemühte man sich, vom militärischen Vorbild loszukommen. Die Organisation der SA sollte nach dem Willen Pfeffers kein schematischer Rahmen mit leicht auswechselbaren oder ersetzbaren Teilen wie beim Militär sein, sondern sich von unten nach oben, als eine Hierarchie von bandenartigen Kampfgemeinschaften aufbauen.[89] Unterste Einheit und das »Fundament der SA« sollte die »Gruppe« sein. Ihr Führer sollte in allen Fragen der Organisation, Stärke und Zusammensetzung freie Hand haben und ihre Mitglieder aus Leuten zusammensetzen, »die in Not und Handgemenge am besten zueinander passen und am liebsten miteinander kämpfen wollen«. Um den Zusammenhalt dieser kleinen Kampfbanden auch äußerlich zu demonstrieren, befahl Pfeffer, daß sie durch keinerlei Art von Einteilung oder Bewegungsform zerrissen werden durften und daß Aufstellung und Marschordnung sich nach ihrer verschiedenen Stärke richten sollten. Alle Aufgaben mußten so gestellt werden, daß mindestens immer eine solche »Gruppe« auftrete. Damit verband Pfeffer zugleich die Lösung des für eine freiwillige Kampforganisation so schwierigen Disziplin-Problems. Nach dem Vorbild der Freikorps der Revolutionsjahre, in denen die charismatische Legitimation des Führertums – Bewährung als überlegener und erfolgreicher Führer im Kampf – infolge der unsicheren Legalitätsbasis und des Mangels institutioneller Zwangsmittel stark in den Vordergrund getreten war,[90] sollte auch die SA und insbesondere ihre kleinste Einheit auf das Führer-Gefolgschaftsprinzip gegründet werden: Die SA-Führer sollten mehr als bloße Befehlshaber, sie sollten persönliche Führer ihrer Leute sein, das institutionalisierte Führertum der Armee sollte durch die charismatische Führerschaft der Landsknechte, Revolutionäre und kriminellen Banden ersetzt und die auch in der SA vorgesehenen, aber wirkungsschwachen Disziplinarstrafen durch die emotionale Bindung der Untergebenen an den Führer ergänzt werden. Tatsächlich entwickelte sich, wie die Gestalten eines Horst Wessel oder Hans Maikowski, aber auch der hannoversche »Rucksackmajor« Dincklage zeigen, in der SA sehr bald jenes »neue Führertum«, das sich »Tag für Tag seine Autorität durch Leistung erkämpfen« mußte, durch wildes Draufgängertum brillierte und dadurch wie ein »Magnet« »rauhe Burschen« anzog, durch Anpassung an den proletarischen Lebensstandard (oder das, was man darunter verstand) und kameradschaftliche Verbrüderung mit den Untergebenen »Nationalsozialismus« vorlebte, durch pausenlose Unternehmungen seine Gefolgschaft ständig in Atem hielt und so einen »Männerbund fanatischer Kämpfer« heranzog, zugleich aber auch alle Schwächen dieser Führungsart demonstrierte: »Wer einmal versagt hatte, war für immer erledigt«, und wenn der Führer ausfiel, war seine Gefolgschaft wie »ein Wrack, das steuerlos dahintrieb«.[91]

Aber selbst wo das System des neuen Führertums funktionierte, bedurfte man doch gelegentlicher Strafen, die stärker durchgriffen als bloße Verweise und alle möglichen »Entziehungskuren«, und für diese Fälle empfahl Pfeffer – wenn auch nur indirekt – die Selbstjustiz der Kampfgemeinschaft: Verprügelung der »Missetäter« durch die eigenen Kameraden.[92] Mit solchem Feme-Strafvollzug, der schon im Kadettenkorps stillschweigend geduldet, in den Freikorps regulär eingeführt und in der Schwarzen Reichswehr bis zum Mord an wirklichen oder vermeintlichen Verrätern gesteigert worden war,[93] übernahm die SA eines der Hauptelemente jeder Bandenmoral,[94] und die sich hierin andeutende Tendenz wird noch deutlicher in Pfeffers Empfehlung eines »doppelten Maßstabes« für die Selbstbeurteilung der SA: Es sei Pflicht der SA, bestehende Fehler oder Schwächen der »Außenwelt« gegenüber »rücksichtslos« abzuleugnen; aber die SA selbst und insbesondere ihre Führer dürften sich nicht »wie ›dummes‹ Publikum« behandeln, sondern müßten sich für alle Unzulänglichkeiten klarwerden.[95] Zur Vervollständigung dieses Bildes fehlte nur noch die Forderung nach unbedingtem Gehorsam, doch diesen Schritt tat Pfeffer in seltsamer Inkonsequenz nicht, sondern fiel selber ins »Militärische« zurück, als er in bemerkenswertem Gegensatz zu Röhms Richtlinien für den Frontbann[96] Befehle zu gesetzwidrigen Handlungen von der Gehorsamspflicht in der SA ausnahm.[97]

Schließlich ist noch eine Reihe von Pfeffers Unternehmungen zu betrachten, die sowohl den Männerbund-»Sozialismus« der SA und ihre Finanzierungsmethoden als auch die mittelständische Interessenpolitik der NSDAP in dieser Periode beleuchten. Da der »Kampf ohne Waffen« Verletzte und Tote forderte, wurde es notwendig, die SA-Männer zu versichern. Eine anfängliche Zusammenarbeit mit einer Privatversicherung bewährte sich nicht, und so baute man ab 1929 ein Parteiunternehmen auf.[98] Um Bekleidung und Ausrüstung der SA zu vereinheitlichen und vor allem zu verbilligen, wurde am 1. April 1929 in München die »Reichszeugmeisterei« mit mehreren Außenstellen geschaffen.[99] Zur Sicherung der Verpflegung bei Massenaufmärschen und Parteitagen führte man im Sommer 1929 selbständige SA-Küchen ein; sie sollten außerdem in »Alarmfällen«, d. h. im Falle von Revolution und Bürgerkrieg, die Verschleierung von Mobilmachungsarbeiten ermöglichen und die SA von fremder Hilfe unabhängig machen; sie bildeten später die Grundlage für die Arbeitslosen-Verpflegung der SA in der Krisenzeit.[100] In enger Verbindung damit entstanden die ersten »SA-Heime«, die dem doppelten Zweck der Unterbringung obdachloser Arbeitsloser und der Kasernierung von Bereitschaftseinheiten dienten und in den folgenden Jahren eine große Rolle spielten.[101] Schließlich gründete Pfeffer noch die SA-eigene »Sturm«-Zigarettenfabrik in Dresden.[102] Soweit diese Unternehmungen auf Rentabilitätsbasis arbeiteten – und das soll bei der Versicherung, der Zeugmeisterei und der Zigarettenfabrik der Fall gewesen sein –, wurden die sich ansammelnden Überschüsse zur Finanzierung der SA verwendet. Das hat, wie die schon früh ausbrechenden Streitigkeiten um die Geldmittel zwischen SA und Partei lehren, offenbar nicht ausgereicht,[103] aber die Tendenz zur Verselbständigung und Selbstversorgung, ja zur Bildung eines Staates im Staat,[104] die in diesen Einrichtungen zum Ausdruck kam, ist nichtsdestoweniger deutlich und darf als ein bezeichnender Vorläufer der späteren Wirtschaftstätigkeit der SS angesehen werden. Darüber hinaus aber hatte Pfeffer insbesondere der Versicherung und der Zigarettenfabrik noch eine spezielle Aufgabe zugedacht: Sie sollten durch weiteren Ausbau in den Stand gesetzt werden, die Vormachtstellung der »jüdischen Konzerne« zu durchbrechen – eine für die mittelständische Interessenverflechtung der damaligen NSDAP-Politik bezeichnende Ausdehnung des »Kampfes ohne Waffen« auf das Gebiet der Wirtschaftspolitik.[105]

Diese wirtschaftspolitische Zielrichtung ist dann nach Pfeffers Rücktritt Ende August 1930 nicht weitergeführt worden, aber der von ihm gelegte Grundstock der SA-Organisation hatte sich als tragfähig erwiesen und blieb über seinen Sturz hinaus erhalten. Hitlers Idee einer politischen Kampforganisation, die auf Massenbasis Propaganda mit Terror verbinden sollte, hatte durch die Verwertung organisatorischer und struktureller Erfahrungen der Freikorpsbewegung und die planmäßige Fortentwicklung der schon vor 1923 aufgestellten Ausbildungsgrundsätze realisierbare Gestalt gewonnen. Zwar hinderte das nicht, daß auch jetzt noch »Rückfälle ins Militärische« vorkamen; die Versuchung dazu nahm mit wachsender Stärke der SA und den damit verbundenen Organisationsproblemen zu – namentlich bei einigen der höheren Führer, die aktive Offiziere gewesen waren[106] –, und seit 1929 ergaben sich auch neue Kontakte mit der Reichswehr.[107] Aber das blieben jetzt noch Einzelerscheinungen, die die Eigenart des Instruments nicht veränderten. Die zahlreichen Erinnerungsberichte und Geschichtsdarstellungen, die seit 1933 publiziert worden sind, zeigen in bemerkenswerter Übereinstimmung, daß sich die SA im allgemeinen sowohl strukturell wie kampftaktisch nach den von Hitler und Pfeffer aufgestellten Richtlinien entwickelte. »Im Verhältnis zu den früheren Organisationen, denen ich angehörte«, schrieb Horst Wessel, »war die Partei grundverschieden. Das Soldatenspielen fiel weg. Politische Schulung, das war die Losung. Die Sturmabteilungen, SA, waren Ordnertrupps, waren die Faust der Bewegung gegen Polizei und Marxisten.«[108]

Zu der erfolgreichen Umstellung mag auch das Auftreten einer neuen Führergarnitur beigetragen haben. Nicht nur Röhm, Brückner und Göring fehlten jetzt in der SA-Rangliste; auch all die anderen Namen, die bis 1923 und in der Zeit des Interregnums bis 1925 eine Rolle gespielt hatten – Gregor Strasser, Walter Buch, Rudolf Heß, Klintzsch, Hoffmann, Fürst Karl v. Wrede, Beggel, Knauth, Siegfried, Frhr. Marschall v. Bieberstein, Emil Danzeisen –, waren jetzt entweder ganz verschwunden oder in die zivile Parteileitung abgewandert; lediglich der üble Heines, 1923 Führer des 2. Bataillons des SA-Regiments München, hatte wieder eine führende Stellung. Statt dessen nahmen nun ehemalige Frontbannführer wie Pfeffer selbst, Ritter v. Krausser, Josef Seydel, Karl Ernst, Graf Helldorf, Hermann Reschny, Frhr. v. Eberstein, Kurt Daluege oder Ruhr- und Freikorpskämpfer wie Viktor Lutze, Paul Dincklage, Walther Stennes, Kurt v. Ullrich, Werner v. Fichte, Manfred v. Killinger, August Schneidhuber die führenden Positionen ein; mit Ausnahme Dincklages, der 1930 starb, und Stennes', der 1931 putschte, finden sie sich auch noch nach 1933 in der SA- oder SS-Führung und haben vielfach sogar den 30. Juni 1934 überdauert.[109]

Und von unten rückten sehr zweifelhafte Elemente nach: gescheiterte Studenten und Schüler wie Horst Wessel, der schon auf dem Gymnasium ein Doppelleben führte und sich schließlich mit seiner Familie überwarf;[110] oder Hans Maikowski, der, aus der Jugendbewegung kommend, Reichswehr-Offizier werden wollte, aber abgelehnt wurde und schließlich im SA-»Dienst« unterging; dazu die Arbeitslosen und, besonders in den Großstädten, auch regelrecht kriminelle Elemente. Die Berliner SA habe, so wird berichtet, einen besonderen Typ des »politischen Soldaten« ausgebildet: den »Rabauken«,[111] und die Spitz- und Beinamen, die sich die SA-Leute selbst gaben, lassen keinen Zweifel daran, wie das zu verstehen war: Ein Neuköllner SA-Sturm hieß »Ludensturm«, ein anderer am Wedding »Räubersturm«; ein Trupp aus dem Bezirk Mitte nannte sich »Tanzgilde«, sein Führer »Gummibein«, seine Leute »Mollenkönig«, »Revolverschnauze«, »U-Boot«, »Schießmüller« usw.[112] Der Biograph Horst Wessels berichtet, daß dessen rabiates Draufgängertum gerade die »rauhen Burschen« anzog, und drückt das Resultat solcher Auslese mit der diplomatischen Wendung aus, »intellektuelle Besserwisser« hätten sich »in diesem Kreise nicht allzu zahlreich« gehalten.[113] Hier verwischten sich die Grenzen zwischen politischem Kampf, Terror und Verbrechen, und die Unbekümmertheit, mit der der nationalsozialistische Geschichtsschreiber der Berliner SA das obige Unterwelts-Vokabular noch 1936 vor seinen Lesern ausbreitete, zeigt, daß man nicht daran dachte, sie wenigstens nach dem Kampf wiederherzustellen.

Wenn also der Neuaufbau der SA seit 1926 im nationalsozialistischen Sinne als Erfolg gelten kann, so war er doch nicht ohne Probleme für die nationalsozialistische Bewegung als Ganzes. Denn in dem Maße, in dem das Selbstbewußtsein der SA durch ihre wachsende Stärke – im Herbst 1930 soll sie 60 000 bis 75 000 Mann betragen haben[114] – und durch ihre Erfolge im »Kampf« zunahm, entsprangen Rivalitätskonflikte zur Partei-Organisation. Zwar hatte Hitler gleich anfangs gefordert, daß die SA der politischen Leitung der Partei auch in den lokalen Bereichen strikt untergeordnet werden und nur in bezug auf Organisation, Personalpolitik und Einsatzführung Selbständigkeit genießen sollte.[115] Aber auf der anderen Seite hatte er Pfeffer »weitreichende Vollmachten« verliehen und ihm sowohl die SS wie die HJ in jeder Beziehung, einschließlich der Führerernennung, unterstellt.[116] Das ließ sich kaum miteinander vereinbaren, und die Situation wurde noch verschärft durch die Persönlichkeit Pfeffers, über dessen »Feldwebelton« sich die Gauleiter beschwerten[117] und dessen Standesdünkel Hitler später noch mehrfach als abschreckendes Beispiel zitierte.[118]

So war das Verhältnis von Anfang an voll Spannung; man warf sich gegenseitig organisatorische Unfähigkeit vor und stritt sich um die knappen Geldmittel; die Parteiführer stießen sich an der rabiaten Art der SA-Rabauken, die SA-Führer blieben ihnen mit Klagen über die »Gottähnlichkeit« der Gauleiter und ihre Vettern- und Cliquenwirtschaft nichts schuldig; sie pochten darauf, daß die SA die Hauptlast des Kampfes trage und daß die NSDAP allein durch die SA »den straffen disziplinierten Schwung [erhalte], der sie von den anderen Parteien abhebt und zur Bewegung stempelt«.[119] Schließlich kamen angesichts der wachsenden Stärke der Partei Auseinandersetzungen über die fernere politische Taktik – revolutionäre oder legale Machtergreifung – hinzu, in denen Pfeffer in Gegensatz zu Hitlers Legalitätskurs getreten zu sein scheint;[120] auch Cliquenkämpfe innerhalb der SA waren damals schon im Gange.[121] Im Hochsommer 1930, kurz vor den Septemberwahlen, spitzte sich die latente Krise zum offenen Konflikt zu; Pfeffer trat Ende August, zunächst nur formell, zurück,[122] und wenige Tage später rebellierte unabhängig davon der SA-Führer für Ostdeutschland, Hauptmann a. D. Walther Stennes, gegen die Berliner Gauleitung, weil er und einige SA-Führer sich von Goebbels zurückgesetzt fühlten. Die Berliner SA verweigerte der Partei den Saalschutz und stürmte gegen den Widerstand einer von Goebbels herbeigerufenen SS-Wache das Büro der Gauleitung.[123]

Die Lage sah, 14 Tage vor der Reichstagswahl, sehr ernst aus, aber es ist für die überragende Stellung Hitlers innerhalb der nationalsozialistischen Bewegung bezeichnend, daß ein kurzes persönliches Auftreten von ihm in Berlin genügte, um den Frieden wiederherzustellen. Dafür zwang er Pfeffer zum sofortigen Ausscheiden aus dem Amt und übernahm – bezeichnende Parallele zu den Vorgängen um die Wehrmacht 1938 und 1941 – jetzt selbst das Amt des obersten SA-Führers.[124] Ebensowenig wie im Falle der Wehrmacht kann dabei an eine faktische Übernahme des Oberbefehls mit seiner alltäglichen Routinearbeit gedacht gewesen sein, und tatsächlich hat Hitler sich kurz darauf in Röhm einen Stellvertreter geholt. Das enthüllt den wesentlich symbolischen Charakter des Vorgangs; Hitler folgte damit der Tendenz der charismatischen Herrschaft, die den *ex definitione* allwissenden und allmächtigen Herrn zwingt, überall dort selbst die Führung zu übernehmen, wo schwerwiegende Mängel und Krisen auftreten. Dem folgte wenig später ein von Hitler autorisierter Befehl des interimistisch die Geschäfte führenden Stabschefs Otto Wagener,[125] in dem von jedem SA-Führer »ein unbedingtes Treuegelöbnis der Person des Partei- und Obersten SA-Führers Adolf Hitler« gegenüber gefordert und die Ernennung von SA-Führern in die Hände Hitlers gelegt wurde.[126] Schließlich wurde das Treuegelöbnis, das mit seiner Zuspitzung auf die Person Hitlers das charismatische Herrschaftsverhältnis ausdrücklich betonte und als Muster für den berüchtigten »Führereid« der Wehrmacht von 1934 gelten darf, durch die Röhmsche SA-Dienstvorschrift auf sämtliche SA-Angehörigen ausgedehnt und nun auch mit der Forderung nach praktisch unbedingtem Gehorsam verbunden; der SA-Mann muße bei seinem Eintritt versprechen, Adolf Hitler und den »von ihm bestellten« SA-Führern zu gehorchen und »alle Befehle unverdrossen und gewissenhaft zu vollziehen, da ich weiß, daß meine Führer nichts Ungesetzliches von mir fordern«.[127]

Die korrumpierende Wirkung dieser ungeheuerlichen Formel ist kaum zu überschätzen, denn ganz gleich, ob sie ernst genommen wurde oder nicht, sie mußte bei den SA-Leuten in jedem Fall ein »Zwiedenken« Orwellscher Prägung erzeugen. Und das um so mehr, als die Bereitschaft zur gläubigen Unterwerfung unter den Befehl Hitlers damals auch ohne bindende Treuegelöbnisse schon groß war. Die SA, so schrieb der süddeutsche SA-Befehlshaber, Major a. D. August Schneidhuber, in einer Denkschrift vom 19.

September 1930,[128] habe dem Führer ihre ganze Liebe geschenkt und kenne »nur das eine: marschieren, wie Adolf Hitler befiehlt«. Aber Schneidhuber, der sich noch einen Rest von gesundem Menschenverstand bewahrt hatte, empfand auch die Problematik dieses Verhältnisses: Die Freiwilligkeit dieser Hingabe, so schrieb er, sei die Stärke, aber auch die Schwäche der SA. Deshalb verpflichte sie den Führer, seinen Gefolgsleuten mit gleichem Vertrauen zu begegnen. Aber, und damit ging er auf die konkrete Situation ein, in der SA herrsche das Gefühl, daß ihre Hingabe nicht erwidert werde, daß sie dem Führer fremd geworden sei. Solche Klagen sollten nun nicht mehr abreißen – nicht nur in der SA: Die Wehrmacht hat sich später in ganz ähnlicher Lage befunden –, aber das störte das gläubige Vertrauen zu Hitler nicht. Sosehr auch Idee und Wirklichkeit des Führerkults auseinanderklaffen mochten, unerschüttert blieb der illusionsbereite Glaube, daß Hitler ein reiner Halbgott und Übermensch und alle Vertrauenskrisen nur von seinen unzulänglichen Gehilfen verursacht seien; Schneidhuber selbst hat seine gläubige Hingabe am 30. Juni 1934 mit dem Tode bezahlt.[129] Darin lag die Stärke der nationalsozialistischen Bewegung und ihr eigentlicher Zusammenhalt. Daß die Partei, so stellte Schneidhuber in seiner Denkschrift fest, als Sammelbecken für die Anhängermassen wirkte, »ist nicht etwa das Verdienst von Organisatoren, sondern allein das des Kennwortes ›Hitler‹, unter dem alles zusammenhält«.[130] Schneidhuber ahnte nicht, wie recht er hatte; denn tatsächlich hatte er damit das innerste Gesetz der nationalsozialistischen Herrschaft ausgesprochen. Daher gelang es Hitler so leicht, durch sein persönliches Auftreten den Berliner SA-Aufruhr zu dämpfen, und daher waren auch alle späteren Rebellionen gegen ihn aussichtslos, solange sein Charisma wirksam blieb, d. h. solange er Erfolg hatte. In diesem Rahmen mußte aber auch jenes phantastische Treuegelöbnis ganz natürlich erscheinen; nur so ist es zu verstehen, daß sich innerhalb der NSDAP und der SA keine Stimme des Protestes oder auch nur des Zweifels erhoben hat.

Die Übernahme der Obersten SA-Führung durch Hitler und die Verpflichtung der gesamten SA auf seine Person waren jedoch nur die ersten Schritte der »SA-Reform«, die Hitler jetzt beabsichtigte. Um die weiteren zu beraten, berief er zum 30. November 1930 eine SA-Führertagung nach München ein.[131] Sie wurde eingeleitet durch ein politisches Referat Gregor Strassers, in dem die SA zu »allerschärfster Disziplin und größter Besonnenheit« für die nächste Zeit ermahnt wurde. Dann brachte Hitler sein Hauptanliegen vor: die Ernennung Röhms – den er schon im Oktober hatte zurückrufen lassen[132] und der bereits anwesend war – zum Stabschef der SA. Nach anfänglichem Widerstreben »einzelner norddeutscher Führer« setzte Hitler seinen Willen durch. Des weiteren wurde das Verhältnis zwischen SA und Partei erörtert, ebenso wie das zwischen SA und SS, das sich seit dem Berliner Zusammenstoß der beiden Rivalen zusehends verschärft hatte – die Fronten für die Auseinandersetzung des 30. Juni 1934 begannen sich abzuzeichnen. Was das Verhältnis zwischen Partei und SA angeht, so wurde zwar eine Reihe neuer Bestimmungen erlassen, die aber trotz ihrer bürokratischen Form die bisherigen Widersprüche nicht beseitigten und keine präzise Kompetenzverteilung erkennen lassen. Auch jetzt blieb die Trennung beider Organisationen mehr von personalpolitisch-taktischen Rücksichten als von prinzipiellen und funktionellen Gesichtspunkten bestimmt.[133] Die SS, seit Januar 1929 von Gregor Strassers ehemaligem Privatsekretär Himmler geführt,[134] wurde ihrerseits aus der engen Verflechtung mit der SA gelöst; zwar blieb ihr »Reichsführer« dem Stabschef der SA unterstellt, aber die Führerernennung erfolgte jetzt nicht mehr, wie zu Zeiten Pfeffers, durch den SA-Führer, sondern durch Hitler auf Vorschlag des Reichsführers der SS.[135] Das war der Lohn für die Treue, die die Berliner SS der dortigen Parteiorganisation anläßlich des SA-Aufruhrs gehalten hatte – und verständlicherweise zugleich der Anlaß für die heftigen Ressentiments in der SA-Führung. Schließlich mußte sich Reichsschatzmeister Schwarz auf der Tagung noch bemühen, den Unwillen der SA über die bisherige Wirkungslosigkeit der finanziellen Zusicherungen Hitlers vom 2. September 1930 zu dämpfen, was ihm nach einigem Hin und Her auch gelungen zu sein scheint.[136]

Eine noch ungeklärte Frage ist es, was der SA für den Fall der Machtergreifung versprochen wurde. Pfeffer soll schon 1928 in einem vertraulichen Schreiben von der SA »als der Trägerin der zukünftigen deutschen Wehrmacht« gesprochen haben,[137] und die zahlreichen ehemaligen Offiziere in ihren Führungsstellen gaben diesen Tendenzen den entsprechenden Nachdruck. Auf der anderen Seite zwang der Legalitätskurs Hitlers zur Zurückhaltung gerade gegenüber der Reichswehr, in deren Augen die militärischen Aspirationen der SA-Führer der gefährlichste revolutionäre Zug der nationalsozialistischen Bewegung war. Daraus ergab sich für Hitler eine günstige taktische Position: Er konnte der SA »vertraulich« weitgehende Versprechungen machen, ohne sich durch öffentliche Erklärungen binden zu müssen. Noch Pfeffer hatte sich in seinem offiziellen Abschiedsaufruf an die SA vom 29. August 1930 auf dunkle Andeutungen über die der SA »im Dritten Reich zugedachte Rolle« beschränken müssen.[138] Wenig später fühlte sich Hitler anscheinend bewogen, die in den Berliner SA-Unruhen zum Ausbruch gekommene Unzufriedenheit durch deutlichere Erklärungen zu dämpfen. »Die SA«, so schrieb der interimistische Stabschef Wagener am 3. Oktober im Auftrag Hitlers an die OSAF-Stellvertreter,[139] »... wird ihre Aufgabe in der Zukunft nicht beschränkt sehen in Propagandadienst und Versammlungsschutz, sondern sie muß sich dessen bewußt sein, daß sie das Reservoir darstellt für ein kommendes deutsches Nationalheer ... Dieses hohe Ziel müssen die Führer und Männer der SA vor Augen sehen, wenn sie vorerst noch in harten Tagen und Nächten im Propagandadienst arbeiten ...« Das also war der Wechsel auf die Zukunft, aber der Ausdruck »Reservoir« deutet zugleich die Hitlersche *reservatio mentalis* an, und Wagener sprach denn auch ausdrücklich nicht von einem Ersatz der Reichswehr durch die SA, sondern von der in naher Zukunft zu erwartenden »Erhöhung des Bestandes der Reichswehr«, bei der die SA bevorzugt beteiligt werden solle, um den »Geist der nationalsozialistischen Bewegung« in das neue Nationalheer zu übertragen.

Die SA-Reform vom Herbst 1930 trägt, überblickt man sie als Ganzes, alle Merkmale nationalsozialistischer Pseudoreformen: unlösliche Bindung an Hitler, Auswechslung von Führern (Röhm statt Pfeffer), weiterhin ungeklärte Beziehung zur Partei (getarnt durch pseudobürokratische Verordnungen), beginnende Abspaltung von Teilorganisationen (SS), psychologische Therapie durch höhere Geldzuwendungen und zweideutige Versprechungen für die Zukunft. Unter diesen Bedingungen trat Röhm am 5. Januar 1931 offiziell sein Amt als Stabschef an.[140] Heiden hat vermutet, daß es Röhms Aufgabe sein sollte, die Reichswehrführung durch den Aufbau eines imponierenden Ersatzheeres gleichsam politisch zu bestechen.[141] Die obigen Richtlinien Wageners lassen das als durchaus treffend erscheinen, um so mehr, als Röhm ihren Inhalt in seiner SA-Dienstvorschrift mit den aus Publizitätsgründen gebotenen Abschwächungen wiederholte, ja in der endgültigen Fassung der Vorschrift wird die Reichswehr sogar direkt als neben der SA einziger

»Träger der Tugenden des alten Heeres« angesprochen.[142] Im Sinne von Röhm war das eine große Konzession, aber die Verhältnisse hatten sich seit 1923 und 1925 entscheidend gewandelt; war er 1923 der mächtige Freund, Förderer und Beschützer Hitlers gewesen, und hatte er 1925 mit ihm auf der gleichen Stufe der Machtlosigkeit gestanden, so war Hitler jetzt, Anfang 1931, der unumschränkte Herr einer Millionenbewegung, und Röhm, wenn nicht ganz, so doch weitgehend auf seine Autorität angewiesen. Wie sehr er sich Hitler anpaßte, erhellt aus Gedanken, die er in einem zur Information französischer Kreise bestimmten Exposé vom April 1931 niederlegte. Die SA, so erklärte er dort, sei eine reine Parteiorganisation, keine militärische Truppe, »und demnach sind die SA-Abteilungen vielleicht später überflüssig«.[143] Sicher war das nicht Röhms wahre Meinung, sicher folgte er hier nur den taktischen Anweisungen Hitlers. Aber daß er es tat, war bei einem so starrköpfigen Manne wie Röhm an sich schon bemerkenswert. Von Hitler aber ist keineswegs sicher, daß er derartige Gedanken nur taktisch verstand; viel wahrscheinlicher ist, daß er auch hier ein Doppelspiel trieb und sich alle Wege offenhielt.

Nachdem sich Röhm mit Hitler verständigt hatte, mußte er sich noch innerhalb der SA und insbesondere gegenüber einigen ihrer mächtigsten Führer durchsetzen. Daß er unverzüglich begann, den Stab der Obersten SA-Führung und sonstige Führungspositionen mit seinen homosexuellen Freunden zu besetzen, erregte sofort heftige Opposition, und Hitler mußte sich schon Anfang Februar demonstrativ vor seinen Stabschef stellen und in einem berühmt gewordenen Befehl erklären, die SA sei »keine moralische Anstalt zur Erziehung von höheren Töchtern, sondern ein Verband rauher Kämpfer«; wer sich mit dem Privatleben von SA-Führern befasse, müsse gewärtigen, aus SA und Partei ausgeschlossen zu werden.[144] Ernstlich gefährlich wurden die Dinge aber, als der OSAF-Stellvertreter Ost, Stennes, dem alle SA-Verbände östlich der Elbe unterstanden, erneut aufsässig wurde, diesmal aber mit dem ausgesprochenen Ziel, die SA seines Befehlsbereichs von Hitler und Röhm zu lösen; auch Goebbels hat mindestens eine zweideutige Rolle dabei gespielt. Doch Hitler war diesmal auf seiner Hut; er schlug vor Stennes los, ließ am 1. April 1931 die unsicheren SA-Führer durch die SS absetzen – wobei sich der Berliner SS-Führer Kurt Daluege die Anwartschaft auf eine große Karriere im Dritten Reich verdiente – und schickte den berüchtigten Organisator der Fememorde, Oberleutnant Paul Schulz, der inzwischen zur NSDAP gestoßen war, mit dem Auftrag nach Berlin, die ostdeutsche SA zu reorganisieren.[145] »Es zeigte sich wieder«, kommentierte Heiden den Vorgang, »daß in der NSDAP keine Autorität Gehorsam findet, die nicht von Hitler abgeleitet ist.«[146] Genau das war die Meinung der SA. »Die Sturmabteilungen«, schrieb ein nationalsozialistischer Journalist, ». . . sind bereit, aufzustehen, Rebellion zu machen gegen jeden und jedes. Nur gegen einen Mann nicht, Hitler.«[147] Im übrigen beachte man den Ablauf des Vorgangs: zweideutige Rolle einiger Parteiführer, vorzeitiges Losschlagen Hitlers, Einsatz der SS, all das sollte sich am 30. Juni 1934 fast genau wiederholen.[148]

Röhm war ein leidenschaftlicher Organisator, und das erste, was er tat, war, der SA eine neue, mehr militärähnliche Organisation zu geben. Straffe Leitung und Einheitlichkeit in Ausbildung und Gliederung waren jetzt, da der Zustrom der Arbeitslosen die SA immer mehr anschwellen ließ – ein Jahr nach Pfeffers Rücktritt betrug sie schon 170 000 Mann[149] –, unentbehrlich, und Röhm war es, der das Gefäß schuf, in dem jener Zustrom aufgefangen werden konnte. Eine neue, reicher gestaffelte Gliederung sollte die Lenkung erleichtern, die Ausgabe einer SA-Dienstvorschrift und die Einrichtung von Führerschulen der Vereinheitlichung dienen; die »Standarten«, SA-Einheiten in Regimentsstärke, erhielten die Nummern ehemaliger Regimenter des kaiserlichen Heeres – was die entsprechenden Traditionsvereine z. T. auch akzeptierten[150] –, und schließlich begann Röhm sein Privatheer mit dem Aufbau von Sondereinheiten zu vollenden: Motor-SA, Reiter-SA, Flieger-SA, Marine-SA, Nachrichten-, Pionier- und Sanitäts-»Stürme« (= Kompanien). Dabei wurden wegen des wachsenden Zustroms ständige Umorganisationen erforderlich, bis schließlich Ende 1932 ein Heer von rd. einer halben Million Mann, gegliedert in 5 Obergruppen und 18 Gruppen (entsprechend etwa Armeen und Armeekorps) dastand.[151] Die anziehende Wirkung eines solchen Vorgangs auf die ehemaligen Offiziere sowohl wie auf die Reichswehrführung konnte nicht ausbleiben: Verabschiedete Reichswehroffiziere, namentlich ehemalige bayerische Bekannte Röhms wie General Ritter v. Hörauf und Oberst Hans Georg Hosmann, aber auch andere wie Ludin, Knickmann und der Generaloberstabsarzt Dr. Hocheisen und nicht zuletzt ehemalige Freikorpsführer wie Major Kühme und Hauptmann v. Petersdorff erschienen nun in führenden Stellungen der SA,[152] und auf der anderen Seite versuchte die

Reichswehrführung, durch Bildung von Dachorganisationen wie der »General-Voigt-Arbeitsgemeinschaft« und des »Reichskuratoriums für Jugendertüchtigung« die SA für ihre Zwecke einzufangen.[153]

Eine Wiederholung der Entwicklung von 1923, die hiernach möglich erscheinen mochte, wurde jedoch nicht nur durch Hitlers Autorität, sondern auch durch das von Pfeffer gelegte Fundament verhindert. Dazu gehörte einmal der Männerbund-Sozialismus, der konsequent weiterentwickelt wurde. Die Einrichtung der SA-Heime und SA-Küchen erlebte jetzt ihre Blütezeit, und sie wurde ergänzt durch das »SA-Hilfswerk«, eine Art Bettelorganisation für Geld, Lebensmittel, Bekleidung usw., und durch verschiedene Arbeitsbeschaffungs-Versuche.[154] Das lag nun zweifellos auch in der Richtung von Röhms sehr betonten Ideen von Kameradschaft und »Frontsozialismus«,[155] aber zugleich zogen doch diese Einrichtungen viele Arbeitslose an, die bloß einen Unterschlupf suchten und so zwar die Reihen der SA füllten, aber ihren Kampfwert zumindest nicht erhöhten. Hinzu kam, daß auch Röhms neue, mehr militarisierte Gliederung und Organisation das wesentlich personalistische Führer-Gefolgschafts-Verhältnis nicht verdrängen konnte. Nicht nur war es wegen des Mangels institutioneller Zwangsmittel schon rein praktisch unentbehrlich; auch wollte Röhm selbst es gar nicht beseitigen, sondern glaubte, daß er auch hier die Quadratur des Zirkels erzwingen könne. Vor allem aber blieb die Aktivität der SA vorläufig fast ausschließlich auf die Propaganda und den »Kampf ohne Waffen« beschränkt. Denn nicht die militärische Eroberung des Staates sollte nach Hitlers Willen die Aufgabe der SA sein, sondern die Einschüchterung der Gegner und die Erzeugung eines permanenten Unsicherheitszustandes, aus dem heraus sich seine Forderung nach der Diktatur legitimieren ließ.[156] Namentlich im Jahr 1932 wurde die Tätigkeit der SA von den fast pausenlosen Wahlkämpfen absorbiert, wobei sich – warnendes Vorzeichen für die Zeit nach der Machtergreifung – ihre Brutalität in dem Maße steigerte, in dem ihre zahlenmäßige Überlegenheit zunahm, sich aber zugleich auch Ermüdungserscheinungen zeigten, die der Führung ernstlich Sorge bereiteten.[157] Demgegenüber trat die militärische Ausbildung noch zurück; erst im Herbst 1932 war Röhm so weit, daß er SA-Verbände mit größeren militärischen Übungen beschäftigen konnte.[158] Wenn daher die SA ihre Natur auch nicht wandelte – sondern ihren bisherigen Charakterzügen nur noch den der Soldatenspielerei hinzufügte –, so scheint doch Röhms Selbstbewußtsein durch den unleugbar großen Erfolg seiner Aufbautätigkeit jetzt so gewachsen zu sein, daß er in seinem Aufruf an die SA zum Jahreswechsel 1932/33 seine Ansprüche für die Zeit nach der Machtergreifung anmelden zu können meinte: »Wir SA- und SS-Führer haben keinen Ehrgeiz nach Parlamentssesseln, Ministerposten und einträglichen Staatspfründen. Wir haben den Ehrgeiz, die beste freiwillige und revolutionäre Truppe dem Führer, dem Volk und Vaterland zu schaffen.«[159]

Hitler wird dazu seine eigenen Gedanken gehabt haben. Tatsächlich ist kurz vorher der Gedanke an eine Auflösung der SA nach der Machtergreifung wiederaufgetaucht. In der Kabinettssitzung vom 10. August 1932 erklärte Reichswehrminister v. Schleicher, der soeben, am 5. August, eine vertrauliche Zusammenkunft mit Hitler gehabt hatte, er halte es bei aller gebotenen Skepsis doch »für sehr wahrscheinlich, daß die Führer der Nationalsozialisten sich nach dem Eintreten in die Regierung der SS- und der SA-Abteilungen selbst entledigen würden«.[160] Hitler spielte offensichtlich noch immer mit zwei Bällen, sagte jedem, was er hören wollte, und behielt sich, gestützt auf seine seit 1930 noch gewaltig gewachsene Autorität, im übrigen seine Entscheidung vor. Berücksichtigt man dazu noch die anhaltende Eifersucht zwischen SA und SS[161] und die Opposition verschiedener Parteicliquen gegen Röhms Homosexualität, die, verflochten mit übelsten Intrigen, im Sommer und Herbst 1932 ihren Höhepunkt erreichte und in der Parteileitung förmlich eine Gangsteratmosphäre entstehen ließ,[162] so wird deutlich, daß im Augenblick der Machtergreifung die Frage nach Rolle und Funktion der SA in einem nationalsozialistischen Staat noch völlig offen war. Hitler hatte die Sturmabteilungen geschaffen, um die Wirkung seiner Reden durch entsprechende psychisch-physische Druckmittel zu ergänzen; die SA sollte der Terrorisierung einer oppositionellen oder doch wenigstens widerstrebenden Öffentlichkeit dienen. Es war klar, daß sie in dieser Funktion früher oder später überflüssig werden mußte, wenn die NSDAP die Staatsmacht erobert hatte. Welche Aufgabe aber sollte sie dann übernehmen? Angesichts dieser schwierigen Frage mochte der Röhmsche Versuch zur Militarisierung der SA selbst in den Augen Hitlers kein unbedingter Nachteil sein. Wenn es gelang, Reichswehr und SA auf irgendeine Weise zu verbinden, so konnte man gleich zwei Probleme auf einmal lösen: der SA eine neue Aufgabe geben und die eigenwillige Reichswehr von innen heraus revolutionieren. Schwierig wurde die Lage erst dann, wenn das nicht gelang und man die SA anderweitig beschäftigen, neutralisieren oder gar auflösen mußte.

2. Ursprung und erste Formen des NS-Terrors

Die Sorge über das fernere Schicksal der SA trat für die nationalsozialistische Führung nach dem 30. Januar freilich noch zurück, denn noch war sie nicht im Besitz der totalen Macht; sie mußte sie erst erobern, und so fiel der SA jetzt zunächst im Rahmen von Hitlers doppelter, von oben und unten zugleich vorangetriebener revolutionärer Offensive der Part der *Revolution von unten* zu. Der Terrorfeldzug, der damit entfesselt wurde, war eine fast bruchlose Fortsetzung des bisherigen Kampfes ohne Waffen, nur daß jetzt viele Beschränkungen, die man sich 1932 noch hatte auferlegen müssen, fallengelassen werden konnten. Dabei schien es sich auf den ersten Blick um eine typische und verständliche Revolutionserscheinung zu handeln, und in diesem Sinne ist der Vorgang von den Zeitgenossen auch vielfach ausgelegt und gerechtfertigt worden. Sofern damit die Hoffnung verbunden war, daß Revolution und Terror vorübergehende Erscheinungen seien, die in absehbarer Zeit einem zwar neuen, aber wiederum rechtlich gesicherten Zustand Platz machen würden, war das ein böser Irrtum. Zwar hörten die Gleichschaltungsaktionen auf, als es nichts mehr gleichzuschalten gab, aber der Terror blieb. Je länger, desto mehr entwickelte er sich zu einem wesentlichen Bestandteil des Systems und fand erst mit diesem zusammen sein Ende.

Damit taucht im Blickfeld der Untersuchung jene Erscheinung des permanenten Terrors, des *Terrors als Institution* auf, der für alle totalitären Herrschaftssysteme kennzeichnend ist. Sie übersteigt in ihrer die Wurzel jedes menschlichen Zusammenlebens zerstörenden Auswirkung so sehr alle bisherige Erfahrung, daß der menschliche Geist ihr nahezu hilflos gegenübersteht; trotz vieler Versuche, sie zu bewältigen und zu erklären, wie es möglich war und welchen Sinn es haben sollte, das *homo homini lupus* zum beherrschenden Prinzip eines politischen Systems zu machen, ist eine befriedigende Antwort noch nicht gefunden worden. Auch in dieser Untersuchung kann sie nicht gegeben werden, erstreckt sich doch ihr Blickfeld nicht einmal auf die ganze Geschichte des nationalsozialistischen Totalitarismus, vom kommunistischen ganz zu schweigen. Im Rahmen des Themas werden sich die folgenden Betrachtungen daher auf zwei Teilfragen beschränken. Einleitend soll ein Überblick über die politische Kriminalität nach 1933 die Vergewaltigung der Nation erleichtern, und anschließend wird die Frage zu behandeln sein, ob der nationalsozialistische Terrorismus des Jahres 1933 mehr die unvermeidliche Begleiterscheinung einer revolutionären Machtergreifung war, der erst später eine Wendung zur Institutionalisierung des Verbrechens folgte, oder ob man auf die Annahme einer derartigen Wendung verzichten und schon in den Vorgängen von 1933 die Anfänge des späteren Terrorsystems sehen muß.

Einst galten die Deutschen als Volk der Dichter und Denker. Fast ein Jahrhundert lang war das Bild Deutschlands in der Vorstellung der Welt über alle politischen Gegensätze hinweg mit den großen Leistungen verknüpft, die im Zeitalter des klassischen und romantischen Geistes auf vielen Gebieten der Musik, Literatur und Wissenschaft von Deutschen hervorgebracht worden waren; die deutsche idealistische Philosophie von Kant bis Hegel hatte dem menschlichen Leben Maßstäbe und Ziele gesetzt, die bei aller Problematik anerkanntermaßen zu den höchsten Werten gehören, die menschliches Denken geschaffen hat.[163] Heute dagegen verbindet sich die Vorstellung von Deutschland weithin mit dem Bild von Gaskammern, SS-Henkern und Millionen ermordeter Juden und »Untermenschen«. Das mag eine jener schrecklichen Simplifikationen sein – schrecklich hier sogar in doppeltem Sinne –, vor denen schon Jakob Burckhardt warnte; aber leider enthält das Bild genug an Tatsachensubstanz, um die Frage nach den Gründen für eine so traurige Wandlung zu einer der drängendsten Aufgaben der nationalen Selbstbesinnung zu erheben. Einer der Ansatzpunkte, von denen das Studium dieser Frage ausgehen könnte, ist die Tatsache, daß das historische Bild Deutschlands zur Zeit der Weimarer Republik Züge einer ganz außergewöhnlich scharfen Zwiespältigkeit trägt. Auf der einen Seite steht eine ungeahnte Entfaltung schöpferischer Kräfte, die, beginnend schon in den letzten Jahren des Kaiserreichs, unter der Republik ihren Höhepunkt erreichte, auf der anderen Seite entwickelte sich im Untergrund von Staat und Gesellschaft ein politischer Radikalismus von erschreckender Amoralität und Gewalttätigkeit. Betrachtet man, was Deutschland in der Zeit von 1900 bis 1933 zu der modernen Entwicklung in Kunst und Wissenschaft an fruchtbaren und grundlegenden Beiträgen beigesteuert hat, so darf man diese Epoche als ein zweites Zeitalter deutscher Geistesblüte bezeichnen, das dem ersten um 1800 kaum nachsteht. Wenn man an Namen wie Strauß, Hindemith, Schönberg und Webern in der Musik, Stefan George, Thomas und Heinrich Mann, Gerhart Hauptmann, Gottfried Benn, Bertold Brecht und Kurt Tucholsky für die Literatur, Max Reinhardt und Albert Bassermann für das Theater und Max Planck, Albert Einstein, Max Weber, Karl Mannheim, Friedrich Meinecke, Edmund Husserl, Max Scheler, Nicolai Hartmann und Karl Jaspers für Wissenschaft und Philosophie erinnert – nicht zu vergessen die großen Leistungen der literarischen und Theaterkritik (Alfred Kerr), des Ausdruckstanzes (Mary Wigmann) und des expressionistischen Films, so gibt das nur einen schwachen und unvollständigen Eindruck des Reichtums, den die Nation einst stolz ihren Besitz nennen durfte. Im Vergleich mit der Zeit um 1800 fällt insbesondere die glänzende Entfaltung von Architektur und Malerei auf. Walter Gropius und Mies van der Rohe, Lovis Corinth und Max Liebermann, Franz Marc, August Macke und Paul Klee, Max Beckmann, Ernst Kirchner, Karl Schmidt-Rottluff, Emil Nolde und Erich Heckel, dazu das Bauhaus mit seiner weltweiten Wirkung auf die angewandten Künste und auf das, was als *industrial design* heute aus Amerika zu uns zurückkehrt – diese ebenfalls unvollständige Liste gibt Zeugnis von einer Schöpferkraft, wie sie sonst nur in der Zeit der Holbein, Dürer und Grünewald zu finden ist. Rechnet man dazu noch, daß Deutschland zur gleichen Zeit eine Verfassung besaß, die wenigstens die Chance zur Überwindung der ererbten politischen Misere eröffnete, so wird man es nicht für völlig ungereimt halten, wenn kürzlich ein Amerikaner die Zeit der Weimarer Republik als Deutschlands »Perikleisches Zeitalter« bezeichnete.[164]

Dieser Lichtseite steht als dunkle Schattenseite die Entfaltung und Konservierung eines rücksichtslosen politischen Gangster- und Desperadowesens gegenüber,[165] wie es Deutschland seit den Zeiten des Dreißigjährigen Krieges nicht wieder erlebt hatte. Der Prozeß der Vermischung von politischem Kampf und Verbrechen, wie er hier bereits am Beispiel der SA geschildert wurde, reichte mit seinen Wurzeln bis in die Bürgerkriegsepoche von 1919–1923 zurück, beschränkte sich jedoch nicht auf die NSDAP, sondern umfaßte alle radikalen Gruppen. Militärische Niederlage, Zusammenbruch und Revolution hatten eine allgemeine, bisher in Deutschland unbekannte Radikalisierung des politischen Lebens mit sich gebracht, als deren äußeres Indiz die Kristallisierung radikaler Flügelgruppen, der KPD und der völkisch-anarchistischen Bewegung, gelten kann. Dabei führte die Enthemmung durch eine vierjährige Kriegspraxis und die Anstachelung der Leidenschaften durch eine Kette mehr oder minder heftiger Bürgerkriegsexplosionen auf beiden Seiten zu blutigen Gewalttaten wie Geiselerschießungen, Gefangenenmorden usw.[166] Die folgende Entwicklung wurde dadurch bestimmt, daß die Bürgerkriegs-Atmosphäre unter der Decke einer äußeren Ordnung jahrelang bestehen blieb, wobei die radikale Aktivität der KPD sich bald starker Verfolgung ausgesetzt sah, während die aus der Freikorps-Bewegung hervorgegangenen rechtsradikalen Bünde und Organisationen einen relativ weiten Spielraum für ihre kriminellen Aktionen fanden. Deren Hauptmerkmal war die Verwendung des Mordes als politisches Kampfmittel: auf der einen Seite Attentate auf gegnerische Führer, unter denen die Fälle der Ermordung Karl Liebknechts und Rosa Luxemburgs, Eisners, Erzbergers und Rathenaus und die Mordversuche an Scheidemann und Maximilian Harden die bekanntesten sind; auf der anderen Seite Fememorde, d. h. Beseitigung von wirklichen oder vermeintlichen Verrätern in den eigenen Reihen, deren bekannteste Fälle sich in der *Schwarzen Reichswehr* im Jahre 1923 ereigneten; weniger bekannt ist, daß sie ebenso gefährliche Vorläufer in den Oberschlesienkämpfen und in Bayern sowie üble Seitenstücke im Ruhrgebiet während der französischen Besetzung gehabt haben.[167] Eine Kombination dieser beiden Typen bildeten die Attentate auf Führer der Separatistenbewegung im besetzten Rheinland: In den Separatistenführern suchte man sowohl die politischen Gegner wie die Verräter an der eigenen Nation zu treffen. Die politische Kriminalität beschränkte sich jedoch nicht nur auf Morde; sie umfaßte auch Sabotageakte, wie sie hauptsächlich im Ruhrgebiet, aber auch in Oberschlesien und später bei den schleswig-holsteinischen Bombenlegern[168] vorkamen; außerdem Gefangenenbefreiungen, vor allem bei ehemaligen, vom Reichsgericht als Kriegsverbrecher verurteilten Offizieren; und schließlich allgemeine Terrorisierung der Bevölkerung durch Wehrverbände, wovon später noch ein typischer Fall mitgeteilt werden soll.[169]

Hierbei handelte es sich nun im allgemeinen nicht mehr um Affekthandlungen, wie sie in den Bürgerkriegsexzessen vorgeherrscht hatten, sondern um spezielle Aktionen, die zwar im ganzen noch planlos, im einzelnen aber schon systematisch und zielbewußt angelegt waren. Dieser Rationalisierung entsprach ein Prozeß der Spezialisierung und Gruppenbildung. Es bildeten sich Banden von Gewalt- und Terrorspezialisten: *Rollkommandos* der völkischen Gruppen, *Oberschlesische Spezialpolizei, Organisation Consul* (Brigade Ehrhardt), das *Kommando z. b. V.* der Schwarzen Reichswehr im Wehrkreis III usw. Was diese Banden von normalen Kriminellen unterschied, war das Bedürfnis nach ideologischer Motivierung ihres Handelns. Dabei stützten sie sich auf jenen nationalistisch verbrämten Nihilismus und Anarchismus,[170] der sich innerhalb einer kontinentaleuropäischen Strömung auch in Deutschland entwickelte. In den Kreisen dieser jungen Frontoffiziere, die, von Krieg und Revolution intellektuell überfordert und sozial deklassiert, ihren geistigen und moralischen Halt verloren hatten, wurde jenes Evangelium der *Tat* geboren, das den berühmten Satz des preußischen Felddienst-Reglements, wonach Nichthandeln schlimmer sei als »Fehlgreifen in der Wahl der Mittel«, zu einer Weltanschauung erhob und das obendrein einen ausgesprochen antihumanistischen Akzent entwickelte, indem es das kriegerische Freund-Feind-Verhältnis in den Bereich von Politik und Gesellschaft übertrug und sich daher gegen den »Bürger«, d. h. gegen denjenigen Menschen richtete, der noch an sittlichen Prinzipien, an Vorstellungen von Recht und Ordnung festhielt.[171] Hier wurzelte auch der Antisemitismus, der in einem seiner frühen Ausbrüche zur Ermordung Rathenaus führte. Die »Taten«, die aus diesem Boden erwuchsen, hatten außer ihrem unmittelbaren, meist bloß pseudopolitischen Zweck noch eine untergründige Beziehung zu der Führeridee. Gerade durch die Unruhe, Verwirrung und Unsicherheit, die sie stifteten, sollte der große, charismatisch qualifizierte Führer veranlaßt werden, sich zu zeigen oder, wenn man ihn schon zu kennen glaubte, aus seiner Zurückhaltung herauszutreten und sein Führertum durch Ordnungsstiftung zu beweisen.[172]

Von besonderer Wichtigkeit ist die Unterstützung, die diese politische Kriminalität von außen, eben aus jenem »bürgerlichen« Bereich erfuhr, gegen den sie sich eigentlich richtete. Das geschah einmal durch Regierungsbehörden. So bediente sich die Reichswehr vielfach der Terror- und Gewaltspezialisten im Rahmen ihrer illegalen Aufrüstung, und es ist bereits geschildert worden, wie das auf die Wehrmacht selbst zurückwirkte.[173] Aber auch die preußische

Polizei war darein verwickelt; sowohl in Oberschlesien wie im Ruhrgebiet arbeiteten die Polizeibehörden mit den Attentatsspezialisten vielfach zusammen. Bekannt ist auch die Unterstützung, die Röhms Fememord-Organisation und die Organisation Consul durch die bayerische Polizei unter Pöhner und Frick erhielten. Nicht minder bedeutsam war die Förderung von privater Seite. Die ostelbischen Grundbesitzer hielten sich zum Schutz gegen ihre Landarbeiter und in Zusammenarbeit mit den Grenzschutzdienststellen der Reichswehr häufig kleine Privatarmeen aus den Kreisen ehemaliger Freikorpskämpfer; einige der berüchtigtsten Fememorde ereigneten sich in diesem Milieu.[174] Auch der bayerische Agrarpolitiker Georg Heim hielt sich einige junge Leute als Leibwache, unter ihnen die beiden späteren Mörder Erzbergers.[175]

Besonders folgenschwer war aber, daß die politischen Kriminellen im rechtsorientierten Bürgertum weithin als nationale Helden und ihre Opfer als Verbrecher galten, die die verdiente Strafe erreicht hätte. Ein pensionierter Generalmajor kommentierte den Erzberger-Mord mit den Worten: »Da können wir uns ja gratulieren, daß das Schwein tot ist. Ich habe mir meine beste Pulle aus dem Keller geholt, um sie darauf zu trinken«, und die bedauernswerte Frau des Opfers erhielt tagtäglich ungezählte Schmähbriefe, in denen ihr Mann beschimpft und die Mörder als Helden verhimmelt wurden.[176] Kein Wunder, daß die Justiz in solcher Atmosphäre und z. T. auch unter dem Druck staatlicher Stellen diese Auffassungen durch milde Urteile oder gar Freisprüche sanktionierte, was angesichts der überaus harten Rechtsprechung gegen die »Landesverräter« von links, deren publizistische Enthüllungen über die illegale Aufrüstung durchaus dem positiven Recht entsprachen, als offene Parteilichkeit wirkte.[177] Aus diesen Gründen war auch die politische Kriminalität der Kommunisten keine allgemeine Gefahr; sie fand in Deutschland nirgendwo außerhalb ihres Urheberkreises Unterstützung, weder moralisch noch finanziell, und wurde von der Justiz unnachsichtig verfolgt und bestraft. Sowenig sie fehlte, so blieb sie doch unter Kontrolle, während die Kriminalität von rechts tief in die entsprechenden Gesellschaftsschichten eindrang und deren politische Moral korrumpierte.

Zur Illustration dieser Verhältnisse sei noch ein bisher unbekannter Fall mitgeteilt, der alle hier beschriebenen Elemente wie in einem Hohlspiegel zusammenfaßt, zugleich aber auch zeigt, wie das, was nach 1933 den Staat beherrschte, vorher in seinem Untergrund schon vielfach geübt wurde.[178] Die bayerische Regierung Kahr hatte 1923 einen Teil der Wehrverbände, die sie zu ihrem geplanten »Marsch auf Berlin« einsetzen wollte, in der *Polizeilichen Nothilfe Bayerns* (PNB) zusammengefaßt und, um ihnen eine Aufgabe zu geben und sie bei der Stange zu halten, als »Grenzschutz« gegen das sozialistisch regierte Thüringen eingesetzt.[179] Es war eine üble Abenteurergesellschaft, der außer ihren von Kahr gelieferten Waffen alles andere – Löhnung, Verpflegung, Bekleidung – fehlte und die ihrer Langeweile und materiellen Not schließlich mit antisemitischen Ausschreitungen abzuhelfen suchte. So war u. a.[180] ein Trupp dieser Raufbolde nach einem Trinkgelage zu einem Zug in einen Nachbarort aufgebrochen, »um den dortigen Juden eins anzuhängen«. Sie drangen in die Häuser zweier jüdischer Brüder ein, raubten und prügelten und bedrohten die Männer mit Erschießen. Als darauf einer der beiden bat, sich von seiner Frau verabschieden zu dürfen, erhielt er von dem Führer, einem ehemaligen Fähnrich zur See, zur Antwort: »Das braucht es nicht, morgen bekommt sie ein Stück von deinem Hintern, da macht sie ein Beefsteak daraus und frißt es.« Zwei Nächte später wurden die Häuser der beiden Brüder, die leer standen, da beide Familien aus Angst vor Wiederholung des Überfalls geflüchtet waren, von einem anderen Trupp auf Befehl des »Bataillonsadjutanten« ausgeräumt.

Vor Gericht verteidigte sich der Führer damit, er sei betrunken gewesen und habe »aus vaterländischen Motiven« gehandelt! »Die allgemeine Stimmung sei so gewesen, daß es zu solchen Vorfällen kommen mußte. Oberst a. D. v. Xylander habe auf dem Deutschen Tag in Bamberg z. B. ausgeführt, Kahr werde die Führung übernehmen, er werde die Weimarer Verfassung und die Judenherrschaft stürzen. Die allgemeine Verhetzung sei amtlich gebilligt worden.« Andere Angeklagte sagten aus, es sei von den vorgesetzten PNB-Dienststellen in München der Befehl gekommen, daß Grenzzwischenfälle provoziert werden sollten. Man wolle in München gern losschlagen, brauche aber einen Vorwand. Da das »Regiment« ganz auf unbedingten Gehorsam eingestellt gewesen sei, habe man geglaubt, dem Befehl nachkommen zu müssen. In einem anderen Fall hatte der »Regimentskommandeur« seinen Leuten auf ihre Beschwerde wegen mangelnder materieller Versorgung empfohlen: »Wenn ihr etwas braucht, geht doch zu den Juden, die werden nächstens sowieso aus Bayern ausgewiesen und dürfen nichts mitnehmen.« Abschließender Kommentar des behördlichen Referenten: »Das, was die Angeklagten taten, war der Niederschlag dessen, was die Führer lange vorher bei jeder Gelegenheit bei Versammlungen, deutschen Tagen usw. gepredigt hatten ... Wenn solche Vorkommnisse in einem vaterländischen Verbande vorkommen können, wie soll man sich dann von einem solchen Verband etwas versprechen können?« Er hätte auch fragen können, was das für ein grauenhaftes Vaterland war, dem diese Leute zu dienen vorgaben.

Es ist berichtet worden, wie Hitler beim Wiederaufbau seiner Partei gerade aus diesen, infolge der beginnenden inneren Stabilisierung beschäftigungslos werdenden Kräften Zulauf erhielt und wie es ihm gelang, ihre bisherige plan- und ziellose politische Kriminalität durch Vorspiegelung einer nationalsozialistschen Weltanschauung zu einem Kämpfer- und Märtyrertum für eine politische Heilslehre aufzuwerten und dadurch zugleich ihren barbarischen Kampfgeist in einer Zeit innenpolitischer Beruhigung zu konservieren. An dieser Konservierungsarbeit beteiligten sich aber auch Kreise außerhalb der NSDAP, unter ihnen vor allem der um Ernst Jünger, der mit seiner unverantwortlichen Nihilismus-Koketterie um 1930 seine Blütezeit erlebte und in dem der Rathenau-Attentäter Ernst v. Salomon die Verbindung zur Vergangenheit und der Gerichtsassessor und spätere SS- und SD-Führer Werner Best die zur Zukunft repräsentierte.[181] Best war bezeichnenderweise auch Mitverfasser des *Boxheimer Dokuments,* des hochverräterischen Terrorplans der hessischen NSDAP von 1931.[182] Der erste Chef der Gestapo, Rudolf Diels, der, ohne Jüngers Kreis anzugehören, doch einer seiner Geistesverwandten war, hat die Problematik dieser Haltung mit entwaffnendem Freimut zum Ausdruck gebracht, als er rückblickend bekannte, ihm sei »die Freude am Relativismus aller moralischen Werte bei dem Anblick von Goebbels und Freisler vergangen«.[183]

Es bedurfte dann nur noch des Sturmwindes der Wirtschaftskrise, um den vorsorglich am Leben gehaltenen Funken erneut zu hellen Flammen auflodern zu lassen. Exemplarisch für das, was sich damals über Deutschland verbreitete, war der berüchtigte Fall von *Potempa,* einer oberschlesischen Ortschaft, in der fünf SA-Männer nach einem ausgiebigen Zechgelage in der Nacht vom 9. zum 10. August 1932 in das Haus eines kommunistischen Bergarbeiters eingedrungen waren und ihn in Gegenwart seiner Mutter mit viehischer Brutalität zu Tode getrampelt hatten.[184] Exemplarisch daran waren vor allem die Reaktionen, die die Bluttat auslöste. Es ist bekannt, daß Hitler sich in einem Telegramm mit den Mördern als »seinen Kameraden« identifizierte, und es ist kaum verwunderlich, daß Göring, Röhm, Heines und Rosenberg mitsamt den nationalsozialistischen Massen ihm darin folgten. Aber auch viele konservative Gruppen, so der *Stahlhelm* und dessen Frauenorganisation, der *Königin-Luise-Bund,* wandten sich, als die Mörder zum Tode verurteilt wurden, mit Gnadengesuchen an den Reichspräsidenten.[185] Zwar waren Abscheu und Entsetzen über die Tat in anderen Kreisen groß, aber die Initiative lag bei der »nationalen« Opposition, die denn auch eine Begnadigung der Täter durchsetzte.

Wie der Papensche Staatsstreich in Preußen vier Wochen vorher der Prüfstein für die Haltbarkeit der Demokratie, so war Potempa der Testfall für die moralische Abwehrkraft der Nation gegen den Terror, und da beide Kraftproben zugunsten der Diktatur bzw. des Terrors ausgefallen waren, hatte Hitler freie Bahn. Ungeniert stellte Alfred Rosenberg jetzt in ausdrücklicher Wendung gegen die »bürgerliche Justiz« fest, für den Nationalsozialismus »ist nicht Seele gleich Seele, nicht Mensch gleich Mensch; für ihn gibt es kein Recht an sich, sondern sein Ziel ist der *starke* deutsche Mensch, sein Bekenntnis ist der *Schutz* dieser Deutschen, und *alles* Recht und Gesellschaftsleben, Politik und Wirtschaft hat sich nach dieser Zwecksetzung einzustellen«.[186] Das war sozusagen die juristische Begründung für das Terrorregime; sie nimmt gedanklich vorweg, was später durch die Legalisierung des Blutbads vom 30. Juni 1934 zur Praxis wurde: die Erhebung des Verbrechens zu einer staatlichen Institution. Das praktische Programm dieses Terrors ließ wenig später Göring erkennen, als er Anfang Dezember 1932 bei den Regierungsverhandlungen nach dem Sturz Papens dreist die Bedingung stellte, es müsse ihm die Straße zum Kampf gegen den Marxismus freigegeben werden.[187] Wohlgemerkt, nicht die revolutionäre Eroberung des Staates forderte er (das wäre auch ganz sinnlos gewesen, denn für so etwas bittet man nicht um Erlaubnis), auch nicht die Unterdrückung eines gewaltsamen Aufstandes, denn den gab es nicht, sondern einen Freibrief für die SA zu einem im Grunde ganz unpolitischen Austoben ihrer Haß- und Rachegefühle.

Ein halbes Jahr später, im April 1933, hat einer der SA-Führer diese Motivierung mit naiver Frechheit in Worte gefaßt. Auf Beschwerden des neuen Chefs des Gestapo-Amtes, Diels, über Ausschreitungen der SA antwortete der zuständige Referent im Stabe der SA-Gruppe Berlin-Brandenburg u. a., es müsse »der im 12jährigen Kampf gegen Terror und Unterdrückung stehenden SA ... rein menschlich betrachtet ein gewisses Recht eingeräumt werden, Aktionen, die letzten Endes lediglich dem Rechtsempfinden unserer Kameraden entspringen, durchzuführen«.[188] Hier hat man nach Rosenbergs juristischer Begründung des Terrors nun die psychologische: »rein menschlich betrachtet« kann man es der SA nicht verwehren, ihre Mitmenschen niederzuknüppeln. Der Zynismus, die Menschlichkeit zur Motivierung des Terrors heranzuziehen, ist nun wirklich nicht mehr zu überbieten. Die Argumentation unterstreicht zugleich den politikfremden Charakter dieses Terrors: Das eigentlich politische Argument, die erfolgreiche Unterdrückung der KPD, wird erst an letzter Stelle und gleichsam nebenbei aufgeführt.[189] Diese Haltung war nicht vereinzelt, sie war typisch. Es ist bekannt, daß die SA sehr enttäuscht war, als die so sehnlichst erwartete *Nacht der langen Messer* nach dem 30. Januar »wegen der Legalität« ausfiel.[190] Sie hat die Hoffnung aber nicht aufgegeben, sie doch noch nachzuholen, und wenigstens für die SS hat sich diese Hoffnung am 30. Juni 1934 ja noch erfüllt, als sie ihre nun doppelt betrogenen Spießgesellen von der SA morden durften.[191] Der Fall zeigt, daß die SA- und SS-Leute die terroristischen Ausschreitungen, die ihnen in der Zwischenzeit gestattet worden waren, nur als ungenügenden Ersatz betrachteten, und man muß annehmen, daß es überhaupt keinen »Ersatz« gab, der Hitlers Terrorbanden jemals voll befriedigt hätte.[192]

Ohne Zweifel war Hitler dadurch nach der Machtübernahme in seinen Entschlüssen objektiv gebunden; er mußte der Wut der SA wenigstens ein Ventil schaffen, wenn er sich an ihrer Spitze behaupten wollte, und das um so mehr, als er seinen Anhängern schon vor 1933 Versprechungen gemacht hatte.[193] Aber es wäre ein verhängnisvoller Irrtum, wollte man annehmen, daß der Kamerad der Mörder von Potempa solche Bindung subjektiv als irgendeine Art von Zwang empfunden hätte. Zwar bemühte er sich jetzt, die Rolle des maßvollen, verantwortungsbewußten Staatsmanns zu spielen, und hatte in diesem Sinne schon in der Regierungserklärung vom 1. Februar die Nation über »Stände und Klassen hinweg« zur Herstellung der geistigen Einheit, ja zu einem »Akt der Versöhnung« aufgerufen.[194] Aber schon zwei Tage später erklärte er den Generalen, es müsse eine »völlige Umkehrung der gegenwärt[igen] innenpol[itischen] Zustände« in Deutschland erreicht werden, das aber sei »geistig allein . . . nicht zu schaffen, sondern nur durch Gewalt. Wer nicht einsehen will, muß gebeugt werden.«[195] Kürzer und prägnanter läßt sich die unlösliche Verbindung von totalitärem Ziel und terroristischen Methoden in der nationalsozialistischen Revolution kaum formulieren. Wenn Hitler dabei die Gewaltanwendung als unerläßlich ansah, so nicht nur, weil er die »Bekehrung« aller Andersgesinnten für unmöglich hielt, sondern auch und nicht zuletzt, weil er die Neugestaltung nur im vitalistisch-kämpferischen Sinn verstand und daher eine entsprechende »Stählung« des »Volkes« erstrebte. »Nicht die Lauen und Neutralen«, so rief er den Parteiführern zu, »machen die Geschichte, sondern die Menschen, die den Kampf auf sich nehmen«,[196] und der Kieler SA erklärte er am 7. Mai, »euer ganzes Leben wird nichts anderes als Kampf sein. Aus dem Kampf seid ihr gekommen, hofft nicht heute oder morgen auf Frieden«.[197] Und zu diesem strategischen kam noch ein taktisches Ziel. Nur durch die gewaltsame Aktion ließ sich jenes Tempo der Revolution erzeugen, das Hitler die Initiative sicherte und die Gegner gar nicht erst zur Besinnung kommen ließ: »Dadurch, daß unsere Bewegung im Sturmschritt marschiert ist und marschiert, hat sie die Kraft in sich, sich gegen jeden Feind durchzusetzen und den Sieg zu erringen.«[198] Es war das Programm der totalen Mobilmachung, das er verwirklichen wollte, und Terror und gewaltsame Auseinandersetzung im Innern waren integrale Bestandteile davon.

Er und seine Führergarde haben den »Kampf«, zu dem die SA nun angesetzt wurde, im übrigen ausgezeichnet organisiert. Zunächst mußte ein Ziel angegeben werden. Schon Göring hatte von »Kampf gegen den Marxismus« gesprochen; Hitler sprach vor den Generalen von der »Ausrottung« von Marxismus, Pazifismus, Demokratie und anderen »Krebsschäden«. Das war fast zu deutlich, und so griff man in der Folge wieder auf Görings Formel zurück. »Kampf gegen den Marxismus« wurde jetzt das – wie sich zeigen sollte, ungeahnt dehnbare – Stichwort, unter dem die Terrorkampagne geführt wurde.[199] Sodann bedurfte es zunächst einer Einleitungsperiode, in der der Staatsapparat, bisher das Instrument der Ordnung, auf den Terrorkurs umgestellt wurde. Die Kampfpause, die dadurch entstand, wurde überbrückt durch den Wahlkampf, der, im großen und ganzen noch in altem Stil geführt, in seinem Klima schon eine bedrohliche Veränderung zeigte. Wenn das

Reichsbanner einen öffentlichen Umzug veranstaltete, so galt das jetzt als »Frechheit«; wenn die SPD eine Wahlversammlung abhielt, so konnte das »selbstverständlich ... nicht mehr geduldet werden«,[200] ganz zu schweigen von der KPD, der jede Möglichkeit zur Entfaltung eigener Propaganda in einträchtigem Zusammenwirken von SA-Aktionen und behördlichen Zeitungs-, Versammlungs- und Redeverboten abgeschnitten wurde. Das Resultat war, daß bei Abschluß des Wahlkampfes am 5. März nach vorsichtigen zeitgenössischen Schätzungen 69 Tote gezählt wurden.[201]

Im Schatten des Wahlkampfes vollzog sich inzwischen die *Umstellung des Staatsapparates.* Sie betraf hauptsächlich die Zwangsorgane: Armee und Polizei. Die Armee bedeutete dabei kein Problem; ihre Führung hatte sich, wie erwähnt, auch dem Terror gegenüber von vornherein auf Nichteinmischung eingestellt und sorgte durch wiederholte Befehle von sich aus dafür, daß die Truppe über die bevorstehende »Bekämpfung des Marxismus« rechtzeitig orientiert und von Gegenaktionen abgehalten wurde.[202] Bei der Polizei mußten die Nationalsozialisten selbst die Leitung übernehmen; überdies kam es hier darauf an, den Apparat weniger auf Stillhalten als auf gleichgerichtetes Funktionieren einzustellen, damit die Polizeiaktionen mit denen der SA synchronisiert werden konnten.[203] Die Gleichschaltung der Polizei beschränkte sich zunächst auf Norddeutschland, insbesondere auf Preußen, wo die Polizeigewalt seit dem 30. Januar in nationalsozialistischer Hand war; in Sachsen, Hessen und Süddeutschland konnte sie erst auf Grund der Reichstagsbrand-Verordnung durch den Reichsinnenminister Frick in Gang gesetzt werden. In Preußen aber begann der neue Innenminister Göring sofort »durchzugreifen«, wobei er persönlich eine bemerkenswerte Metamorphose durchmachte. Über Nacht warf er die Maske des »Diplomaten der Bewegung«, die er bisher nicht ohne Erfolg getragen hatte, ab und verwandelte sich in das Zerrbild eines Renaissanceherrschers, in dem Kultur und Format der historischen Vorbilder fehlten und nur Skrupellosigkeit, Brutalität und barbarische Raffinesse übriggeblieben waren. Das war zugleich das Vorbild, nach dem er jetzt die Polizei zu verwandeln gedachte. Die papierne Grundlage dafür lieferte ihm die am 4. Februar vom Reichspräsidenten erlassene Verordnung »Zum Schutze des deutschen Volkes«, mit der unter dem Vorwand der Abwehr des bolschewistischen Terrors eine erste Handhabe für die Entfaltung des nationalsozialistischen geschaffen wurde.[204] Auf dieses biegsame Instrument gestützt, begann Göring nun, die preußische Polizei der nationalsozialistischen Bewegung zu unterwerfen.[205] Bereits am 7. Februar erklärte er den Polizeibeamten, daß von ihnen »in den nächsten Monaten noch ein Kampf an der Front« verlangt werde, daß sie in diesem Kampf, wenn »einfache Mittel« nicht ausreichten, »auch die schwerste Waffe anzuwenden« hätten und daß sie, wenn sie »im Kampf gegen Verbrechertum und internationales Gesindel [also KPD und SPD] ihre Waffen gezogen hätten, von ihm gedeckt werden würden.[206]

Das war schon recht deutlich, aber anscheinend zeigten die Polizeibeamten noch nicht das Verständnis, das Göring für erforderlich hielt. Denn zehn Tage später ergänzte er seine mündlichen Ausführungen durch einen Runderlaß, der nun an Deutlichkeit nichts mehr zu wünschen übrigließ. Mit spürbarem Unwillen ob der Begriffsstutzigkeit seiner Untergebenen erklärte er, »daß die Polizei auch nur den Anschein einer feindseligen Haltung oder gar den Eindruck einer Verfolgung gegenüber nationalen Verbänden (SA, SS und Stahlhelm) und nationalen Parteien unter allen Umständen zu vermeiden« habe. Er erwarte vielmehr von der Polizei, daß sie mit diesen Organisationen »bestes Einvernehmen« halte und sie »mit allen Kräften« unterstütze. »Dafür ist dem Treiben staatsfeindlicher Organisationen mit den schärfsten Mitteln entgegenzutreten . . . und, wenn nötig, rücksichtslos von der Waffe Gebrauch zu machen.« Wer dieser Anweisung entspreche, werde »ohne Rücksicht auf die Folgen des Schußwaffengebrauchs« von ihm gedeckt werden; »wer hingegen in falscher Rücksichtnahme versagt, hat dienststrafrechtliche Folgen zu gewärtigen«.[207] Aufhebung der politischen Neutralität der Polizei, Gewährung von Straffreiheit für schießfreudige Polizeibeamte und Strafandrohung für ihre gewissenhaften Kollegen: das war der Inhalt von Görings berüchtigtem Schießerlaß, mit dem die Polizei ihrer rechtsstaatlichen Grundlagen beraubt und in eine Mord- und Terror-Organisation im Dienst der neuen Herren verwandelt werden sollte.

Neben die Ausgabe der entsprechenden Instruktionen trat die personelle Säuberung der Polizei. So wurden von 32 vorhandenen Polizei-Obersten 22 verabschiedet. »Hunderte von Offizieren und Tausende von Wachtmeistern folgten«, nach Görings eigenem Zeugnis, »im Laufe der nächsten Monate.«[208] An ihre Stelle traten Angehörige der SA und SS, anfangs auch Mitglieder des Stahlhelms, der DNVP und parteilose Konservative. Vor allem besetzte die SA jetzt im großen Umfang die Posten der Polizeipräsidenten,[209] und das war nun ein Vorgang, mit dem Göring nicht in jedem Falle einverstanden sein konnte; denn hier begannen sich die Umrisse eines SA-Dominiums abzuzeichnen, das sich seiner Kontrolle entzog. Doch war dieser Prozeß im Februar erst in seinen Anfängen erkennbar, und Göring mag auch gehofft haben, daß die Besetzung der polizeilichen Spitzenbehörden mit ihm ergebenen Männern ausreichen würde, um die Kontrolle auch für die SA-Polizeipräsidenten zu sichern. So zog schon Anfang Februar der SS-Führer Daluege, Angestellter bei der Berliner Müllabfuhr und bewährter Kämpfer gegen innerparteilichen Schmutz,[210] als Kommissar z. b. V. in die Polizeiabteilung des Innenministeriums ein.[211] Der Staatssekretär v. Bismarck, ein Monarchist und ein Ritter ohne Furcht und Tadel, sah sich bald kaltgestellt und machte am 9. April dem weniger zimperlichen Grauert Platz.[212] Ein weiterer wichtiger Schritt war die von Göring schon am 11. Februar verfügte Einsetzung eines »Höheren Polizeiführers-West« als Sonderkommissar des Ministers des Innern für die Provinzen Rheinland und Westfalen, der, mit besonderen Vollmachten ausgestattet und Göring unterstellt, die Steuerung der Polizeiaktionen über den Kopf aller Zwischeninstanzen hinweg ermöglichte.[213] Damit zog das System der Sonderkommissare zum erstenmal in die Polizei ein, wobei wohl die starke sozialistische Arbeiterschaft im Ruhrgebiet das Objekt war, dem Görings Sorge in diesem Fall galt.[214]

Die Zerstörung einer rechtsstaatlichen Polizei war mit diesen hier nur im Umriß gezeichneten Maßnahmen so weit vorangetrieben, daß sie die Synchronisation von Polizei- und SA-Aktionen für die nächste Zukunft garantierte.[215] Mit der Aufstellung einer *Hilfspolizei* aus SA, SS und Stahlhelm am 22. Februar begann nun die Mobilmachung der revolutionären Kräfte. Die Idee der Hilfspolizei war als eine der Techniken pseudolegaler Machtergreifung in nationalrevolutionären Kreisen altbekannt; erinnert sei nur an Kahrs Versuch, die Wehrverbände für seinen »Marsch nach Berlin« zu sammeln, indem er sie als polizeiliche Nothilfe gegen die angeblich vom linksradikalen Thüringen drohende Gefahr organisierte.[216] Auch jetzt sprach Görings Erlaß davon, daß die Polizeikräfte angesichts der »zunehmenden Ausschreitungen von linksradikaler, insbesondere kommunistischer Seite« verstärkt werden müßten.[217] Der wirkliche Zweck war, neben einer Ausbalancierung noch nicht genügend zuverlässiger Teile der Polizei,[218] vor allem die Bereitstellung staatlich legitimierter Sturmtruppen für die Revolution von oben. Wenn Göring den Einsatz der Hilfspolizei in dem Erlaß u. a. auch »im Falle von Unruhen und anderen polizeilichen Notständen«[219] vorschrieb, so bewies er – fünf Tage vor dem Reichstagsbrand – eine bewundernswerte Voraussicht; aber das war nur eines von vielen Indizien dafür, daß die nationalsozialistische Führung in dieser Zeit den Aufmarsch zur Revolution vollzog. Am 20. Februar erklärte Hitler in seiner Rede vor den Industriellen, entweder werde »der Gegner durch die kommende Wahl auf dem Boden der Verfassung« besiegt, oder es wird »ein Kampf mit anderen Waffen geführt werden, der vielleicht größere Opfer fordert«.[220] Am 1. März hielt Göring eine Rundfunkrede, in der er zur Begründung der Reichstagsbrand-Verordnung eine lange Liste angeblich geplanter kommunistischer Terrorakte aufzählte, die den Behörden bekanntgeworden seien. Unter anderem sollten die Kommunisten SA-Befehle für einen Aufstand in der Nacht nach dem Wahltag gefälscht und an Behörden, bürgerliche Parteien usw. versandt haben.[221] Es fällt schwer, den Verdacht abzuwehren, daß an dieser Nachricht alles richtig ist außer der Tatsache, daß diese SA-Befehle gefälscht waren. Tatsächlich hielten sich Gerüchte über einen für den Wahltag geplanten SA-Aufstand hartnäckig, und der Stahlhelmführer Duesterberg sah die Lage als so bedrohlich an, daß er am 5. März 30 000 Stahlhelmer in Berlin konzentrierte.[222]

Sicher ist, daß z. B. die Hamburger SA am Wahltag nicht, wie üblich, auf der Straße war, sondern in ihren Sturmlokalen »in Alarm« lag.[223]

Im Lichte dieser Tatsachen gewinnt es besondere Bedeutung, daß Göring der Hilfspolizei im Falle von Unruhen speziell den Schutz lebenswichtiger Betriebe und öffentlicher Gebäude, Anlagen und Einrichtungen übertragen hatte. Die Besetzung derartiger Schlüsselpunkte ist in revolutionären Situationen ja nicht nur für den Verteidiger, sondern eben auch für den Angreifer von Bedeutung, wobei hier wohl hauptsächlich an die Gebäude und Einrichtungen der von Nichtnationalsozialisten geleiteten Reichsbehörden in Berlin zu denken ist. Solche Vermutungen liegen um so näher, als die Hilfspolizei der Berliner SA, die aus 22 »alten und bewährten SA-Männern« gebildet war, nicht von Polizeioffizieren geführt wurde, sondern unmittelbar dem Führer der SA-Gruppe Berlin-Brandenburg unterstellt war.[224] Der Gedanke drängt sich auf, daß hier Spezialkommandos für die revolutionäre Aktion im Falle eines ungünstigen Wahlausgangs bereitgestellt wurden, wobei die Frage offenbleiben kann, ob Göring oder Röhm der *spiritus rector* des Vorgangs war.[225]

Mit der Reichstagsbrand-Verordnung wurde dann ein wichtiger Teil der Aktion bereits vor der Wahl erledigt, denn sie brachte, wie oben geschildert,[226] die Waffe des Ausnahmezustandes in nationalsozialistische Hand. Was immer jetzt geschehen mochte, die machtpolitische Lage war eindeutig zugunsten der Nationalsozialisten verschoben. Die Wahl vom 5. März brachte dann der NSDAP zwar nicht die erstrebte absolute Mehrheit, aber das Resultat war knapp genug, um der virtuosen nationalsozialistischen Propagandatechnik die Verfälschung zu einem »entscheidenden Sieg« zu erlauben. Göring und Frick drückten sich dabei in ihren Aufrufen zum Wahlausgang noch vorsichtig aus, aber Röhm erklärte seinen Truppen schlicht und einfach, das deutsche Volk habe »unserem Führer die Vollmacht zum Neuaufbau Deutschlands erteilt«.[227] Das könnte auf den ersten Blick befremden. War nicht Röhm einer der entschiedensten Anhänger gewaltsamen Umsturzes? Und mußte nicht eine Wahlentscheidung, die das nationalsozialistische Regime eindeutig legitimierte, jedem gewaltsamen Vorgehen den Boden entziehen? Solche Fragen verkennen freilich die nationalsozialistische Logik. Für Röhm und die anderen Parteiführer einschließlich Hitlers bedeutete ein Wahlsieg die Zustimmung des Volkes zu ihrem »Kampf gegen den Marxismus« (und alles, was sich mit diesem Namen sonst noch fassen ließ). Die Revolution wurde damit nicht etwa überflüssig, im Gegenteil, sie wurde dadurch gerade legitimiert.[228] Auch späterhin haben die 99⁰/₀igen Ergebnisse der Volksabstimmungen nicht etwa eine Einstellung des untergründigen Terrorregimes zur Folge gehabt.

Es war nur konsequent, wenn man das »Volk« auch an der Durchführung der Revolution beteiligte; gerade das war der Sinn der totalen Mobilmachung. Das hatte Göring schon vor der Wahl mehrfach angekündigt. Seit dem Reichstagsbrand wiederholte er unaufhörlich, daß er nicht nur die Abwehr gegen die kommunistische Gefahr führen, sondern auch zum Angriff übergehen werde, und speziell für diese Aufgabe müßten die »Kräfte des nationalen Deutschlands mobil« gemacht werden.[229] Die staatlichen bzw. polizeilichen Machtmittel allein reichten, so meinte er, nicht aus; zwar werde er auch sie gegen die Kommunisten einsetzen, »aber den Todeskampf, in dem ich euch die Faust in den Nacken setze, führe ich mit denen da unten, das sind die Braunhemden! Ich werde dem Volk klarmachen, daß das Volk sich selbst zu wehren hat. Ich werde ihm klarmachen, daß die lebendigen Kräfte des Volkes hier mobilisiert werden müssen.«[230] Es kam also auf die Weckung des Kampfinstinktes des Volkes an, und dazu bedurfte es der Erhaltung der Kampfsituation, wie sie nach dem Reichstagsbrand geschaffen worden war. Aber Göring war hier nur der Schüler, der Meister war Hitler. Er hat seine Methode auf einer Tagung der Parteiführer im April selbst mit den Worten dargelegt, die Geschehnisse der letzten Zeit seien ein einzigartiges, wunderbar elastisches Zusammenspiel zwischen der impulsiven Volksbewegung und der durchdachten Leitung durch die Führung.[231] Die Impulsivität der Volksbewegung sollte den Legitimitätsgrund für die Revolution abgeben, aber was es mit ihr auf sich hatte, offenbarte Hitler in derselben Rede nicht weniger freimütig, als er die »Disziplin« als Fundament der Bewegung bezeichnete und das mit dem Hinweis auf den Judenboykott vom 1. April erläuterte, der auf Befehl ebenso »schlagartig« begonnen wie abgebrochen worden sei. Impulsivität auf Befehl – das entsprach dem exerziermäßig demonstrierten Fanatismus der »Kampfzeit«, und damals wie jetzt war hauptsächlich die SA das Instrument, das diese Befehle und Exerzitien auszuführen hatte.

Die auf diese Weise ausgelöste und gelenkte Revolution zeigte zwei Schwerpunkte: die eigentliche Gleichschaltungsaktion und die theoretische Verfolgung von »Staatsfeinden« jeder Art. Doch muß im Auge behalten werden, daß diese Unterscheidung nur theoretische Bedeutung hat; beide Aktionen liefen gleichzeitig nebeneinanderher, gingen häufig bis zur Identität ineinander über und vollzogen sich in den gleichen scheinrevolutionären Formen. Schon der »Kampf gegen den Marxismus« im Anschluß an den Reichstagsbrand, in dem die Beseitigung des Parteiensystems eingeleitet und zugleich eine unnachsichtige Verfolgung von Führern und Mitgliedern der sozialistischen Parteien entfesselt wurde, zeigt die Verschmelzung beider Elemente zu einem Vorgang. Wenn sie im folgenden nichtsdestoweniger unterschieden und nacheinander behandelt werden, so mehr zur Erleichterung der Darstellung als wegen ihrer objektiven Unterschiede. Die *Gleichschaltungsaktion* ist im Rahmen dieser Studien bereits von verschiedenen Seiten beleuchtet worden und braucht daher hier nur noch unter dem spezifischen

Gesichtspunkt der Gewalt- und Terrortechnik skizziert zu werden. Sie zeichnete sich durch drei Merkmale aus: Erstens war sie total, d. h. sie ergriff nicht nur die staatlichen Schlüsselstellungen wie vor allem die Landesregierungen, beschränkte sich auch nicht auf die Beseitigung politischer Parteien, sondern schloß obendrein den gesamten gesellschaftlichen Bereich mit ein, ja setzte schließlich – nachdem sich der politische Katholizismus mit dem Abschluß des Konkordats einen vorläufigen Waffenstillstand erkauft hatte[232] – zum Angriff auf die protestantische Kirche an, wo sie dann freilich zunächst auf unüberwindlichen Widerstand traf. Bemerkenswert ist dabei, wie der Richtungswechsel der nationalsozialistischen Offensive von den sozialistischen Gegnern zu den bürgerlich-nationalistischen Verbündeten gesteuert wurde. Das Schlagwort vom »Kampf gegen den Marxismus«, unter dem die einen niedergeworfen worden waren, ließ sich, so sollte man meinen, beim besten Willen nicht gegen die anderen verwenden. Aber als es zu einer Unterwanderung des Stahlhelms und später auch des Deutschnationalen Kampfrings durch aktivistische Kräfte aus dem sozialistischen Lager, insbesondere aus dem Roten Frontkämpfer-Bund und dem Reichsbanner kam, bot diese in ihrem Sammlungscharakter an sich richtig angesetzte Widerstandsregung der nationalsozialistischen Führung die erwünschte Gelegenheit, den »Kampf gegen den Marxismus« auch auf ihre eigenen Bundesgenossen zu übertragen. Diesem Druck fiel, um beim Beispiel des Stahlhelms zu bleiben, prompt Duesterberg zum Opfer, während Seldte mit der Parole der »Nationalen Einigung« angelockt wurde. Der Fall ist typisch für den Gesamtablauf der Gleichschaltungsaktion; er zeigt, wie die Nationalsozialisten den selbsterzeugten Widerstand zur Fortpflanzung ihrer revolutionären Dynamik auszunützen verstanden.

Ein zweites, mit dem ersten eng verbundenes Merkmal waren das Tempo und das »schlagartige« Einsetzen der einzelnen Aktionen. Das eine verlieh der nationalsozialistischen Herrschaftsexpansion eine besonders im Vergleich zu der faschistischen Entwicklung in Italien hervortretende Rasanz; wozu Mussolini mehrere Jahre benötigte, vollzog Hitler in wenigen Monaten.[233] Aus dem anderen ergab sich das Bild mehrerer »revolutionärer Schübe«:[234] der erste nach der März-Wahl (gegen Landesregierungen und sozialistische Parteien), der zweite Anfang April (Judenboykott), der dritte Anfang Mai (Gewerkschaftsaktion), der vierte im Juni (gegen Wehrverbände und bürgerliche Parteien). Bedingt durch Hitlers

Prinzip, seine Gegner zu isolieren und einzeln nacheinander zu schlagen, und in Gang gehalten durch das Wechselspiel von Druck und Gegendruck, erhielt die revolutionäre Bewegung dadurch den Charakter einer Kettenreaktion, die in ihrem Gesamtbild auffallend an die Kette der Blumen- und Blitzkriege erinnerte, durch die seit dem Frühjahr 1938 Europa erschüttert wurde. Dabei war im allgemeinen eine Abnahme der Intensität und der Massenaktionen festzustellen,[235] aber, trotz Hitlers und Fricks bekannten Erklärungen über das Ende der Revolution, kein deutlicher Abbruch.

Das dritte Merkmal schließlich bestand in dem Einsatz der SA, die überall da, wo es nötig oder opportun schien, den sich gewaltsam äußernden »Volkszorn« zu repräsentieren hatte, wobei im einzelnen recht verschiedene Formen des Zusammenspiels zwischen unten und oben zu beobachten sind, aber die »durchdachte Leitung« immer deutlich erkennbar blieb. Natürlich kam es auch zu wirklich spontanen bzw. »wilden« Aktionen der SA, sei es, daß sie von untergeordneten Stellen ausgelöst, sei es, daß sie von der Obersten SA-Führung selbständig befohlen wurden. Dazu gehört vermutlich auch der erste Sturm auf die Gewerkschaftsbüros, der bereits im März einsetzte, aber bald abgestoppt wurde.[236] Hier war die SA anscheinend vorgeprellt; sie wurde zurückgepfiffen und mußte sich noch bis zum 2. Mai gedulden. Ganz unzweideutig war das im Fall der kurz nach der Wahl einsetzenden Aktionen zur Schließung von Warenhäusern, Einheitspreisgeschäften und anderen Firmen, in denen sich offensichtlich die mittelständischen Ressentiments der SA Luft machten, die aber sofort und diesmal endgültig eingestellt wurden.[237] Auch spätere Versuche der SA, in den wirtschaftlichen Bereich einzugreifen, wurden nach Möglichkeit gebremst, wie denn überhaupt die Gleichsschaltungsaktion gegenüber den industriellen und agrarischen Interessenverbänden ebenso wie gegenüber den vielerlei Berufsvertretungen von Beamten, Lehrern, Juristen, Ärzten usw. meist ohne SA-Einsatz, wenn auch häufig in SA-Uniform, vor sich ging.[238] Ein weiteres Beispiel sind die SA-Ausschreitungen gegen Gerichte, von denen mehrere Fälle bekannt sind; in Breslau z. B. arbeitete die SA so gründlich, daß die Gerichtsbehörden am 11. März den Rechtsstillstand beschlossen.[239] Aber auch dieser Versuch der SA, ihrem »Rechtsempfinden« unmittelbar Geltung zu verschaffen, wurde zunächst unterbunden.

Was schon die Erlasse, Proklamationen und Befehle der nationalsozialistischen Führer zeigten, das bestätigten diese Beispiele aus der Praxis: Die NS-Führung hatte ihre Garden im ganzen keineswegs aus der Hand verloren. Wo die SA-Aktionen gegen den Feldzugsplan verstießen, war man höheren Orts im allgemeinen durchaus in der Lage, sie zu stoppen, und wo dies nicht geschah, muß man bis zum Beweis des Gegenteils annehmen, daß die Unternehmungen der Braunen Banden im großen und ganzen auch den Intentionen ihrer Führer entsprachen. Im übrigen sorgte Hitler selbst dafür, daß die Revolution im Gang gehalten wurde. Am 10. März sah er sich durch heftige Proteste der Öffentlichkeit veranlaßt, seine Banden vor »Provokateuren« zu warnen und zur Disziplin zu mahnen, aber er schloß seinen Appell mit der Aufforderung: »Im übrigen laßt euch keine Sekunde von unserer Parole wegbringen. Sie heißt: ›Vernichtung des Marxismus!‹« Am 22. April erklärte er den Parteiführern: »Der Kampf gegen den Marxismus« dürfe »keine Abschwächung erfahren«. Daher müsse »die Schlagkraft der Bewegung ... nicht nur erhalten, sondern erhöht werden«.[240] Und am 7. Mai forderte er die SA auf, die »Novemberverbrecher ... zu verfolgen bis in die letzten Schlupfwinkel hinein« und »dieses Gift restlos aus unserem Volkskörper« zu entfernen.[241]

Um die Bedeutung solcher Worte ganz zu ermessen, muß man sich vor Augen halten, daß sich alle diese Aktionen, Ein- und Übergriffe in einer Atmosphäre von Gewaltsamkeit, Rechtlosigkeit und Brutalität vollzogen. Wenn Hitler in seiner Rundfunkrede nach dem Austritt aus dem Völkerbund am 14. Oktober 1933 behauptete, daß die nationalsozialistische Revolution nicht, wie die Französische und Russische, »Hekatomben von Menschen« abgeschlachtet habe, daß in ihr »nicht ein einziges Schaufenster zertrümmert, kein Geschäft geplündert und kein Haus beschädigt wurde« und daß es im Augenblick »kein Land der Welt mit mehr Ruhe und Ordnung gibt als das heutige Deutschland«,[242] so war das angesichts der auch ihm bekannten Tatsachen eine bewußte Lüge. Weit eher entsprachen die Verhältnisse in weiten Bereichen des öffentlichen Lebens dem, was die Breslauer Richter schon im März für ihren freilich kleinen Wirkungskreis offiziell hatten verkünden müssen: dem *Rechtsstillstand*.[243]

Schon die Zahl der Toten widerlegt Hitlers Angaben. Nimmt man alle verfügbaren Nachrichten zusammen, so wird man selbst bei vorsichtiger Schätzung bis zum Zeitpunkt von Hitlers Rede mit einer Zahl von 500 bis 600 Toten im ganzen Reichsgebiet rechnen müssen.[244] Dazu kam die völlig rechtlose Inhaftierung politischer Gegner in Konzentrationslagern. Nach amtlichen Angaben gab es Mitte September im Reichsgebiet 26 789 »Polizeigefangene«,[245] eine Zahl, die angesichts der vielen »wilden« Konzentrationslager[246] sicher zu niedrig ist. Sie gibt auch insofern keine klare Vorstellung, als die Fluktuation in den Lagern groß war; nur eine Übersicht über die Gesamtzahl der *Freiheitsberaubungen* seit dem Reichstagsbrand könnte ein Bild von den wahren Verhältnissen geben. Nimmt man sie mit ca. 100 000 an, so dürfte das nicht zu hoch gegriffen sein.[247]

Diese Zahlen sprechen für sich. Sie waren das Resultat einer erbarmungslosen Menschenjagd, die, nach ersten Anläufen im Februar, vom 6. März ab in breiter Front über Deutschland dahinging[248] und das Vaterland Goethes und Schillers, Lessings und Kants alsbald in eine Wildbahn für politische und unpolitische Gangster aller Art verwandelte. Auch hier war der »Kampf gegen den Marxismus« vielfach nur ein Vorwand. Zwar machten Kommunisten und Sozialdemokraten unter den Ermordeten und Gefangenen die größte Zahl aus; außer dem Anarchisten Erich Mühsam fiel auch der bedauernswerte Max Fechenbach, ehemaliger Sekretär Kurt Eisners, mit vielen anderen bekannten und unbekannten Funktionären schon 1933 dem Mordterror zum Opfer.[249] Dazu kamen aber auch jene Fälle, in denen »alte Rechnungen beglichen« oder unbequeme Mitwisser beseitigt wurden: Hierher gehören die Morde an dem Abenteurer und Intimus von Röhm, Dr. Georg Bell,[250] dem Mitverfasser und Verräter des Boxheimer Dokuments, Wilhelm Schäfer,[251] dem Mörder Horst Wessels, Ali Höhler[252] und vielen anderen. Daneben begann auch schon die Judenjagd, der als prominente Opfer u. a. der Operettenmanager Rotter und seine Frau und der Philosoph Theodor Lessing erlagen.[253] Und damit verbanden sich die Entfesselung niedrigster Instinkte, Austragung von Privatfehden,[254] Sadismus bei Mißhandlungen und vor allem Gewinnsucht. Zahllose Wohnungseinbrüche bei politischen Gegnern und Juden führten zu Raub und Plünderung, und die SA verschmähte nicht, Lösegelder für ihre Gefangenen anzunehmen, ja nach Abebben der Kommunistenjagd verlegten sich die SA-Rollkommandos auf regelrechtes Kidnapping jüdischer Geschäftsleute.[255]

So elementar der Ausbruch von Gewalt-, Mord- und Raubinstinkten im Frühjahr 1933 aber auch war, so fehlten nichtsdestoweniger auch bei ihm Lenkung und Organisation nicht. Er wurde eingeleitet durch eine Reihe blutrünstiger Reden insbesondere von Göring. Wie er sich bemühte, den Polizisten ihre Hemmungen vor dem Schießen zu nehmen, so peitschte er die niedrigen Leidenschaften der SA-Mannschaften zur Siedehitze auf. »Hier habe ich«, so rief er ihnen am 3. März zu, »keine Gerechtigkeit zu üben, hier habe ich nur zu vernichten und auszurotten, weiter nichts!«[256] Solche Stichworte fielen bei der SA um so eher auf günstigen Boden, als sie sich bereits gründlich darauf vorbereitet hatte. So hatte die SA-Gruppe Berlin-Brandenburg ihre »Abteilung I C«, die mit Rollkommandos von Terrorspezialisten arbeitete, und das Berliner Beispiel machte alsbald in der Provinz Schule, sofern das noch nötig war. Wie Graf Helldorf in Berlin, so inszenierten Heines in Breslau, Weitzel in Düsseldorf, Terboven im Ruhrgebiet, Koch in Ostpreußen und Heydebreck in Pommern ihre nach schwarzen Listen oder auf Grund von Denunziationen gesteuerten Razzien,[257] und außerhalb Preußens sah es nicht anders aus.[258] Die menschliche Beute wurde, wo nicht sogleich erschlagen, in die schnell improvisierten »Bunker«, meist die Kellerräume der SA-Sturmlokale und sonstigen SA-Dienststellen, gebracht und dort ebenso sinnlosen wie fürchterlichen Mißhandlungen unterzogen. Allein in Berlin soll es etwa 50 dieser Marterstätten gegeben haben, unter denen die SA-Dienststellen in der Hedemannstraße, in der Voßstraße und das von der SS eingerichtete Columbiahaus einen traurigen Ruhm erlangten.[259]

Aber schon nach wenigen Tagen schwoll der Strom der Gefangenen so an, daß man andere Lösungen suchen mußte. Bereits am 8. März kündigte daher Frick die Einrichtung von Konzentrationslagern an,[260] und die SA ließ sich diese Anregung von oben nicht zweimal geben. Eines der ersten und bekanntesten dieser Lager war das in Oranienburg bei Berlin; seine Gründung am 21. März bildete das handfeste Gegenstück zu der Spiegelfechterei des »Tages von Potsdam«.[261] In schneller Folge entstanden dann weitere Lager: Dürrgoy bei Breslau, wo Heines sein Unwesen trieb, Sonnenburg (Festung Küstrin), Bornim bei Potsdam, Königswusterhausen bei Berlin; das SS-Lager auf der Vulkanwerft in Stettin, Kemna bei Wuppertal, die SS-Lager um Papenburg im Emsland; Hohenstein in Sachsen, Heuberg bei Stuttgart, Dachau in Bayern und andere; im ganzen schätzt man die Zahl auf ca. 50.[262] Die Verhältnisse in den Lagern waren fürchterlich, schon allein wegen der rein behelfsmäßigen Unterbringung, vor allem aber deshalb, weil die Wachmannschaften auch hier ihre Häftlinge physischen und psychischen Torturen aller Art unterzogen. Es war ganz unvermeidlich, daß sich in diesen Lagern eine sadistische Elite der SA und SS sammelte und daß deren perverser Erfindungsgeist sich hier je länger desto hemmungsloser austobte.[263] Der Reichsjustizminister zählte später in einem Bericht drei Gründe auf, aus denen Mißhandlungen erfolgten: Prügel als »Hausstrafe«, »verschärfte Vernehmungen« zur Erpressung von Aussagen und bloßer Mutwillen und Sadismus. Es ist klar, daß diese letzteren Triebkräfte auch in den ersten beiden, scheinbar rational begründeten Fällen mit am Werke und also überhaupt die vorherrschenden waren.[264] Gürtner erklärte denn auch, die Erfahrung der ersten Revolutionsjahre habe gezeigt, daß die mit den Prügeleien beauftragten Leute meist nach kurzer Zeit das Gefühl für Sinn und Zweck der Maßnahmen verlören und persönliche Rachgefühle und sadistische Intinkte austobten.

Aus der Perspektive der SA sah das freilich anders aus. Schon Frick hatte seine Ankündigung vom 8. März damit begründet, daß man die Marxisten »wieder zu nützlichen Mitgliedern der Nation erziehen« müsse,[265] und diese pervertierte »Erziehungsidee« wurde tatsächlich von den SA-Folterknechten als Legitimation benutzt. Der Berliner SA-Gruppenführer Karl Ernst faßte das in folgende stilistisch wie gedanklich haarsträubende Sätze: »Menschen einkerkern und in abgeschlossener Verbitterung verkommen lassen, kann jedes Narrensystem. Der Mut zur unpopulären Maßnahme auf den ersten Blick, zur Rückerziehung zum sittlichen Arbeitsmuß, hat in den Konzentrationslager für die antinationalsozialistischen Staatsfeinde seine erste Bewährung auf dem Gebiete der übernommenen und uns zugefallenen pädagogischen Großaufgabe erzeigt. Nicht Schinder und Menschenquäler, wie es eine verlogene Greuellüge will, sondern deutsche soldatisch-harte Männer der braunen Sturmabteilungen haben verführte Volksgenossen gegen ihren Willen, zum eigenen Besten, zur politischen Einkehr und zum Arbeitsethos zurückverholfen.«[266] Auf diesen Ton ist denn auch das Buch des ersten KZ-Kommandanten von Oranienburg über sein Lager gestimmt; es ist eine einzige Lobpreisung der wertvollen »Erziehungsarbeit«, die er und seine Quälgeister an ihren Opfern geleistet hätten.[267]

Natürlich war das, wie Schäfers ganzes Buch, zum großen Teil Schönfärbung und insofern unaufrichtig. Ernst z. B. hat auch ganz andere Töne gefunden. »Ich war bisher der Auffassung«, so schrieb er im September 1933 protestierend an den Staatssekretär Grauert, »daß in der Ära der autoritären preußischen Regierung der Sinn für den sogenannten humanen Strafvollzug glückhafterweise abhanden gekommen ist und Staatsfeinde wie gemeine Verbrecher erster Ordnung behandelt werden.«[268] Außerdem darf nicht übersehen werden, daß die SA auch hier recht reale Motive mit ihrem Vorgehen verband. So machten sowohl Schäfer wie Ernst darauf aufmerksam, daß 180 SA-Leute und SA-Führer im Lager Oranienburg Lohn und Brot erhalten hätten,[269] und wenn man den Berichten der Häftlinge glauben darf, so verstand die SA nicht weniger gut als später die SS, die Wirtschaftskraft ihrer Lager weidlich auszunutzen, nur daß die einzelnen SA-Leute und vor allem die Führer den Gewinn ausschließlich in die eigene Tasche steckten.[270] Nichtsdestoweniger darf man den barbarischen Erziehungsidealismus der SA nicht unterschätzen, war er doch ein Mittel, in den SA-Leuten die letzten Reste von Gewissen abzutöten; nicht zuletzt deshalb waren humane Regungen unter den Wachmannschaften so selten, sowenig sie ganz gefehlt haben.[271] Und diese Funktion hat er auch später noch geübt; auch im vollentwickelten KZ-System der SS wurde er praktiziert – natürlich nicht gegenüber den Juden, die als »Rassefremde« *ex definitione* als unerziehbar galten, wohl aber gegenüber den »arischen« Häftlingen, denen gegenüber die SS sich eine ähnliche »pädagogische Großaufgabe« anmaßte wie die SA.[272] Die Wurzeln dieser perversen Vorstellungswelt sind in der hier schon mehrfach berührten Erziehungsidee des deutschen militärischen Denkens zu suchen. Jeder Unteroffizier und in subtilerer Form auch die Offiziere waren vor 1914 überzeugt, daß die Rekruten im Militärdienst zu Ordnung und Sauberkeit, ja überhaupt erst zu Menschen erzogen wurden, und vom Kasernenhof griffen solche Ideen auch auf den zivilen Bereich über und fanden dort viele Fürsprecher.[273] Nach dem Kriege übernahmen die Wehrverbände dann das militaristische Erbe, unter ihnen auch die SA, die es aus ihrem Pseudosozialismus heraus noch um die Idee der Erziehung zur »Arbeit« bereicherte. In diesem Zusammenhang ist auch zu beachten, daß die SA einen großen Teil der Schikanen und Quälereien in den Lagern in Form von Exerzierdrill ausführte. Was beim Militär eine mehr oder minder unvermeidliche, aber deutlich negative Begleiterscheinung an sich sinnvollen Tuns war, wurde im KZ-System zum Selbstzweck, und die deutschen Konzentrationslager nahmen die Form von ebenso überdimensionalen wie sinnlosen Kasernen an.[274]

Erst wenn die schrankenlose Machtvollkommenheit der Peiniger bedroht wurde, wurden sie kleinlaut und entgegenkommend. Als die SS in den Moorlagern im Emsland von Polizei abgelöst werden sollte, versuchte sie, sich sogar mit den Häftlingen zu verbrüdern, und wollte mit ihnen zusammen eine »zweite Revolution« entfesseln.[275] Der Vorfall wirft ein Schlaglicht nicht nur auf den politischen Relativismus dieser Terrorgarden, denen es im Grunde ganz gleichgültig war, welchem Herrn sie dienten,[276] sondern auch auf eine der Wurzeln ihrer Herrschaft: den Mangel eines wirklichen Widerstandes von unten bzw. einer durchgreifenden Kontrolle von oben. Nun wäre es freilich eine Simplifizierung, wollte man behaupten, daß der nationalsozialistische Terrorfeldzug in Deutschland keinen Widerstand gefunden hätte. Er hat ihn gefunden, nicht nur 1933, sondern auch später, und nach den Erfahrungen der Juden waren es vor allem zwei Gruppen, deren menschliches Solidaritätsgefühl intakt blieb: einesteils Angehörige des Uradels und der Beamtenschaft, andernteils die sozialistische Arbeiterschaft.[277] Außerdem wird man auch noch die Geistlichkeit beider Konfessionen nennen müssen. So erhob sich, als sich der nationalsozialistische Terror nach der Wahl voll entfaltete, vielfach Protest, der um den 10. März einen Gipfelpunkt erreichte[278] und Hitler zur Veröffentlichung seines erwähnten Disziplin-Erlasses zwang;[279] auch Göring mußte abschwächende »Erläuterungen« zu seinem Schießerlaß herausgeben,[280] und noch im August beklagte sich die Oberste SA-Führung über eine Lawine von Beschwerden, die sie, wollte sie ihnen allen nachgehen, zu einer Verzehnfachung ihres Stabes zwänge. Aber diesen Proteststimmen stand, wie schon im Fall von Potempa, die Indolenz der nicht betroffenen Schichten gegenüber, und so verlagerte sich die Opposition aus dem öffentlichen bald mehr und mehr in den privaten Bereich; aus Widerstand wurde Nonkonformismus.[281] Man hat mit Recht darauf hingewiesen, daß die Verfassungsbrüche und Terrormaßnahmen der Nationalsozialisten, wären sie von Kommunisten unternommen worden, ohne Zweifel als eine alarmierende Verletzung von Recht und Ordnung empfunden worden wären.[282] Daß das keine bloße Spekulation ist, zeigt die Reaktion auf den Reichstagsbrand. Hier reagierte die Öffentlichkeit auf das Verbrechen politischer Brandstiftung äußerst empfindlich, aber bloß deswegen, weil es den Nationalsozialisten gelang, die Schuld auf die Kommunisten zu schieben. Das Beispiel zeigt, in welchem Maße die Begriffe von Recht und Ordnung damals schon zur Funktion von politischen Interessen und Ideologien geworden waren – eine Tatsache, die angesichts der geschilderten politischen Demoralisierung weiter bürgerlicher Kreise in der Weimarer Republik kaum verwundern kann.

Das gleiche gilt auch für die Kontrolle von oben. Hitler und seine Gefolgsleute besaßen im Frühjahr 1933 noch keineswegs die unumschränkte Macht in Deutschland, und dennoch war es unmöglich, sie in ihre Schranken zu verweisen, weil die meisten ihrer Mitspieler sich zu keiner entschiedenen Abkehr von ihnen aufraffen konnten. Bezeichnend war die Reaktion von Blomberg und Reichenau, die sich beide mehr Sorge über die militärischen Aspirationen der SA als über deren Wüten gegen »Staatsfeinde« machten; beide rieten Diels dringend, auf seinem Posten zu bleiben und die »Unschönheiten« des Umschwungs nicht tragisch zu nehmen.[283] Auch bei den anderen staatlichen Behörden herrschte die Tendenz, die nach Blombergs Worten so »großen Möglichkeiten«, die das Regime Hitlers zu bieten schien,[284] nicht aufs Spiel zu setzen und ihre Abwehr darum nur »von innen heraus«, d. h. durch Einwirkung auf Hitler und seine Parteiführer zu führen. Besonders deutlich kam die Taktik, mit den Wölfen zu heulen, um ihnen ihre Beute zu entreißen, bei dem damaligen Chef der preußischen Gestapo, Diels, zum Ausdruck. »Es ging darum«, so schrieb er später, Görings und Hitlers »Machtstreben mit meinen Absichten in Einklang zu bringen«.[285] Tatsächlich konnte er, der den Dschungelkampf selbst nicht schlecht verstand, einige Erfolge buchen; es gelang ihm, mit der Zeit die meisten SA-Bunker auszuheben, viele Konzentrationslager aufzulösen und die übrigen unter eine freilich sehr oberflächliche Kontrolle zu bringen, und schließlich setzte er auch gegen Ende 1933 die Entlassung vieler Häftlinge durch.[286] Aber über eine bloße Bremswirkung kam er dabei nicht hinaus. Seine Anregung, zu Weihnachten 1933 eine Totalamnestie zu erlassen, beantwortete Hitler mit einem Haßausbruch und dem bezeichnenden Argument, das würde »wie ein Verleugnen unserer Ziele aussehen«.[287] Göring seinerseits unterstützte ihn nur insoweit, als er ihn als Mittel im Kampf gegen die Macht der SA benutzen konnte, und ließ ihn bedenkenlos fallen, als er sich mit Himmler verbinden mußte. Was Diels – wie Reichenau und andere – übersah, war die Tatsache, daß die revolutionäre Führerclique entschlossen war, die erbeutete Macht unter sich aufzuteilen; weitere Mitspieler konnte sie nicht dulden. So hat sein Versuch, den KZ-Terror zu überwinden, im Grunde nur den Grundstein zu dessen Systematisierung durch die SS gelegt.[288] Wenn man Diels glauben darf, so beruhte seine Taktik auf der Annahme, daß der Terror in der ersten Hälfte 1933 die unvermeidliche Begleiterscheinung eines elementaren Ausbruchs revolutionärer Leidenschaft sei – eine Auffassung, die bei Bundesgenossen und Mitläufern der Nationalsozialisten, aber auch bei vielen Gegnern damals verbreitet war. Die nähere Untersuchung hat bereits eine Fülle von Hinweisen dafür erbracht, daß diese Annahme falsch war, daß, so elementar die Antriebskräfte der Ausschreitungen waren, sie nichtsdestoweniger in erheblichem Umfang gelenkt und als tragendes Glied in den Prozeß der revolutionären Mobilmachung eingeordnet wurden. Besonders deutlich trat das bei dem Boykott jüdischer Firmen und Geschäfte am 1. April zutage. Gerade das, was die Öffentlichkeit damals vielfach für ein Zeichen von Mäßigung anzusehen geneigt war, die relative »Ordnung« und »Disziplin« in der Durchführung des Boykotts, war im Grunde höchst beunruhigend, handelte es sich dabei doch um den planmäßigen und zentral gelenkten Versuch, die lästige ausländische Berichterstattung über den nationalsozialistischen Terror zum Schweigen zu bringen, indem man die deutschen Juden als Geiseln unter Druck setzte[289] – eine Methode, die sich in nichts von dem sowjetischen Verfahren unterschied, politische Vorteile durch Zurückhaltung von Kriegsgefangenen zu erpressen. Es war Hitler und Goebbels nicht gelungen, in der Bevölkerung eine Haßpsychose gegen die Juden zu erzeugen,[290] aber das hatte den Ablauf der Aktion nicht gehindert, denn auch ein entschlossener und vor allem einhelliger Protest kam nicht zustande. Niemand ahnte, welch fürchterliche Wirklichkeit einmal die Worte annehmen sollten, die Streicher in seinem Boykott-Aufruf vom 30. März aussprach: »Ein Abwehrkampf hebt an, wie er durch all die Jahrhunderte herauf nie zuvor gewagt worden war.«[291]

Was aber jetzt schon deutlich wurde, war die Tatsache, daß die Judenverfolgungen, nicht nur auf den Boykott beschränkt, sich gegen eine Menschengruppe richteten, die überhaupt kein einheitliches politisches Profil trug und bisher auch nicht mit eigenständigem politischem Anspruch hervorgetreten war. Die Kennzeichnung dieser Gruppe als »Juden« entlarvte nicht nur die pseudowissenschaftliche Willkür einer »Rassenlehre«, die die »Rassenzugehörigkeit« der Juden nicht nach anthropologischen, sondern letztlich doch nur nach konfessionellen Merkmalen feststellen konnte,[292] sie enthüllte auch ihren eigentlichen Sinn, indem sie außer den Menschen israelitischen Glaubens bzw. deren Nachkommen auch den »jüdischen Geist« einschloß, so wenn z. B. – ein Fall unter vielen – der NS-Physiker Lenard seinen Berufskollegen Heisenberg bei Rosenberg wegen seiner »jüdischen Rassenseele« denunzierte.[293] Im Grunde ging es gar nicht um die Juden, sondern darum, einen Idealfeind, sozusagen den Idealtypus eines »Volksschädlings« zu schaffen, der permanent verfügbar war, um den Lebenskampf beliebig stimulieren zu können.[294] Daß als Personifikation dieses Idealfeindes die Juden ausgewählt wurden, war freilich insofern nicht zufällig, als sie aus historisch-soziologischen Gründen das schwächste Glied der deutschen Gesellschaftsordnung waren.[295] Es bezeichnet die ganze Perfidie, aber auch die machtpolitische Instinktsicherheit Hitlers und seiner Bandenführer, daß sie den Haß der Massen auf diejenige Gruppe zu lenken trachteten, die wegen ihrer unvollständigen gesellschaftlichen Assimilation bereits zum »Volksfeind« prädisponiert erschien und von der wegen ihrer mangelnden politischen Geschlossenheit zugleich am wenigsten Widerstand zu erwarten war.

Was aber die These vom Ausbruch revolutionärer Leidenschaften vollends widerlegte, war die Tatsache, daß kein neuer Rechtszustand geschaffen wurde. Das bisherige Rechtssystem wurde seiner tragenden Elemente beraubt, so daß die quantitativ nicht unbedeutenden Reste kein sinnvolles Ganzes mehr bildeten. Zwar ergoß sich eine Flut neuer Gesetze über das Land, aber sie gerann nicht zu einer neuen verbindlichen Rechtsordnung, so daß der verfassungsrechtliche Zustand des »Dritten Reiches« juristisch lediglich negativ mit dem Begriff des Ausnahmezustandes faßbar ist, wie er bereits durch die Reichstagsbrand-Verordnung vom 28. Februar geschaffen worden ist. Das trat gerade auf dem Gebiet der Verfolgung politischer Straftaten deutlich hervor. Während politische Verbrechen auf der einen Seite besonders diskriminiert wurden,[296] wurden auf der anderen die »Träger des nationalsozialistischen Staates« unter ein Ausnahmerecht gestellt, das ihnen einen erhöhten Schutz und zugleich einen mehr oder minder getarnten Freibrief für eigene Verbrechen gewährte. Letzteres erfolgte nicht nur durch die mehrfachen, großzügig abgefaßten und angewendeten Amnestien, sondern auch durch interne Anweisungen der Obersten

SA-Führung, die auf Grund der gleichzeitigen erfolgreichen Obstruktion der SA-Führung gegen die Strafverfolgung ihrer Untergebenen *de facto* Gesetzescharakter annahmen. So erließ Röhm im Juli 1933 einen Befehl,[297] der seinen Leuten erlaubte, »daß als Sühne für den Mord an einem SA-Mann durch den zuständigen SA-Führer bis zu 12 Angehörige der feindlichen Organisation, von der der Mord vorbereitet wurde, gerichtet werden dürfen«, während er zugleich schärfste Selbstjustiz für die »Befriedigung persönlicher Rachebedürfnisse, unzulässige Mißhandlungen, Raub, Diebstahl und Plünderung« befahl. Hier wurden also zwei Kategorien von Verbrechen geschaffen: eine, die erlaubt, und eine zweite, die verboten war, und es ist klar, daß sich in der Praxis nicht einmal diese Unterscheidung aufrechterhalten ließ.

Im gleichen Befehl kündigte Röhm an, daß er um eine gesetzliche Regelung für eine SA-Gerichtsbarkeit und für die Ausschaltung der Polizei aus der Strafverfolgung von SA-Mitgliedern bemüht sei. Damit setzte er die Linie fort, die bereits im April 1933 mit dem Gesetz über die Dienststrafgewalt der SA und SS eingeschlagen worden war[298] und die wenig später zu einem ersten Erfolg führte, als ein Erlaß des preußischen Justizministers verfügte, daß SA- und SS-Angehörige – abgesehen von Festnahmen auf frischer Tat – nur im Einvernehmen mit ihrer zuständigen Führung strafrechtlichem Einschreiten ausgesetzt werden dürften und daß auch das zu unterlassen sei, wenn die »Führung selbst die Sicherungsverwahrung der Beschuldigten verfügt«.[299] Diese Entwicklung fand ihren Abschluß in dem »Gesetz zur Sicherung der Einheit von Partei und Staat« vom 1. Dezember,[300] mit dem eine besondere Partei- und SA-Gerichtsbarkeit geschaffen (§ 3) wurde, die »Pflichtverletzungen« der Mitglieder dieser Organisationen bestrafen sollte.[301] Wo aber die Justizbehörden trotzdem ein Verfahren eröffneten, erzwangen Röhm und Himmler selbst gegen den Widerstand von Parteistellen, wenn nicht die Niederschlagung des Verfahrens, so doch Begnadigung und Straferlaß für die Verurteilten.[302] Das Resultat war, daß sich die Spitzen der NSDAP als ein Kreis von Privilegierten konstituierten, die sich jedes Verbrechen leisten konnten, ohne daß die Justiz auch nur zu Ermittlungen schreiten konnte, und daß sich um sie eine breite Schicht weiterer bildete, deren Angehörige sich durch die Gunst der ersteren dem Räderwerk der Justiz zu entziehen vermochten, falls sie von ihm erfaßt wurden, während sich zugleich der normale Staatsbürger und insbesondere der Gegner des Regimes den schärfsten Strafen und Zwangsmaßnahmen ausgesetzt sah, selbst dann, wenn er mit keiner positiven Rechtsvorschrift in Konflikt geraten war.[303] Das Herrschaftssystem, das auf diese Weise im Entstehen begriffen war, war kein neuer Staat, sondern entsprach im Grunde einem Besatzungsregime in einem eroberten Staat.[304]

Diejenige Macht, die diese Züge der nationalsozialistischen Herrschaft am klarsten und unzweideutigsten ausbilden sollte, die SS Himmlers, war im Jahre 1933 noch nicht besonders hervorgetreten. Aber sie befand sich im Hintergrund der turbulenten Vorgänge bereits im Vormarsch und arbeitete systematisch an den Grundlagen für den »SS-Staat«, den sie dann ab 1934 in Deutschland errichten sollte. Fast unbemerkt hatte Himmler bis zum Ende des Jahres 1933 die politische Polizei sämtlicher deutscher Länder mit Ausnahme Preußens in seine Hand gebracht,[305] und in den der SS unterstehenden Konzentrationslagern wurden auch schon die ersten Elemente jener Institutionalisierung des KZ-Systems geschaffen,[306] die den SS-Staat von der barbarischen Zügellosigkeit des SA-Terrors unterschied. Nichts bezeichnet besser das Vorgehen Himmlers als die Feststellung von Diels, der Kampf gegen die SA-Briganten sei noch von »jener eigenartigen Loyalität durchtränkt« gewesen, wie sie etwa im Verhältnis zwischen Polizei und Ringvereinen bestand; gegenüber dem ebenso unerbittlichen wie unauffällig methodischen Vormarsch der SS sei derartiges nicht möglich gewesen,[307] und tatsächlich ist Diels diesem Gegner ja auch unterlegen. Im April 1934 wurde er von Himmler und Heydrich aus der Leitung des preußischen Gestapoamtes verdrängt, und nun begann der Aufbau der deutschen Gestapo als eines völlig selbständigen und unkontrollierten Zwangs- und Terrorinstruments. Während die mit großen Aplomb eingeleitete Strafrechtsreform bald sang- und klanglos auf ein totes Gleis geschoben wurde, traten in zunehmendem Maße die verschiedenen Exekutivorgane der SS an die Stelle der ordentlichen Justiz.[308]

3. Röhm organisiert seine Revolutionsarmee

Mit dem Ausklingen der Gleichschaltungsaktion im Juni und Juli 1933 trat die bisher zurückgedrängte Frage, welche Rolle der SA im nationalsozialistischen Herrschaftssystem künftig zugewiesen werden sollte, wieder in den Vordergrund. Zwar behielt die SA weiterhin die Kontrolle über die Konzentrationslager und wurde auch noch gelegentlich zu terroristischen Aktionen eingesetzt,[309] aber das waren Aufgaben, die eine Massenorganisation nicht ausfüllten und überdies auch nicht mehr jenen revolutionären Charakter trugen, den die SA ihren Unternehmungen zu verleihen liebte. Anfang August löste Göring in Preußen die Hilfspolizei auf[310] und dokumentierte damit auch amtlich die Einstellung des terroristisch-revolutionären Einsatzes der SA.

Es zeigte sich sehr bald, daß die Ansichten über das weitere Schicksal der braunen Revolutionsgarde bei den Beteiligten auseinandergingen. Man weiß, daß Röhm die SA nach dem Vorbild der klassischen Revolutionen zur nationalsozialistischen Revolutionsarmee ausbauen wollte. Bereits in seinen 1928 geschriebenen Memoiren hatte er seine militärischen Aspirationen dargelegt, und noch am Vorabend der Machtergreifung hatte er seine Ansprüche in einem Neujahrserlaß an die SA in freilich verhüllter Form angemeldet.[311] Die Konsequenzen, die er daraus nach dem Siege zog, kamen in einem Gespräch zum Ausdruck, das er im Frühjahr 1933 mit Rauschning hatte.[312] Da trat nicht nur das starke Ressentiment und der ungestillte Ehrgeiz des deklassierten Offiziers unverhüllt hervor, wenn er sich in den verächtlichsten Ausdrücken gegen die »alten Schuster« von Reichswehrgeneralen wendete und ihnen seine eigene Person als den »Scharnhorst der neuen Armee« gegenüberstellte; es äußerte sich auch seine politisch bestimmte Überzeugung, daß die nationalsozialistische Revolution unvollendet bleiben werde, wenn sie nicht wie ihre historischen Vorgänger aus sich heraus ein neues revolutionäres Volksheer schaffe. Mit dem »alten preußischen Kommiß« der Reichswehr, so erklärte er Rauschning, lasse sich das nicht machen: »Das Fundament muß revolutionär sein. Aufpfropfen läßt sich das hernach nicht.« Man kann diesen Gedanken weder die Konsequenz absprechen, noch sie als schlechthin unrealistisch bezeichnen. Schon vor der Machtergreifung hatte die SA als totale Gewaltorganisation neben dem terroristischen »Kampf ohne Waffen« militärische Züge entwickelt, und jetzt nach dem revolutionären Sieg mußte es vom nationalsozialistischen Standpunkt eigentlich als das gegebene erscheinen, wenn sie sich der militärischen Aufgabe ganz widmete. Auch glaubte Röhm wohl, sich auf die freilich zweideutigen Versprechungen Hitlers berufen zu können, die ihm und der SA 1930/31 bei der Übernahme des Amtes des Stabschefs gemacht worden waren. Daß Hitler jetzt mit der Einlösung dieser Zusagen zu zögern schien und mit den verhaßten Generalen paktierte, enttäuschte ihn tief und weckte seine politische Sorge.

Es war daher sicher kein Zufall, daß er sich gegen Ende der Gleichschaltungsaktion im Juni wieder zu Wort meldete und sowohl seine SA-Armee zur Überwindung der »Stagnation« ermahnte als auch seine Ansprüche in der Öffentlichkeit nachdrücklich in Erinnerung brachte. In einem Befehl vom 1. Juni, der die Umsteuerung der SA-Aktivität vom Terror auf die Militarisierung einleitete, warnte er vor der Gefahr, daß die SA und SS »in die Rolle einer reinen Propagandatruppe gebracht« würden, und forderte dagegen die Betonung des »soldatischen Prinzips«. Der Monat Juni solle »zur Ausmerzung von Schwächen und Fehlern« verwendet werden, ab 1. Juli wolle er sich überzeugen, daß überall wieder der »alte SA-Geist« herrsche.[313] Im selben Monat Juni erschien ein Zeitschriften-Aufsatz aus seiner Feder, in dem er seine militärischen und politischen Forderungen darlegte.[314] Die Eroberung der staatlichen Macht, so erklärte er da, sei jetzt zwar abgeschlossen, aber das sei »nur eine Teilstrecke der deutschen Revolution«; ihr müsse sich anschließen die »nationalsozialistische Revolution«, deren Ziel »ein neues, in einer geistigen Revolution aus nationalistischen und sozialistischem Geiste wiedergeborenes Deutschland« sei. Dem aber stünden die »Spießerseelen« im Wege, die – ob »›Parteigenossen‹ oder ›gleichgeschaltet‹« – sich »hurtig und beflissen in die Sessel des neuen Deutschland gesetzt haben ... und nun meinen, es sei doch alles in schönster Ordnung, und mit der Revolution müsse jetzt endlich einmal Ruhe sein«. Das war die Kampfansage gegen die konservativen Verbündeten wie gegen diejenigen Kreise innerhalb der NSDAP, die dieses Bündnis befürworteten. Aus diesen Kreisen, so fuhr Röhm fort, sei auch gelegentlich die Frage zu hören, »was denn die SA und die SS eigentlich immer noch wollen«. Doch solche Fragen seien fehl am Platze. Die SA habe die Hauptlast des Kampfes getragen, ihr vor allem sei der Sieg zu danken, und sie werden auch jetzt »unerbittlich darüber wachen, daß nicht Halbe und Gleichgeschaltete sich wie Bleiklötze an des Führers heiliges sozialistisches Wollen zum Ganzen hängen«. Die SA und SS seien »die unbestechlichen Garanten, daß die deutsche Revolution sich vollendet«.

Damit war das politische Ziel Röhms klar: Vollendung der Revolution durch Beeinflussung Hitlers gegen die »Halben« innerhalb und die »Reaktionäre« außerhalb der Partei. Im Lichte seiner eigenen früheren Erklärungen und der Rauschningschen Mitteilungen kann auch nicht zweifelhaft sein, daß er unter der Vollendung der Revolution die Schaffung des SA-Volksheeres unter seiner Führung verstand und mit seinen Ausfällen gegen die konservativen Bundesgenossen hauptsächlich auf die Generale der Reichswehr zielte. Zwar hatte er das nicht explicite erwähnt, im Gegenteil, er hatte scheinbar unmißverständlich festgestellt, die SA stände »in der deutschen Revolution Seite an Seite mit der bewaffneten Macht. Nicht als ein Teil von ihr«. Aber das war lediglich Rücksichtnahme auf das von Röhm auch sonst befolgte außenpolitische Tarnungsgebot,[315] und im übrigen war der letzte Satz auch doppelsinnig; denn Röhm spielte mit ihm auf die gerade damals vor dem Abschluß stehenden Verhandlungen über eine militärische Zusammenarbeit mit der Reichswehr an, von denen gleich noch die Rede sein wird.

Wenn also die militärische Zielrichtung seiner Ausführungen auch nicht zweifelhaft sein kann – und damals von den Eingeweihten auch sicher verstanden worden ist –, so erweckten seine Worte doch namentlich durch die unüberhörbare Betonung »sozialistischer« Ideen den Eindruck einer weiterreichenden politischen Konzeption. Das ist in gewissem Sinne auch richtig, doch muß man sich vor vorschnellen Schlüssen und Assoziationen hüten. Denn mit den landläufigen Vorstellungen von Sozialismus hatten Röhms Gedanken nichts zu tun. Zweifellos fanden sich in seinen sehr ausgesprochenen Kameraderie-Ideen auch gewisse Ansätze eines urtümlichen Krieger-Kommunismus – Fortbildungen jenes Mythos vom »Frontsozialismus«, der damals auch außerhalb der SA in Blüte stand[316] und der bei Röhm selbst und seinem engeren Kreis noch durch den Cliquengeist und die soziale Abwehrhaltung der Homosexuellen akzentuiert worden sein mag. So wurden die SA-Führer bis hinauf zu Röhm selbst von ihren Leuten offiziell geduzt, und die Berliner SA war es auch, die die Anregung zu der Goebbelsschen Erfindung des »Tages der Nationalen Solidarität« gab, als sich ihre sämtlichen Führer am 24. und 25. Februar 1934 auf die Straße stellten, um Geld für neue Fußbekleidung ihrer Leute zu sammeln, was nach Meinung des offiziellen SA-Geschichtsschreibers »eine typisch revolutionäre Handlung« sein sollte.[317] Wie wenig jedoch von *dieser* Art Revolution zu halten war, kann man daran ermessen, daß Röhm in seinem SA-Führerkorps zugleich eine

Rang- und Ehrenabstufung von geradezu byzantinischer Subtilität entwickelte[318] und in unveränderter Treue der monarchischen Idee und insbesondere der Wittelsbacher Dynastie anhing.[319] Auch der private Lebensstil, den er und seine Führer nach der Machtergreifung entwickelten,[320] ließ sich kaum mit jener Forderung nach »ritterlicher Armut« vereinbaren,[321] die mit in diesen Ideenkreis gehörte. So hatte er denn auch für das eigentliche Anliegen der Arbeiter nichts übrig; nicht die Unternehmer, sondern die Mächte von Versailles seien an ihrem Elend schuld, erklärte er ihnen,[322] und vollends die im engeren Sinn sozialistischen Probleme von Privateigentum und Vergesellschaftung, freier oder Planwirtschaft lagen gänzlich außerhalb seines Horizonts; selbst die mittelständisch orientierten wirtschaftspolitischen Kampfmaßnahmen seines Vorgängers v. Pfeffer hat er, wie oben dargelegt wurde, eingestellt, und Pfeffers Stabschef Otto Wagener, einen der nationalsozialistischen Protagonisten für ständischen Wirtschaftsaufbau, hat er, wenn nicht abgeschoben, so doch ohne Widerstand aus seinem Stab entlassen.

Mehr noch, er hat frühzeitig selbst Beziehungen zur Wirtschaft, insbesondere zur Industrie, angeknüpft. Der Anstoß scheint von industriellen Kreisen ausgegangen zu sein. So trat z. B. die I. G. Farben in dem allgemeinen Bestreben, sich mit dem neuen Herrn zu arrangieren, und in der besonderen Absicht, die wilde Sammeltätigkeit der nationalsozialistischen Organisationen durch eine Pauschalzahlung abzulösen, im Frühjahr 1933 an die Oberste SA-Führung heran und gelangte mit ihr auch zu einer diesbezüglichen Absprache.[323] Andere Kreise der Wirtschaft scheinen sich aus den gleichen Gründen an Röhm und die Parteistellen gewendet zu haben, und so wurde im Mai/Juni reichseinheitlich die *Adolf-Hitler-Spende der deutschen Wirtschaft* als eine Art Sondersteuer aller Zweige der Wirtschaft organisiert, offiziell zugunsten aller Parteiorganisationen, tatsächlich aber in der Hauptsache zugunsten der SA. Auf einer Besprechung beim Reichsverband der Deutschen Industrie wurde ausdrücklich erklärt: »Zweck der Spende ist die Unterstützung der SA«, wobei unter Hinweis auf den hohen Arbeitslosenanteil der SA betont wurde, Hauptsinn der Spende sei es, »das in diesen Kreisen herrschende soziale Elend zu lindern«.[324] Ihre Höhe war auf 12 Mill. RM veranschlagt, und es wurde besonders auf die Dringlichkeit der Zahlung hingewiesen.[325] Aber dabei blieb es nicht. Im Falle der I. G. Farben z. B. eröffnete das Abkommen für Röhm noch weitere, unabhängig davon fließende Geldquellen;[326] auch ergab sich mit dem Mittelsmann der Firma, Heinrich Gattineau, ein ständiger Kontakt, der Röhm wirtschaftliche Ratschläge und Gattineau Mitte 1933 den Titel eines SA-Sturmbannführers z. b. V. eintrug.[327]

Natürlich darf man aus diesen Vorgängen keine zu weitgehenden Schlüsse ziehen; sicher handelte es sich dabei nicht um ein Bündnis zwischen SA und Industrie. Wohl aber wird man von einem *gentlemen agreement* sprechen dürfen, mit dem sich die Wirtschaft durch Zahlung eines Lösegeldes einstweilen Ruhe verschaffte, während Röhm außer einer finanziellen Stärkung eine weitere Ausdehnung seines Einflusses einhandelte. Das alles unterschied sich keinen Deut von dem landläufigen nationalsozialistischen Schema; die eigentliche Differenz lag anderswo. Schon in seinem oben erwähnten außenpolitischen Exposé von 1931 hatte Röhm mehrfach nachdrücklich betont, daß man die Außenpolitik von der Vermengung mit geschäftlichen und anderen »Interessen« reinigen und sie allein nach »nationalen« Gesichtspunkten führen müsse.[328] Diese reichlich dunkle Idee erläuterte er des näheren in einer großangelegten Rede, die er am 7. Dezember 1933 auf einem Empfang des Außenpolitischen Amtes der NSDAP für das Diplomatische Korps und die Auslandspresse hielt.[329] Er stellte dabei den Nationalsozialismus wie den italienischen Faschismus als Rebellion der Frontsoldaten gegen die anonymen Kräfte dar, die den Krieg entfesselt, den Haß unter den Völkern gesät, die Soldaten um die Früchte ihrer Anstrengungen betrogen und den Haß auch noch nach dem Krieg, vor allem in Gestalt des Versailler Vertrages, weiter geschürt hätten. Diese Leute – Politiker, Börsenfürsten, Industriekapitäne, Ölmagnaten, Kauffahrteiadmirale zählte er auf – »saßen daheim in Parlamenten, in Ministersesseln oder Aufsichtsratsstühlen«, sie »zogen die Drähte, schoben die Figuren, rechneten und machten Geschäfte . . . Das Sterben aber für ihre politischen und wirtschaftlichen Interessen ließen sie den Soldaten.«[330] Im Grunde seien es auch dieselben Kräfte, die, »im Fahrwasser von Interessen . . ., deren Geschäft der Krieg ist«, jetzt vom Ausland her gegen das nationalsozialistische Deutschland hetzten, ohne bereit zu sein, »mit der Waffe für das einzutreten, was sie anzetteln«.[331] Dagegen mache der Nationalsozialismus Front; er bedeute die »Auflehnung des Soldatentums . . . gegen das widersinnige Prinzip«, daß die Politik durch Menschen geführt werde, die dabei nicht selbst ihr

Leben einsetzen, und stelle dem den »politischen Führungsanspruch des Soldaten« gegenüber, »weil die Gewißheit, für alle Sünden und Fehler seiner Politik an erster und an letzter Stelle selber einstehen zu müssen, die sicherste Gewähr einer verantwortungsbewußten Führung bietet«.[332]

Die Quintessenz des Röhmschen »Sozialismus« bestand also in der Lehre, daß alle Übel der Welt von den Menschen herrühren, die sich von eigenen Interessen beherrschen und andere für sich sterben lassen, und daß daher nur die Soldaten, die von diesen Fehlern frei sind, für die politische Führung in Frage kommen. Es war ein Weltbild von erschütternder Naivität und Beschränktheit, eine Art militaristisches Totalressentiment gegen die zivile Umwelt, zugleich aber eine deutliche Spitze gegen die Parteiführung, ja gegen Hitler. Schon in dem zitierten Aufsatz vom Juni hatte Röhm unter Bezugnahme auf das bei ihm sehr beliebte Beispiel Blüchers, aber auch auf den Dolchstoß vom November 1918, gewarnt, die Feder möge jetzt nach dem Siege nicht wieder verlieren, was das Schwert gewonnen habe,[333] und in seiner Dezember-Rede tritt sein Anspruch noch unverhüllter hervor: Er verlangte für sich und die SA-Führung den politisch überragenden Einfluß auf Hitler und die Degradation der Parteiorganisation zu einer politischen Hilfsorganisation der SA, ja, berücksichtigt man die Tatsache, daß er zu den wenigen Menschen in Hitlers Umgebung gehörte, die für dessen suggestive Kräfte unempfänglich waren, und daß er sich allem Anschein nach seinem Duzfreund überlegen fühlte, so liegt die Vermutung nahe, daß er Hitler mehr oder minder als ein Werkzeug in seiner Hand ansah. Es war im Grunde noch immer die alte Frontbann-Lösung, die ihm vorschwebte: er als Führer eines riesigen militanten Männerbundes und Hitler neben ihm als politischer Führer und Agitator – eine Lösung, die im übrigen eine überraschende Verwandtschaft mit den Hoffnungen seines militärischen Gegenspielers Reichenau nicht verleugnen kann.

Es versteht sich, daß alle von Röhms Ansprüchen betroffenen Mächte – Reichswehr, Partei und nicht zuletzt Hitler selbst – dadurch alarmiert wurden. Dabei sahen sich Hitler und seine Parteiführer in einer höchst schwierigen Lage. Vom Totalitätsanspruch der nationalsozialistischen Revolution her gesehen mußte es sinnvoll erscheinen, mindestens den militärischen Aspirationen Röhms nachzugeben und mit ihm eine im nationalsozialistischen Sinne zuverlässige Wehrmacht aufzubauen. Aber dem stand das innere Gesetz der nationalsozialistischen Führerclique entgegen, das den unterirdischen Kampf aller gegen alle zur Daseinsform und – nach dem Vorbild ihres Meisters Adolf Hitler – das Mißtrauen zum dominierenden Herrschaftsprinzip erhob. Ein bei aller geistigen Beschränktheit doch im Grunde unabhängiger Charakter wie Röhm, der es in seiner biderben Geradheit und Offenheit verschmähte, sich an die Spielregeln des innerparteilichen Dschungelkampfes zu halten, war in diesem Kreise an sich schon äußerst hinderlich und konnte an der Spitze eines bewaffneten Millionenheeres von SA-Leuten zu einer tödlichen Gefahr werden. Aber vielleicht hätten derlei Besorgnisse nicht ausgereicht, um den Aufbau einer SA-Armee zu verhindern, wenn nicht – vor allem bei Hitler – die Rücksicht auf die Reichswehr entscheidend ins Gewicht gefallen wäre. Wenn Röhm darauf pochte, daß die SA den Sieg der nationalsozialistischen Bewegung erkämpft habe, so konnte die Reichswehrführung ihm entgegenhalten, daß sie durch ihre Nichteinmischungspolitik die negative Voraussetzung dieses Sieges geschaffen habe, und Hitler hatte durch die Eile, in der er die Aufrüstung noch vor der Arbeitsbeschaffung in Gang setzte, allen Beteiligten dargetan, wie sehr er sich darüber klar war, daß die Reichswehr den Preis für ihre Dienste vorläufig noch auf dem Wege der Zwangsvollstreckung beizutreiben vermochte. Daher war er nicht in der Lage, die Ansprüche Röhms zu erfüllen, aber weder er noch einer der sonstigen Parteigrößen wußten einen Ausweg, auf dem man die SA einer anderen sinnvollen Aufgabe hätte zuführen können; denn die einzige verbleibenden Alternative, Röhm so wie einst Gregor Strasser und andere davonzujagen und die SA aufzulösen, war, mindestens in diesem Stadium der Entwicklung, unmöglich.[334]

Wenn der hier drohende Konflikt zunächst noch aufgeschoben wurde, so deshalb, weil die Reichswehrführung mit Reichenaus Kompromißplan – durch den, wie erinnerlich, die SA als Miliz unter Aufsicht der Reichswehrführung in das Landesverteidigungs-System eingegliedert werden sollte – einen Ausweg anzubieten hatte, den auch Röhm zunächst akzeptieren konnte. Denn Röhms militärischer Sachverstand war immerhin groß genug, um einzusehen, daß seine braune Armee sich trotz ihrer imponierenden zahlenmäßigen Überlegenheit noch nicht mit der Reichswehr messen konnte.[335] Sollte sie militärisch verwendbar sein, so bedurfte es noch intensiver fachmännischer Schulung, insbesondere der Führer, und auch die Bewaffnung war einstweilen höchst kümmerlich.

Dazu kam als weiterer Gesichtspunkt, daß es auch nicht in Röhms Interesse liegen konnte, die Reichswehr einfach aufzulösen und das Kapital an militärischem Sachverstand und Fachkönnen, das sie darstellte, zu verschleudern. Daher strebte auch er nach einer Verbindung mit der Reichswehr, nur eben sollten die Gewichte umgekehrt verteilt sein als in Reichenaus Plan. Aber angesichts der Haltung Hitlers mußte er sein Fernziel zunächst zurückstellen und sich damit begnügen, der SA eine öffentlich-rechtliche Funktion, sei es als Miliz, sei es als besonderer Kader des neuen Heeres, zu verschaffen.[336] Dies war der Hintersinn seiner Erklärung, die SA werde »neben der Reichswehr, nicht als ein Teil von ihr«, stehen.

Auf dieser Basis war eine Einigung möglich, und sie ist auch bald zustande gekommen. Schon die Versuche mit Kurzausbildung, die am 1. April 1933 begannen, beruhten vermutlich auf Vereinbarungen mit der SA-Führung, und dementsprechend sind wohl die Anweisungen in den Befehlshaberbesprechungen vom Februar über ein verändertes Verhältnis zu den »Verbänden« als erste Anzeichen der beginnenden Zusammenarbeit anzusehen.[337] Am 17. Mai, dem Tage von Hitlers »Friedensrede« im Reichstag, wurde dann zwischen Reichswehr- und SA-Führung eine Übereinkunft erzielt, wonach die Landesschutz-Angelegenheiten im Prinzip in die Kompetenz der Wehrmacht gehören sollten, und Hitler sanktionierte das durch einen Geheimbefehl, der die »Verbände« (also SA, SS und Stahlhelm) in allen militärischen Fragen dem Reichswehrministerium unterstellte. Auch sollten sie nur mit Gewehren und Pistolen, aber nicht mit schweren Waffen ausgerüstet werden, und das auch nur in der für »Ausbildung« (also wohl die erwähnte Kurzausbildung) und »innere Aufgaben« (also den terroristischen Einsatz) erforderlichen Menge.[338] Zugleich muß zwischen Röhm und Reichenau verabredet worden sein, daß künftig die SA als Sammelbecken aller militärischen Tätigkeit außerhalb der Wehrmacht fungieren solle. Denn schon vor dem 17. Mai hatte – noch im Zuge und unter dem Deckmantel der politischen Gleichschaltung – die Überführung der gesamten privaten »Wehrbewegung«, die bisher in viele Gruppen, Wehrverbände, Wehrsportorganisationen usw. zersplittert und vom Reichswehr- bzw. Innenministerium nur locker kontrolliert war, in die SA begonnen.

Der *Stahlhelm,* der schon Ende April durch Unterstellung unter Hitler gleichgeschaltet worden war, wurde am 21. Juni mit Teilen unter den Befehl Röhms gestellt und in der Folge schrittweise in die

SA eingegliedert.[339] Alle übrigen Wehrverbände wurden, soweit sie noch bestanden, aufgelöst.[340] Bereits am 28. April wurde mit dem Gesetz über die Dienststrafgewalt der SA und SS auch die von Röhm geforderte Übertragung einer öffentlich-rechtlichen Funktion an die SA eingeleitet; sie wurde abgeschlossen mit den Bestimmungen über die SA-Gerichtsbarkeit im Gesetz über die Einheit von Partei und Staat vom 1. Dezember und der gleichzeitigen Ernennung Röhms zum Reichsminister ohne Geschäftsbereich.[341] Der Aufbau der neuen SA-Organisation wurde ergänzt durch die Ernennung des SA-Gruppenführers Hans v. Tschammer und Osten zum *Reichssportkommissar* im Reichsinnenministerium am 28. April und des unter dem Oberbefehl Röhms stehenden Hitlerjugend-Führers Baldur v. Schirach zum *Reichsjugendführer* am 17. Juni. Der eine sollte die »deutsche Sportbewegung« gleichschalten, der andere die in zahllose Bünde zersplitterte Jugendbewegung in eine straff militarisierte Jugendorganisation umformen, und beide sollten die vormilitärische Jugendertüchtigung betreiben.[342]

Auch die Erfassung der Studenten war bereits eingeleitet worden, wobei wiederum zunächst mehrere konkurrierende Gruppen auftraten: der *NS-Studentenbund* (NS-DStB) unter Führung von Oskar Stäbel, die *Deutsche Studentenschaft* und die SA. Stäbel schlug sich auf die Seite der SA und befahl bereits am 5. März die Teilnahme aller Mitglieder seines Bundes am SA-Dienst; am 23. März wurde er als »Referent für Studentenlehrstürme und verwandte Gebiete« dem Stab der Obersten SA-Führung zugeteilt.[343] Doch das Rennen machte zunächst nicht er, sondern mit Hilfe des Reichsinnenministeriums der Führer der *Deutschen Studentenschaft,* Gerhard Krüger, dessen Verband in der im ganzen Reich nachgeahmten *Preußischen Studentenrechts-Verordnung* das alleinige Vertretungsrecht aller deutschen Studenten und damit auch die Kompetenz für die Wehrausbildung zugeteilt erhielt.[344] Die Folge war, daß das *Akademische Wissenschaftliche Arbeitsamt* (AWA), das als Gemeinschaftsgründung aller studentischen Verbindungen seit 1931 die Wehrsport-Ausbildung der Studenten aus eigenen Mitteln (»Wehrpfennig« der Korporationen) betrieb,[345] aufgelöst und aus seinen Einrichtungen und z. T. auch aus seinem Personal am 1. April das *Amt für Wehrdienst* in der Zentrale der *Deutschen Studentenschaft* aufgebaut wurde.[346]

Die endgültige Regelung aller dieser Fragen ist dann auf der Führertagung der SA und SS erfolgt, die in Anwesenheit Hitlers vom 1. bis 3. Juli in Bad Reichenhall stattfand und an der eine Abordnung von Stahlhelm-Führern mit Seldte an der Spitze und insgeheim auch General v. Reichenau teilnahmen.[347] Offizieller Anlaß war die Unterstellung des Stahlhelms unter den Befehl Röhms, die durch ein entsprechendes Treuebekenntnis Seldtes symbolisiert wurde und für die Hitler in einem Befehl vom 4. Juli die näheren Richtlinien gab.[348] Sie war jedoch nur ein Teil der Vereinbarungen, durch die jetzt die neue Stellung der SA als einer Dach- und Rahmenorganisation zur militärischen Erfassung der gesamten männlichen Bevölkerung außerhalb der Wehrmacht besiegelt wurde. Das kam vor allem zum Ausdruck in der Ernennung des SA-Obergruppenführers Friedrich-Wilhelm Krüger zum *Chef des Ausbildungswesens,* der in Zusammenarbeit mit der Wehrmacht eine Organisation von Schulen zur vormilitärischen Ausbildung aufbauen sollte; er erhielt von Hitler den Auftrag, innerhalb eines Jahres 250 000 SA-Führer und -Männer so auszubilden, daß sie der Reichswehr im Ernstfalle zur Verfügung ständen.[349] Darüber hinaus erhielt Krüger auch die Leitung des studentischen Wehrsports übertragen,[350] während die sogenannte *Jugendertüchtigung* nach einer vermutlich ebenfalls in Reichenhall vorbereiteten grundsätzlichen Anordnung Hitlers vom 12. Juli dem Reichsjugendführer und dem Reichssportkommissar gemeinsam übertragen wurde.[351] Neben den Ausbildungsaufgaben wurde die SA aber auch schon unmittelbar an der Landesverteidigung beteiligt. Am 1. Juli erließ Hitler die hier schon berührten Weisungen für die Vorbereitung der Reichsverteidigung,[352] in denen offenbar die Eingliederung der SA in die Ende Juni umgebaute Grenzschutz-Organisation[353] als Vorstufe für den Aufbau einer Miliz geregelt wurde. Das betraf hauptsächlich die SA-Einheiten an der Ostgrenze, die damit Zugang zu den Grenzschutz-Waffenlagern erhielten und durch das Grenzschutz-Personal ausgebildet wurden. Die Beteiligung der SA an der Grenzsicherung West im entmilitarisierten Rheinland (zusammen mit Polizei und Zollschutz) wurde anscheinend zunächst nur prinzipiell entschieden; die Ausführung scheint bedeutend verzögert worden zu sein.[354]

Mit diesen Maßnahmen waren die Schlüsselpositionen für das System der totalen Mobilmachung besetzt, wobei deutlich das Ineinandergreifen dreier Prozesse erkennbar ist: das Bestreben der militärischen Führung zur totalen Wehrhaftmachung der Nation, die Politik der totalen Gleichschaltung von Staat und Gesellschaft unter nationalsozialistischen Vorzeichen und der Versuch Röhms und der SA-Führung, sich innerhalb des entstehenden Herrschaftsapparates durch Ansammlung von Machtstellungen und Einflußzonen die dominierende Position zu erkämpfen. Das hat die Entwicklung der totalen Mobilmachung zweifellos intensiviert und beschleunigt, aber die damit verbundenen antagonistischen Herrschaftstendenzen verschärften auch die inneren Spannungen. Wenn daher hier von »endgültigen« Regelungen gesprochen worden ist, so ist das nur *cum grano salis* zu verstehen, und es muß offengelassen werden, inwieweit die Beteiligten selbst an die Haltbarkeit ihrer Vereinbarungen glaubten. Was Hitler betrifft, so hatte er zwar die Unterstellung der SA unter die militärische Kontrolle der Reichswehr sanktioniert, aber der Zwang zur Geheimhaltung erlaubte es ihm nach wie vor, die militärische Verwendung der SA öffentlich zu leugnen und sich auf die unverbindliche Erklärung zurückzuziehen, die Wehrmacht solle der »Waffenträger« und die SA der »politische Willensträger der Nation« sein, die eine die militärische, die andere die politische Erziehung des Volkes übernehmen.[355]

Die Reichswehrführung ihrerseits hatte Vertrauen zu Hitler, und sie war im allgemeinen auch hoffnungsvoll hinsichtlich der Zusammenarbeit mit der SA. Freilich zielte sie dabei noch immer auf die alte Schleichersche Idee, die schwarzen von den weißen Schafen zu sondern.[356] Das betraf hauptsächlich das SA-Führerkorps, das, zusammengesetzt aus deklassierten ehemaligen Offizieren und schnell avancierten Parvenus, großenteils korrupt und überwiegend bedenkenlos ehrgeizig war, wobei sich die Ressentiments der ehemaligen Offiziere und die Minderwertigkeitskomplexe der Parvenus zu einer hochexplosiven Mischung verbanden. Wenn die Reichswehr diese Elemente nicht übernehmen wollte, so ist das nur zu verständlich; allein die Einsicht, daß die am schwersten belasteten SA-Führer wegen ihrer weithin bekannten Schwächen bei ihren Leuten wenig Autorität genossen,[357] mußte davon abraten. Aber ein derartiger Reinigungsversuch richtete sich nicht, wie die Offiziere glaubten, gegen irgendwelche »Auswüchse«, sondern gegen den Kern des Systems. Nur mit einem solchen Führerkorps war es möglich gewesen, die SA als Terrorinstrument einzusetzen; es zu reinigen hieß, die Entwicklung der SA zu einer totalen Gewaltorganisation, die nach den Ansätzen in der Kampfzeit soeben noch eine starke Akzentuierung im Sinne des Terrorinstruments erfahren hatte, aufzuhalten und die Integration von terroristischen und militärischen Funktionen wieder aufzulösen. Daß Röhm seit Sommer 1933 eine Schwenkung in Richtung auf seine militärischen Ziele vornahm, während zugleich die SS unauffällig, aber unbeirrbar in den Bereich der Polizeifunktionen eindrang,[358] könnte freilich als beginnender Spezialisierungsprozeß gedeutet werden, der Reichenaus Absichten entgegenkam; doch die Tatsachen zeigen, daß sowohl Röhm wie Himmler nur eine Schwerpunktverlagerung vornahmen, also in beiden Fällen nur eine Teilung der *Macht,* nicht der *Funktionen* erstrebt wurde. Bei der SA tritt das in der Verleihung des öffentlich-rechtlichen Status deutlich hervor, der ja nicht nur die Ausstattung der SA-Führung mit jener Dienststrafgewalt ermöglichen sollte, die sie für ihre militärischen Aufgaben um so weniger entbehren konnte, als diese noch immer unter Geheimhaltungszwang standen; er diente, wie oben dargelegt wurde, zugleich auch der juristischen Abschirmung des SA-Terrors und damit der Institutionalisierung des Terrorsystems.[359] Noch in der Dienststrafordnung, die Röhm der inzwischen zu einer großen Armee ausgebauten SA am 12. Dezember gab, definierte er lapidar: »Als Recht gilt, was der Bewegung nützt; als Unrecht, was ihr schadet.«[360] Im übrigen hatte er bereits im Frühjahr 1933 begonnen, sich in Gestalt der *SA-Feldpolizei* ein eigenes Polizeiinstrument aufzubauen, das alsbald unter dem Vorwand, Ausschreitungen von SA-Angehörigen zu bekämpfen, mit den eigenen Leuten nicht weniger willkürlich und barbarisch verfuhr als diese mit ihren Gegnern.[361] Und was Himmler betrifft, so ist bekannt, daß er 1933 nicht nur die Eroberung der Politischen Polizei betrieb, sondern auch bereits die Keimzelle der späteren Waffen-SS schuf.[362]

Reichenau war weit davon entfernt, diese Zusammenhänge zu durchschauen, aber er war immerhin vorsichtig genug, die Möglichkeit eines Mißerfolges ins Auge zu fassen. Es muß ihm schon bald bewußt geworden sein, daß dann keine Alternative mehr blieb als die gewaltsame Auseinandersetzung, und er scheint entschlossen gewesen zu sein, auch diese Konsequenz rücksichtslos zu ziehen. Sollte die Zusammenarbeit mit der SA scheitern, so erklärte er einem Bekannten vieldeutig, werden wir noch mit großen Schwierigkeiten zu rechnen haben«, und er wies den Betreffenden, der als Ausbilder zur SA gehen sollte, an, auftretende Gefahren sofort zu melden, und fügte hinzu, »die entsprechenden Maßnahmen würden dann schon getroffen werden«.[363]

Von Röhm schließlich ist am wenigsten zu erwarten, daß er sein

Fernziel aus den Augen verlor, aber freilich konnte er mindestens zunächst kein Interesse an gewaltsamen Schritten haben, hatte er doch durch die Abmachungen mit der Reichswehr eine sehr günstige taktische Position gewonnen. Gelang es ihm, den geplanten Ausbau der SA zu vollenden, so kontrollierte er die gesamte wehrfähige Bevölkerung außerhalb der Reichswehr, übte über den Chef AW und den Reichsjugendführer Einfluß auf die Jugendertüchtigung aus und profitierte von der Ausbildungstätigkeit der Reichswehr, durch die die zahlenmäßige Überlegenheit der SA je länger je mehr ins Gewicht fallen mußte. Zwar hatte Hitler der Reichswehr das Weisungs- und Aufsichtsrecht zuerkannt, aber nur für das Gebiet der Landesverteidigung. Das erlaubte Röhm, sich unter Berufung auf den ranghöheren politischen Gleichschaltungs-Gesichtspunkt der militärischen Kontrolle zu entziehen; auch bot ihm der Geheimhaltungszwang, der ihn auf der einen Seite an der öffentlichen Anmeldung seiner Ansprüche hinderte, auf der anderen die Möglichkeit zu einem Doppelspiel, in dem er seine Unterführer veranlassen konnte, den Geheimbefehlen Hitlers »aus Unkenntnis« zuwiderzuhandeln. So hatte sich denn Blomberg auch gezwungen gesehen, die Befehlshaber im Falle von »Schwierigkeiten bei der Durchführung« auf Selbsthilfe zu verweisen.[364]

Allerdings bestand Röhms Machterweiterung zunächst nur in papierenen Titeln; er selbst mußte sie erst in konkrete Befehlsgewalt umsetzen, mußte versuchen, die Kräfte, die ihm durch Hitlers Befehl und die Konzessionen der militärischen Führung unterstellt worden waren, auch wirklich unter seine Kontrolle zu bringen. Die schwierigsten Aufgaben waren ohne Zweifel die Eingliederung des Stahlhelms und die Sicherung der Kontrolle über den Chef AW. Der *Stahlhelm* überstieg mit einer Million Mitgliedern die Stärke der nur 500000 Mann zählenden SA um rd. das Doppelte[365] und durfte überdies als eine durch Tradition und straffe Organisation festgefügte Gruppe gelten; seine Überführung in die SA konnte deren Charakter und Führung unter Umständen nachhaltig beeinflussen. Im Falle des Chefs AW lag die Gefahr für Röhm in den von der Armee gestellten Aufsichts- und Instruktionsoffizieren; wenn es ihnen gelang, das Heft in die Hand zu bekommen, wurde aus der SA-Ausbildungsorganisation ein Kontrollapparat der Reichswehr über die SA. Wenn, was wahrscheinlich ist, der Plan Reichenaus auf derartigen Kalkulationen beruhte, so erwies er sich indessen als eine Fehlrechnung. In beiden Fällen stellte sich heraus, daß der politische Prozeß der Gleichschaltung stärker war als der militärische der Wehrhaftmachung, wobei Röhms Ehrgeiz und Organisationstalent dem ersteren noch zugute kamen. Die Überführung des Stahlhelms war sogar ein technisches Meisterstück, das einer besseren Sache wert gewesen wäre. Der Sieg der Nationalsozialisten und die äußeren Erfolge der Regierung Hitler hatten, wie auf alle konservativen Kreise, auch auf die Stahlhelm-Mitglieder ihre Anziehungskraft nicht verfehlt und zu den hier schon geschilderten Spannungen geführt,[366] die durch den Zustrom von Reichsbanner- und KPD-Angehörigen zum Stahlhelm in den ersten Monaten 1933 noch verschärft wurden;[367] Mitte 1933 war die so imponierende äußere Geschlossenheit des Bundes bereits stark gelockert.

Diesen Umstand machten sich Hitler und Röhm zunutze, indem sie für die Überführung des Stahlhelms ein schrittweises Verfahren wählten. Der Stahlhelm bestand 1933 aus drei Teilen: dem *Kernstahlhelm,* in dem die ehemaligen Frontkämpfer zusammengeschlossen waren; dem *Jungstahlhelm* mit den *Sporteinheiten,* die den wehrfähigen Nachwuchs umfaßten, und der Jugendorganisation *Scharnhorst.*[368] Die Vereinbarung vom 21. Juni hatte vorgesehen, daß der Kernstahlhelm unter Seldtes Führung selbständig bleiben, der Jungstahlhelm dem Befehl Röhms unterstellt und der Scharnhorst-Bund in die HJ eingegliedert werden sollten. Aber nachdem Seldte und die Stahlhelmführer im festlichen Rahmen der Reichenhaller Tagung seelisch präpariert worden waren, befahl Hitler jetzt, daß »der gesamte Stahlhelm . . . der Obersten SA-Führung« unterstellt werden und Seldte den Gesamtverband neu gliedern sollte. Danach wurde der *Wehrstahlhelm* gebildet; er trat direkt unter den Befehl der SA-Führung und umfaßte alle Stahlhelm-Mitglieder zwischen dem 18. und 35. Lebensjahr; der Rest des Kernstahlhelms dagegen mit den Stahlhelmangehörigen über 35 Jahre blieb zwar unter dem Befehl Seldtes,[369] der aber selbst durch Ernennung zum SA-Obergruppenführer am 26. Juli in die Oberste SA-Führung aufgenommen wurde.[370] Dabei war dem Wehrstahlhelm zugesichert worden, daß er eigene Formationen, Uniformen, Fahnen und Führer behalten dürfe.[371] Aber am 2. August erging ein neuer Befehl Röhms, der die Eingliederung des Wehrstahlhelms in die SA-Gruppen und die Anpassung an die SA-Organisation usw. anordnete.[372]

Der nächste Schlag wurde wiederum festlich eingeleitet. Am 23. und 24. September fand als Ersatz für den jährlichen Stahlhelm-

Massenaufmarsch, den man jetzt wohlweislich vermied, eine Stahlhelm-Führer-Tagung in Hannover statt, auf der Seldte erneut ein überschwengliches Treuegelöbnis ablegte und Hitler seine übliche Einigungs-Beschwörung à la »Tag von Potsdam« wiederholte, nicht ohne bei den Hörern Eindruck zu hinterlassen.[373] Die Quittung dafür war zunächst ein Befehl Röhms, wonach die volle Eingliederung des Wehrstahlhelms bis 31. Oktober abzuschließen sei und der Name »Stahlhelm« fortan nur noch vom Kernstahlhelm geführt werden dürfe, der als eigene Gliederung neben SA und SS trete.[374] Dann folgte der Hauptschlag: Am 6. November erließ Röhm eine Verfügung zur Umgliederung der SA, in der die Aufstellung einer SA-Reserve I und einer SA-Reserve II aus dem *Kyffhäuserbund* und einer Reihe sonstiger Verbände, »die sich dem Befehl der Obersten SA-Führung unterstellt haben«, gebildet werden sollte.[375] Als künftige Normal-Einteilung befahl Röhm, daß die aktive SA alle SA-Leute vom 18. bis 35. Lebensjahr, die SA-Reserve I diejenigen vom 36. bis 45. Lebensjahr und die SA-Reserve II alle älteren umfassen sollte; aber er fügte hinzu, daß einstweilen keine Überweisung aus der aktiven SA in die Reserve-Einheiten erfolgen sollte.[376] Er wollte also nur den Kernstahlhelm und die sonstigen paramilitärischen Verbände unter seine Kontrolle bringen, die SA der Kampfzeit aber vorläufig noch geschlossen beisammenhalten. Ende November wurde dann auch die Angleichung von Gliederung und Uniformierung der Stahlhelm-Einheiten der SA-Reserve I befohlen[377] und Ende Januar 1934 zum Abschluß gebracht;[378] entsprechende Maßnahmen für die SA-Reserve II sind nicht mehr zur Ausführung gekommen.[379] Als Abschluß des gesamten Aufbaus erließ Röhm am 12. Dezember 1933 eine Allgemeine Dienstordnung für die SA.[380]

So war der mächtige Frontsoldaten-Bund von seinem weitaus schwächeren Rivalen durch ein raffiniertes Zusammenspiel von Hitlers Hypnose-Kunststücken und Röhms organisatorischer Aufteilungstaktik innerhalb eines halben Jahres überwältigt worden – eine Leistung, die um so beachtenswerter ist, als die SA gleichzeitig noch eine sehr erhebliche Zahl an Neuzugängen aus anderen Kreisen in sich aufnahm. Bereits am 24. April waren die 60 000 Mitglieder der ländlichen Reitervereine in die SA übernommen und einem »Inspekteur der SA- und SS-Reiterei« unterstellt worden;[381] Mitte August folgte z. B. in Berlin noch der dortige *Werwolf*, Mitte September die Luftschutzstaffeln der *Deutschen Luftwacht*, die jetzt

SA-Luftschutzstürme bildeten; Ende des Monats wurde in Berlin die durch starken Zustrom aus Wassersportkreisen angewachsene Marine-SA einer *SA-Marinebereichführung Berlin-Brandenburg* unterstellt usw.[382] Wie ein riesiger Moloch fraß die SA alles, was an Wehrverbänden und privaten oder halboffiziellen Wehrsportorganisationen in Deutschland vorhanden und nur halbwegs militärisch brauchbar war, in sich hinein. Röhms Streitmacht war dadurch, rechnet man nur die aktive SA, auf rd. 1 Million Mann angewachsen; mit den Reserve-Verbänden soll sie sogar $4^1/_2$ Millionen Mann betragen haben.[383] Hier wurde Röhms Nahziel sichtbar; er wollte zeigen, was er könne, wollte namentlich die »alten Schuster« von Reichswehr-Generalen bei Hitler ausstechen, indem er ihm innerhalb kürzester Frist ein nationalsozialistisches Massenheer auf die Beine stellte und ihm bewies, wer der »neue Scharnhorst« sei. Nichtsdestoweniger war der militärische Wert dieser bunt zusammengewürfelten Heerhaufen sehr fraglich, und Röhm selbst wird sich darüber kaum Täuschungen hingegeben haben. Unter normalen Verhältnissen zwar durfte die Kontrolle der SA-Führung über ihre Truppenmassen als gesichert gelten, aber wie es damit in einer innenpolitischen Konfliktsituation bestellt sein würde – um vom Krieg ganz zu schweigen –, war doch sehr ungewiß.[384] Um so dringender war für Röhm die Aufgabe, jeden leitenden Einfluß der Reichswehr auf die SA auszuschalten. Wenn es jetzt dem Reichswehrministerium gelang, durch seine Instruktionsoffiziere die Organisation des Chefs AW in die Hand zu bekommen und Kontakt mit den Stahlhelm-Einheiten herzustellen, so konnte eine Zusammenarbeit der konservativen Kräfte in der SA entstehen, die die alte SA majorisieren mußte. Auf der anderen Seite war dies gerade das strategische Ziel Reichenaus,[385] und so wurde der Kampf um die Krügersche Ausbildungsorganisation jetzt zum Zentrum der Auseinandersetzung zwischen Reichswehr und SA.

Reichenau wollte sein Ziel erreichen, indem er erstens dem SA-Führer Krüger einen aktiven Offizier als Stabschef beigab, zweitens Einfluß auf Krügers Personalchef nahm, um die leitenden Stellen möglichst mit seinen Vertrauensleuten zu besetzen, und drittens den Etat der Organisation unter die Kontrolle des Reichswehrministeriums brachte. Außerdem sollten aktive Offiziere als Verbindungsoffiziere in die höheren Stäbe der SA versetzt werden, um dort als Kontrolleure und Horchposten des Reichswehrministeriums zu dienen. In den Verhandlungen über den Aufbau des

AW-Apparats, die Anfang Juli, unmittelbar nach der Reichenhaller Tagung begannen, hat Reichenau sich jedoch nicht voll durchsetzen können. In der Frage des Stabschefs scheint er sich zunächst mit Anfangserfolgen zufriedengegeben zu haben; der dafür vorgesehene Hauptmann v. Bernuth erhielt nach dem Vorschlag Krügers und mit Einverständnis des Reichswehr-Vertreters zunächst nur die Aufgabe, die Richtlinien für die vormilitärische Ausbildung in den Lagern und Schulen auszuarbeiten und die technischen Vorbereitungen für die Waffenausbildung zu treffen.[386] In der Personalfrage scheint Reichenau mehr Erfolg gehabt zu haben. Jedenfalls gewann er Einfluß auf den Personalchef Krügers und vermochte dadurch seine Vertrauensleute in vielen leitenden Posten unterzubringen; in Schlesien z. B. waren die Leiter der Schulen ehemalige Offiziere des ersten Weltkrieges, und als Stabsleiter der dortigen Organisation wurde ein Kriegskamerad Reichenaus eingesetzt. Er erhielt den bezeichnenden Auftrag, eng mit dem Abwehroffizier der Heeresdienststelle Breslau (Vorläufer des schlesischen Divisionskommandos) zusammenzuarbeiten, »um ein Abgleiten der SA-Führung in unerwünschte Richtungen rechtzeitig zu melden«; außerdem sollte er Verbindung zu dem Vertrauensmann des Heeres bei der schlesischen SA-Führung (SA-Obergruppe) halten.[387] Falls es Reichenau gelungen sein sollte, in den anderen Ausbildungsbereichen ähnliche Regelungen zu treffen, ist die Organisation des Chefs AW mit einem Netz von Kontrollposten des Reichswehrministeriums durchsetzt worden, das vermutlich ein Jahr später im Ablauf der Röhmkrise einen wichtigen Faktor darstellte.

Dagegen erlebte Reichenau eine volle Niederlage in der Etatfrage. Er hatte hier danach gestrebt, das Reichswehrministerium schon bei der Aufstellung des Etats zu beteiligen; außerdem sollte es den fertigen Etat im Kabinett vertreten. Dadurch wäre der Etat des Chefs AW praktisch ein Teil des Wehretats geworden. Aber schon in der vorbereitenden Besprechung am 5. Juli widersetzte sich Krüger, und der in jeder Beziehung ahnungslose Blomberg erklärte sich schließlich damit einverstanden, daß die Kompetenz für den AW-Etat an das Reichsinnenministerium, d. h. also an Frick überging.[388] Auch in bezug auf die Leitung des studentischen Wehrsports gelang es Krüger, eine intensivere Kontrolle der Reichswehr zu umgehen, wobei ihm diesmal das preußische Kultusministerium Hilfestellung gab.[389] Bezeichnend war dagegen, daß Reichswehrministerium und Chef AW in zwei Fragen schnell

Übereinstimmung erzielten: in der Frage der Übernahme des Reichskuratoriums durch den Chef AW und bezüglich des Verhältnisses zum *Wehrpolitischen Amt der NSDAP*. Hinsichtlich der ersteren einigte man sich darauf, daß besondere Abwicklungsverhandlungen, wie sie Seldte vorgeschlagen hatte, nicht nötig seien und die Übernahme sofort erfolgen könnte; bezüglich des Wehrpolitischen Amtes waren beide Stellen der Meinung, daß es überflüssig geworden und seine baldige Auflösung wünschenswert sei.[390] Die ehemalige Überparteilichkeits-Politik war von der Reichswehr längst aufgegeben worden, und gegenüber der Partei zeigten sich Ansätze zu einer gemeinsamen Frontbildung Reichswehr – SA.

Die Partie um den Chef AW zwischen Reichenau und Röhm stand also nach der ersten Runde noch remis, und es scheint, daß beide Seiten sich damit fürs erste begnügt haben. Denn ab 1. Oktober begann Krügers Organisation mit der praktischen Ausbildungsarbeit[391] und hat sie bis zu ihrer Auflösung am 6. März 1935 auch fortgeführt, selbst nach Urteil militärischer Stellen technisch erfolgreich.[392] Dabei kam Krüger zugute, daß er die Einrichtungen des Reichskuratoriums und des AWA intakt übernehmen konnte; er brauchte sie nur noch den neuen Erfordernissen entsprechend auszubauen und zu erweitern. Ein Jahr später bestand seine Organisation aus sieben Ausbildungsbereichen mit den entsprechenden Bereichsstäben, ca. 250 Schulen für vormilitärische Infanterie-Ausbildung, 15 Reiter-, 7 Pionier-, einer Nachrichten-, einer Unterführer- und einer Schule für Leibesübungen.[393] Die hier betriebene Ausbildung bekam die Deckbezeichnung »SA-Sport«, und Röhm schuf im Dezember 1933 das »SA-Sportabzeichen«, das als Leistungsausweis und künftige Voraussetzung für den Eintritt in die Wehrmacht gedacht war.[394] Besonderes Interesse verdient die Entwicklung der Wehrsportkurse für Studenten. Auf Grund der Vereinbarungen zwischen Reichenau und Krüger vom 5. Juli sollte die Wehrsportausbildung der Studenten allein vom Chef AW betrieben werden. Dementsprechend wurde die studentische Wehrsportorganisation im August der Deutschen Studentenschaft entzogen und der SA unterstellt, und Hitler sanktionierte das am 9. September durch einen entsprechenden Befehl.[395] Die neue studentische Verfassung, die Frick am 7. Februar 1934 erließ, trug dem ebenfalls Rechnung.[396] Aber während in den Vereinbarungen mit der Reichswehr ursprünglich vorgesehen war, daß die studentische Wehrsportorganisation mit ihrem Leiter Schwab in den Stab des Chefs AW übernommen werden sollte, zog Röhm sie jetzt selbst an sich und bildete aus ihr, wieder mit Schwab an der Spitze, ein Reichshochschulamt der SA im Stab der Obersten SA-Führung mit entsprechenden SA-Hochschulämtern an den einzelnen Universitäten.[397] Damit war der von der Reichswehr »infizierte« Apparat des Chefs AW zu einer bloßen Aufsichtsbehörde degradiert. Nicht er, sondern die SA-Hochschulämter befahlen im Frühjahr 1934 die Erfassung aller Studenten des Abiturienten-Jahrgangs 1933 für den Mai des Jahres, sie kündigten an, daß die Weiterführung des Studiums vom 5. Semester an künftig von der Ableistung eines Dienstjahres beim SA-Hochschulamt abhängig gemacht werde,[398] und sie führten die Kurse in Verbindung mit den Hochschulinstituten für Leibesübungen durch;[399] der Chef AW sollte nur für die »einheitliche Gestaltung« der Ausbildung Sorge tragen.[400] Röhm wußte also ebensogut wie Hitler das Instrument der Doppelkompetenzen zu handhaben, zeigte aber mit diesen Maßnahmen zugleich sein wachsendes Interesse an der Einflußnahme auf die Hochschulen überhaupt – ein Punkt, der an anderer Stelle noch näher beleuchtet werden wird.

Um die Jahreswende 1933/34 war Röhm der unbestrittene Herr eines riesigen, straff organisierten, wenn auch in der Zusammensetzung sehr buntscheckigen Heeres; zwar hatte er die Infiltrationsversuche der Reichswehrführung nicht völlig vermeiden können, aber doch auf ein Minimum zu beschränken vermocht, das Reichenau lediglich die Überwachung, nicht aber die Steuerung der SA-Aktivität erlaubte. Dementsprechend wuchs Röhms Selbstbewußtsein, und er versäumte nicht, das durch große SA-Paraden in allen Teilen des Reiches zu demonstrieren.[401] Aber noch war nicht abzusehen, ob und wann sich seine Wünsche erfüllen würden; die Übertragung einer öffentlich-rechtlichen Funktion, die am 1. Dezember vollzogen war, blieb in militärischer Hinsicht zunächst weitgehend Formsache, und selbst Röhms Eintritt ins Kabinett war eine bloße Dekoration; denn als Minister ohne Geschäftsbereich hatte er keine Befehlsgewalt im staatlichen Apparat, und überdies war die Bedeutung des Kabinetts damals schon im Sinken. So wuchs die Spannung, in der Röhm stand, und das um so mehr, als er sich auch einem Druck von unten her ausgesetzt fand. Denn nicht nur sein eigenes Selbstbewußtsein, auch das seiner Führerclique hatte erheblich zugenommen, und was bei ihm noch einigermaßen unter Kontrolle blieb, überstieg bei ihr bald alle Grenzen. Damit aber nahm auch die Ungeduld des unbefriedigten Ehrgeizes zu. Bezeichnend war der Neid, der sich in der SA gegen diejenigen Führer entwickelte, die beim Chef AW eingesetzt waren; denn sie wurden besser bezahlt und schienen, wegen der unverhüllten Vorliebe der Reichswehr für diese Institution, die besseren Aufstiegschancen zu haben.[402] Unter diesen Umständen war der Ausgang des Reichenauschen Experiments noch völlig ungewiß, ja die Befürchtungen, daß es scheitern werde, mußten sich verstärken. Und dies um so mehr, als der drohende Konflikt zwischen Reichswehr und SA sich alsbald als Teil einer allgemeinen Krise des neuen Regimes herausstellte.

Viertes Kapitel: RÖHMKRISE UND ZWEITE REVOLUTION

1. Die kritische Phase der Revolution

Ende 1933 schien Hitler Herr in Deutschland zu sein. Die entscheidenden Machtpositionen in Staat und Gesellschaft waren in seiner und seiner Anhänger Hand; der überraschende Rückgang der Arbeitslosigkeit hatte in den Kreisen der Wirtschaft und in der arbeitenden Bevölkerung nach langen Jahren der Krise die Hoffnung auf eine baldige Überwindung der unerträglichen materiellen Existenzbedrohung erweckt und den Willen zur Zusammenarbeit mit der neuen Regierung gestärkt, und in der Außenpolitik hatte die unerwartete Initiative in Gestalt des Austritts aus dem Völkerbund, da sie nicht sofort mit einem Gegenschlag beantwortet wurde, eine Verwirrung gestiftet, die Deutschland zunächst eine Atempause verschaffte und Hitler im Innern Gelegenheit gab, durch das scheindemokratische Plebiszit vom 12. November 1933 neues Prestige zu sammeln. Zwar lebte Hindenburg noch und wahrte einen Rest seiner präsidentiellen Prärogativen; der nationalsozialistische Angriff auf die evangelische Kirche war zumindest ins Stocken geraten, und auch der Versuch, mit der Ernennung Reichenaus zum Chef der Heeresleitung eine den Wünschen Hitlers entsprechende Wehrmachtsführung durchzusetzen, war gescheitert. Aber die Kirche war keine politische Macht, um die sich ein aktiver Widerstand kristallisieren konnte, und Hindenburg sowohl wie die Wehrmacht durften vorläufig als Verbündete gelten, deren politisches Gewicht und Bewegungsfreiheit durch die Ausschaltung aller anderen selbständigen politischen Kräfte stark gemindert waren.

Nichtsdestoweniger fand sich das Regime gerade um die Wende 1933/34 in einer tiefen Krise. Zwar hatten die Nationalsozialisten ihre Gegner in stürmischem Angriff überrannt und das alte politische System beseitigt, aber noch war die Aufgabe zu lösen, das neue Herrschaftsverhältnis zu stabilisieren und auf den Trümmern des alten einen neuen Staat zu errichten. Bei den klassischen Revolutionen vollzog sich dieser Stabilisierungsprozeß durch Aufbau eines neuen Zwangsapparates in Verbindung mit der Begründung einer neuen verbindlichen Rechtsordnung einschließlich der Verfassungsgesetzgebung,[1] und in einem Staat auf der Kulturstufe Deutschlands und in einer so hochzivilisierten Gesellschaft wie der des 20. Jahrhunderts schien ebenfalls nur dieser Weg zur Konsolidierung des revolutionären Regimes gangbar zu sein. Es gab auch Anzeichen, daß die Nationalsozialisten tatsächlich diesen Weg einschlagen wollten. Hitler hatte Anfang Juli die Revolution ausdrücklich für abgeschlossen erklärt und das anschließend durch Frick und Goebbels noch bekräftigen lassen.[2] Kurz darauf war, nach ersten gesetzgeberischen Maßnahmen im Frühjahr, eine Reihe von weiteren Gesetzen ergangen, die in Staat und Gesellschaft alte Ordnungen beseitigten und auch Ansätze neuer Ordnungen zu schaffen schienen, und mit den Gesetzen über die Einheit von Partei und Staat vom 1. Dezember 1933 und über den Neuaufbau des Reiches vom 30. Januar 1934[3] schien mindestens der Rahmen für eine nationalsozialistische Verfassungsgesetzgebung abgesteckt zu sein.

Doch der Schein trog. Wie immer man Hitlers Erklärung über den Abschluß der Revolution interpretieren mag, sie sagte jedenfalls nicht das, was man damals und z. T. bis heute darunter verstanden hat. Noch Mitte Juni, auf einer Führertagung der Partei in Berlin, hatte er wiederholt betont, das Gesetz der nationalen Revolution sei noch nicht abgelaufen; sie sei erst dann abgeschlossen, wenn das ganze deutsche Volk völlig neu gestaltet, neu organisiert und neu aufgebaut sei.[4] Es ist kaum anzunehmen, daß er diese anspruchsvolle, im Grunde sogar utopische Aufgabe bereits drei Wochen später für erfüllt hielt. Tatsächlich erklärte er noch Monate später auf einem Treffen der »alten Kämpfer«, die Revolution müsse weitergehen, bis das deutsche Volk »tief innerlich und wesenhaft umgestaltet« sei.[5] Aber nach dem Blutbad vom 30. Juni hieß es dann wieder, die Revolution sei jetzt abgeschlossen und werde durch einen Evolutionsprozeß abgelöst.[6] Schon aus dieser Zusammenstellung ergibt sich die Vermutung, daß der Begriff der Revolution hier in doppeltem Sinne verwendet wurde: einmal als Ausdruck für einen totalen Umformungsprozeß von Staat, Gesellschaft und Individuum und zum anderen als Bezeichnung für gewaltsame Aktionen zur Eroberung der »äußeren« Macht. Die Erklärung vom Juli 1933 war, ähnlich wie die vom August 1934, nur im letzteren Sinn zu verstehen. Prüft man ihren Inhalt näher und stellt man sie in den Zusammenhang der gleichzeitigen Ereignisse, so ergibt sich klar, daß es sich vor allem darum handelte, weitere Gewaltaktionen gegen die Wirtschaft zu verhindern und die Angriffe der SA gegen die Wehrmacht abzuwehren, um die beiden im Augenblick vordringliche Prozesse der Arbeitsbeschaffung und Aufrüstung vor Störungen zu bewahren.

Es ist bisher zu wenig beachtet worden, daß die erste dieser Erklärungen nicht in Hitlers Rede vom 6. Juli, sondern bereits in der vom 1. Juli auf der erwähnten SA-Führertagung in Bad Reichenhall zu finden ist.[7] Schon dort erklärte er, das Wesentliche einer Revolution sei nicht die Machtübernahme, sondern die Erziehung der Menschen; seit zweieinhalbtausend Jahren seien nahezu alle Revolutionen daran gescheitert, daß sie das nicht erkannt hätten, und die SA sei berufen, diese Aufgabe durchzuführen. Berücksichtigt man, daß auf dieser Tagung zugleich versucht wurde, ein Bündnis zwischen Reichswehr und SA herzustellen, und daß kurz vorher in einer Verordnung des Reichsfinanzministeriums u. a. verfügt worden war, daß SA, SS und Stahlhelm bei der Arbeitsbeschaffung zu bevorzugen seien,[8] so wird die Absicht deutlich, die revolutionäre Unruhe der SA zu dämpfen und ihren Angriff auf die Wehrmacht abzufangen, indem man ihren Massen Arbeit und Brot und ihren Führern eine Aufgabe gab. Aber auch die Wirtschaft wurde unter Schutz gestellt. Schon in seiner Rede vor den SA-Führern hatte Hitler ausgeführt, alle Kräfte seien jetzt auf die Lösung des Arbeitsproblems zu konzentrieren; sie sei »für das Gelingen unserer Revolution schlechthin ausschlaggebend«,[9] und in den anschließenden Erklärungen Hitlers, Fricks und Goebbels' vor den Reichsstatthaltern und im Rundfunk stand das Problem vollends im Mittelpunkt; überall hieß es, daß das am 1. Juni angelaufene Arbeitsbeschaffungsprogramm jetzt die alles überragende Aufgabe sei und daß daher jede Störung der Wirtschaft vermieden werden müsse. Hitler gab auch freimütig den wahren Grund dafür an: »Aus dem Gelingen der Arbeitsbeschaffung«, so rief er am 6. Juli den Reichsstatthaltern zu, »werden wir die stärkste Autorität erhalten.«[10]

Dabei muß man im Auge behalten, daß durch die oben beschriebene Verschmelzung von Arbeitsbeschaffung und Aufrüstung ein neuer revolutionärer Mobilisierungsprozeß in Gang gesetzt wurde. Auf diesem Hintergrund wird klar, daß in den hier analysierten Proklamationen nicht die Beendigung der utopischen Revolution, sondern ihre Fortsetzung mit anderen Mitteln, gewissermaßen die Verschiebung des revolutionären Prozesses in eine andere Bahn beabsichtigt war. Dieser Eindruck wird noch durch die Analyse der gleichzeitigen staatsrechtlichen Gesetzgebung des Kabinetts Hitler bestätigt. Es ist im Laufe dieser Untersuchungen bereits nachgewiesen worden, daß ungeachtet der Fülle neuer Gesetze kein nationalsozialistisches Verfassungsrecht geschaffen wurde.[11] Die Juli-Gesetze durchbrachen teilweise das Ermächtigungsgesetz, andere, wie die Gesetze über den Reichsnährstand und die Reichskulturkammer, die in Richtung auf eine ständische Verfassung zu deuten schienen, blieben Stückwerk, als Hitler wenig später alle Arbeiten zum Aufbau einer ständischen Ordnung unterbrach. Das Gesetz über die Einheit von Partei und Staat verfügte genau das Gegenteil dessen, was es versprach; denn es verlieh der Partei einen eigenen öffentlich-rechtlichen Status *neben* dem Staat, woraus niemals die Einheit, sondern nur die Konkurrenz beider folgen konnte; indem es so eine unerschöpfliche Quelle für Friktionen eröffnete, widerlegte es die namentlich in Kreisen des Beamtentums genährten Hoffnungen auf den Aufbau eines totalen Verwaltungssstaats. In der gleichen Weise verfuhr schließlich auch das Gesetz über den Neuaufbau des Reiches, denn es brachte nicht, wie der Titel erwarten lassen sollte, die Umrisse einer neuen Verfassung, sondern beseitigte weitere Reste der alten, indem es die Hoheitsrechte der Länder auf die Reichsregierung übertrug, diese Reichsregierung aber zugleich durch Verselbständigung der Ministerien als Institution beseitigte. Darüber hinaus machte gerade dieses Gesetz im Grunde alle Hoffnungen, in absehbarer Zeit zu einem neuen Verfassungszustand zu kommen, zunichte, da es im Artikel 4 verfügte: »Die Reichsregierung kann neues Verfassungsrecht setzen.« Das schien zwar Zeugnis davon abzulegen, daß man grundsätzlich an die Schaffung einer neuen Verfassung dachte, aber es degradierte zugleich auch die gesamte bisherige Gesetzgebungstätigkeit der Regierung Hitler auf staatsrechtlichem Gebiet (einschließlich des Neuaufbau-Gesetzes selbst!) zu einem Provisorium, ohne daß auch nur bescheidene Ansätze zu einer Alternative, die als endgültige Verfassung hätte gelten können, sichtbar waren. Auch der Zeitpunkt, an dem etwa eine neue Verfassung erlassen werden sollte, blieb völlig offen, wie denn der betreffende Gesetzesartikel überhaupt keine Verpflichtungen, sondern nur ein Recht der Regierung begründete. Und darin lag, wie Frick durchblicken ließ,[12] der eigentliche Sinn: Reichstag und Reichsrat sollten nun auch von der Mitwirkung an Verfassungsänderungen, die ihnen nach dem Ermächtigungsgesetz noch verblieben war, ausgeschlossen werden. Ähnlich verhielt es sich mit der Rechtsordnung überhaupt. Zwar wurde eine »nationalsozialistische Rechtsform« mit großem Propaganda-Aufwand in Szene gesetzt, auch gab es tatsächlich viele Ansätze dazu, doch blieben sie früher oder später alle irgendwie stecken.[13] Aber nicht nur die bisherige Verfassung und Rechtsordnung, sondern auch – was auf den ersten Blick am unbegreiflichsten ist – die bestehende bürokratische, auf sachliche Leistung zugeschnittene Zwangsapparatur verfiel einem bereits 1933/34 in den Anfängen erkennbaren, wenn auch durch Scheingesetze und Organisationsfassaden verschleierten Zersetzungsprozeß.[14]

Ein derartiges, in Deutschland bisher ungebräuchliches Verfahren mußte auf die Zeitgenossen höchst verwirrend wirken. Gegnern und Verbündeten Hitlers, ja selbst weiten Kreisen der nationalsozialistischen Partei erschien das Verhalten der revolutionären Führung als Ausdruck von Unsicherheit und Ratlosigkeit, und insbesondere die konservativen Politiker und Fachleute in der Umgebung Hitlers glaubten ihre alte Überzeugung bestätigt, daß diese Partei von ungebildeten Parvenus und laienhaften Ignoranten zwar Macht erobern könne, sie aber nicht zu handhaben wisse. Aber das war eine falsche Interpretation der Krise, in der sich die revolutionäre Bewegung befand; die Schwierigkeit für sie bestand nicht darin, daß sie die staatliche Apparatur, die ihr in die Hände gefallen war, nicht zu bedienen wußte (was vielfach sicherlich der Fall war); auch nicht darin, daß sie nicht in der Lage gewesen wäre, eine etwa vorhandene Absicht zum Aufbau einer neuen institutionellen und verfassungsmäßigen Ordnung in die Tat umzusetzen; das Problem bestand vielmehr darin, daß eine solche Absicht gar nicht vorhanden war, die anderen, irrationalen Vorstellungen, Mittel und Methoden aber erst aus der Praxis heraus entwickelt werden mußten. Charakteristisch für diese Lage sind gerade die Stellungnahmen zum Verfassungsproblem. So haben Spekulationen über eine künftige Reichsverfassung in nationalsozialistischen Kreisen nie ganz aufgehört. Hitler selbst erklärte z. B. in einer Rede in Hamburg am 17. August 1934, die soeben vollzogene Vereinigung der Ämter des Reichskanzlers und Reichspräsidenten solle eine »einstige und endgültige Gestaltung der Verfassung des Deutschen Reiches« nicht präjudizieren,[15] und noch im Kriege hat er sich in langen Monologen bei Tisch über die »beste deutsche Staatsform« ausgelassen.[16] Doch pflegte er schon in der Kampfzeit in gelegentlichen Gesprächen den Verzicht der Engländer auf eine geschriebene Verfassung als nachahmenswertes Vorbild hinzustellen, wobei er geflissentlich übersah, daß dieser Mangel durch die weit stärker wirkenden ungeschriebenen politischen Konventionen Englands wettgemacht wird. Nach seiner Meinung war das ein Kunstgriff gerissener politischer Schlauköpfe, die sich dadurch die Freiheit wahrten, jederzeit willkürlich nach den Erfordernissen des Augenblicks verfahren zu können.[17] Und darauf kam es ihm selbst vor allem an: Das »organische Leben« sollte nicht in »starre« Formen gepreßt werden. Seine Meditationen über eine künftige »endgültige Verfassung« sind daher teils Partien eines auch sonst bei ihm beliebten Doppelspiels (siehe sein Jonglieren mit den beiden Revolutionsbegriffen), teils Ausdruck einer mindestens gelegentlichen Selbsttäuschung darüber, daß das, was er wollte, sich überhaupt nicht in einer Verfassung fixieren ließ.

Denn was er wollte, war gerade die Auflösung und Verflüssigung der »erstarrten«, »mechanischen«, also rationalen Ordnungen; der institutionalisierte Staat, den die Nationalsozialisten bei der Machtergreifung vorgefunden hatten, sollte nach dem Vorbild der Bewegungsstruktur der Partei in einen aufs höchste dynamisierten, nur noch vom Willen des allmächtigen charismatischen Führers durchströmten Personenverband zurückverwandelt werden. Hitler hat diesen Gedanken damals immer wieder ausgesprochen, am deutlichsten vielleicht in einer Rede auf der Gauleitertagung am 2. Februar 1934. Da stellte er seinen Hörern »die Größe der Aufgabe« vor Augen,

> »den nunmehr eroberten Staat nicht nur mit der nationalsozialistischen Weltanschauung völlig zu durchdringen, sondern auch den gesamten Staatsapparat im Geiste der siegreichen Bewegung zu einem geschlossenen lebensvollen Organismus auszubauen. Wenn die nationalsozialistische Revolution gegen den Novemberstaat habe kommen müssen, weil dieser volksfremde Staat gegen das flutende Leben der Nation Dämme aufgerichtet habe, dann werde der nationalsozialistische Staat sich so organisieren, daß seine innere Volksverbundenheit naturnotwendig seinen Bestand garantiere. Als stabiles Gerüst einer solchen Staatsorganisation brauche die Führung eine Garde von zuverlässigen politischen Funktionären, eine Verwaltungsapparatur, die die Führung in die Lage versetze, das nationalsozialistische Gedankengut auf allen Gebieten auch praktisch zu verwirklichen ... Die Form, in der die Verschmelzung von Weltanschauung und Staat durchgeführt werde, sei die Partei. In der großen, vom ganzen Volke getragenen Gemeinschaft des Nationalsozialismus müsse die Partei ein auserlesener Orden des Führertums sein, der den

nationalsozialistischen Staat für alle Zukunft zu garantieren bestimmt sei. Was der Staat vom Volke verlange, das werde dieser Orden einer verschworenen Führergemeinschaft in bedingungsloser Unterordnung unter seine eigenen Gesetze in komprimiertester Form bei sich selbst verwirklichen. In dieser auf Gedeih und Verderb verbundenen Gemeinschaft werde, nachdem andere Faktoren staatspolitischer Beständigkeit nicht mehr vorhanden seien [!], die absolute Kontinuität der Entwicklung der deutschen Nation für alle Zukunft niedergelegt sein. Mit der unerschütterlichen Fundamentierung dieser Führungshierarchie sei auch die Frage der Parteiführung an sich gelöst und diese für alle Zeiten gesichert. Denn nachdem diese neue Führerorganisation des deutschen Volkes durch eine einmalige schöpferische Leistung errichtet sei, gewährleiste sie nunmehr in sich die durch nichts zu unterbrechende Folge der höchsten Führerpersönlichkeit.«[18]

Von hier aus muß auch Hitlers oft wiederholter Grundsatz verstanden werden, den Aufbau der »mechanischen« Organisation, soweit er notwendig war, immer erst dann vorzunehmen, wenn eine als Führer geeignete Persönlichkeit vorhanden war.[19] Das klingt ganz unverdächtig, stellte aber in Wirklichkeit das Aufbauprinzip des charismatischen Personenverbands dar. In seiner Rede vor den Reichsstatthaltern am 6. Juli hat Hitler diese Zusammenhänge ganz deutlich dargelegt. »Man muß sich davor hüten«, so sagte er da, »eine formale Entscheidung von heute auf morgen zu fällen und davon eine endgültige Lösung zu erwarten. Die Menschen vermögen leicht die äußere Form in ihre eigene geistige Ausprägung umzubiegen. Man darf erst umschalten, wenn man die geeigneten Personen für die Umschaltung hat.«[20]

Wie aber, mit welchen Mitteln, sollte das verwirklicht, sollten die geeigneten Personen gefunden und die Verwandlung in den Personenverband vorgenommen werden? Der fortschreitende Abbau des bestehenden Systems von Institutionen mit seinen Rechtsinstrumenten und bürokratischen Apparaturen war nur die negative Voraussetzung dafür; er schuf zwar durch die entstehende Unsicherheit zunächst einen Zwang, sich der persönlichen Herrschaft Hitlers als der einzig verbleibenden Instanz zu unterwerfen, aber er entband zugleich starke zentrifugale Kräfte, selbst innerhalb der revolutionären Bewegung – in der es von divergierenden, ja sich untereinander widersprechenden Ideen, Programmen und Projekten nur so wimmelte und für die jetzt das große Zeitalter der »kleinen Hitlers«

anzubrechen schien –, aber auch außerhalb der NSDAP und namentlich unter ihren konservativen Verbündeten, die nun endlich ihrerseits zum Zuge zu kommen hofften. Daher konnte der Zwang zur Unterordnung unter Hitlers persönliche Herrschaft, so stark er im Augenblick auch war, in seiner Wirkung doch nur kurzfristig sein, wenn er nicht durch positive Mittel erneuert und am Leben gehalten wurde. Hier aber begannen die eigentlichen Schwierigkeiten, denn das, was Hitler wollte, ließ sich nicht in das rationale System einer Verfassung bringen, konnte überhaupt nicht durch irgendwelche bindende Regeln und normierte Ordnungen erreicht werden; das alles waren Mittel, die nach nationalsozialistischer Ansicht nur »von außen« wirkten und nicht tief genug griffen. Sie mußten ersetzt werden durch eine Revolutionierung »von innen her«, durch die Erzwingung einer Transformation des Wesenskerns der Individuen.[21] »So habe ich«, rief Hitler am 8. April 1933 der SA zu, »damals begonnen, in einer kleinen Organisation das zu züchten [*sic!*], was des kommenden Reiches Inhalt sein soll: Menschen, die sich loslösen aus ihrer Umgebung, die alles weit zurückstoßen, alle Kleinlichkeiten des Lebens, die scheinbar so wichtig sind, die sich wieder besinnen auf eine größere Aufgabe, die den Mut haben, äußerlich schon zu dokumentieren, daß sie nichts zu tun haben wollen mit all den ewig trennenden und zersetzenden Vorstellungen, die das Leben unseres Volkes vergiften.«[22]

Was die hier proklamierten Werte und Inhalte betrifft, so waren das, wie die »Erziehung« der KZ-Häftlinge zeigt, schönklingende Phrasen; echt aber war der Wille zu einer totalen Umwandlung des Menschen, ausgedrückt in Hitlers – in dieser Zeit ebenfalls unentwegt wiederholter – Forderung nach »Erziehung« und »Umerziehung«, durch die allein das Ziel der nationalsozialistischen Revolution erreicht werden könne und gegenüber deren überragender Notwendigkeit »Fragen der äußeren Staatsform« zurückzutreten hätten.[23] Das schien auf den ersten Blick wiederum Hitlers Erklärung über das Ende der Revolution zu bestätigen, denn allerdings mochten seine Worte die Deutung nahelegen, daß die beabsichtigte Umerziehung der Bevölkerung, so revolutionär sie in ihren Zielen auch immer konzipiert sein mochte, in ihren Formen doch – im Gegensatz zu den tumultuarischen Vorgängen der ersten Jahreshälfte – sich als ein relativ ruhiger Prozeß systematischer pädagogischer Arbeit darstellen würde, ja es ist nicht unwahrscheinlich, daß Hitler selbst solche Vorstellungen nährte, wenn und solange er von seiner Erziehungskonzeption sprach. Aber das waren, wenn auch verständliche, so doch nicht minder grundlegende – und im Falle Hitlers sicher auch nur vorübergehende – Irrtümer. Wie die irrational-dynamische Struktur des nationalsozialistischen Personenverbands keine rationale Verfassungsordnung zuließ, so schloß sie auch ein rationales Erziehungsprogramm und die entsprechenden systematischen Unterrichts- und Trainingsmethoden aus. Was unter nationalsozialistischer Erziehung zu verstehen war, das hatte Hitler in der oben zitierten Rede angedeutet, in der er davon sprach, er habe diejenigen Menschen, »die des kommenden Reiches Inhalt« sein sollten, in der SA »gezüchtet«. Die »Zucht« der SA aber bestand, wie man sich erinnert, in Fanatismus-Exerzitien, Saalschlachten und Straßenkämpfen.[24] Am besten läßt sich der nationalsozialistische Erziehungsstil am Beispiel der von Hitler selbst ausführlich beschriebenen Verwandlung politischer Versammlungen in »Kundgebungen« studieren: Eine mehr oder minder große Zahl von mehr oder minder kritischen, aber im Versammlungssaal von der Außenwelt isolierten Zuhörern wurde im Zusammenspiel von wohlberechneter psychologischer Regie, rhetorischen Appellen und Gewaltanwendungen in eine fest geschlossene Massengefolgschaft umgeformt, wobei das Wesentliche darin lag, daß das Publikum nicht nur psychisch unterworfen und gelenkt, sondern auch zu rastloser Mitarbeit in Gestalt von Singen, Heilrufen, Armaufheben und – nicht zuletzt – Prügeln aktiviert wurde; nicht nur zu einer Willens- und Glaubensgemeinschaft, sondern auch zu einer Tatgemeinschaft wurden die Teilnehmer verschmolzen. »In den Versammlungen Hitlers«, sagte Heiden, »gibt es keine Zuhörer mehr, sondern nur noch Mitwirkende.«[25] Noch präziser formulierte das Heß, wenn er sagte, man müsse den Führer »wollen«.[26]

Ins Große übertragen, bedeutete das die totale Mobilmachung der Nation mit ihrer Verknüpfung von Unterwerfungs- und Aktivierungsprozessen: Wie das Versammlungspublikum, so sollte die ganze Nation zu einer Tatgemeinschaft »erzogen« werden, die zugleich eine unbedingte, den Führerwillen automatisch vollziehende Gefolgschaft Hitlers war. Und auch das Programm der Rebarbarisierung war damit impliziert, wie denn überhaupt die nationalsozialistische Konzeption vom charismatischen Personenverband kulturhistorisch ein Atavismus war. Nur unter barbarisch-primitiven Verhältnissen bzw. auf Frühstufen der zivilisatorischen Entwicklung ist der reine Personenverband eine situationsgemäße politische

Organisationsform;[27] wollte man ihn unter den Bedingungen der hochzivilisierten europäisch-amerikanischen Kultur des 20. Jahrhunderts durchsetzen, mußte man die Menschen und alle ihre Lebensverhältnisse auf die Stufe barbarischer Primitivität hinabdrücken. Soweit das überhaupt möglich war, bedurfte es dazu einer Situation der Spannung, der Not, des Kampfes, kurz, eines Ausnahmezustandes. Wo derartiges nicht ohnehin bestand, mußte es daher künstlich geschaffen und verlängert werden.[28] Unter diesem Gesichtspunkt wird auch die Übertragung der Erziehungsidee auf die Konzentrationslager verständlicher. In ihnen wurde auf engstem Raum und in vollständiger Isolierung, gleichsam in der Retorte, jener totale Ausnahmezustand äußerster Primitivität und Ausgesetztheit erzeugt, unter dessen Druck die Menschen sich in jene halbbarbarischen Lebewesen zurückverwandeln ließen, die nach nationalsozialistischer Auffassung allein für den »Lebenskampf« tauglich waren. Aber natürlich ließ sich nicht die gesamte Bevölkerung ins Konzentrationslager stecken, und so mußte das Konzentrationslager-System ergänzt werden durch einen viel umfassenderen permanenten revolutionären Ausnahmezustand. Daher war es im Grunde eine Tautologie, wenn Hitler sagte, das Stadium der Revolution müsse jetzt durch eine Periode der Erziehung abgelöst werden, denn es war ja gerade das Ziel dieser Erziehung, die revolutionäre Mobilisierung kämpferischer Energien, die im Kampf um die Macht vor und nach dem 30. Januar 1933 stattgefunden hatte, fortzusetzen und zu vollenden.[29] Nichtsdestoweniger war die Verwendung des Erziehungsbegriffs dabei nicht ohne Sinn, denn er drückte aus, daß diese revolutionäre Transformation ausschließlich von oben her, allein durch den übermenschlich-omnipotenten Führer in Gang gebracht, gelenkt und durchgesetzt werden sollte. Unter diesem Gesichtspunkt gewinnen dann aber Hitlers Erklärungen über das Ende der Revolution einen neuen und überraschenden Sinn. Was Hitler damit eigentlich sagen wollte, war, daß die Revolution von unten, die er in seinem bisherigen System der doppelten Revolution einstweilen zugelassen hatte, nun eingestellt und nur mehr die Revolution von oben, diejenige also, die *er* befehlen und initiieren würde, fortgeführt werden sollte. Das hat Rudolf Heß mit aller wünschenswerten Deutlichkeit während des Konflikts um Röhm in seiner Warnrede vom 25. Juni 1934 zum Ausdruck gebracht:

»Vielleicht hält Adolf Hitler es für nötig, eines Tages die Entwicklung wieder mit revolutionären Mitteln weiterzutreiben. Immer aber darf es nur eine durch ihn gesteuerte Revolution sein ... Adolf Hitler ist Revolutionär größten Stils und bleibt innerlich Revolutionär größten Stils. Er braucht keine Krücken. Adolf Hitler ist der große Stratege der Revolution. Er kennt die Grenzen des mit den jeweiligen Mitteln und unter den jeweiligen Umständen jeweils Erreichbaren. Er handelt nach eiskaltem Abwägen – oft scheinbar nur dem Augenblicke dienend und doch weit vorausschauend im Verfolg der ferneren Ziele der Revolution. Wehe dem, der plump zwischen die feinen Fäden seiner strategischen Pläne hineintrampelt im Wahne, es schneller machen zu können! Er ist ein Feind der Revolution – Nutznießer wären die Feinde der Revolution, sei es im Zeichen der Reaktion, sei es im Zeichen des Kommunismus.«[30]

Das also waren die positiven Mittel, durch die Hitlers Herrschaft allein stabilisiert werden konnten: permanenter Ausnahmezustand und permanente Mobilisierung. Es ist nicht notwendig, diese Konzeption einer Kritik zu unterziehen; es genügt, sie darzustellen, um ihr das Urteil zu sprechen. Nichtsdestoweniger muß auf einen in ihr enthaltenen fundamentalen Widerspruch hingewiesen werden, denn aus ihm erwuchs der nationalsozialistischen Herrschaft jene tiefere Problematik, aus der auch die Krise des Jahres 1934 entstand. Die totale Mobilmachung, militärisch verstanden, hat die nationale Selbstbehauptung in einem konkreten, einmaligen Kriege zum Ziel. Ist das erreicht und Frieden geschlossen, so ist sie entbehrlich und kann durch den Friedenszustand ersetzt werden. Die Nationalsozialisten durften es dazu nicht kommen lassen, wenn sie ihrer Herrschaft Dauer verleihen wollten; für sie konnte es nur Pausen im Kampf, nur ein Atemholen im Sturmlauf geben, sie mußten die Automation der politischen Dynamik erfinden.[31] Und da das nur möglich war, wenn jeder der Teilkämpfe und-kriege mit einem Siege endete, so war dies Prinzip der politischen Automation zugleich identisch mit einem Prinzip der permanenten Expansion. Daher war für das nationalsozialistische Regime im Grunde nichts gefährlicher als das, worauf es doch normalerweise hinzustreben schien: der totale Sieg. Hitler war sich dessen wohl bewußt. Schon in *Mein Kampf* hatte er seine Feststellung, daß »die Größe einer Bewegung« nur »durch die ungebundene Entwicklung ihrer inneren Kraft und durch deren andauernde Steigerung bis zum endgültigen Siege über alle Konkurrenten« gesichert werden könne, sofort durch den Zusatz ergänzt: »Ja, man kann sagen, daß ihre Stärke und damit ihre Lebensberechtigung überhaupt nur so lange in Zunahme begriffen ist, solange sie den Grundsatz des Kampfes als die Voraussetzung ihres Werdens anerkennt, und daß sie in demselben Augenblick den Höhepunkt ihrer Kraft überschritten hat, in dem sich der vollkommene Sieg auf ihre Seite neigt.«[32] Hier ist der Widerspruch zwischen dem Mobilisierungsprinzip und dem Ideal des totalen Sieges deutlich ausgesprochen, und es bezeichnet die geistige Eigenart Hitlers, daß er die darin enthaltene Herausforderung an das Denken ignorierte und den Widerspruch einfach ungelöst ließ. Hier weiterzudenken und die notwendigen Schlüsse zu ziehen, widersprach seinem dezisionistischen Grundsatz, daß allzu vieles Raisonnement die Unbekümmertheit und »Energie« des Handelns beeinträchtige.

Betrachtet man unter diesem Gesichtspunkt die Entwicklung des Jahres 1933, so leuchtet ein, daß und warum die Hauptschwierigkeiten für das Regime nicht mit der Regierungsübernahme am 30. Januar, sondern erst nach der Niederwerfung aller gegnerischen Kräfte im Sommer begannen. Nach dem 30. Januar hatte noch die Möglichkeit zu Kampf und Machtexpansion bestanden, im Sommer aber war – jedenfalls innerhalb Deutschlands – jener von Hitler geforderte »endgültige Sieg über alle Konkurrenten« errungen; ein weiteres Wachstum war jetzt nur durch Ausgreifen über Deutschlands Grenzen hinaus möglich.[33] Sollte das System seinen bisherigen Charakter behalten, so mußte der Eroberung Deutschlands diejenige Europas auf dem Fuße folgen, und so war die Entfesselung eines Krieges schon jetzt die einzig logische Konsequenz der nationalsozialistischen Revolution. Die stürmische Vermehrung der SA, die, eine Mobilmachung für sich, die halbe Million SA-Männer der Kampfzeit innerhalb eines halben Jahres auf 4½ Millionen anwachsen ließ, und der plötzliche, scheinbar unmotivierte Paukenschlag des Austritts aus dem Völkerbund zeigen ebenso wie der ein halbes Jahr später unternommene Versuch zur Eroberung Österreichs durch eine nationalsozialistische Revolution, wie stark die Kräfte waren, die in diese Richtung drängten. Aber es war natürlich undenkbar, diese Richtung wirklich einzuschlagen; auch dem verblendetsten Nationalsozialisten leuchtete ein, daß Deutschland in der damaligen Lage keinen Krieg führen konnte, und Hitler selbst hatte schon in seiner Rede vom 3. Februar 1933 klar genug ausgesprochen, daß er sich während des Aufbaus der Wehrmacht auf eine mehrjährige »Schwächeperiode« gefaßt machte. Er hatte alles in seinen Kräften Stehende getan, um die Aufrüstung schon jetzt in Gang zu bringen, aber bis diese Saat reifte, mußte die Kette der Blitzkriege zunächst unterbrochen und die nationalsozialistische Herrschaft durch Überbrückungshilfen gesichert werden.

Eines der Hauptmittel dafür war die Propaganda. Daher hatte Hitler schon in der Kabinettssitzung vom 7. März 1933 die Errichtung eines Propaganda-Ministeriums mit der bezeichnenden Begründung angekündigt: »Nunmehr müsse eine großzügige Propaganda- und Aufklärungsarbeit einsetzen, damit keine politische Lethargie aufkomme.«[34] Sein Meisterschüler Goebbels übernahm dann die Ausführung und schuf in dem am 11. März errichteten Reichsministerium für Volksaufklärung und Propaganda das Schaltwerk für jene »Regie des öffentlichen Lebens«,[35] in der die Erfahrungen aus den Fanatismus-Exerzitien der Kampfzeit in ein umfassendes System von Stimmungs-Stimulantien gebracht wurden. Wie auch hier das Prinzip der Stabilisierung durch Bewegung zur Anwendung kam, zeigt die Kette der nationalsozialistischen Jahresfeste.[36] Hier wurde die Bevölkerung in festgelegten, einen annähernd gleichmäßigen Rhythmus garantierenden Abständen mobilisiert und in jene Form der »marschierenden Kolonne« gebracht, die Alfred Rosenberg später als den »neuen Lebensstil« der Nation bezeichnete.[37]

Mit einem Erfolg dieser Regie durfte um so eher gerechnet werden, als die bald danach anlaufende Arbeitsbeschaffungs-Aktion sich günstig entwickelte und damit den von Hitler kalkulierten Prestigegewinn zu liefern versprach; die Propaganda-Maschine brauchte nur dafür zu sorgen, daß die Fiktion, als handele es sich um ein friedensmäßiges, produktives Arbeitsbeschaffungs-Programm, aufrechterhalten blieb.[38] Es war der klassische Fall der nationalsozialistischen Verknüpfung von Unterwerfungs- und Mobilisierungsprozessen: Man stillte den Schrei nach Arbeit und Brot, indem man die Bevölkerung für den Krieg arbeiten ließ, d. h. man überwand die eine Krise, indem man die Auslösung einer neuen vorbereitete. Es mußte einige Zeit dauern, bis dieser Zusammenhang von den Opfern durchschaut war, und solange durfte das Regime sich der Massen sicher fühlen. Immerhin war für die unmittelbare Zukunft nicht jede Gefahr ausgeschlossen. Noch war das Vertrauen der Arbeiterschaft in den Erfolg der Arbeitsbeschaffungspolitik nicht gefestigt, ja gewisse Umstellungsmaßnahmen erregten gerade Anfang 1934 erhöhte Besorgnisse, und in bürgerlichen Kreisen hatte der nationalsozialistische Angriff auf die Kirchen zugleich erhebliche Unruhe ausgelöst.[39] Das Regime reagierte prompt mit umfassendem Propaganda-Einsatz. Am 11. Mai 1934 eröffnete Goebbels im Berliner Sportpalast seinen »Feldzug gegen Miesmacher und Kritikaster«, und diesem Startschuß folgte zwei Monate lang ein Trommelfeuer von Massenagitation im ganzen Reichsgebiet.[40] Das reichte allerdings nur aus, solange die verschiedenen, nicht nur außerhalb der NSDAP bestehenden oppositionellen Eliten nicht mit den Massen Kontakt gewannen, und gerade diesen Führungsgruppen gegenüber waren Propaganda und Arbeitsbeschaffung nur sehr bedingt wirksame Mittel. Zwar mochte es relativ leicht sein, ihnen durch Monopolisierung der Massenkommunikationsmittel und rigorose Verbotspolitik den Zugang zur Bevölkerung abzuschneiden; aber selbst dann konnte die Lage gefährlich werden, sofern unter ihnen ein Bündnis zustande kam, das die Verfügungsgewalt über die bewaffnete Macht (oder mindestens Teile von ihr) mit einem sinnvollen und zugleich massenwirksamen politischen Programm zu verbinden vermochte; bei der allgemeinen Labilität des Systems und der Natur der nationalsozialistischen Bewegung, deren Zusammenhalt im wesentlichen nur durch die Person Hitlers garantiert wurde, konnte unter Umständen ein Stoß ins Zentrum genügen, um das ganze Regime zum Einsturz zu bringen. Gegen diese Gefahr einer »zweiten Revolution« stand Hitler als Abwehrwaffe nur das uralte Mittel der Despotie zur Verfügung: das Gegeneinanderausspielen der Gegner. Solange es nicht möglich war, die widerstrebenden Kräfte durch Ablenkung nach außen zu binden, konnten sie unter den Bedingungen des Personenverbands nur durch Erzeugung ständiger Rivalität untereinander beherrscht werden. Freilich brachte ein solches Schaukelspiel in der gegebenen revolutionären Situation die andere Gefahr eines allgemeinen Bürgerkriegs mit sich, in dessen Verlauf der Regisseur und *supremus arbiter* ebenfalls hinweggefegt werden konnte. Demgegenüber half nur die Unterwerfung unter das Gesetz der Revolution, das lehrt, daß sich, solange die revolutionäre Bewegung noch nicht kulminiert hat, immer die jeweils radikalsten Kräfte durchsetzen. Wollten Hitler und seine Clique sich an der Herrschaft halten, mußten sie sich radikaler gebärden als alle ihre Gegner und Konkurrenten; sie, nicht die anderen, mußten die »zweite Revolution« machen.

Diese zweite Revolution war unvermeidlich, es fragte sich nur, ob sie als Revolution von unten oder als Revolution von oben vor sich gehen würde. Damit zeichnete sich schon im Winter 1933/34 die Gefahr ab, daß Hitler sich auf Grund der von ihm selbst entfesselten Dynamik zu einem Gewaltschlag gezwungen sehen könnte, der eine Welle von Furcht und Schrecken verbreiten, alle oppositionellen Impulse für längere Zeit ersticken und so einer totalen Herrschaft die ihr gemäße Legitimität geben würde.

Hier drängt sich die Erinnerung an einen ganz ähnlichen Vorgang der französischen Geschichte auf: das Blutbad der Bartholomäus-Nacht und die Entwicklung, die dazu geführt hat. Damals versuchte Katharina von Medici, die Mutter des noch jugendlichen französischen Königs, ihre und des Königstums Stellung gegenüber dem durch Eingriffe des Auslands noch verschärften Gegensatz zwischen Hugenotten und Katholiken, der die sakrale Grundlage der Monarchie zu erschüttern drohte, durch ein Doppelspiel zu befestigen, das die Rivalität beider Parteien lebendig erhielt. Sie scheiterte daran, daß sich die Temperatur der konfessionellen Auseinandersetzung nicht beliebig regulieren ließ; sie konnte erhöht, aber nicht wieder abgekühlt werden, und so sah sich Katharina, wollte sie ihr ursprüngliches Rezept nicht aufgeben, schließlich zu dem verzweifelten Versuch gedrängt, eine der beiden Parteien durch einen Terrorakt zu vernichten, die Abkühlung also gleichsam durch einen ungeheuren Aderlaß zu erreichen. Historische Vergleiche sind nicht ungefährlich, und auch in diesem Fall ist die große Differenz zwischen der religiösen bzw. geistig-ideologischen, sozialen und wirtschaftlichen Situation Frankreichs in der Renaissance und Deutschlands im Zeitalter der industriellen Massengesellschaft nicht zu verkennen. Aber unabhängig davon ist doch eine deutliche Parallelität der machtpolitischen Lage zu erkennen: Hier wie dort eine Schaukelpolitik, die ihrem Urheber schließlich selbst ihr Gesetz aufzwingt und ihn zu äußerster Radikalität treibt. Freilich war diese Entwicklung in Deutschland im Winter 1933/34 noch nicht unausweichlich; sie wurde es erst, als Hitlers Gegenspieler sich von ihm das Gesetz des Handelns aufzwingen ließen.

2. Der Übergang zum neuen Pluralismus

Das vorläufige Bild des nationalsozialistischen Herrschaftssystems ist das eines ungeheuren monolithischen Blocks, zentralistisch aufgebaut und konsequent von oben bis unten hierarchisch durchorganisiert. Eine der Tatsachen, die dies Bild mit am nachdrücklichsten zu bestätigen scheinen, ist die Beseitigung des demokratisch-parlamentarischen Parteiensystems. Wo noch ein Jahr zuvor mehr als ein Dutzend sich untereinander erbittert bekämpfender Parteien existierte, bestand im Herbst 1933 nur noch eine einzige Partei, die nach offizieller Version die »Volksgemeinschaft« hergestellt und sich den Staat unterworfen hatte – ein Vorgang, den nicht nur die Nationalsozialisten mit großem Stolz als »einmalige Leistung« feierten; auch weite Kreise außerhalb der NSDAP waren bereit, ihn als erfreulichen Erfolg zu buchen. Jahrelang hatte sich die Kritik der Öffentlichkeit gegen die Parteien, ihre »Zersplitterung«, ihre »Interessenpolitik«, ihre Wahlkampfmethoden, ihre Einflußnahme auf die Regierung usw. gerichtet; zuletzt gab es kaum noch eine Stimme, die sie zu verteidigen wagte.[41] Als Hitler sie beseitigte, hofften selbst viele von denen, die sich durch die offizielle Schönfärberei nicht blenden ließen, daß damit wenigstens eine *tabula rasa* geschaffen worden sei, auf der ein Neubau möglich werden würde, der die alten Fehler vermied. Inzwischen ist längst klargeworden, daß der Neubau so viele neue Fehler hatte, daß er der alten gar nicht bedurfte, um weitaus unwohnlicher zu sein; nichtsdestoweniger war er auch von diesen nicht frei. Unter der Decke euphemistischer Propaganda-Parolen und brauner Uniformierung entwickelte das nationalsozialistische Herrschaftssystem sein eigenes Parteiwesen, das sich von dem vorhergehenden Parteienstaat nur dadurch unterschied, daß dessen positive Seiten fehlten und die negativen ins Extrem gesteigert waren. An die Stelle der demokratischen Parteien waren totalitäre Dominien getreten, d. h. partikulare Herrschaftsbereiche, deren Führer bzw. Spitzengruppen nach der Alleinherrschaft strebten, sei es durch Ausschaltung alles anderen Einflusses auf Hitler, sei es durch dessen Entthronung: nationalsozialistische Condottieri und Bandenführer mit ihren Satrapien, politisierte Staatsorgane (als Residuen des alten sinnvollen Staatsorganismus), »ständisch« organisierte wirtschaftliche Machtgruppen usw.; auch die in den Untergrund gedrängte Opposition mußte sich dem anpassen. Dementsprechend wurde der demokratische Konkurrenzkampf, der bei aller Heftigkeit und Leidenschaft unter der Kontrolle der Öffentlichkeit doch noch immer gewisse Grenzen und Spielregeln respektiert hatte, durch ein erbarmungsloses Freistilringen ersetzt, in dem Sieg oder Niederlage durch Kontrolle über Teile der bewaffneten Macht oder der Polizei und durch »Führerentscheidungen« bestimmt wurde; zwar fand es unter Ausschluß der Öffentlichkeit und daher ohne Beteiligung der Bevölkerung statt – was die Aufrechterhaltung der Fiktion von der großen »Volksgemeinschaft« erlaubte –, aber dafür zerrüttete der Dschungelkampf mit seinen konspirativen Methoden und Intrigen den Staatsapparat und zerstörte das Vertrauen innerhalb der Führung.[42]

Die Entwicklung, die zum Blutbad vom 30. Juni 1934 führte, ist zugleich die Geschichte der Entstehung dieses totalitären Dominiensystems. Sie wurde charakterisiert durch zwei bestimmende Faktoren: Auf der einen Seite war ein Teil derjenigen Kräfte, die einer nationalsozialistischen Totalherrschaft widerstrebten, bisher nur verdrängt und überrannt, aber noch nicht gänzlich aktionsunfähig gemacht worden; noch besaß die antinationalsozialistische Opposition Reserven, die sie in den Kampf werfen konnte. Daher bestand, objektiv gesehen, eine wenn auch schwache Chance, daß der nationalsozialistische Marsch in die nationale Selbstzerstörung noch aufgehalten werden konnte. Auf der anderen Seite fand als Folge der Übertragung des Systems der inneren Rivalitäten von der NSDAP auf den Gesamtstaat eine Art Ausscheidungskampf um die Eingliederung in das entstehende nationalsozialistische Dominiensystem statt. Hier entstand die Frage, wer sich durchsetzen, wer auf der Strecke bleiben würde.

Entscheidende Voraussetzung für einen Erfolg der Gegner Hitlers war, daß sie untereinander ein Bündnis zustande brachten, womöglich unter Einschluß von Teilen der nationalsozialistischen Bewegung selbst; überdies mußten sie versuchen, einen sicheren Halt an der bewaffneten Macht zu finden. Beides erwies sich unter den gegebenen Verhältnissen als ungewöhnlich schwierig. Von den politischen Kräften, die die demokratische Republik getragen hatten, war keine mehr aktionsfähig. Die bürgerliche Linke war schon durch die Wahlen von 1932 bis zur Bedeutungslosigkeit dezimiert worden; das Zentrum hatte, nachdem ein mit zwiespältigen Gefühlen unternommener Versuch, sich mit dem neuen Regime zu arrangieren, fehlgeschlagen war, auf der ganzen Linie resigniert; nur

Brünings persönliches Prestige war noch als ein Machtfaktor anzusprechen, aber der Versuch, ihn zu aktivieren, geriet nicht über das Stadium der Beratungen und Kontaktnahmen hinaus.[43] Von den Arbeiterparteien war die einst so mächtige SPD völlig ausgeschaltet; nicht nur waren ihre Organisationen zerschlagen und ihre Führer und Funktionäre verfolgt, verhaftet, getötet; auch war der unleugbare Rückgang der Arbeitslosenziffer ein Argument, dem sie zunächst nichts entgegenzusetzen hatte. Unter dem Druck dieser Tatsachen war es überdies zu einer augenblicklichen Spaltung der SPD-Führung gekommen: Während die einen den Kampf in Deutschland weiterführen wollten, erklärten die anderen das als aussichtslos und versuchten vom Ausland her, auf den Gang der Dinge in Deutschland einzuwirken.[44]

Auch die KPD, die revolutionäre Vorkämpferin des Bolschewismus, war in keiner besseren Lage; sie mußte ihre doktrinäre Fehlspekulation auf einen baldigen Zusammenbruch der nationalsozialistischen Herrschaft jetzt teuer bezahlen. Zwar scheint ihr die seit Jahren vorbereitete Umstellung ihrer Organisation auf illegales Arbeiten zunächst trotz womöglich noch schärferer Verfolgung durch NSDAP und Behörden im allgemeinen gelungen zu sein; aber Untergrundtätigkeit dieser Art war keine Gefahr für das totalitäre System, es konnte nur durch eine große Sammlungsbewegung aller seiner Gegner geschlagen werden.[45] Taktisch gesehen war daher der Versuch aktivistischer Kräfte der KPD und des Reichsbanners im Frühjahr 1933, im *Stahlhelm* einen neuen Rückhalt zu finden, richtiger angesetzt. Aber die Kluft, die es hier zu überbrücken galt, war in den vergangenen Jahren zu weit aufgerissen, als daß diese Frontbildung haltbar gewesen wäre. Und jetzt, im Winter 1933/34, war sie auch nicht mehr wiederholbar.

Etwas mehr Chancen zum Widerstand schienen sich den bürgerlich-nationalistischen Bundesgenossen des Regimes zu bieten. Zwar waren auch ihre politischen Organisationen aufgelöst; DVP, DNVP, Deutschnationale Front, Deutschnationaler Kampfring existierten nicht mehr; die nationalistischen Wehrverbände waren liquidiert, der Stahlhelm hatte seine Unabhängigkeit verloren. Aber das Bündnis mit der NSDAP hatte diesen Kräften doch eine beträchtliche Anzahl von Schlüsselstellungen im Staatsapparat und z. T. auch in den nationalsozialistischen Organisationen in die Hände geliefert. Noch war Hindenburg Reichspräsident, hielt Papen mit seinen Mitarbeitern das Vizekanzleramt besetzt, befehligte

Diels, wenn auch schon nicht mehr unangefochten, den Apparat der preußischen Gestapo, waren viele leitende Posten der Staatsverwaltung, namentlich auch der Polizei, in den Händen von Konservativen, und wenn die Eingliederung des Stahlhelms in die SA dessen Selbständigkeit aufgehoben hatte, so hatte sie doch auch die SA selbst geschwächt, so daß Seldtes Unterwanderungsrezept theoretisch nicht ganz aussichtslos erscheinen mochte. Auch ein politisches Programm war hier mindestens ansatzweise vorhanden. Die Konzeption der gemäßigt-autoritären Diktatur freilich war in den Stürmen der nationalsozialistischen Frühjahrsrevolution ebenso untergegangen wie die der Demokratie und der Sowjetdiktatur; zu ihrer Verwirklichung hätte es des Vorhandenseins eines Führers bedurft, dessen Prestige dem revolutionären Charisma Hitlers hätte die Waage halten können – wie denn die Sprengung des institutionellen Rahmens auch den Gegnern Hitlers das Gesetz vorschrieb: Auch sie konnten sich nur durchsetzen, wenn sie Hitler einen massenwirksamen Führer entgegenzustellen vermochten. Der aber war nicht vorhanden. Hindenburg, der noch am ehesten dafür in Frage gekommen wäre, schied aus mehr als einem Grunde und nicht zuletzt wegen seines zunehmenden Käfteverfalls aus; er konnte allenfalls wiederum als Treuhänder und Schutzherr einer Neuordnung fungieren.

Aber die Konservativen waren darauf allein nicht angewiesen, sie hatten noch die Alternative der monarchistischen Restauration in Reserve. Tatsächlich war das Programm der legitimistischen Monarchie jetzt, objektiv betrachtet, die einzige Macht, die man noch gegen die nationalsozialistische Revolution ins Feld führen konnte.[46] Sie entsprach dem Bedürfnis des Augenblicks nach Führung durch Personen, sie vermochte der revolutionären Dynamik ihren traditionalistischen Legitimismus als Basis einer neuen Staatsbildung entgegenzusetzen, sie konnte in der gegebenen Situation bei geschicktem Vorgehen in weiten Kreisen der Bevölkerung, wo nicht mit Zustimmung, so doch mit Duldung rechnen; wirklich entschiedene Gegner hätte sie wohl nur bei den – machtpolitisch ausgeschalteten – Kommunisten und einem Teil der NSDAP gefunden, während in anderen Teilen der Partei – und gerade das war das Gefährliche für Hitler – der monarchische Gedanke durchaus lebendig war, vor allem auch bei Röhm, dessen kindliche Anhänglichkeit an das bayerische Königshaus und die Idee der Monarchie überhaupt auch jetzt nicht erschüttert wurde.[47] Setzt man einmal die Problematik jeder Restauration – die Erfahrungen der Geschichte sprechen im allgemeinen nicht für sie – und die Belastung der Hohenzollern durch ihren unrühmlichen Untergang im November 1918 beiseite, so bleibt doch so viel, daß die Monarchie Anfang 1934 die einzige Gegenposition gegen das nationalsozialistische Regime war, die nicht von vornherein unhaltbar erschien.

Tatsächlich wurde die monarchistische Idee von verschiedenen Seiten her vorgetragen. Schon unmittelbar nach der Machtübernahme waren, fußend auf älteren Kontakten und Verhandlungen, hinter den Kulissen Versuche gemacht worden, Hitler für die Wiedereinführung der Monarchie zu gewinnen; so war vor allem die zweite Gattin des Exkaisers im Februar 1933 nach Berlin gereist, um bei den neuen Herren Deutschlands das Terrain zu sondieren.[48] In der Öffentlichkeit hatte der preußische Staatsskretär v. Bismarck im März 1933 einen freilich vergeblichen Vorstoß in derselben Richtung unternommen.[49] Anfang Juni gründete der General v. Einem einen *Kampfring der monarchischen Bewegung Deutschlands, Bund der Aufrechten,* der als aktivistische Organisation die monarchistische Restauration fördern sollte,[50] und Ende Juli ließ der Exkronprinz im Londoner *Sunday Dispatch* eine Lobeshymne auf Hitler erscheinen in der Hoffnung, sie honoriert zu bekommen.[51] Um die Jahreswende 1933/34 erreichte die Bewegung einen neuen Gipfelpunkt,[52] löste damit aber zugleich Gegenmaßnahmen der Nationalsozialisten aus. Einer Reihe offenbar bestellter öffentlichen Warnungen durch untergeordnete Parteiführer Mitte Januar folgte wenig später die Sprengung von Kaisergeburtstags-Feiern durch SA-Rollkommandos, was sofort zum Anlaß genommen wurde, um die Opfer des SA-Terrors nach bewährter Methode als Unruhestifter zu verfolgen: Am 2. Februar erließ Frick auf Ansuchen Görings ein Verbot sämtlicher monarchistischer Verbände und Organisationen.[53] Der Versuch, der monarchistischen Bewegung eine Massenbasis zu gewinnen, war damit gescheitert.

Aber die Führer der Bewegung ließen sich dadurch nicht entmutigen. War ihnen der Zugang zur Bevölkerung verwehrt, so hofften sie doch, auf der Führungsebene voranzukommen, wobei sie ihre Berechnungen auf das bevorstehende Ableben Hindenburgs und die dadurch entstehende Nachfolgefrage stützten. Tatsächlich schien die Lage des Regimes durch den Tod Hindenburgs sehr erschwert zu werden; außer Hitler war keine Persönlichkeit als Nachfolger denkbar, es sei denn ein Monarch. Insbesondere im

Mitarbeiterstab Papens, in dem die Herren v. Bose und v. Tschirschky die führende Rolle spielten, nahmen die restaurativen Pläne konkrete Gestalt an.[54] Sie unterschieden sich insofern von den zerfahrenen Aktionen des Jahres 1933, als sie jetzt vorsichtiger angelegt waren und unter dem Eindruck der sich verschärfenden Spannung zwischen Reichswehr und SA auch die Ausübung von Zwang auf Hitler vorsahen. Zunächst nahm man die Frage der Präsidenten-Nachfolge zum Anlaß, um im März 1934 direkt an Hitler heranzutreten und ihn zu einer endgültigen Zusage zu bewegen.[55] Hitler war unter dem Vorwand, die gegenwärtige Lage vertrage noch keine Entscheidung über die endgültige Staatsform Deutschlands, bisher jeder öffentlichen Festlegung ausgewichen und hatte mit dem gleichen Argument auch die Diskussion in Presse, Rundfunk und Publizistik unterbunden.[56] Noch am 30. Januar 1934 hatte er diese Stellungnahme wiederholt, als er im Reichstag erklärte: »Bei aller Würdigung der Werte der Monarchie, bei aller Ehrerbietung vor den wirklich großen Kaisern und Königen unserer deutschen Geschichte, steht die Frage der endgültigen Gestaltung der Staatsform des Deutschen Reiches heute außer jeder Diskussion.« Wie auch immer später die Entscheidung fallen würde, eines sei sicher: »Wer Deutschlands letzte Spitze verkörpert, erhält seine Berufung durch das Volk und ist ihm allein ausschließlich verpflichtet.«[57] Mindestens aus der Rückschau kann nicht zweifelhaft sein, daß Hitler mit dem letzten Satz das revolutionäre Prinzip, dem er selbst seine Stellung verdankte, dem legitimistischen der Monarchie entgegensetzte. Das war also ehrerbietige Verbeugung, Sistierung des Problems und Ablehnung in einem. Nichtöffentlich dagegen hatte er bereits früher mehrfach unbedenkliche Zusagen gegeben; jetzt, unter dem Druck der gespannten Lage, gab er Papen sein allgemeines Einverständnis und ließ sich sogar in Erörterungen über die Person des Thronfolgers ein.

Damit war freilich zugleich ein schwacher Punkt in der monarchistischen Position berührt. Wie schon im November 1918 tauchte auch jetzt die Schwierigkeit auf, daß weder der legitime Thronprätendent, der im Doorner Exil lebende Wilhelm II., noch der Nächstberechtigte, der Exkronprinz Wilhelm, als Persönlichkeiten für die Thronbesteigung in Frage kamen. Wie sich die hohenzollernsche Familie dazu stellte, liegt vorläufig noch weitgehend im dunkeln; Einigkeit scheint aber unter ihren Mitgliedern nicht geherrscht zu haben. Außer persönlichen Aspirationen der einzelnen

Kandidaten scheint dabei auch die Unsicherheit darüber mitgewirkt zu haben, welche der Parteien in dem unübersichtlichen Spiel nun die stärkere war. Der Kronprinz hatte offenbar ganz auf Hitler gesetzt, andere hielten sich an Röhm, so vor allem Prinz August Wilhelm, der selbst SA-Führer war.[58] Hier deutete sich eine Spaltung oder doch mindestens Verzettelung der monarchistischen Kräfte an, in der gegebenen Situation eine nicht geringe Gefahr. Bei den Verhandlungen Papens und Hitlers sind jedoch die Ansichten der hohenzollernschen Familie offenbar nicht berücksichtigt, sondern von vornherein nur die Söhne des Exkronprinzen als mögliche Prätendenten in Erwägung gezogen worden. Obwohl er ursprünglich für Louis Ferdinand eintrat, hat Hitler dann doch Papens Vorschlag zugestimmt, den jüngsten Sohn, Friedrich, als berechtigten Thronerben anzuerkennen. Allerdings hat Hitler damit die Forderung verbunden, der Prinz müsse vorher ein Jahr in der Reichskanzlei gearbeitet haben – eine Bedingungen, die sachlich schlecht abzulehnen war, aber Hitler in jedem Fall einen Zeitgewinn verschaffte.[59]

Wie Röhm auf derartige Anträge reagierte, ist ebenfalls noch nicht bekannt; feste Zusagen scheint er jedenfalls nicht gegeben zu haben.[60] Tatsächlich galt seine kindliche Liebe in erster Linie den Wittelsbachern, und damit wird zugleich ein zweites Handicap der monarchistischen Pläne berührt: Mit der Restauration der Hohenzollern mußte zugleich die der anderen deutschen Fürsten mindestens zur Debatte gestellt werden, obwohl sie im nationalen Interesse in jedem Falle unerwünscht war. Auch Hitler war dafür natürlich nicht zu haben; das hatte er ebenfalls am 30. Januar 1934 in unmißverständlicher Weise ausgesprochen,[61] und ebenso scheint der Kreis um Papen vernünftigerweise darauf verzichtet zu haben. Aber die Frage war, ob das Problem nicht von den beteiligten Dynastien selber aufgeworfen werden würde. Ernsthaftere Aspirationen mögen freilich nur in Bayern bestanden haben, aber gerade sie konnten wegen der respektablen Persönlichkeit des Exkronprinzen Rupprecht, seiner Beliebtheit in weiten Kreisen der bayerischen Bevölkerung und deren gleichzeitiger Preußenfeindlichkeit (die natürlich auch die Hohenzollern einbezog) zu einem schwierigen Problem werden; das hatte sich schon bei dem kurzsichtigen wittelsbachischen Alleingang im Februar 1933 gezeigt.[62]

Mit dem Vorstoß bei Hitler begnügte sich die Gruppe um Papen jedoch nicht, sie bemühte sich auch um Sicherungen. Um Hitler die Möglichkeit des Ausweichens zu nehmen, wurde Papen veranlaßt, den Reichspräsidenten um die Aufnahme eines Passus in sein Testament zu ersuchen, in dem die Wiedereinführung der Monarchie empfohlen wurde.[63] Nach anfänglichem Widerstreben willigte Hindenburg auch ein, entschloß sich aber, dieser Empfehlung die Form eines Briefes an den Reichskanzler zu geben, der von dem eigentlichen, an das deutsche Volk gerichteten Testament abgetrennt war. Unter der Voraussetzung, daß es überhaupt möglich gewesen wäre, Hitler durch papierne Vermächtnisse zu binden, war diese Aufteilung vom Standpunkt der Monarchisten aus ein schwerer taktischer Fehler, den Hitler später auch prompt ausnutzte, als er Hindenburgs Brief als »persönliches Schreiben« deklarierte und seine Veröffentlichung ablehnte.[64] Die SA-Krise des Frühjahrs 1934 bot aber der Papen-Gruppe noch einen zweiten Ansatzpunkt, um Hitler ihren Willen aufzuzwingen. Man beabsichtigte, den Gegensatz zwischen Reichswehr und SA bis zum Bruch voranzutreiben und die SA zur Meuterei zu verlocken, woraufhin der Reichspräsident dann zur Verhängung des militärischen Ausnahmezustands veranlaßt werden sollte – alles das formell unter Aussparung Hitlers, den man wegen seines Prestiges nicht direkt angreifen wollte, von dem man aber annahm, daß er auch in diesem Falle mit den stärkeren Bataillonen gehen und sich den vollzogenen Tatsachen unterwerfen würde.[65]

Voraussetzung für den Erfolg war freilich die Unterstützung des Unternehmens durch die Reichswehr, und gerade hier erlebten die Monarchisten eine bittere Enttäuschung. Denn jetzt zeigte sich, was bei scharfem Zusehen schon in den letzten Jahren der Weimarer Republik erkennbar war: daß das Offizierkorps nicht mehr geschlossen für die Monarchie eintrat. Zwar hatte sich die politische Haltung der Älteren, die ihre militärische Karriere noch in der Kaiserzeit begonnen hatten, seitdem nicht wesentlich gewandelt; für die Mehrzahl von ihnen war die Monarchie keine politische, sondern nach wie vor eine Gesinnungsfrage. Aber hinter dieser Generation war inzwischen eine neue herangewachsen, die zur Vergangenheit keine lebendige Beziehung mehr hatte. Soweit sie sich zu Monarchie und Tradition bekannte, war das mehr eine Form der Opposition gegen die demokratische Gegenwart als die Proklamierung eines Ideals für die Zukunft gewesen; teilweise hatte diese Jugend sogar schon auf das monarchistische Bekenntnis verzichtet (daß ausgerechnet in der monarchistischen Hochburg Potsdam viele junge Offiziere Anhänger Hitlers waren, ist hier bereits berichtet worden).[66] Daraus ergab sich freilich noch keine Opposition gegen die Monarchie; wäre es gelungen, das deutsche Kaisertum wiedereinzuführen, hätte die Armee das ohne Zweifel hingenommen. Aber für eine Unterstützung der konspirativen Pläne Boses und Tschirschkys von seiten der Reichswehr war deren geschlossener Einsatz durch ihre Führung erforderlich, und das war bei Blomberg und Reichenau nicht zu erreichen. Reichenau ließ sich auch jetzt wie schon ein Jahr vorher in erster Linie vom Gesichtspunkt der totalen Mobilmachung leiten, und Blomberg stimmte ihm darin um so mehr zu, als seine Gefühlsbindung an Hitler inzwischen voll entwickelt war. Unter der Perspektive der totalen Mobilmachung aber schien das Regime Hitlers nicht nur der Demokratie, sondern auch der Monarchie überlegen zu sein. Würde die restaurierte Monarchie, so mögen sich Blomberg und Reichenau gefragt haben, bei ihrer unvermeidlichen Tendenz zur Herausbildung aristokratisch-feudalistischer Gesellschaftsformen das Problem der modernen Massenmobilisierung auch nur annähernd so gut zu lösen vermögen, wie Hitler das getan zu haben schien? Die Zusammenarbeit zwischen Reichswehr und Hitler hatte sich inzwischen überraschend gut angelassen; Hitler hatte die Massen und insbesondere die bisher so widerspenstigen Arbeiter offenbar in einer ans Wunderbare grenzenden Weise gezähmt und die Aufrüstung in einem ebenso unerwarteten Tempo in Gang gebracht. Ein politischer Stellungswechsel der Reichswehrführung mußte diesen verheißungsvollen Prozeß ernsthaft stören, ohne daß die Garantie gegeben war, daß die Monarchie ein derartiges Opfer wirklich wert war.

Allerdings drohte die im Juli 1933 eingeleitete Zusammenarbeit mit der SA jetzt zu scheitern und die Entwicklung der totalen Mobilmachung ihrerseits empfindlich zu hindern. Mußte die Monarchie unter diesen Umständen nicht als der gegebene Bundesgenosse der Wehrmacht erscheinen, um ihr gegenüber der revolutionären Parteigarde einen Rückhalt zu bieten? Durfte die militärische Führung den Zusagen Hitlers wirklich Vertrauen schenken, mußte sie nicht befürchten, daß er sich im entscheidenden Augenblick doch mit Röhm versöhnte und gegen die »reaktionären« Generale stellte? Hinsichtlich dieser zweiten Frage glaubten Blomberg und Reichenau sich indessen sicher; Hitler hatte soeben, um die Wende 1933/34, die Entscheidung für die allgemeine Wehrpflicht und deren Durchführung durch die Wehrmacht gefällt; das ließ sich nicht ohne weiteres rückgängig machen und band auch ihn.[67] Damit war auch die erste Frage schon halb zuungunsten der Monarchie beantwortet. Sie wurde es ganz durch einen zusätzlichen Gesichtspunkt: Mit Hitler im Bunde, so hoffte man im Reichswehrministerium, werde sich die SA-Frage ohne offene Auseinandersetzung, mindestens aber ohne offenen Eingriff der Wehrmacht lösen lassen. Bei einem gemeinsamen Vorgehen von Monarchisten und Militärs dagegen mußte sich die Wehrmacht selbst dann erheblich exponieren, wenn es nicht zu einem offenen Bürgerkrieg kam; die Pläne der Papen-Gruppe hatten ja selbst die Verhängung des militärischen Ausnahmezustandes vorgesehen, und bei den schwer zu berechnenden Folgen, die eine den Nationalsozialisten aufgezwungene Restauration haben konnte, mußte mit der Möglichkeit gerechnet werden, daß eine Militärdiktatur vorübergehend notwendig wurde. Dem aber war man im gesamten Offizierskorps seit den mißlungenen Experimenten Ludendorffs 1916–1918, des Kapp-Putsches 1920 und Seeckts Ausnahmezustand von 1923 zutiefst abgeneigt – am meisten dann, wenn sich ein derartiger Einsatz gegen die »nationale Bewegung« hätte richten sollen. Und dazu gehörte die SA in den Augen der Offiziere auch jetzt noch, trotz allem Ärger, den sie verursachte. Selbst ein keineswegs nationalsozialistischer, nüchtern und ruhig urteilender Fachmilitär wie General Liebmann erklärte seinen Offizieren im Januar: »Ich halte die SA für eine absolute Notwendigkeit des Staates, die guten Elemente, die mit uns zusammenarbeiten wollen, müssen unterstützt werden«,[68] und Fritsch hat nach glaubwürdigen Nachrichten ganz ähnlich gedacht.[69] Daher ertrug man auch den augenblicklichen »Schwebezustand« zunächst geduldig, weil, wie Blomberg den Befehlshabern am 2. Februar erklärte, »offener Kampf noch ungünstiger wäre«.[70] Und hier lagen auch die Vorteile, die Hitler den Militärs zu bieten hatte: Kam es wirklich zum endgültigen Bruch mit der SA, so war zu hoffen, daß es Hitler gelingen würde, mit der SA allein fertig zu werden, ohne offene Hilfe durch die Wehrmacht.

Dazu kam noch eine zweite Überlegung. Eine derartige Lösung der SA-Krise würde, so mochte es scheinen, der Reichswehr die schlechthin dominierende Stellung im neuen Staat eintragen. Nicht nur erschien sie dabei ähnlich wie in der Republik als überparteilicher *supremus arbiter* der Auseinandersetzung zwischen Hitler und Röhm; indem sich Hitler mit der SA selbst seiner einzigen militanten Truppe entledigte, lieferte er sich, so glaubte man, zugleich auf Gedeih und Verderb in die Hände der Wehrmacht und mußte ihr hinfort jene hervorragende Beteiligung an der Macht im Staate zugestehen, die sie unter dem Kaiserreich unangefochten besessen, die Groener 1918 gegenüber der Republik gefordert,[71] Seeckt mehr oder weniger glücklich durchgesetzt und die militärische Führung sich auch jetzt zum Ziel gesetzt hatte. »Es ist Aufgabe des Heeres, klar und bestimmt zum Ausdruck zu bringen, daß wir die leitende und ausschlaggebende Macht im Reich sind und bleiben ... Der Soldat und vornehmlich der Offizier kann der Lehrer und Erzieher des Volkes sein.« Dies schrieb nicht etwa der ehrgeizige politische General v. Reichenau, sondern der konservative Berufssoldat Liebmann; es war auch nicht die Meinung eines etwas schrulligen Einzelgängers, diese Ansicht war vielmehr Gemeingut der Armee.[72] Charakteristisch war dabei die Verknüpfung mit der so bedenklichen Idee der militärischen Volkserziehung. Das Militär ist technisch ein Instrument für Gewaltanwendung und Zerstörung; setzt man seine Führer zu Erziehern des Volkes ein, so muß das mindestens seiner Tendenz nach unweigerlich zur Erziehung von Gewaltmenschen und Zerstörern führen, ganz gleich, unter welchen euphemistischen oder idealistischen Titeln und Devisen sich eine derartige Pädagogik immer präsentieren mag.[73] Es ist für die Situation des Offizierskorps unter dem Nationalsozialismus bezeichnend, daß ihm diese Problematik selbst jetzt noch nicht bewußt wurde, obwohl sie doch durch die gleichzeitige Pervertierung der militärischen Erziehungsidee in den Konzentrationslagern nur allzu deutlich geworden war.

Dabei stellte die Option der Reichswehrführung zugunsten Hitlers gegen die Monarchie zugleich die Erfüllung des traditionellen Herrschafts- und Erziehungsanspruchs in Frage. Das unerschütterliche Festhalten an Monarchie und Tradition hatte der Reichswehr in der Weimarer Republik jenen festen Stand gegeben, der ihr die jahrelange Distanzierung vom Staat ermöglicht hatte. Wenn sie diese Basis jetzt aufgab, welche Stütze hatte sie dann noch, um sich gegen Hitler zu behaupten, falls dieser sich nicht majorisieren lassen wollte? Gewiß, vom Standpunkt jenes Pseudo-Machiavellismus aus, der nur die Soldaten und Waffen zählt, mußte die Reichswehr nach der Ausschaltung der SA alle Macht und Hitler keine haben. Aber Hitler hatte noch andere Kampfmittel, und ob die Wehrmacht diesen zu widerstehen vermochte, durfte um so fraglicher sein, als die militärische Führung sich schon jetzt als nicht sehr standfest erwiesen hatte. Zwar führte sie ihren Kampf gegen die SA im Namen der Tradition gegen die »Revolution«, aber ihr Verzicht auf die Monarchie hatte die Problematik dieser Tradition deutlich gemacht, und ihr Bündnis mit Hitler ließ den Begriff der Revolution, gegen die sie sich wandte, verschwimmen. Denn Hitler verdankte seine Stellung selbst der Revolution, mochte Reichenau ihn auch euphemistisch als »legalen Diktator« klassifizieren.[74] Infolgedessen artete der Versuch, die revolutionäre Bewegung für die militärischen Zwecke einzuspannen, schon jetzt mehr und mehr in ein Wettrennen um die Führung der Revolution aus, wobei die Wehrmacht die traditionalistischen Positionen erst zögernd, dann immer schneller eine nach der anderen räumen mußte, ohne sich doch jemals an die Spitze der dahinstürmenden revolutionären Kräfte setzen zu können.

Mit der Devise der »Entpolitisierung« der Wehrmacht hatte der neue Kurs begonnen, aber schon Ende Februar 1933 wurde, wie erwähnt, die Weiche mehr auf Politisierung gestellt denn je zuvor, und am 1. Juni – also nach dem Anlaufen des Aufrüstungsprogramms – erklärte Blomberg vor den Befehlshabern, der Wehrmacht bleibe jetzt nur eines: »der [nationalen] Bewegung mit voller Hingabe zu dienen«[75] – eine Richtlinie, die spätestens im August 1933 auch öffentlich bekanntgemacht wurde, als Blomberg befahl, die Wehrmacht solle im Unterschied zu früher, als sie sich von den *Parteien* distanzieren mußte, »jetzt überall zeigen, daß sie mit der nationalen *Bewegung* mitgeht«.[76] Das bedeutete also das entschlossene Einschwenken in den revolutionären Kurs, bis in den Sprachgebrauch hinein, der jetzt die nationalsozialistische Unterscheidung von »Partei« und »Bewegung« übernahm. Sehr bezeichnend ist in diesem Zusammenhang die Entwicklung der militärischen Symbolik: Flagge, Grußart, Hymnen. Ursprünglich hatte die Reichswehr die Hakenkreuzflagge, die in dem Flaggen-Erlaß vom 12. März 1933 zusammen mit der schwarzweißroten Flagge zur vorläufigen Reichsfarbe erhoben worden war,[77] nicht übernommen; nur die schwarzrotgoldene Gösch war aus der ohnehin schon schwarzweißroten Kriegsflagge entfernt worden.[78] Diese Differenz zwischen dem zivilen Zweiflaggensystem und der einen Reichskriegsflagge schien eine deutliche Distanzierung von dem parteigebundenen Hakenkreuzbanner, und in diesem Sinne wurde die Verordnung auch interpretiert. »Unsere Fahne ist schwarz-weiß-rot u[nd] nicht die Hakenkreuzflagge. Unser Gruß ist militärisch u[nd] nicht der Hitler-Gruß«, erklärte der Kommandeur der 5. Division seinen

Offizieren und fügte hinzu, auch das Horst-Wessel-Lied werde von der Wehrmacht abgelehnt.[79]

Aber diese Distanzierung stand auf sehr schwankendem Boden. Zwar erfüllte die Neuregelung der Flaggenfarben einen alten Wunsch der Offiziere, und Blomberg hatte Hitler auch öffentlich dafür gedankt,[80] aber sie war ein Verfassungsbruch und entbehrte damit jeder Rechtsgrundlage, wenn man diese nicht in der Revolution suchen wollte; das revolutionäre Symbol aber war das Hakenkreuz. Infolgedessen setzte sich das Hakenkreuz und die übrige nationalsozialistische Symbolik Schritt für Schritt und in der gleichen unkontrollierbar-unauffälligen Weise durch. Spätestens im Juli 1933 wurde das Spielen der »vaterländischen Weihelieder«, also des Deutschland- *und* des Horst-Wessel-Liedes, für die Musikkorps des Reichsheeres zugelassen.[81] Im August folgte die Einführung des Hitler-Grußes für das Zivilpersonal der Wehrmacht, im September die Erlaubnis zum Tragen der Parteiuniform während des Dienstes für den gleichen Personenkreis,[82] und im Oktober wurden neue Bestimmungen über den militärischen Gruß erlassen, in denen u. a. das Grüßen der Fahnen der nationalen Verbände und in bestimmten Fällen auch die Anwendung des Hitler-Grußes durch Soldaten befohlen wurde.[83] Das war um die Zeit, als Hitler der Wehrmacht sein erstes öffentliches Treueversprechen gab. Im Februar 1934 schließlich befahl Blomberg die Anbringung des sogenannten »Hoheitszeichens« der NSDAP an die Wehrmachtsuniform und damit die Übernahme des revolutionären Hakenkreuzes als offizielles Wehrmachtssymbol, und Fritsch gab dafür die bezeichnende Begründung, dem »Kanzler« solle damit die »nötige Stoßkraft der SA gegenüber gegeben werden«![84]

Für das Offizierskorps der Reichswehr, das sich 1918/19 leidenschaftlich und mit Erfolg gegen das Ablegen der Schulterstücke gewehrt und dem republikanischen Schwarz-Rot-Gold nur einen winzigen Raum in seiner Symbolik eingeräumt hatte, waren diese Änderungen keineswegs bloß Äußerlichkeiten;[85] ihre Hinnahme bedeutete die Aufgabe einer lange hart umkämpften Position des traditionalistischen Systems. Aber dabei blieb es nicht. Auch die Überparteilichkeit in der Auswahl des Offizier- und Mannschaftsersatzes, die bisher offiziell streng aufrechterhalten worden war, wurde jetzt aufgegeben. Waren bis 1933 bei den Mannschaften nur verfassungsfeindliche Elemente ausgeschlossen worden – wobei die Vorschriften gelegentlich schwankten,[86] so wurde der betreffende

Passus im August 1933 dahingehend geändert, daß nicht zugelassen werden sollte, wer »nicht die Gewähr dafür bietet, daß er jederzeit rückhaltlos für den nationalen Staat eintreten wird«. Außerdem wurden Juden ausgeschlossen. Bei der Werbung sollten sich die Werbebehörden im Bedarfsfalle nicht, wie bisher, an »nichtpolitische Vereine« usw. wenden, sondern »die nationalen Verbände und Organisationen« bzw. den FAD bevorzugen, und während bisher für Werbeaufrufe in Zeitungen die »gleichmäßige Berücksichtigung von Blättern aller Richtungen«, mit Ausnahme der verfassungsfeindlichen, befohlen war, sollten jetzt in erster Linie die Zeitungen, »die hinter der nationalen Regierung stehen«, berücksichtigt werden.[87] Der Begriff »nationaler Staat« sollte hier wohl so etwas wie die letzte Rückzugsstellung der alten Überparteilichkeit sein; aber was hieß das konkret in einem Staat, der bereits ganz in den Händen der Nationalsozialisten war? Im übrigen waren diese Bestimmungen lediglich eine Legalisierung der bereits bestehenden Praxis, denn tatsächlich war der Ersatz nie strikt nach Überparteilichkeits-, sondern nach »nationalen« Gesichtspunkten ausgewählt worden.[88] Das erleichterte der Reichswehr die Hinnahme des damit verbundenen Verfassungsbruchs, fixierte aber zugleich eine Lage, aus der sich die militärische Führung doch seit jeher hatte befreien wollen, weil sie sich bewußt war, daß sie unter dem Gesichtspunkt der totalen Mobilmachung der Wehrbereitschaft des *ganzen* Volkes bedurfte.[89] So brachte man das Opfer der Legalität für die Fiktion einer »nationalen Einigung«, die in Wirklichkeit weiten Teilen der Bevölkerung aufgezwungen wurde.

Ins Herz der Tradition traf aber die Behandlung der Offizierspersonalien. Im Februar 1934 – also wiederum in der Zeit der sich zuspitzenden Auseinandersetzung mit Röhm – erwog Blomberg die Aufhebung des von Seeckt eingeführten Abiturzwangs, und für die Reaktivierung ehemaliger Offiziere wurde zur gleichen Zeit das »Verständnis für den neuen Staat« zur »entscheidenden« Voraussetzung erhoben; die »Herkunft aus der alten Offizierskaste«, so erklärte Blomberg, genüge als Maßstab keineswegs.[90] Damit wurde der Eckpfeiler der preußisch-deutschen Offizierstradition, die soziale Geschlossenheit, im Prinzip aufgegeben, noch bevor das in der Praxis durch die sprunghafte Vermehrung des Offizierskorps geschah. Blombergs Seitenhieb auf die »Offizierskaste« wurde dabei selbst von Mitgliedern des Korps als nicht ganz unberechtigt empfunden,[91] aber er traf unzweifelhaft die Tradition, und das

»Recht«, das an ihre Stelle treten sollte, war das des Nationalsozialismus. Weit über alle militärische und Traditionsproblematik hinaus führte aber die Behandlung der Judenfrage. Im Jahre 1932 hatte der Reichsbund jüdischer Frontsoldaten ein Gedenkbuch für die jüdischen Gefallenen des ersten Weltkrieges veröffentlicht. Am 17. November 1932 wurde es in feierlicher Form dem Reichswehrministerium übergeben. In Vertretung Schleichers dankte Oberstleutnant Ott mit den Worten: »Meine Herren, ich habe die Ehre, Ihnen im Auftrag des Herrn Reichswehrministers zum Ausdruck zu bringen, daß wir dieses Gedenkbuch unserer jüdischen Kameraden, die im Weltkrieg gefallen sind, in hohen Ehren halten werden zum Gedächtnis dieser treuen und echten Söhne unseres deutschen Volkes.«[92] Ein halbes Jahr später waren diese Worte im Reichswehrministerium nur noch Schall und Rauch. In einer Befehlshaberbesprechung am 1. Juni 1933 wies Blomberg darauf hin, der »Arier-Paragraph« des Berufsbeamtengesetzes gelte zwar nicht für Soldaten, aber die Wehrmacht könne nicht »daran vorbeigehen«. Deshalb werde er wenigstens den Neuzugang von »Nichtariern« durch Änderung der Bestimmungen über Heiraten und Neueinstellungen unterbinden.[93] Im Februar 1934 aber erschien ihm auch diese Regelung, die er, wie er selbst sagte, »aus eigenem Antrieb verfügt« habe, nicht ausreichend, und so kündigte er jetzt auch die Entlassung bereits eingestellter jüdischer Offiziere an. Zwar sollten Kriegsteilnehmer im allgemeinen davon »nicht betroffen« werden, »sondern nur Junge, u[nd] dies werden nicht viele sein« (der bekannte fatale Trost); aber in Kommandeurstellen (also vom Bataillons-Kommandeur an aufwärts) könnten auch Kriegsteilnehmer nicht mehr von der Anwendung des Gesetzes ausgenommen werden.[94] Indem sie so die Entlassung ihrer »nichtarischen« Kameraden hinnehmen mußten, wurden die Offiziere noch vor der Ermordung Schleichers und Bredows daran gewöhnt, völlig schuldlose Menschen aus ihren eigenen Reihen der »Sache« zu opfern.

Aber man öffnete dem neuen Geist auch direkt die Tore der Armee. Im Juli 1933 übernahm das Reichswehrministerium einen Erlaß Fricks auch für den Bereich der Wehrmacht, in dem Aushänge der NSDAP und ihrer parteiamtlichen Unterorganisationen (also auch der SA) ebenso wie Werbeaushänge der parteiamtlichen Zeitungen und Zeitschriften in den Diensträumen zugelassen wurden.[95] Und im Frühjahr 1934 erließ Blomberg eine Anordnung, in der er »Richtlinien für den Unterricht über politische Tagesfragen«

ankündigte und schon jetzt die erhöhte Beachtung dieses Unterrichts befahl. »Im zweiten Jahr der nationalsozialistischen Staatsführung«, so führte er zur Begründung aus, »muß die Nation mit den Leitgedanken des nationalsozialistischen Staates durchdrungen werden. Die Wehrmacht als Hüter des nationalsozialistischen Deutschland und seines Lebensraumes bedarf daher einer entsprechenden Schulung.«[96] Hatte man noch im Herbst mit den Begriffen von »nationalem Staat« und »nationaler Bewegung« einen schwachen Versuch zur Distanzierung gemacht, so verzichtete man jetzt unter dem Druck der SA-Krise auch darauf und bequemte sich zu der bisher so verfemten parteipolitischen Schulung. Dem folgten am 20. April ein hymnischer Geburtstagsartikel für Hitler im *Militärwochenblatt*[97] und am 25. Mai eine von Hindenburg gezeichnete Neufassung der »Berufspflichten des deutschen Soldaten«,[98] in deren erstem Artikel die Wehrmacht als der »Waffenträger des deutschen Volkes« bezeichnet und ihr, anklingend an Blombergs eben zitierte Worte, die Aufgabe gestellt wurde, »das deutsche Reich und Vaterland, das im Nationalsozialismus geeinte Volk und seinen Lebensraum« zu schützen. Wenn dabei auch die »ruhmreiche Vergangenheit« als eine der »Wurzeln ihrer Kraft« bezeichnet wurde, so erhielt das eine bemerkenswerte Akzentuierung, als Fritsch den Befehlshabern empfahl, als »Ausgangspunkt für [das] derzeitige Heer« sollte das »Kriegserlebnis und Kriegsheer« (von 1914 bis 1918) »in den Vordergrund« gestellt werden; die Vorkriegszeit sage der Jugend nichts mehr.[99]

Man wird die Wirkung dieser Maßnahmen nicht falsch einschätzen dürfen; insbesondere wäre die Vorstellung verfehlt, Blombergs Anordnungen hätten die Soldaten der Reichswehr insgesamt im nationalsozialistischen Sinne gleichzuschalten vermocht.[100] Sie bedeuteten zweifellos eine kleine Revolution für sich, und derartiges setzt sich in der Alltagspraxis erfahrungsgemäß immer nur sehr allmählich durch. Bei der Wehrmacht verlief dieser Prozeß so stockend, daß er in der Folge noch mehrmals von oben her nachdrücklich vorangetrieben werden mußte, und doch konnten bis zum 20. Juli 1944 nicht alle Reste »reaktionärer« Haltung ausgetilgt werden. Die historische Bedeutung dieser Maßnahmen liegt daher weniger darin, daß sie die Wehrmacht faktisch gleichgeschaltet hätten, als daß sie ihre innere Schwäche und Haltlosigkeit offenbarten. Das gilt vor allem unter dem Gesichtspunkt der bevorstehenden Heeresvermehrung. Mit einem Nachwuchs aus Menschen seines

Geistes durfte das Offizierskorps dabei nur sehr bedingt rechnen; die Masse der jungen Kräfte bestand aus solchen Elementen, für die jene Anpassungs-Verordnungen Blombergs nur noch Selbstverständlichkeiten aussprachen und die daher mindestens erst in hartem Kampfe für die »Tradition« gewonnen werden mußten, sofern das überhaupt möglich war.

Die Absage Blombergs und Reichenaus war für die Monarchisten ein harter Schlag, aber er wurde noch übertroffen, als auch Fritsch sich ihnen entzog.[101] Mehrere Vorstöße, die Tschirschky und Papen bei ihm im Laufe des Frühjahrs 1934 unternahmen, begegneten immer nur dem Argument, es handele sich bei ihren Plänen um eine »rein innenpolitische Angelegenheit«, die das Heer nicht unmittelbar betreffe – eine Haltung, in der Fritsch auch von seiner Umgebung unter Hinweis auf die Erfahrungen beim SA-Verbot 1932 bestärkt worden ist.[102] Wenn man Fritsch gerecht werden will, muß man freilich berücksichtigen, daß eine selbständige Aktion seinerseits über den Kopf des Reichswehrministers und Oberbefehlshabers Blomberg hinweg sehr schwierig und riskant gewesen wäre; es war durchaus möglich, daß sich dann die Situation des Kapp-Putsches mit einer Spaltung der Armee wiederholt hätte. Was man aber bei Fritsch vermißt, ist das Bewußtsein, daß auch die Loyalität hier sinnlos und damit die Situation überhaupt ausweglos war. Als Papen ihn nach der Marburger Rede um Unterstützung anging, antwortete er: »Ja ja, lieber Papen, Ihre Marburger Rede war ja sehr schön, nur schade, daß Sie sie gehalten haben und nicht Goebbels!«[103] Die Monarchisten haben sich dann an einzelne Generale gewendet und bei ihnen angeblich mehr Verständnis gefunden; so sollen insbesondere Witzleben, Bock und Rundstedt zum Eingreifen bereit gewesen sein.[104] Selbst für den Fall, daß diese etwas unwahrscheinliche Angabe nicht auf einem Mißverständnis beruht, war damit wenig für die monarchistische Sache gewonnen; wenn schon eine selbständige Aktion Fritschs, der wenigstens noch das ganze Heer und damit den weitaus überwiegenden Teil der Reichswehr befehligte, bedenklich war, so mußte sie von seiten einzelner Generale als aussichtslos gelten.[105]

Insgesamt stand die Sache der monarchistischen Restauration nach dem Versagen der Reichswehr nicht günstig. Noch wesentlich ungünstiger waren aber die Aussichten für alle diejenigen, die, durch den nationalsozialistischen Ansturm 1933 aus dem Sattel geworfen, sich in der allgemeinen Unsicherheit und Spannung des Winters und Frühjahrs 1934 wieder aufrichteten und in der Erwartung baldiger neuer Umwälzungen erneut Anschluß an das politische Geschehen zu finden suchten. Tatsächlich war die Zeit erfüllt von einer beträchtlichen Betriebsamkeit und Aktivität der verschiedensten Zirkel und Personen des alten Regimes, vor allem von dessen rechtem Flügel. Freilich gewann diese Bewegung ihre Bedeutung weniger aus den positiven politischen Aussichten, die sie eröffnet hätte, als aus der zusätzlichen Spannung, die sie erzeugte. Es ist daher auch nicht erforderlich, in diese bisher noch weitgehend unerforschten Verhältnisse hier tiefer einzudringen; es mag genügen, auf zwei Beispiele hinzuweisen, die später eine gewisse Rolle spielen sollten.[106] Das ist die Haltung Gregor Strassers. Über sie ist man noch immer im wesentlichen auf Vermutungen angewiesen, aber daß Hitlers nachträgliche Behauptung, Strasser habe bei dem »Komplott« Röhm-Schleicher eine Rolle gespielt, aus der Luft gegriffen war, scheint sich immer mehr zu bestätigen. Ganz im Gegenteil, es wird berichtet, daß er sich um eine Aussöhnung mit Hitler bemüht hat, womit ihm nahestehende Kreise die Hoffnung verbanden, nach Ausschaltung der radikalen SA und der Reaktionäre um Hugenberg doch noch zu in ihrem Sinne einigermaßen vernünftigen Lösungen zu kommen.[107] Spricht das schon gegen eine Verbindung mit Röhm, so deutet eine Anweisung des Propagandaministeriums vom 5. August 1933, die die Aussöhnung mit Hitler als bereits vollzogen erwähnt, überhaupt auf einen Rückzug Strassers aus der Politik hin. Strasser habe, so heißt es da, die Presseabteilung der Reichskanzlei in einem Schreiben gebeten zu veranlassen, daß die Presse keine Spekulationen mehr über seine frühere Haltung innerhalb der NSDAP bringen möge.[108] Allerdings wird behauptet, daß bereits die bevorstehende Aussöhnung Hitlers und Strassers in Parteikreisen Unruhe hervorgerufen und Goebbels und Göring zum Mord an dem potentiellen Rivalen veranlaßt hätte.[109]

Das andere Beispiel ist die Rolle des ehemaligen Reichswehrministers und Reichskanzlers v. Schleicher. Schleicher hatte sich 1933 sehr zurückgehalten; er hatte zwar mit Brüning konferiert und auch bei Hindenburg Proteste gegen SA-Ausschreitungen vorgebracht,[110] sonst aber keinerlei politische Aktivität entfaltet; an Groener schrieb er am 17. April, er beginne einzusehen, »daß Gartenarbeit bekömmlicher, lohnender und dankbarer ist als Regieren und Politisieren«.[111] Er hätte jedoch nicht Schleicher sein müssen, wenn er nicht von der Unruhe und Gefahr der Situation im Winter und Frühjahr 1934 hätte angezogen werden sollen. Seine Kritik an den herrschenden Zuständen nahm zu; sie äußerte sich nicht nur im Freundes- und Bekanntenkreise, sondern schlug sich auch schriftlich nieder.[112] Zurückhaltung in *diesen* Dingen war nie seine Stärke gewesen. Bis kurz vor seinem Tode entfaltete er in seinem Haus in Babelsberg bei Berlin ein reges geselliges Leben, an dem auch viele aktive Offiziere der Wehrmacht teilnahmen.[113] Mitte Mai unternahm er eine Reise nach Westfalen und an den Rhein, um die Heimat seiner Familie (Bielefeld) und ehemalige Kameraden, u. a. den Major Marcks in Münster, zu besuchen.[114] Auch dort hat er kein Blatt vor den Mund genommen; vor allem soll er seinen Abscheu über Röhm geäußert und im ganzen den Glauben an einen baldigen Zusammenbruch der nationalsozialistischen Herrschaft zum Ausdruck gebracht haben. Daß er mit dieser Reise politische Absichten verband, ist jedoch nicht nachweisbar.[115]

Wohl aber hat er nachweislich mit dem französischen Botschafter François-Poncet mehrere politische Unterhaltungen gehabt;[116] auch wird von zwei Seiten übereinstimmend berichtet, daß Röhm Ende Juni 1933 an Schleicher mit – ihrem Inhalt nach freilich unbekannten – Anerbieten herangetreten sei.[117] Daß diese Unternehmungen aber bereits das Stadium eines konkret ausgearbeiteten hoch- oder gar landesverräterischen Putschplans erreicht hätten, erscheint nach den vorliegenden Nachrichten unwahrscheinlich.[118] Und am wenigsten ist anzunehmen, daß Schleicher ernsthaft daran gedacht hat, sich über taktische Winkelzüge hinaus mit Röhm zu verbinden. Wenn er, wie erwähnt, einem ehemaligen Mitarbeiter gegenüber gerade um diese Zeit äußerte, man hätte die Nationalsozialisten vor 1933 mit Gewalt statt mit parlamentarischen Mitteln bekämpfen müssen,[119] so gestand er damit zugleich ein, daß er seinen damaligen Plan, die SA zu zähmen, jetzt als verfehlt betrachtete. Wohl aber hat Schleichers Aktivität Aufsehen erregt; seine Reise im Mai 1934 wurde von der Gestapo überwacht; aus dem Reichswehrministerium erhielt er mehrfach Warnungen, sich zurückzuhalten, und Ott, der als Militärattaché nach Japan versetzt worden war, lud ihn dorthin ein, um ihn den Versuchungen des politischen Spiels in der Heimat zu entziehen. Aber Schleicher lehnte mit der Begründung ab, er wollte nicht »landesflüchtig« werden.[120] So verstrickte er sich ahnungslos in das Netz, das sich am 30. Juni über ihm zusammenzog.

Eine wichtige Interessengruppe darf in dieser Zusammenstellung nicht übergangen werden: die Wirtschaft, insbesondere die Industrie. In der Emigrantenliteratur ist behauptet worden, daß Hitler bei seinem Besuch in Essen zur Teilnahme an der Trauung des Gauleiters Terboven am 28. Juni 1933 auch mit Krupp zusammengetroffen sein soll, der ihm durch ernste Vorstellungen über die revolutionären Tendenzen der SA und die daraus entstandene Beunruhigung der Wirtschaft den letzten Anstoß zur Vernichtung Röhms und seiner SA-Führerclique gegeben habe.[121] Hitler hat an diesem Tage tatsächlich die Krupp-Werke besucht, wobei auffällt, daß der Besuch für nationalsozialistische Verhältnisse ungewöhnlich still verlaufen ist.[122] Das deutet darauf hin, daß er wesentlich einem Treffen mit dem Leiter der Werke gegolten hat. Obwohl man über die etwaigen Gesprächsthemen nichts Näheres weiß, ist kaum zweifelhaft, daß Krupp Klagen und Warnungen vorgebracht haben wird, der einigermaßen chaotische Zustand der damaligen Wirtschaftspolitik und Wirtschaftsorganisation und die anhaltenden Kämpfe um die ständische Organisation sowie die Handels- und Agrarpolitik boten genügend Anlaß dafür.[123] Tatsächlich sind, wie erwähnt, gerade in dieser Zeit Blomberg und Schacht bei Hitler nachdrücklich zugunsten der Einsetzung eines Wirtschaftsdiktators vorstellig geworden – ersterer durch einen Brief vom 20. Mai, in dem scharfe Kritik an der Amtsführung des Wirtschaftsministers geübt wurde, und durch ein Memorandum des Generals Thomas vom 20. Juni, das Hitler am 23. Juni vorgelegt wurde und das einen detaillierten Vorschlag zur Organisation der projektierten diktatorischen Behörde enthielt.[124]

Obwohl Anregungen über die Person des Wirtschaftsdiktators in diesen Dokumenten nicht gemacht wurden, kann doch nicht zweifelhaft sein, daß hier an Schacht gedacht wurde. Schacht selbst tat denn auch alles, um den Wirtschaftsminister seinerseits unter Druck zu setzen und sich als Nachfolger zu empfehlen;[125] es wird sogar behauptet, er habe mit dem Gedanken gespielt, sich um die Nachfolge Hindenburgs als Reichspräsidenten zu bewerben.[126] Berücksichtigt man Schachts starken Ehrgeiz und seine selbstgefällige Überschätzung der eigenen Kräfte, und zieht man weiter in Betracht, daß die Nachfolgefrage im Frühjahr 1934 akut zu werden drohte und daß sich Schacht auf Grund seiner Erfolge bei der Beseitigung der Arbeitslosigkeit große Popularitätschancen ausrechnen konnte, sofern er die Entschlossenheit Hitlers, dieses Prestige selbst zu kassieren, außer Ansatz ließ, so erscheint diese auf den erten Blick unglaubwürdige Vermutung weniger abwegig. Aber selbst wenn diese Annahme sich als unzutreffend erweisen sollte, so bleibt doch so viel, daß Schacht beabsichtigte, den von ihm vertretenen Kreisen der Großindustrie und der Banken eine durchgreifende Kontrolle des Regimes Hitlers zu verschaffen, ähnlich wie das gleichzeitig die Wehrmachtführung erstrebte.[127] Wie diese Beispiele zeigen, richteten sich die Angriffe der Wirtschaft weniger gegen die SA als gegen die staatliche Wirtschaftsführung und gegen die anhaltenden Eingriffe nationalsozialistischer Interessengruppen kleinindustrieller und agrarischer Provenienz; die Politik der SA-Führung wird höchstens als zusätzliches Gravamen eine Rolle gespielt haben. Diese Gruppierung der Themen dürfte auch für die Unterredung Krupp-Hitler bestimmend gewesen sein. Nichtsdestoweniger gehören auch diese wirtschaftspolitischen Spannungen und Rivalitäten mit in das Bild des totalitären Dominiensystems, wie es sich im Frühjahr 1934 entwickelte. Wie auf militärischem Gebiet die SA, so fühlten sich auf wirtschaftlichem die mittelständisch-kleinindustriellen Kreise der NSDAP noch unbefriedigt; auch in diesen Kreisen ertönte der Ruf nach der »zweiten Revolution«, die den hartnäckigen und zunehmenden Widerstand von Großindustrie und Banken überwinden solle, und man muß annehmen, daß Schachts Machtübernahme in der Wirtschaftspolitik sich im August 1934 nicht so reibungslos vollzogen hätte, wenn nicht der Terrorakt vom 30. Juni auch hier die Renitenz der Parteikreise gebrochen hätte. Zwar waren sie durch den Schlag nicht direkt getroffen; aber von jetzt an mußten sie damit rechnen, getroffen zu werden, wenn sie nicht taten, was ihr Führer wollte.[128]

Schließlich ist noch ein Blick auf die Situation in der nationalsozialistischen Bewegung selbst zu werfen. Es darf als eine allgemeine historische Erfahrung gelten, daß Verbündete, sei es in Koalitionskriegen, sei es in innenpolitischen Kämpfen, nach dem Siege dazu neigen, sich über die Verteilung der Beute zu entzweien. Für die NSDAP galt diese Regel 1933/34 um so mehr, als ihre Ideologie auf Stimulierung des Kampfwillens, nicht auf Interessenintegration angelegt war.[129] Als daher der Kampf gegen die Republik siegreich beendet war, wirkte sich die nationalsozialistische »Weltanschauung«, sofern sie überhaupt eine Wirkung hatte, dahin aus, den Interessenkampf der Nationalsozialisten untereinander zu verschärfen. Das reichte bis hinunter zu den mittleren und unteren

Führern der Partei und ihrer Gliederungen und angeschlossenen Verbände; politisch wichtig war aber vor allem die Auseinandersetzung in der obersten Führung. Jeder dieser Condottieri hatte sich schon vor 1933 innerhalb des Parteiapparats eine Machtposition geschaffen, die teils mehr, teils weniger nach dem Führer-Gefolgschafts-Schema strukturiert war, je nach dem Maß an charismatischen Qualitäten, das der einzelne zu mobilisieren vermochte. Nachdem Hitler im März 1933 die Revolution ausgelöst und den Sturm auf den Staat freigegeben hatte, wiederholte sich das Spiel im staatlichen Bereich: Jeder seiner Bandenführer suchte sich derjenigen Machtposition zu bemächtigen, die er für günstig oder für die er sich als geeignet hielt, und dehnte von diesem Ansatzpunkt aus seinen Einfluß so lange aus, bis er auf unüberwindlichen Widerstand stieß. In dem chaotischen Durcheinander der ersten Revolutionsmonate waren daneben noch mancherlei abweichende Haltungen möglich, Tendenzen zur »Sachlichkeit«, Ansätze konstruktiver politischer Lösungen, verschwommene Idealismen; auch mußten selbst die rabiaten unter den Parteiführern sich in der neuen Situation erst zurechtfinden; insbesondere mußte sie lernen, die schwerfällige bürokratische Maschinerie so in »Bewegung« zu bringen, daß sie sich ihren Wünschen fügte, wobei ihnen denn sicher auch viele sachgerechte und vernünftige Entscheidungen gleichsam aus Versehen unterlaufen sind. Aber als herrschende Tendenz war schon bald zu erkennen, daß sich auf die Dauer nicht halten würde, wer sich dem Prinzip des Kampfes um innenpolitischen Lebensraum nicht unterwarf.

Die Folge war, daß der bisherige Staatsapparat teils durchsetzt, teils überlagert wurde von einer Anzahl von Satrapien nationalsozialistischer Parteiführer, die nach dem Prinzip der Hausmachtbildung aufgebaut waren: Anhäufung von Machtpositionen und Einflußzonen schlechthin, gleich welcher Art und um welchen Preis. Infolge des natürlichen Bestrebens, den gewonnenen Besitz zu arrondieren und zu vervollständigen, und gefördert durch die Übertragung öffentlich-rechtlicher Funktionen auf die Partei und ihre Gliederungen durch das Gesetz vom 1. Dezember 1933, führte diese Entwicklung tendenziell zur Bildung von Staaten im Staate – ein Vorgang, der bisher hauptsächlich aus der Geschichte der SS bekannt ist; mit Bezug auf sie spricht man schon lange vom »SS-Staat«. Aber ähnliches gilt auch von anderen Unterorganisationen der Partei. Auch Baldur v. Schirach hat vor dem Nürnberger Gericht ausgesagt, sein Bestreben sei die Bildung eines »Jugendstaates im Staat« gewesen,[130] und im Frühjahr 1934 hörte der General v. Weichs den Thüringer SA-Gruppenführer Lasch in einer Rede sagen, die nationalsozialistische Revolution werde erst dann beendet sein, wenn der »SA-Staat« gebildet sei.[131]

Ein Blick auf die tatsächlichen Verhältnisse zeigt, daß das keine unverbindlichen Redensarten waren. Goebbels, der sein Amt als Gauleiter von Berlin nominell beibehielt, strebte von dem eigens für ihn geschaffenen Propagandaministerium und der Reichskulturkammer aus nach der Kontrolle aller ideologisch bzw. weltanschaulich relevanten Lebensäußerungen, kam dadurch freilich u. a. mit Alfred Rosenberg, dem Apostel des Neuheidentums und »Beauftragten des Führers für die gesamte weltanschauliche Schulung der NSDAP«, in Konflikt, der seinerseits zugleich Leiter des Außenpolitischen Amtes der NSDAP war und sich als solcher in Konkurrenz mit Ribbentrop zum Sturm auf das noch »reaktionär« verwaltete Außenministerium anschickte.[132] Damit hatte er freilich kein Glück, wie er denn überhaupt im nationalsozialistischen Lebenskampf keine allzu gute Figur gemacht hat; an ihm bewahrheitete sich die Einsicht Hitlers, daß Ideen sich nicht durchsetzen könnten, wenn sie nicht auch von der »brachialen Gewalt« unterstützt würden. Ähnliches gilt für Frick, der nur anfangs glücklicher war, als er mit dem Reichsinnenministerium eine Machtposition in die Hand bekam, von der man hätte annehmen sollen, daß sie gerade im nationalsozialistischen Herrschaftssystem sehr ausbaufähig sein würde. In der so komplexen Situation des Jahres 1933 vermochte er auch zunächst eine größere Rolle zu spielen, aber zu deren Fortsetzung fehlte ihm wohl eine Hausmacht im Organisationsgefüge der Partei; außerdem war er doch zu sehr Beamter, um sich gegen seine rücksichtsloseren Genossen durchsetzen zu können. Auf der einen Seite wurde er der Gauleiter nicht Herr, von denen sich viele ihrerseits wie kleine Könige aufspielten; als abschreckende Beispiele seien Koch in Ostpreußen, Mutschmann in Sachsen, Sauckel in Thüringen, Streicher in Franken, Wagner in Bayern, Bürckel in der Pfalz, Terboven im Rheinland und Kaufmann in Hamburg genannt. Auf der anderen Seite sah er sich in seinem Bemühen, eine einheitliche Reichspolizei und sich selbst damit eine Exekutive zu schaffen, von Göring gestört,[133] bis dann schließlich Himmler als lachender Dritter beide ausstach.[134] Noch mehr enttäuscht wurde Hans Frank, der Anspruch auf das Justizministerium zu haben glaubte, sich aber damit nicht durchsetzen konnte. Größeres Glück hatte da Robert Ley, der als »Stabsleiter« der Parteiorganisation, später »Reichsorganisationsleiter« (unter Heß), immerhin einen guten Einfluß in der Partei und als »Führer« der DAF eine lukrative Sinekure besaß. Darré gelang es, nach der Ausbootung Hugenbergs Minister für Landwirtschaft und Ernährung zu werden, wo er freilich scharf mit Schacht zusammenstieß; dafür kommandierte er ungehindert den »Reichsnährstand«, nachdem er ein Bündnis mit Himmler geschlossen und sich diesem als Chef des »Rasse- und Siedlungshauptamtes« in der Reichsführung SS unterstellt hatte.

Der erfolgreichste von allen schien zunächst Göring zu sein; er ist zugleich auch das klassische Beispiel für die Anreicherung unzusammenhängender Machtpositionen. Als preußischer Innenminister und späterer Ministerpräsident gebot er fast über ganz Norddeutschland und konnte sich in der Gestapo eine wichtige Waffe schaffen; als Luftfahrtminister kontrollierte er den gesamten Bereich der Luftfahrt einschließlich der dazugehörigen Industrie, und zugleich war ihm als Oberbefehlshaber der Luftwaffe ein wichtiger Einbruch in die Zitadelle der Wehrmachtsführung gelungen, wenn auch die damit verbundene effektive Macht angesichts des noch embryonalen Entwicklungsstandes der Luftwaffe einstweilen gering war. Freilich geriet er dadurch auch auf allen Seiten in Konflikte: mit Goebbels über die Kontrolle der preußischen Kultureinrichtungen, insbesondere der Theater,[135] mit Frick über die Landespolizei, mit Himmler über die politische Polizei, mit Röhm über die Durchbrechung der Staatsverwaltung durch die Terrorherrschaft der SA usw. Wie Frick ohne Machtbasis in der Parteiorganisation, hat er sich mit Hilfe des parteifremden Diels und des Gestapo-Apparats eine Weile gegen SS und SA zugleich verteidigen können; Himmler wurde die Inbesitznahme der preußischen politischen Polizei verwehrt, den Polizeiangehörigen, also auch den SA-Polizeipräsidenten, wurde im Mai 1933 die Zugehörigkeit zu »nationalen Verbänden« verboten,[136] und auch den Deutschen Luftsoprt-Verband (DLV), eine der Vorstufen der Luftwaffe, hat er, ebenso wie den Reichsluftschutzbund, Röhms Zugriff zu entziehen vermocht.

Aber dann gelang es Röhm, den preußischen Behördenapparat mit seinen SA-Sonderbeauftragten zu durchsetzen,[137] und auch Himmlers Druck wurde nach Eroberung der politischen Polizei in allen anderen Ländern schließlich übermächtig. Nun versuchte Göring, den scheinbar gefährlicheren Röhm durch ein Bündnis mit Himmler abzuwehren und lieferte der SS im April 1934 die Gestapo aus; auch scheint er gehofft zu haben, sich durch die Wendung gegen Röhm die Dankbarkeit Hitlers zu erwerben und so Fricks Offensive gegen die Sonderstaatlichkeit der Länder, die mit dem Neuaufbau-Gesetz vom 30. Januar 1934 durchzudringen begann, von Preußen fernzuhalten.[138] Aber der Sieg über Röhm, den er auf diese Weise erfocht – und im Stile eines barbarischen Triumphators in Berlin auskostete –, war ein Pyrrhus-Sieg. Himmler ließ sich nicht zähmen, und die Kalkulation auf Hitlers Dankbarkeit war wie immer verfehlt. Sie war in diesem Fall allerdings auch besonders naiv, denn Görings Versuch, den preußischen Staatsapparat zu seiner Hausmacht auszubauen, richtete sich direkt gegen Hitlers unitarisch-zentralistische Grundeinstellung, die überdies durch die Erfahrungen aus den Konflikten Reich–Preußen in der Weimarer Republik noch bestärkt worden sein wird. Die Tatsache, daß Göring, der doch all diese Dinge jahrelang in nächster Nähe Hitlers miterlebte, dessen Einstellung so fundamental falsch eingeschätzt haben soll, ist einigermaßen befremdend und legt die Frage nahe, ob dies wirklich nur Naivität war, oder ob seine Pläne nicht überhaupt weiter zielten. Wie dem auch sei, jedenfalls sah er sich Mitte 1934 der einen Hälfte seines rasch zusammengerafften Revolutionsgewinns beraubt. Infolgedessen wandte er seine geräuschvolle, aber unfruchtbare Betriebsamkeit nun der anderen zu und schuf aus der Luftwaffe jenes aufgeblasene Paradestück nationalsozialistischer Aufrüstung, das in der ersten ernsthaften Probe beim Kampf um England 1940 prompt versagte und seine tapferen Soldaten in der Folge zu selbstmörderischem Kampfeinsatz verdammte. Damit nicht zufrieden, riß er ab 1936 auf dem Wege über den Vierjahresplan die Kontrolle über die deutsche Wirtschaft an sich und brachte hier ein ähnlich ruinöses Resultat zustande.

Fast das genaue Gegenstück dazu war *Himmler*. Im Unterschied zu vielen anderen hat er im Jahre 1933 wenig von sich reden gemacht. Die vorstehende Übersichtsskizze aber deutet bereits an, daß er sich nichtsdestoweniger schon sehr fühlbar machte. Bereits in dieser Zeit begann die SS nicht nur, wie erwähnt, neben ihrem Eindringen in die Polizei auch die Anfänge der späteren SS-Verfügungstruppe bzw. Waffen-SS aufzubauen, sondern legte auch den Grundstein sowohl zu dem späteren SS-Wirtschafts- und Verwaltungshauptamt als auch zu der Systematisierung und Bürokratisierung der Konzentrationslager. Am 1. Februar 1934 erhielt das SS-Verwaltungsamt im SS-Hauptamt der Reichsführung SS in dem von der Marine zur SS übergetretenen Oswald Pohl einen neuen Chef, der sofort eine Neuorganisation der SS-Verwaltung vornahm[139] – erste Stufe eines Expansionsprozesses, der schließlich im Wirtschaftsimperium der KZ-Industrie endete. Im Herbst desselben Jahres, nach der Ausschaltung der SA, folgte die Gründung der Inspektion der Konzentrationslager unter dem SS-Führer und Mörder Röhms, Theodor Eicke, die die einheitliche Lenkung und Kontrolle aller Konzentrationslager übernahm. Die Regeln und Methoden, die dabei angewendet wurden, hatte Eicke vorher als Kommandant des Konzentrationslagers Dachau entwickelt.[140] Im Lauf des Frühjahrs 1934 begann auch der Aufbau des von Heydrich geleiteten SS-Sicherheitsdienstes (SD); die Organisation war jedoch bis zum 30. Juni 1934 noch nicht weit genug entwickelt, so daß die Gestapo noch die Hauptlast der Aktionen trug. Gleichzeitig bahnte sich über das SS-Rasse- und Siedlungshauptamt die Expansion der SS in den agrarischen Bereich und in das Gesundheitswesen an.[141] Und schließlich schuf Himmler sich, ähnlich wie Röhm, auch in der Industrie seine Stützpunkte. Schon Mitte 1933 sind die ersten Kontakte greifbar,[142] und im Spätsommer 1934 drang die SS in den sogenannten »Freundeskreis« von Hitlers Wirtschaftsberater Keppler ein, einen losen, gesellschaftlich verbrämten Zusammenschluß kapitalkräftiger Unternehmer, den Keppler zur Unterstützung der NSDAP zusammengebracht hatte, der aber nun mehr und mehr in Himmlers Hände überging.[143]

All das vollzog sich im Rahmen des Aufbaus der »Reichsführung SS« zu einer umfassenden Führungsorganisation der gesamten SS, die, obwohl formell noch Röhm als Stabschef der SA unterstellt, sich faktisch bereits weitgehend seiner Kontrolle entzog. Röhm, dessen Interesse im Augenblick ganz auf die Auseinandersetzung mit der Reichswehr gerichtet war, scheint der Emanzipation Himmlers zunächst keinen Widerstand entgegengesetzt zu haben; jedenfalls sind Spannungen zwischen beiden für diese Zeit nicht nachweisbar, während der Kampf zwischen Himmler und Göring um die preußische Gestapo deutlich erkennbar war. Am 28. November 1933, Röhms Geburtstag, überbrachte Himmler die Glückwünsche der SS mit den Worten: »Ich wünsche dir als Soldat und Freund alles, was man in treuer Gefolgschaft versprechen kann. Es war und ist unser größter Stolz, immer zu deinen Treuesten zu gehören.«[144] Wenige Wochen vorher, bei den Feierlichkeiten zum 9. November, hatte die SS aber auch jemand anderem Treue versprochen: »Wir schwören dir, Adolf Hitler, Treue und Tapferkeit. Wir geloben dir und den von dir bestimmten Vorgesetzten Gehorsam bis in den Tod. So wahr uns Gott helfe«, so lautete der Eid, den sie damals ablegte.[145] Was würde sie tun, wenn hier ein Konflikt der Loyalitäten entstand? Himmler, der zu warten verstand, hatte zu dieser Zeit gewiß kein dringendes Interesse an einer Vernichtung Röhms,[146] aber es war kein Zweifel, daß er im Falle eines Konflikts zwischen diesem und Hitler seine Treue zu Röhm vergessen – und dafür auch die entsprechenden Gründe finden würde. Im Jahre 1921, als er sich einmal im studentischen AStA betätigt hatte, schrieb er in sein Tagebuch: »Tatsächlich habe ich es ursprünglich nicht aus idealistischen Gründen getan. Jetzt, da ich es getan habe, werde ich es idealistisch tun.«[147] Im Jahre 1933 galt sein »Idealismus« Hitler, denn der war der oberste Vorgesetzte und im übrigen auch im Vergleich zu Röhm der Stärkere. Im Januar 1934 erschien eine SA-Sondernummer der *Nationalsozialistischen Monatshefte,* in der auch Himmler zu Worte kam. In wenigen, nur knapp eine halbe Seite umfassenden Sätzen verkündete er da als Aufgabe der SS, »sämtliche offenen und geheimen Feinde des Führers, der nationalsozialistischen Bewegung und unserer völkischen Auferstehung zu finden, zu bekämpfen und zu vernichten. Bei diesem Werk sind wir willens, weder eigenes noch fremdes Blut zu schonen, wenn es das Vaterland fordert.« Von Röhm und der SA war darin nur in dem Sinne die Rede, daß die »Gesamt-SA«, zu der auch die SS gehöre, »unter unserem Stabschef die verlässigste und treueste Stütze der Macht des Führers« sei.[148] Andernfalls, so darf man ergänzen, wird die SS auch das Blut der SA nicht schonen.

Ähnlich wie Himmler war auch *Rudolf Heß* unerschütterlich in seiner Treue zum »Führer«, aber dem Dschungelkampf scheint er nicht in gleicher Weise gewachsen gewesen zu sein. Heß hatte als »Stellvertreter des Führers« und Reichsminister ohne Geschäftsbereich die Leitung der Politischen Organisation der Partei (P. O.) in der Hand. Welche Möglichkeiten das eröffnen konnte, hat erst Bormann zeigen müssen; Heß hat sie bei weitem nicht so gut auszunutzen verstanden. Aber so viel verstand er doch, daß seine Stellung durch Röhms Forderung nach der Herrschaft der Soldaten über die Politiker aufs äußerste bedroht war. Er hat denn auch an der gleichen Stelle wie Himmler mit ungewöhnlicher Deutlichkeit gewarnt.[149] Zwar seien, so erklärte er, Partei und SA organisatorisch getrennt, aber für beide, wie für alle anderen Teilorganisationen der nationalsozialistischen Bewegung, gebe es nur das »Gesamtinteresse der Partei . . . Unterführer und Geführte, die das vergessen, werden zur Ordnung gerufen.« Zwar könne es »um der Erreichung des Endzieles willen« notwendig werden, »vorübergehend vom grundsätzlich vorgeschriebenen Wege abzuweichen«. Aber das dürfe nur »mit Wissen und Willen des darüberstehenden Führers« geschehen. Und dann wandte er sich direkt an die SA: »Für die SA oder sonstige Teilorganisationen der Partei besteht heute und für künftige Zeiten nicht die geringste Notwendigkeit, ein Eigendasein zu führen. Es besteht keine Notwendigkeit – mehr noch, es wäre ein Schaden für die Gesamtheit, wenn sie ihren Eigennutz vor den Gemeinnutz der Partei stellten. Und die Billigung des Führers fänden sie niemals. Ebensowenig würden je die alten Kämpfer – gleichgültig in welcher Untergliederung sie sich befinden – Verständnis hierfür aufbringen.«

Man begreift die Schärfe dieser Warnung erst ganz, wenn man sich ein Bild von dem im Entstehen begriffenen SA-Staat *Röhms* macht. Es ist hier schon eingehend geschildert worden, wie Röhm sein Revolutionsheer innerhalb kürzester Frist zu einem Koloß von 4½ Millionen Mann anschwellen ließ, wie er sich in der SA-Feldpolizei eine eigene polizeiliche Exekutive schuf und wie er in der Industrie Stützpunkte und Geldquellen zu gewinnen suchte; auch seine Bemühungen um den Aufbau einer SA-Gerichtsbarkeit wurden schon erwähnt. Bereits diese kurze Aufzählung deutet an, daß es sich bei Röhms Bestrebungen um weit mehr als bloß um den Aufbau einer neuen Armee handelte, und ein Überblick über seine anderen Aktivitäten wird klarmachen, wie ernst es ihm mit seiner Forderung nach der Herrschaft der »Soldaten« über die Politiker war. Besonders auffallend ist, daß der Wunsch nach einer SA-Gerichtsbarkeit offenbar nicht bloß praktischen Rücksichten entsprang. Denn damit verbunden zeigten sich Tendenzen zur Entwicklung eines regelrechten »SA-Rechts«. Wie im neuen Staat, so ließ sich die Pressestelle Röhms Ende November 1933 vernehmen, allenthalben neue Rechtsnormen entstanden seien, so habe auch die SA als »wesentlicher Bestandteil des nationalsozialistischen Reiches« ihrerseits besondere Rechtsnormen entwickelt.[150] Sie sollten sich aus drei Kategorien zusammensetzen: SA-Schutzrechte,

SA-Dienstrechte, SA-Mitwirkungsrechte. Zu den ersteren wurden die verschiedenen Schutzverordnungen und -gesetze gerechnet, die nach dem 30. Januar 1933 erlassen worden waren, insbesondere die Notverordnung vom 21. März (gegen heimtückische Angriffe) und das berüchtigte Gesetz zur »Gewährleistung des Rechtsfriedens« vom 13. Oktober 1933.[151] Der Anfang für ein SA-Dienstrecht wurde in dem Gesetz von 28. April 1933 (SA-Disziplinarstrafgewalt) gesehen; sonst, so wurde erklärt, bestünden bisher nur Einzelbefehle der Obersten SA-Führung;[152] eine abgeschlossene SA-Gerichts- und Disziplinarordnung sei zur Zeit noch nicht vorhanden.[153] Was schließlich unter den SA-Mitwirkungsrechten zu verstehen war, zeigte der Hinweis auf die vom preußischen Ministerpräsidenten im Einvernehmen mit der Obersten SA-Führung und der Reichsleitung der NSDAP erlassene Anordnung, wonach SA-Führer als Sonderbeauftragte bei den preußischen Behörden eingesetzt werden sollten.[154] Im ganzen, so wurde zum Schluß betont, sei das »Recht des SA-Mannes« noch nicht abgeschlossen; es befinde sich noch »in der Entwicklung«. Falls die SA-Führung wirklich glaubte, diese Entwicklung jemals zu einem Ende bringen zu können, war das eine Selbsttäuschung. Denn auf der Basis des von Röhm gleichzeitig proklamierten Grundsatzes »Recht ist, was der Bewegung nützt, Unrecht, was ihr schadet«,[155] ließ sich überhaupt kein Recht errichten, da es kein denkbares Rechtssystem gibt, das nicht gelegentlich um der Rechtssicherheit willen auch eine Schädigung der zu schützenden Menschengruppe zulassen muß.

Die erwähnte Anordnung Görings über die Einsetzung von SA-Sonderbeauftragten schlägt die Brücke vom SA-Recht zu einem weiteren Gebiet von Röhms Tätigkeit, das man die »SA-Staatsverwaltung« nennen könnte. Der SA wurde damit ein Sonderbevollmächtigter für ganz Preußen bei der preußischen Staatsregierung, SA-Sonderbevollmächtigte bei den Provinzialregierungen und SA-Sonderbeauftragte bei den übrigen preußischen Behörden zugestanden. Ihnen allen wurde zwar ein Eingreifen in die Verwaltung untersagt; auch hatten sie keine Befehlsbefugnisse gegenüber den Beamten. Statt dessen sollten sie mit dem Leiter der jeweiligen Behörde bei folgenden Aufgaben zusammenarbeiten: Aufrechterhaltung der öffentlichen Sicherheit und Ordnung, Abwehr staatsfeindlicher Umtriebe, Überwachung der Tätigkeit der Beamten auf Übereinstimmung mit den nationalsozialistischen Forderungen, Schlichtung von Konflikten zwischen Behörden und

SA-Dienststellen, Abstellung von Übergriffen und Sonderaktionen. Auf diese Weise sah sich die preußische Staatsverwaltung überzogen von einem Netz von SA-Posten, die einerseits als Verbindungsstellen, gleichsam wie Missionen auswärtiger Mächte, fungierten, denen andererseits aber doch so viel informelle Eingriffsmöglichkeiten offenstanden, daß sie wie eine Umkehrung des Kommissarssystems der russischen Armee wirkten: Wie hier die Armee durch politische, so sollte dort der Staat durch »soldatische« Kommissare kontrolliert werden. Faßt man beide Merkmale zusammen, so kommt man zu dem Vergleich mit Kontrolloffizieren einer Besatzungsmacht, ein Vergleich, der sich ähnlich schon bei der Untersuchung der terroristischen Rolle der SA aufdrängte. Das System erhielt Anfang Februar 1934 noch einen Unterbau, als Röhm befahl, daß die auf Grund des Gemeindeverfassungs-Gesetzes zu bestellenden SA-Mitglieder für die Gemeinderäte in Preußen durch den »zuständigen Sonderbevollmächtigten« (also wohl: der Provinz) auf Vorschlag des »einschlägigen Sonderbeauftragten« zu ernennen seien und eng mit diesen zusammenzuarbeiten hätten, um »die Interessen der gesamten SA bei jeder sich bietenden Gelegenheit im Gemeinderat wahrzunehmen«.[156]

Es ist hier bereits berichtet worden, wie Röhm durch die Organisation der SA-Hochschulämter auch im akademischen Bereich Fuß zu fassen suchte. Dies geschah zunächst auf dem Weg über die Wehrsportausbildung, die die SA-Hochschulämter übernehmen sollten. Aber schon die Abgrenzung der Kompetenzen dieser Ämter gegenüber den Hochschulinstituten für Leibesübungen, wie sie mit dem Erlaß Rusts vom 13. Januar 1934 vorgenommen wurde, zeigt, daß dabei über den Bereich der rein körperlich-militärischen Ausbildung hinausgegriffen wurde.[157] Danach sollten die SA-Hochschulämter auch zuständig sein für die »Vertretung und Wahrung der Interessen der wissenschaftlichen Forschungseinrichtungen, die sich auf den SA-Dienst beziehen oder daraus ableiten lassen« – eine Gummiklausel, die jeden Eingriff der SA in den Hochschulbetrieb möglich machte. Daneben wurde auch Röhm selbst sehr aktiv. Am 29. September 1933 fand in Friedrichshafen am Bodensee eine Huldigung der Führer der Burschenschaften und der studentischen Turnerschaften für Röhm statt, wobei die beteiligten Verbindungen offenbar noch »Verbindungspolitik« zu treiben und die Korps auszustechen suchten.[158] Außerdem ließ Röhm sich zum Präsidenten der deutschen Akademischen Austauschstelle und des Studentenwerks wählen und hielt in dieser Eigenschaft bei der Eröffnung des Wintersemesters 1933/34 im Deutsch-ausländischen Studentenclub in München eine Rede, in der er betonte, daß von jetzt an die Jugend die Trägerin der staatlichen Geschicke sein werde.[159]

Auch auf die Presse suchte die SA Einfluß zu nehmen, zunächst in Form einer straffen Organisation und Lenkung der Informationen von und über die SA. Entsprechend der Pressestelle in der Obersten SA-Führung errichteten die SA-Obergruppen und -Gruppen eigene Pressestellen mit Pressereferenten bei den ihnen unterstellten Einheiten bis hinab zu den »Standarten« (= Regiment). Sie gaben jeweils für ihr Gebiet eine »SA-Korrespondenz« heraus, die die örtliche Presse »unter strenger Ausschaltung politisch oder SA-mäßig falscher Formulierungen und Darstellungen« informieren sollte.[160] Interessant ist in diesem Zusammenhang eine Analyse des Inhalts der offiziellen SA-Wochenzeitung *Der SA-Mann*. Im Gegensatz zu der hymnischen Verherrlichung Adolf Hitlers in der sonstigen Parteipresse hielt sich die Zeitung ihm gegenüber deutlich zurück; sein Name erschien im *SA-Mann* von 1933/34 in der Regel nur bei seinen Geburtstagen und wenn er selbst auf SA-Veranstaltungen sprach, während »unser Stabschef Röhm« bei jeder passenden und unpassenden Gelegenheit in dem gleichen Stil gefeiert wurde wie Hitler in der Parteipresse. Von den anderen Parteigrößen wurde im *SA-Mann* außer Himmler überhaupt keiner erwähnt. In der Verteilung der Themen fällt die überdimensionale Berücksichtigung der Wehrpolitik auf: Aufsätze über militärische Ausbildung, Wehrsport, Handhabung von Waffen und Munition, militärische Technik (Luftfahrt und Kraftfahrwesen, Nachrichtenwesen, Gelände- und Kartenkunde usw.); dazu Weltkriegsberichte und wehrpolitische Aufsätze im engeren Sinne: Heere und Flotten des Auslands, wehrwirtschaftliche und militärpolitische Probleme. Vom 16. September 1933 an erschien eine regelmäßige Spezialbeilage »Volk und Landesverteidigung«, die u. a. zahlreiche Aufsätze aus der Feder verabschiedeter Offiziere brachte. Demgegenüber trat die Behandlung von Themen aus dem nationalsozialistischen »Ideengut« stark zurück. Antisemitische Tendenzen waren nur gering; Aufsätze über kulturelle und »Rasse«-Fragen fehlten ganz. Nach dem 30. Juni 1934 trat darin eine durchgreifende Änderung ein: starke Betonung Hitlers, Zurücktreten der wehrpolitischen Themen, Aufsätze über »SA-Arbeit«, allmähliches Zunehmen der ideologischen Themen.

Hier wird noch einmal die Fragwürdigkeit des Röhmschen »Sozialismus« deutlich. Soweit man überhaupt von ideologischen Differenzen zwischen SA und Partei sprechen kann, handelte es sich lediglich um eine stärker militaristische Tendenz bei der SA. Sie aber war eine Funktion der eigentlichen Differenz: des Herrschaftsanspruchs des »Soldaten« Röhm über die »politische« Partei, ausgedrückt in Röhms Forderung nach vorherrschendem Einfluß auf Hitler bzw. Ausschaltung des Einflusses der »Halben« und »Gleichgeschalteten«. Soweit dabei von seiten der SA mit »sozialistischen« Begriffen und Vorstellungen gearbeitet wurde, war das nur eine ideologische Hilfskonstruktion, die lediglich zum Ausdruck bringen sollte, daß man Hitlers Bevorzugung der »Parteibonzen« und vor allem sein Bündnis mit den »reaktionären« Generalen verabscheute. Daß das nicht nur die Reichswehr, sondern auch alle Parteigrößen gegen Röhm mobilisieren mußte, bedarf keiner näheren Ausführung. Die Folge war, daß Röhm schon bald in eine innenpolitische Isolierung geriet, aus der er bezeichnenderweise durch Kontaktnahme mit ausländischen Mächten auszubrechen versuchte. Daß diese Unternehmungen aber, wie Hitler später behauptete, bis zu landesverräterischen Anschlägen gediehen seien, ist nicht nachweisbar, und die verfügbaren Nachrichten, nimmt man sie zusammen, lassen es auch als unwahrscheinlich erscheinen. Wohl aber ist ohne weiteres verständlich, daß derartige Versuche in den Augen Hitlers, der sich schon seit langem als allmächtiger und unfehlbarer Herr aller Nationalsozialisten fühlte,[161] als todeswürdiger Verrat erscheinen mußten.

Dabei scheint der erste Anstoß dazu überhaupt von Hitler ausgegangen zu sein. Es ist schon berichtet worden, wie Hitler sich bis in den Sommer 1933 hinein auch des Arguments der außenpolitischen Tarnung bediente, um Röhms Ehrgeiz in Schranken zu halten. Röhm hatte sich dem bis dahin auch unterworfen, aber im Oktober scheint es darüber zu einem ernsten Zusammenstoß gekommen zu sein. In einer nicht wörtlich überlieferten Rede vor den SA-Führern am 17. Oktober hat Hitler auf die Gefahr der Spionage bei der militärischen Ausbildung der SA hingewiesen und die Haltung der SA-Führung in dieser Frage offenbar scharf gerügt.[162] Vermutlich stand das in Verbindung mit einer in der Ministerratssitzung vom gleichen Tage ergangenen Entscheidung Hitlers, die in Anbetracht des Austritts aus dem Völkerbund spezielle Sicherheitsmaßnahmen forderte und dem Reichswehrminister die Verantwortung für die

Abstimmung der Verteidigungsinteressen mit den Erfordernissen der Außenpolitik übertrug.[163] Röhm scheint sich dadurch verletzt gefühlt und die Einstellung der SA-Ausbildung, vielleicht sogar die der Grenzschutz-Tätigkeit der SA, angedroht zu haben; jedenfalls ließ er den Chef AW in einer Besprechung mit Reichenau zwei Tage später erklären, die SA-Ausbildung in der Reichswehr könne nur fortgeführt werden, wenn das Reichswehrministerium die volle Verantwortung dafür übernehme. Reichenau replizierte, dann werde die Zusammenarbeit zwischen Reichswehr und SA überhaupt unmöglich.[164] Auch richtete Blomberg am 1. November ein Schreiben an den Reichsaußenminister, das abschriftlich u. a. auch der Obersten SA-Führung zuging, in dem er unter Bezugnahme auf Hitlers Entscheidung vom 17. Oktober bekanntgab, daß alle Maßnahmen, die den Versailler Vertrag verletzten, von jetzt an der vorherigen Zustimmung des Reichswehrministeriums bedürften.[165]

Das war ein harter Schlag für Röhm, denn es schränkte seine Bewegungsfreiheit hinfort aufs äußerste ein. Dabei ist nicht zu verkennen, daß hier ein schwieriges sachliches Problem vorlag. Die Geheimhaltung der SA-Ausbildung in dem vorgesehenen Umfang war an sich schon schwierig,[166] aber die ungenügenden Zwangsmittel, die die SA-Führer gegenüber ihren Mannschaften zur Verfügung hatten, machte sie fast undurchführbar; so rücksichtslos die SA-Führer im allgemeinen auch waren, in einer Massenorganisation wie der SA konnte man das Verräterproblem nicht, wie in der Schwarzen Reichswehr von 1923, durch Fememord lösen. Zwar erließ Röhm auf Grund des Gesetzes über die Einheit von Partei und Staat am 12. Dezember seine Dienststrafordnung für die SA, aber das beseitigte das Problem in dem zusammengewürfelten Millionenheer nicht. Unter diesen Umständen faßte er offenbar den freilich naiven Entschluß, die ausländischen Besorgnisse über die SA durch direkte Verhandlungen auszuräumen; gelang es ihm, so mochte er glauben, für seine Pläne die Zustimmung der interessierten Mächte zu gewinnen, so konnte er den so hinderlichen Geheimhaltungszwang abstreifen.[167] So begannen Anfang Dezember jene Unternehmungen Röhms, die man als »SA-Außenpolitik« bezeichnen könnte. Sie wurden eingeleitet durch die erwähnte großangelegte Rede Röhms vor der Auslandspresse und dem Diplomatischen Korps vom 7. Dezember,[168] in der er darzulegen suchte, daß die SA etwas ganz anderes als ein militärisches Instrument sei. Sie sei nicht bewaffnet, ihre braune Uniform sei als Felduniform völlig ungeeignet, der militärische Drill, den sie betreibe, sei nur das Mittel, große Massen zu »Zucht und Ordnung« zu erziehen usw. Wenn er dabei erklärte, der SA-Mann sei »der Bekenner der nationalsozialistischen Weltanschauung und ihr Sendbote, der das geistige Gut des Nationalsozialismus bis in die entlegenste Hütte, bis zum letzten Volksgenossen« trage,[169] so konnte er allerdings auf Hitlers Doppelkonzeption zurückgreifen und deren eine Seite, die nichtmilitärische terroristische Propagandatruppe, in den Vordergrund stellen; aber es ist fraglich, ob das für seine kritischen Zuhörer überzeugend war.

Sodann strebte Röhm Einzelverhandlungen an; vor allem versuchte er mit dem Botschafter Frankreichs, François-Poncet, in Kontakt zu kommen, was ihm aber offenbar erst Ende Februar 1934 gelungen ist.[170] Anfang März verstärkte er seine außenpolitische Offensive; er richtete im Stab der Obersten SA-Führung ein *Ministeramt* ein, als dessen Aufgabe offiziell die Verbindung zu den ausländischen Missionschefs bezeichnet wurde, um Mißverständnisse über die SA auszuräumen – wogegen das Auswärtige Amt sogleich Einspruch erhob –;[171] er gab in Berlin große Essen für die Diplomaten, insbesondere für den italienischen Botschafter, wiederholte seine Unterredungen mit François-Poncet[172] und soll auch in Unterhandlungen mit verschiedenen Militärattachés eingetreten sein.[173] Im ganzen scheinen seine Bemühungen den zu erwartenden Mißerfolg gehabt zu haben, aber es ist erklärlich, daß sie nicht nur den Widerstand des Außenministeriums herausforderten, sondern auch anderwärts und nicht zuletzt bei Hitler argwöhnisches Mißtrauen erregten.

3. Der Sieg der Revolution von oben

Es ist am Schluß des vorletzten Abschnitts dargelegt worden, daß es für Hitler, wollte er angesichts der von allen Seiten herandrängenden Gegenkräfte seine unbestrittene Herrschaft erhalten, nur den einen Ausweg gab, sich durch einen zerschmetternden Terrorschlag gegen seine Hauptgegner für eine Weile Respekt zu verschaffen. Wirklich hat er die Vorgänge nachträglich selbst in diesem Sinne interpretiert. »Solange die Staatsgewalt zupacke«, erklärte er bei einem der Tischgespräche im Führerhauptquartier,[174] »sei sie stärker als jeder Störenfried. Denn sie habe einen fest organisierten Körper hinter sich.« Als Beispiel für diesen allgemeinen Grundsatz zitierte er die Röhm-Affäre: »Der Putschversuch habe sich austreten lassen wie ein kleines Flämmchen, weil die Putschisten noch nicht einmal die SA fest in der Hand gehabt hätten.« Das Prinzip, das damit aufgestellt wurde, entsprach so sehr Hitlers auch sonst oft proklamiertem und praktiziertem Grundsatz, immer der Schnellere zu sein und immer mit ganzer Kraft zuzuschlagen, daß man die Anwendung auf die Röhm-Krise nicht als eine *Ex-post*-Konstruktion ansehen kann. Tatsächlich hat er diese Praxis am 30. Juni 1934 nicht zum ersten Male geübt; auch bei den verschiedenen SA-Revolten während der Kampfzeit, insbesondere bei dem Stennes-Putsch vom Frühjahr 1931, schlug er, wie oben beschrieben wurde, »blitzschnell« zu und suchte den Rebellen möglichst zuvorzukommen.[175] Auch ist wahrscheinlich, daß er den legitimierenden Effekt eines solchen Vorgehens von vornherein kalkuliert hat. Schon unmittelbar nach dem Mord an der SA-Führung, in der Ministerratssitzung vom 3. Juli, begründete er die Legalität seines Verfahrens u. a. auch damit, es habe ein Exempel statuiert werden müssen; was geschehen sei, werde als heilsame Lektion für immer gelten.[176] Am präzisesten aber hat Göring die Lage gekennzeichnet, als er am Nachmittag des 30. Juni, noch unter dem Eindruck der Vorgänge selbst, vor den Vertretern der Auslandspresse erklärte: »Es wurde eine zweite Revolution vorbereitet, aber gemacht wurde sie durch uns gegen diejenigen, die sie heraufbeschworen haben.«[177]

Freilich hat Hitler seine SA-Führer bei früheren Gelegenheiten nicht ermorden lassen, denn einmal mußte er damals noch mit einer unabhängigen Justiz rechnen, zum andern genügte ein einfacher Ausschluß aus der Partei, um sich der Störenfriede zu entledigen. Jetzt, im Jahre 1934, war die Situation in beiden Punkten anders; überdies war Röhm nicht irgendein Unterführer, sondern der nach, ja im Grunde neben Hitler oberste Führer der SA. Gerade wenn man sich die Frage vorlegt, welche anderen Möglichkeiten Hitler gegenüber Röhms Opposition zu Gebote standen, wird klar, daß er auch von dieser Seite her nur das Mittel des Mordes zur Verfügung hatte. Eine bloße Absetzung und Ausstoßung aus der Partei genügte nicht; Röhm hatte zu viele Verbindungen und Freunde innerhalb und außerhalb der SA und wäre auch als »Stabschef a. D.« immer eine Macht und potentielle Gefahr geblieben – ganz abgesehen davon, daß nicht sicher war, ob dies Verfahren überhaupt gelingen und Röhm nicht erst recht zum offenen Aufstand reizen würde. Ähnliches gilt von dem Weg der Verhaftung und Verurteilung durch ein Gericht. Noch war Hitlers Ärger über das nach seiner Meinung viel zu objektive Verfahren des Reichsgerichts im Reichstagsbrandprozeß kaum verraucht; ein neuer Versuch dieser Art war für ihn ausgeschlossen, und das um so mehr, als nach Diels' Angaben, außer im Fall des Mordes an Ali Höhler, kein Material aufzutreiben war, das zur Anklageerhebung gegen Röhm ausgereicht hätte.[178] Und selbst wenn das unzutreffend war und es zu einer Verurteilung Röhms kam, mußte vorausgesehen werden, daß Röhm sich vorher kräftig seiner Haut wehren und mit seinem zweifellos profunden Wissen nicht hinter dem Berge halten würde. Röhm vor Gericht, das bedeutete das Waschen schmutziger Wäsche, bedeutete einen womöglich wochenlangen Skandal – das war für das Regime untragbar. Was aber blieb Hitler sonst für eine Möglichkeit? Es blieb nur der Mord, der Fememord großen Stils auf Geheiß des Regierungschefs.

Überblickt man alle Möglichkeiten und Eventualitäten, zieht man in Betracht, was über Hitlers Charakter und seine politischen Prinzipien und Methoden bekannt ist, was er selbst schon früher praktiziert und was er nachträglich zum Thema geäußert hat, so darf man mit an Sicherheit grenzender Wahrscheinlichkeit annehmen, daß er von dem Augenblick an, da er eine Einigung mit Röhm als aussichtslos erkannte, auch zu seinem terroristischen Verfahren entschlossen war.[179] Daher kann auch der Frage, ob er mehr der Treibende oder der Getriebene war, nur sekundäre Bedeutung zugemessen werden, denn sie entspringt im Grunde einer falschen Problemstellung.[180] Gewiß war Hitler in vieler Hinsicht der Getriebene, aber was ihn trieb, entsprang einer Situation, die er mit vollem Bedacht geschaffen hatte und deren Konsequenzen er mindestens im Prinzip durchaus überschaute, mag er auch bei der Konfrontation mit der konkreten Situation häufig Anfälle von »Defätismus« gehabt haben, über die ihm dann eine standfestere Umgebung hinweghelfen mußte.[181] So bleibt nur die freilich schwer zu beantwortende Frage, zu welchem Zeitpunkt Hitler eine Einigung mit Röhm für aussichtslos hielt. Will man hier einer Antwort näherkommen, so muß man drei Punkte im Auge behalten. Erstens handelte es sich für ihn nicht nur um das Problem der SA, sondern auch um das der konservativ-monarchistischen Opposition; er mußte nicht nur den »einzigen wirklichen Rivalen« ausschalten, den er nach dem Ausscheiden Gregor Strassers in der Partei noch hatte,[182] er mußte sich auch den Weg zur Nachfolge des Reichspräsidenten freikämpfen. Die Schwerpunktverteilung bei den blutigen Vorgängen des 30. Juni läßt diesen Gesichtspunkt scheinbar etwas zurücktreten, aber es kann kein Zweifel sein, daß er für Hitler von nicht geringerer Bedeutung war. Es ist daher für die Terminfrage wichtig festzustellen, wann Hitler von dieser Seite her eine Bedrohung empfand. Zweitens muß man berücksichtigen, daß das angeblich lange »Zögern« Hitlers auch praktische Gründe haben konnte. Wenn er den Entschluß zu einer Terroraktion in einer Lage faßte, aus der sich für die Ausführung keine ausreichende Rechtfertigung ableiten ließ, mußte er warten, bis die Entwicklung – oder eine entsprechende Regie – ihm solche Gründe lieferte.

Und schließlich muß man drittens auch beachten, daß Entscheidungen dieser Art schon ganz allgemein, vor allem aber bei Hitler, doppelschichtig zu sein pflegen: Einem grundsätzlichen, aber noch nicht durchführbaren Entschluß folgt eine Zeit des Wartens, die auch zugleich eine Zeit des Schwankens sein mag, bis die Umstände dann dem ersten Entschluß zum Durchbruch verhelfen. Dabei wird man im Falle Hitlers weniger an Hemmungen aus Gefühlsgründen, Bindungen an seinen Duzfreund Röhm, an die SA usw. zu denken haben; soweit derartiges bei Hitler überhaupt bestand, wurde es sicher durch die Furcht vor einer Majorisierung durch den innerlich unabhängigen Röhm aufgewogen. Wohl aber mag Hitler gelegentlich gezögert haben, die für seine Herrschaft so vorteilhafte Teilung der bewaffneten Macht in Reichswehr und SA zu beseitigen. Demgegenüber half ihm nur die Einsicht, daß die Natur seines Regimes in nicht allzu ferner Zeit die Entfesselung eines Krieges unumgänglich machte und daß, sollte bis dahin die erforderliche Rüstung bereitgestellt werden, die ruinöse Konkurrenz Reichswehr–SA beseitigt werden mußte. Dieselbe Überlegung weist auch auf einen der Gründe hin, warum Hitler sich für die Reichswehr und nicht für die SA entschied. Eine Betrauung Röhms und der SA mit der Aufrüstung mußte zu einer tiefgreifenden organisatorischen Umstellung und damit zu einer Rüstungspause führen; der eingespielte Apparat der Reichswehr dagegen konnte, erhielt man ihn, sofort weiterarbeiten. Nicht so sehr der Sachverstand der Offiziere war es, den Hitler nicht entbehren wollte – Sachverstand hat er im allgemeinen und, wie später seine Haltung im Kriege gezeigt hat, auch auf militärischem Gebiet geringgeschätzt[183] –, was er fürchtete, war die Verzögerung, die durch eine Eingliederung der Reichswehr in die SA entstehen mußte.[184] Außerdem sprach für die Reichswehr, daß ihre Unterstützung unentbehrlich war, wenn die Frage der Nachfolge im Amt des Reichspräsidenten in Hitlers Sinne gelöst werden sollte. Die revolutionäre Eroberung Deutschlands hatte nur mit der indirekten Hilfe der Reichswehr begonnen werden können, und sie konnte ohne sie auch nicht beendet werden. Und schließlich war Hitlers Option für die Reichswehr zugleich eine Option für Blomberg. Röhm war Hitlers hypnotischer Einwirkung nicht zugänglich; er war Hitler treu, aber nicht von ihm abhängig. Blomberg dagegen war das in hohem Maße, er war genau der Mann, den Hitler an der Spitze der Armee brauchte und der ihm vermöge des exakt funktionierenden Mechanismus des militärischen Gehorsams die Gefolgschaft der Armee garantierte.[185]

Die ersten Vereinbarungen zwischen dem Reichswehrministerium und der SA-Führung im Sommer 1933 sind, wie erwähnt, vermutlich von allen Beteiligten nur mit Vorbehalt abgeschlossen worden. Es war von vornherein klar, daß es sich dabei nur um eine Art Rahmenabkommen handeln konnte, das noch in vielen Fragen der Präzisierung bedurfte, und es war vorauszusehen, daß dabei mindestens die Möglichkeit ernster Auseinandersetzungen gegeben war. Soweit heute bekannt, hat dies kritische Stadium mit dem geschilderten Konflikt um die militärische Geheimhaltung im Anschluß an den Austritt aus dem Völkerbund begonnen. Es ist zugleich der erste bekannte Fall, in dem Hitler zugunsten der Reichswehr gegen die SA Stellung nahm. Noch im September hatte er seine gewohnte Doppelrolle gespielt, als er auf der einen Seite der SA-Führung bei der Inkorporierung des Stahlhelms Hilfestellung leistete, auf der anderen Seite aber auch zum ersten Male das öffentliche Versprechen abgab, die Haltung der Reichswehr bei der Machtergreifung »nie vergessen« zu wollen.[186] Im Oktober/November scheint sich darin eine Änderung angebahnt zu haben; er ermahnte die SA-Führer wegen der Spionagegefahr, übertrug dem Reichswehrminister weitere Vollmachten[187] und stellte bei der Zehnjahresfeier des 9. November 1923 das Verhältnis Wehrmacht–NSDAP in einer Weise in den Mittelpunkt seiner Gedächtnisrede, wie es keinem anderen seiner konservativen Verbündeten je widerfahren ist. Der »Riß«, so erklärte er, der 1923 zwischen den beiden »feindlichen Brüdern« Heer und Volk eingetreten sei, hätte die Nationalsozialisten »am meisten geschmerzt«. Es sei daher für ihn heute »das höchste Glück, daß nunmehr die Hoffnung von einst in Erfüllung gegangen ist, daß wir nun zusammenstehen: die Repräsentanten des Heeres und die Vertreter unseres Volkes, daß wir wieder eins geworden sind und daß diese Einheit niemals mehr in Deutschland zerbrechen wird. Damit hat erst dieses Blutopfer seinen Sinn erhalten, und es ist nicht vergeblich gewesen, denn wofür wir schon damals marschierten, das war das, was jetzt Wirklichkeit geworden ist.«[188] Sosehr man die Aufrichtigkeit der her zum Ausdruckgebrachten Empfindungen bezweifeln muß, sowenig kann man die offensichtliche Absicht ignorieren. Die »Wiedervereinigung« mit der Reichswehr als Sinn des Todes der Gefallenen vom 9. November 1923 – das muß für Röhm ein schwerverdaulicher Bissen gewesen sein.

Wie bei Hitler, so finden sich gleichzeitig auch bei der Reichswehrführung Anzeichen einer beginnenden Schwenkung in der SA-Frage. Denn die erwähnten Andeutungen Reichenaus über die »großen Schwierigkeiten«, die im Falle eines Scheiterns der Zusammenarbeit mit der SA bevorstünden, fielen ebenfalls in den November. Hier zeigten sich die Auswirkungen des Austritts aus dem Völkerbund; er hatte die Dringlichkeit einer beschleunigten Aufrüstung erhöht, und unter diesem Druck begannen Hitler und die Wehrmachtführung sich einander zu nähern.[189] Zugleich aber – und hier lagen die tieferen Gründe für Reichenaus Sorgen – hatte die von Röhm eingeleitete divergierende Entwicklung der SA ein Stadium erreicht, das kaum noch eine Umkehr zuließ und Röhm obendrein zum Gefangenen der Kräfte werden ließ, die er selbst gerufen und in Bewegung gesetzt hatte. Im Dezember war der Aufbau seines SA-Heeres bis auf einige Restarbeiten organisatorisch abgeschlossen; nun mußte er ihm eine Aufgabe geben. Bisher hatte er seine Leute noch beschäftigen können, erst mit der Terrorisierung Deutschlands, dann mit den vielfältigen organisatorischen Arbeiten bei der Eingliederung der Wehrverbände, jetzt mußten andere Lösungen gefunden, mußte eine Entscheidung für die Zukunft gefällt werden. Zwar war er am 1. Dezember zum Reichsminister ohne Geschäftsbereich ernannt worden, aber dieser machtpolitisch wertlose Titel half seiner Lage nicht ab. Daß er im Frühjahr 1934 seine vielberufenen großen Paraden und »Kriegsspiele« abhielt, muß mindestens partiell auch auf diese seine Zwangslage zurückgeführt werden: Es war im Augenblick die einzige Möglichkeit für ihn, den Leerlauf im »SA-Dienst« zu verschleiern. Eng damit verbunden war ein zweites Problem: die Finanzierung der SA-Kaderorganisation und insbesondere die Besoldung der SA-Führer. Zwar war der SA eine öffentlich-rechtliche Funktion übertragen worden, aber sie war damit noch nicht in den Staatshaushalt übernommen worden; lediglich die Organisation des Chefs AW stand seit Juli im Etat des Reichsinnenministeriums, und es ist charakteristisch, daß gerade das zu Anfeindungen der beim Chef AW tätigen SA-Führer durch ihre weniger glücklichen Kameraden geführt hatte.[190] Röhm hatte sich bisher durch Spenden der Industrie, durch Parteigelder und durch kleinere Zuschüsse aus dem Reichsetat über Wasser gehalten,[191] aber nun wollte er eine Dauerlösung erreichen, und das um so eher, als er sich gerade in dieser Frage einem erheblichen Druck aus den Reihen der SA-Führer ausgesetzt sah.[192] Dabei wird man ohne weiteres annehmen dürfen, daß er sich seinen Leuten gegenüber auch moralisch gebunden fühlte; wie Hitler ihm Versprechungen gemacht hat, so wird Röhm sie ebenso mindestens seinen Vertrauten unter den SA-Führern gemacht und sich nun zu deren Einlösung verpflichtet gefühlt haben.

Über die Vorstellungen, die Röhm von der Lösung des Problems hatte, gibt es zwei einander widersprechende Versionen: Nach der einen wollte Röhm die SA als Miliz neben die Reichswehr stellen, wobei er konkret an die Übernahme des bisher von der Wehrmacht organisierten Grenzschutzes in alleinige Regie der SA dachte; zugleich sollten die Ränge der SA-Führer denen der Wehrmacht angeglichen und sie und ihre Stäbe entsprechend etatisiert werden.[193] Nach der anderen Version wollte Röhm »den grauen Fels in der braunen Flut« untergehen lassen,[194] d. h., die SA sollte das eigentliche Heer bilden und die Reichswehr (wohl nach dem Vorbild des Stahlhelms) in sie überführt werden. Das Ganze sollte dann eine Miliz nach Schweizer Muster geben, die, wenn auch kein imponierendes Kriegsinstrument, so doch immerhin ein erhebliches außenpolitisches Gewicht darstellen würde.[195] Auf jeden Fall aber wollte Röhm Reichskriegsminister werden, während über die Stellung Blombergs anscheinend keine sehr klaren Vorstellungen herrschten.[196] Die gleich noch zu schildernde weitere Entwicklung legt die Annahme nahe, daß der erste Plan als eine Art »Übergangslösung« bzw. taktische Zwischenstufe, der andere aber als das eigentliche Ziel Röhms anzusehen ist.

Es ist bereits dargelegt worden, wie Röhm vom Dezember an seine Position durch eine Art außenpolitischer Offensive zu verbessern suchte. Daneben wurde er aber auch innenpolitisch aktiv. Die SA, so erklärte er in einer Stellungnahme zu seiner Ernennung zum Reichsminister, sei nun in seiner Person »in den Staatsapparat eingebaut« worden, und fügte hinzu, welcher »weitere Aufgabenkreis« ihr allenfalls noch übertragen werde, bleibe »späterer Entwicklung« vorbehalten.[197] Daß das als eine verhüllte Kampfansage an die Reichswehr anzusehen war, zeigte eine Reihe gleichzeitiger Maßnahmen der SA-Führung, die von seiten der Reichswehr als »Sabotage am Grenzschutz« bezeichnet wurden.[198] Der Ausgangspunkt war offenbar eine Differenz in der Führerfrage. Die SA hatte ihre Organisation auf Grund der Reichenhaller Abmachungen der des Grenzschutzes angeglichen und teilweise besondere »Feldstürme« speziell für den Grenzschutz gebildet. Nun forderten die Führer dieser Einheiten, daß ihnen auch die entsprechenden Führerstellen im Grenzschutz übertragen werden sollten – verständlicherweise, denn jede andere Lösung hätte die Zerschlagung der SA-Organisation zur Folge gehabt. Die zuständigen militärischen Kommandostellen wollten das aber nicht zugeben, denn die SA-Führer waren militärisch häufig unausgebildet, wo nicht zum Führer untauglich oder gar charakterlich suspekt; vor allem aber hatte die Reichswehr die Führerstellen der Grenzschutz-Rahmenorganisation bereits mit ihren eigenen Leuten – meist verabschiedeten Offizieren – besetzt. Als Antwort darauf versuchten viele SA-Führer, ihre Leute von der Grenzschutz-Ausbildung fernzuhalten und dadurch den Grenzschutz lahmzulegen. Noch gefährlicher war es für die Reichswehr, daß die SA versuchte, sich der für den Grenzschutz angelegten Waffenlager zu bemächtigen. Auch das war von Röhms Standpunkt aus verständlich; denn wenn sein SA-Heer militärischen Wert haben sollte, mußte es bewaffnet sein, und das war es bisher im großen und ganzen nicht.

Hier war der kritische Punkt erreicht, wo beide Seiten ihre Karten auf den Tisch legen mußten und wo zugleich die Gefährlichkeit des Spiels offenbar wurde, in das sich Reichenau eingelassen hatte. Das Problem der Führerstellen macht klar, daß es nur ein Entweder-Oder gab: entweder Zusammenarbeit zwischen der Reichswehr und der SA, so wie sie Röhm aufgebaut hatte, oder Auflösung der SA und Übernahme ihres militärisch brauchbaren Personals in Reichswehr und Grenzschutz. Im ersteren Fall war Röhms Forderung nach Übergabe des Grenzschutzes an die SA sachlich schwer abzulehnen, denn das allein hätte der SA eine sinnvolle militärische Aufgabe gesichert. Es ist aber auch verständlich, daß die militärische Führung dem widerstrebte, denn abgesehen von der Frage, ob die SA einen militärisch brauchbaren Grenzschutz schaffen könnte, entstand auch die andere, ob Röhm, einmal im Besitz der Kaderorganisation und der Waffen des Grenzschutzes, nicht weitergehende Forderungen stellen würde. Da die Reichenhaller Vereinbarungen vom Sommer aber das Problem des Grenzschutzes im Grunde im unklaren gelassen hatten, befand sich die SA jetzt schon teilweise durchaus »legal« im Besitz der Waffenlager bzw. hatte offiziellen Zugang zu ihnen. Daher ist heute kaum noch zu entscheiden, wieweit die Nachrichten über den Griff der SA nach den Grenzschutzwaffen einer Art schlechten Gewissens der Reichswehrführung, wieweit sie tatsächlichen Illoyalitäten der örtlichen SA-Führer entsprangen.[199] Aber wie dem auch sei, jedenfalls sah die Reichswehr hier mit Recht ihr bisher eifersüchtig gehütetes Waffenmonopol bedroht. Für das Verständnis der folgenden Spannungen und der Aktionen am 30. Juni ist dabei wichtig, daß die geschilderten Schwierigkeiten hauptsächlich den Grenzschutz Ost gegen Polen (mit Ausnahme Ostpreußens) betrafen,[200] also wesentlich die Provinzen Schlesien, Brandenburg und die Grenzmark Posen-Westpreußen, die auf seiten der Reichswehr zum Befehlsbereich des Wehrkreiskommandos III, Berlin, und auf seiten der SA zum Bereich der von Heines geführten SA-Obergruppe Breslau (mit den Gruppenführern Heines selbst für Schlesien, Ernst für Berlin-Brandenburg, Kasche für die Grenzmark und Heydebreck für Pommern) gehörten.[201] Der Grenzschutz im Westen und Süden war praktisch noch nicht vorhanden;[202] an der tschechischen Grenze hatte er wegen mangelnder politischer Spannung zur Tschechoslowakei seit jeher nur eine untergeordnete Rolle gespielt, und in Ostpreußen war die Zusammenarbeit zwischen Reichswehr und SA, wohl auf Grund der exponierten Lage der Provinz, schon vor 1933 reibungslos verlaufen.[203] Noch kurz vor dem 30. Juni meldeten alle Wehrkreise ein gutes bis erträgliches Verhältnis zur SA, mit Ausnahme der Wehrkreise III und IV (Sachsen).[204]

Hier, in dem Konflikt um den Grenzschutz, lag der äußere Anlaß für Reichenaus Sorgen; es muß ihm in dieser Zeit klargeworden sein, daß sein Plan nicht durchführbar war, ja daß er die Gefahr in sich barg, daß die Reichswehr der SA durch die militärische Ausbildung im Rahmen der Krüger-Organisation und die Öffnung der Grenzschutz-Waffenlager selbst die Mittel lieferte, um sich zu einem ernsthaften Rivalen zu entwickeln. Gleichzeitig wurde Reichenaus Position auch aus der Reichswehr heraus in Frage gestellt. Seine Absicht, nach dem Rücktritt Hammersteins selbst Chef der Heeresleitung zu werden, scheiterte, und mit dem General v. Fritsch rückte statt dessen ausgerechnet der Protagonist derjenigen Kreise des Offizierskorps in diese zentrale Befehlsstelle, die Blombergs und Reichenaus allzu scharfen Gleichschaltungskurs auch hinsichtlich der SA mißbilligten. Das war um so bedeutsamer, als diese Mißbilligung inzwischen zugenommen und auf weitere Kreise übergegriffen hatte. Reichenau war sich, als er sein Experiment einer Zusammenarbeit mit der SA begann, wohl bewußt, daß die zwiespältigen Gefühle, die auf beiden Seiten herrschten, ein ernsthafter Störungsfaktor werden konnte. Er hatte daher seine schon Hitler gegenüber praktizierte Methode der persönlichen Kontakte und der Anpassung an den »revolutionären« Lebensstil der Nationalsozialisten auch hier anzuwenden und die höheren Führer beider Seiten auf einer Art »Gipfelkonferenz« am 19. August 1933 in Godesberg zusammenzuführen versucht. Doch hatte das Unternehmen mit einem peinlichen Fehlschlag geendet. Die von Hitler und Röhm gehaltenen Ansprachen hinterließen, sosehr Hitler auch hier wieder zu blenden verstand, bei den Offizieren doch den Eindruck, daß die eigentlichen Probleme umgangen worden seien, und die anschließenden gesellschaftlichen Veranstaltungen verstärkten auf beiden Seiten das Gefühl, daß eine gemeinsame Basis fehle.[205] War das schon ein schlechtes Vorzeichen gewesen, so zeigte sich im Laufe der Alltagspraxis, daß selbst die jungen Offiziere, die sich anfänglich mit großer Begeisterung der SA-Ausbildung angenommen hatten, auf die Konfrontation mit der Wirklichkeit des »revolutionären Volksheeres« vielfach mit Ernüchterung reagierten; was sie da vorfanden, war weit von den Idealen entfernt, die sie erwartet hatten.[206] Die Sackgasse, in die Reichenaus Politik auf diese Weise um die Jahreswende geraten war, scheint im Reichswehrministerium einige Verwirrung gestiftet zu haben. Während der illusionsbereite Blomberg einem Entgegenkommen gegenüber der SA anscheinend auch jetzt nicht abgeneigt war und auch Reichenau noch geschwankt haben mag, ob er das Fiasko seines Experiments jetzt schon eingestehen müsse, nahm Beck von vornherein entschieden gegen die SA-Grenzschutzpläne Stellung und sah sich darin bald von dem neuen Chef der Heeresleitung Fritsch unterstützt.[207]

Diese Richtung setzte sich schließlich durch, aber es war ein böses Omen für die Zukunft, daß dazu außer dem Druck der außenpolitischen Lage offenbar auch die Unterstützung Hitlers notwendig war.[208] Im Dezember, spätestens Anfang Januar fiel die Entscheidung für die Wiedereinführung der allgemeinen Wehrpflicht im Rahmen der Reichswehr.[209] Röhms Milizplänen war damit der Todesstoß versetzt, und es fragte sich jetzt nur, ob es möglich sein werde, ihn zu einer gütlichen Anerkennung dieser Tatsache zu veranlassen oder nicht. In dem Bemühen, diese Frage zu klären, setzte die Reichswehrführung nun zu neuen Verhandlungen mit Röhm an.[210]

Wenn Hitler sich so energisch für die Reichswehr einsetzte und die Interessen seines Freundes Röhm unbeachtet ließ, so hatte das seinen Grund offenbar auch darin, daß neben der militärischen nun auch die politische Problematik der SA akut wurde. Jedenfalls ist um diese Zeit auch eine erste politische Offensive der Partei gegen Röhm festzustellen. Im Januar erschien der oben zitierte warnende Artikel von Heß über »Partei und SA«, der zugleich im *Völkischen Beobachter* und in den *Nationalsozialistischen Monatsheften* publiziert wurde, ersterer am 22. Januar, gleichzeitig mit einer SA-Führertagung am 21./22. Januar in Friedrichroda i. Thür., auf der Hitler »den immer stärkeren Ausbau der Stellung der Partei zum absoluten Repräsentanten und Garanten der neuen politischen Ordnung in Deutschland« forderte. Das war eine deutliche Zurückweisung der Ansprüche der SA auf politische Führung innerhalb der nationalsozialistischen Bewegung, der eine Woche später eine neue Lobpreisung der Reichswehr in Hitlers Reichstagsrede vom 30. Januar folgte.[211] Hier müssen die ersten Zweifel an Hitlers Loyalität gegenüber Röhm aufsteigen. Er wendete sich gegen Röhms militärische Ansprüche, er trat seinem politischen Machtstreben entgegen; welche Rolle und Aufgabe aber wollte er Röhm künftig zuweisen? Er hatte zwar immer von der Aufgabe der »politischen Erziehung« gesprochen, die der SA obliegen sollte. Aber wenn das nicht bloß zur außenpolitischen Tarnung geschehen war, wenn er das ernst meinte, was stellte er sich darunter vor? Konnte er im Zweifel darüber sein, daß die SA und insbesondere ihr Führer Röhm mit einer derartigen Aufgabe nichts anzufangen wußten? Konnte er noch ernsthaft glauben, daß er mit Röhm zu einer Einigung gelangen werde, wenn er ihm nur die Alternative ließ, entweder ganz abzutreten oder sich auf das Nebengleis der »politischen Erziehung« schieben zu lassen? Unter diesen Umständen klingt Diels' Bericht nicht unwahrscheinlich,[212] wonach Hitler ihm und Göring schon Anfang Januar 1934 die Anfertigung einer Denkschrift über die Ausschreitungen der SA aufgetragen habe. Berücksichtigt man dazu noch, daß in demselben Monat Januar der erste Schlag die monarchistische Bewegung geführt und ihr die Möglichkeiten organisatorischer Verfestigung und publizistischer Werbung abgeschnitten wurden,[213] so ergibt das ein Gesamtbild, das Hitler bereits auf dem Weg zur zweiten Revolution zeigt.

So sah sich Röhm gerade in der kritischen Phase seiner Politik wachsenden Widerständen gegenüber, aber noch wollte er nicht glauben, daß ihr Urheber Hitler war, sondern suchte sie bei dessen Ratgebern und Verbündeten. Einfach, gerade und grob, wie er war, reagierte er mit heftigen Ausfällen, trotzig-eigenmächtiger Fortsetzung seiner Militarisierungspolitik und unverblümter Darlegung seiner Forderungen. Die Wehrmacht sah sich einer zunehmenden Verleumdungs- und Diffamierungskampagne ausgesetzt;[214] die SA-Obergruppen- und Gruppenstäbe begannen mit der Aufstellung bewaffneter »Stabswachen«,[215] Röhm selbst erklärte in vertraulichen Gesprächen, Hitler befinde sich in den Händen von »dummen und gefährlichen Subjekten«, aber er, Röhm, werde »ihn aus diesen Fesseln befreien«,[216] und Anfang Februar ließ er dem Reichswehrministerium eine Denkschrift zugehen, in der nach Blombergs Angaben »das gesamte Gebiet der Landesverteidigung« zur »Domäne der SA« erklärte wurde, während die Wehrmacht auf die Aufgabe beschränkt werden sollte, »Mannschaften u[nd] Führer auszubliden u[nd] sie als fertiges Material der SA zu überweisen«, ihre Offiziere aber den SA-Führern als »Berater« zur Verfügung zu stellen.[217] Das war nach der versteckten Kampfansage vom 1. Dezember jetzt die offene, und Blomberg stellte denn auch in der Befehlshaberbesprechung vom 2. Februar fest, der Einigungsversuch mit der SA sei damit gescheitert; nun müsse Hitler entscheiden. Aber er war sich ebenso wie Fritsch klar darüber, daß eine schnelle Entscheidung, so wünschenswert sie aus technischen Gründen sein mochte, in der gegebenen politischen Lage zum »offenen Kampf« führen müsse und daher ein »Schwebezustand« vorläufig noch vorzuziehen sei.[218] Infolgedessen wurde die doppelseitige Politik einstweilen fortgesetzt. Während die Vorbereitungen zu der auf den 1. April festgesetzten »Wehrreform«, bestärkt auch durch Hitlers weitreichenden Auftrag an Fritsch bei dessen Amtsübernahme,[219] weitergeführt wurden, trat man in neue Verhandlungen mit der SA-Führung ein, die nun freilich kaum noch auf Einigung, sondern nur mehr auf Unterwerfung Röhms zielen konnten. Das aber war ohne direkte und unzweideutige Unterstützung durch Hitler nicht zu erreichen, und so verfügte Blomberg die Einführung des Hoheitszeichens der NSDAP als offizielles Wehrmachtssymbol und die Übernahme des »Arierparagraphen« für das Offizierskorps, um Hitler diesen schweren Schritt zu erleichtern.[220]

Hitler ließ nicht lange mit der Gegenleistung auf sich warten, denn zweifellos sah er auch ohne Blombergs eilfertige Opfergaben, daß er jetzt Farbe bekennen mußte. Am 28. Februar wurden die Befehlshaber der Reichswehr und die höheren SA- und SS-Führer mit Röhm und Himmler an der Spitze im Reichswehrministerium versammelt, um eine Erklärung Hitlers entgegenzunehmen; auch Göring war erschienen, und zwar in der Uniform seines erschlichenen Ranges als General der Infanterie – was im Offizierskorps sogleich und vermutlich zu Recht als Demonstration für die Wehrmacht gegen Röhm gedeutet wurde.[221] Hitler legte eingangs seine hier schon besprochenen kriegerischen Zukunftspläne dar, wies dann an Hand kriegsgeschichtlicher Beispiele – u. a. unter Hinweis auf seine eigenen Erfahrungen bei Langemark 1914 – nach, daß eine Miliz, wie sie Röhm im Sinne habe, für seine Pläne ungeeignet sei und daher nur ein auf der Reichswehr aufgebautes Volksheer mit allgemeiner Wehrpflicht als künftige Wehrform für das nationalsozialistische Deutschland in Frage komme, und ermahnte die SA-Führer dringend, ihm in der gegenwärtigen Krisenzeit keine Schwierigkeiten zu machen. Die SA müsse eine politische Organisation bleiben; die Wehrmacht sei der alleinige Waffenträger der Nation. Für eine »Übergangszeit« genehmige er den Vorschlag des Reichswehrministers, die SA für Grenzschutzaufgaben und zur vormilitärischen Ausbildung heranzuziehen. Nachdem Hitler geendet hatte, unterzeichneten Blomberg und Röhm auf dieser Basis ein Abkommen. In ihm wurde festgelegt, daß das Reichsverteidigungsministerium[222] die alleinige Verantwortung für die Reichsverteidigung trage und daß der Wehrmacht die Aufgabe sowohl der Kriegsvorbereitung als auch der Kriegführung ungeteilt zufalle. Die SA solle im Rahmen der Reichsverteidigung 1. die vormilitärische Ausbildung vom 18. bis 21. Lebensjahr übernehmen (deklariert als »SA-Sport«), 2. die von der Wehrmacht nicht erfaßten

Wehrpflichtigen vom 21. bis 26. Lebensjahr im »SA-Sport« ausbilden und 3. diese und die aus dem Wehrdienst entlassenen Reservisten in ihrer Wehrfähigkeit erhalten – all das nach den Richtlinien und unter der Aufsicht des Reichsverteidigungsministeriums. Außerdem sollte sie unter dem Befehl der militärischen Kommandostellen zur Unterstützung des Grenzschutzes Ost und anderweitiger Mobilmachungs-Vorarbeiten herangezogen werden.[223]

Hitlers Rede fand bei den Offizieren den zu erwartenden Beifall,[224] bei einigen hinterließ sie starken Eindruck. Den SA- und SS-Führern aber versetzte sie einen Schock, der Himmler sogar zu unauffälligen Beruhigungsversuchen veranlaßt haben soll.[225] Freilich wird man gerade von Himmler bezweifeln müssen, daß er die Bedeutung der Stunde nicht verstanden und seine Schlüsse daraus gezogen hätte; wenn er es nicht schon, wie Göring, vorher gewußt hat, so muß ihm doch jetzt klargeworden sein, daß er seinen »Idealismus« nun gegen Röhm zu richten habe.[226] Aber auch einige SA-Führer mögen sich gefragt haben, ob sie nicht für sich persönlich zu retten vermochten, was für die SA als Ganzes offenbar verloren war, und es sollte sich noch am selben Tage zeigen, daß derartige Überlegungen für Röhm außerordentlich gefährlich werden konnten. Röhm seinerseits trug seine Niederlage mit Fassung; er lud die Anwesenden zu einem »Versöhnungsfrühstück« ein, bei dem die Stimmung indessen frostig blieb. Aber nachdem sich die Generale verabschiedet hatten, ließ er seiner Verärgerung freien Lauf; er soll von einem neuen »Diktat von Versailles« gesprochen und sich über Hitler als den »ignoranten Gefreiten des Weltkrieges« entrüstet haben. Darüber hinaus soll er aber auch erklärt haben, er erkenne das Abkommen nicht an; wenn nicht mit, werde er die Sache ohne Hitler machen usw.[227] Doch ist gerade in diesem Punkt nicht eindeutig klar, wie das gemeint war; ein Teilnehmer berichtet, Röhm habe nichtsdestoweniger von den SA-Führern strikte Befolgung der Vereinbarungen verlangt.[228] Wie immer dem gewesen sein mag, jedenfalls waren derartige Äußerungen mindestens sehr unklug. Dem Obergruppenführer Lutze z. B. erschienen sie so schwerwiegend, daß er sie Rudolf Heß mitteilte; da dieser aber eine Einmischung ablehnte, entschloß sich Lutze zu dem folgenschweren Schritt, Hitler zu informieren. Auf dem Obersalzberg kam es zu einer langen Unterredung unter vier Augen, die Hitler mit den Worten beschloß: »Wir müssen die Sache ausreifen lassen.«[229]

Der 28. Februar darf als einer der Wendepunkte auf dem Wege zum 30. Juni angesehen werden.[230] Die Fronten waren nun klar, und auch das fernere Verhalten der Kontrahenten zeichnete sich ab. Röhm gab seine Sache noch nicht verloren, denn mit seinem braunen Millionenheer hinter sich mochte er glauben, noch Trümpfe im Spiel zu haben. Es lag für ihn nahe, sich zunächst noch einmal direkt an Hitler zu wenden. In der Tat soll es Anfang März zu einer Aussprache gekommen sein, in der Röhm die Übernahme von mehreren tausend SA-Führern bzw. -Unterführern auf Etatstellen der Reichswehr verlangt habe.[231] Ließe sich das bestätigen, so hätte man es hier möglicherweise mit dem Versuch einer »kleinen Lösung« zu tun, durch die Röhm seine Verpflichtungen gegenüber seinen Gefolgsleuten wenigstens teilweise hätte erfüllen und die Hauptquelle für die Beschwerden im SA-Führerkorps: die mangelnde staatliche Versorgung, hätte verstopfen können.[232] Freilich hätte die SA damit zugleich die Wehrmacht infiltriert, und so war das Projekt für Hindenburg, an den sich Hitler auf Röhms Drängen hin gewandt haben soll, unannehmbar. Infolgedessen sah sich Röhm wieder auf den Weg der Selbsthilfe verwiesen, der seinem Ehrgeiz ohnehin näherlag. Was aber wollte, was konnte er unternehmen? Von seiner ungebärdig-ungeduldigen Gefolgschaft gedrängt und voll eigenen unbefriedigten Ehrgeizes, aber von allen Seiten abgewiesen und gehemmt, schien ihm im Grund nur der gewaltsame Ausbruch, die Revolution, übrigzubleiben. Tatsächlich ist von seinen Gegnern nachträglich behauptet worden, er habe diesen Weg beschreiten wollen, und sie scheinen darin durch mehrfache Äußerungen Röhms und seiner Clique bestätigt zu werden. Bereits im Monat März ist offenbar in Kreisen der SA-Führung von einer »zweiten Revolution« gesprochen worden, was Hitler veranlaßte, auf einer SA-Führertagung zu erklären, er werde sich einer zweiten revolutionären Welle energisch widersetzen. Röhm nahm das zunächst hin, antwortete dann aber in einem Aufruf, in dem er betonte, die SA sei die »einzige Sicherung gegen die Reaktion«; sie hätte sich »vom ersten Tage an dem revolutionären Weg« verpflichtet und würde »um keine Haaresbreite davon abgehen, bis unser Endziel erreicht ist«.[233]

Dessenungeachtet muß entschieden bezweifelt werden, daß es Röhm mit solchen Worten unerbittlich ernst war. Nimmt man alle Nachrichten zusammen, so ergibt sich nicht das Bild eines zu allem entschlossenen Revolutionärs. Es wird von gelegentlichen Anfällen von Resignation berichtet,[234] an Einladungen zu Übungsreisen des Generalstabs zeigte er wenig Interesse,[235] in einer von ihm selbst herbeigeführten Unterredung mit dem französischen Botschafter schien er nicht ganz bei der Sache und erklärte ihm, er sei krank.[236] Tatsächlich hat er Anfang Juni einen Krankheitsurlaub angetreten, der am 30. Juni noch nicht beendet war. Dazu kommt, daß ein bewaffneter Aufstand von seiten der SA technisch völlig aussichtslos gewesen wäre. Nicht nur war sie aus allzu heterogenen Bestandteilen zusammengesetzt – insbesondere durfte bezweifelt werden, ob die ehemaligen Stahlhelm-Einheiten etwaigen Aufstandsbefehlen Röhms folgen würden –, auch genossen ihre teilweise korrupten Führer keine Autorität bei ihren Untergebenen; Kenner behaupteten, daß Leuten wie Heines nur gehorcht werde, weil Hitler sie halte.[237] Unter diesen Umständen war ein bewaffneter Putsch ausgeschlossen, und es ist anzunehmen, daß Röhm und seine Vertrauten – überwiegend ehemalige Berufsoffiziere – sich darüber keinen Täuschungen hingegeben haben. Insbesondere Röhm mußte vom 9. November 1923 her aus eigener Erfahrung wissen, daß die sonst so schwankenden Reichswehrgenerale in solchen Fällen eine überraschende Entschlossenheit zeigen konnten, und der Stennes-Putsch hatte dasselbe für Hitler gezeigt.

Doch gab es für Röhm nicht nur diesen Weg. Nach dem 30. Juni behaupteten Hitler und Blomberg, die SA habe während ihres Urlaubs im Juli Unruhen anzetteln wollen, die ihre Unentbehrlichkeit beweisen und Röhm über die Verhängung des Ausnahmezustands den Weg zur Macht bahnen sollten.[238] Das war – wie Hitler mit seinem Hinweis auf das Vorbild der »Zustände im August 1932« selbst andeutete – ein alter Trick der Nationalsozialisten, und es ist nicht ausgeschlossen, daß derartige Pläne in der Umgebung Röhms erörtert worden sind; wohl aber spricht alles dagegen, daß sie jemals feste Gestalt angenommen haben. Erstens findet sich diese Version *nur* bei Hitler und Blomberg; selbst Blombergs Ministerkollegen Meißner und Krosigk kennen sie nicht (oder haben sie sich nicht zu eigen gemacht), von den Zeugen aus der SA ganz zu schweigen, die überhaupt Putschabsichten leugnen;[239] zweitens widersprechen die Versionen Hitlers und Blombergs sich untereinander;[240] und drittens widersprechen sie auch in wesentlichen Punkten der ersten offiziellen Darstellung der Reichspressestelle der NSDAP vom 30. Juni.[241] Daraus kann man nur schließen, daß diese Darstellungen nachträglich zurechtgemacht worden sind, wobei anscheinend noch ziemlich flüchtig und sorglos verfahren worden ist. Wenn die Regierungsstellen 14 Tage nach der Vernichtung der SA-Führung, die ihnen den Zugang nicht nur zu den Registraturen aller SA-Dienststellen, sondern auch zu den Privatschreibtischen der Opfer öffnete, keine besseren Informationen über Röhms revolutionäre Pläne hatten, dann haben sie überhaupt keine gehabt. In diesem Zusammenhang ist es sehr bemerkenswert, daß die erwähnte Verlautbarung der Reichspressestelle noch nichts von einem SA-Putsch berichtet, ja sie bezeichnet Röhm nicht einmal als den Urheber. Wörtlich heißt es da: »Seit vielen Monaten wurde von einzelnen Elementen versucht, zwischen SA und Partei sowohl wie zwischen SA und Staat Keile zu treiben und Gegensätze zu erzeugen. Der Verdacht, daß diese Versuche einer beschränkten, bestimmt eingestellten Clique zuzuschreiben sind, wurde mehr und mehr bestätigt. Stabschef Röhm, der vom Führer mit seltenem Vertrauen ausgestattet war, trat diesen Erscheinungen nicht nur nicht entgegen, sondern förderte sie unzweifelhaft.« Dann folgen die Angaben über Röhms Homosexualität und seine Fühlungnahmen mit Schleicher und »einer auswärtigen Macht«. Dies letztere hätte dann ein »Einschreiten« notwendig gemacht, und »planmäßig provozierte Zwischenfälle« hätten den Beginn der Aktion ausgelöst.[242]

Diese Darstellung dürfte in dem Hauptpunkt der Wahrheit sehr nahekommen. Nicht nur hat Röhm – wie noch zu zeigen sein wird – im Juni keinen Staatsstreich geplant, er hat *bestimmte* revolutionäre Aktionspläne auch für später nicht gehabt. Er und seine Bandenführer haben mit Kraftworten nicht gespart; sie haben aufsässige und z. T. sogar recht blutrünstige Reden geführt,[243] und ohne Zweifel haben sie auch Putschpläne der verschiedensten Art erwogen und diskutiert, aber nirgends findet sich ein glaubwürdiger Hinweis darauf – geschweige denn ein Beweis dafür –, daß sich diese Erwägungen bis zum 30. Juni zu konkreten Beschlüssen und Terminen verdichtet hätten.[244] Wenn dessenungeachtet nicht geleugnet werden kann, daß von der SA-Führung im Frühjahr 1934 eine ernste Gefahr ausging, so deshalb, weil es Röhm nicht bei Worten bewenden ließ, sondern auch zu Taten schritt, deren zweideutiger Charakter seine Reden zu bestätigen schien. Dazu gehörte die neue Welle seiner diplomatischen Bemühungen, die, wie erwähnt, bezeichnenderweise im März einsetzte, dazu gehörte seine Kontaktsuche bei Schleicher und vielleicht auch anderen oppositionellen Kreisen, dazu gehörte ferner die Kampagne der pausenlosen Aufmärsche, Paraden und Übungen, mit der Röhm seine Leute zu beschäftigen und zugleich sich und der Welt die Stärke der SA zu demonstrieren suchte,[245] und dazu gehörte schließlich das Gefährlichste von allem: die Versuche zur Bewaffnung der SA. Im Laufe der Frühjahrsmonate verschaffte sich die SA in offenbar nicht geringem Umfang Waffen, teilweise sogar durch Ankäufe aus dem Ausland (u. a. Danzig und Belgien), und rüstete die Stabswachen und z. T. auch die Insassen der sogenannten *Hilfswerklager*, in denen man arbeitslose SA-Leute beruflich schulte, aber auch militärisch ausbildete, damit aus – alles das in reichlich unvorsichtiger Weise.[246] Bei der Bewaffnung der SA im Sommer 1934 wurden schließlich 177 000 Gewehre, 651 schwere und 1 250 leichte Maschinengewehre eingezogen,[247] was etwa der Ausrüstung von 10 Reichswehr-Infanterie-Divisionen Versailler Musters entsprach.[248] Allerdings ist anzunehmen, daß in diesen Zahlen auch diejenigen Waffen enthalten waren, die die Reichswehr der SA für Grenzschutz- und Ausbildungszwecke anvertraut hatte, und vermutlich wird das sogar der überwiegende Teil gewesen sein. Was die eigenmächtigen Waffenbeschaffungen angeht, so mag da in manchen Fällen auch Übereifer für die Verstärkung des Grenzschutzes mitgespielt haben.[249] Auf der anderen Seite wäre es falsch, hier zu bagatellisieren, denn wie immer man die Sache auch betrachten mag, in den Händen einer so rüden und undisziplinierten Gesellschaft, wie es die SA war, waren Waffen zweifellos eine unmittelbare Gefahr.

Wenn man nicht annehmen will, daß alle diese Unternehmungen Röhms lediglich seinen Tatendrang befriedigen und Leerlauf in der SA vermeiden sollten, also ein Zeichen bloßer Rat- und Hilflosigkeit waren, so bleibt nur der Schluß, daß damit eine Art Erpressungsversuch an Hitler und der Wehrmachtführung beabsichtigt war. Da der Versuch, seine Forderungen auf dem Verhandlungswege durchzusetzen, gescheitert, eine offene Auseinandersetzung aber mindestens vorläufig für die SA noch aussichtslos war, mag Röhm gehofft haben, durch eine Art kalten Krieges zum Ziele zu kommen. Hitler hatte zwar große Worte gemacht, aber vor Taten schien er zurückzuschrecken, und daß die Reichswehrführung offenen Kampf scheute, solange sie nicht angegriffen wurde, war ihm aus eigener Erfahrung ebenfalls bekannt. Wenn er jetzt, so scheint er gerechnet zu haben, sein 4$^{1}/_{2}$-Millionen-Heer zusammenhielt, es innerlich weiter festigte und militarisierte, so mußte es, je länger je mehr, unmöglich werden, es wieder aufzulösen und seines Führers zu berauben. Sollte dann die schnelle und ungehinderte Fortsetzung der Aufrüstung, die Hitler und der Wehrmacht zur Überwindung der außenpolitischen Schwächeperiode dringend erwünscht war, nicht gefährdet werden, so mußten sie schließlich seine, Röhms, Forderungen wohl oder übel bewilligen. Und taten sie es nicht, so blieb der SA dann, nach vollendeter Bewaffnung, noch immer der Weg der Gewalt offen.[250] Röhm glaubte offenbar, daß es angesichts der Stärke der SA zu seinen Vorschlägen keine Alternative gebe und daß das die Stärke seiner Position ausmache. Das war ein verhängnisvoller Irrtum, denn für Hitler gab es allerdings eine Alternative: die Ermordung der opponierenden SA-Führer.

Während Röhm so ein höchst riskantes Spiel mit dem Feuer einleitete, begannen seine Gegner eine Einkreisungsaktion, die sie freilich gleichzeitig gegen die monarchistische Opposition abschirmen mußten, die jetzt ihre Stunde gekommen glaubte. Im März begannen mit Papens Vorstoß bei Hitler die Verhandlungen über die Wiedereinführung der Monarchie, die dann bis zu Hindenburgs Abreise Anfang Juni neben den anderen Ereignissen herliefen. Getreu dem Plan, die Spannungen um die SA ihrerseits hochzutreiben, bemühten sich Papens Mitarbeiter außerdem um Aufdeckung der Waffenkäufe der SA.[251] Demgegenüber scheinen Hitler und die Wehrmachtführung noch enger zusammengerückt zu sein. Blomberg und Reichenau zeigten sich den Monarchisten unzugänglich; Hitler versuchte, sich durch einstweilige Konzessionen den Rücken freizuhalten. Es ist anzunehmen, daß etwa um diese Zeit zwischen beiden Seiten auch die Abstimmung über die Nachfolgefrage erfolgt ist.[252] Gegenüber Röhm nahm die Wehrmacht als Sieger vom 28. Februar im Bewußtsein ihrer überlegenen Position zunächst eine abwartende Haltung ein; man bemühte sich um korrekte oder gar herzliche Beziehungen zur SA, betonte seinen guten Willen zur Zusammenarbeit,[253] wies aber gleichzeitig die Truppe an, sich »Unverschämtheiten nicht gefallen« zu lassen.[254] Daneben suchte man durch wohldosierte Gleichschaltungsmaßnahmen das Band zu Hitler enger zu knüpfen und sorgte gleichzeitig dafür, daß er durch entsprechende Berichterstattung über Röhm unter Druck gehalten wurde.[255] In der Grenzschutzfrage ergab sich, wie Blomberg schon Anfang Februar erklärt hatte, seit dem deutsch-polnischen Nichtangriffspakt die Möglichkeit, »kurzzutreten«; statt dessen sollte nun die Heeresvermehrung mit aller Kraft vorangetrieben werden,[256] um ein Gegengewicht gegen die SA zu bilden: Röhms Aufrüstung trieb auch die der Wehrmacht voran.

Für Hitler konnte spätestens nach den Eröffnungen Lutzes kein Zweifel mehr bestehen, daß es noch heftiger Kämpfe bedürfe, wenn er seinen Willen gegenüber Röhm durchsetzen wollte. Widersetzlichkeit gegen seine Befehle hat er nie vertragen und nie vergessen und immer unnachsichtig geahndet. Wenn er jetzt von »ausreifen lassen« sprach,[257] so bedeutete das nicht Tatenlosigkeit. Freilich sah er sich angesichts der Macht, die Röhm verkörperte, einstweilen zum Abwarten gezwungen, und so zog er sich, nachdem er ihm am 28. Februar offen entgegengetreten war, jetzt wieder zurück, schob gegenüber Röhms Forderungen den Widerstand Hindenburgs oder des Finanzministers vor[258] und ließ sich scheinbar auch durch Röhms Eigenmächtigkeiten und Widersetzlichkeiten nicht zum Handeln bewegen – ähnlich, wie er sich auch den Monarchisten gegenüber konzessionsbereit gezeigt hatte. Während diese seine Hauptgegner dadurch ermutigt wurden, ist Hitler jedoch offenbar nicht untätig geblieben. In seiner Rechtfertigungsrede am 13. Juli hat er angegeben, er habe bereits Mitte März den Befehl zur Vorbereitung einer neuen Propagandawelle gegeben, um »das deutsche Volk gegen den Versuch einer neuen Vergiftung zu immunisieren«; gleichzeitig habe er »einzelne der Parteidienststellen« angewiesen, den Gerüchten über eine zweite Revolution »nachzugehen« und ihre »Quellen . . . aufzufinden«.[259] Das erste bezieht sich zweifellos auf den späteren »Feldzug gegen Miesmacher und Kritikaster«; tatsächlich hat Goebbels dies Thema schon am 19. März angeschlagen, als er die politischen Leiter in Berlin zur Bekämpfung der »Klubs von Miesmachern« aufforderte mit dem bemerkenswerten Zusatz, der Nationalsozialismus kenne nicht »zwei verschiedene Ansichten über ein und denselben Gegenstand«. Das konnte sich nur gegen Röhms Proklamationen einer zweiten Revolution richten.[260] Hitlers andere Behauptung ist ebenfalls glaubwürdig.[261] Schon im Januar hatte er, wie erwähnt, Göring und Diels beauftragt, Belastungsmaterial über die SA zu sammeln; jetzt hat er diesen Auftrag offenbar in weiterem Umfange erteilt. In dieser Zeit erfolgte der Aufbau des SD,[262] am 19. April übernahm Himmler die preußische Gestapo,[263] und es ist kaum zweifelhaft, daß die Aktivität dieser Stellen sich nun der SA zuwandte.[264] In diesen Zusammenhang gehört vermutlich auch die Tatsache, daß den Bemühungen der Justizbehörden um Verfolgung der Verbrechen in den Konzentrationslagern nun einige Erfolge beschieden waren.[265]

Insgesamt ergibt sich hier das Bild einer systematischen Vorbereitungsarbeit, die in ihrer Konzentration auf Propaganda und Sammlung von Belastungsmaterial die typische nationalsozialistische Kombination erkennen läßt. Insbesondere ist auf die Einschaltung der Propaganda hinzuweisen, die von der Forschung bisher zu Unrecht vernachlässigt worden ist; nicht nur hat man sich dabei eines wichtigen Erkenntnismittels beraubt, man hat auch den eigentlichen Charakter des Vorgangs nicht voll zu erfassen vermocht. Natürlich sind die konkreten Aussagen der nationalsozialistischen Propagandareden nur mit großer Vorsicht zu behandeln, obwohl auch sie manchmal brauchbare Hinweise enthalten. Noch wichtiger aber ist eine Analyse des Verlaufes und des Klimas der Gesamtaktion, die wie alle nationalsozialistische Propaganda auch in diesem Falle in erster Linie psychologische Stimulierung erstrebte: Indem sie die oppositionellen Tendenzen anprangerte, verstärkte sie die Spannung – wo sie sie nicht überhaupt erzeugte – und mobilisierte die Gegenkräfte, und zwar nicht nur die der Massen, sondern offenbar auch die der Redner, die ja zugleich die Hauptakteure waren; man gewinnt den Eindruck, als hätten sich die Parteiführer bewußt der erhitzten Atmosphäre der Massenversammlungen ausgesetzt, um sich daran selbst zu berauschen und daraus die Kraft zu ziehen, die geheiligten Schranken von Recht und Moral zu durchbrechen. Insbesondere für Hitler wird das zu gelten haben, und wenn er im März vorsorglich die Vorbereitung einer Propaganda-Aktion befahl, so darf man das als ein wichtiges Indiz seiner Entschlossenheit ansehen.

Ende April setzte dann eine neue Phase ein. Nach Mitteilung Hitlers am 13. Juli seien sich die Parteiführer sowohl als auch »eine Anzahl davon berührter staatlicher Einrichtungen« zu dieser Zeit darüber klargeworden, daß eine Clique von SA-Führern bewußt auf »Entfremdung« zwischen der SA einerseits und der Partei »sowie den anderen staatlichen Institutionen« anderseits hinarbeitete.[266] Die Entfremdung zur SA war nun freilich nicht so neu, daß sie Hitler nicht schon vorher hätte auffallen müssen; wohl aber erfuhr er zu dieser Zeit, daß Hindenburg krank geworden war[267] – eine Tatsache, durch die sich für ihn das Problem der monarchistischen Restauration mit der SA-Frage und dem Problem des geeigneten Zeitpunkts für eine Aktion verknüpfte. Zu Alfred Rosenberg äußerte Hitler Mitte Mai, er wolle »mit dem Alten keinen Kampf, um ihm nicht die letzten Tage zu verbittern. Dann aber muß mit einem Schlage die ganze Kamarilla ausgefegt werden.«[268] Das zeigt mindestens, daß er die Terminfrage zu dieser Zeit erwog, und wenn er in diesem Zusammenhang die SA nicht erwähnte, so mag er Rosenberg gegenüber seine Gründe gehabt haben;[269] daß er sie gleichwohl nicht aus den Augen verlor, dürfte selbst dann als sicher gelten, wenn er es nicht am 13. Juli ausdrücklich bestätigt hätte. Mit der Erkrankung Hindenburgs begann eine Frist zu laufen, an deren Ende spätestens beide Probleme in Angriff genommen werden mußten, und daher begann jetzt auch die Durchführung: Am 11. Mai lief der vorbereitete Propagandafeldzug gegen die »Miesmacher« an – nachdem Hitler in seiner Rede zum »Feiertag der Arbeit« am 1. Mai dazu das Stichwort gegeben hatte.[270] Außerdem fand auch das gesammelte Belastungsmaterial eine erste Verwendung, zunächst in Form der altbewährten nationalsozialistischen Taktik, den Gegner zu provozieren. Wie Hitler am 13. Juli berichtete, begannen Parteistellen und Länderbehörden jetzt stärker gegen SA-Ausschreitungen vorzugehen. Röhm habe darauf, so gab Hitler an, sehr gereizt reagiert und gegen die Verantwortlichen, bei denen es sich um alte Kämpfer der Partei gehandelt habe, SA-Ehrengerichtsverfahren eingeleitet – was überraschenderweise unabhängig davon durch eine Mitteilung aus Wehrmachtskreisen für einen Fall in Thüringen bestätigt wird.[271] Röhms Ärger war verständlich; denn die SA wurde jetzt für etwas verfolgt, was bis dahin als ihr revolutionäres Verdienst gegolten hatte, und mithin fühlte er sich – totale Verwirrung aller moralischen Maßstäbe – zu Unrecht angegriffen. Auf Hitlers wiederholte Vorhaltungen antwortete er, es handele sich bei den Vorwürfen um »versteckte Angriffe auf die SA«,[272] und am 16. Mai befahl er, daß alle SA-Dienststellen Akten über »Feindseligkeiten gegen die SA« anlegen sollten.[273]

Und schließlich ist zu beachten, daß Hitler in seiner Reichstagsrede für März nur von Befehlen an »Parteidienststellen« gesprochen hat, während er für Ende April erstmals auch die Beteiligung einer »Anzahl davon berührter staatlicher Einrichtungen« erwähnte. Das wird sich vermutlich vornehmlich auf die Wehrmacht beziehen, die offenbar jetzt stärker eingeschaltet worden ist. Freilich hat sich inzwischen herausgestellt, daß das nicht die Heeresleitung betraf,[274] und selbst das Wehrmachtamt scheint nicht direkt beteiligt worden zu sein; der Chef der Abwehrabteilung, von dem man doch annehmen sollte, daß gerade er eine der Zentralfiguren in dem Spiel gewesen wäre, war offenbar nicht eingeweiht,[275] was freilich angesichts der integren Persönlichkeit des Kapitäns Patzig verständlich ist. Wie schon Fritsch richtig vermutet hat,[276] ist auf seiten der Reichswehr Reichenau der einzige Akteur gewesen, der, allerdings mit Kenntnis und Zustimmung Blombergs, die Aktion in Verbindung mit Himmler gesteuert hat. Das war ihm freilich nur möglich, weil Röhms fortgesetzte und durch die Provokationen von seiten der Partei noch intensivierte Militarisierungs- und Obstruktionspolitik die militärischen Kommandostellen ganz von selbst unruhig zu machen begann. Zwar waren militärische Beobachter in Schlesien, einem der Hauptunruheherde, noch Anfang Mai der Überzeugung, daß ein bewaffneter Aufstand der SA unwahrscheinlich sei; aber sie urteilten auch, daß ein Kompromiß mit dem derzeitigen SA-Führerkorps ausgeschlossen, eine Reinigung dieses »Augiasstalles« aber nicht nur wegen der fortgesetzten Sabotage der SA am Grenzschutz immer dringender werde.[277] Zur selben Zeit fanden in Bad Nauheim eine oder mehrere Konferenzen mit höheren Offizieren statt, die das Propaganda-Ministerium immerhin für so wichtig hielt, daß es die Berichterstattung der Presse darüber beschränkte.[278] In einer von ihnen, der Befehlshaberbesprechung vom 7. Mai, befahl Fritsch, grobe Verstöße der SA gegen die »Vereinbarungen«, also wohl das Abkommen vom 28. Februar, unter Vorlage »positiven Materials« zu melden; außerdem wiederholte er die Anweisung, sich nichts gefallen zu lassen; tatkräftige Abwehr von SA-Übergriffen werde auch dann gedeckt werden, wenn sie nicht ganz korrekt geführt worden sei.[279] Das war die defensive Form der Taktik, die die Partei gegenüber der SA anwandte, und so fügte sich Fritsch ganz von selbst in Reichenaus Spiel ein. Ebenso funktionierte der Apparat der Abwehr reibungslos; er sammelte die Nachrichten von Reichenaus Vertrauensmännern in der Krügerschen Ausbildungsorganisation und gab sie ebenso an Reichenau weiter wie die Meldungen über Waffentransporte der SA usw.[820] Offen ist noch die Frage, ob schon im Mai eine Zusammenarbeit zwischen Reichswehr und SS stattfand; Besprechungen zwischen Reichenau und Himmler haben jedenfalls in den Wochen vor dem 30. Juni mehrfach stattgefunden.[281]

Anfang Juni häuften sich dann die Krisenzeichen; der entscheidende Wendepunkt stand bevor. Am 4. Juni reiste Hindenburg vorzeitig nach Neudeck ab;[282] zwei Tage später – also wiederum unmittelbar nach einer Veränderung in Hindenburgs Leben – setzte eine verstärkte Propagandawelle gegen Miesmacher und Nörgler ein, und noch einen Tag später reiste Röhm zur Kur nach Bad Wiessee ab, nachdem er vorher eine lange Aussprache mit Hitler gehabt hatte. Damit hatte sich innerhalb weniger Tage die Lage wesentlich zugespitzt. Hindenburgs Abreise muß für Hitler das Signal für freie Fahrt gewesen sein – wie es für die Monarchisten eine ernste Störung ihrer Pläne bedeutete.[283] Denn nun war Hindenburg von den zentralen Schaltstellen des Staatsapparats weit entfernt; durch die Krankheit in seiner Aktionsfähigkeit bereits behindert, konnte er in Ostpreußen relativ leicht isoliert werden. Ebenfalls Anfang Juni, möglicherweise am Tage nach Hindenburgs Abreise, hat Hitler Röhm zu einer letzten Unterredung zu sich zitiert. Über den Inhalt der nahezu fünfstündigen Aussprache ist nur bekannt, was Hitler selbst berichtet hat,[284] aber nicht einmal er hat behauptet, daß es dabei zu einem Zerwürfnis gekommen sei; Röhm habe vielmehr Hitlers erneute Klagen über die SA für teils übertrieben, teils unwahr erklärt, im übrigen aber wieder Abhilfe versprochen. Was aber bezweckte Hitler mit diesem Schritt, wozu dieser »letzte Versuch«? Hitler konnte Röhm nur noch bieten, was er nachher Lutze geboten hat: ein Schattendasein; er mußte wissen, daß Röhm das nicht akzeptieren würde. Aber was wollte er sonst von Röhm? Wollte er ihn in Sicherheit wiegen?[285] Oder ihn durch eine endgültige Absage zum offenen Widerstand herausfordern?[286] War das Hitlers Absicht, so ist ihm dies nicht gelungen. Nicht nur hat Röhm sich in der Unterredung nicht unzugänglich gezeigt, er hat, indem er wenig später, am 7. Juni, einen Krankheitsurlaub antrat und gleichzeitig für den Monat Juli einen SA-Urlaub befahl, demonstriert, daß er mindestens im Augenblick nicht an gewaltsamen Widerstand dachte. Zwar hat er in diesem Befehl Hitler nicht erwähnt und obendrein den »Feinden der SA« gedroht, sie möchten aus dem SA-Urlaub nicht falsche Schlüsse ziehen; sie würden im geeigneten Zeitpunkt die gebührende Antwort erhalten;[287] aber als Hitler am 28. Juni die SA-Führertagung für den 30. Juni einzuberufen befahl und seine Teilnahme ankündigte, zeigte sich Röhm erfreut und äußerte die Absicht, bei dieser Gelegenheit Goebbels zu entlarven,[288] den er wohl zu Unrecht für den Urheber der gerade in der letzten Juniwoche besonders heftigen Propagandahetze hielt.

Wie Hindenburgs Abreise Hitler den Rücken frei machte, so schwächte Röhms Urlaub die Schlagkraft der SA; bald folgten andere hohe SA-Führer ihrem Chef in die Ferien, und die SA begann sich Ende Juni auf den bevorstehenden Gesamturlaub einzustellen.[289] Daraus ergab sich für Hitler eine neue Lage; spätestens jetzt muß er erkannt haben, daß er einen »Schlag« auch schon vor Hindenburgs Tod führen konnte. Tatsächlich begann am 6. Juni eine Intensivierung des schon seit Mai laufenden Propaganda-Feldzuges. Goebbels, Rosenberg, Frick, Ley, Heß, Göring und schließlich auch Hitler selbst sprachen in verschiedenen, über das ganze Reichsgebiet verteilten Städten. Ein erster Höhepunkt war der Gauparteitag der thüringischen NSDAP in Gera am 16./17. Juni – merkwürdigerweise gleichzeitig mit Papens Marburger Rede –, und von da an verging kaum ein Tag, an dem nicht mindestens einer der prominenten Parteiführer sich zu Wort meldete.[290] Die Angriffe richteten sich gegen alle noch vorhandenen unabhängigen Kräfte: gegen die Kirchen, den Adel, die Konservativen (als »vornehme Herren« oder »Reaktion« apostrophiert), ja, gegen die Wissenschaft. In Gera schnitt Goebbels auch zum ersten Male das Thema der Spannungen in der NSDAP an, einen Tag später warnte Göring im Preußischen Staatsrat offen vor dem Gerede von einer zweiten Revolution,[291] und nicht mehr zu überhören war dann die Warnung von Heß am 24. Juni, die nachträglich auch von der offiziellen Parteiliteratur auf Röhm bezogen wurde: »Wehe dem, der die Treue bricht im Glauben, durch eine Revolte der Revolution dienen zu können.«[292] Obendrein spielte Heß auf Röhms Verbindung zu François-Poncet an, wenn er erklärte, wie schon so oft in der deutschen Geschichte versuche das Ausland auch heute, Deutsche durch Deutsche zu bekämpfen. Es möge sich aber keiner Täuschung hingeben: Ein Abtreten des Nationalsozialismus von der politischen Bühne des deutschen Volkes würde nicht etwa Deutschland in erneute Abhängigkeit von allen Wünschen der betreffenden Regierung bringen, sondern am Ende dieser Entwicklung stände ein europäisches Chaos.«[293] Es ist nicht bekannt, daß Heß jemals wieder so präzise prophezeit hat. Den Beschluß machte dann Göring am 25. Juni mit einer unverhüllten Ablehnung der monarchistischen Restauration.

Ebenso bemerkenswert wie die allmähliche Zentrierung der Angriffe auf Röhm und die »Reaktion« bzw. Monarchie war die Steigerung der Tonart. Goebbels am 6. Juni: »Wer . . . das Leben und Gedeihen des deutschen Volkes antastet, der wird uns kennenlernen.« Hitler am 17. Juni: Wer versuchen sollte, »zu einer neuen Meineidstat zu schreiten«, der möge überzeugt sein, daß ihm heute nicht mehr »das feige und korrupte Bürgertum des Jahres 1918« gegenübersteht, sondern »die Faust der Nation, die geballt ist [!] und jeden niederschmettern wird, der es wagt, auch nur den leisesten Versuch einer Sabotage zu unternehmen«. Goebbels am 21. Juni: »Dieser Sorte imponiert nur Kraft, Selbstbewußtsein und Stärke. Die sollen sie haben. Sie haben unsere Großmut nicht verstanden, jetzt sollen sie unsere Entschlossenheit verstehen lernen!« Heß am 24. Juni: Wenn die NSDAP sich erst einmal zum Kampf gegen Kritikaster und Nörgler entschlossen habe, dann führe sie ihn nach dem nationalsozialistischen Grundsatz: »Wenn du schlägst, dann schlage hart!« Göring am 25. Juni: Die Basis des nationalsozialistischen Regimes sei das Vertrauen des Volkes. »Wer an diesem Vertrauen nagt, . . . begeht Landes- und Hochverrat. Wer dieses Vertrauen zerstören will, der zerstört Deutschland. Wer gegen dieses Vertrauen sündigt, der hat sich um seinen Kopf gebracht.«[294]

Wie die propagandistische, so scheint auch die technische Vorbereitung der Terroraktion Anfang Juni angelaufen zu sein. Gestapo und SD erhielten Aufträge zur verschärften Überwachung der SA; bei den bayerischen SS- und SD-Einheiten wurden Einsatzvorbereitungen getroffen; der Kommandant des Konzentrationslagers Dachau, Eicke, veranstaltete mit den dortigen SS-Führern Planspiele über einen Einsatz im Raum München, Lechfeld, Türkenkaserne, Bad Wiessee; die für die Teilnahme vorgesehenen SS-Verbände erhielten von der Reichsführung SS Alarmvorschriften unter Verschluß mit der Weisung, sie auf das Stichwort »Versammlung« zu öffnen.[295] Bemerkenswert ist, daß ähnliche Nachrichten für diese Zeit weder aus Schlesien, dem zweiten Hauptzentrum der SS-Aktion, noch aus den anderen Teilen des Reichsgebiets vorliegen. Offenbar war man, seitdem Röhm seine Kur in Wiessee begonnen hatte, entschlossen, den Hauptschlag gegen die SA-Führung dort zu führen. Auch begann man Listen der Opfer anzulegen, möglicherweise auf der Basis der von Hitler in seiner Reichstagsrede erwähnten »Durchprüfung« der Beförderungen in der SA, die schon im Mai vorgenommen worden war.[296] Dabei gab es Unstimmigkeiten. Der Führer des SD-Oberabschnitts Süd, Werner Best, stritt sich mit Heydrich über die Person des Münchener SA-Obergruppenführers Schneidhuber, den er für »anständig und treu«, Heydrich aber für »genauso gefährlich wie die anderen« hielt.[297] Der designierte Nachfolger Röhms, Lutze, diskutierte mit Hitler, ob man nur »die Spitze«, also wohl Röhm, oder auch die »Hauptschuldigen« erschießen solle, und beklagte sich später in kleinem Kreise bitter über die Gehässigkeit der SS, die den ursprünglichen Kreis von 7 Opfern willkürlich und z. T. aus persönlichen Rachemotiven erst auf 17, dann auf 82 Personen erweitert und Hitler gezwungen habe, auch diese Morde »nachträglich anzuerkennen«.[298]

Mitte Juni war die allgemeine Spannung dem Höhepunkt nahe. Jetzt entschloß sich die Gruppe um Papen, nun ihrerseits einzugreifen und den offenen Ausbruch des scheinbar spontanen Konflikts herbeizuführen. Der Vizekanzler wurde veranlaßt, am 17. Juni in der Universität Marburg die von Edgar Jung entworfene Rede zu halten, in der scharfe Kritik an dem bestehenden Regime geübt und Hitler aufgefordert wurde, sich von seinen schlechten Ratgebern aus der Partei zu trennen und – hier wurde eine Anspielung auf die Monarchie gewagt – ein besseres Regime einzuführen.[299] Aber was ein souveräner Eingriff in ein noch offenes Spiel sein sollte, wurde zur Auslösung einer längst geplanten Gegenaktion. Noch während Papen sprach, hatte mit der Parteitagung in Gera und den wilden Drohungen, die Hitler und seine fast vollzählig versammelte Führergarde dort ausstießen, die letzte Steigerung des Propagandafeldzuges eingesetzt. Es bedarf noch der Klärung, ob das ein zufälliges Zusammentreffen war oder bereits auf einer durch Indiskretionen ermöglichten Regie beruhte. Wie dem auch sei, jedenfalls zeigte es die Parteiführung im Besitz der Initiative. Einer ihrer Gegner hatte sich aus seiner Reserve herauslocken lassen; jetzt schlug sie zu, zunächst in Form des Verbreitungsverbots, mit dem der Minister Goebbels die Rede seines formellen Vorgesetzten Papen belegte. Der darauf fällige Rücktritt des Vizekanzlers, der vielleicht noch einige Störung hätte verursachen können, blieb aus. Es war Papens Mitarbeitern gelungen, ihren Chef über die Hürde des gefährlichen Marburger Auftritts zu bringen; jetzt waren die Überredungskünste Hitlers stärker als sie, und Papen ließ sich in voreiliger und gänzlich unbegründeter Siegesgewißheit bewegen, seine Demission bis zu einem gemeinsamen Besuch beim Reichspräsidenten in Neudeck aufzuschieben.[300] Dieser Besuch fand selbstverständlich nicht statt, jedenfalls nicht gemeinsam mit Papen,[301] Hitler hatte nur Zeit gewinnen wollen. Denn das mußte ihm nun klar sein: Lange durfte er nicht mehr zögern, wenn er nicht Gefahr laufen wollte, daß die Monarchisten nicht doch noch zu Hindenburg durchdrangen. Am 26. Juni wurde dann Edgar Jung auf Befehl Hitlers verhaftet; einen Tag später zeigte Hitler im Garten der Reichskanzlei zum Gebäude des Vizekanzleramts hinüber und sagte zu Rosenberg: »Ja, da kommt alles her, ich werde das *ganze* Büro einmal ausheben lassen.«[302]

Am 21. Juni besuchte Hitler Hindenburg in Neudeck, offiziell um über seine Begegnung mit Mussolini am 14./15. Juni Bericht zu erstatten; aber sein Hauptzweck war zweifellos, störende Rückwirkungen des Papenschen Husarenritts abzufangen und zugleich die Aktionsfähigkeit des kranken Präsidenten zu prüfen.[303] Im ersten Punkt war Hitlers Besuch sehr wahrscheinlich, im zweiten sicher erfolgreich; Fritsch fand eine Woche später bei einem dienstlichen Vortrag Hindenburgs körperlichen Zustand sehr schlecht, und selbst geistig schien er nicht mehr auf der Höhe.[304] Wenige Tage nach Hitlers Rückkehr aus Neudeck begannen sich die verbündeten Kräfte zum Angriff auf die SA-Führung bereitzustellen, begleitet von einer letzten Steigerung des propagandistischen Trommelfeuers. Am 24. Juni hielt Heß seine Kölner Warnrede; Göring und Goebbels schlossen sich am gleichen und dem folgenden Tage an, und am 30. Juni schaltete sich auch Blomberg in den Chorus ein, indem er im *Völkischen Beobachter* seinen bekannten Artikel erscheinen ließ, der Hitler der unwandelbaren Treue und Gefolgschaft der Wehrmacht versicherte.[305] Ebenfalls um den 24./25. Juni wurden die Oberabschnittsführer der SS und des SD nach Berlin berufen, wo ihnen Himmler und Heydrich eröffneten, daß eine Revolte der SA bevorstehe, zu deren Niederwerfung die SS eingesetzt werde. Es wurde Alarmbereitschaft befohlen, die SD-Führer erhielten Beobachtungsaufträge, und die Führer der allgemeinen SS wurden angewiesen, mit den örtlichen Befehlshabern der Reichswehr Verbindung aufzunehmen, die ihnen im Ernstfall Waffen und Truppenunterkünfte zur Verfügung stellen würden.[306] Bezeichnend war, daß die Niederschlagung des angeblichen Putschs durch ein Stichwort ausgelöst werden sollte. Nach den Erfahrungen der Geschichte ist es der Angriff der Aufständischen, der die Abwehr auslöst, eines Stichworts bedarf es da nicht. Die SS-Führer gaben ihre Informationen dann in den nächsten Tagen an ihre unterstellten Einheiten weiter, wobei z. B. in Schlesien nachweisbar auch der Befehl zur Erschießung von Angehörigen »gegnerischer Gruppen« erteilt und entsprechende Listen aufgestellt wurden.[307]

Wie die SS, so wurde auch die Reichswehr in der gleichen Zeit auf das Kommende vorbereitet. Den Offizieren des Reichswehrministeriums wurde erklärt, daß Nachrichten über einen SA-Aufstand vorlägen; es sei nicht ausgeschlossen, daß die SA entweder – eine bemerkenswerte Differenz zu den SS-Anweisungen – in nächster Zeit oder erst im Herbst losschlüge. Es seien daher erhöhte Vorsichtsmaßnahmen zu treffen. Die SS stünde auf seiten der Reichswehr; mit ihr sei ebenso wie mit der Polizei (wiederum eine bezeichnende Abweichung von Himmlers Weisungen) zusammenzuarbeiten; im Bedarfsfall solle gegenseitige Unterstützung stattfinden. Der SS seien Waffen auszuhändigen, falls sie sie verlange. In diesem Fall sollten die Grenzschutz-Waffen benutzt werden, um dadurch gleichzeitig die SA zu entwaffnen. Das Infanterieregiment Nr. 5 werde einstweilen vorsichtshalber in Döberitz bleiben, eine Kompanie des Wachregiments Berlin ins Ministerium gelegt werden. Alle vorbereitenden Maßnahmen sollten möglichst unauffällig getroffen werden; auch die SA-Ausbildungskurse sollten weiterlaufen.[308] Für den Fall von Zusammenstößen wurde wieder die Weisung erteilt: »Kein Defensivverhalten«, aber es hieß auch: »Aggressive Maßnahmen vermeiden.«[309] Ähnliche Befehle ergingen gleichzeitig an die Truppe. Etwa am 24. Juni gab Fritsch an den Reichswehr-Befehlshaber in Schlesien, General v. Kleist, die Warnung vor einem SA-Putsch durch und wies ihn an, seine Truppen möglichst unauffällig bereitzuhalten,[310] und es ist anzunehmen, daß auch die anderen Befehlshaber im Reichsgebiet derartige Weisungen bekommen haben.[311] Als dritte beteiligte Macht wurde schließlich auch die preußische Polizei in Alarmzustand versetzt, doch liegen hierüber bisher nur indirekte Nachrichten vor.[312]

Die Unterschiede in den Befehlen zeigen deutlich, daß die SS im Gegensatz zur Reichswehr von vornherein aufs Ganze ging und sich zum Angriff bereitstellte. In der Reichswehr dagegen war man zwar höchst beunruhigt, hielt aber die Putschgerüchte noch nicht für erwiesen und vor allem die Terminierung noch für unbestimmt; dementsprechend traf man auch nur Abwehrmaßnahmen, wobei man auf loyale Zusammenarbeit mit SS und Polizei rechnete, während die SS offenbar die Polizei überspielen wollte – ein Reflex der Eifersucht zwischen Himmler und Göring, aber auch des Mißtrauens der Partei gegen den Staat. Darüber hinaus ist festzustellen, daß man um diese Zeit trotz aller Nervosität und Spannung doch vielenorts wohl an die Möglichkeit einer zufälligen Explosion – eben aus der gespannten Lage heraus –, aber nicht an eine ernsthafte Putschgefahr glaubte; selbst in der SS, aber vor allem in Polizei und Wehrmacht regten sich Zweifel.[313] Der Wehrkreis VII meldete um den 24. Juni herum sogar eine »Entspannung«, und der Chef der Abwehrabteilung fuhr am 26. Juni auf drei Tage dienstlich nach Hamburg,[314] war also gerade in den entscheidenden Tagen der Vorbereitung nicht auf seinem Posten.

Reichenau spielte noch immer sein altes Spiel; er ließ Heeresleitung und Truppenbefehlshaber im unklaren und behielt alle Fäden in der Hand; nur mit Himmler arbeitete er zusammen und hatte seit Mitte Juni auch mit Lutze Kontakt, seitdem dieser auf einer Übungsreise, an der er zusammen mit anderen SA-Führern teilgenommen hatte, an ihn herangetreten war.[315] Diese Methode schien auch jetzt auszureichen. In Schlesien z. B. bewirkten die Vorsichtsmaßnahmen der Reichswehr entsprechende Gegenmaßnahmen der SA; darauf begannen die Nachrichtendienste zu spielen, SD und Abwehr schoben sich ihr Material gegenseitig zu und gaben es in die jeweiligen Zentralen, wo es dann als Alarmnachricht entsprechend ausgewertet wurde.[316] Tatsächlich läßt eine Durchsicht der Quellen den Eindruck entstehen, daß wirklich ernsthafte Putschgerüchte erst *nach* dem 23./24. Juni auftauchten.[317] Auch das deutet darauf hin, daß ihre Quelle nicht in der SA-Führung, sondern bei dem Trio Himmler-Reichenau-Lutze bzw. bei den von ihnen befohlenen »Vorsichtsmaßnahmen« zu suchen ist.[318] Aber dieses Spiel war doch zu fein angelegt, um reibungslos zu funktionieren. Noch waren die direkten Beziehungen zwischen Reichswehr- und SA-Führung nicht abgebrochen, und so kam es z. B. in Schlesien zu Aussprachen zwischen Heines und Kleist, in denen die geheime Regie, deren Figuren sie beide waren, um ein Haar aufgedeckt worden wäre.[319] Auch besaß die SA nicht nur diese Informationsquellen; noch gab es im Heer Offiziere, die zu Röhm hielten und durch die er mindestens über vieles, wenn nicht über das meiste, auf dem laufenden gehalten wurde;[320] nur von den Maßnahmen der SS scheint man in der SA völlig überrascht worden zu sein. Wie Heines in Schlesien auf beruhigende Erklärungen Görings hin die Hälfte seiner Stabswache und des Hilfswerklagers ab 29. Juni in Urlaub schickte, so scheinen andere auf Grund von Alarmnachrichten ihre Formationen entgegen den Erwartungen der Regisseure zur Zurückhaltung gemahnt zu haben.[321]

Darum setzten Reichenau und Himmler nun auch die Mittel der direkten Täuschung und Lüge ein, um die Zweifelnden allerorten bei der Stange zu halten. Eines dieser Mittel war die Kolportage von Gerüchten über Erschießungslisten der SA, auf denen bezeichnenderweise immer gerade der Name des jeweiligen Skeptikers an hervorragender Stelle vermerkt gewesen sein soll; gelegentlich wurden auch entsprechende Stücke vorgewiesen.[322] In den unteren Regionen verdichtete sich das dann zu Behauptungen wie etwa der, die SA habe gedroht, die gesamten älteren Offiziere »umzulegen«.[323] Eine ganz infame Finte anderer Art war die folgende. Am 27. Juni erschien der »Ministerialdirektor für Polizeifragen im Reichsministerium des Innern« im Wehrmachtamt und teilte mit, in Berlin habe eine Besprechung höherer SA-Führer stattgefunden, in der Richtlinien für einen demnächst geplanten Putsch festgelegt worden seien. Einer der SA-Führer habe Bedenken bekommen und wolle Reichenau warnen. Der Beamte lehnte jedoch seinerseits eine Benachrichtigung Hitlers und Fricks ab, da er dorthin nicht durchdringen könne.[324] Erscheint dies schon befremdend, so wird die Sache vollends verdächtig, wenn man erfährt, daß der genannte Ministerialdirektor niemand anders als Kurt Daluege war.[325] Tatsächlich hat er sich auch in diesem Fall seines Rufes würdig erwiesen. Wie Gisevius in Nürnberg mitgeteilt hat, ist der Berliner SA-Gruppenführer Ernst am 26. Juni zu Daluege gekommen, um ihm von den umlaufenden Gerüchten über einen SA-Putsch zu berichten und ihn um Vermittlung einer Unterredung mit Frick zu bitten, damit er diese Gerüchte dementieren könne.[326] Mit diesem »Material« war also Daluege spornstreichs zum Wehrmachtamt geeilt und hatte dort unter völliger Verdrehung der Wahrheit Sturm zu säen versucht. Wo mit solchen Mitteln gearbeitet wurde, durfte man alles erwarten. Sehr verdächtig ist auch der bekannte Fall von Röhms angeblichem Bewaffnungsbefehl, von dem eine Kopie am 26. Juni dem Chef der Abwehrabteilung in die Hände kam und bei dessen Anblick Reichenau ausgerufen haben soll, nun werde es aber höchste Zeit. Es besteht der dringende Verdacht, daß dieses Schriftstück fingiert war und der Abwehr von interessierter Seite zugespielt worden ist.[327]

Mit solchen Mitteln gelang es den Regisseuren, die Alarmstimmung in der Reichswehr aufs höchste zu steigern und zugleich die längst vollzogene Parteinahme Hitlers und der Parteistellen zu verschleiern. Beck befahl seinen Offizieren im Ministerium am 29.

Juni, die Pistolen griffbereit zu halten, Jodl hat rückblickend erklärt, im Reichswehrministerium sei man damals bis an die Zähne bewaffnet gewesen,[328] und im Wehrkreiskommando VII in München befand man sich noch am 28. Juni in peinlichster Ungewißheit darüber, ob Hitler sich nun für die SA oder die Reichswehr entscheiden werde.[329] Es ist vermutet worden, daß Reichenau diesen psychologischen Druck bewußt habe entstehen lassen, um dem Offizierskorps die Hinnahme der terroristischen Form der Aktion zu erleichtern.[330] Das würde voraussetzen, daß er über die geplanten Mord- und Terrormaßnahmen von vornherein orientiert war. Da er bereits im Februar 1933 die Duldung des Terrors befohlen hatte, ist nicht auszuschließen, daß er auch im Juni 1934 damit einverstanden war, solange die Reichswehr sich nicht selbst offen zu beteiligen brauchte. Dann aber ist auch die obige Annahme nicht unberechtigt, denn dann hatte Reichenau allen Grund, vorsichtig zu sein.

Am 28. Juni war alles bereit, um die Aktion einzuleiten. Die SS hatte ihre Befehle, die Reichswehr war psychologisch in der richtigen Verfassung, die SA war, obwohl mißtrauisch geworden, im ganzen doch ahnungslos, das Grüppchen der Monarchisten stand allein, und der Reichspräsident war im fernen Neudeck isoliert. Ein letzter Versuch der Mitarbeiter Papens, Hindenburg über dessen Sohn zu erreichen und ihn zur Verhängung des Ausnahmezustandes zu veranlassen, scheiterte am 28. Juni an der Schwäche und Beschränktheit Oskar v. Hindenburgs.[331] Nun entschloß sich Hitler seinerseits zum Handeln.[332] Am 28. Juni trat er in Begleitung von Göring, Goebbels, Lutze, Brückner, Schaub u. a. eine Reise nach Essen an, offiziell zur Teilnahme an der Hochzeit des dortigen Gauleiters, tatsächlich aber, um, wie die *Nationalsozialistische Korrespondenz* später verriet, »nach außen den Ausdruck [*sic!*] absoluter Ruhe zu erwecken und die Verräter nicht zu warnen«.[333] Am Abend desselben Tages befahl er Röhm telefonisch, für den 30. Juni 9 Uhr eine SA-Führerbesprechung nach Bad Wiessee einzuberufen – was in der SA-Führung neue Hoffnungen auf einen Friedensschluß erweckte,[334] in Wirklichkeit aber der leichteren Liquidierung der ausgewählten Opfer und der Trennung der SA von ihren Führern diente. Am gleichen Tage ergingen die ersten Alarmbefehle,[335] und Göring flog von Essen nach Berlin zurück, wie er später erklärte, mit dem Befehl Hitlers in der Tasche, »auf Stichwort hier zuzuschlagen.[336] Aber wenn er sich zugleich damit brüstete, er habe seine »Aufgabe erweitert, indem er auch gegen diese Unzufriedenen [Schleicher und die Monarchisten] einen Schlag führte«, so wurde er noch am selben Tage durch die Verlautbarung der Reichspressestelle der NSDAP widerlegt, in der es hieß, Hitler habe Göring befohlen, in Berlin »insbesondere die reaktionären Verbündeten dieses politischen Komplotts auszuheben«.[337] Am Tage darauf, dem 29. Juni, wurde, während Hitler Arbeitsdienstlager in Westfalen besichtigte, im ganzen Reichsgebiet die Wehrmacht alarmiert, und die SD-Führer erhielten versiegelte Einsatzbefehle zur Weitergabe an die Alarmeinheiten der SS.[338] Auch Göring erhielt sein »Stichwort«, aber es ist bezeichnend für die Lage, daß seine Exekutive, die Landespolizei, schon nicht mehr recht funktionierte; in Schlesien z. B. wurde ihr Kommandeur am 30. Juni auf einer Dienstreise in Oppeln von den Vorgängen überrascht.[339] Nur in Berlin selbst war Göring noch Herr, in den Provinzen herrschte schon Himmlers SS.

Damit war der Aufmarsch zum Angriff beendet, jetzt fehlte noch der Feind. Denn die SA hatte sich auch jetzt nicht provozieren lassen. In Schlesien waren die SA-Dienststellen am 30. Juni, einem Sonnabend, wegen des am nächsten Tage beginnenden Urlaubs z. T. schon auf Ferienbetrieb umgestellt und nur schwach besetzt,[340] und ähnlich scheint es im ganzen Reichsgebiet gewesen zu sein. Der »revoltierende« Führer der SA-Gruppe Berlin-Brandenburg, Karl Ernst, wollte sich am 30. Juni gerade zu seiner Hochzeitsreise einschiffen, und in München zeitigten die »Beobachtungsaufträge« des SD kein Ergebnis.[341] Aber am 29. Juni erschien die SA in München plötzlich »auf der Straße«, und das offenbar in nicht geringem Umfang.[342] Seltsamerweise waren die höheren SA-Führer Münchens, die doch angeblich die Verantwortlichen waren, nicht darüber orientiert und veranlaßten ihre Formationen sofort zum Einrücken, als ihnen die Tatsache des »Alarms« bekannt wurde. Immerhin erschien ihnen die Lage so ernst, daß Obergruppenführer Schneidhuber und Gruppenführer Schmid noch in der Nacht den Gauleiter und bayerischen Innenminister Wagner aufsuchten, um ihm ihre Loyalität zu versichern.[343] Doch gerade zu ihm (und zu einigen SS-Stellen) führen die Fäden, wenn man nach den wahren Urhebern des Münchener »SA-Putschs« sucht. Sicheres läßt sich in diesem Fall noch nicht behaupten, aber der Verdacht, schon damals geäußert, hat sich heute noch verstärkt. Befremdend erscheint schon, daß ein Putsch, der die Reichsregierung stürzen sollte, nur in

München ausbrach, wo er gar nichts ausrichten konnte, während in Berlin alles ruhig blieb. Und wenn man sich der besonderen Art erinnert, in der Göring im Fall der SA-Aufstandsbefehle für den 5. März 1933 die Wahrheit angedeutet hatte, wird man auch seine Darstellung des 30. Juni interessant finden, in der es mit zynischem Bedauern hieß: »Die armen SA-Männer sind verführt worden.« Warum sagte er nicht, *von wem* sie verführt worden sind?[344] Fast noch überraschender ist Hitlers Angabe in seiner Reichstagsrede, in der er – als einziger aller offizieller Berichterstatter! – behauptete, daß außer in München auch in Berlin um 16 Uhr Alarm gegeben, die Requisition von Lastkraftwagen »zum Transport der eigentlichen Stoßformationen« befohlen worden und für 5 Uhr früh die »überfallmäßige« Besetzung der Regierungsgebäude vorgesehen gewesen sei.[345] Auch er sagte nicht, wer diese Befehle gegeben habe, aber es ist bekannt, daß die SS-Führung bei der württembergischen Reichswehr Lastkraftwagen »requirierte«, um ihre »eigene Stoßformation«, nämlich Teile der späteren Leibstandarte in Berlin, von ihrem Eisenbahn-Ausladeort Kaufering in Bayern nach Bad Wiessee zu transportieren, wo dann »überfallmäßig« die »Regierungsgebäude« besetzt werden sollten.[346] Das erinnert sehr an die Methode, nach der Daluege seine »Informationen« verwendete.

Wie dem auch sei, jedenfalls war mit den alarmierten Münchener SA-Formationen jetzt die »Putschlage« gegeben; die Aktion konnte beginnen. Ihr Ablauf in Wiessee und München ist im wesentlichen bekannt. Um 1 Uhr nachts brach Hitler seine Tarnreise in Bad Godesberg ab, erschien um 4 Uhr früh in München und begab sich, nachdem er zuvor mit den Münchener SA-Führern »abgerechnet« hatte, nach Wiessee. Nachdem er dort Röhm und andere SA-Führer aus den Betten geholt und sich dabei über deren Homosexualität entrüstet hatte, die er doch seit Jahren kannte und der auch einer der Leiter der Terror-Aktion, der Chef des SS-Amtes Gruppenführer Kurt Wittje, ergeben war,[347] transportierte er die Opfer nach München und ließ sechs von ihnen noch am selben Tage, ungeachtet der Bemühungen des Reichsstatthalters Epp und des bayerischen Justizministers Frank, gnadenlos, aber vor allem auch rechtlos, erschießen. Röhm war noch eine Gnadenfrist gegönnt, aber am Tage darauf fiel auch er unter den Kugeln der beiden Dachauer KZ-Kommandanten Eicke und Lippert; denn, so zog Eicke selbst später die Konsequenz aus dem nationalsozialistischen Führerprinzip: »Prominente, die ihren Hals riskieren, müssen durch Prominente exekutiert werden.«[348] Inzwischen hatte sich die SS in und um München weitere Opfer geholt, darunter den Widersacher Hitlers vom 9. November 1923, Dr. v. Kahr, und den gänzlich unbeteiligten Musikkritiker Schmid, der einer Namensverwechslung mit dem gleichnamigen SA-Führer zum Opfer fiel.[349] Ebenso bekannt ist, wie Göring, nachdem er ebenfalls eine Anzahl SA-Führer zur Strecke gebracht hatte, seine »erweiterte Aufgabe« in Berlin löste, indem er den Vizekanzler des Deutschen Reiches, v. Papen, mit Hausarrest belegte, dessen Mitarbeiter v. Bose und Edgar Jung, den Ministerialdirektor Klausener und nicht zuletzt die Generale v. Schleicher und v. Bredow erschießen ließ, wobei auch Schleichers tapfere Frau, die sich den Mördern vor die Pistolen warf, nicht geschont wurde.[350] Auch Gregor Strasser fiel hier der Mordwut zum Opfer, und es ist nicht ausgeschlossen, daß Göring oder ein anderer in diesem Falle wirklich seine »Aufgabe erweitert« hat.[351] Damit hatte, wie Rosenberg in seinem Tagebuch notierte, »wie der erste militärische, so der ehemals erste politische Berater des Führers den Tod gefunden«. Wie aber reagiert ein Nationalsozialist darauf? Rosenbergs nächster Satz lautet: »Gregor Strasser hat sich als *Halber* erwiesen« – d. h., er hat nicht das gleiche Maß an Unterwürfigkeit gegenüber Hitler zu erreichen vermocht wie Rosenberg.[352]

Im übrigen Reichsgebiet verlief die Aktion im ganzen ebenso glatt.[353] Wenn es noch eines Beweises bedurft hätte, daß die SA keinen Putsch geplant hatte, so liegt er in der Art, wie sie auf den Angriff der SS reagierte. Nirgendwo regte sich Widerstand, auch nicht bei den gefürchteten Stabswachen und in den Hilfswerklagern, die z. T. sogar selbst mit der Einziehung ihrer Waffen begannen. Am bemerkenswertesten ist das Verhalten der designierten Opfer, die sich vielfach in völliger Arglosigkeit freiwillig stellten und auch nach ihrer Gefangennahme auf ihren »Führer« vertrauten und auf Aufklärung des »Irrtums« hofften.[354] Nur in Schlesien hat die SA-Wache eines Waffenlagers zur Waffe gegriffen, als sich ihr Polizei und SS in der Nacht näherten;[355] sonst waren die Schüsse der Exekutionskommandos die einzigen, die damals in Deutschland zu hören waren. Diese aber dafür um so deutlicher. Zwar gab es überall auch Akte der Vernunft und Mäßigung,[356] aber sie gingen unter in dem Blutrausch, der die SS-Schergen ergriffen hatte. Am wildesten scheint der Mord in Schlesien gewütet zu haben, wo dem SS-Führer v. Woyrsch die Dinge aus der Hand geglitten waren und die SS nun ihre Privatfehden austragen konnte.[357] Die Gesamtzahl der Opfer ist nichtsdestoweniger später wohl überschätzt worden. Hitlers Angabe von nur 77 Toten ist allerdings ganz indiskutabel; Lutze nannte später 82 Tote allein für die SA,[358] und die heutigen Schätzungen bewegen sich zwischen 150 und 200 Toten.[359]

Gemessen an den Opfern, die die französische Bartholomäus-Nacht gekostet hat, nimmt sich die deutsche bescheiden aus. Aber abgesehen davon, daß das kein Maßstab ist – *ein* Mord ist ebenso verwerflich wie Tausende –, besteht auch hinsichtlich der Folgen ein bedeutender Unterschied. In Frankreich war das Blutbad ein Wendepunkt, von dem jene Bewegung der »Politiker« ihren Ausgang nahm, in der sich Hugenotten und Katholiken über alle konfessionellen Grenzen hinweg in der Erkenntnis zusammenschlossen, daß, da keine Partei die andere überwinden konnte, sie einen *modus vivendi* finden müßten, wenn sich die Nation nicht selbst zerstören sollte. In Deutschland dagegen vollendete das Blutbad vom 30. Juni 1934 das System der totalen Einmann-Herrschaft, insofern der »Führer« jetzt auch unverhüllt zum Fememord an Menschen seines Machtbereichs – seien es Gegner oder Gefolgsleute – ermächtigt wurde. Bis zu diesem Tage war allenfalls noch die Täuschung möglich gewesen, als seien die Ausschreitungen und Gewaltverbrechen, die die nationalsozialistische Eroberung Deutschlands begleitet hatten, die üblichen Auswirkungen einer elementaren Revolution von unten, die man trotz dem damit verbundenen Unrecht und Schrecken im ganzen hinnehmen mußte wie eine Naturkatastrophe, von denen man jedoch eben deshalb erwarten durfte, daß sie sich nach einiger Zeit erschöpfen würden. Mit dem 30. Juni war diese Täuschung endgültig vorüber. Was an diesem und den folgenden Tagen in Deutschland geschah, unterschied sich von den Ausschreitungen der SA nur dadurch, daß es jetzt ganz unzweifelhaft und offen auf Befehl des deutschen Reichskanzlers und unter Beihilfe von Staatsorganen – Gestapo, Polizei, Reichswehr – ausgeführt wurde; im übrigen war es genauso rechtswidrig und verbrecherisch wie das, was SA und SS in der »Frühjahrsrevolution« von 1933 und später verübt hatten.[359a] Denn keiner der Toten des 30. Juni 1934 ist mit der Waffe in der Hand gefallen; sie haben nicht einmal dem Angriff der SS Widerstand geleistet, geschweige denn, daß sie selbst angegriffen und SS und Staatsorgane zur »Notwehr« gezwungen hätten.

Aber Hitler und seine Komplizen handelten nicht nur verbrecherisch, sie ließen ihre Verbrechen auch noch durch das monströse Gesetz vom 3. Juli legalisieren. »Die zur Niederschlagung hoch- und landesverräterischer Angriffe«, so lautete dessen einziger Artikel, »am 30. Juni, 1. und 2. Juli vollzogenen Maßnahmen sind als Staatsnotwehr Rechtens.«[360] Daß Notwehr »Rechtens« ist, braucht nicht durch Gesetz bestätigt zu werden; sie ist *eo ipso* legal. Wo ein Gewaltakt aber keine Notwehr ist, kann er auch durch Gesetz nicht dazu gemacht werden. Sollte überhaupt eine juristische Behandlung der Vorgänge stattfinden, mußten die Maßnahmen der Regierung durch ein unabhängiges Gericht daraufhin geprüft werden, ob sie unter den Begriff der Notwehr fielen oder nicht. Die Regierung hatte freilich allen Grund, einer solchen Prüfung auszuweichen, doch ist nicht ohne weiteres verständlich, warum sie sich dazu der pseudojuristischen Form eines Scheingesetzes bediente und ihren Rechtsbruch in Recht umzufälschen suchte. Verbrechen sind von den Machthabern in der Geschichte oft begangen worden, aber ihre Urheber haben in der Regel wohlweislich darauf verzichtet, die damit verbundene Erschütterung der Rechtsordnung noch weiter zu vertiefen, indem sie ihre Untaten auch noch legalisieren ließen. Wenn Hitler diesen Vorbildern nicht folgte, so, weil seine machtpolitische Lage es nicht erlaubte. Er hatte die absolute Herrschaft über die staatliche wie über die Parteiexekutive errungen, aber er beherrschte noch nicht die Justiz. Solange noch in Deutschland ein zivilisiertes Gesellschaftssystem mit einer wenigstens halbwegs funktionierenden Rechtsordnung bestand, mußte er von seiten der Justiz mit Gegenwirkungen rechnen, die ihrerseits machtpolitisches Gewicht gewinnen konnten. Noch gab es Richter und Staatsanwälte in Deutschland, die wenigstens in ihrem Denken unabhängig waren[361] und von denen daher erwartet werden mußte, daß sie gegen die Mörder und ihre Auftraggeber – und d. h. gegen die Regierung – in Aktion treten würden, wenn man sie nicht daran hinderte. Dieses Hindernis sollte das Staatsnotwehr-Gesetz schaffen: Um die Justiz zum Stillhalten zu veranlassen, erhob sich die Regierung zum Richter in eigener Sache, dekretierte die Rechtmäßigkeit ihres Vorgehens und verlieh diesem Machtspruch die Würde eines gesetzgeberischen Aktes. So war derselbe Grund, der Hitler bewog, Röhm der ordentlichen Gerichtsbarkeit zu entziehen und ihn ermorden zu lassen, auch dafür maßgebend, daß er diesen Rechtsbruch nachträglich zu legalisieren versuchte. Damit erwies sich das Gesetz zugleich als integraler Bestandteil dieser zweiten Revolution: Wie der Mord an Röhm und den SA-Führern die letzte von Hitler unabhängige Macht in der nationalsozialistischen Bewegung und die übrigen Morde die letzten unabhängigen politischen Kräfte außerhalb der NSDAP beseitigten, so durchbrach das Staatsnotwehr-Gesetz die Unabhängigkeit der Justiz und sicherte Hitler die politische Beute des 30. Juni vor dem Zugriff der irdischen Gerechtigkeit.

Aber über den machtpolitischen Aspekt hinaus hatte der Vorgang noch eine tiefere und weiterreichende Bedeutung. Er sicherte nicht nur die Resultate der zweiten Revolution, er vollendete auch das System der Revolution von oben, indem er die Regierung offiziell zur Begehung von Verbrechen ermächtigte und ihr damit jene äußerste und letzte Ermächtigung erteilte, die ihr bisher noch gefehlt hatte. Zwar sollte das Gesetz vom 3. Juli seinem Wortlaut nach nur für den einmaligen Fall des 30. Juni 1934 gelten. Aber angesichts der ganzen Umstände war das eine sehr schwache und gegenüber dem Mißbrauch der Würde des Gesetzes auch widerspruchsvolle Beschränkung. Allein die Möglichkeit, daß das Verbrechen einmal zum legalen Staatsakt erhoben werden konnte, vernichtete die Rechtsordnung für die ganze Dauer des Regimes, und das um so eher, als die Bedingungen, mit denen die »einmalige Ausnahme« begründet worden war, von der Regierung bzw. von Hitler allein willkürlich bestimmt worden waren. So war das Gesetz vom 3. Juli in Wahrheit ein weiteres Ermächtigungsgesetz, das die mit dem Ermächtigungsgesetz vom 23. März 1933 begonnene Linie der »legalen Revolution« fortsetzte und in gewissem Sinne zu Ende führte. Wie damals die Verfassung von Weimar auf »legalem Wege« formell suspendiert, *de facto* aber beseitigt worden war, so wurde jetzt sogar die Rechtsordnung überhaupt »durch Gesetz« *verbaliter* nur für den einmaligen Fall durchbrochen, tatsächlich aber schlechthin vernichtet. Mochten im Alltagsleben noch die verschiedenartigsten Reste und Bruchstücke der alten Ordnung fortexistieren, die rechtspolitische Situation wurde doch dadurch beherrscht, daß ein Mann in Deutschland regierte, der für sich in Anspruch nahm, selbst seine Verbrechen noch zum Gesetz zu erheben. Damit wird zugleich die Identität von legaler Revolution und Revolution von oben deutlich: Die legale Revolution bestand eben darin, daß die Regierung die Gesetzgebungsfunktion usurpierte und mit deren Hilfe ihren revolutionären Akten legalen Charakter verlieh.

Das Gesetz vom 3. Juli vollendete diesen Prozeß, indem es die Regierung obendrein in den Stand setzte, in eigener Sache auch die Rechtsprechung zu übernehmen. Hitler handelte daher nur konsequent, wenn er sich jetzt selbst zum »obersten Gerichtsherrn des deutschen Volkes« ernannte[362] und in der Folge alle seine Komplizen nicht nur der strafrechtlichen Verfolgung entzog,[363] sondern sie auch noch belohnte (oder belohnen ließ), angefangen von Himmler, dem jetzt die Selbständigkeit seiner SS-Organisation zugesprochen und zugleich die Genehmigung zur Aufstellung bewaffneter Streitkräfte neben der Wehrmacht in Stärke von einer Division erteilt wurde, bis hinab zu den einfachen SS-Henkern, die von Himmler am 4. Juli in Berlin zusammengerufen und durch »Ehrendolche« ausgezeichnet wurden.[364] Damit waren Maßstäbe gesetzt und Prinzipien aufgestellt, die von nun an das nationalsozialistische Regime bis zu seinem Ende charakterisiert haben. Nicht nur hat Hitler sich später, im Kriege, wiederum selbst zum obersten Gerichtsherrn ernannt, sein treuer Gefolgsmann Himmler hat auch die Kontinuität der mit dem 30. Juni eingeführten Praxis klargestellt, als er 1943 in seiner berüchtigten Posener Rede die Haltung der SS am 30. Juni 1934 als richtungweisend für ihre Haltung gegenüber der Ausrottung der Juden bezeichnete. »Die befohlene Pflicht zu tun und Kameraden, die sich verfehlt haben, an die Wand zu stellen und zu erschießen . . ., [das] hat jeden geschaudert, und doch war sich jeder klar darüber, daß er es das nächste Mal wieder tun würde, wenn es befohlen wird und wenn es notwendig ist.«[365]

Wenn man so Hitler und nach ihm Himmler als die wahren Sieger des 30. Juni bezeichnen darf, so war der wahre Unterlegene die deutsche Nation, denn sie hatte als Staatsnation von jetzt an aufgehört zu existieren; übriggeblieben war nur noch eine Gruppe von Menschen, die durch gemeinsame deutsche Sprache verbunden waren, also die Kulturnation, und selbst sie war schwer gefährdet. Mit der politischen und z. T. auch physischen Vernichtung der konservativ-monarchistischen Opposition war die letzte eigenständige politische Kraft zerstört, die wenigstens theoretisch als Repräsentantin der Nation denkbar gewesen wäre, und mit der Vernichtung der Rechtsordnung in Deutschland fehlte auch jenes Regulativ, ohne das politisches Leben in einer zivilisierten Gesellschaft nicht denkbar ist. Seitdem war auch die eigenständige politische Macht der Staatsorgane und anderen Machtträger im Prinzip vernichtet: Beamtentum, Wehrmacht, Wirtschaft, Geistlichkeit usw., sie alle haben nur abgeleitete politische Bedeutung, und wovon sollten sie sie jetzt noch ableiten. Es blieb nur der »nationalsozialistische Staat«, und in ihm führten alle Wege, mochten sie auch noch so verschlungen sein, zuletzt doch immer wieder zu Hitler. Die Wehrmachtführung unter Blomberg und Reichenau hat daraus rücksichtslos die Konsequenzen gezogen – bis zum Eid auf Hitler am 2. August 1934, und das Offizierskorps ist ihr darin mehr oder minder widerstrebend, mehr oder minder gutwillig und z. T. auch in irregeleiteter Begeisterung gefolgt. Mindestens Blomberg und Reichenau hielten sich dabei offenbar für die Sieger und glaubten, den Prozeß der totalen Gleichschaltung, den sie vor dem 30. Juni ausgelöst hatten, jetzt bremsen und sich fortan auf den der militärischen Mobilmachung beschränken zu können. Ausdruck dieser Hoffnungen war die Zwei-Säulen-Doktrin, die das Reichswehrministerium jetzt verkündete und die Hitler bereitwillig sanktionierte. Nach ihr sollten Partei und Wehrmacht die zwei Säulen sein, auf denen der nationalsozialistische Staat ruhte, die Wehrmacht also neben der Partei einen Vorrang vor allen anderen Kräften und Einrichtungen genießen.[366] Aber indem die Führer der Wehrmacht um der Vernichtung Röhms willen die Vernichtung der Nation in Kauf nahmen, beraubten sie sich selbst der Basis, die allein ihnen Halt gegenüber Hitler hätte geben können; wollten sie ihn ohnedies beherrschen, so mußten sie sich noch radikaler gebärden als er, d. h. die »dritte Revolution« entfesseln.

Aber das war natürlich unmöglich, und daher war Hitler auch hier der Stärkere. Seit dem 30. Juni wußte er, was er dem Offizierskorps zumuten durfte, wenn er nur dafür sorgte, daß dabei kein öffentlicher Skandal entstand. Nicht nur hatte das in Ehrenfragen sonst so mimosenhaft empfindliche Offizierskorps die Ermordung zweier ehemaliger Generale hingenommen, es war zugleich auch zum Komplizen der SS geworden. Gewiß, die Reichswehr hatte selbst nicht geschossen, aber sie hatte die Gewehre geliefert, mit denen geschossen wurde. Für Heeresleitung und Truppenführer mochte dabei die Entschuldigung gelten, daß sie die Zusammenhänge vor dem 30. Juni nicht durchschaut hatten, sondern arglistig getäuscht worden sind. Um so unverständlicher und verwirrender ist ihr Verhalten nach dem Terrorakt. Denn dann bestand mindestens für Offiziere im Range von Generalen die Möglichkeit, sich über den wahren Sachverhalt zu informieren, und nach erhaltener Aufklärung ergab sich die gebieterische Pflicht wenn nicht zum Widerstand, so doch mindestens zum Rücktritt. Diese Pflicht nicht erkannt und statt dessen den Eid auf Hitler geleistet zu haben, ist das schwerste Versäumnis des Offizierskorps gewesen. Den Terror der Revolution von unten im Jahre 1933 hatte es noch durch »Nichteinmischung« ignorieren können, an dem der Revolution von oben am 30. Juni 1934 war es schon durch Beihilfe beteiligt. Es ist seit alters her die Methode der Gangster, Genossen an sich zu fesseln, indem man sie zu einer ersten Straftat verleitet. So ähnlich war auch Hitler verfahren. Daher konnte er es sich schon jetzt leisten, Himmler in einer Form zu belohnen, die der Wehrmacht ihren eigenen Siegespreis, das schwer erkämpfte Waffenmonopol im Staate, bereits im Prinzip wieder entwand. Er hat nur vier Jahre benötigt, um Fritsch fälschlich des gleichen Vergehens der Homosexualität anzuklagen, dessen man Röhm zu Recht bezichtigt hatte, und ihn trotzdem abzusetzen. In den Reihen der SA triumphierte man damals: Das sei die »Rache für den 30. Juni«.[367]

So wie die Wehrmacht waren auch die anderen halbpolitischen Mächte gegenüber Hitler hilflos, solange nicht eine politische Bewegung entstand, die auf zwei Erkenntnissen beruhte: 1. daß es nicht Hitlers Gefolgsleute waren, die Deutschland in den Abgrund stürzten, sondern daß die Quelle aller Übel bei Hitler selbst lag und daß man daher ihn entmachten mußte, wenn man Deutschland retten wollte. Und 2. daß Deutschland einer Rettung vor den Nationalsozialisten so dringend bedürftig war, daß über dieser Aufgabe alle anderen politischen Differenzen zurückzustehen hatten.[368] Es sind diese beiden Erkenntnisse, auf denen im Grunde die Widerstandsbewegung beruhte. Mit ihr fängt daher die Wiedergeburt der Nation an.

NACHWORT UND AUSBLICK

Von Karl Dietrich Bracher

Mit der Sanktionierung der blutigen Gewalttaten der »zweiten Revolution« war der Prozeß der nationalsozialistischen Machtergreifung abgeschlossen. Die totalitäre Diktatur in Gestalt des unumschränkten Führerstaates hat im Sommer 1934 ihre unwiderrufliche institutionelle Besiegelung gefunden. In Papens Abtreten von der Regierungsbühne, die der gefallene Vizekanzler eineinhalb Jahre zuvor so selbstbewußt mit Hitler zusammen erklommen hatte, manifestierte sich der endgültige Zusammenbruch der Illusion von der »nationalen Revolution«, von der Einrahmung und Zähmung des nationalsozialistischen Herrschaftswillens. Papens Antwort auf die Ermordung der nächsten Freunde war die Bereitschaft, als Sonderbotschafter Hitlers die österreichischen Wogen zu glätten und dem »Anschluß« eine bessere Basis zu schaffen.

Auch die übrigen Restsicherungen gegen die totalitäre Diktatur brachen rasch zusammen. Der 86jährige Hindenburg, tragende Hoffnung eines Widerstandes in letzter Stunde, hatte sich schon Anfang Juni vorzeitig von Berlin auf sein ostpreußisches Gut Neudeck zurückgezogen: ein todkranker Greis, längst abgeschnitten von der politischen Wirklichkeit und von Hitlers ergebenen Beratern umstellt. Auf seinem ostpreußischen Sterbelager, fern den Berliner Vorgängen, wurde er noch ein letztes Mal zur höchsten Sanktionierung des Geschehenen mißbraucht. Schon am 2. Juli gingen, wohl von Meißner und Hindenburgs Sohn bereitwillig gefertigt, Hindenburgs Glückwunschtelegramme an Hitler und Göring. Wieder funktionierte der oft geübte Legalisierungsmechanismus: Wenig später erging der Befehl zur Verbrennung »sämtlicher mit der Aktion der letzten Tage zusammenhängenden Akten«.[1] Die rechtliche Behandlung der Mordserie wurde damit auch sachlich unterbunden, nachdem das Gesetz vom 3. Juli sie schon juristisch legalisiert hatte – offenbar reizte der mißglückte Schauprozeß um den Reichstagsbrand nicht zur Wiederholung –, und am 13. Juli vollendete Hitler die Legalisierungskomödie mit seinem zweistündigen »Rechenschaftsbericht« vor dem gleichgeschalteten Reichstag, der für das »ganze Volk« der Erklärung seines Präsidenten Göring brausende Zustimmung zollte: »Wir alle billigen immer das, was der Führer tut.«[2] Dem führenden Staatsrechtler Carl Schmitt, durch die geistvolle Zerstörung des Weimarer Rechtsstaatsgedankens berühmt geworden, blieb es vorbehalten, die rechtspolitische Konsequenz des totalitären Führerstaates zu ziehen. Am 1. August 1934 erschien in der *Deutschen Juristenzeitung*[3] jener Aufsatz Schmitts, der Hitler (»Der Führer schützt das Recht«) gemäß seiner Reichstagsrede vom 13. Juli zur Quelle allen Rechts erhob und in den dithyrambischen Sätzen gipfelte:

> ». . . Der Führer schützt das Recht vor dem schlimmsten Mißbrauch, wenn er im Augenblick der Gefahr kraft seines Führertums als oberster Gerichtsherr unmittelbar Recht schafft: ›In dieser Stunde war ich verantwortlich für das Schicksal der deutschen Nation und damit des deutschen Volkes oberster Gerichtsherr.‹ Der wahre Führer ist immer auch Richter. Aus dem Führertum fließt das Richtertum . . . In Wahrheit war die Tat des Führers echte Gerichtsbarkeit. Sie untersteht nicht der Justiz, sondern war selbst höchste Justiz. Es war nicht die Aktion eines republikanischen Diktators, der in einem rechtsleeren Raum, während das Gesetz für einen Augenblick die Augen schließt, vollzogene Tatsachen schafft, damit dann, auf dem so geschaffenen Boden der neuen Tatsachen, die Fiktionen der lückenlosen Legalität wieder Platz greifen können. Das Richtertum des Führers entspringt derselben Rechtsquelle, der alles Recht jedes Volkes entspringt. In der höchsten Not bewährt sich das höchste Recht und erscheint der höchste Grad richterlich rächender Verwirklichung dieses Rechts. Alles Recht stammt aus dem Lebensrecht des Volkes. Jedes staatliche Gesetz, jedes richterliche Urteil enthält nur so viel Recht, als ihm aus dieser Quelle zufließt . . . Inhalt und Umfang seines Vorgehens bestimmt der Führer selbst . . .«

Es mag symbolisch erscheinen, daß dies äußerste Zeugnis rechtlicher und geistiger Selbstzerstörung am selben Tage erschien, an dem Hitler zum letzten Akt der Machtergreifung und Machtbefestigung ausholte und mit der Verschmelzung der höchsten Ämter des Staates in seiner Person und in seinem jeder Kontrolle enthobenen Willen den unumschränkten Führerstaat auch formal besiegelte. In einem einzigen Ablauf ineinander übergehender Ereignisse vollzog sich binnen weniger Tage der letzte Umbau des Regimes, der Hitlers totale Herrschaft vollendet hat. Noch bevor Hindenburg am Morgen des 2. August die Augen schloß, hatte das Kabinett jenes »Gesetz über das Staatsoberhaupt des deutschen Reiches«[4] beschlossen, durch das Präsidenten- und Reichskanzleramt in der Person des »Führers und Reichskanzlers« vereinigt wurden. Auch letzten Hoffnungen auf Widerstand oder monarchische Restauration, die sich an Hindenburgs umstrittenen letzten Willen knüpfen mochten, war damit brüsk der Boden entzogen. Man hatte den Tod des »alten Herrn« kaum erwarten können, man hatte auch auf des abwesenden Papen Unterschrift nicht verzichtet. Der Akt konnte sich zwar formal auf die am 30. Januar 1934 beschlossene Ermächtigung für Verfassungsänderungen stützen; er war aber staatsstreichförmig, insofern er nach dem Reichsrat mit dem Reichspräsidentenamt eine weitere Schranke jenes Ermächtigungsgesetzes beseitigte, auf dem auch weiterhin, ohne Änderung des Textes, alle Regierungsgesetzgebung beruhte.

So war die Legalitätsthese aufs neue durchbrochen: Sich widersprechende Verfassungsänderungen bestanden nebeneinander fort. Zugleich unterbauten noch am selben 2. August, von der Flut überschwenglicher Trauernachrufe und Staatsveranstaltungen für den toten Hindenburg verwirrend übertönt, weitere Gesetze und Verordnungen die veränderte Staatskonstruktion. Durch Erlaß wurde Frick von Hitler mit der Vorbereitung einer Volksabstimmung beauftragt, die der »verfassungsrechtlich gültigen« Neuregelung noch die »ausdrückliche Sanktion des deutschen Volkes« sichern sollte. Diesen platonischen Zustimmungsakt begründete Hitler mit der dreisten Formel, er sei »fest durchdrungen von der Überzeugung, daß jede Staatsgewalt vom Volke ausgehen und von ihm in freier und geheimer Wahl bestätigt sein muß«; der Verschleierung der verfassungsrechtlichen Zusammenhänge sollte auch Hitlers Beteuerung dienen, er wolle künftig deshalb nur als »Führer und Reichskanzler« bezeichnet werden, weil Hindenburg »dem Titel Reichspräsident einmalige Bedeutung« gegeben habe.[5] In diesen Rahmen gehörte auch die Neuvereidigung der Wehrmacht, die ebenfalls noch am Todestag Hindenburgs in allen Garnisonen erfolgte. Die für die Zukunft grundlegende Bedeutung der neuen Eidesformel lag nicht allein im persönlichen Zuschnitt auf Hitler und im Verzicht auf jede Bindung an Verfassung, »gesetzmäßige Einrichtungen« und sonstige Vorgesetzte, sondern in der religiös sanktionierten Verknüpfung des bei Gott geschworenen »heiligen Eids« mit dem Begriff des »*unbedingten* Gehorsams«, die den Akt ins Absolute steigerte.

Es war ein doppelter Staatsstreich, auch formal gesehen. Die Vereidigung war in der Eile nicht einmal durch Regierungsgesetz, sondern lediglich durch Befehl Blombergs erfolgt, wozu der Reichswehrminister keineswegs befugt war; erst nach dem Plebiszit wurde sie mit Wirkung vom 20. August auch gesetzlich verkündet und der Beamtenschaft selbst ein ähnlicher Eid auf Hitler persönlich auferlegt.[6] Sie war aber auch deshalb irregulär, weil sie nach geltendem Verfahren und Gesetz keinesfalls die gesamte Wehrmacht, sondern nur Neueintretende erfassen durfte, solange – was nicht der Fall war – eine weitere Verfassungsänderung dies nicht ermöglichte. Alle späteren Vorwürfe gegen die »Eidbrecher« der Widerstandsbewegung gehen zudem an der Tatsache vorbei, daß der persönliche Eid ein zweiseitiges Treueverhältnis begründet hat, zu dem sich Hitler selbst ausdrücklich in einem Dankschreiben an Blomberg bekannte.[7] Er hatte die Verpflichtung, »für den Bestand und die Unantastbarkeit der Wehrmacht einzutreten« und »die Armee als einzigen Waffenträger in der Nation zu verankern«, selbst vielfach gebrochen, den Anspruch auf Treue und Gehorsam längst verwirkt, bevor der Aufstand vom 20. Juli 1944 die mißbrauchte Bindung zu lösen suchte.

Das Plebiszit vom 19. August 1934 bedeutete den äußeren Abschluß dieser bestürzenden »zweiten Revolution«, die den Prozeß der Machtergreifung vollendet hat. Als nachträglicher Legalisierungsakt hat es seinen Zweck erfüllt, auch wenn es dem folgenden Ausbau des totalitären Akklamationssystems überlassen blieb, den Schönheitsfehler erstaunlich zahlreicher Nein-Stimmen (in Hamburg 21 %) zu korrigieren.[8] Der gleichgeschaltete Einparteienstaat unter einem auf Lebenszeit unumschränkten Führer hatte die endgültige Form erreicht. Es bedeutete nur die Abrundung dieser Institutionalisierung der Diktatur, daß durch Gesetz vom 16. Oktober 1934 auch die freilich längst fiktive Kollegialität der Regierung zerstört und die Eidesformel für Reichsminister dahingehend geändert wurde, daß sie – wie auch Länderminister und Reichsstatthalter – jetzt nicht mehr der Verfassung, sondern allein Hitler persönlich Treue und Gehorsam zu schwören hatten.[9] Selbst Papen, Geburtshelfer und Garant der einst so selbstbewußt eingerahmten »nationalen Revolution«, der sich noch immer beharrlich auf die Legende beruft, Hitler sei erst im Laufe der Jahre auf Abwege geraten, gelangt im Widerspruch zu seinen Rechtfertigungsthesen zu der treffenden Feststellung: »Aber in den ersten neunzehn Monaten wurde der unkorrigierbare Rahmen geschaffen, in dem sich die spätere Entwicklung vollzog.«[10]

Ergebnis und Folgen der nationalsozialistischen Machtergreifung sind so vielfältig und tiefgreifend wie der Prozeß, den die Analysen dieses Buches nachzuzeichnen und zu charakterisieren versucht haben. Hitler selbst hat es schon in seinem »Aufruf an das deutsche Volk« am 20. August auf die Formel gebracht, der 15jährige Kampf um die Macht in Deutschland habe nun seinen Abschluß gefunden: »Angefangen von der obersten Spitze des Reiches über die gesamte Verwaltung bis zur Führung des letzten Ortes befindet sich das Deutsche Reich heute in der Hand der Nationalsozialistischen Partei ... Der Kampf um die Staatsgewalt ist mit dem heutigen Tage beendet. Der Kampf um unser teures Volk aber nimmt seinen Fortgang ...«[11] Zwei Wochen später eröffnete Heß den Reichsparteitag 1934 mit dem Diktum, oberstes nationalsozialistisches Prinzip sei »das Gesetz der Totalität«,[12] und Hitler selbst proklamierte in feierlicher Rückschau[13] das vergangene Jahr als Epoche der »endgültigen Festigung der nationalsozialistischen Macht in Deutschland«: Der Parteitag von 1933 sei »der Beginn eines Verfolgungskampfes [gewesen], in dessen Verlauf von uns eine feindliche Stellung nach der anderen aufgebrochen und eingenommen wurde«. Jetzt aber sei »die nationalsozialistische Revolution ... als revolutionärer, machtmäßiger Vorgang abgeschlossen«, es beginne die Evolution, nachdem die Führung »heute in Deutschland die Macht zu allem« habe: Ihr Handeln könne künftig »durch nichts gehemmt werden, außer durch Momente taktischer, persönlicher und damit zeitlicher Natur«. Der »endgültigen« Eroberung Deutschlands folge die »von oben geführte Verwirklichung des nationalsozialistischen Programms«, und ihr Ergebnis werde sein: »In den nächsten tausend Jahren findet in Deutschland keine Revolution mehr statt.«

Die Geschichte hat sich nicht an das Diktum des Diktators gehalten. Zunächst jedoch schien alles nach den Intentionen und Verheißungen der nationalsozialistischen Machthaber zu laufen. Anders als der Faschismus hatte die siegreiche NSDAP binnen Jahresfrist ihre Machtergreifungs- und Gleichschaltungsziele erreicht. Sie verdankte dies der skrupellosen Energie, mit der Hitler die innenpolitische Umwandlung des Staates forciert hatte. Die strategischen Ziele einer gewaltsamen Expansion nach außen hat er jedoch über diesem vorübergehenden Primat der Innenpolitik nie aus den Augen verloren. Sie bestimmten die weitere Entwicklung des Herrschaftssystems, das nun seine innere Grundlage besaß. Unverrückbar war die Stufenfolge von Anfang an festgelegt gewesen: innere Gleichschaltung – Aufrüstung im weitesten Sinne des Wortes – Eroberung des »Lebensraumes«. Durch Täuschung, Terror und Verfolgung hatte die siegreiche Partei das vorgeschobene Programm der »nationalen Erhebung« in den Prozeß einer einseitig nationalsozialistischen Machtergreifung verwandelt. In den Notverordnungen des Februar 1933 waren die Reglementierung des öffentlichen Lebens und die Lähmung der Opposition angebahnt, durch Staatsstreich die Resistenzkraft der Länder gebrochen, durch Drohung und Lüge der Reichstag ausgeschaltet und die paradoxe, doch trügerisch beruhigende Taktik der »legalen Revolution« sanktioniert worden. Staatsapparat und Armee, soziales und geistiges Leben insgesamt waren dem Herrschaftswillen einer kleinen, unkontrollierbaren Führerclique unterworfen. Nicht bloßer Zwang und Terror, sondern »Erfassung« und Verführung der Bevölkerung in allen Lebenssphären durch riesige Unterorganisationen der Staatspartei waren die Stützen des totalitären Führerstaates, der durch rasche Scheinerfolge einer reorganisierten Innen- und Wirtschaftspolitik die Zustimmung der Bevölkerungsmehrheit gewonnen hat.

Der zutiefst destruktive Gehalt dieser Politik ist heute unwiderlegbar bloßgestellt; Hitler selbst hat unermüdlich betont, er wolle sein Tun einzig am Erfolg gemessen wissen. Aber der große Eindruck, den die Disziplinierung des politischen Lebens und die großzügige Ankurbelung der Wirtschaft selbst auf viele ausländische Zeitgenossen gemacht hat, erwies sich als eine bedeutsame Potenz des Regimes, die in Gestalt der Legende vom »Guten im Nationalsozialismus« noch heute in weiten Bevölkerungskreisen fortdauert. Verschwiegen blieben die Hintergründe: die Vorbereitungsarbeit, die die diffamierte Republik für die Arbeitsbeschaffungspolitik geleistet hatte; die Gunst des weltweiten Konjunkturaufschwungs, der der nationalsozialistischen Wirtschaftspolitik entgegenkam; die Bedeutung einer forcierten Aufrüstung als ihr wichtigster Auftraggeber; die Kehrseite der Arbeitsdienstpflicht, einer schließlich bedenkenlosen Kreditausweitung, einer klassischen Politik des *panem et circenses* mit Massenschaustellungen und »Kraft durch Freude«; schließlich der zweifelhafte Wert einer neuen Ordnung, die an die

Stelle des vielgeschmähten »Parteienhaders« die Ruhe des Kasernenhofs und der Konzentrationslager gesetzt, politische Verantwortung durch eine wahre Inflation des Führerprinzips zerstört und den natürlichen Konflikten des Arbeitslebens, dem freien Pluralismus in Staat und Gesellschaft durch Dirigismus und Zwang ein Ende bereitet hat. Totalitäre Diktatur kann nicht positive Ordnung im Sinne allgemeiner Sicherheit sein, weil sie wesensmäßig jede wirksame Kontrolle ausschließt; ihre »Ordnung« ist nichts als die absolute Durchsetzung des eigenen Willens. So populär Hitlers Kampf gegen den Bolschewismus war, so sehr war auch der nationalsozialistische »Antibolschewismus« dem Endziel der totalen Alleinherrschaft untergeordnet; nach dem destruktiven Zusammenwirken mit den Kommunisten zum Sturz der Demokratie hat der Nationalsozialismus neben der KPD auch alle nichtkommunistischen Parteien ausgelöscht, um zu gegebener Zeit vor einer Wiederholung der Kooperation mit dem Kommunismus, nun zur Zerstörung der europäischen Ordnung, nicht zurückzuscheuen.

Die Täuschung und Selbsttäuschung aller Schichten der deutschen Bevölkerung, die in der Appeasementpolitik der folgenden Jahre ihr Gegenstück fand, ist in der Taktik des Machtergreifungsprozesses mit unleugbarem Geschick benutzt und gefördert worden. Beamtenschaft, Spezialisten, Intelligenz sind in kaum zu erwartendem Maße davon überwältigt worden: Ein Apparat an Fachleuten stand der selbst so wenig sachkundigen »Bewegung« zur Verfügung. Die rechtszerstörende Fiktion der »legalen Revolution« hat das Bedürfnis nach formaler Richtigkeit zu befriedigen, der fortdauernde Dualismus des Systems den Glauben an weitere Einflußmöglichkeiten von »Amts« wegen zu nähren vermocht. Erst die Entwicklung zum SS-Staat hat solche Illusionen zerstört. Durch perfekte Einheitsplebiszite vor dem Hintergrund einer durch Zwang und Täuschung manipulierten Zustimmung ließ sich das Regime als »wahre Demokratie« bestätigen. Nicht nur in der stetig noch wachsenden Ämterkumulation, sondern mehr noch in dem pseudometaphysisch stilisierten Anspruch auf Allmacht als »Führer«, in der pseudodemokratischen Legitimierung als alleiniger persönlicher Repräsentant der Souveränität des Volkes sah Hitler seine totale Herrschaft begründet. Wie er in der Schlußrede des Parteitages von 1935 »die Autorität der Partei als letzte überwachende und entscheidende Instanz und als letzte Richterin« des deutschen Volkes anerkannt wissen wollte, so betonte er zugleich: »Der Führer ist die Partei, und die Partei ist der Führer. So wie ich mich nur als Teil dieser Partei fühle, so fühle sich die Partei nur als ein Teil von mir.«[14]

Dilemma und Tragik einer künftigen Opposition war es, daß sie sich der Hilfe ehemaliger Verbündeter Hitlers bedienen mußte, um eine politisch wirksame Bresche in diese Mauer von Furcht und Opportunismus, von Gedankenlosigkeit und irregeleitetem Ordnungsbedürfnis zu schlagen: Nur von den Machtpositionen des »Dritten Reiches« selbst oder durch Gewalt von außen war der totale Staat aufzubrechen, nachdem er jede Möglichkeit konkurrierender Meinungs- und Gruppenbildung in der Bevölkerung erstickt hatte. Wohl hat die Anschauung der fortgehenden Herrschaftspolitik Bedenken geweckt: Verfolgung und Terror, geistige und religiöse Intoleranz, KZ- und Judenpolitik waren wenigstens im Bekanntenkreise jedem spürbar, auch wenn ihre extremsten Konsequenzen der Massenvernichtungspraxis in geheimster Vertraulichkeit vollzogen, Krieg und »Endsieg« die Voraussetzung ihrer Vollendung waren. Das galt auch für die christlichen Kirchen, den einzigen inneren Gegner, der nach anfänglichen Illusionen weder zerschlagen noch völlig gleichgeschaltet werden konnte.

Die imponierende Schlagkraft des Regimes ist durch die inneren Widerstände kaum merklich geschwächt worden, nachdem einmal Grundlage und Rahmen der totalitären Herrschaft geschaffen waren. Auf die brutale Durchsetzung des nationalsozialistischen Monopolanspruchs im inneren Machtergreifungsprozeß folgte ihr ungestörter Ausbau im Herzen des zivilisierten Europa, in das nun Monat für Monat Tausende politisch und rassisch Verfolgter unter Drohung gegen Geist und Leben flohen. Vor allem aber hat Hitler nach Vollendung der Machtergreifung alle Kräfte seiner sozialimperialistischen, expansionistischen Grundkonzeption gewidmet. Auch die folgende Wendung zur Aufrüstung, Außenpolitik, kriegerischen Expansion, die sich auf die Anti-Versailles- und Gleichberechtigungspropaganda stützen konnte, war sich der Zustimmung weiter Bevölkerungskreise gewiß. Hinter ihnen stand nun eine Diktatur, die mit dem permanenten Ausnahmezustand alle Kräfte unter ihren Willen zwang und zum Krieg mobilisierte. Der gewaltsame Ausgriff des nationalsozialistischen Herrschaftsanspruches, der wenige Jahre später die Welt in einen Krieg von unabsehbaren Folgen gestürzt hat, ist unlöslich mit dem Erfolg der nationalsozialistischen Machtergreifung verknüpft. In ihrer doppelten Bedeutung als

Beispiel eines totalitären Revolutionsprozesses moderner Prägung wie als Basis und Ursache einer globalen Kriegs- und Vernichtungspolitik ist sie ein wahrhaft weltgeschichtliches Ereignis, dessen Erfahrungen und Lehren auch der Politik unserer Epoche stets gegenwärtig sind – oder sein sollten.

ANMERKUNGEN

Erstes Kapitel: DIE WEHRMACHT IN DER REVOLUTION

1 Die Termini nach Max Weber, *Wirtschaft und Gesellschaft* (*Grundriß der Sozialökonomik,* Abt. 3), 3. Aufl., Tübingen 1947. Dabei wären allerdings die Einwände zu beachten, die Otto Brunner, *»Feudalismus«. Ein Beitrag zur Begriffsgeschichte,* Wiesbaden 1959, S. 34 f., vorgebracht hat (rationale Herrschaft nicht nur im Sinne von bürokratischer Verwaltung, sondern auch in dem der parlamentarischen Verfassung).

2 »Gewalt« wird hier im engeren Sinne verstanden, etwa wie im englischen *»violence«* (im Gegensatz zu »force«).

3 Die Forschung hat die Doppelfunktion bisher nur bei der SS berücksichtigt: Hans-Günther Seraphim, »SS-Verfügungstruppe und Wehrmacht«, in: *Wehrwissenschaftliche Rundschau* 5 (1955), S. 569 ff.; Ermenhild Neusüß-Hunkel, *Die SS* (*Schriftenreihe des Instituts für wissenschaftliche Politik,* Bd. 2), Hannover–Frankfurt a. M. 1956. Beide Autoren haben jedoch, in Verkennung der Gleichwertigkeit beider Funktionen, sie einander zu subordinieren versucht. Der Versuch ist gescheitert, denn beide kommen zu genau entgegengesetzten Resultaten: Nach Seraphim soll die polizeiliche, nach Neusüß-Hunkel die militärische Funktion der SS »Tarnung« bzw. taktisches Vehikel der jeweils anderen Aufgabe gewesen sein. Tatsächlich gab es derart subtile Überlegungen nicht; was man wollte, war die Verschmelzung beider Funktionen in einer totalen Gewaltorganisation.

4 Vilfredo Pareto, *Trattato di Sociologia generale,* 1. Ausg. 1916; hier nach der englischen Übers.: *The Mind and Society,* ed. by Arthur Livingston, 4 Bde., 3. Aufl., New York 1942, bes. Bd. IV.

5 Adolf Hitler, *Mein Kampf,* 125.–126. Aufl., München 1934, S. 166; S. 494 und *passim*; vgl. auch Hermann Rauschning, *Gespräche mit Hitler,* 4. Aufl., Zürich–Wien–New York 1940, S. 9 ff.; S. 71 ff.; S. 249 ff. – Um Mißverständnissen vorzubeugen, sei darauf hingewiesen, daß eine Abhängigkeit Hitlers von Pareto hier ausgeschlossen wird. Paretos Werk ist vor 1945 nur in fremdsprachigen Ausgaben bekannt gewesen, und Hitler hat keine fremden Sprachen beherrscht. Zwar hat Hermann Heller in *Europa und der Fascismus* über Paretos Ideen in deutscher Sprache referiert (2. Aufl., Berlin–Leipzig 1931, S. 20 ff.), doch erschien dessen 1. Auflage erst 1928, also nach *Mein Kampf.*

6 Außer den einschlägigen Stellen in *Mein Kampf, a. a. O.,* auch Rauschning, *a. a. O.,* S. 22 ff.

7 Ausführliche Erörterung jetzt in dem umfassenden Werk von Alexander Dallin, *Deutsche Herrschaft in Rußland 1941–1945. Eine Studie über Besatzungspolitik,* Düsseldorf 1958 (Titel des amerik. Originals: *German Rule in Russia 1941–1945. A Study of Occupation Policies,* London–New York 1957).

8 Hitler (Anm. I/5), S. 117 f. und *passim.*

9 Rauschning (Anm. I/5), S. 198.

10 Hitler (Anm. I/5), S. 650. Vgl. dazu die Studie von Erwin Faul, »Hitlers Über-Machiavellismus«, in: *Vierteljahrshefte für Zeitgeschichte* 2 (1954), S. 344 ff. Der Begriff »Über-Machiavellismus« ist freilich unglücklich gewählt, so gerechtfertigt die Absicht des Autors ist, die systematisierte Unvernunft Hitlers von Machiavellis Lehre abzusetzen.

11 Sigmund Neumann, *Permanent Revolution. The Total State in a World at War,* New York–London 1942; Rudolf Heberle, *Social Movements. An Introduction to Political Sociology,* New York 1951.

12 Hermann Rauschning, *Die Revolution des Nihilismus. Kulisse und Wirklichkeit im Dritten Reich,* 4. Aufl., Zürich–New York 1938; Hannah Arendt, *Elemente und Ursprünge totaler Herrschaft, Frankfurt a. M. 1955, S. 728 ff. (Titel des amerik. Originals: The Origins of Totalitarianism,* New York 1951); Ernst Jünger, »Die totale Mobilmachung«, in: ders., Hrsg., *Krieg und Krieger,* Berlin 1930.

13 Weber (Anm. I/1), insbes. S. 140 ff.; S. 155 ff.; S. 753 ff.

14 Vgl. Rauschning, *Die Revolution* ... (Anm. I/12), S. 59 ff.; Franz [Leopold] Neumann, *Behemoth. The Structure and Practice of National Socialism,* London 1943, S. 73 ff.; am konsequentesten bisher Heberle (Anm. I/11), S. 130 ff.; S. 136 ff.; S. 288 ff.

15 Es sei hier noch ausdrücklich betont, daß die charismatische Herrschaftsform nicht notwendig religiöse, magische und überhaupt »übernatürliche« Elemente enthalten muß; Weber (Anm. I/1) hat sie mit Recht als entscheidende Legitimationskriterien ausgeschlossen, vgl. z. B. S. 770. Die Tatsache, daß der Nationalsozialismus derartige Elemente nicht enthielt und sie bestenfalls manipulierte, scheint einer der Gründe zu sein, weshalb die Anwendbarkeit des Weberschen Modells bisher zu wenig beachtet worden ist; selbst Heberle (Anm. I/11), dem der Unterschied an sich wohl bewußt ist (S. 288), spricht doch gelegentlich von »*quasi-charismatic*« Führertum in bezug auf Nationalsozialismus und Faschismus (S. 136).

16 Eine für Hitlers starke Aversion gegen die Veralltäglichung bezeichnende Äußerung: »Im Gleise des regen Alltags werde alles allmählich unvernünftig, bekomme Brüche, Schlacken, Rost usw.«; Henry Picker, *Hitlers Tischgespräche im Führerhauptquartier 1941–1942,* Bonn 1951, S. 162; vgl. Hitler (Anm. I/5), S. 440.

17 Dazu jetzt auch Martin Broszat in der Vorbemerkung zu der Dokumentation. »Die Anfänge der Berliner NSDAP 1926/27« in: *Vierteljahrshefte für Zeitgeschichte* 8 (1960), S. 85 ff.; bes. S. 88 ff. – Eine ausgezeichnete Darstellung des charismatischen Charakters von Hitlers Herrschaft gibt H. R. Trevor-Roper, *Hitlers letzte Tage,* Zürich 1948, 1. Kapitel.

17a Ein klassisches Beispiel für die Fähigkeit der deutschen Bürokratie, selbst scheinbar unmögliche Forderungen Hitlers noch auszuführen, ist die getarnte Mobilmachung gegen die Tschechoslowakei 1938; vgl. die Darstellung Keitels bei Walter Görlitz, Hrsg., *Gene-*

ralfeldmarschall Keitel. Verbrecher oder Offizier?, Göttingen–Berlin–Frankfurt/M. 1961, S. 188.

18 Franz Neumann (Anm. I/14), S. 382.

19 Diese Einschränkung muß deshalb besonders betont werden, weil sie das hier verwendete Modell davor bewahrt, die Unentrinnbarkeit der historischen Entwicklung zu behaupten und die Freiheit des menschlichen Handelns aus der Geschichte auszuschließen – ein Argument, mit dem sich die Geschichtswissenschaft nicht immer ganz zu Unrecht gegen soziologische und politikwissenschaftliche Modellbildungen zur Wehr setzt. Unentrinnbar wurde Deutschlands Schicksal unter dem Nationalsozialismus erst, als die verschiedenen Anläufe der Widerstandsbewegung scheiterten.

20 Der Begriff nach Arthur Schweitzer, »Organisierter Kapitalismus und Parteidiktatur 1933 bis 1936«, in: *Schmollers Jahrbuch 79* (1959), S. 37–79, der damit – freilich ohne ausdrückliche Bezugnahme – Franz Neumanns Modell von den vier durch *Ad-hoc*-Kompromisse verklammerten Machtblöcken (Wirtschaft, Militär, Bürokratie, Partei) variiert. Die anregende Arbeit leidet allerdings an einer zu schmalen und ungleichmäßigen empirischen Basis und an reichlichen vulgärmarxistischen Residuen in der Begriffsbildung – sofern das letztere nicht auf Kosten der unzureichenden Übersetzung geht.

21 *A. a. O.*, S. 76; S. 78, allerdings mit Bezug auf die Zeit bis 1936 (Unterstützung der Wirtschaft durch Wehrmacht, der Partei durch SA und SS); danach habe sich die zweiseitige Machtstruktur im Zuge der Auseinandersetzungen um den Vierjahresplan zugunsten einer Alleinherrschaft der Nazis aufgelöst. Dabei übersieht Schweitzer, daß sich das Doppelsystem innerhalb der NSDAP regenerierte.

22 An dieser Stelle möchte ich den Herren Peter Ludz und Hartmut Zimmermann vom Institut für politische Wissenschaft meinen Dank für Kritik und Anregungen zu diesem Abschnitt, insbesondere zum Vergleich mit dem Bolschewismus, aussprechen.

23 *Schultheß, 1934,* S. 44.

24 Am wirksamsten bisher vertreten von John W. Wheeler-Bennett, *The Nemesis of Power. The German Army in Politics 1918–1945,* London 1953.

25 Grundlegend für diese Auffassung Friedrich Hoßbach, *Zwischen Wehrmacht und Hitler 1934–1938,* Wolfenbüttel–Hannover 1949. In größerem Rahmen ausgeführt von Kurt Aßmann, *Deutsche Schicksalsjahre. Historische Bilder aus dem zweiten Weltkrieg und seiner Vorgeschichte,* Wiesbaden 1950, bes. S. 57 f. und S. 463 ff. Vgl. jetzt auch Friedrich Hoßbach, *Die Entwicklung des Oberbefehls über das Heer in Brandenburg, Preußen und im Deutschen Reich von 1655–1945,* Würzburg 1957, S. 94 ff. (mit gewissen Modifikationen). Anders Hermann Foertsch, *Schuld und Verhängnis. Die Fritschkrise im Frühjahr 1938 als Wendepunkt in der Geschichte der nationalsozialistischen Zeit (Veröffentlichungen des Deutschen Instituts für Geschichte der nationalsozialistischen Zeit* [jetzt: Institut für Zeitgeschichte], Nr. 1), Stuttgart 1951.

26 Das Folgende ist eine Zusammenfassung der Ergebnisse, die in einer Vorstudie erarbeitet wurden: Wolfgang Sauer, »Die Reichswehr, in: Karl Dietrich Bracher, *Die Auflösung der Weimarer Republik. Eine Studie zum Problem des Machtverfalls in der Republik (Schriften des Instituts für politische Wissenschaft,* Bd. 4), 3. Aufl., Stuttgart–Düsseldorf 1960, Teil I, IX. Kapitel; dort auch Nachweise und kritischer Apparat. – Außerdem ist hinzuweisen auf Gordon A. Craig, *The Politics of the Prussian Army 1640–1945,* Oxford 1955; Harold Jackson Gordon, *The Reichswehr and the German Republic 1919–1926,* Princeton (N. J.) 1957 (jetzt auch deutsch, übersetzt von Siegfried Maruhn, Frankfurt a. M. 1959); Helmut Krausnick, »Vorgeschichte und Beginn des militärischen Widerstandes gegen Hitler«, in: *Die Vollmacht des Gewissens,* hrsgg. von der Europäischen Publikation e. V., [München] 1956 (einleit. Abschnitte); Otto-Ernst Schüddekopf, *Das Heer und die Republik. Quellen zur Politik der Reichswehrführung 1918 bis 1933,* Hannover–Frankfurt a. M. 1955.

27 Dazu Gerhard Ritter, *Staatskunst und Kriegshandwerk. Das Problem des Militarismus in Deutschland,* Bd. I (1740–1890), München 1954; Emil Obermann, *Soldaten, Bürger, Militaristen. Militär und Demokratie in Deutschland,* Stuttgart 1958.

28 Allgemein zum Problem der Weimarer Republik vgl. u. a. Bracher (Anm. I/26); Erich Eyck, *Geschichte der Weimarer Republik,* Erlenbach–Zürich–Stuttgart, Bd. I, 1954, Bd. II, 1956; Albert Schwarz, *Die Weimarer Republik,* Konstanz 1958.

29 Die Entwicklung in Frankreich nach dem zweiten Weltkrieg bietet in manchen Punkten eine interessante Parallele.

29a Dies eine der treffenden Bemerkungen in dem umstrittenen Werk von William L. Shirer, *Aufstieg und Fall des Dritten Reiches,* Köln–Berlin 1961 (Titel des amerik. Orig.: *The Rise and Fall of the Third Reich,* London 1960), S. 182 f. Die deutsche Ausgabe enthält z. T. größere Korrekturen, die aber leider nicht die kurzschlüssige Darstellung der deutschen Geschichte vor 1933 betreffen.

30 Die Parteien der Weimarer Koalition (SPD, DDP, Zentrum) vermochten bis zur Septemberwahl von 1930 (einschließlich) eine deutliche relative Mehrheit aller Stimmen auf sich zu vereinigen und waren in dieser Zeit selbst der negativen Koalition der Extremisten (DNVP, NSDAP, KPD) z. T. weitaus überlegen. Bezieht man noch die DVP Stresemanns in den Kreis der republikanischen Parteien mit ein, so hatte diese Gruppe bis 1930 sogar die absolute Mehrheit. Der *Volkswille* war also gar nicht so unklar. Für die Zahlen vgl. Meinrad Hagmann, *Der Weg ins Verhängnis. Reichstagswahlergebnisse 1919 bis 1933, besonders aus Bayern,* München 1946.

31 Dabei wird man freilich auf seiten der Reichswehr gewisse Nuancen und Varianten berücksichtigen müssen, die durch den Gegensatz zwischen Groener–Schleicher einerseits und Seeckt anderseits entstanden waren (Primat der Innenpolitik und große taktische Wendigkeit insbesondere bei Schleicher; traditionalistische Distanz zur Republik und Betonung der Außenpolitik bei Seeckt). Für die

Revolutionszeit vgl. Friedrich v. Rabenau, *Seeckt. Aus seinem Leben 1918–1936,* Leipzig 1940, S. 117 ff. Neben den Lebenserinnerungen Wilhelm Groeners *(Lebenserinnerungen. Jugend, Generalstab, Weltkrieg,* hrsgg. von Friedrich Frhr. Hiller v. Gaertringen, Göttingen 1957) sind jetzt auch die von Otto Geßler heranzuziehen: *Reichswehrpolitik in der Weimarer Zeit,* hrsgg. von Kurt Sendtner, Stuttgart 1958. Der loyalste hohe Offizier, den die Republik gehabt hat, war zweifellos der erste Chef der Heeresleitung, Generalmajor Walther Reinhardt; vgl. jetzt Fritz Ernst, »Aus dem Nachlaß des Generals Walther Reinhardt«, in: *Die Welt als Geschichte* 18 (1958), S. 39–121 (Hefte 1 und 2/3).

32 Dazu die Dokumentation von Thilo Vogelsang, »Die Reichswehr in Bayern und der Münchener Putsch 1923«, in: *Vierteljahrshefte für Zeitgeschichte* 5 (1957), S. 91 ff., wo die Ereignisse aus der Sicht eines der wenigen loyal gebliebenen Offiziersschüler geschildert werden. Die preußisch-bayerischen Gegensätze, auf deren Mitwirkung der Kommentator hinweist, erscheinen dabei deutlich als im Dienst der übergeordneten Frontstellung »Nationalismus gegen Marxismus« instrumentalisiert, wenn sich die aufsässigen Infanterieschüler z. B. schwarzweißrote (statt blauweißer) Kokarden ansteckten (S. 95 f.). Vgl. auch Hermann Teske, *Die silbernen Spiegel. Generalstabsdienst unter der Lupe,* Heidelberg 1952, S. 29.

33 Teske, a. a. O., S. 29 f. Nur die Rädelsführer unter den Stammoffizieren wurden entlassen; Gordon (Anm. I/26), S. 246. Der dort genannte Oblt. Wagner war der spätere NS-Gauleiter von Baden, Robert Wagner; Baldur v. Schirach, *Die Pioniere des Dritten Reiches,* Essen [1933], S. 332.

34 Die Meuterei der Offiziersschule bildete den Ausgangspunkt für die nationalsozialistische Infizierung des Offizierskorps; s. u. S. 737.

35 In der Beschränkung auf diese Gesichtspunkte – ebenso wie in der rigorosen Begrenzung des Blickfeldes auf die Zeit bis 1926 – liegt die Schwäche der sonst imponierenden Arbeit von Gordon (Anm. I/26). Seine Beurteilung läßt sich nicht aufrechterhalten, wenn man die im Folgenden skizzierten Probleme der Diktatur, der illegalen Aufrüstung und der totalen Mobilmachung mit ins Auge faßt; vgl. die Rezension von Wolfgang Sauer, »Armee und Politik in Deutschland«, in: *Neue Politische Literatur* 4 (1959), Sp. 28 ff.

36 Immerhin ergibt die Aufzählung dieser militärischen Diktaturversuche eine stattliche Liste: Schon Groener erwog im Dezember 1918 vorübergehend eine Militärdiktatur und plante im Frühjahr 1919 die Bildung eines »Regierungskollegiums mit starken Vollmachten« (Groener, Anm. I/31, S. 476, und Reginald H. Phelps, »Aus den Groener-Dokumenten«, in: *Deutsche Rundschau* 76 [1950], S. 534). Bekannt sind auch die vielfachen Spekulationen auf eine Diktatur Noskes 1919. Einen neuen Aufschwung erlebten diese Projekte 1923: Seeckts Plan eines Direktoriums und die verschiedenen, schließlich aufgegebenen Versuche im Zusammenhang mit der Übernahme der vollziehenden Gewalt November 1923 bis Februar 1924. (Daß Seeckt seine Vollmachten schließlich zurückgab, bedeu-

tete nicht eine Option für die Republik, sondern entsprang der Einsicht, daß die Armee einer solchen Aufgabe nicht gewachsen war.) Schließlich gehört auch Groeners und Schleichers maßgebliche Beteiligung an dem Experiment einer Präsidialregierung ab 1930 hierher.

37 Dazu jetzt die aufschlußreiche Dokumentation von Ernst Deuerlein, »Hitlers Eintritt in die Politik und die Reichswehr«, in: *Vierteljahrshefte für Zeitgeschichte* 7 (1959), S. 177 ff.

38 Vgl. Hitlers bezeichnende Ausführungen zum Thema »Nationalisierung der Massen« in: *Mein Kampf* (Anm. I/5), S. 369 ff.

39 Picker (Anm. I/16), S. 427 ff. (21. Mai 1942).

40 Dokumentation von Thilo Vogelsang, »Neue Dokumente zur Geschichte der Reichswehr 1930 bis 1933«, in: *Vierteljahrshefte für Zeitgeschichte* 2 (1954), S. 397–436; bes. S. 410 (im folgenden zitiert: »Reichswehrdokumente«). Ähnlich Schleicher und Groener am 11./12. Januar 1932, *a. a. O.,* S. 416 f. Groener an Gerold v. Gleich am 24 Januar 1932; Phelps (Anm. I/36), S. 1018.

41 Vertrauliche Denkschrift »Der Putsch am 8. November 1932. Vorgeschichte und Verlauf«, verf. im Wehrkreiskommando VII, München, im Anschluß an den Putsch, S. 3: Ausschlaggebend für die Haltung gegenüber Hitler sei der Gedanke gewesen, »daß der gesunde Kern der Hitler-Bewegung, insbesondere die in der Bewegung steckende werbende Kraft für die nationale Einstellung der Arbeiterschaft, solange überhaupt die Möglichkeit bestand, nicht durch gewaltsame Unterdrückung zerschlagen werden sollte«.

42 Dazu die Nachweise bei Sauer, »Die Reichswehr« (Anm. I/26), S. 283, Anm. 191. Außerdem: Kurt Horstmann, *Der Ottplan und der Sturz von Papen* (Prüfungsarbeit an der Pädagogischen Akademie Bielefeld, ungedr.) mit Briefzuschriften von Graf Schwerin v. Krosigk (11. August 1957) und Eugen Ott (3. September 1957). Während Krosigk allgemein von Anhängern »beider radikaler Richtungen« in Wehrmacht und Polizei spricht, will Ott nationalsozialistische Einflüsse nur in der allerdings »ernsthaft durchsetzten 1. ostpreußischen Division« gelten lassen, fügt aber doch hinzu: »Es mögen da und dort ganz kleine Zersetzungskeime gewesen sein ...« Sehr deutlich äußerte sich auch Magnus v. Braun (damals Landwirtschaftsminister) in einem Brief an Papen vom 5. Juli 1957; Dokumentation von Thilo Vogelsang, »Zur Politik Schleichers gegenüber der NSDAP 1932«, in: *Vierteljahrshefte für Zeitgeschichte* 6 (1958), S. 86–118, bes. S. 111, Anm. 65.

43 Erlaß Groeners an die Kommandeure der Reichswehr vom 6. Oktober 1930 (betr. Leipziger Prozeß): Phelps (Anm. I/36), S. 920, vgl. auch Schüddekopf (Anm. I/26), S. 293, und Dorothea Groener-Geyer, *General Groener. Soldat und Staatsmann,* Frankfurt/M. 1955, S. 272. Ähnliche Äußerungen bei Phelps, *a. a. O.,* S. 917; S. 919; und bei Rudolf Fischer, *Schleicher. Mythos und Wirklichkeit,* Hamburg 1932, S. 38. Die letztere Stelle ist für Groeners Haltung besonders bemerkenswert, weil sie nicht – wie oben – in die Form einer Tatsachenfeststellung, sondern in die einer programmatischen

Forderung gekleidet ist: »Im politischen Geschehen Deutschlands darf kein Baustein mehr bewegt werden, ohne daß das Wort der Reichswehr ausschlaggebend in die Waagschale geworfen wird.«

44 Vgl. o. S. 224 f.

45 Groener an Gerold v. Gleich vom 2. April 1932 (Phelps, Anm. I/36, S. 1019).

46 Rede im Reichstag am 19. März 1931 (Schüddekopf, Anm. I/26, S. 308).

47 Vgl. Groener-Geyer (Anm. I/43), S. 286 f.; S. 305 f.

48 Schon die Zeitgenossen rätselten an Schleichers Haltung herum; vgl. z. B. Fischer (Anm. I/43), S. 46 f.; und den Artikel aus der *Vossischen Zeitung* bei Groener-Geyer, *a. a. O.,* S. 319 f. Besonders empfindlich reagierte natürlich Groener selbst; er fühlte sich verraten; Phelps (Anm. I/36), S. 1020 ff.; ders., »Aus den Groener-Dokumenten«, in: *Deutsche Rundschau 77* (1951), S. 22 ff. Seine Tochter urteilt schon distanzierter: Groener-Geyer, *a. a. O.,* S. 305 f.; S. 325 ff. Dagegen zeichnet Eyck (Anm. I/28), II, S. 453, das Bild des schwankenden Schleicher, der »außerstande war, . . . eine gerade Linie einzuhalten«, und Krausnick (Anm. I/26), S. 194, spricht von Schleichers »Wandlung vom Anhänger zum Gegner des SA-Verbots«. Treffender urteilt Werner Conze, Dokumentation »Zum Sturz Brünings«, in: *Vierteljahrshefte für Zeitgeschichte* 1 (1953), S. 263. Ganz deutlich wird die Schleichersche Konzeption dann bei Hans Henning v. Holtzendorff und Adolf v. Carlowitz, in Conze, *a. a. O.,* S. 270 ff., sowie bei Hammerstein in der Befehlshaberbesprechung vom 21. Mai 1932: »Reichswehrdokumente« (Anm. I/40), S. 423 f.

49 Vgl. Groener in der Kabinettssitzung vom 10. April 1932 und, noch deutlicher am 12. April, wo er den Standpunkt vertrat, »daß im Interesse der Autorität des Reichspräsidenten und des Reiches das selbständige Vorgehen einzelner Länder nicht geduldet werden dürfe« (Phelps, *a. a. O., 77,* S. 24 und S. 27).

50 Damit ist freilich noch nicht geklärt, warum Schleicher noch am 8. April dem SA-Verbot »rückhaltlos« zustimmte, wie Groener berichtet (*a. a. O.,* S. 22). Dazu ist jedoch u. a. darauf hinzuweisen, daß Groener der einzige Zeuge dafür ist; sonst findet sich eine positive Haltung Schleichers am 8. April nur in dem Bericht von Staatssekretär Pünder erwähnt, hier aber schon verklausuliert: ». . . die guten Sachen müßten natürlich übergeleitet werden . . .«, d. h. Schleicher hielt an einer »Überleitung« der »guten« Elemente der SA in den Reichsdienst grundsätzlich fest (*a. a. O.,* S. 22 f.). Auch vor der Entscheidung über das Verbot hatte Schleicher nur vorsichtig Stellung bezogen; noch am 25. März warnte er Groener: »Die SA-Frage können wir nur mit feiner Hand lösen, nicht diese parteigebundenen Länderminister ohne das nötige Fingerspitzengefühl . . .«; Gordon A. Craig, »Briefe Schleichers an Groener«, in: *Die Welt als Geschichte* 11 (1951), S. 130. Vgl. auch die o. Anm. I/48 genannten Zeugnisse von Holtzendorff, Carlowitz und Hammerstein. Wenn also ein »Umfall« Schleichers stattgefunden hat, so

allenfalls am 8. April in Gestalt seiner Zustimmung, nicht am 9. April in Form seiner Ablehnung des SA-Verbots.

51 Dazu und zum Folgenden jetzt wichtiges neues Material in: »Zur Politik Schleichers ...« (Anm. I/42), S. 86–118.

52 Dies zeigte sich besonders deutlich, als im Zusammenhang mit der Kabinettsbildung nach der Reichstagswahl vom 6. November und mit Papens Plan einer Gewaltanwendung gegenüber der NSDAP die Frage der Einsatzbereitschaft der Reichswehr diskutiert wurde; *a. a. O.*, S. 111, Anm. 65, und die o. Anm. I/42 genannten Stimmen von Schwerin v. Krosigk und Ott.

53 *Zeugenschrifttum des Instituts für Zeitgeschichte* (im Folgenden zitiert: *Zeugenschrifttum*), Nr. 149 (v. Sodenstern; Protokoll einer Befragung im Institut für Zeitgeschichte, München, vom 23. Juni 1954) S. 3.

54 Vgl. Die Untersuchungen von Foertsch (Anm. I/25), S. 25 f.; Gerhard Ritter, *Carl Goerdeler und die deutsche Widerstandsbewegung,* Stuttgart 1954, S. 129 ff.; und Bracher (Anm. I/26), S. 714; S. 717 f., deren Material inzwischen noch durch die Abhandlung von Kunrat Frhr. v. Hammerstein, »Schleicher, Hammerstein und die Machtübernahme 1933«, in: *Frankfurter Hefte* 11 (1956), S. 11 ff.; S. 117 ff. und S. 163 ff. (bes. S. 124 ff.) ergänzt worden ist. Die Hauptschwierigkeit des Problems liegt darin, daß die beiden einzigen Teilnehmer (außer Hindenburg), die Generale v. d. Bussche und v. Hammerstein, sich in ihren Berichten strikt widersprechen. Während Hammerstein in einer Niederschrift vom 28. Januar 1935 (abgedr. bei Bracher, *a. a. O.*, S. 733 f.) behauptet, er habe sich *für* eine Ernennung Hitlers und *gegen* eine Regierung Papen-Hugenberg ausgesprochen, behauptet Bussche (vgl. Foertsch, *a. a. O.*, S. 26 f.; Kunrat v. Hammerstein, *a. a. O.*, S. 124 ff. und Bussche selbst in einer Zuschrift an die *Frankfurter Allgemeine Zeitung* vom 5. Februar 1952), Hammerstein habe Hindenburg eindringlich vor einer Berufung Hitlers gewarnt. Hammersteins Zeugnis verdient hier nach den üblichen quellenkritischen Maßstäben den Vorzug: Er ist die eigentliche Hauptperson, sein Bericht liegt sehr viel näher an dem Ereignis, und seine Darstellung paßt in das allgemeine Konzept Schleichers. Bezeichnend ist, daß beide Zeugen zwar übereinstimmend die abfällige Bemerkung Hindenburgs über den »böhmischen Gefreiten«, den er, Hindenburg, nie berufen werde, berichten, aber Hammerstein mit dem wichtigen Zusatz, Hindenburg habe offenbar nicht verstanden, worauf es ihm, Hammerstein, ankam. Vielleicht gilt das auch für Bussche, der sich durch Hindenburgs Worte beruhigt fühlte, während umgekehrt Hammerstein von »verstärkter Sorge« spricht. Immerhin bleibt Bussches wiederholte und nachdrückliche Bekundung gewichtig genug, um sie nicht zu ignorieren. Wahrscheinlich hat Hammerstein mit einer Warnung vor Hitler die Beibehaltung Schleichers als Wehrminister und »Aufpasser« in einem etwaigen Kabinett Hitler erreichen wollen. Ähnlich auch Schüddekopf (Anm. I/26), S. 356 f.

55 Am 29. Januar 1933 nachmittags; Hammerstein-Niederschrift bei

Bracher, *a. a. O.,* S. 734 und S. 723 f.; General Adolf Kuntzen (1933 Adj. Hammersteins) 1953 in einem Brief an Kunrat v. Hammerstein, »Schleicher . . .«, *a. a. O.,* S. 165; Hermann Görings Aussage in Nürnberg: *Der Prozeß gegen die Hauptkriegsverbrecher vor dem Internationalen Militärgerichtshof Nürnberg. 14. November 1945 bis 1. Oktober 1946* (im folgenden zitiert: *IMT),* Nürnberg 1947, Bd. IX, S. 283. Vgl. auch Hitler selbst in: Picker (Anm. I/16), S. 429 f., mit einer allerdings unglaubwürdigen und falsch datierten Version, die aber die Tatsache eines Kontakts mit Hammerstein bestätigt.

56 Daß es sich hier nur um ein Gerücht ohne reale Basis handelt, ist inzwischen historisch erwiesen. Unklar – und wahrscheinlich auch unklärbar – ist sein Ursprung; sicher ist nur, daß das Gerücht von den Nationalsozialisten und der Papen-Clique sehr geschickt benutzt wurde, um Hindenburg zur Annahme ihrer Bedingungen zu zwingen und Schleicher auch als Wehrminister auszuschalten; vgl. Foertsch (Anm. I/25), S. 27 ff.; Ritter, *Carl Goerdeler . . .* (Anm. I/54), S. 130 ff.; Bracher (Anm. I/26), S. 721 ff.; Kunrat v. Hammerstein (Anm. I/54), S. 165 ff.

57 *Zeugenschrifttum* (Anm. I/53), Nr. 279, I (Ott), S. 20.

58 Die Widersprüchlichkeit dieses Begriffs hat nicht gehindert, daß man ihn wissenschaftlich zu begründen versuchte; vgl. z. B. Albert Diller, *Die Legalität der nationalsozialistischen Revolution,* Erlangen 1935. In dieser aus einer staatswissenschaftlichen Arbeitsgemeinschaft der Universität Erlangen hervorgegangenen Schrift wird der Begriff der Legalität an das Merkmal der Gewaltlosigkeit geknüpft: »Legal« ist eine Revolution, deren neue Gesetze nicht mit Gewalt oktroyiert, sondern aus der Verfassung des alten Regimes »abgeleitet« worden sind (wie das Ermächtigungsgesetz; vgl. S. 48 ff.). Diese Theorie wurde dem politischen Unterricht in der Wehrmacht zugrunde gelegt; vgl. z. B. *Dienstkenntnis. Leitfaden für den Unterricht an der Marineschule,* bearb. von der Marineschule Mürwick, Teil III: *Verfassungsrecht,* Berlin 1938, S. 8.

59 Die unformierte staatliche Polizei betrug in Preußen 54 712 Mann, in den übrigen deutschen Ländern zusammen 40 473 Mann; Pol.-Major Elster, »Der ›militärische‹ Charakter der deutschen Polizei«, in: *Die Polizei* 30 (1933), S. 207 f.

60 *Vortrag Adolf Hitlers vor westdeutschen Wirtschaftlern im Industrie-Klub zu Düsseldorf am 27. Januar 1932,* München 1932. Vgl. dazu Karl Dietrich Bracher, »Das Anfangsstadium der Hitlerschen Außenpolitik«, in: *Vierteljahrshefte für Zeitgeschichte* 5 (1957), S. 63–76, bes. S. 65 f. – Zum Gesamtproblem s. K. D. Bracha: Stufen der Machtergreifung, Frankfurt/M.–Berlin–Wien 1974 [= Ullstein-Buch Nr. 2992].

61 Vgl. o. S. 39 f.

62 Die SA war im Januar 1933 ca. 400 000 bis 500 000 Mann stark, die preußische Polizei, wie erwähnt, ca. 55 000 Mann; dem standen 100 000 Mann Reichswehr gegenüber.

63 Vgl. seine o. S. 22 zitierte Bemerkung in den Tischgesprächen im Führerhauptquartier.

64 *Schultheß, 1933,* S. 36.

65 *A. a. O.,* S. 72; vgl. auch S. 44 (Wahlrede Hitlers im Berliner Sportpalast am 10. Februar 1933): »*Wir wollen auch erziehen zu der Ehrfurcht vor unserem alten Heer . . .*« Außerdem *Zeugenschrifttum* (Anm. I/53), Nr. 105 (General v. Mellenthin), S. 1 f.; S. 26 f.

66 »Reichswehrdokumente« (Anm. I/40), S. 434 ff. Es ist anzunehmen, daß das Folgende bereits das Resultat der Verhandlungen zwischen Hitler, Reichenau und Blomberg vor bzw. am 30. Januar war. Darüber o. S. 50 f.

67 So Hermann Mau, »Die ›zweite Revolution‹ – der 30. Juni 1934«, in: *Vierteljahrshefte für Zeitgeschichte* 1 (1953), S. 119–137 (Zitat S. 121).

68 Krausnick (Anm. I/26), S. 208. Vgl. Hoßbach, *Die Entwicklung . . .* (Anm. I/25), S. 96.

69 Franz v. Papen, *Der Wahrheit eine Gasse,* München 1952, S. 271 und S. 275.

70 Über Blomberg und Fritsch vgl. o. S. 47 ff. und S. 75 ff. Zur Haltung Stülpnagels und seiner Kandidatur im Januar 1933 vgl. Groeners Zeugnis in: Phelps (Anm. I/36), 76, S. 922; 77, S. 27; *Zeugenschrifttum* (Anm. I/53), Nr. 182 (Feldmarsch. v. Weichs), S. 3 f.; *MGN* 11, Ankl.-Dok.-B. 169, Dok. NI-211 (Brief Wilhelms Kepplers an Frhr. v. Schröder vom 28. November 1932); Waldemar Erfurth, *Die Geschichte des deutschen Generalstabes von 1918 bis 1945* (*Studien zur Geschichte des zweiten Weltkrieges,* Bd. 1), Göttingen–Berlin–Frankfurt 1957, S. 145. Stülpnagel war schon einmal Konkurrent Blombergs gewesen, als es sich um die Nachfolge Heyes als Chef der Heeresleitung handelte; *a. a. O.,* S. 120 f.; Sauer, »Die Reichswehr« (Anm. I/26), S. 253.

71 Picker (Anm. I/16), S. 430. Vgl. auch *Informations-Berichte des Dienatag [Dienst Nationaler Tageszeitungen],* Bericht vom 31. Januar 1933 (Sammlung Karl Brammer im *Bundesarchiv* Koblenz; im folgenden zitiert: *Dienatag-Berichte).*

72 Die Einzelheiten bei Papen (Anm. I/69), S. 271 Otto Meißner, *Staatssekretär unter Ebert–Hindenburg–Hitler. Der Schicksalsweg des deutschen Volkes von 1918–1945, wie ich ihn erlebte,* Hamburg 1950, S. 266; S. 269; S. 321; Walter Görlitz, *Hindenburg. Ein Lebensbild,* Bonn 1953, S. 402; Kunrat v. Hammerstein (Anm. I/54), S. 127 (Brief des Generals v. d. Bussche-Ippenburg 1953) und S. 165 (Zeugnis des Generals Kuntzen); *Zeugenschrifttum* (Anm. I/53), Nr. 217 (Bussche), S. 4 f.; S. 8 f.; *a. a. O.,* Nr. 105 (Mellenthin), S. 30 f.; Foertsch (Anm. I/25), S. 29; »Reichswehrdokumente« (Anm. I/40), S. 431.

73 Dazu Wolfgang Sauer, *Militär- und Zivilgewalt in der Revolution. Das Bündnis Ebert–Groener 1918* (in Vorbereitung: Schriften des *Instituts für politische Wissenschaft,* Bd. 15); Erfurth (Anm. I/70), S. 110 ff.; *Zeugenschrifttum, a. a. O.,* Nr. 312, S. 28.

74 Außer der bei Sauer, »Die Reichswehr« (Anm. I/26), S. 245; S. 252 f.; S. 276 ff. zitierten Literatur vgl. jetzt auch die einschlägigen Stellen bei Erfurth, *a. a. O.,* und die Skizze bei Lutz Graf Schwerin v. Krosigk, *Es geschah in Deutschland. Menschenbilder unseres Jahrhunderts,* Tübingen–Stuttgart 1951, S. 116.

75 Alfred Vagts, *A History of Militarism. Civilian and Military,* 2., überarb. Aufl., London 1959, S. 114.

76 Die Entwicklung des preußischen Offiziers zum *homo faber* hat schon Friedrich Meinecke, *Die deutsche Katastrophe. Betrachtungen und Erinnerungen,* 4. Aufl., Wiesbaden 1949, S. 56 ff. und S. 64 ff., in großen Zügen dargelegt. Eine kurze Skizze bei Sauer, *Militär* ... (Anm. I/73).

77 Aussage Rundstedts am 12. August 1946, *IMT* (Anm. I/55), XXI, S. 59, Vgl. Hoßbach, *Zwischen Wehrmacht* ... (Anm. I/25), *passim,* und Erfurth (Anm. I/70), S. 115.

78 Niederschrift Fritschs vom 1. Februar 1938, abgedr. bei Hoßbach, *a. a. O.,* S. 68 f. Vgl. auch Foertsch (Anm. I/25), S. 30; *Zeugenschrifttum* (Anm. I/53), Nr. 105 (Mellenthin), S. 31; Basil Henry Liddell Hart, *Jetzt dürfen sie reden. Hitlers Generale berichten,* Stuttgart–Hamburg 1950 (Titel des engl. Originals: *The Other Side of the Hill*), S. 141 (Zeugnis des Generals Röhricht).

79 Außenseiter war Blomberg nur im Verhältnis zum OHL-Kreis; *Zeugenschrifttum, a. a. O.,* Nr. 312, S. 28. Zum Folgenden s. Erfurth (Anm. I/70), S. 83; S. 118 ff.; S. 129 (mit Auszügen aus Blombergs Memoiren); und Georges Castellan, *Le réarmement clandestin du Reich 1930–1935,* Paris 1954, S. 85 f.

80 Blomberg in seinen Memoiren (ungedr. Manuskript in USA), abgedr. bei Erfurth, *a. a. O.,* S. 83.

81 Konrad Heiden, *Adolf Hitler. Das Zeitalter der Verantwortungslosigkeit. Eine Biographie,* Bd. I, Zürich 1936, S. 329.

82 Rundstedt: *IMT* (Anm. I/55), S. 59 (über Verbindung zur Anthroposophie); Castellan (Anm. I/79), S. 86; Walter Görlitz, *Der deutsche Generalstab. Geschichte und Gestalt. 1657–1945,* Frankfurt a. M. [1950], S. 375 (über Blombergs Reisen); ausführlicher über Blombergs Rußlandreise Hans W. Gatzke, »Russo-German Military Collaboration During the Weimarer Republic«, in: *American Historical Review* 63 (1958), S. 588.

83 Erfurth (Anm. I/70), S. 118 f.; *Zeugenschrifttum* (Anm. I/53), Nr. 66, II (Generaloberst Heinrici), S. 179 f.; Nr. 312, S. 28; *Zeugenschrifttum des Instituts für politische Wissenschaft* (Foertsch); vgl. auch Foertsch (Anm. I/25), S. 29. Die näheren Umstände sind noch nicht ausreichend geklärt. Der Anlaß war eine Panne bei der geheimen Aufrüstung, für die Blomberg die formale Verantwortung trug, aber es wird behauptet, daß Schleicher das nur zum Vorwand nahm, um Blomberg als Konkurrenten Hammersteins für das Amt des Chefs der Heeresleitung zu beseitigen.

84 Felix Steiner, *Von Clausewitz bis Bulganin. Erkenntnisse und Lehren einer Wehrepoche,* Bielefeld 1956, S. 131. In solchen Äußerungen klingen die Gedanken des Pfarrers Müller wider, der die Treue zu Christus mit der zu Hitler verglich (Brief des Staatssekretärs a. D. Abegg an Severing vom 31. Mai 1947; *Zeugenschrifttum des Instituts für politische Wissenschaft,* S. 5). Vgl. Blombergs eigenes Zeugnis in seinen Memoiren: Telford Taylor, *Sword and Swastika. The Wehrmacht in The Third Reich,* London 1953, S. 77. Außer-

dem: Peter Bor [d. i. Paul Lüth], *Gespräche mit Halder*, Wiesbaden 1950, S. 105; *Zeugenschrifttum* (Anm. I/53), Nr. 105 (Mellenthin), S. 28. Nicht zutreffend ist, daß Blomberg schon 1932 mit Hitler direkt in Kontakt getreten sei, wie es Heiden (Anm. I/81), I, S. 329, und Hans Rudolf Berndorff, *General zwischen Ost und West. Aus den Geheimnissen der deutschen Republik,* Hamburg 1951, S. 233 f., behaupten. Vgl. dazu das Zeugnis Otts, *Zeugenschrifttum, a. a. O.,* Nr. 279, I, S. 26.

85 Heinrich Brüning, »Ein Brief«, in: *Deutsche Rundschau* 70 (1947), Heft 7, S. 18; Bussche-Ippenburg in: *Zeugenschrifttum* (Anm. I/53), Nr. 217, S. 4 f.; S. 14; ders. 1953 an Kunrat v. Hammerstein (Anm. I/54), S. 127; General v. Mellenthin in: *Zeugenschrifttum, a. a. O.,* Nr. 105, S. 31.

86 Taylor (Anm. I/84), S. 80.

87 *Zeugenschrifttum* (Anm. I/53), Nr. 208, S. 88 (General Blumentritt).

88 Zur Charakteristik Reichenaus s. Castellan (Anm. I/79), S. 86 (Lebensdaten); Foertsch (Anm. I/25), S. 31 f.; General Röhricht in: Liddell Hart (Anm. I/78), S. 141; Krausnick (Anm. I/26), S. 209.

89 Schüddekopf (Anm. I/26), S. 319; Foertsch, *a. a. O.,* S. 24; *Zeugenschrifttum* (Anm. I/53), Nr. 217 (Bussche-Ippenburg), S. 4 f.; S. 8 f.; Brief Bussches an Kunrat v. Hammerstein (Anm. I/54,) S. 127; *Zeugenschrifttum, a. a. O.,* Nr. 105 (Mellenthin), S. 27 f.; Fritsch (Aufzeichnung vom 1. Februar 1938) in: Hoßbach, *Zwischen Wehrmacht* ... (Anm. I/25), S. 69; Bor (Anm. I/84), S. 105; Steiner (Anm. I/84), S. 100. Vgl. auch Taylor (Anm. I/84), S. 77 (mit Anm. 4: Reichenaus Vater war führend im Alldeutschen Verband tätig).

90 Alan Bullock, *Hitler. A Study in Tyranny,* Long Acre–London 1952, S. 225, Anm. 3: Hinweis auf einen Brief Hitlers an Reichenau vom 4. Dezember 1932, in dem er ihm seine Politik ausführlich auseinandersetzte. Jetzt abgedr. in: *Vierteljahrshefte für Zeitgeschichte* 7 (1959), S. 429 ff.

91 Foertsch (Anm. I/25), S. 31 f. Vgl. *Zeugenschrifttum* (Anm. I/53), Nr. 44 (Franz v. Gaertner), S. 1 ff.

92 Joseph Goebbels, *Vom Kaiserhof zur Reichskanzlei. Eine historische Darstellung in Tagebuchblättern,* München 1934, S. 253. Vgl. Hitlers Angaben bei Picker (Anm. I/16), S. 431; jetzt auch Erich Matthias und Rudolf Morsey, Hrsg., *Das Ende der Parteien 1933,* Düsseldorf 1960, S. 574 (Sondierungen der DNVP bei Blomberg am 30. Januar).

93 Papen (Anm. I/69), S. 275.

94 Foertsch (Anm. I/25), S. 31; »Reichswehrdokumente« (Anm. I/40), S. 436.

95 Für den Antrittserlaß: *Völkischer Beobachter,* Süddeutsche Ausgabe, Nr. 33 vom 2. Februar 1933; *Schultheß, 1933,* S. 34 (mit Datum vom 1. Februar 1933); Foertsch, *a. a. O.,* S. 31. – Die Befehlshaberbesprechung in: »Reichswehrdokumente«, *a. a. O., S.* 432 ff.

96 Wenn Blomberg in diesen Tagen zu dem Chef der Wehrmacht-Abt., Oberstlt. Ott, äußerte, die Schleichersche Linie sei die einzig mög-

liche, so ist das auch in diesem Sinne zu verstehen; *Zeugenschrifttum* (Anm. I/53), Nr. 279, I (Ott), S. 19.

97 Zu Hindenburgs Konzeption s. *Zeugenschrifttum, a. a. O.,* Nr. 568 (v. Tschirschky), S. 2; vgl. auch *Dienatag-Bericht* vom 2. Februar 1933 *(BA).*

98 Protokoll der Kabinettssitzung vom 31. Januar 1933 (ND: PS – 351): *IMT* (Anm. I/55), XXV, S. 375.

99 Hier wird die Ambivalenz der Maxime des »Sichheraushaltens« deutlich, deren moralische und politische Problematik schon von Hans Rothfels, *Die deutsche Opposition gegen Hitler. Eine Würdigung,* Krefeld 1949, S. 81 ff., beschrieben worden ist; vgl. auch die Neuausgabe in der *Fischer-Bücherei,* Bd. 198, Frankfurt–Hamburg 1958, S. 72 ff. – Für die weitere Entwicklung des Problems des Ausnahmezustands s. Walter Baum, »Vollziehende Gewalt und Kriegsverwaltung im ›Dritten Reich‹«, in: *Wehrwissenschaftliche Rundschau* 6 (1956), S. 475 ff. – Zu Blombergs Haltung am 30. Januar vgl. auch das treffende Urteil von Hoßbach, *Die Entwicklung ...* (Anm. I/25), S. 96 f.; S. 132 f., und ders., *Zwischen Wehrmacht ...* (Anm. I/25), S. 184 f.

100 »Reichswehrdokumente« (Anm. I/40), S. 432.

101 Vgl. o. II. Kapitel, 4. Abschnitt, S. 165 ff.

102 *Völkischer Beobachter,* Süddeutsche Ausgabe, Nr. 37 vom 6. Februar 1933. Reichenau ergänzte diese Erklärung mit der Bemerkung, »daß er sein neues Amt mit der gleichen Begeisterung antrete, von der der Aufruf der neuen Reichsregierung an das deutsche Volk getragen sei«. – Reichenaus Stellungnahme verfehlte ihren Eindruck nicht und machte in Parteikreisen alsbald die Runde; vgl. z. B. den Aufsatz »Die Reichswehr« von Robert Bergmann, SS-Brigadeführer und Adj. Röhms, in: *Das Buch der Hitlerjugend. Die Jugend im Dritten Reich,* hrsgg. von Ulf Uweson und Walther Ziersch, München 1934, S. 149, wo das Wort in der Form: »Noch nie war die Wehrmacht inniger verbunden mit den Zielen des Staates als heute unter dem Kanzler Adolf Hitler«, zitiert und Blomberg in den Mund gelegt wird.

103 Bericht über ein Gespräch mit Franz v. Gaertner im November 1933, *Zeugenschrifttum* (Anm. I/53), Nr. 44, S. 1 ff. Daß Reichenau diese Ansichten schon im Februar vertrat, zeigt seine Äußerung in der Befehlshaberbesprechung von Ende Februar 1933; *a. a. O.,* Nr. 279, I, S. 19 (Ott); vgl. o. S. 68 f.

104 Schon in der Zeit vor dem SA-Verbot äußerte Reichenau gelegentlich gegenüber einem jungen Offizier die Ansicht, daß die SA in allen Wehrfragen der Armee widerspruchslos folgen werde; Steiner (Anm. I/84), S. 100, Anm. 7. Diese wohl aus den ostpreußischen Erfahrungen gewonnene Überzeugung (vgl. Bor, Anm. I/84, S. 105) ist erst um die Jahreswende 1933/34 bei ihm erschüttert worden; vgl. o. S. 328 ff.

105 Gaertner: *Zeugenschrifttum* (Anm. I/53), Nr. 44, S. 3. – Die Methode der persönlichen Kontakte mit Hitler und seiner Umgebung hat Reichenau sorgfältig gepflegt, hat damit aber nur Eifersüchteleien

in der Partei hervorgerufen; vgl. *a. a. O.*, Nr. 312, S. 5 (R. fand sich ungeladen an Hitlers Tisch ein und duzte sich mit Himmler); ähnlich Keitel (Anm. I/17a), S. 107. Vgl. auch Ernst Hanfstaengl, *Hitler. The Missing Years,* London 1957, S. 211; S. 213 (Freundschaft und wechselseitige Unterstützung mit Hanfstaengl).

106 Blomberg in Kiel am 17. Februar 1933 vor Abordnungen der Marine: »Wir sind herausgehoben aus dem politischen Kampf, für uns gibt es keine Parteien, für uns gibt es nur das ganze Volk. Mit uns fühlen Millionen deutscher Männer. Sie wissen, daß es für einen wahren deutschen Mann gilt, für Deutschland zu kämpfen und für Deutschland zu leben und für Deutschland zu sterben«; *Schultheß, 1933,* S. 48. Und in München am 23. Februar: »Wir Soldaten stehen außerhalb des politischen Kampfes. Wir gehören keiner Partei und keiner Klasse, wir gehören dem gesamten Volke, wir dienen der Gemeinschaft.« Betonung des Waffenmonopols. »Aber hinter uns stehen viele Millionen entschlossener Männer, zwar unbewaffnet, aber entschlossen wie wir, für das Vaterland zu leben und zu kämpfen«; *Horkenbach, 1933,* S. 69. Vgl. Castellan (Anm. I/79), S. 426.

107 Erich Raeder, *Mein Leben,* Bd. I, Tübingen 1956, S. 280; II (1957), S. 106 (Geburtstagsfeier für Neurath). Die Einladung an Hitler war offiziell von Blomberg ausgegangen, möglicherweise aber auf Anregung Hitlers; die Wohnung Hammersteins war gewählt worden, da in Blombergs Dienstwohnung noch Schleicher saß; *Zeugenschrifttum* (Anm. I/53), Nr. 105 (Mellenthin), S. 1; S. 7. Vgl. auch Kunrat v. Hammerstein (Anm. I/54), S. 173; Castellan (Anm. I/79), S. 425.

108 Etwas Ähnliches hatte es nur 1923 gegeben, als Stresemann nach seiner Ernennung zum Kanzler um ein Zusammentreffen mit den Befehlshabern bat. Es fand am 7. September 1923 statt, unterschied sich aber von dem Treffen mit Hitler u. a. dadurch, daß auch Seeckt, und zwar vor Stresemann, sprach; s. Rabenau (Anm. I/31), S. 335; Wolfgang Seiz, »Zum Ursprung einiger Seeckt-›Zitate‹«, in: *Wehrwissenschaftliche Rundschau* 8 (1958), S. 323.

109 *Völkischer Beobachter,* Süddeutsche Ausgabe, Nr. 37 vom 6. Februar 1933. Auch in der Reichswehr wurde das als symbolischer Akt gewertet; s. Hermann Foertsch, *Die Wehrmacht im nationalsozialistischen Staat,* Hamburg 1935, S. 24.

110 »Reichswehrdokumente« (Anm. I/40), S. 434.

111 *Schultheß, 1933,* S. 36 f.

112 So General Liebmann in seinen Notizen: *Original-Notizen des Generals Liebmann aus den Befehlshaberbesprechungen 1933/35* (Institut für Zeitgeschichte; im folgenden zitiert: *Liebmann-Notizen*), Bl. 39.

113 *Dienatag-Bericht* vom 7. Februar 1933 *(BA).*

114 Vgl. die Stimmen *ebda.*; Friedrich Meinecke, »Volksgemeinschaft – nicht Volkszerreißung«, Aufsatz vom 22. Februar 1933, jetzt abgedr. in: ders., *Politische Schriften und Reden,* hrsgg. und eingel. von Georg Kotowski, Darmstadt 1958, S. 481 ff. – Vgl. auch Thilo Vogelsang in: *Das Dritte Reich und Europa. Bericht über die Tagung*

des Instituts für Zeitgeschichte in Tutzing, Mai 1956, München 1957, S. 43 f.

115 Weder Papen noch Meißner oder Schwerin v. Krosigk erwähnen das Problem in ihren Memoiren.

116 Picker (Anm. I/16), S. 431.

117 Foertsch, *Schuld* . . . (Anm. I/25), S. 33 (Mitteilung Blombergs).

118 Brüning (Anm. I/85), S. 15.

119 André François-Poncet, *Als Botschafter in Berlin. 1931–1938,* 2. Aufl., Mainz 1949, S. 97 f. (Titel des franz. Originals: *Souvenirs d'une ambassade à Berlin*).

120 Kunrat v. Hammerstein (Anm. I/54), S. 174 f. Hammersteins Kommentar war: »Ich wees nich, wenn se den man nich selber angesteckt haben.« Weitere Stimmen s. Konrad Heiden, *Geburt des Dritten Reiches. Die Geschichte des Nationalsozialismus bis Herbst 1933,* 2. Aufl., Zürich 1934, S. 124 f.

121 *Dienatag-Bericht* vom 2. März 1933 *(BA):* Der Berichterstatter, Georg Dertinger, nennt den von der DAZ geäußerten Verdacht, daß die Kommunisten am Ende doch nicht die Urheber des Brandes wären, eine »Mystifikation«, die von interessierten Kreisen um Schleicher und Treviranus zur Unruhestiftung hervorgerufen werde.

122 Vgl. seine Rede vor einem ausgewählten Kreis von Industriellen am 20. Februar 1933, *IMT* (Anm. I/55), XXXV, S. 42–48, bes. S. 47.

123 *Dienatag-Bericht* vom März 1933 *(BA).*

124 Befehlshaberbesprechung in Berlin, Ende Februar 1933, *Liebmann-Notizen* (Anm. I/112), Bl. 42. Das genaue Datum ist nicht feststellbar. Die Aufzeichnungen Liebmanns geben die Fassung wieder, in der er die ministeriellen Informationen den Kommandeuren im Wehrkreis V vortrug. Er faßte darin den Inhalt der Befehlshaberbesprechung vom 3. Februar (s. o. Anm. I/95 und I/100) und von »Ende Februar« zusammen. Auch die ergänzenden Bemerkungen von Ott in: *Zeugenschrifttum* (Anm. I/53), Nr. 279, I, S. 19, enthalten keine Datierung, geben aber einen wichtigen Teil der Äußerungen Reichenaus wörtlich wieder; vgl. o. S. 68 f. Da Reichenau darin kommende Terrormaßnahmen gegen den »Marxismus« ankündigte, ohne auf den Reichstagsbrand Bezug zu nehmen, ist zu vermuten, daß der Zeitpunkt der Äußerung noch vorher lag; vgl. auch Vogelsang in: *Das Dritte Reich* . . . (Anm. I/114), S. 44.

125 Wehrgesetz vom 23. März 1921 (*RGBl.,* I, 1921, S. 329), Abschnitt II: Landsmannschaft, §§ 12–17. Dazu Ernst Deuerlein, »Wehrordnung und Föderalismus in Deutschland, Teil II: 1919–1935«, in: *Wehrwissenschaftliche Rundschau* 6 (1956), S. 307.

rungen Reichenaus wörtlich wieder; vgl. o. S. 68 f. Da Reichenau
zur bayerischen Frage in der Zeit von 1928 bis 1933, München 1954, S. 225 f.; S. 255; Geßler (Anm. I/31), S. 277 f; Gerhard Anschütz, *Die Verfassung des Deutschen Reichs vom 11. August 1919,* 12. Aufl., Berlin 1930, S. 656, Anm. 1.

127 Schwend, *a. a. O.,* S. 523 f.; Kurt Sendtner, *Rupprecht v. Wittelsbach Kronprinz von Bayern,* München 1954, S. 549 ff.

128 Schwend, *a. a. O.*, S. 536 ff.

129 Vgl. May Miller, *Eugen Bolz. Staatsmann und Bekenner,* Stuttgart 1951, S. 436. Weitere Einzelheiten dazu jetzt bei Waldemar Besson, *Württemberg und die deutsche Staatskrise, 1928–1933. Eine Studie zur Auflösung der Weimarer Republik,* Stuttgart 1959, S. 340. Auch in Bayern scheint Blomberg ähnliche Weisungen gegeben zu haben; Karl Schwend in Matthias/Morsey (Anm. I/92), S. 488.

130 Befehlshaberbesprechung vom 1. Juni, *Liebmann-Notizen* (Anm. I/112), Bl. 53. Die dort angekündigte grundsätzliche Regelung über Gestellung von Ehrenkompanien auch für Reichsstatthalter ist wenig später erfolgt; vgl. die Neufassung der *HDv* 24 (über Teilnahme der Reichswehr an Veranstaltungen außerhalb der Wehrmacht), Ziff. 13: »Bei besonderen Anlässen kann die Gestellung von Ehrenkompanien auch für Reichsstatthalter in Frage kommen«; gekürzter Abdr. in: *Oertzschenscher Taschenkalender für die Offiziere des deutschen Reichsheeres,* hrsg. von E.-J. Graf v. Westarp, Major a. D., 55. Jg., 1. Oktober 1934 bis 30. September 1935, Grimmen 1934, S. 133. – Entsprechend wurde die Bestimmungen des Wehrgesetzes vom 23. März 1921, Abschnitt II (Landsmannschaft) durch die Novelle vom 20. Juli 1933 praktisch beseitigt (*RGBl.*, I, 1933, S. 526); vgl. o. S. 68 f.

131 Papen (Anm. I/69), S. 323.

132 *Liebmann-Notizen* (Anm. I/112), Bl. 53 (Auszeichnung i. Orig.).

133 Einen Überblick über die Entstehung des Reichskuratoriums gibt Castellan (Anm. I/79), S. 331 ff.; vgl. auch Steiner (Anm. I/84), S. 111; *Zeugenschrifttum* (Anm. I/53), Nr. 279, I (Ott), S. 17; Nr. 28 (Holtzendorff), S. 38; vgl. Kurt Hesse, *Miliz,* Hamburg 1933. Ausführlich jetzt Thilo Vogelsang, »Der Chef des Ausbildungswesens (Chef AW)«, ungedr. Gutachten des Instituts für Zeitgeschichte, München.

134 Julius Karl v. Engelbrechten, *Eine braune Armee entsteht. Die Geschichte der Berlin-Brandenburger SA,* München–Berlin 1937, S. 242 f.

135 *Liebmann-Notizen* (Anm. I/112), Bl. 41 f. Vgl. auch Blombergs Reden in den Wehrkeisen (o. Anm. I/106).

136 »Reichswehrdokumente« (Anm. I/40), S. 433.

137 *Horkenbach, 1933,* S. 156; *Dienatag-Bericht* vom 9. März 1933 *(BA).* Der Berichterstatter prophezeite richtig, »daß Seldte auf dem neuen Arbeitsministerium, das er eigentlich nicht haben wollte, sitzen bleibt, dagegen die Jugendertüchtigung und der Arbeitsdienst in die Hände der NSDAP übergeht«. Vgl. Goebbels (Anm. I/92), S. 294, und (auch für das Folgende) Vogelsang, »Der Chef . . .« (Anm. I/133).

138 Theodor Duesterberg, *Der Stahlhelm und Hitler,* Wolfenbüttel–Hannover 1949, S. 41 ff.; S. 51 ff.; *Dienatag-Bericht* vom 23. und 30. März 1933 (über Kulissenkämpfe um den Stahlhelm); Goebbels (Anm. I/92), S. 294; S. 302; *Horkenbach, 1933,* 28. und 30. März; 26. April; S. 146 f.; S. 148; S. 185; *Schultheß, 1933,* S. 79 f.; S. 105ff.

139 *Schultheß, 1933,* S. 157 f.; *Horkenbach, 1933,* S. 259 (mit Pressestimmen).

140 Steiner (Anm. I/84), S. 112. Vgl. auch *Zeugenschrifttum* (Anm. I/53), Nr. 44 (F. v. Gaertner), S. 4 f.; S. 19; Nr. 248 (Holtzendorff), S. 38. – Im einzelnen s. o. 263 ff.
141 Zum Folgenden s. *Zeugenschrifttum, a. a. O., Nr. 540* (Admiral a. D. Patzig).
142 Es gelang lediglich, einen Führerbefehl zu erwirken, der der militärischen Abwehr die Alleinherrschaft im militärischen Bereich sicherte; Karl Heinz Abshagen, *Canaris. Patriot und Weltbürger,* Stuttgart 1949, S. 138.
143 *A. a. O.,* S. 141 f.
144 *Der Fortschritt* 5 (1953), Nr. 9 ff.; vgl. *Liebmann-Notizen* (Anm. I/112), Bl. 109; Abshagen, *a. a. O.,* S. 141. Rudolf Diels, *Lucifer ante portas ... es spricht der erste Chef der Gestapo ...,* Stuttgart 1950, S. 230 ff.
145 *Zeugenschrifttum* (Anm. I/53), Nr. 540 (Patzig), S. 4; Abshagen, *a. a. O.,* S. 139 ff.
146 Vgl. o. S. 135 ff.
147 Bruno Maaß, »Vorgeschichte der Spitzengliederung der früheren deutschen Luftwaffe (1920–1933)«, in: *Wehrwissenschaftliche Rundschau* 7 (1957), S. 505 ff.; bes. S. 519.
148 *Zeugenschrifttum* (Anm. I/53), Nr. 105 (Mellenthin); Karl Heinz Völker, *Die Entwicklung der militärischen Luftfahrt in Deutschland 1920–1933 (Beiträge zur Militär- und Kriegsgeschichte,* Bd. 3), Stuttgart 1962, S. 201 f.
149 *A. a. o.,* S. 230. Zur Ernennung Blombergs s. o. S. 154 f., S. 175 ff.
150 Maaß (Anm. I/147), S. 519 f.; Völker, *a. a. O.,* S. 202 ff.
151 Die Zuordnung zur Infanterie gehörte zu der damals noch erforderlichen Tarnung.
152 Dazu s. Görlitz, *Hindenburg* (Anm. I/72), S. 412; Generallt. H. J. Rieckhoff, *Trumpf oder Bluff? 12 Jahre deutsche Luftwaffe,* Genf 1945, S. 36 f.; Gerhard Rossbach, *Mein Weg durch die Zeit. Erinnerungen und Bekenntnisse,* Weilburg/Lahn 1950, S. 144.
153 *Zeugenschrifttum* (Anm. I/53), Nr. 279, I (Ott), S. 16.
154 *A. a. O.,* S. 19 (Auszeichnung vom Verf.).
155 *Ebda.*
156 Vgl. o. II. Kapitel, 3. Abschnitt, S. 140 ff.
157 Vgl. o. III. Kapitel und IV. Kapitel.
158 Verordnung über die Hoheitszeichen der deutschen Wehrmacht vom 14. März 1933 *(RGBl.,* I, 1933, S. 133).
159 Zweites Gesetz zur Änderung des Wehrgesetzes vom 20. Juli 1933 (*a. a. O.,* S. 526).
160 *A. a. O.,* S. 264.
161 Das Gesetz vom 12. Mai bestimmte die Militär-Strafgerichtsordnung vom 1. Dezember 1898 als Grundlage der Neuordnung. Text der neuen Militär-Strafgerichtsordnung *RGBl.,* I. 1933, S. 921 ff. Tatsächlich bürdete die Neuordnung der Truppe nur neue Lasten auf und stellte sie vor schwer lösbare Aufgaben; Keitel (Anm. I/17a), S. 75.

162 *Liebmann-Notizen* (Anm. I/112), Bl. 53.
163 *Zeugenschrifttum* (Anm. I/53), Nr. 279, I, S. 20.
164 *Horkenbach, 1933,* S. 373; vgl. *Zeugenschrifttum* (Anm. I/53), Nr. 105 (Mellenthin), S. 2 (über das Befremden bei Teilen des Militärs wegen Blombergs Rede).
165 Rauschning, *Gespräche* ... (Anm. I/5), S. 148.
166 *Horkenbach, 1933,* S. 373: »Der Kanzler dankte dem Reichswehrminister in herzlichen Worten, die seine innere Verbundenheit mit der Wehrmacht erkennen ließen.«
167 *A. a. O.,* S. 413. – *Schultheß, 1933,* S. 213, gibt nur den ersten, nicht aber den wichtigen zweiten Satz. – Ähnlich wie das Wort Reichenaus vom 1. Februar 1933 (s. o. S. 52 f.) in Parteikreisen die Runde machte, scheint auch dies Hitler-Wort in der Reichswehr zirkuliert zu haben; Foertsch, *Die Wehrmacht* ... (Anm. I/109), S. 20; *Zeugenschrifttum* (Anm. I/53), Nr. 105 (Mellenthin), S. 1 f.; S. 26 f.; Nr. 187 (Weichs), S. 39.
168 Nach Mellenthin (*a. a. O.,* Nr. 105) hat Hitler bereits auf einem Empfang für die Generale auf dem Parteitag 1933 eine ähnliche Äußerung getan: »Meine Herren Generale, meine Herren Offiziere, daß ich hier stehe, verdanke ich Ihnen und der loyalen Haltung der Reichswehr, ich werde Ihnen das nie vergessen.«
169 Hoßbach, *Zwischen Wehrmacht* ... (Anm. I/25), S. 135.
170 Es gab auch abweichende Meinungen wie die des Admirals Raeder, der es »für eine militärische Unmöglichkeit [hielt], daß das eigene Amt des Ministers [gemeint ist Schleichers Ministeramt] sich von ihm lossagte ...«; Raeder (Anm. I/107), I. S. 270; vgl. Phelps (Anm. I/48), S. 29.
171 Das änderte sich jedoch später; s. *Zeugenschrifttum* (Anm. I/53), Nr. 568 (Tschirschky), S. 3. Nachweisbar zuerst im Herbst 1933.
172 Brüning (Anm. I/85), S. 20.
173 Hammersteins Ablehnung Hitlers war nicht immer unbedingt; vgl. seine o. S. 36 zitierten Äußerungen (Befehlshaberbesprechung vom 24. April 1931). Doch hat sich das später geändert; vgl. auch Kunrat v. Hammerstein (Anm. I/54), S. 17 f.
174 Foertsch, *Schuld* ... (Anm. I/25), S. 32 f. Über Hammersteins Persönlichkeit allgemein *a. a. O., passim; Zeugenschrifttum* (Anm. I/53), Nr. 6 (General Adam), S. 5, und Nr. 105 (Mellenthin), S. 8 f.; Erich v. Manstein, *Aus einem Soldatenleben. 1887–1939,* Bonn 1958, S. 108 f.; Schwerin v. Krosigk (Anm. I/74), S. 111 f.
175 Auf die dienstlich-militärische Kritik Hindenburgs an Hammerstein macht besonders Schwerin v. Krosigk aufmerksam; *a. a. O.,* S. 113.
176 Auf eine Aussöhnung zwischen Hammerstein und Hindenburg hofften im Frühjahr 1933 insbesondere Schleicher und Brüning bei ihren Planungen für einen Sturz der Hitler-Regierung; Brüning (Anm. I/85), S. 18.
177 *Zeugenschrifttum* (Anm. I/53), Nr. 105 (Mellenthin), S. 7. Für Reichenau, den er 1932 sogar trotz dessen politischer Eskapaden gedeckt hat, s. Kunrat v. Hammerstein (Anm. I/54), S. 127; S. 165; *Zeugenschrifttum, a. a. O.,* Nr. 217 (Bussche-Ippenburg), S. 4; S. 8.

In seiner großzügigen Art hat Hammerstein politische Differenzen offenbar zu überspielen getrachtet. So hat er auch Beck gegen Groeners Versuche, ihn zu verabschieden, gedeckt; Kunrat v. Hammerstein, *a. a. O.,* S. 16; Wolfgang Foerster, *Generaloberst Ludwig Beck. Sein Kampf gegen den Krieg. Aus den nachgelassenen Papieren des Generalstabschefs,* München 1953, S. 23 f.; Hoßbach, *Die Entwicklung* ... (Anm. I/25), S. 89.

178 *Zeugenschrifttum, a. a. O.,* Nr. 217 (Bussche-Ippenburg), S. 22. B., der damals Chef des Personalamts war, behauptet fest, daß Hammersteins Verabschiedung schon am 30. Januar 1933 beschlossene Sache war. Das und auch die Begründung wird durch den Bericht Fritschs über ein Gespräch mit Blomberg, wenige Tage nach der Machtergreifung, bestätigt; Aufzeichnung Fritschs vom 1. Februar 1938 bei Kunrat v. Hammerstein (Anm. I/54), S. 173 (Der Passus ist bei Hoßbach, *Zwischen Wehrmacht ...,* Anm. I/25, S. 68 ff., nicht abgedr.). – Schleicher rechnete in seinen Erörterungen mit Brüning im Februar 1933, daß Hammerstein sich vielleicht noch bis zum Sommer halten könne; Brüning (Anm. I/85), S. 18. Vgl. auch Papen (Anm. I/69), S. 324.

179 Das ließ er Brüning durch dessen Mittelsmann Hackelsberger bestellen; Brüning, *a. a. O.,* S. 18 f. Vgl. auch Brünings Brief an Kunrat v. Hammerstein, 1946: Kunrat v. Hammerstein, *a. a. O.,* S. 175.

180 Auf der Generalstabsreise im Sommer 1933 hielt Hammerstein eine Begrüßungsrede, in der er die Teilnehmer ermahnte, trotz Zweifel und Bedenken dem neuen Regime gegenüber Loyalität zu bewahren, ließ aber fühlen, daß er sich damit nur eines unangenehmen Auftrags entledigte; *Zeugenschrifttum* (Anm. I/53), Nr. 6 (General Adam), S. 5. Vgl. Nr. 105 (Mellenthin), S. 9. Gegenüber englischen Freunden dagegen äußerte er in seiner drastischen Art: »Jeder Dorfköter kann, wie die Nazis, mit Terror regieren«; Kunrat v. Hammerstein, *a. a. O.,* S. 121.

181 Schon am Tage der Machtergreifung war Severing durch einen Mittelsmann an ihn herangetreten (in Anknüpfung an ein Gespräch mit Hammerstein im Herbst 1931), erhielt aber einige Tage später eine hinhaltende Antwort; Carl Severing, *Mein Lebensweg,* Köln 1950, Bd. II, S. 378. Die Vermutung Severings, Hammerstein sei dazu durch das Zusammentreffen mit Hitler am 3. Februar bewogen worden, überzeugt nicht; vgl. auch Kunrat v. Hammerstein, *a. a. O.,* S. 173 (Bezugnahme auf Brief Severings an K. v. H., 1946). – Für Brünings vergeblichen Vorstoß bei Hammerstein Ende Juni/Anfang Juli 1933 s. o. Anm. I/179. Für Sondierungen von monarchistischer Seite s. Moriz v. Faber du Faur, *Macht und Ohnmacht. Erinnerungen eines alten Offiziers,* Stuttgart 1953, S. 153 (Besuch H.'s beim Kronprinzen in Oels, Sommer 1933).

182 *Zeugenschrifttum* (Anm. I/53), Nr. 6 (Adam), S. 6.

183 Der Chef des Ministeramts, v. Bredow, war bereits am 1. Februar 1933 entlassen worden (s. o. S. 47); der Leiter der Wehrmacht-Abt., Ott, ging am 31. März 1933 als Militârattaché nach Tokio; der Leiter der Abwehr-Abt., Freg.-Kap. Patzig, wurde, obwohl nicht

zum engeren Schleicher-Kreis gehörig, am 31. Dezember 1934 versetzt (s. o. S. 65). Von den Verbleibenden hielt lediglich Hptm. Frhr. v. Wechmar seinem ehemaligen Chef die Treue; *Zeugenschrifttum, a. a. O.,* Nr. 279, I (Ott), S. 19; Nr. 540 (Patzig), S. 4 f.; S. 8; außerdem: *Die neuen Männer. Verzeichnis der Dienststellenbesetzungen in Reichs- und Länderministerien,* Berlin 1933, S. 27–31 (die Aufstellung gibt bezüglich der Reichswehr den Stand zwischen Juni und September 1933 wieder).

184 Im März 1933 überraschte er einen seiner Bekannten durch seine Zustimmung zur Errichtung der Diktatur und zur Ausschaltung der Rechte des Staatsbürgers; 1934 machte er seinem ehemaligen Chef Schleicher bei einem privaten Zusammentreffen das Geständnis, er sei »mehr oder weniger überzeugter Nationalsozialist geworden«; *Zeugenschrifttum, a. a. O.,* Nr. 24 (General Ludwig Crüwell), S. 3. M. war bis zum 30. Januar 1933 Pressechef der Reichsregierung und wurde anschließend von Hammerstein wieder in die Reichswehr übernommen. Er fiel 1945 als Festungskommandant von Cherbourg; Kunrat v. Hammerstein (Anm. I/54), S. 128; S. 176. Für Marcks' schriftstellerische Tätigkeit vgl. seinen Beitrag »Das Reichsheer von 1919 bis 1935«, in: *Deutsche Heeresgeschichte,* hrsgg. von Karl Linnebach, Hamburg 1935 (2. Aufl. 1943), S. 370–396.

185 *Zeugenschrifttum, a. a. O.,* Nr. 248 (Holtzendorff), S. 34 ff.; Kunrat v. Hammerstein, *a. a. O.,* S. 176.

186 Krausnick (Anm. I/26), S. 201 ff.; vgl. auch Ritter, *Carl Goerdeler* (Anm. I/54), S. 128.

187 Vgl. o. S. 54 ff.

188 Bericht Otts, der seinerseits höchst beunruhigt war; *Zeugenschrifttum* (Anm. I/53), Nr. 279, I. S. 19.

189 Bezeichnend das Zeugnis Bussche-Ippenburgs: »In der ersten Stunde sprach er eine wirre Walze ab und konzentrierte sich erst dann auf die Wehrmacht und ihre Belange«; Brief 1953 an Kunrat v. Hammerstein (Anm. I/54), S. 174. Beck erzählte später, er habe den Inhalt von Hitlers Rede sofort wieder vergessen; *a. a. O.,* S. 14.

190 *Ebda.;* Görlitz, *Der deutsche Generalstab* (Anm. I/82), S. 398 f. (über die Reaktion Ritter v. Leebs: ein Geschäftsmann, dessen Ware gut sei, brauche diese doch nicht in den höchsten marktschreierischen Tönen anzupreisen).

191 Raeder (Anm. I/107), II, S. 106 f.; ähnlich schon in seiner Aussage in Nürnberg: »Diese Rede wirkte außerordentlich befriedigend auf sämtliche Zuhörer«; *IMT* (Anm. I/55), XIV, S. 28. Dagegen Bussche: »Das bestreite ich für mich sehr ernst«; Kunrat v. Hammerstein (Anm. I/54), S. 173 f. Von der positiven Stellungnahme in: *Liebmann-Notizen* (Anm. I/112), Bl. 39 (s. o. S. 56), distanzierte sich Ott: *Zeugenschrifttum* (Anm. I/53), Nr. 279, I, S. 19: »Die Schlußbemerkung Liebmanns gibt den Eindruck meiner Umgebung nicht ganz wieder.«

192 Äußerung zu seinem Generalstabschef bei der 1. Kav.-Div., v. Weichs; *Zeugenschrifttum, a. a. O.,* Nr. 182 (Feldmarsch. v. Weichs), S. 39.

193 Brief vom 17. Mai 1937; Johann Adolf Graf v. Kielmannsegg, *Der Fritsch-Prozeß 1938. Ablauf und Hintergründe,* Hamburg 1949, S. 27. Vgl. auch Faber du Faur (Anm. I/181), S. 159 f., und Keitel (Anm. I/17a), S. 86 f. (Hitler als Reichskanzler willkommen, nicht als Staatsoberhaupt; Wunschziel: Restauration der Hohenzollern und Entwicklung nach englischem Vorbild).

194 Bernhard Ramcke, *Vom Schiffsjungen zum Fallschirmjäger-General,* Berlin 1943, S. 195. – Die Unsicherheit zwischen Zustimmung und Ablehnung zeigte sich bei Fritsch schon anläßlich der Machtübernahme: *Zeugenschrifttum* (Anm. I/53), Nr. 11 (v. Böckmann), S. 1 f.

195 Fritsch zu Mellenthin 1934: »Ich weiß nicht, wenn ich unmittelbar mit Hitler spreche, ist immer alles klar, und er versteht mich. Geht es aber über Blomberg, gibt es immer Reibungen und Mißverständnisse«; *Zeugenschrifttum, a. a. O.,* Nr. 105, S. 9 f.; vgl. auch S. 35; S. 39; und Nr. 182 (Weichs), S. 11; außerdem: Fritschs Niederschrift vom 1. Februar 1938 in: Hoßbach, *Zwischen Wehrmacht* ... (Anm. I/25), S. 68 ff.; S. 75 und *passim*; Foertsch, *Schuld* ... (Anm. I/25), S. 41; S. 149 f.

196 Hoßbach, *a. a. O.,* S. 70; vgl. Foertsch, *a. a. O.,* S. 148 f.

197 Kielmannsegg (Anm. I/193), S. 132 ff.; S. 136 f. Zu Fritschs Reaktion auf seinen Sturz vgl. S. 111 f.; S. 114 ff.; und Hoßbach, *a. a. O.,* S. 127 ff.

198 Foerster (Anm. I/177), S. 27 f. – Ein besonders eindrucksvolles Beispiel dieser unpolitischen Haltung war auch Rundstedt; vgl. Liddell Hart (Anm. I/78), S. 123 f.; S. 126.

199 Die Zeugnisse für die Wirksamkeit dieser Argumente sind Legion. Eine kleine Auswahl: Dietrich v. Choltitz, *Soldat unter Soldaten,* Konstanz–Zürich–Wien 1951, S. 31 ff. (Hinweis auch auf Vorbild anderer Staaten: Italien, Spanien, Türkei, Polen, und auf mangelnden Widerstand gegen den Nationalsozialismus im Volk); Faber du Faur (Anm. I/181), *passim*; Foertsch, *Schuld* ... (Anm. I/25), S. 35 ff.; Heinz Guderian, *Erinnerungen eines Soldaten,* Heidelberg 1951, S. 391 ff. (u. a. mit der vielsagenden Bemerkung, die Weimarer Republik habe keine »nennenswerten« außenpolitischen Erfolge gehabt!); Halder (Anm. I/84), S. 90 ff. (mit seiner mystischen und verworrenen Idee von der »Illegitimität« und dem »Bruch der Überlieferung«); Adolf Heusinger, *Befehl im Widerstreit. Schicksalsstunden der deutschen Armee 1923–1945,* Tübingen–Stuttgart 1950, S. 18 ff.; Teske (Anm. I/32), S. 27 ff. (mit einer bemerkenswerten Darlegung der demoralisierenden Folgen von Seeckts Erziehung zum absoluten Gehorsam); Siegfried Westphal, *Heer in Fesseln. Aus den Papieren des Stabschefs von Rommel, Kesselring und Rundstedt,* 2. Aufl., Bonn 1952, S. 13 ff. – Memorandum vom 19. November 1945, unterzeichnet von Brauchitsch, Manstein, Halder, Warlimont, Westphal: *MGN* 12, Ankl.-Dok.-B. 10 – B, Dok. PS – 3798; *Zeugenschrifttum* (Anm. I/53), Nr. 6 (Adam), S. 5 ff.; Nr. 12 (Generaladmiral Boehm); Nr. 171 (Gen.-Maj. Hans Friedrichs); Nr. 166

(Gen.-Ob. v. Vietinghoff), S. 49 f.; Nr. 182 (Weichs), S. 39. – Vgl. auch Krausnick (Anm. I/26), S. 201 ff.; Meinecke, *Die deutsche Katastrophe* (Anm. I/76), S. 68 ff.; und Ritter, *Carl Goerdeler* ... (Anm. I/54), S. 127 ff. (mit Hinweis auf die Anziehungskraft des Nationalsozialismus auf Seeckt).

200 Unterblieb auf Fürsprache Hammersteins; s. o. S. 73 f. – Zur Haltung Becks 1930 s. *Zeugenschrifttum* (Anm. I/53), Nr. 279, I (Ott), S. 11 f.

201 Die Entwicklung Becks zum Gegner Hitlers hat mehrere Stufen durchlaufen; die Darstellung Foersters (Anm. I/177), S. 25 ff., ist in dieser Beziehung zu wenig differenziert. Vgl. besonders Becks inneren Zwiespalt in der Fritsch-Krise: *a. a. O.,* S. 89 ff.; Schwerin v. Krosigk (Anm. I/74), S. 277; Bor (Anm. I/84), S. 113; Hoßbach, *Zwischen Wehrmacht* ... (Anm. I/25), S. 130 f.; vgl. aber *Zeugenschrifttum, a. a. O.,* Nr. 152 (Stapf), S. 6 f. (Anzeichen für politische Schwenkung Becks schon im Winter 1933/34); ferner Krausnick (Anm. I/26), S. 292.

202 Hoßbach, *a. a. O.,* S. 158.

203 *Zeugenschrifttum* (Anm. I/53), Nr. 182 (Weichs), S. 38.

204 Fabian v. Schlabrendorff, *Offiziere gegen Hitler,* 2. Aufl., Zürich–Wien–Konstanz [1950], S. 71; S. 73.

205 Vgl. o. S. 30 f.

206 Darüber berichtet v. Weichs, der damals Taktiklehrer war; *Zeugenschrifttum* (Anm. I/53), Nr. 182, S. 38. Der spätere General Dietl, der gleichzeitig mit Weichs Taktiklehrer war, galt damals schon als »ausgesprochener Anhänger der Partei«, war »in seiner Propaganda jedoch zurückhaltend«; *ebda.*

207 Vgl. den Leipziger Urteilstext, abgedr. in: *Die Justiz 6* (1930), S. 191 ff.; vgl. auch Phelps (Anm. I/36), S. 915 ff.; »Reichswehrdokumente« (Anm. I/40), S. 401 ff. (Bericht Schleichers vom 25. Oktober 1930). Der damalige Oberste SA-Führer v. Pfeffer erklärte schon am 7. April 1930 im *Völkischen Beobachter:* »Ich bin überzeugt, daß heute schon große Teile der jungen Reichswehr-Offiziere sowie der Unteroffiziere und Mannschaften nationalsozialistisch denken. Auch mögen zwischen diesen Gleichgesinnten kameradschaftliche Verbindungen und Zusammenhänge bestehen.« Lothar Danner, *Ordnungspolizei Hamburg. Betrachtungen zu ihrer Geschichte 1918 bis 1933,* Hamburg 1958, S. 212.

208 Allgemein s. Faber du Faur (Anm. I/181), S. 127 (NS-Einfluß bei den Potsdamer Offizieren ab 1930); S. 128 ff. (Situation Herbst 1932); S. 183 f. (Beispiel des Leutnants v. Bonin). Für Tresckow s. Teske (Anm. I/32), S. 31, und Annedore Leber, Karl Dietrich Bracher, Willy Brandt, *Das Gewissen steht auf. 64 Lebensbilder aus dem deutschen Widerstand 1933–1945,* Berlin–Frankfurt/M. 1954, S. 158.

209 *Zeugenschrifttum* (Anm. I/53), Nr. 182 (Weichs), S. 3.

210 Kunrat v. Hammerstein (Anm. I/54), S. 175. Vgl. Goebbels (Anm. I/92), S. 292.

211 Dazu ausführlich General Blumentritt, der damals Lehrgangs-

leiter war: *Zeugenschrifttum* (Anm. I/53), Nr. 208, S. 84 ff. (persönliche Erlebnisse 1933–1939); S. 103 ff. (Brief an Frhr. v. Sigler vom 10. Februar 1953). Die Gruppe der Gegner rekrutierte sich vornehmlich aus den östlichen Regimentern und aus Angehörigen des alten Adels. – Daß auch diese Verhältnisse nicht über Nacht entstanden, wird belegt durch Hinweise bei Faber du Faur (Anm. I/181), S. 165 (über Hoßbach, Krebs und Zeitzler beim Anwärterkursus in Münster, etwa 2. Hälfte der 20er Jahre; vgl. S. 179).

212 Blumentritt, *a. a. O.,* S. 86.

213 Neben den bekannteren Darstellungen vor allem von Eberhard Zeller, *Geist der Freiheit. Der zwanzigste Juli,* 2. Aufl., München 1954, und Ritter, *Carl Goerdeler* (Anm. I/54), S. 359 ff., ist hier auch auf die Skizzen bei Schwerin v. Krosigk (Anm. I/74), S. 346 ff., und Teske (Anm. I/32), S. 31; S. 41, zu verweisen. Zur Haltung Stauffenbergs am 30. Januar 1933 s. Foertsch, *Schuld ...* (Anm. I/25), S. 22.

214 *Zeugenschrifttum* (Anm. I/53), Nr. 208 (Blumentritt), S. 84; S. 104. Die Bezugnahme auf die Zeit von 1813 war weit verbreitet; auch Stauffenberg hat sich damals darauf berufen; Foertsch, *a. a. O.,* S. 22.

215 Ramcke (Anm. I/194), S. 196.

216 Über Röhms Versprechungen s. *Zeugenschrifttum* (Anm. I/53), Nr. 152 (General Stapf, damals Oberstlt. und stellv. Chef der Heeresorganisations-Abt. im Truppenamt), S. 2; S. 7.

217 Kommandeurbesprechung vom 26. März 1933; *Liebmann-Notizen* (Anm. I/112), Bl. 43.

218 Steiner (Anm. I/84), S. 278. – Vgl. *Zeugenschrifttum* (Anm. I/53), Nr. 248 (Holtzendorff), S. 38 (über Model und v. Bernuth). Zu Model auch Liddell Hart (Anm. I/78), S. 120; S. 120; S. 90 über Rommel.

219 Teske (Anm. I/32), S. 32; S. 42; *Zeugenschrifttum, a. a. O.,* Nr. 44 (Gaertner), S. 5. Mertz ist insofern ein interessanter Fall, als seine Motive aus den Schwierigkeiten der Anpassung herrühren, die er wegen seiner Klugheit, Eigenwilligkeit und kritischen Schärfe im Offizierskorps hatte.

220 Guderian (Anm. I/199), S. 13 ff., insbes. S. 18 f. und S. 26. Die Kritik, die G. hier an dem Konservatismus der Reichswehrführung und insbesondere des Generals Beck geübt hat, ist bei anderen Generalen vielfach auf Widerspruch gestoßen; s. Foerster (Anm. I/177), S. 35 ff. (Zuschriften der Generale Stapf und v. Manstein); Manstein (Anm. I/174), S. 240 ff.; vgl. aber Leo Frhr. Geyr v. Schweppenburg, *Gebrochenes Schwert,* Berlin 1952, S. 72. Dabei zeigt sich, daß hinter der engeren technischen und taktischen Frage eine militärpolitische stand: Beck wollte eine Verteidigungsarmee aufbauen, Guderian plante eine Panzertruppe als Offensivwaffe. Vgl. auch die Äußerungen bei Liddell Hart (Anm. I/78), S. 45 f.; S. 73 ff.; S. 145 ff., und Walter Görlitz, Hrsg., *Paulus »Ich stehe hier auf Befehl!« Lebensweg des Generalfeldmarschalls Friedrich Paulus,* Frankfurt/M. 1960, S. 32 ff.

221 Liddell Hart, *a. a. O.,* S. 146 f. Für Guderians Verhältnis zu Hitler s. Guderian, *a. a. O.,* S. 23 ff.

222 Albert Kesselring, *Soldat bis zum letzten Tag,* Bonn 1953, S. 24 ff.; Hans Herlin, *Udet – eines Mannes Leben und die Geschichte seiner Zeit,* Hamburg 1958, S. 194 ff.; Rieckhoff (Anm. I/151), S. 41 ff.; S. 119 f. Eine ausgezeichnete dichterische Behandlung dieser Typen bietet Carl Zuckmayers Schauspiel *Des Teufels General.* – Das Zitat wird Udet in den Mund gelegt; Ernst Heinkel, *Stürmisches Leben,* hrsgg. von Jürgen Thorwald, 3. Aufl., Stuttgart 1953, S. 336; vgl. auch S. 274 f.; S. 308.

223 Zur innenpolitisch-strategischen Randstellung der Marine (Konzentration in wenigen großen Marinestandorten und »Blick von der Küste weg«) s. Raeder (Anm. I/107), I, S. 266; Abshagen (Anm. I/142), S. 91. Nichtsdestoweniger konnte die Marine an den innenpolitischen Problemen natürlich nicht vorübergehen, hatte auch die entsprechenden Referenten bei ihren Stäben und wirkte bei der Bearbeitung von Plänen gegen innere Unruhen mit; *Zeugenschrifttum* (Anm. I/53), Nr. 540 (Patzig), S. 1. f.; Karl Dönitz, *Zehn Jahre und zwanzig Tage,* Bonn 1958, S. 298 f. – Daß sie auch eine recht intensive unterirdische Propagandatätigkeit entfalten konnte, wurde 1928 im Zusammenhang mit dem Lohmann-Fall offenbar; s. die Denkschrift des Kap. z. See A. Schüßler, »Der Kampf der Marine gegen Versailles 1919–1935« (*MDv.* Nr. 352, 1937), in: *IMT* (Anm. I/55), XXXIV, S. 530–607, bes. S. 550 ff. (ND C–16); Geßler (Anm. I/31), S. 443 ff. (Kap. XV).

224 Abshagen, *a. a. O.,* S. 87; S. 93; vgl. auch Raeder, *a. a. O.,* I, S. 240.

225 Kap. z. See Hellmuth Heye, *Die deutsche Kriegsmarine. Aufgaben und Aufbau,* Berlin 1939, S. 30 (Hinweis auf die beiden Marinefreikorps als gemeinsame Wurzel für die republikanische Marine und einen Teil der NS-Bewegung). Vgl. auch Friedrich Freksa, Hrsg., *Kapitän Ehrhardt. Abenteuer und Schicksale,* Berlin 1924, S. 212 f.

226 Über Einfluß des Nationalsozialismus vor 1933 s. Goebbels (Anm. I/92), S. 102 (28. Mai 1932; Besuch bei der Marine in Wilhelmshaven, Kreuzer *Köln*); Brüning (Anm. I/85), S. 2 (Besorgnisse Schleichers); Abshagen (Anm. I/142), S. 96 f.; vgl. auch Raeder (Anm. I/107), II, S. 108. Bekannt ist auch, daß z. B. Heydrich schon vor seiner Entlassung aus der Marine Kontakt zu dem Nationalsozialismus hatte; Gedenkrede Himmlers auf Heydrich in: *Reinhard Heydrich. Ein Leben der Tat,* hrsgg. von Erich Schneider, Prag 1944, S. 62; Walter Schellenberg, *Memoiren,* hrsgg. von Gita Petersen, Köln 1959, S. 37. – Über die Haltung der Marine zur Zeit der Machtergreifung s. Abshagen, *a. a. O.,* S. 92; Foertsch, *Schuld ...* (Anm. I/25), S. 33 f.

227 Dönitz (Anm. I/223), S. 299 f.

228 Raeder (Anm. I/107), II, S. 19 f.

229 Vgl. Raeders Bestreben, einen »äußeren und inneren ›Marinestil‹« zu prägen und alle, auch die ausgeschiedenen Marineangehörigen, zu einer »Marinefamilie« zusammenzufassen; auch der Gedanke der volks- bzw. jugenderzieherischen Funktion des Marinedienstes

– eine Parallele zu den traditionellen sozialpädagogischen Ideen im Heer – findet sich damit verbunden; Raeder, *a. a. O.*, I, S. 293 f.

230 *A. a. O.*, II, S. 133: Ein öffentliches Eintreten für die verfolgten Juden »hätte weder einen Erfolg gehabt noch jemand genützt. Es hätte nur bewirkt, daß die Marine in das Kreuzfeuer der offenen und latenten innenpolitischen Gegensätze gekommen wäre, aus denen ich sie gerade heraushalten wollte.« Vgl. dazu Raeders Rede am Heldengedenktag (!) 1939: Zustimmung zu der »klaren und schonungslosen Kampfansage [des Nationalsozialismus] an den Bolschewismus und das internationale Judentum, deren völkervernichtendes Treiben wir zur Genüge am eigenen Volkskörper zu spüren bekommen haben«; *IMT* (Anm. I/55), XXXV, S. 311 (Dok. ND D–653).

231 Zu ähnlichem Resultat im allgemeinen kommt Leo Frhr. Geyr v. Schweppenburg, *Erinnerungen eines Militärattachés. London 1933–1937*, Stuttgart 1949, S. 166.

232 *Zeugenschrifttum* (Anm. I/53), Nr. 279, I, S. 19 (Ott über Äußerungen der beiden Gruppenkommandeure Rundstedt und Seutter v. Lötzen, sie wollten die Weisung Reichenaus von Ende Februar abschwächen; s. S. 68). *Liebmann-Notizen* (Anm. I/112), Bl. 42 (Liebmann gibt Blombergs Richtlinien über Änderung der Stellung der Wehrmacht im Staate – s. o. S. 58 f. – mit der Einschränkung weiter, die überparteiliche Vertrauensstellung der Wehrmacht müsse erhalten bleiben). – Manstein (Anm. I/174), S. 209; *Zeugenschrifttum, a. a. O.*, Nr. 208 (Blumentritt), S. 84 f.; S. 10 f.; Raeder (Anm. /107), II, S. 132 (Schutz jüdischer Offiziere; mit wechselndem Erfolg. Entlassen wurden 50 Personen: 5 Offiziere, 2 Offiziersanwärter, 1 Sanitätsoffiziersanwärter, 31 Unteroffiziere und Mannschaften im *Heer;* 2 Offiziere, 4 Offiziersanwärter, 5 Unteroffiziere und Mannschaften in der *Marine*); *Das Archiv*, April 1934, S. 42. Auch später sind freilich noch »nichtarische« Soldaten entlassen worden; s. Rudolf Absolon, *Wehrgesetz und Wehrdienst 1935–1945. Das Personalwesen in der Wehrmacht (Schriften des Bundesarchivs,* Bd. 5), Boppard a. Rh. 1960, S. 117. Dazu s. auch u. S. 918 f. – Schlabrendorff (Anm. I/204), S. 23 f. (Einschreiten der Reichswehr gegen SA-Terror – allerdings auf Befehl Hindenburgs).

233 Zur Auflösung der Schleicher-Gruppe s. o. S. 74 f. Über Friedeburg s. die Aufzeichnung Fritschs vom 1. Februar 1938: Friedeburg als »Störungsorgan« zwischen Blomberg und Fritsch; er habe Himmler Einfluß bei Blomberg verschafft; Hoßbach, *Zwischen Wehrmacht ...* (Anm. I/25), S. 70 vgl. *Zeugenschrifttum* (Anm. I 53), Nr. 105 (Mellenthin), S. 39; Nr. 540 (Patzig), S. 10; Foertsch, *Schuld ...* (Anm. I/25), S. 51.

234 Entlassen wurden u. a. Gen. d. Inf. Frhr. Seutter v. Lötzen (vgl. seine Opposition gegen Reichenaus Terrorbefehl o. Anm. I/232); GenLt. Frhr. v. Gienanth (vgl. seine Stellungnahme zu Hitlers Rede vom 3. Februar, o. S. 75; GenLt. v. Bonin (über ihn o. S. 128 und *Zeugenschrifttum, a. a. O.*, Nr. 105, S. 27); GenMaj. Schellbach (ehemal. Adj. Geßlers; s. Geßler, Anm. I/31, S. 306 ff.; S. 468 ff.);

Militär-Wochenblatt, 1933, Spalte 292. Die Verabschiedung so vieler hoher und zweifellos qualifizierter Offiziere (im ganzen allein 9 Generale) im Augenblick der beginnenden Aufrüstung muß auffallen. Tatsächlich wurden Offiziere, die aus politischen Gründen verabschiedet worden waren, später wegen Personalmangels wieder eingestellt; s. GenLt. a. D. Theodor Groppe, *Ein Kampf um Recht und Sitte, Erlebnisse um Wehrmacht, Partei, Gestapo,* 2. Aufl., Trier 1959, S. 7.

235 Schwedler war jedoch kein Nationalsozialist und wurde deshalb auf Verlangen Hitlers in der Fritsch-Krise verabschiedet; Affidavit v. Manstein vom 23. März 1948; *MGN* 12, Vert.-Dok.-B. Leeb II, Dok. Leeb 74. – Zur Verabschiedung Bussches s. *Zeugenschrifttum* (Anm. I/53), Nr. 217, S. 22.

236 Hammersteins Abschiedsgesuch wurde zum 27. Dezember 1933 eingereicht; *Schultheß, 1933,* S. 259; Fritschs Dienstantritt war am 1. Februar 1934; *a. a. O., 1934,* S. 57.

237 Papen (Anm. I/69), S. 324; Görlitz, *Hindenburg* (Anm. I/72), S. 417; *Zeugenschrifttum* (Anm. I/53), Nr. 105 (Mellenthin), S. 9; Nr. 568 (Tschirschky), S. 3 f. Vgl. Hoßbach, *Zwischen Wehrmacht ...* (Anm. I/25), S. 63; S. 73; ders., *Die Entwicklung ...* (Anm. I/25), S. 102, Anm. 63; Foertsch, *Schuld ...* (Anm. I/25), S. 39 f.

238 Befehlshaberbesprechung vom 2. Februar 1934, *Liebmann-Notizen* (Anm. I/112), Bl. 73. Vgl. *Zeugenschrifttum, a. a. O.,* Nr. 105 (Mellenthin), S. 9.

Zweites Kapitel: AUFRÜSTUNG UND KRIEGSVORBEREITUNG

1 So besonders die Memoiren und Schriften aus militärischer Feder; vgl. Foerster (Anm. I/177), S. 31, und die oben zit. Literatur (Anm. I/25); vgl auch Gert Buchheit, *Hitler, der Feldherr. Die Zerstörung einer Legende,* Rastatt 1958, S. 10. Seite 1960 haben zwei ausländische Werke Hitlers Kriegsschuld erneut in Frage zu stellen versucht: David L. Hoggan, *Der erzwungene Krieg. Die Ursachen und Urheber des 2. Weltkrieges,* Tübingen 1961, und Alan John Percival Taylor, *The Origins of the Second World War,* London 1961 (jetzt auch in deutscher Übers.: *Die Ursprünge des zweiten Weltkrieges,* Gütersloh 1962, mit einem Nachwort an die deutschen Leser). Die Resultate sind jedoch keineswegs überzeugend. Während aber H.s These (Hitler als hilfloses Opfer des bösen Lord Halifax) schlechthin indiskutabel ist, ein bloßes Erzeugnis inneramerikanischer Roosevelt-Feindschaft, muß man T.s Werk als Beispiel eines zwar exzentrischen, aber geistreichen und scharfsinnigen und deshalb anregenden Nonkonformismus begrüßen. Seine These (Versagen der Diplomatie auf beiden Seiten als Kriegsursache) vernachlässigt indessen die Kriegsgründe, die in der inneren Instabilität des NS-Regimes und in der NS-Wirtschaftspolitik lagen. Überdies arbeitet er mit dem Scheinargument, Hitler habe keinen *Weltkrieg* geplant. Natürlich hätte Hitler gern den Krieg begrenzt, wenn seine Gegner so unklug gewesen wären, sich einzeln nacheinander von ihm schla-

gen zu lassen; dazu auch o. S. 364.

2 Vgl. die knappe, aber eindringende Studie von Joachim Leuschner, *Volk und Raum. Zum Stil der nationalsozialistischen Außenpolitik,* Göttingen 1958, S. 57 ff., und die ausführliche Arbeit von Gerhard Meinck, *Hitler und die deutsche Aufrüstung 1933–1937,* Wiesbaden 1959, insbes. S. 177. Vgl. auch Karl Otmar Frhr. v. Aretin, »Die deutschen Generale und Hitlers Kriegspolitik«, in: *Politische Studien* 10 (1959), S. 569 ff.; außerdem jetzt Hugh Rewald Trevor-Roper, »Hitlers Kriegsziele«, in: *Vierteljahrshefte für Zeitgeschichte* 8 (1960), S. 121 ff.

3 Vgl. I. Teil, IV. Kapitel in: Bracher (Anm. I/60).

4 Hitler (Anm. I/5). Die Seitenangaben beziehen sich auf diese Ausgabe. Vgl. Trevor-Roper (Anm. II/2), S. 123 f. (beschränkt auf geopolitische Aspekte). Zur Glaubwürdigkeit von Hitlers Äußerungen allgemein *a. a. O.,* S. 126.

5 Auszeichnung vom Verf.

6 Der Terminus wird in *Mein Kampf* noch nicht verwendet, aber der Begriff ist bereits voll ausgebildet.

7 *Vortrag Adolf Hitlers* ... (Anm. I/60). Eingeklammerte Seitenzahlen im Text beziehen sich auf diese Schrift. – Bereits 1928 hatte Hitler seine außenpolitischen Ideen in einem erst jetzt veröffentlichten Manuskript niedergelegt: *Hitlers zweites Buch. Ein Dokument aus dem Jahre 1928,* eingel. und komm. von Gerhard L. Weinberg, mit einem Geleitwort von Hans Rothfels (*Quellen und Darstellungen zur Zeitgeschichte,* Bd. 7), Stuttgart 1961. Es bestätigt und unterstreicht die hier gegebene Interpretation.

8 Bracher, »Das Anfangsstadium ...« (Anm. I/60), S. 65.

9 Ihr Wortlaut ist nicht überliefert, aber es existieren mehrere, z. T. sehr ausführliche Berichte von Teilnehmern, die zusammen ein ausreichend scharfes Bild des Inhalts geben. So die Aufzeichnung von General Horst v. Mellenthin, damals 2. Adjutant von Hammerstein (auf Grund von Stichworten am Tage nach der Rede niedergeschrieben): *Zeugenschrifttum* (Anm. I/53), Nr. 105, S. 1 ff.; dann die Notizen des Generals Liebmann (während der Rede mitgeschrieben): »Reichswehrdokumente« (Anm. I/40), S. 434 f.; Bemerkung dazu von Botschafter a. D. Ott (damals Abt.-Chef im Reichswehrministerium): *Zeugenschrifttum, a. a. O.,* Nr. 279, I, S. 18 f.; schließlich die Wiedergabe Raeders (Anm. I/107), I, S. 280 f.; II, S. 106 f., und seine Aussage in Nürnberg: *IMT* (Anm. I/55), XIV, S. 28. Die folgende Darstellung ist eine Kombination aus diesen sich gegenseitig ergänzenden Zeugnissen. – Zur Beurteilung vgl. Foertsch, *Schuld* ... (Anm. I/25), S. 33 (zu optimistisch); Krausnick (Anm. I/26), S. 203; Bracher, *a. a. O.,* S. 67 f; Leuschner (Anm. II/22), S. 61 f.; Meinck (Anm. II/2), S. 17 ff. Alle diese Autoren kennen aber die Aufzeichnungen Mellenthins noch nicht.

10 Es braucht nicht darauf hingewiesen zu werden, daß dies barer Unsinn ist. Weder sind die Reparationsaufträge Ursache des Wirtschaftsaufschwungs vor 1930 gewesen, noch hat ihr Rückgang die Wirtschaftskrise hervorgerufen. Deren wahrer Anlaß lag bekannt-

lich in dem durch die Weltwirtschaftskrise ausgelösten Abzug kurzfristiger Auslandskredite.

11 Was das hieß, hatte Hitler schon in *Mein Kampf* (Anm. I/5) unzweideutig klargestellt: »Germanisation« könne »nur an *Boden* vorgenommen werden ... und niemals an *Menschen*«. Nicht die Sprache sei Ausdruck der Germanisierung, sondern das Blut (S. 428 ff.; Auszeichnung i. Orig.). Das bedeutete also mindestens Vertreibung, wenn nicht Ausrottung der Autochthonen zugunsten einer Besiedlung des »Bodens« mit deutschen Bauern.

12 Vgl. Bracher, »Das Anfangsstadium ...« (Anm. I/60), S. 67 f.

13 Urteil Mellenthins: »Die Rede war wohl keine übliche Walze, sie war genauso auf die Zuhörer abgestimmt wie seine [späteren] Äußerungen im kleinen Kreise ...«; *Zeugenschrifttum* (Anm. I/53), Nr. 105, S. 1. – Paul Kluke, »Nationalsozialistische Europaideologie«, in: *Vierteljahrshefte für Zeitgeschichte* 5 (1957), S. 244, vermutet außerdem den Einfluß des Triumphgefühls nach der Machtergreifung.

14 Der Inhalt ist überliefert durch die Mitteilungen der Feldmarschalle Maximilian Frhr. v. Weichs, *Zeugenschrifttum, a. a. O.*, Nr. 182, S. 8 ff., und v. Manstein (Anm. I/174), S. 185 f. Es ist bemerkenswert, daß alle übrigen Berichte über diese Rede, seien es zeitgenössische oder rückschauende, Hitlers kriegerische Ausführungen nicht erwähnen, sondern nur auf seine Bemerkungen zum Verhältnis Wehrmacht–SA Bezug nehmen; vgl. Kommandeurbesprechung Liebmanns am 9./15. März 1934, *Liebmann-Notizen* (Anm. I/112), Bl. 79; Ansprache Blombergs zur Röhmaffäre am 5. Juli 1934; *a. a. O.*, Bl. 96; Notizen Heinrici, *Zeugenschrifttum* (Anm. I/53), Nr. 66, II, S. 166; Niederschrift Mellenthin, *a. a. O.*, Nr. 105, S. 34; Bericht des Gen. a. D. Stapf, *a. a. O.*, Nr. 152, S. 7 und S. 15. Das muß aber wohl als Folge von Vergeßlichkeit bzw. Geringschätzung gegenüber diesen Passagen in Hitlers Rede gelten und kann die Glaubwürdigkeit Mansteins und Weichs' nicht erschüttern; letzterer stützt sich auf eine stenographische Nachschrift und hat sich deren Inhalt nach 1945 von Blomberg noch ausdrücklich bestätigen lassen.

15 Vgl. z. B. Sitzung vom 5. November 1937; Hoßbach, *Zwischen Wehrmacht* ... (Anm. I/25), S. 207 ff. Auch in *Mein Kampf* hatte Hitler deutlich erkennen lassen, daß er es zur Realisierung seines Lebensraum-Planes für notwendig hielt, erst Frankreich auszuschalten (Anm. I/5, S. 684 ff.; S. 726 ff.).

16 Vgl. das Urteil von v. Weichs: »Nicht erst am 5. 11. 37 hat Hitler in kleinem Kreise von seinen Angriffsabsichten gesprochen. Schon am 28. 2. 34 finden wir in der Rede Hitlers Andeutungen in dieser Hinsicht. Rückschauend kann man daraus folgern, daß er bereits seit der ›Machtergreifung‹ 33 sich mit Angriffsabsichten getragen hat, während das deutsche Volk sich durch seine häufigen Friedensbeteuerungen hat bluffen lassen«; *Zeugenschrifttum* (Anm. I/53), Nr. 182, S. 13. Vgl. auch das Urteil von Wilhelm Treue, »Hitlers Denkschrift zum Vierjahresplan 1936«, in: *Vierteljahrshefte für Zeitgeschichte* 3 (1955), S. 187. – Keitel (Anm. I/17a), S. 80 f., gibt ein

Beispiel aus dem Jahre 1935: Rede Hitlers vor dem Offizierskorps des VI. AK bei Abschluß der Herbstübungen mit der Andeutung, Deutschland könne einmal in eine ähnliche Lage kommen wie Italien im Abessinienkrieg.

17 Rauschning, *Gespräche* ... (Anm. I/5), S. 197. Ähnlich Hitler (Anm. I/5), S. 371.

18 Treue (Anm. II/16), S. 184–210 (eingeklammerte Seitenzahlen im Text beziehen sich auf diese Edition).

19 Besonders gegen die Mahnungen Schachts und Goerdelers. Für diesen s. Ritter, *Carl Goerdeler* ... (Anm. I/54), S. 76 ff. (über Denkschrift Goerdelers für Hitler; 1. Fassung Ende August 1936); Treue, a. a. O., S. 192, bezweifelt wohl mit Recht, daß Hitlers Argumentation sich so ausschließlich gegen Goerdeler gerichtet hätte, wie Ritter vermutet (vgl. S. 188 f.). – Zu den Warnungen Schachts s. o. S. 145 ff.

20 Treue, *a. a. O.*, S. 203; vgl. auch S. 198, Anm. 29.

21 *Vortrag Adolf Hitlers* ... (Anm. I/60), S. 15 f. und *passim*; *Zeugenschrifttum* (Anm. I/53), Nr. 105 (Mellenthin), S. 3 (für die Generalsrede vom 3. Februar 1933).

22 Im Unterschied zu Mellenthin, *a. a. O.*, hat Liebmann Hitlers antibolschewistische Stellungnahme anscheinend überhört; »Reichswehrdokumente« (Anm. I/40), S. 434 f. Auch Weichs, *Zeugenschrifttum, a. a. O.*, Nr. 182, S. 8 f., und Hoßbach, *Zwischen Wehrmacht* ... (Anm. I/25), S. 207 ff., haben für die Reden vom 28. Februar 1934 bzw. 5. November 1937 nichts Derartiges notiert. In allen drei Fällen erscheint der Gedankengang Hitlers trotzdem völlig geschlossen.

23 Treue (Anm. II/16), S. 196 ff.; S. 202.

24 *Vortrag Adolf Hitlers* ... (Anm. I/60), S. 16 ff., bes. S. 18 f.; *Zeugenschrifttum* (Anm. I/53), Nr. 105, S. 3 ff. (Mellenthin über die Rede vom 3. Februar 1933); »Reichswehrdokumente« (Anm. I/40), S. 435 (Liebmann über die gleiche Rede).

25 Vgl. seine Argumente bei Treue (Anm. II/16) S. 206 f.

26 Vgl. ähnliche Drohungen *ebda.* und S. 209: Wenn die Privatwirtschaft die vom Staat gestellten nationalwirtschaftlichen Aufgaben nicht erfüllen zu können glaube, »dann wird der nationalsozialistische Staat aus sich heraus diese Aufgabe zu lösen wissen«.

27 So wies Oberst Thomas, Chef des Wehrwirtschaftsamtes, am 1. November 1937 in einem Vortrag vor der Wehrmachtsakademie gegenüber Hitlers Darlegungen vom Geldbedarf im Kriege darauf hin, daß man im Kriege selbstverständlich noch mehr Geld brauche als im Frieden; *IMT* (Anm. I/55), XXXVI, S. 110 f. (Dok. EC–14); vgl. Treue *a. a. O.*, S. 202.

28 Picker (Anm. I/16), S. 237.

29 *A. a. O.*, S. 136.

30 *A. a. O.*, S. 141 f. Vgl. auch die Aktennotiz General Thomas' vom 20. Juni 1941, *IMT* (Anm. I/55), XXVII, S. 220 f.

31 Auszeichnungen i. Orig.

32 Hans Buchheim, *Das Dritte Reich. Grundlagen und politische Ent-*

wicklung, München 1958, S. 79 f. Zu dem Teilproblem der wirtschaftlichen und militärischen Rüstung vgl. S. 25 ff. und S. 77 ff.

33 Abgedr. bei Hoßbach, *Zwischen Wehrmacht* ... (Anm. I/25), S. 207–217. Dazu die Bemerkungen Hoßbachs über die Entstehung seiner Niederschrift und über weitere Details der Besprechung; *a. a. O.,* S. 217–220. Eingeklammerte Zahlen im Text beziehen sich auf diese Ausgabe.

34 Treue (Anm. II/16), S. 210.

35 Die Auffassung Treues (*a. a. O.,* S. 203), daß Hitler damit im Gegensatz zur Denkschrift von 1936 seine Autarkie-Hoffnungen aufgegeben habe, beruht auf einem Mißverständnis. Von seinem Buch *Mein Kampf* an hat Hitler in allen hier zitierten Äußerungen unentwegt den Gedanken vertreten, daß alle Versuche zur Überwindung der wirtschaftlichen Mängel und Krisen nur, wie er am 3. Februar 1933 formulierte, »Aushilfsmittel« seien und daß ausschließlich eine Ausweitung des Lebensraums Besserung bringen könne. Und in der Vierteljahresplan-Denkschrift hat er dieselben Argumente gegen eine Autarkie vorgebracht wie in der Besprechung vom 5. November 1937 und eben deshalb sein Wirtschaftsprogramm von 1936 als eine Übergangslösung klassifiziert, die die »endgültige Lösung« in der »Zukunft« möglich machen solle (*a. a. O.,* S. 206 ff.).

36 Neuraths Aussage in Nürnberg: *IMT* (Anm. I/55), XVI, S. 701. Zu Hitlers Stellungnahme vgl. auch die neue Fassung vom 30. Mai 1938 der Weisung für die einheitliche Kriegsvorbereitung der Wehrmacht vom 24. Juni 1937: »Es ist mein unabänderlicher Entschluß, die Tschechoslowakei in absehbarer Zeit durch eine militärische Aktion zu zerschlagen ...«; *a. a. O.,* XXV, S. 434 f. (PS – 388). Vgl. auch die Andeutung gegenüber Keitel (Anm. I/17a), S. 182 (20. April 1938). Zum Problem des Zeitdrucks s. jetzt auch Trevor-Roper (Anm. II/2), S. 129.

37 Wilhelm Treue, »Rede Hitlers vor der deutschen Presse (10. November 1938)«, in: *Vierteljahrshefte für Zeitgeschichte* 6 (1958), S. 175–191. Der Text geht auf eine Schallplatte der ehem. Reichsrundfunkgesellschaft zurück, die sich seit 1945 im Archiv der BBC London befindet; die vorliegende Transkription wurde nach einer Tonbandkopie im Lautarchiv des Deutschen Rundfunks in Frankfurt (Nr. C 1136) gefertigt. Eingeklammerte Seitenzahlen im Text beziehen sich auf diese Transkription. – Zur Beurteilung s. den Kommentar von Treue; außerdem Erich Kordt, *Wahn und Wirklichkeit.* Die Außenpolitik des Dritten Reiches, 2. Aufl., Stuttgart 1948, S. 135 (m. Anm.): Meißner (Anm. I/72), S. 470; Otto Dietrich, *12 Jahre mit Hitler,* München 1955, S. 250 f.

38 Auszeichnung in der Transkription.

39 Auszeichnung in der Transkription.

40 Hinweise bei Treue, *a. a. O.,* S. 179 f.

41 Rede vor den Befehlshabern am 23. Mai 1939, *IMT* (Anm. I/55), XXXVII, S. 546–556 (Dok. L–79); Ansprache vor den Befehlshabern am 22. August 1939; *a. a. O.,* XXVI, S. 327–336 (Dok. PS–789); S. 523 f. (Dok. PS–1014); *a. a. O.,* XLI, S. 16–25 (Dok.

Raeder 27). Ansprache an die Befehlshaber am 23. November 1939; *a. a. O.,* XXVI, S. 338–344 (Dok. PS–798). Die Niederschrift L–79 stammt von Oberstlt. Schmundt, damals Wehrmachtsadj. d. Führers, ist aber nicht datiert; die Niederschriften PS–798, PS–1014 und PS–788 sind undatiert und unsigniert; aber die Beteiligten haben ihren Inhalt im Nürnberger Prozeß mehr oder weniger bestätigen müssen; vgl. zu L–79: *IMT, a. a. O.,* IX, S. 47; S. 57 f.; S. 133 ff.; S. 345 ff.; S. 664 f.; X, S. X 577. Zu 95–798: IX, S. 48; S. 65; S. 664; XIV, S. 206; XXXII, S. 468; zu PS–788: IX, S. 348 ff.; X S. 585 f.; XIV, S. 80; S. 204 ff.; XV, S. 418. – Dok. Raeder 27 ist eine von Admiral Hermann Boehm am 22. August 1939 verfaßte Niederschrift, die die Verteidigung vorlegte, um PS–798 bzw. PS–1014 zu entkräften. Sie enthält aber keine wesentlichen Abweichungen; vgl. *IMT, a. a. O.,* XIV, S. 53 ff.; S. 76 ff.; S. 57 ff.

42 Dok. PS–1014 ist betitelt »Zweite Ansprache des Führers am 22. Aug. 1939«. Aber schon im Nürnberger Prozeß wurde bestritten, daß Hitler an diesem Tage zwei Ansprachen gehalten hat. Ein Vergleich der Dokumente PS–1014 und PS–798 mit der Fassung Boehm (Dok. Raeder 27) zeigt, daß PS–1014 der in PS–798 fehlende Schluß der Rede ist. Da aber PS–798 mit dem obligaten »Heil« Görings auf den »Führer« schließt, kann PS–1014 nicht ein zufällig abgetrennter Teil von PS–798 sein, sondern ist wahrscheinlich das Bruchstück einer dritten Fassung.

43 *IMT* (Anm. I/55), XXXVII, S. 550 und *passim* (Dok. L–79).

44 *A. a. O.* S. 548 f. Ähnlich am 22. August; *a. a. O.*, XXVI, S. 340 ff. (Dok. PS–798), und XLI, S. 19 ff. (Fassung Boehm).

45 *A. a. O.,* XXXVII, S. 548 (Dok. L–79).

46 *A. a. O.,* XXVI, S. 340 (Dok. PS–798); XLI, S. 18 (Fassung Boehm).

47 *A. a. O.,* XLI, S. 18; vgl. XXVI, S. 340 (Dok. PS–798).

48 *A. a. O.,* XXVI, S. 341; vgl. die Fassung Boehm: XL, S. 19; S. 21.

49 *A. a. O.,* XXVI, S. 332 (Dok. PS–789).

50 *A. a. O.,* XXXVII, S. 551; vgl. S. 550 (Dok. L–79).

51 *A. a. O.,* XLI, S. 20 (Boehm); vgl. XXVI, S. 341 (Dok. PS-798).

52 *A. a. O.,* XXVI, S. 334 f. (Dok. PS–789).

53 Treue, »Rede Hitlers . . .« (Anm. II/37), S. 188.

54 *IMT* (Anm. I/55), XXVI, S. 334 (Dok. PS–789).

55 Aussage Speers in Nürnberg; *a. a. O.,* XVI, S. 548. Vgl. Picker (Anm. I/16), S. 202; Rauschning, *Gespräche* . . . (Anm. I/5), S. 115; Schellenberg (Anm. I/226), S. 99.

56 *IMT, a. a. O.,* XXVI, S. 332 (Dok. PS–789); ähnlich am 22. August 1939; *a. a. O.,* S. 339 (Dok. PS–798), und XLI, S. 17 (Boehm).

57 *A. a. O.,* XXVI, S. 330 (Dok. PS–789). – Dieses Resultat bestätigt die Rauschningschen Mitteilungen (Anm. I/5), auf deren Berücksichtigung in diesem Zusammenhang zunächst bewußt verzichtet worden ist. Dazu auch Trevor-Roper (Anm. II/2), S. 124 f.

58 Auch dieser Grundsatz taucht immer wieder in seinen Äußerungen auf: *Mein Kampf* (Anm. I/5), S. 164 ff.; S. 493; S. 681; *Vortrag Adolf Hitlers* (Anm. I/60), *passim;* Treue, »Hitlers Denkschrift . . .« (Anm. II/16), S. 206.

59 Picker (Anm. I/16), S. 144. – Zum charismatischen Charakter dieses Wirtschaftssystems vgl. Weber (Anm. I/1), S. 142; S. 157 f.; S. 760 f.

60 Schon vor 1933 waren die Wahlkämpfe gegen Hitler u. a. auch mit der Parole geführt worden: »Hitler – das ist der Krieg«. Und schon Ende 1933 erwartete man in den Kreisen der unterirdischen Zentrums-Opposition einen Krieg mit Eingreifen der USA und Rußlands, falls eine Beseitigung der braunen Diktatur nicht bald gelänge. *Zeugenschrifttum* (Anm. I/53), Nr. 534 (Oberstadtdirektor Dr. Walther Hensel), S. 8. Ähnlich ließen sich auch Stimmen der Emigration vernehmen; s. u. a. Max Beer, *Die auswärtige Politik des Dritten Reiches,* Zürich 1934; vgl. Leuschner (Anm. II/2), S. 62.

61 Die Beseitigung des polnischen Korridors z. B. war schon in der Reichswehr ein vieldiskutiertes Wunschziel gewesen; vgl. Affidavit des Generals v. Blaskowitz vom 10. November 1945; *IMT* (Anm. I/55), XXXII, S. 467 ff. (Dok. PS–3706). Für die spätere Zeit vgl. die Denkschrift des OKH vom August 1937: »... Und solange die Ziele eines deutschen Sieges nur in Ost-Eroberungen liegen können ...« usw.; abgedr. bei Keitel (Anm. I/17a), S. 123 ff.; Zitat S. 128.

62 Zu Blombergs Haltung s. das Zeugnis des Frhrn. Geyr v. Schweppenburg, *Erinnerungen* ... (Anm. I/231), S. 73. Vgl. auch Forster (Anm. I/177), S. 32.

63 Raeder (Anm. I/107), II, S. 106. Vgl. seine Aussage in Nürnberg: »Von irgendwelchen Kriegsabsichten, kriegerischen Absichten, war in gar keiner Weise die Rede.« *IMT* (Anm. I/55), XIV, S. 28.

64 Bemerkungen zu den Notizen des Generals Liebmann, Februar 1952, *Zeugenschrifttum* (Anm. I/53), Nr. 279, I, S. 19.

65 »Reichswehrdokumente« (Anm. I/40), S. 436; s. auch *Zeugenschrifttum, a. a. O.,* Nr. 279, I (Bemerkungen Otts), S. 19 (über Fritsch und Fromm); Kunrat v. Hammerstein (Anm. I/54), S. 173 f. (Brief Bussche-Ippenburgs von 1953 über sich selbst, Adam, Gienanth und Boehm-Tettelbach). Vgl. auch *Liebmann-Notizen* (Anm. I/112), Bl. 39.

66 So Blomberg über die Reaktion der Anwesenden auf Hitlers Ausführungen vom 5. November 1937, *IMT* (Anm. I/55), XL, S. 406, und Keitel (Anm. I/17a), S. 101, Anm. 171. Vgl. aber Neurath, der nach eigenem Zeugnis entsetzt war und hier den Entschluß zum Rücktritt faßte; *a. a. O.,* XVI, S. 699 ff. Ebenso empfing Beck, der nicht teilgenommen, aber durch Hoßbach den Inhalt erfahren hatte, einen »niederschmetternden« Eindruck; Hoßbach, *Zwischen Wehrmacht* ... (Anm. I/25), S. 218 f.; Foerster (Anm. 1/177), S. 80 ff.

67 Zum 28. Februar 1934 vgl. Weichs, *Zeugenschrifttum* (Anm. I/53), Nr. 182, S. 10; Manstein (Anm. I/174), S. 185. – Zum 5. November 1937 vgl. Raeder, *IMT* (Anm. I/55), XIV, S. 44 ff.; S. 193; und ders., *Mein Leben* (Anm. I/107), II, S. 19 f.; Göring, *IMT, a. a. O.,* IX, S. 343 ff. – Zum 23. Mai 1939 vgl. Raeder, *a. a. O.,* XIV, S. 47 ff.; Göring, *a. a. O.,* IX, S. 345 ff. – Zum 23. November 1939 vgl. Raeder, *IMT a. a. O.,* XIV, S. 80; Göring, *a. a. O.,* IX, S. 348.

68 Fromm zu Fritsch am 3. Februar 1933 (nach Erinnerung von Ott,

Zeugenschrifttum, a. a. O., Nr. 279, I, S. 19) und Manstein (Anm. I/174), S. 185 (zum 28. Februar 1934); ähnlich Weichs, *Zeugenschrifttum, a. a. O.,* Nr. 182, S. 10 (zum 28. Februar 1934) und Blomberg, *IMT, a. a. O.,* XL, S. 406 (allgemein).

69 Weichs zum 28. Februar 1934: Er habe nie gehört, daß die beteiligten Offiziere über Hitlers kriegerische Ankündigungen gesprochen hätten; *Zeugenschrifttum, a. a. O.,* Nr. 182, S. 10. Tatsächlich wurden sie z. B. in den Befehlshaberbesprechungen nicht erörtert; *Liebmann-Notizen* (Anm. I/112), Bl. 79 (9./15. März 1934) und Bl. 96 (5. Juli 1934); Notizen Heinrici, *Zeugenschrifttum, a. a. O.,* Nr. 66, II, S. 166.

70 So insbesondere Raeder (aber auch mit Bezugnahme auf ähnliche Ansichten bei Jodl); *IMT* (Anm. I/55), XIV, S. 200 ff.; ders., *Mein Leben* (Anm. I/107), II, S. 163; S. 166 f. In diesem Sinne hat Raeder im Juli 1939 auch seine eigenen Untergebenen informiert; *a. a. O.,* S. 164 f.; Dönitz (Anm. I/223), S. 44 f.

71 So Blomberg zu Hitlers Ausführungen am 5. November 1937, *IMT, a. a. O.,* XL, S. 406.

72 *Zeugenschrifttum* (Anm. I/53), Nr. 182, S. 10.

73 Denkschrift der Anklagebehörde im OKW-Prozeß; MGN 12, vom 26. April 1948, S. 126.

74 Nachweis bei Sauer, »Die Reichswehr« (Anm. I/26), S. 230 f.; vgl. auch Manstein (Anm. I/174), S. 119.

75 Dazu und zur folgenden Problematik Sauer, *a. a. O.,* S. 231 ff.

76 »Rechtsgutachten über die Frage, ob Mobilmachungsmaßnahmen auf eine gesetzliche Basis gestellt werden«, abgegeben am 7. Januar 1927 von Paul Semler, Justitiar des Reichswehrministeriums (RWM); MGN 12, Ankl.-Dok.-B. 10 A, Dok. NIK–12057; Memorandum des Oberstleutnants v. Bonin, Chef der Org.-Abt. im RWM, betr. Rechtslage auf dem Gebiet der Mobilmachungsvorarbeiten vom 18. Januar 1927; *a. a. O.,* Dok. NIK–12023. Beide Dokumente jetzt abgedr. bei Bracher, *Die Auflösung ...* (Anm. I/26), Anhang. – Die gerichtliche Verfolgung pazifistischer Publizisten, die Geheimrüstungen bekanntmachten, war daher rechtswidrig.

77 Manstein (Anm. I/174), S. 115 ff.

78 *A. a. O.,* S. 119.

79 Hans Herzfeld, »Zur neueren Literatur über das Heeresproblem in der deutschen Geschichte«, in: *Vierteljahrshefte für Zeitgeschichte* 4 (1956), S. 375 f. (in Auseinandersetzung mit Sauer, »Die Reichswehr«, Anm. I/26). Vgl. auch Ludwig Zimmermann, *Deutsche Außenpolitik in der Ära der Weimarer Republik,* Göttingen-Berlin-Frankfurt 1958, S. 80.

80 Zimmermann, *a. a. O.,* S. 83.

81 Ulrich Graf Brockdorff-Rantzau, *Dokumente und Gedanken um Versailles,* 3. Aufl., Berlin 1925, S. 58; auch S. 166 f. und *passim.* Vgl. Herbert Helbig, *Die Träger der Rapallo-Politik,* Göttingen 1958, S. 12 ff.; Zimmermann, *a. a. O.,* S. 42 f.

82 Helbig, *a. a. O.,* S. 14 f.; Phelps (Anm. I/36), S. 830 ff.

83 Rabenau (Anm. I/31), S. 159 ff.

84 Arthur Rosenberg, *Geschichten der deutschen Republik,* Karlsbad 1935, S. 128.
85 *A. a. O.,* S. 187.
86 Dazu u. a. Hans W. Gatzke, *Stresemann and the Rearmament of Germany,* Baltimore 1954; ders., »Stresemann und die deutsche Rußlandpolitik«, in: *Vierteljahrshefte für Zeitgeschichte* 4 (1956), S. 1 ff.; Anneliese Thimme, *Gustav Stresemann. Eine politische Biographie zur Geschichte der Weimarer Republik,* Hannover-Frankfurt/M. 1957; Zimmermann (Anm. II/79).
87 Zum Folgenden Richard Breyer, *Das Deutsche Reich und Polen 1932–1937. Außenpolitik und Volksgruppenfragen (Marburger Ostforschungen,* Bd. 3), Würzburg 1955; Hans Roos, *Polen und Europa. Studien zur polnischen Außenpolitik 1931–1939 (Tübinger Studien zur Geschichte und Politik, Bd. 7),* Tübingen 1957; Christian Höltje, *Die Weimarer Republik und das Ostlocarno-Problem 1919–1934. Revision oder Garantie der deutschen Ostgrenze von 1919 (Marburger Ostforschungen,* Bd. 8), Würzburg 1958.
88 Dazu jetzt die Studie von Wolfgang Wacker, *Der Bau des Panzerschiffes »A« und der Reichstag (Tübinger Studien zur Geschichte und Politik,* Bd. 11), Tübingen 1959.
89 Boris Celovsky, »Pilsudskis Präventivkrieg gegen das nationalsozialistische Deutschland. Entstehung, Verbreitung und Widerlegung einer Legende«, in: *Welt als Geschichte,* 1954, S. 53–70; Hans Roos, »Die ›Präventivkriegspläne‹ Pilsudskis von 1933«, in: *Vierteljahrshefte für Zeitgeschichte* 3 (1955), S. 344–363.
90 Helm Speidel, »Reichswehr und Rote Armee«, in: *Vierteljahrshefte für Zeitgeschichte* 1 (1953), S. 9–45 (mit der Einleitung von Hans Rothfels); Gustav Hilger, *Wir und der Kreml. Deutsch-sowjetische Beziehungen 1918–1941. Erinnerungen eines deutschen Diplomaten,* 2. Aufl., Frankfurt/M.-Berlin 1956; Gerald Freund, *Unholy Alliance. Russian-German Relations from the Treaty of Brest-Litowsk to the Treaty of Berlin,* London 1957. Jetzt vor allem Gatzke, »Russo-German Military Collaboration ...« (Anm. I/82), S. 565–597, und Helbig (Anm. II/81), S. 38 ff., die beide wichtiges neues Material erschließen.
91 Gatzke, *a. a. O.,* S. 570 f.
92 Gatzke, *Stresemann and the Rearmament* ... (Anm. II/86), bes. S. 107 ff.; Helbig (Anm. II/81), S. 150 ff.
93 Das zeigen jetzt vor allem Geßlers Memoiren (Anm. I/31), S. 196 ff. (Rußland-Politik) und S. 443 ff. (Phoebus-Skandal).
94 Rabenau (Anm. I/31), S. 549.
95 Vgl. z. B. Seeckts Denkschrift vom 26. Juli 1920, jetzt abgedr. bei Geßler (Anm. I/31), S. 185 ff.; und Seeckts Brief an seine Schwester 1921: »Wir sind eben noch im Kriege und bleiben schließlich in ihm«; Rabenau, *a. a. O.,* S. 261. Vgl. Sauer, »Die Reichswehr« (Anm. I/26), S. 267 f.
96 Rabenau, *a. a. O.,* S. 324 ff.
97 Gatzke, »Russo-German Military Collaboration ...« (Anm. I/82), S. 571 (Schreiben Brockdorff-Rantzaus an den Reichsaußenminister

v. Rosenberg vom 1. März 1923).

98 Brief Groeners an Stülpnagel vom 2. Februar 1925: Antwort auf einen Brief Stülpnagels vom 16. Februar 1924, dem das Vortrags-Manuskript beilag. Groener hat sich davon einen Auszug gemacht, der sich zusammen mit seinem Brief in seinem Nachlaß findet; *Groener-Nachlaß,* Mikrofilm im Friedrich-Meinecke-Institut der Freien Universität Berlin, Stück 36. – Vgl. auch das Zitat aus der Denkschrift Bonins (u. S. 775), das diese Tendenzen bestätigt, und »Wortlaut des Hochverratsurteils vom 4. Oktober 1930« (gegen die Ulmer Reichswehr-Offiziere) in: *Die Justiz* 6 (1930/31), S. 187–223; S. 193: Lt. Scheringer ergänzt im Unterricht über die Berufspflichten den Art. 1 (Schutz des Vaterlandes und der Verfassung als Aufgabe des Soldaten) dahin, daß es »Aufgabe des Heeres sei, den Grundstock zu bilden für eine neue Armee, mit der einst der Befreiungskampf durchgeführt werden soll«.

99 Walther Hubatsch, *Der Admiralstab und die obersten Marinebehörden in Deutschland, 1848–1945,* Frankfurt a. M. 1958, S. 188 f. Zum Zustand der Flotte Kurt Aßmann, *Deutsche Seestrategie in zwei Weltkriegen,* Heidelberg 1957, S. 103 f.

100 Fememordprozesse, Enthüllungen über die Rußlandpolitik, Phoebus-Skandal; vgl. Sauer, »Die Reichswehr« (Anm. I/26), S. 273.

101 Die Denkschrift (T 2 Nr. 958/26 geh.) ist auszugsweise abgedr. bei Rabenau (Anm. I/31), S. 482 f. – Vgl. die Andeutungen in Privatbriefen Keitels (Anm. I/17a), S. 42 ff.

102 Brief Schleichers an Groener vom 3. September 1928; Craig, »Briefe Schleichers ...« (Anm. I/50), S. 126; vgl. Sauer, »Die Reichswehr« (Anm. I/26), S. 273.

103 Raeder (Anm. I/107), I. S. 257; Severing (Anm. I/181), II, S. 137 f.; Otto Braun, *Von Weimar zu Hitler,* Hamburg 1959, S. 267 f.; *IMT* (Anm. I/55), XIII, S. 684 f.; XIV, S. 285 f. Die »Weisungen« nahmen das für Preußen gültige sog. Geßler-Severing-Abkommen vom 30. Juni 1923 (Severing, *a. a. O.,* II, S. 129 ff.) zur Grundlage und dehnten es auf das ganze Reichsgebiet mit Ausnahme des entmilitarisierten Rheinlands aus. Außerdem fand eine Regelung der identisch mit dem von Castellan (Anm. I/79), S. 77 ff., zitierten Etatfrage statt; dazu Sauer, *a. a. O.,* S. 274.

104 Als Außenminister. Über seine Stellungnahme ist bisher nichts bekanntgeworden, aber vermutlich erhob er keinen Widerspruch; vgl. Gatzke, *Stresemann ...* (Anm. II/86), S. 101 f.

105 Sauer, »Die Reichswehr« (Anm. I/26), S. 274.

106 Zimmermann (Anm. II/79), S. 441 ff.; Aßmann, *Deutsche Seestrategie ...* (Anm. II/99), S. 115.

107 Aßmann, *a. a. O.,* S. 105 f.

108 Vgl. z. B. die bei Hubatsch (Anm. II/99), S. 193 ff., zitierten Zeugnisse.

109 Wilhelm Deist, »Brüning, Herriot und die Abrüstungsgespräche von Bessinge 1932«, in: *Vierteljahrshefte für Zeitgeschichte* 5 (1957), S. 265–272.

110 Wilhelm Deist, »Schleicher und die deutsche Abrüstungspolitik im

Juni/Juli 1932«, in: *Vierteljahrshefte für Zeitgeschichte 7* (1059), S. 163–176.

111 Manstein (Anm. I/174), S. 110 f. – Damit löst sich der Widerspruch, den Deist, *a. a. O.*, S. 168, zwischen seinen eigenen Forschungsergebnissen und Castellan (Anm. I/79) findet.

112 Burkhart Mueller-Hillebrand, *Das Heer 1933–1945. Entwicklung des organisatorischen Aufbaues,* Bd. I, Darmstadt 1954, S. 16 ff., und o. S. 134 f.

113 Deist (Anm. II/110), S. 173 f. Vgl. auch Keitel (Anm. 1/17a), S. 47 (Schwierigkeiten durch Wirtschaftskrise).

114 Sauer, »Die Reichswehr« (Anm. I/26), *passim.* Es ist ein Kardinalfehler der Darstellung Gordons (Anm. I/26), daß er das – wie überhaupt den gesamten Komplex der illegalen Rüstungen – nicht berücksichtigt.

115 B. J. Weißdorn, »Grenzschutz-Miliz!«, in: *Militärpolitisches Forum* 3 (1954), S. 46 f.

116 Hinweise bei Ernst v. Salomon, *Der Fragebogen,* Hamburg 1951, S. 399. Unsicher ist noch, ob zwischen der Auflösung der Ehrhardtschen Organisation im Jahre 1926 (s. u. S. 838) und der Einrichtung der Abwehrstelle im Reichswehrministerium (vgl. *Rangliste des Deutschen Reichsheeres 1927,* Berlin 1927) ein Zusammenhang besteht.

117 Dazu u. a. Erwein Frhr. v. Aretin, *Krone und Ketten. Erinnerungen eines bayerischen Edelmannes,* hrsgg. von Karl Buchheim und Karl Otmar Frhr. v. Aretin, München 1955, S. 135. Vgl. die Haltung der SA zum Schleicherschen Reichskuratorium, o. S. 63 f.

118 Severing (Anm. I/181), II, S. 129 ff.

119 Zum folgenden: Memorandum Bonins vom 18. Januar 1927 und Semler, Rechtsgutachten vom 7. Januar 1927 (Anm. II/76).

120 Dazu Memorandum Bonins, *a. a. O.*, Denkschrift des Kapitäns z. S. Schüßler, »Der Kampf der Marine gegen Versailles 1919–1935« (Anm. I/223). Außerdem Gerhard Thomée, *Der Wiederaufstieg des deutschen Heeres 1918–1938,* Berlin 1939, S. 72 ff.

121 Manstein (Anm. I/174), S. 110 ff.; Mueller-Hillebrand (Anm. II/112), I, S. 16 ff.; jetzt auch Meinck (Anm. II/2), S. 4 ff.

122 Mueller-Hillebrand, *a. a. O.*, I, S. 18 ff. Dieses Rüstungsprogramm ist »Umbauplan«.

123 Mueller-Hillebrand, *a. a. O.*, I, S. 20.

124 Hinweise in den Listen, die Heer und Marine im Herbst 1933 über Verstöße gegen den Friedensvertrag aufstellten: *IMT* (Anm. I/55), XXXIV, S. 205 ff, Dok. C-032 (Übersichtsliste der Marineleitung vom 9. September 1933); MGN 12, Ankl.-Dok.-B. 10 A, Dok. NIK–11727 (Übersichtsliste des Heereswaffenamts vom 7. Oktober 1933).

125 »Die Abteilung Artillerie-Konstruktionen der Friedrich Krupp AG und die Entwicklung von Heeresgeschützen vom November 1918 bis 1933«, Denkschrift der Abt. Art.-Konstr. vom 4. Januar 1943, MGN 12, Ankl.-Dok.-B. 10 B (Ergänzungsband), Dok. NIK–9041.

126 Hinweise in den o. Anm. II/124 erwähnten Listen und bei Horst-

Adalbert Koch, *Flak. Die Geschichte der deutschen Flakartillerie 1935–1945*, Nauheim 194, S. 16 f.

127 Heinz Guderian (Anm. I/199), S. 20 ff.; ders., *Achtung – Panzer! Die Entwicklung der Panzerwaffe, ihre Kampftaktik und ihre operativen Möglichkeiten,* 4. Aufl., Stuttgart [1943?], S. 15 ff.; Erich Schneider, »Technik und Waffenentwicklung im Kriege«, in: *Bilanz des Zweiten Weltkrieges. Erkenntnisse und Verpflichtungen für die Zukunft,* Oldenburg i. O.–Hamburg 1953, S. 227 f. – Vgl. auch die Übersichtsliste des Heereswaffenamts (Anm. II/124).

128 Dazu Hans Ebeling, *The Caste. The Political Role of the German General Staff between 1918 and 1938,* London 1945, S. 24 f. (E. war Teilnehmer an den Grenzschutzarbeiten; vgl. *Zeugenschrifttum,* Anm. I/53, Nr. 534, S. 2; S. 7; S. 20 f.). Manstein (Anm. I/174), S. 121; Meinck (Anm. II/2), S. 8 ff. – Die Stärke ist nach der Angabe Mansteins berechnet, derzufolge für 1 km Grenze 12 Mann vorhanden gewesen sein sollen.

129 Dazu Ebeling, *a. a. O.,* S. 24 f.; Weißdorn (Anm. II/115), S. 44 ff.; Generaloberst Heinrici, *Zeugenschrifttum, a. a. O.,* Nr. 66, II, S. 179; Oberstadtdirektor Walther Hensel, *a. a. O.,* Nr. 534, S. 2; S. 7; S. 20 f. Vgl. Meinck, *a. a. O.,* S. 9.

130 Dazu und zum Folgenden: Völker (Anm. I/148) mit dem amtlichen Material; Speidel (Anm. II/90); Maaß (Anm. I/147), S. 505 ff. (basiert auf unveröffentlichten Studien ehemaliger Beteiligter).

131 Maaß, *a. a. O.,* S. 516. – Zum Vergleich einige gleichzeitige Ziffern anderer Luftmächte; Frankreich: ca. 2500 kampffähige Flugzeuge, mit Einschluß aller übrigen 4500 Maschinen; England: ca. 2000 (einschl. Marine); Italien: ca. 930 (Plan für 1930: 2000); Polen: ca. 550; Tschechoslowakei: 600; Karl Ludwig v. Oertzen, *Rüstung und Abrüstung. Eine Umschau über das Heer- und Kriegswesen aller Länder,* Berlin 1929.

132 Völker (Anm. I/148), S. 183 ff.; S. 199. Vgl. auch Heinkel (Anm. I/222), S. 276.

133 Speidel (Anm. II/90), S. 44; Maaß (Anm. I/147), S. 516 ff.

134 Völker (Anm. I/148), S. 198.

135 Übersicht bei Aßmann, *Deutsche Seestrategie* . . . (Anm. II/99), S. 107 ff.; Rolf Bensel, *Die deutsche Flottenpolitik von 1933 bis 1939. Eine Studie über die Rolle des Flottenbaus in Hitlers Außenpolitik* (Beiheft 3 der Marine-Rundschau, April 1958), S. 8 ff. Einzelheiten bei Raeder (Anm. I/107), I, S. 252 ff.

136 Aßmann, *a. a. O.,* S. 107 ff.; Bensel, *a. a. O.,* S. 9 f.; vor allem auch Wacker (Anm. II/88), S. 34 ff., und Hubatsch (Anm. II/99), S. 192 f.

137 »Geschichte der K. G. [Kriegsgliederung] und des Mobplans«, Niederschrift des Oberkommandos der Marine aus dem Jahre 1938 (A II 850/38 gKdos.), abgedr. in: *IMT* (Anm. I/55), XXXIV, S. 471–477, bes. S. 472 f. – Außerdem (auch für das Folgende): Denkschrift Schüßler (Anm. I/223) und Vortrag des Flottenintendanten Thiele über »Die Entwicklung des Marinehaushalts von 1930 bis 1939« vom 12. Juli 1944, abgedr. *a. a. O.,* XXXV, S. 569–599.

138 Raeder (Anm. I/107), I, S. 273 f.

139 Geheime Denkschrift über die Reise des Chefs der Heeresleitung in das Ruhrgebiet vom 24. bis 28. November 1925, datiert vom 6. Dezember 1925; *MGN* 12, Ankl.-Dok.-B. 10 A (Ergänzungsband), Dok. NIK – 11715.
140 Mueller-Hillebrand (Anm. II/112), I, S. 34 f.
141 Denkschrift Schüßler (Anm. I/223), S. 594 ff.
142 Vgl. die o. Anm. II/124 zitierten Verstoßlisten der Heeres- und Marineleitung. Außerdem o. S. 155 f.
143 Gerhard Meinck, »Der Reichsverteidigungsrat«, in: *Wehrwissenschaftliche Rundschau* 6 (1956), S. 411 ff.
144 Mueller-Hillebrand (Anm. II/112), I, S. 18.
145 Hubatsch (Anm. II/99), S. 196.
146 Meinck, *Hitler* ... (Anm. II/2), S. 8; vgl. auch das Urteil des Generals Liebmann, *a. a. O.*, S. 7. Für die Schwierigkeiten, die sich selbst unter friedensmäßigen Bedingungen ab 1934 ergaben, vgl. Keitel (Anm. I/17a), S. 74 ff.
147 Der Versuch, die Höhe der geheimen Mittel durch Addition der offiziellen Rüstungsausgaben mit »rüstungsverdächtigen« Etatposten ziviler Ministerien festzustellen – so W. M. Knight-Patterson, *Germany from Defeat to Conquest 1913–1933,* London 1945, S. 404 ff., und im Anschluß an ihn Wheeler-Bennett (Anm. I/24), S. 187 – ist falsch angesetzt, weil er eine Zusammenarbeit zwischen zivilen und militärischen Behörden voraussetzt, die mindestens in diesem Umfang nicht bestand. Die Tarnung der geheimen Mittel erfolgte durch Überhöhung der ordentlichen Posten des Reichswehr-Etats; Sauer, »Die Reichswehr« (Anm. I/26), S. 274 (mit der Lit.).
148 Mueller-Hillebrand (Anm. II/112), I, S. 17. Geheime Luftrüstungs-Kosten: Völker (Anm. I/148), S. 144 f.; S. 195; S. 200 (1925–1933 ca. 80–100 Mill. RM).
149 Denkschrift Schüßler (Anm. I/223), S. 598 ff.
150 Hier ist vor allem auf den Phoebus-Skandal zu verweisen.
151 Vgl. z. B. Völker (Anm. I/148), S. 228 (für die Luftwaffe).
152 Für Kritik und Anregungen zu diesem Abschnitt hat der Verfasser Prof. Hans Rosenberg, Berkeley (USA), zu danken.
153 Vgl. dazu jetzt die in der Sammlung Documents on German Foreign Policy 1918–1945, Series C (1933–1937), vol. I, Washington und London 1957 (vol. II und III: 1959), abgedruckten Dokumente.
154 *A. a. O.,* I, S. 35 ff.; Auszug aus dem Protokoll des Ministerrats vom 8. Februar 1933. Jetzt auch im Bundesarchiv vorhanden (*BA*–R 43 II/1276); s. Absolon (Anm. I/232), S. 72.
155 Vgl. seine Rede im Sportpalast am 10. Februar, *Schultheß,* 1933, S. 42 ff., in der er ausdrücklich auf die Vorlage eines Wirtschaftsprogramms verzichtete. – Daß Hitler schon im Herbst 1932 erwogen habe, Arbeitsbeschaffung durch Rüstungsaufträge zu betreiben, behauptet Rauschning, *Gespräche* ... (Anm. I/5), S. 25 ff.
156 Vgl. z. B. den Kommentar zu Hitlers Rede vom 10. Februar bei Gerhard Kroll, *Von der Weltwirtschaftskrise zur Staatskonjunktur,* Berlin 1958, S. 457 f.
157 Daß im Kreise der Regierung Diskussionen um die Finanzfrage

stattgefunden haben, bestätigt der im einzelnen freilich wenig glaubwürdige Bericht Hitlers über seinen Disput mit Papen; Picker (Anm. I/16), S. 411.

158 *A. a. O.,* S. 237.

159 Vgl. die Andeutung von Göring gegenüber Krosigk am 30. Januar 1933; Krosigk (Anm. I/74), S. 187.

160 Picker (Anm. I/16), S. 144.

161 *A. a. O.,* S. 143; vgl. Hjalmar Schacht, *76 Jahre meines Lebens,* Bad Wörishofen 1953, S. 381, der von einem Angebot Luthers in Höhe von 150 Millionen RM spricht. Aber wahrscheinlich ist Hitlers Angabe richtig, da 100 Millionen den Vorschriften des Reichsbankgesetzes von 1924/26 entsprachen; vgl. Heinrich Stuebel, »Die Finanzierung der Aufrüstung im Dritten Reich«, in: *Europa-Archiv* 6 (1951), S. 4130.

162 Schacht, *a. a. O.,* S. 381 ff.; Krosigk (Anm. I/74), S. 187.

163 Schacht, *a. a. O., passim,* und ders., *Abrechnung mit Hitler,* Hamburg-Stuttgart 1948, *passim.* Außerdem die Aussagen Schachts in Nürnberg, *IMT* (Anm. I/55), XII und XIII.

164 Brief des ehemaligen Reichsbankpräsidenten Hans Luther an Karl Dietrich Bracher vom 2. Juli 1957 (jetzt abgedruckt in: *Die Auflösung . . .* Anm. I/26, Anhang). Außerdem Krosigk (Anm. I/74), S. 187; vgl. Kroll (Anm. II/156), S. 419.

165 Zum ganzen Problem s. Kroll, *a. a. O., passim;* außerdem die Arbeiten von Arthur Schweitzer, »Die wirtschaftliche Wiederaufrüstung Deutschlands von 1934–1936«, in: *Zeitschrift für die gesamte Staatswissenschaft* 114 (1958), S. 594–637; und René Erbe, *Die nationalsozialistische Wirtschaftspolitik 1933–1939 im Lichte der modernen Theorie,* Zürich 1958.

166 Erbe, *a. a. O.,* S. 44 ff.; Stuebel (Anm. III/161), S. 4130; Affidavit des Reichsbank-Direktors Emil Puhl vom 2. November 1945, *IMT* (Anm. I/55), XXXVI, S. 513; Aussage des Reichsbank-Direktors Wilhelm Vocke, *a. a. O.,* XII, S. 71.

167 Dazu Schachts Rede vor dem Wirtschaftsrat der Deutschen Akademie vom 19. November 1938, *IMT, a. a. O.,* XXXVI, S. 587; Schacht, *Abrechnung . . .* (Anm. II/163), S. 10, und ders., *76 Jahre . . .* (Anm. II/161), S. 381; S. 399 f. – Der Gedanke war schon von dem Reichskommissar für Arbeitsbeschaffung, Gereke, entwickelt worden; vgl. o. V. Kapitel, in G. Schulz: Die Anfänge des totalitären Maßnahmenstaates, Frankfurt/M–Berlin–Wien 1974 [= Ullstein Buch Nr. 2993].

168 Schacht in Nürnberg: Das Fälligwerden der Mefowechsel nach fünf Jahren mußte die Rüstung »automatisch bremsen«, *IMT, a. a. O.,* XIII, S. 57; ähnlich in: *Abrechnung . ., a. a. O.,* S. 10, und *76 Jahre . . ., a. a. O.,* S. 458. Für sein Bestreben, freie Hand zu behalten, s. seine Stellungnahme im Ministerrat vom 12. Mai 1936, *IMT, a. a. O.,* XXVII, S. 137. Vgl. auch Krosigk (Anm. I/74), S. 188.

169 Möglicherweise stammte die Idee überhaupt von Schacht; jedenfalls hat er schon 1932 Kontakt zu Hitler gehabt, und daß über eine Reichsbank-Hilfe für Hitler schon am 30. Januar 1933 gesprochen

wurde, hat Krosigk, *a. a. O.*, S. 187, angedeutet und ist von Schacht selbst indirekt bestätigt worden: *IMT, a. a. O.*, XIII, S. 46.

170 *IMT, a. a. O.*, XLI, S. 270 (Affidavit des ehemaligen Reichsbank-Direktors Otto Schniewind vom 18. März 1946); XIII, S. 79 f. (Aussage Vockes); Ritter, *Carl Goerdeler* . . . (Anm. I/54), S. 81 (Bericht Goerdelers). Unter diesen Umständen verdient auch die von Schacht bestrittene Darstellung Hitlers Glauben; Picker (Anm. I/16), S. 144, Vgl. auch die Bestätigung Görings und Blombergs in Nürnberg, *IMT, a. a. O.*, XXXIII, S. 33, und XXXIX, S. 238.

171 Vgl. o. S. 155 ff.

172 Dazu die ausführliche Erörterung bei Erbe (Anm. II/165), S. 161 ff., der die Schachtsche Politik den Empfehlungen von Keynes gegenüberstellt. Vgl. auch Schweitzer, »Die wirtschaftliche Wiederaufrüstung . . .« (Anm. II/165), S. 629 ff.

173 *IMT* (Anm. I/55), XXXVI, S. 586.

174 Dazu Schweitzer, »Die wirtschaftliche Wiederaufrüstung . . .« (Anm. II/165), S. 616; Kroll (Anm. II/156), S 562 ff.

175 *IMT* (Anm. I/55), XXXVI, S. 586. Vgl. auch Schachts Rede vom Januar 1937, in: Schacht, *Abrechnung* . . . (Anm. II/163), S. 18, und den Bericht des Reichsbank-Direktoriums vom 7. Januar 1939, *a. a. O.*, S. 366. Zum Grundsätzlichen auch Felix Boesler in: Johannes Kandler, *Der deutsche Heeresetat vor und nach dem Kriege*, Leipzig 1930, Einleitung.

176 Darauf hat schon Charles Bettelheim, *L'économie allemande sous le nazisme. Un aspect de la décadence du capitalisme*, Paris 1946, S. 201, hingewiesen.

177 *IMT* (Anm. I/55), XXXII, S. 596.

178 Schacht, *76 Jahre* . . . (Anm. II/161), S. 455. Vgl. auch die Aussage Vockes in Nürnberg, *IMT, a. a. O.*, XIII, S. 67. – Näheres s. o. S. 159 ff.

179 *IMT, a. a. O.*, XIII, S. 57, und XLI, S. 270 (Affidavit Schniewind); Schacht, *a. a. O.*, S. 458.

180 Memorandum Schachts vom 3. Mai 1935, *IMT, a. a. O.*, XXVII, S. 52; Brief Schachts an Blomberg vom 24. Dezember 1935, *a. a. O.*, XXXVI, S. 291 ff.; Ministerratssitzung vom 12. Mai 1936, *a. a. O.*, XXVII, S. 135 ff.; Brief Schachts an Göring vom 2. April 1937, *a. a. O.*, XXXVI, S. 282 ff. Vgl. auch die Zeugnisse von Reichsbank-Direktor Ernst Hülse, *a. a. O.*, XLI, S. 289, General Thomas, *a. a. O.*, S. 297, und Vocke, *a. a. O.*, XIII, S. 69.

181 Schacht, *Abrechnung* . . . (Anm. II/163), S. 10, und ders., *76 Jahre* . . . (Anm. II/161), S. 456 ff.

182 Schacht im Ministerrat vom 12. Mai 1936, *IMT* (Anm. I/55), XXVII, S. 136; Brief an Blomberg vom 24. Dezember 1935, *a. a. O.*, XXXVI, S. 292; Schacht, *Abrechnung* . . ., *a. a. O.*, S. 37.

183 Die erste Verlängerung (bis 1937) ist anscheinend formlos und ohne ernsten Widerstand Schachts geschehen, da er darüber nichts berichtet; zur zweiten s. Schacht, *76 Jahre* . . . (Anm. II/161), S. 457 ff. – Zum Widerstand im Reichsbank-Direktorium s. die Aussagen von Puhl, *IMT, a. a. O.*, XXXVI, S. 519, Hülse, *a. a. O.*, XLI, S. 289 ff.,

und Schniewind, *a. a. O.*, S. 269 ff.

184 Der Begriff der Vollbeschäftigung ist natürlich dehnbar, aber die Mehrzahl der Autoren stimmt doch darin überein, daß sie 1936 erreicht war: Erbe (Anm. II/165), S. 37 und *passim*; Kroll (Anm. II/156), S. 604; Burton Harold Klein, *Germany's Economic Preparations for War,* Cambridge (Mass.) 1959, S. 79. Ältere Arbeiten setzen die Grenze später an: Stuebel (Anm. II/161), S. 4134 (März 1938); Rudolf Stucken, *Deutsche Geld- und Kreditpolitik 1914–1953,* 2. Aufl., Tübingen 1953, S. 153 (August 1937).

185 Vgl. insbesondere sein Memorandum vom 3. Mai 1955, *IMT* (Anm. I/55), XXVII, S. 50 ff., ferner die Aussage Krosigks in Nürnberg, *a. a. O.,* XXXIII, S. 41 ff.

186 Schacht, *Abrechnung* ... (Anm. II/163), S. 9, und ders., *76 Jahre* ... (Anm. II/161), S. 456; vgl. auch Aussage Vockes, *IMT, a. a. O.,* XIII, S. 66.

187 Schachts Königsberger Rede (18. August 1935) *a. a. O.,* XXXVI, S. 509; Rede vom 29. November 1938, *a. a. O.,* S. 584.

188 Unterredungs-Notiz S. R. Fuller jr. vom 23. September 1935, *a. a. O.,* S. 526. – Zu Schachts kolonialpolitischen Ideen: Schacht, *Abrechnung* ... (Anm. II/163), S. 476 f.

189 Die »eigenartige Vermischung unorthodoxer Maßnahmen mit orthodoxen Vorstellungen« in der NS-Wirtschaftspolitik ist auch von Erbe (Anm. II/165, S. 83) festgestellt worden.

190 Klein (Anm. II/184), S. 5 f.; Stucken (Anm. II/184), S. 127 f.

191 Hitlers Ablehnung der Markabwertung: Puhl, *IMT* (Anm. I/55), XXXVI, S. 516, und Schwerin v. Krosigk in einer Rede am 14. Juni 1934, *Schultheß, 1934,* S. 144. Dazu Schweitzer, »Die wirtschaftliche Wiederaufrüstung ...« (Anm. II/165), S. 601 f., und die Kritik Goerdelers an der unterlassenen Abwertung: Ritter, *Carl Goerdeler* ... (Anm. I/54), S. 76 f. – Antiinflationistische Erklärungen und Dementis: Hitler am 21. März 1934, *Schultheß, 1934,* S. 98 f.; Schacht am 7. April und 20. September 1933, 22. Februar und 21. Juni 1934, *a. a. O., 1933,* S. 94; S. 213; *a. a. O., 1934,* S. 75; S. 155. Wirtschaftsminister Schmitt am 2. Mai 1934; Finanzminister Krosigk am 24. März und 14. Juni 1934; Staatssekretär Reinhardt am 13. Februar 1934; *a. a. O.,* S. 125; S. 144; S. 102; S. 65 f. – In der Literatur ist die Bedeutung dieser Inflationsfurcht bisher nur von Klein (Anm. II/184, S. 4 ff.) voll gewürdigt worden; auch Erbe (Anm. II/165) stellt auf Grund der Diskussion unter den zeitgenössischen deutschen Autoren fest (S. 165 f.), daß man die Geldschöpfung in Deutschland gewissermaßen »mit schlechtem Gewissen« betrieben habe, glaubt aber, diesem Bedenken kein allzu großes Gewicht beimessen zu müssen. Hinsichtlich Hitlers und der Nationalsozialisten ist allerdings – was Klein zu übersehen scheint – zwischen der Furcht vor einer Inflation und der Sorge vor ihrem Bekanntwerden zu unterscheiden; nur die letztere spielte bei Hitler eine Rolle; vgl. den Hinweis Stuebels (Anm. II/161) auf die im Vergleich zur nationalsozialistischen Praxis viel schärferen Antiinflationsmaßnahmen beim USA-Aufrüstungsprogramm 1950/52 (S. 4135).

192 Angedeutet in seinen Reden von 1935 und 1938; *IMT* (Anm. I/55), XXXVI, S. 510 und S. 587.

193 Gesetz vom 1. Juni, §§ 5 und 6: *RGBl.,* I. 1933 f.; Gesetz vom 21. September, § 1: *a. a. O.,* S. 651; Gesetz über die Errichtung des Unternehmens »Reichsautobahnen« vom 27. Juni 1933; *a. a. O.,* II, S. 509 f. – Vgl. Kroll (Anm. II/156), S. 464 f.

194 Die Arbeitsbeschaffungsmittel wurden von den an den Programmen beteiligten Institutionen in ihren Berichten ausgewiesen und sind daher auch von der zeitgenössischen Literatur bereits im großen und ganzen zutreffend berechnet worden; s. z. B. Ernst Wagemann, *Zwischenbilanz der Krisenpolitik. Eine international vergleichende konjunkturpolitische Studie,* Berlin 1935, S. 101. Vgl. Erbe (Anm. II/165), S. 38 f. Insofern irrt Erbe, wenn er (S. 56) auch den Arbeitsbeschaffungswechseln eine Tarnungsfunktion zuspricht. Im Vergleich zum unverhüllten Notendruck haben sie sie zweifellos gehabt, aber das hat Schacht offenbar nicht genügt. – Zum Problem der Höhe der Mittel: Die Arbeitsbeschaffungswechsel wurden allgemein auf 5,5 Mrd. RM berechnet, davon ca. 3 bis 3,5 Mrd. RM von der Regierung Hitler ausgegeben. Demgegenüber beliefen sich die Rüstungswechsel auf 12 Mrd. RM.

195 Kroll (Anm. II/156), S. 585; Stuebel (Anm. II/161), S. 4130; Erbe (Anm. II/165), S. 46 f.; Stucken (Anm. II/184), S. 149 f. – Schacht, *Abrechnung . . .* (Anm. II/163), S. 10, und ders., *76 Jahre . . .* (Anm. II/161), S. 399 ff.; Krosigk (Anm. I/74), S. 187; Kesselring (Anm. I/222), S. 36 (Zusammenarbeit zwischen Mefo-GmbH und RLM). – Schacht hat diese Zusammenhänge nach dem Kriege selbst ausgesprochen: Angesichts des Mangels an Geld sei die Hilfe der Notenbank notwendig geworden. »Die Mittel aber einfach aus vermehrtem Notendruck hervorzuzaubern, hätte nichts anderes bedeutet als Inflation und hätte die bereits vorhandene psychische Depression im Volke damit noch verschärft durch die Furcht vor einem Absinken des Geldwertes. Es mußte etwas anderes gefunden werden. Ich ersann das System der ›Mefowechsel‹«; Schacht, *Abrechnung . . ., a. a. O.,* S. 10. Vgl. auch Schachts Rede 1938: *IMT* (Anm. I/55), XXXVI, S. 583.

196 Vgl. z. B. die Arbeit von Wagemann (Anm. II/194). Die erste zeitgenössische Untersuchung, die die Mefowechsel erwähnt – noch ohne ihren Namen zu nennen –, ist die von Willi Prion, *Das Finanzwunder. Die Geldbeschaffung für den deutschen Wirtschaftsaufschwung,* Berlin-Wilmersdorf 1938. Sie erschien bewußt erst nach dem Ende der Wechselfinanzierung (Vorwort). Bezeichnend ist der Bericht von Schniewind: *IMT* (Anm. I/55), XLI, S. 269 f., wonach die Existenz der Mefowechsel erst 1936 im Reichswirtschaftsministerium bekannt wurde. Vgl. Erbe (Anm. II/165), S. 38 f.

197 Noch in seiner Rede vom November 1938 bemühte sich Schacht, das Mefowechsel-System zu verschleiern; *IMT* (Anm. I/55), XXXVI, S. 588 f.

198 Bestritten von Erbe (Anm. II/165), S. 166, der – im Gegensatz zu Klein (Anm. II/184) – auch die subjektive Ehrlichkeit der offiziellen

Inflationswarnungen in Frage stellt, dabei aber doch wohl die Stärke der noch heute nachwirkenden Erschütterungen von 1922/23 unterschätzt.

199 Vgl. die Äußerung Adolf Webers im Spruchkammer-Verfahren gegen Schacht, daß »in der ganzen langen Zeit zwischen beiden Weltkriegen nirgendwo in der Welt eine so konstruktive Wirtschaftspolitik getrieben worden sei wie bei uns in den Jahren 1933 bis 1935«; zit. bei Stuebel (Anm. II/161), S. 4136.

200 So vor allem Kroll (Anm. II/156), *passim,* bes. S. 612 ff.; S. 638. Erbes Versuch (Anm. II/165, S. 177 ff.), eine Alternative zur Schachtschen Wirtschaftspolitik zu konstruieren, zeigt wenigstens so viel, daß ein Verzicht auf Rüstungsinvestitionen jedenfalls weitergehende Konsequenzen auch für andere Bereiche der Wirtschaftspolitik gehabt hätte.

201 Bekanntgabe in der 2. Sitzung des Reichsverteidigungsausschusses vom 22. Mai 1933; *IMT* (Anm. I/55), XXXVI, S. 221. Einzelheiten bei Meinck, »Der Reichsverteidigungsrat« (Anm. II/143), S. 411 ff. (der die Sitzung irrtümlich auf 26. April datiert; S. 411, Anm. 2).

202 Vgl. o. S. 65 ff. und o. S. 175 ff. In gewissem Sinne trat an die Stelle des RVR der *Arbeitsausschuß der Referenten für die Reichsverteidigung* (künftig: RVA); s. Meinck, *a. a. O.,* S. 413 f. Aber das war bezeichnenderweise kein politisches, sondern ein lediglich technisches Planungs- und Koordinierungsorgan. – Für die durch Göring verursachten Schwierigkeiten s. u. a. Keitel (Anm. I/17a), S. 85.

203 Dazu Aussage Blombergs in Nürnberg: *IMT* (Anm. I/55), XXXIX, S. 283 f. Vgl. Schachts Stellungnahme *a. a. O.,* XII, S. 630; S. 655; und Krosigk (Anm. I/74), S. 188 f.

204 Dazu vor allem der Vortrag über »Die Entwicklung des Marinehaushalts von 1930 bis 1939« von Flottenintendant Thiele (Anm. II/137), eine bisher zu Unrecht übersehene wichtige Quelle für die Aufrüstung; hier bes. S. 581 ff. Außerdem Raeder (Anm. I/107), I, S. 286. Vgl. Stuebel (Anm. II/161), S. 4131.

205 Stuebel, *ebda.*

206 Thiele (Anm. II/137), S. 589 f. – Der Ausdruck »Maiprogramme« rührt daher, daß ihr erstes im Mai 1933 anlief.

207 *A. a. O.,* S. 589; vgl. Raeder (Anm. I/107), I, S. 286 ff.

208 Raeder, *ebda.* Vgl. auch Befehlshaberbesprechung vom 9. Oktober 1934, *Liebmann-Notizen* (Anm. I/112), Bl. 104.

209 Besonders die Ausgabefreudigkeit der Luftwaffe durchkreuzte die Sparsamkeitsbemühungen. Vgl. z. B. Protokoll über die Besprechung von Vertretern des Heeres-Waffenamts und des Luftfahrtministeriums am 15. September 1933; *MGN* 6, Ankl.-Dok.-B. 5, Dok. NI–7123. Allgemein auch Heinkel (Anm. I/222), S. 293 ff.; S. 316 ff.

210 *IMT* (Anm. I/55), XXVII, S. 52.

211 Thiele (Anm. II/137), S. 590. Für die Luftwaffe beschloß das Reichskabinett am 9. Februar 1933 die vorfristige Aufstellung; Völker (Anm. I/148), S. 211.

212 »Geschichte der K. G. und des Mobplans« (Anm. II/137), S. 473. – Man darf annehmen, daß sowohl diese Weisung als auch der Be-

schluß über das im folgenden zu behandelnde Rüstungsprogramm in derselben Kabinettssitzung vom 4. April, in der auch die Gründung des Reichsverteidigungsrates beschlossen wurde, ergangen ist (oder mindestens an demselben Tage). Diese Annahme wird unterstützt auch durch den Bericht von Goebbels (Anm. I/92), S. 293, nach dem am Abend dieses Tages ein geselliges Beisammensein zwischen Hitler und »den führenden Herren der Reichswehr« stattfand.

213 Vgl. o. S. 134 f. Meißners Angabe (Anm. I/72, S. 336), Hitler habe vor seiner Reichstagsrede vom 17. Mai dem Reichspräsidenten vorgeschlagen, in den Genfer Abrüstungsverhandlungen für Deutschland einen Standard von 300 000 Mann zu verlangen, betraf offenbar dieses Rüstungsprogramm. Vgl. auch Reichenaus Angaben u. Anm. II/216.

214 Mueller-Hillebrand (Anm. II/112), I, S. 23. Vgl. die Angabe Keitels im RVA vom 22. Mai 1933, wonach »der bisher für den Kriegsfall vorbereitete RVR [Reichsverteidigungsrat] mit sofortiger Wirkung in Kraft« trete; *IMT* (Anm. I/55), XXXVI, S. 222.

215 Errechnet aus der Angabe von Thiele (Anm. II/137), S. 591, wonach die Marine im April 1933 die Zusicherung von je 80 Millionen RM *zusätzlicher* Mittel für die nächsten fünf Jahre, also für 400 Mill. insgesamt, erhielt (es handelte sich um die o. S. 151 f. erwähnten Maiprogramme). Das bedeutete eine Vervierfachung der bisher für geheime Zwecke der Marine ausgegebenen Mittel (*a. a. O.*, S. 577). Wenn, woran nicht zu zweifeln ist, das Heer gleichzeitig ähnliche Zusicherungen erhielt und wenn dabei das damals im offenen Etat übliche Aufteilungsverhältnis zwischen Marine- und Heeresausgaben von ca. 1:4 zugrunde gelegt wurde, so ergibt sich für das Heer ein Ansatz von $4 \times 400 = 1600$ Millionen RM für fünf Jahre. Schleichers zweites Rüstungsprogramm hatte für die gleiche Zeit 314 Mill. (also $^1/_5$) an Heeresausgaben vorgesehen (Mueller-Hillebrand, *a. a. O.*, I, S. 19). Nach dieser Berechnung wären also die geheimen, einmaligen Ausgaben für Heer und Marine 1933 auf ca. 2 Mrd. RM veranschlagt gewesen. Rechnet man dazu noch die Ausgaben für die Luftwaffe, die natürlich relativ höher liegen mußten, so gewinnt Hitlers spätere Mitteilung, er habe 1933 für die Aufrüstung 3 Mrd. RM gefordert, an Glaubwürdigkeit; Picker (Anm. I/16), S. 411.

216 Reichenau plante 1933 den Aufbau von 20 bis 21 modernen Panzer- und mot. Divisionen, dazu entsprechende Kräfte für Marine und Luftwaffe, im ganzen 450 000 Mann (also wohl 150 000 Mann für Marine und Luftwaffe); *Zeugenschrifttum* (Anm. I/53), Nr. 44 (Gaertner), S. 3 f. Zum Ausbau der Panzer- und Luftwaffe s. auch Blomberg in der Befehlshaberbesprechung vom 1. Juni 1933; *Liebmann-Notizen* (Anm. I/112), Bl. 53.

217 21-Divisionen-Heer als erste Etappe: Mueller-Hillebrand (Anm. II/112), I, S. 23. Die Militärs rechneten mit einer Gesamt-Aufbauzeit von acht bis zehn Jahren (*a. a. O.*, S. 22). Bezüglich der Luftwaffe erklärte der Chef des Rüstungsamtes im RLM, Oberstlt.

Wimmer, im September 1933, »das Ziel der anzustrebenden endgültigen Aufrüstung stehe noch nicht fest«, vorläufig bestünde nur eine überschlagsmäßige Kalkulation; Dok. NI–7123 (Anm. II/209).

218 Aufstellungs-Programm vom 17. März 1933 (Nr. 380/33 gKdos.); Georg Tessin, *Formationsgeschichte der Wehrmacht 1933–1939. Stäbe und Truppenteile des Heeres und der Luftwaffe (Schriften des Bundesarchivs,* Bd. 7), Boppard a. Rh. 1959, S. 78. Tessin gibt nur die Zahl der Staffeln; die Zahl der Flugzeuge errechnet sich aus dem etatmäßigen Bestand von 12 Flugzeugen pro Staffel. Ausführlicher jetzt Völker (Anm. I/148), S. 210 ff.

219 Befehl des RLM vom 29. Juni 1933 (L. A. Nr. 1305/33 gKdos.); *ebda.,* und Tessin, *a. a. O.,* S. 218.

220 Angaben Oberstlt. Wimmers in der Besprechung vom 15. September 1933; Dok. NI–7123 (Anm. II/209). Am 1. Januar 1934 wurde ein neues Programm aufgestellt, das die Produktion von 4021 Flugzeugen bis zum 30. September 1935 vorsah; *Documents* ... (Anm. II/153), III, S. 1125 f. Einzelheiten und Stimmungsbilder bei Heinkel (Anm. I/22), S. 275 ff.; S. 307 ff.

221 *Zeugenschrifttum* (Anm. I/53), Nr. 44 (Gaertner), S. 3 f.; Castellan (Anm. I/79), S. 402. Weitere Einzelheiten, auch für das Folgende, s. o. S. 262 ff.

222 Das Dokument selbst ist nicht erhalten; Castellan, *a. a. O.,* S. 400, teilt seinen Hauptinhalt aus dem Material des französischen Generalstabs mit. Es wird bezüglich der SA bestätigt durch eine Bemerkung des SA-Obergruppenführers Krüger in einer Aktennotiz vom 5. Juli 1933; *IMT* (Anm. I/55), XXIX, S. 3. – Der von Castellan, *a. a. O.,* S. 395, wörtlich zitierte Befehl Hitlers für die Reichsverteidigung, angeblich auch vom 1. Juli 1933, darf mit den obengenannten *Weisungen* nicht verwechselt werden. Da er inhaltlich weitgehend mit den Angaben übereinstimmt, die Keitel in der 2. Sitzung des RVA über den Kabinetts-Beschluß vom 4. April 1933 gemacht hat (*IMT, a. a. O.,* XXXVI, S. 222), ist er vielleicht mit diesem identisch.

223 Befehlshaberbesprechung vom 1. Juni 1933, *Liebmann-Notizen* (Anm. I/112), Bl. 53. Die Ernennung Blombergs zum Oberbefehlshaber war möglicherweise ein Äquivalent gegen die Auslieferung der Luftwaffe an Göring, die am 15. Mai erfolgte.

224 Hoßbach, *Die Entwicklung* ... (Anm. I/25), S. 98.

225 Tessin (Anm. II/218), S. 48; S. 54; S. 65 f.: Ab 1. Mai 1933 Umwandlung von Fahr-Abteilungen in Beob.-Abteilungen der Artillerie und in Flak-Einheiten; Umwandlung der bisherigen Kraftfahr-Abteilung in Kraftf.-Kampf-Abteilungen (als Grundstock der Panzer- und Panzerabwehrwaffe). – Die Vermehrung der Kopfstärke der Reichswehr war zunächst noch gering; sie betrug durch Einstellungen am 1. Mai und 1. Oktober 1933 rd. 14 000 bis 24 000 Mann; Meinck, *Hitler* ... (Anm. II/2), S. 86 f. (mit Tabelle auf S. 89).

226 Vgl. die Aufstellung des Heeres-Waffen-Amts Nr. 1279/33 (III Ab) g.K.Wa.Wi. vom 7. Oktober 1933 über Verstöße gegen den Versail-

ler Vertrag (Produktions-Ausweitung verschiedener Rüstungsfirmen, Bau von 15-cm-Haubitzen, von 150 Panzerwagen nach englischen Modellen usw.); *MGN* 12, Ankl.-Dok.-B. 10 A, Dok. NIK–11727.
Schreiben des Reichswehrministeriums Nr. 577/34 WA B1 Ie vom 8. Februar 1934 an Krupp AG mit Bezugnahme auf Aufträge für Panzerkuppeln vom 14. Juni 1933; *ebda.* Übersichtsliste der Marineleitung (Neu A II v 4212/33 gKdos.) vom 9. September 1933 über Verstöße gegen den Versailler Vertrag (Produktionsausweitung), *IMT* (Anm. I/55), XXXIV, S. 205 ff., bes. S. 212 ff.

227 S. o. S. 65 f.

228 Gemeinsamer Geheim-Erlaß des Reichsluftfahrtministers (III. 5.) und des Reichsfinanzministers (A 2000–193 I) vom 10. Juni 1933; und Schreiben der Kanzlei des RLM (Abt. D II 2) vom 12. Juli 1933; beides in *MGN* 11, Ankl.-Dok.-B. 212, DOK. NG–4143.

229 Thiele (Anm. II/137), S. 591.

230 *A. a. O.,* S. 583; S. 591.

231 Gesetz über die Durchführung einer Volks-, Berufs- und Betriebszählung vom 12. April 1933; *RGBl.,* I, 1933, S. 199. Mit ihr sollten »Wirtschafts-, insbesondere produktionsstatistische Erhebungen« verbunden werden (§ 6). Das Gesetz ermöglichte die Sammlung der statistischen Daten für Musterung und wirtschaftliche Mobilmachung (s. o. 186 ff.). Vgl. Bericht des Min.-Rats Godlewski, Referent des Reichswirtschaftsministeriums im RVA, in der 6. Sitzung des RVA vom 23./24. Januar 1934, *IMT* (Anm. I/55), XXXVI, S. 387, und Bericht des Reichswirtschaftsministeriums vom 30. September 1934 über die wirtschaftliche Kriegsvorbereitung; *a. a. O.,* S. 205.

232 *A. a. O.,* S. 169.

233 Kabinetts-Beschluß vom 31. Mai 1933; *Schultheß, 1933,* S. 151. Daß es sich dabei nicht nur, wie in der offiziellen Mitteilung angegeben, um die Finanzierung der Arbeitsbeschaffung, sondern in erster Linie um die der Aufrüstung handelte, geht hervor aus dem Memorandum des Reichsbank-Direktoriums vom 7. Januar 1939, *IMT* (Anm. I/55), XXXVI, S. 367. Die Angabe bei Kroll (Anm. II/156), S. 465, ist dementsprechend zu korrigieren. – Zur Gründung der Mefo-GmbH s. o. S. 149.

234 Thiele (Anm. II/137), S. 591 (für die Marine).

235 Ausnahmen: Gesetz über Änderung des Kraftfahrzeugsteuer-Gesetzes vom 10. April 1933, *RGBl.,* I, 1933, S. 192 (indirekte Maßnahme, s. o. S. 158 f.); und 3. Durchführungs-Verordnung zur Verordnung des Reichspräsidenten vom 15. Dezember 1932, *a. a. O.,* S. 282 (Beschleunigung durch Erleichterung der Enteignung für den Bau von Verkehrswegen). Vgl. Kroll (Anm. II/56), S. 462.

236 Die bisherige Literatur, namentlich auch von wirtschaftswissenschaftlicher Seite, hält im allgemeinen noch an einer Aufteilung der nationalsozialistischen Wirtschaftspolitik in eine Arbeitsbeschaffungs- und eine Aufrüstungsperiode fest; lediglich der Zeitpunkt des Kurswechsels ist inzwischen von dem offiziellen Datum

März 1935 auf das Frühjahr 1934 vorverlegt worden; Kroll, *a. a. O.*, S. 562 ff. und S. 467 ff. Vgl. auch Stuebel (Anm. II/161), S. 4134; Stucken (Anm. II/184), S. 147 ff.; Erbe (Anm. II/165), S. 25; Schweitzer, »Die wirtschaftliche Wiederaufrüstung ...« (Anm. II/165), S. 594 f. Schweitzer hat jedoch den Sinn des Arbeitsbeschaffungs-Programms schon richtig erfaßt, wenn er (S. 625) schreibt, es habe zwei Aufgaben erfüllen sollen, »die Wiederaufrüstung einzuleiten und einen ideologischen Deckmantel zur Vertuschung der Wiederaufrüstungspolitik der Regierung zu bilden«.

237 *RGBl.*, I, 1933, S. 323. Sie wurde fortgesetzt durch das Gesetz über die Errichtung des Unternehmens »Reichsautobahnen« vom 27. Juni und das Gesetz über Steuererleichterungen vom 15. Juli; den Abschluß bildete das 2. Arbeitsbeschaffungs-Gesetz vom 21. September; *a. a. O.*, II, S. 509; I, S. 491; S. 651.

238 Vgl. o. Schulz (Anm. II/167).

239 Kroll (Anm. II/156), S. 464 ff.

240 *A. a. O.*, S. 471 f.

241 Da die Ehestandsdarlehen in Form von Bedarfsdeckungsscheinen gewährt wurden, förderten sie den Konsum; *a. a. O.*, S. 466.

242 Vgl. § 2 Ziff. 3 des Gesetzes vom 1. Juni; § 2 Ziff. 9 der Durchführungsverordnung zu diesem Gesetz vom 28. Juni (*RGBl.*, I, 1933, S. 425); zweite Durchführungsverordnung zu diesem Gesetz vom 13. Dezember 1933 (*a. a. O.*, S. 1071); ferner das Gesetz über die Einschränkung der Verwendung von Maschinen in der Zigarrenindustrie vom 15. Juli 1933; *a. a. O.*, S. 493. – Vgl. Kroll, *a. a. O.*, S. 465 f.

243 Thiele (Anm. II/137), S. 590 f. Danach erhielt die Marine im Februar und März 1933 zusammen 35,7 Mill. RM, was bei Umrechnung nach dem o. Anm. II/215 angewandten Schlüssel ca. 150 Mill. für die ganze Wehrmacht ergibt.

244 *A. a. O.*, S. 591. Zur Verfügung gestellt vom ostpreußischen Gauleiter Koch zum Bau des o. S. 155 erwähnten Schwimmdocks.

245 *IMT* (Anm. I/55), XXXVI, S. 386.

246 § 2: Steuerfreiheit für einmalige Zuwendungen von Arbeitgebern an Arbeitnehmer in Form von Bedarfsdeckungsscheinen.

247 *IMT* (Anm. I/55), XXXVI, S. 386. Im übrigen wies der Referent auf die Möglichkeit von Darlehen, Subventionen usw. als finanzpolitische Maßnahmen hin; *ebda.*

248 Staatssekretär Fritz Reinhardt, *Generalplan gegen die Arbeitslosigkeit. Vortrag, gehalten im Klub zu Bremen,* Oldenburg 1933, S. 12 ff. – Auch diese Zweckbindung war im Gesetz nicht angegeben.

249 Stuebel (Anm. II/161), S. 4131. Die Gesamthöhe ist nicht bekannt, doch geben die Anforderungen der Referenten in der 6. Sitzung des RVA im Januar 1934 (*IMT,* Anm. I/55, XXXVI, S. 388; S. 390; S. 402; S. 404) und der Bericht des Wirtschaftsministeriums vom September 1934 (*a. a. O.*, S. 165; S. 178 f.) einen Anhalt. Vgl. insbesondere die Angabe S. 402, wonach Arbeiten zur Erhöhung der Leistungsfähigkeit der Wasserstraßen nach strategischen Gesichtspunkten »im Rahmen des Reinhardt-Programms« finanziert wurden.

250 Nach Kroll (Anm. II/156), S. 472, enthielt das Arbeitsbeschaffungs-Programm der Reichspost in einer Gesamthöhe von 76,6 Mill. RM (August 1933) 55 Mill. RM für technische Verbesserungen des Fernmeldewesens. An diesen Arbeiten war die Wehrmacht hervorragend interessiert; die Mitteilung des Post-Referenten in der 6. Sitzung des RVA am 23./24. Januar 1934 lassen sogar den Schluß zu, daß sie auf militärische Anforderung betrieben wurden; *IMT, a. a. O.,* XXXVI, S. 407.

251 Vgl. o. S. 155 f.

252 Im RVA wurde Ende Januar 1934 bekanntgegeben, daß sich 1933 der Absatz an Personenwagen im Verhältnis zu 1932 verdoppelt, der an Lastwagen um 68% erhöht habe; *IMT* (Anm. I/55), XXXVI, S. 405. Vgl. Kroll (Anm. II/156), S. 462.

253 Mitteilung Guderians im RVA Ende Januar 1934, *IMT, a. a. O.,* S. 404.

254 *Schultheß, 1934,* S. 144. – Kroll (Anm. II/156), S. 466; S. 471; S. 473; Reinhardt (Anm. II/248), S. 25.

255 Anders Kroll, *a. a. O.,* S. 474, der die Autobahnprogramme als weitere Aufschwungshilfe für möglicherweise ausreichend hält.

256 *Schultheß, 1933,* S. 94 f. Ebenso in Schacht, *Abrechnung* ... (Anm. II/163), S. 38.

257 Schacht, *76 Jahre* ... (Anm. II/161), S. 455: Bevorzugung der Aufrüstung, weil die Aufträge für sie »an die große Zahl bestehender Fabriken verteilt werden konnten, die über das ganze Land verbreitet waren, und sich deshalb an allen Stellen des Reiches gleichmäßig auswirkten«. Für »Wegebauten, Autobahnen, Eindeichungen und dergleichen« entständen zusätzliche Kosten und Erschwernisse wegen der Trennung der Arbeitskräfte von ihrem Wohnort usw. – Auf diese Weise erklären sich auch die von Kroll (Anm. II/156, S. 469 f.) aus Schachts Rede vom 7. April herausgelesenen Widersprüche. Krolls Schlußfolgerung, Schacht habe damals kein klares Arbeitsbeschaffungs-Programm gehabt, ist damit hinfällig.

258 Schacht, *Abrechnung* ... (Anm. II/163), S. 38: Man habe nicht gleich an die Aufrüstung herangehen können, weil Hitler zunächst das Resultat der Abrüstungsverhandlungen abwarten wollte. Zu den innenpolitischen Hindernissen s. o. S. 180 ff.; 255 f; 324 f. und o. Schulz (Anm. II/167), V. Kapitel.

259 So wurde z. B. das Autobrief-System, das eine karteimäßige Erfassung der Privatwagen für den Kriegsfall ermöglichen sollte, der Öffentlichkeit gegenüber als Mittel der »Eigentumssicherung« motiviert; 6. Sitzung des RVA, *IMT* (Anm. I/55), XXXVI, S. 404. – Noch im Juni 1935 (10. Sitzung) bat Jodl die Referenten um möglichste Geheimhaltung der Mob.-Maßnahmen; soweit sie nicht getarnt werden könnten, seien sie »aus Friedensnotwendigkeiten heraus zu begründen«; *a. a. O.,* S. 433 f.

260 »Aus dem Gelingen der Arbeitsbeschaffung«, so erklärte Hitler am 6. Juli 1933 den Reichsstatthaltern, »werden wir die stärkste Autorität erhalten« (*Schultheß, 1933,* S. 170). – Die Presse wurde ständig zur Zurückhaltung gegenüber allen militärischen Nachrichten, da-

für aber um so mehr zur Herausstellung der Arbeitsbeschaffungsmaßnahmen angehalten; s. die Bestellungen aus der Reichspressekonferenz, *Sammlung Brammer (BA)*.

261 Vgl. o. S. 154 f. und S. 265 ff.

262 Tessin (Anm. II/218), S. 7 (Gründung des Luftwaffen-Offizierskorps).

263 Dies vor allem hat häufig das Urteil der Nationalökonomen in die Irre geführt, die ihre Schlüsse hauptsächlich aus dem statistischen Niederschlag der Ereignisse gezogen und darüber die Quellen politischer Provenienz vernachlässigt haben.

264 »Reichswehrdokumente« (Anm. I/40), S. 435.

265 Ausführliche Darstellung der Haltung Hitlers in der Abrüstungsfrage jetzt bei Meinck, *Hitler* ... (Anm. II/2), S. 20 ff.

266 Rauschning, *Gespräche* ... (Anm. I/5), S. 145 f., und ders., *Die Revolution* ... (Anm. I/12), S. 234. – Ähnliche Überlegungen bewegten auch die Militärs; s. die Denkschrift des Chefs des Truppenamts, General Adam, über die militärische Lage vom März 1933, *MGN* 10, Vert.-Dok.-B. Krupp 2 b, Dok. Krupp 105.

267 Aufzeichnungen aus den Akten des OKM, 1943 (oder später), *IMT* (Anm. I/55), XXXV, S. 558. Admiral Aßmann hat die Autorschaft an diesem Dokument, die ihm im Nürnberger Prozeß zugeschrieben wurde (*a. a. O.*, XIV, S. 169 ff.; S. 256 ff.), später abgestritten (Aßmann, *Deutsche Schicksalsjahre,* Anm. I/25, S. 37). Der englische Ankläger hat jedoch bei der Vorlage des Dokuments nur davon gesprochen, es sei »in den Akten der Vizeadmirale Aßmann und Gladisch gefunden worden« (*IMT, a. a. O.,* XIV, S. 169); erst im Verlauf der Verhöre hat es sich eingebürgert, von A. als dem Autor zu sprechen. Wie aus dem Inhalt des Dokuments hervorgeht, handelt es sich dabei um den Versuch des OKM, sich gegen den Vorwurf der Vernachlässigung des U-Boot-Baus durch Überbetonung der dafür gemachten Anstrengungen zu verteidigen; daher die Irrtümer der Nürnberger Anklage und die Schwierigkeiten der Verteidigung Raeders, der sich hier gleichsam in der eigenen Schlinge gefangen sah.

268 Einzelheiten zur Vorgeschichte und Geschichte des Austritts aus dem Völkerbund o. I. Teil, IV. Kapitel, und Meinck, *Hitler* ... (Anm. II/2), S. 34 ff. – Zu Hitlers Motiven Rauschning, *Gespräche* ... (Anm. I/5), S. 102 ff.; ders., *Die Revolution* ... (Anm. I/12), S. 421 ff. Möglicherweise setzte aber die Temposteigerung der Aufrüstung schon vorher ein; vgl. Absolon (Anm. I/232), S. 75: Der »eigentliche Aufbau der Wehrmacht« habe am 1. Oktober 1933 begonnen. Dann wäre er mehr Grund als Folge des Austritts aus dem Völkerbund.

269 *Liebmann-Notizen* (Anm. I/112), Bl. 116 (Auszeichnung i. Orig.). Vgl. *Documents* ... (Anm. II/153), III, S. 744.

270 Rauschning, *Die Revolution* ... (Anm. I/12), S. 311 f.

271 Weisung vom 25. Oktober 1933, *IMT* (Anm. I/55), XXXIV, S. 487 ff. (Auszeichnung vom Verf.). Zur Ministerratssitzung vom 17. Oktober 1933 (weitere Vorsichtsmaßnahmen) s. o. S. 322 f.

272 *A. a. O.*, XXXVI, S. 384 ff.

273 Aufzeichnung Fritschs vom 1. Februar 1938; Hoßbach, *Zwischen Wehrmacht* ... (Anm. I/25), S. 70.

274 *Zeugenschrifttum* (Anm. I/53), Nr. 182 (Weichs), S. 9 (Ansprache Hitlers im Reichswehrministerium, 28. Februar).

275 Foerster (Anm. I/177), S. 32. Ähnliche Ideen erwog der Leiter der Org.-Abt. im Truppenamt; Meinck, *Hitler* ... (Anm. II/2), S. 87. Vgl. Blomberg am 2. Februar 1934: »Alle Kraft ist ... dem Umbau und der Erweiterung des Heeres zuzuwenden!«; *Liebmann-Notizen* (Anm. I/112), Bl. 68. Vgl. auch o. S. 342 f. Eine ähnliche Konkurrenz entwickelte sich zwischen Heeresleitung und RLM; Völker (Anm. I/148), S. 217 f.

276 Foerster, *a. a. O.*, S. 32. Vgl. Meinck, *a. a. O.*, S. 87.

277 Bekanntgabe in der Kdr.-Besprechung im Wehrkreis V am 15. und 18. Januar 1934; *Liebmann-Notizen* (Anm. I/112), Bl. 61. Die Entscheidung darüber muß also vorher, Anfang Januar 1934 oder Ende 1933, gefallen sein, und noch vorher muß die Diskussion zwischen AHA und Truppenamt stattgefunden haben. Der von Foerster, *a. a. O.*, zitierte Schriftsatz Becks trägt jedoch das Datum vom 20. Mai 1934. Offenbar hat Beck auch noch nach gefallener Entscheidung Widerstand zu leisten versucht. In ähnlichem Sine ist vielleicht auch das Dementi der für 1. Oktober 1934 geplanten Neueinstellungen durch Fritsch in der Befehlshaberbesprechung vom 3. Februar 1934 zu verstehen; *Liebmann-Notizen, a. a. O.*, Bl. 72 f. Vgl. Meinck, *a. a. O.*, S. 212, Anm. 20. – Vgl. *Documents* ... (Anm. II/153), III, S. 208 f.; S. 257 f.

278 Tessin (Anm. II/218), S. 7; S. 21 (Wehrgauleitungen); S. 19; S. 24. Vgl. Keitel (Anm. I/17a), S. 62.

279 Kdr.-Besprechung am 15./18. Januar und Befehlshaberbesprechung am 2./3. Februar 1934; *Liebmann-Notizen* (Anm. I/112), Bl. 59 ff.; Bl. 68 ff. Die Zahl der Rekruten betrug 50 000 bis 60 000 Mann, denen am 1. Oktober 1934 weitere ca. 70 000 folgten. Die Dienstzeit wurde durch geheimes Gesetz auf ein Jahr herabgesetzt. Vgl. Mueller-Hillebrand (Anm. II/112), I, S. 23, und Meinck, *Hitler* ... (Anm. II/2), S. 88.

280 Tessin (Anm. II/218) S. 8; S. 72; S. 75; S. 79.

281 *A. a. O., passim;* Mueller-Hillebrand (Anm. II/112), I, S. 26. Die Effektivstärke betrug jetzt 240 000 Mann. Vgl. auch Meinck, *Hitler* ... (Anm. II/218), S. 89.

282 Tessin (Anm. II/218), S. 79.

283 *A. a. O., passim* (insbes. Tabelle S. 14 f.), und Mueller-Hillebrand (Anm. II/112), I, S. 60 f. – Schon am 26. Oktober 1934 erfuhr das Auswärtige Amt, daß zusätzlich zu den 21 Divisionen noch weitere »Ergänzungs-Einheiten« aufgestellt wurden; *Documents* ... (Anm. II/153), III, S. 535.

284 Tessin (Anm. II/218), S. 12; Mueller-Hillebrand, *a. a. O.*, S. 13; S. 46.

285 Friedrich Ruge, *Der Seekrieg 1939–1945*, Stuttgart 1954, S. 26 ff.; Raeder (Anm. I/107), II, S. 158 ff.; Hubatsch (Anm. II/99), S. 209 f.

Vgl. Bensel (Anm. II/135), S. 55 ff.

286 Vgl. o. S. 119 f.

287 Ein großangelegtes Unternehmen war der Versuch einer Gesamtdarstellung der Weltkriegserfahrungen durch das Reichsarchiv: *Der Weltkrieg 1914–1918. Kriegsrüstung und Kriegswirtschaft, Bd. I: Die militärische, wirtschaftliche und finanzielle Rüstung Deutschlands von der Reichsgründung bis zum Ausbruch des Weltkriegs,* Berlin 1930 (mehr ist allerdings nicht erschienen). – Zum Studium der Auslandserfahrungen wurden u. a. im Jahr 1929 Offiziere des Heereswaffenamts nach den USA gesandt; vgl. Affidavit des Generals Walter Warlimont vom 20. Dezember 1945, *MGN* 6, Vert.-Dok.-B. Kr.-II/799, Dok. Krauch 62.

288 Vgl. o. S. 138 f.

289 Vgl. das Urteil Rauschnings, *Die Revolution* ... (Anm. I/12), S. 257: »Um die Wehrwilligkeit zu erhöhen, ist mit Hilfe falscher Vorstellungen über das eigene Risiko und die wahren Ursachen unserer Niederlage, unter Niederhaltung aller kritischen Stimmen, ein System geschaffen worden, das man als öffentliche Bewirtschaftung der seelischen Widerstandskräfte mit untauglichen Mitteln bezeichnen könnte.«

290 Kurt Hesse, *Der Feldherr Psychologos. Ein Suchen nach dem Führer der deutschen Zukunft,* Berlin 1922, bes. S. 206 ff.; S. 215.

291 Ewald Banse, *Wehrwissenschaft. Einführung in eine neue nationale Wissenschaft,* Leipzig 1933, S. 3 ff. Vgl. dazu Rauschning, *Die Revolution* ... (Anm. I/12), S. 266 ff.

292 Ernst Jünger, »Die totale Mobilmachung« (Anm. I/12), S. 9 ff. Vgl. dazu auch die anderen in *Krieg und Krieger* (Anm. I/12) abgedruckten Aufsätze, vor allem von Friedrich Georg Jünger »Krieg und Krieger«, S. 51 ff.; Albrecht Erich Günther, »Die Intelligenz und der Krieg«, S. 69 ff.; Werner Best, »Der Krieg und das Recht«, S. 135 ff. – Zur Kritik E. Jüngers vgl. jetzt Christian Graf v. Krockow, *Die Entscheidung. Eine Untersuchung über Ernst Jünger, Carl Schmitt, Martin Heidegger (Göttinger Abhandlungen zur Soziologie,* Bd. 3), Stuttgart 1958, und Walter Bußmann, »Politische Ideologien zwischen Monarchie und Weimarer Republik. Ein Beitrag zur Ideengeschichte der Weimarer Republik«, in: *Historische Zeitschrift* 190 (1960), S. 55 ff.

293 Hitler (Anm. I/5), S. 596.

294 Ernst Jünger, *Der Arbeiter. Herrschaft und Gestalt,* 3. Aufl., Hamburg 1932; Carl Schmitt, *Der Hüter der Verfassung,* Tübingen 1931 (vgl. insbes. S. 79, wo der Begriff des totalen Staates aus Jüngers Begriff der totalen Mobilmachung abgeleitet wird). Zur Kritik vgl. Krockow (Anm. II/292), S. 44 ff.; S. 54 ff. und *passim*; für Carl Schmitt jetzt: Peter Schneider, *Ausnahmezustand und Norm. Eine Studie zur Rechtslehre von Carl Schmitt (Quellen und Darstellungen zur Zeitgeschichte,* Bd. 1) Stuttgart 1957, und Jürgen Fijalkowski, *Die Wendung zum Führerstaat. Ideologische Komponenten in der politischen Philosophie Carl Schmitts (Schriften des Instituts für politische Wissenschaft,* Bd. 12), Köln–Opladen 1958.

295 Armin Mohler, *Die konservative Revolution in Deutschland 1918–1932. Grundriß ihrer Weltanschauungen,* Stuttgart 1950, S. 179 f.; Ernst Niekisch, *Das Reich der niederen Dämonen,* Hamburg 1953, S. 68 f.

296 Dazu Hitler (Anm. I/5), S. 422 f.; S. 509; S. 652 ff. und *passim.*

297 Ferdinand Tönnies, *Gemeinschaft und Gesellschaft. Grundbegriffe der reinen Soziologie,* 6. und 7. Aufl., Berlin 1926. Die Nationalsozialisten versuchten, die von Tönnies beobachtete zivilisatorische Entwicklung von der Gemeinschaft zu der Gesellschaft im Zeichen ihres Re-Barbarisierungs-Programms gleichsam umzukehren. Vgl. Bußmann (Anm. II/292), S. 71.

298 Besonders deutlich in der Jugendbewegung, die sich durch das Wandern auch äußerlich als die junge Gemeinschaft in Bewegung kennzeichnete und in dieser körperlichen Motorik die seelische und geistige Beweglichkeit, die schöpferische Unruhe ihrer Träger demonstrierte. Mit dem Ausbruch des Krieges erhielt diese Bewegung einen aktivistisch-kämpferischen Akzent; vgl. das Urteil Lederers 1915: »Wir können sagen, daß sich am Tage der Mobilisierung die Gesellschaft, die bis dahin bestand, in eine Gemeinschaft umformte«; zit. bei Carl Schmitt, *Positionen und Begriffe im Kampf mit Weimar–Genf–Versailles 1923–1939,* Hamburg 1940, S. 69. – Allgemein auch Heberle (Anm. I/11), der das Problem zum erstenmal stellte und umfassend behandelte. Er definierte die Bewegung als eine lockere Gruppierung um einen festen Kern (z. B. eine organisierte politische Partei), die auf Veränderung der bestehenden Ordnung zielt. Die hier gegebene Definition als aktivierte Gemeinschaft beseitigt den Unterschied zwischen lockeren und organisierten Gruppen, bezieht sich aber zunächst nur auf die deutschen Beispiele von der Jugendbewegung bis zur NSDAP.

299 Friedrich Sieburg, *Es werde Deutschland,* Frankfurt/M. 1933, S. 74 f.

300 Hitler (Anm. I/5), S. 502; vgl. S. 378 f.

301 *A. a. O.,* S. 382; vgl. S. 380 f.: Die unmittelbare Übertragung von »Ideen« auf die »andere Mitwelt« sei der »idealste und natürlichste Vorgang« (im Unterschied zur mittelbaren Übertragung). Hier orientiert sich Hitler offenbar an seinen Erfahrungen als Redner.

302 In der klassenlosen Gesellschaft sollen Staat und Herrschaft schlechthin beseitigt sein, was man ebensogut als den Zustand der Herrschaft aller bezeichnen kann.

303 Pareto (Anm. I/4); Georges Sorel, *Reflexions sur la violence,* 6. Aufl., Paris 1925. Zu Sorel jetzt die Studie von Jack. J. Roth, »Sorel und die totalitären Systeme«, in: *Vierteljahrshefte für Zeitgeschichte* 6 (1958), S. 45 ff.

304 Vgl. die Gegenschrift von Friedrich v. Rabenau, *Die alte Armee und die junge Generation. Kritische Betrachtungen,* Berlin 1925, und Hans v. Seeckt, *Gedanken eines Soldaten,* Leipzig 1929, S. 174.

305 *HVBl.* 1921, S. 482 (Empfehlung von *In Stahlgewittern*). Vgl. auch den Aufsatz »Staat und totale Bereitschaft« in dem offiziösen *Militär-Wochenblatt* vom 18. März 1934, Sp. 1152 f., der die unvermin-

derte Fortwirkung Jüngerscher Ideen zeigt, so, wenn der ungenannte Verfasser unter ausdrücklichem Hinweis auf Jünger fordert: »Alle Werte der Vergangenheit, die den Kampfeinsatz hemmen, müssen geopfert werden ...«

306 Vgl. das o. S. 129 zitierte Gespräch Reichenaus mit Gaertner; auch Krosigk (Anm. I/74), S. 281 (Fritsch will den traditionellen Soldatengeist auf dem Wege über die Aufrüstung erhalten). Zum Gesamtproblem Rauschning, *Die Revolution* ... (Anm. I/12), S. 213 ff.

307 Rauschning, *Gespräche* ... (Anm. I/5), S. 144.

308 Hitler (Anm. I/5), S. 673 f.

309 Konstantin Hierl, *Grundlagen einer deutschen Wehrpolitik. Rede, gehalten am Nürnberger Parteitag 1929,* München 1929. Vgl. auch Blomberg in der Befehlshaberbesprechung vom 2. Februar 1934: »Auch Arb[eits]dienst hat starke mil[itärische] Neigungen«; *Liebmann-Notizen* (Anm. I/112), Bl. 69. – Ritter v. Epp war Leiter des Wehrpolitischen Amtes der NSDAP.

310 Rauschning, *Die Revolution* ... (Anm. I/12), S. 297 f. Zur Datierung vgl. ders., *Gespräche* ... (Anm. I/5), S. 145.

311 Rauschning, *Die Revolution ..., a. a. O.,* S. 307 ff.

312 Vgl. u. III. Kapitel.

313 Anregende Bemerkungen dazu bei Rauschning, *Die Revolution* ... (Anm. I/12), S. 256 ff.; S. 261 ff.

314 Zum Folgenden ausführlich Meinck, *Hitler* ... (Anm. II/2), und Völker (Anm. I/148), S. 201 ff.

315 Am 1. Februar 1934 wurde das Ministeramt zu einem »Wehrmachtsamt« umgestaltet. Es erhielt zusätzlich zu seinen bisherigen politischen Kompetenzen auch die Aufgabe der »Koordination der drei Wehrmachtteile«, was organisatorisch in der Aufspaltung der bisherigen Wehrmachtabteilung in die zwei Abteilungen »Innenpolitik« und »Landesverteidigung« Ausdruck fand; *Liebmann-Notizen* (Anm. I/112), Bl. 69 (Befehlshaberbesprechung vom 2. Februar 1934). Im Laufe der nächsten Zeit wurden dem Amt ständig weitere Abteilungen und Organe angegliedert; Übersicht bei Mueller-Hillebrand (Anm. II/112), I, S. 103 ff. Allgemein auch Hoßbach, *Zwischen Wehrmacht* ... (Anm. I/25), S. 90 und *passim.* Wichtig zur Problematik; Keitel (Anm. I/17a), S. 82 ff.; S. 88 ff.

316 Vgl. die Kritik bei Erfurth (Anm. I/70), S. 176 f., Mueller-Hillebrand, *a. a. O.,* I, S. 93 ff., und Foertsch, *Schuld* ... (Anm. I/25), S. 162. Indirekt auch Halder in: Bor (Anm. I/84), S. 88. Manstein (Anm. I/174) weist zwar mit Recht darauf hin (S. 284), daß eine einzige Persönlichkeit unmöglich Kriegsvorbereitung und Kriegführung verantwortlich leiten konnte (Blomberg als Minister und Oberbefehlshaber), aber das ist natürlich kein Argument gegen einen Wehrmachtgeneralstab. Er hat denn auch 1938 Jodl gegenüber zugegeben, daß, wenn Fritsch und Beck anstelle von Blomberg und Reichenau ständen, sie ihrerseits »die Führung beanspruchen würden« (S. 291 f.). Die Ansicht des OKH bei Hoßbach, *a. a. O.,* und ders., *Die Entwicklung* ... (Anm. I/25). Wichtig jetzt Keitel (Anm. I/17a) mit den Denkschriften des OKH und OKW 1937/38

(S. 123 ff.).

317 Vgl. z. B. die Beilage »Volk und Landesverteidigung«, die ab 16. September 1933 im *SA-Mann* (Nr. 37) erschien und zahlreiche Aufsätze aus der Feder verabschiedeter Offiziere wie Karl Ludwig v. Oertzen, Ernst Kabisch, v. Taysen usw. brachte. Weitere Einzelheiten s. o. S. 320 f.

318 *Durch Wehrhaftigkeit zum Frieden. Jahrbuch der »Deutschen Gesellschaft für Wehrpolitik und Wehrwissenschaften« 1934,* Hamburg 1934. Die dort S. 99 abgedr. Spendenliste nennt nur private Geldgeber. Zur Gründung vgl. auch die gedruckte Werbeschrift vom 7. Oktober 1933; Die Gesellschaft sei aus der seit 1931 bestehenden »Wehrwissenschaftlichen Arbeitsgemeinschaft« hervorgegangen; *Seeckt-Nachlaß,* Mikrofilm im Friedrich-Meinecke-Institut der Freien Universität Berlin, Stück 81.

319 Vgl. die Satzungen der Gesellschaft vom 28. Juni 1933, *Seeckt-Nachlaß, a. a. O.,* Stück 81.

320 Vgl. die Werbeschrift vom 7. Oktober 1933, *ebda.* Im Sommer 1934: 750 Mitglieder; Bericht des Präsidenten in: *Durch Wehrhaftigkeit* ... (Anm. II/318), S. 94.

321 *A. a. O.,* S. 95 ff.

322 Satzungen, *Seeckt-Nachlaß* (Anm. II/318). Seeckt, der durch Brief Cochenhausens vom 9. November 1933 zum Beitritt eingeladen wurde, lehnte ab; Randbemerkung auf Schreiben Cochenhausens, *ebda.*

323 Vgl. den im Bericht des Präsidenten für 1933/34 erwähnten Plan, ein wehrwissenschaftliches Handbuch herauszugeben; *Durch Wehrhaftigkeit* ... (Anm. II/318), S. 93 f. – Zu den Versuchen, über die Hochschulen und Universitäten auch auf die Schulen Einfluß zu nehmen, s. das von der Gesellschaft herausgegebene Sammelwerk *Wehrgeist und Schule im Ausland,* Hamburg 1935, mit dem die Erfahrungen des Auslands erarbeitet werden sollten.

324 Cochenhausen im Vorwort zu *Durch Wehrhaftigkeit ..., a. a. O.;* vgl. auch seinen Vortrag auf der Hauptversammlung der Gesellschaft vom 28. Mai 1934, *a. a. O.,* S. 11 ff.

325 Außer Cochenhausen Prof. Walter Elze, Generallt. a. D. Horst v. Metzsch, Prof. Karl Haushofer, Oberstlt. a. D. Justrow und Admiral a. D. Prentzel.

326 *Durch Wehrhaftigkeit* ... (Anm. II/318), S. 20. Der Begriff des »Magischen« ist vermutlich von Oswald Spengler entlehnt, der damit die vorderasiatisch-arabischen Kulturen bezeichnet: *Der Untergang des Abendlandes. Umrisse einer Morphologie der Weltgeschichte,* 2 Bde., München 1950, S. 235 ff.

327 *Durch Wehrhaftigkeit ..., a. a. O.,* S. 11 ff.

328 Abgedr. in: *Wehrgedanken. Eine Sammlung wehrpolitischer Aufsätze,* hrsgg. von Friedrich v. Cochenhausen, Hamburg 1933, S. 4 ff. Der Aufsatz war der Abdruck eines Vortrags, der bezeichnenderweise am 24. Januar 1933, also noch vor der Machtergreifung Hitlers gehalten wurde.

329 *A. a. O.,* S. 16 f.

330 Sehr aufschlußreich dafür ist ein Studium der Aufsätze des *Militär-Wochenblatts;* vgl. z. B. Nr. 11 vom 18. September 1933, Sp. 337 f.; Nr. 14 vom 11. Oktober 1933, Sp. 448 f.; Nr. 17 vom 4. November 1933, Sp. 552 f.; Nr. 23 vom 18. Dezember 1933, Sp. 739 ff.; Nr. 24 vom 25. Dezember 1933, Sp. 777 f.; Nr. 39 vom 18. April 1934, Sp. 1299 f. (Artikel zu Hitlers Geburtstag), u. a. – Vgl. auch den in seiner Primitivität überraschenden Aufsatz von Werner v. Blomberg, »Wehrhaftigkeit oder Pazifismus«, in: *Almanach der nationalsozialistischen Revolution,* hrsgg. von Wilhelm Kube, Berlin 1934, S. 43 ff.

331 10. Sitzung des RVA vom 26. Juni 1935; *IMT* (Anm. I/55), XXXVI, S. 431.

332 Das ist die unausgesprochene Quintessenz des Aufsatzes von Gerhard L. Binz, »Analyse der Wehrbereitschaft«, in: *Wehrwissenschaftliche Rundschau* 4 (1954), S. 412 ff.; vgl. besonders die – in ihren methodischen Grundlagen völlig unzureichende – Tabelle »positiver und negativer Wehrfaktoren«, S. 418.

333 Das Thema ist noch wenig erforscht; was vor allem not tut, ist eine kritische Durchsicht des Materials der Nürnberger Nachfolge-Prozesse (Krupp, IG-Farben, Flick). Wichtiges Material bietet: George Wolfgang F. Hallgarten, *Hitler, Reichswehr und Industrie. Zur Geschichte der Jahre 1918–1933,* Frankfurt/M. 1955; ungenügend Louis Paul Lochner, *Die Mächtigen und der Tyrann. Die deutsche Industrie von Hitler bis Adenauer,* Darmstadt 1955; vorwiegend organisatorische Probleme behandelt Friedrich Facius, *Wirtschaft und Staat. Die Entwicklung der staatlichen Wirtschaftsverwaltung in Deutschland vom 17. Jahrhundert bis 1945 (Schriften des Bundesarchivs,* Bd. 6), Boppard a. Rh. 1959. – Vgl. o. Schulz (Anm. II/167).

334 Hallgarten, *a. a. O.,* S. 113 ff.; für die IG-Farben das Material aus dem Nürnberger Prozeß, z. B. Affidavit Max Ilgner vom 25. und 30. April 1947, *MGN* 6, Ankl.-Dok.-B. 14 und 17, Dok. NI–6699 und NI–6544; Affidavit Ernst Rudolf Fischer vom 3. Januar 1948, Vert.-B. für Heinrich Bütefisch, Dok. 196. – Für die Banken vgl. auch Schacht, *76 Jahre . . .* (Anm. II/161), und ders., *Abrechnung . . .* (Anm. II/163). – Ein Spezialfall war die deutsche Luftfahrtindustrie, die schon vor 1933 in starke Abhängigkeit von staatlichen Subventionen geraten war; Rieckhoff (Anm. I/152), S. 166. Vgl. Kesselring (Anm. I/222), S. 35 f.; und Heinkel (Anm. I/222), S. 278 ff.; S. 314.

335 Bericht des Direktoriums der Krupp AG, Essen, für 1937/38; *MGN* 12, Ankl.-Dok.-B. 10 B, Dok. NI–1284; Alfried Krupp v. Bohlen und Halbach, »Betriebsführer und Rüstungsarbeiter«, Artikel in der *Kruppschen Werkszeitung* vom März 1942; *MGN, a. a. O.,* Dok. D–94.

336 Bernhard Menne, *Krupp. Deutschlands Kanonenkönige,* Zürich 1937, S. 367 ff. Vgl. Wilhelm Berdrow, *Alfred Krupp und sein Geschlecht. Die Familie Krupp und ihr Werk 1787–1940,* Berlin 1934, S. 236 ff. Jetzt auch Norbert Mühlen, *Die Krupps,* Frankfurt/M. 1960, S. 147 ff.

337 Schweitzer, »Organisierter Kapitalismus...« (Anm. I/20), S. 45 (Brief des Reichswehrministers vom 20. Oktober 1933 an den Reichswirtschaftsminister: Forderung auf Einführung von Pflichtorganisationen für wirtschaftliche Kriegsvorbereitung).

338 Überblick bei Schweitzer, »Die wirtschaftliche Wiederaufrüstung...« (Anm. II/165); vgl. Schacht, *Abrechnung* ... (Anm. II/163).

339 Vgl. das Material im IG-Farben-Prozeß: Affidavit Botho Mulert vom 14. Juli 1947, *MGN* 6, Vert.-Dok.-B. Bue 4, Dok. Bue 31; Affidavit Mulert, *a. a. O.,* Ankl.-Dok.-B. 26, Dok. NI–9477; Affidavit Hermann Petri vom 30. Januar 1948, *a. a. O.,* Vert.-Dok.-B. Bue 4, Dok. Bue 75; Vernehmungsprotokoll Carl Krauch vom 16. April 1947, *a. a. O.,* Ankl.-Dok.-B. 38, Dok. NI–6767.

340 Affidavit Staatssekretär Erhard Milch vom 3. Oktober 1947; *a. a. O.,* Vert.-Dok. B. Krauch 1, Dok. Krauch 18; Brief Albert Vöglers an Krauch, Dortmund, vom 10. August 1933; *a. a. O.,* Ankl.-Dok.-B. 24, Dok. NI–5930; Niederschrift über Besprechung zwischen Reichsluftfahrtministerium und Heereswaffenamt am 15. September 1933; *a. a. O.,* Ankl.-Dok.-B. 5, Dok. NI–7123.

341 Text *a. a. O.,* Ankl.-Dok.-B. 5, Dok. NI–881; dazu Affidavit Kurt Klinge vom 2. Februar 1948; *a. a. O.,* Vert.-Dok.-B. Bue 4, Dok. Bue 10.

342 »Bericht über den Stand der Arbeiten für eine wirtschaftliche Mobilmachung am 30. September 1934 einschließlich kurzer Begründung des beigefügten Verordnungswerks«, erstattet vom Reichswirtschaftsministerium, Berlin, 30. September 1934 (im folgenden zitiert: *RWiM-Bericht*), *IMT* (Anm. I/55), XXXVI, S. 158 ff.; bes. S. 166; S. 170 f.

343 Schweitzer, »Die wirtschaftliche Wiederaufrüstung ...« (Anm. II/165), S. 598 ff.; Schacht, *76 Jahre* ... (Anm. II/161), S. 414.

344 R. Walter Darré, »Entwurf zu einem Plan für das Arbeitsgebiet einer agrarpolitischen Abteilung bei der NSDAP«, vom 15. August 1930 (zur Vorlage bei Hitler), *MGN* 11, Ankl.-Dok.-B. 101, Dok. NG–448. Hier wurde die Hitlersche Lebensraum-These ausführlich begründet und zur Grundlage der nationalsozialistischen Agrarpolitik gemacht.

345 Schweitzer, »Die wirtschaftliche Wiederaufrüstung ...« (Anm. II/165), S. 598 ff.

346 Dazu jetzt Schweitzer, »Organisierter Kapitalismus ...« (Anm. I/20), S. 41 ff. (mit wichtigem neuen Material, aus dem die hervorragende Rolle der vereinten Bemühungen von Blomberg und Schacht beim Sturz Schmitts deutlich wird). Vgl. damit Schacht, *76 Jahre* ... (Anm. II/161), S. 403 f.

347 Blomberg in der Befehlshaberbesprechung vom 2. Februar 1934, *Liebmann-Notizen* (Anm. I/112), Bl. 67. Blombergs Worte richteten sich hier zunächst gegen Röhm, waren aber keineswegs bloß taktisch bedingt. Daß die Wehrmachtführung eine innenpolitische Vorrangstellung überhaupt, also auch gegenüber der Wirtschaft anstrebte, zeigt die »Zwei-Säulen-Doktrin«; dazu s. o. S. 362 f.

348 Mueller-Hillebrand (Anm. II/112), I, S. 105; zur Organisation vgl. Affidavit des Generals Erich Stud vom 9. Dezember 1946; *MGN* 12, Ankl.-Dok.-B. 1, Dok. NOKW–437.

349 General Thomas in der 10. Sitzung des RVA vom 26. Juni 1935; *IMT* (Anm. I/55), XXXVI, S. 417 ff.; ders., »Wehrwirtschaft«, in: *Die deutsche Wehrmacht 1914–1939: Rückblick und Ausblick,* hrsgg. von Georg Wetzell, Berlin [1939], S. 148–165, bes. S. 159 ff.

350 *RWiM-Bericht* (Anm. II/342), S. 206 (vgl. die Liste S. 211 f.); 6. Sitzung des RVA vom 23./24. Januar 1934, *IMT, a. a. O.,* S. 388; Thomas, »Wehrwirtschaft«, *a. a. O.,* S. 159 ff.

351 *RWiM-Bericht, a. a. O.,* S. 161; zur Person des Verf. des Randvermerks vgl. die anderen Randvermerke, die mit derselben Paraphe (»h«) gezeichnet sind.

352 10. Sitzung des RVA, *IMT* (Anm. I/55), XXXVI, S. 415 f.; XXX, S. 63 ff.; Meinck, »Der Reichsverteidigungsrat« (Anm. II/143), S. 415, spricht irrtümlich von einer *Ernennung* Schachts am 21. Mai 1935; diese muß bereits zu einem früheren Datum erfolgt sein.

353 Endgültige Regelung Herbst 1935: Keitel (Anm. I/17a), S. 82. Zur Problematik auch Baum, »Vollziehende Gewalt ...« (Anm. I/99), S. 476 ff. (basiert auf einer Denkschrift Halders vom April 1945).

354 Thomas in der 10. Sitzung des RVA; *IMT* (Anm. I/55), XXXVI, S. 418 f.; Rieckhoff (Anm. /152), S. 39; Mueller-Hillebrand (Anm. II/112), S. 36. Vgl. auch Heinkel (Anm. I/222), S. 275.

355 Für das Heereswaffenamt: Mueller-Hillebrand, *ebda.;* für die Zeit ab 1938 auch Emil Leeb, *Aus der Rüstung des Dritten Reiches (Das Heereswaffenamt 1938–1945),* Beiheft 4 der *Wehrtechnischen Monatshefte,* Mai 1958. – Für die Marine: Fritz Ernst Giese, *Die deutsche Marine 1920–1945. Aufbau und Untergang,* Frankfurt/M. 1956, S. 35. – Die Folge dieser Dezentralisierung war die Bevorzugung der Luftwaffe durch Göring unter dem Vierjahresplan seit 1936; Mueller-Hillebrand, *a. a. O.,* I, S. 37.

356 Thomas, »Wehrwirtschaft« (Anm. II/349), S. 159 ff. Zu dem Verfahren in der Praxis vgl. die geheime Denkschrift des Wirtschafts- und Rüstungsamts im OKW: »Kautschuk und die Versorgungslage im Kriege« (bearb. von Oberstlt. Heder) vom März 1941; *MGN* 6, Ankl.-Dok.-B. 5, Dok. NI–6194.

357 Dazu auch Baum (Anm. I/99), S. 477.

358 Seine ersten fünf Sitzungen fanden innerhalb von neun Monaten statt (26. April 1933 bis 23. Januar 1934), die nächsten fünf innerhalb von nicht ganz zwei Jahren (bis 6. Dezember 1935); vgl. Meinck, »Der Reichsverteidigungsrat« (Anm. II/143), S. 413 f.

359 *RWiM-Bericht* (Anm. II/342), S. 162.

360 Meinck, »Der Reichsverteidigungsrat« (Anm. II/143), S. 414. Vgl. z. B. die Argumentation Reichenaus in der 10. Sitzung des RVA, *IMT* (Anm. I/55), XXXVI, S. 414 f.: »Die von einigen Ressorts gewünschte Unterrichtung über die militärische Lage wurde von der Tagesordnung abgesetzt, weil der rasch fortschreitende Aufbau der Wehrmacht und die in schnellem Fluß befindliche politische Entwicklung [!] eine Erörterung dieser Frage zur Zeit unzweckmäßig

erscheinen ließ. Soweit eine Unterrichtung der Mitglieder des Arbeitsausschusses über die militärische Lage zur Durchführung der ihnen obliegenden Aufgaben erforderlich wird, erfolgt sie in der laufenden Zusammenarbeit der Ressorts mit den einzelnen Wehrmachtdienststellen.« Das unterschied sich von Hitlers *Divide-et-impera*-Taktik nur graduell.

361 2. Sitzung des RVA am 26. April 1933; *IMT, a. a. O.,* S. 22 ff.

362 Vgl. dazu und zum Folgenden vor allem die 6. Sitzung des RVA, 22./23. Januar 1934, *a. a. O.,* S. 387 ff., und *RWiM-Bericht* (Anm. II/342).

363 Schacht, *76 Jahre ...* (Anm. II/161), S. 385; Kesselring (Anm. I/222), S. 26.

364 Bezeichnend dafür ist der Beginn von Schachts Warnungen und Obstruktionsversuchen; s. o. S. 146.

365 Zur Person Godlewskis: 6. Sitzung des RVA, *IMT* (Anm. I/55), XXXVI, S. 387 f., in Verbindung mit dem *RWiM-Bericht* (Anm. II/342), S. 167. Zur Sache: 6. Sitzung des RVA, *a. a. O.,* S. 394.

366 Vgl. o. S. 119 f.

367 Thomas, »Wehrwirtschaft« (Anm. II/349), S. 160; Oberst a. D. Koeth (z. Z. der Novemberrevolution Leiter des Demobilmachungs-Amts der Reichsregierung), »Von der Wehrwirtschaft«, in: *Wehrfreiheit. Jahrbuch der »Deutschen Gesellschaft für Wehrpolitik und Wehrwissenschaften« 1935,* Hamburg 1935, S. 66 ff.; Otto Korfes (Hptm. und OReg.R. in der Forschungsanstalt für Kriegs- und Heeresgeschichte), *Grundsätze der Wehrwirtschaftslehre. Allgemeine Grundlagen der Wehrwirtschaft und Kriegswirtschaft,* Hamburg 1936. Radikalere Ansichten wurden vertreten in: »Friedenswirtschaft und Kriegswirtschaft« in: *Militär-Wochenblatt,* Nr. 14 vom 11. Oktober 1933, Sp. 444 ff., und »Staat und totale Bereitschaft« (Anm. II/305).

368 *RWiM-Bericht* (Anm. II/342), S. 161.

369 Befehlshaberbesprechung vom 10. Oktober 1934, *Liebmann-Notizen* (Anm. I/112), Bl. 108; vgl. Bl. 84; Bl. 104 ff.; Bl. 115. Außerdem Notizen des Generalobersten Heinrici, *Zeugenschrifttum* (Anm. I/53), Nr. 66, II, S. 170. – Im Reichswirtschaftsministerium schätzte man die Durchhaltedauer auf ca. drei bis sieben Monate; *RWiM-Bericht, a. a. O.,* S. 161; S. 176 und *passim.*

370 *RWiM-Bericht, a. a. O.,* S. 161.

371 Koeth (Anm. II/367), S. 74; Korfes (Anm. II/367), S. 17.

372 Thomas, »Wehrwissenschaft« (Anm. II/349), S. 154; Walter Warlimont, »Volk und Wehrwirtschaft«, in: *Volk und Wehrkraft. Jahrbuch der »Deutschen Gesellschaft für Wehrpolitik und Wehrwissenschaften« 1936,* Hamburg 1936, S. 34. – Vgl. dagegen *RWiM-Bericht* (Anm. II/342), S. 160.

373 Briefwechsel zwischen der I. G. Farben, dem Heereswaffenamt und dem Reichswirtschaftsministerium, August bis November 1933; *MGN* 6, Ankl.-Dok.-B. 28, Dok. NI–6930. Außerdem und zum Folgenden: »Die Mitwirkung der Wehrmacht bei der Entwicklung und Erprobung des synthetischen Kautschuks«, Geheimdenkschrift, zu-

sammengestellt Herbst 1938; *a. a. O.*, Ankl.-Dok.-B. 29, Dok. NI–7472; Geheimdenkschrift »Kautschuk ...« (Anm. II/356); Notizen der I. G. Farben über Besprechungen mit Regierungsstellen betr. Buna 1933 ff. (auszugsweise Zusammenstellung aus dem Originalakt vom 11. April 1947) *MGN, a. a. O.*, Ankl.-Dok.-B. 5, Dok. NI–306; Erläuterungen dazu von Dr. Ernst Struss vom 12. Juni 1947, *a. a. O.*, Ankl.-Dok.-B. 28, Dok. NI–7241; vgl. auch Affidavit Erich Konrad, *a. a. O.*, Vert.-Dok.-B. Ter Meer 4, Dok. TM 187; Verhör Ter Meer vom 23. April 1947, *a. a. O.*, Ankl.-Dok.-B. 29, Dok. NI–7668; Affidavit Keppler vom 22. Oktober 1947, *a. a. O.*, Vert.-Dok.-B. Ter Meer 4, Dok. TM 174. – Vgl. Wilhelm Treue, »Gummi in Deutschland zwischen 1933 und 1945«, in: *Wehrwissenschaftliche Rundschau* 5 (1955), S. 169 ff.

374 »Die Mitwirkung der Wehrmacht ...«, *a. a. O.* (Dok. NI–7472).

375 Bau des ersten Werks (Schkopau) 1935, Anlaufen der Produktion 1936, Großproduktion 1939.

376 Kroll (Anm. II/16), S. 510.

377 Vgl. o. S. 140 f.

378 10. Sitzung des RVA, *IMT* (Anm. I/55), XXXVI, S. 433. – Für die Haltung Görings s. Geyr. v. Schweppenburg, *Erinnerungen* ... (Anm. I/231), S. 53.

379 10. Sitzung des RVA, *a. a. O.*, S. 431 f.

380 Thomas, »Wehrwirtschaft« (Anm. II/349), S. 161. – Dazu kamen die negativen Auswirkungen der mangelhaften Kontrolle, die Schacht schon 1935 rügte (s. o. S. 152 f.) und die Treue, »Gummi ...« (Anm. II/373), S. 174, zu dem rückblickenden Urteil veranlassen, daß auf dem Kautschukgebiet »mit unbegreiflicher Leichtfertigkeit disponiert, umdisponiert, neu geplant, der Plan erweitert und über Hunderte von Millionen mit leichter Hand verfügt wurde – genau wie das in anderen Bereichen der ›öffentlichen‹ Wirtschaft zur gleichen Zeit mehr und mehr einriß«.

381 General Thomas, Vortrag über den Stand der Aufrüstung, gehalten im Auswärtigen Amt am 24. Mai 1939; *IMT* (Anm. I/55), XXXVI, S. 113 ff. Vgl. ders., »Gedanken über die deutsche Wehrwirtschaft«, in: *Bericht über die Mitgliederversammlung der Wirtschaftsgruppe eisenschaffende Industrie in Berlin am 9. Juni 1936, als Manuskr. gedr., Berlin 1936; ders. »Breite und Tiefe der Rüstung«, in: Militärwissenschaftliche Rundschau* 2 (1937), S. 189 ff.; ders., »Wehrwirtschaft« (Anm. II/349), S. 161.

382 Geheimdenkschrift »Kautschuk ...« (Anm. II/356), S. 17.

383 Notizen des Generalobersten Heinrici, *Zeugenschrifttum* (Anm. I/53), Nr. 66, II, S. 170.

384 *Liebmann-Notizen* (Anm. I/112), Bl. 108 und Bl. 104.

385 Schacht, »Finanzierung der Rüstung«, Memorandum vom 3. Mai 1935, *IMT* (Anm. I55), XXVII, S. 51 f.; Thomas, Vortrag vom 24. Mai 1939 (Anm. II/381), S. 128 ff. – Vgl. Erbe (Anm. II/165), S. 4; S. 177, der das nationalsozialistische Wirtschaftssystem als eine »Kriegswirtschaft in Friedenszeiten« definiert.

Drittes Kapitel: DIE SA – TERRORINSTRUMENT ODER REVOLUTIONSARMEE?

1 Eine erste Übersicht bei Walther Hofer, *Die Diktatur Hitlers bis zum Beginn des Zweiten Weltkrieges,* I. Teil (*Handbuch der deutschen Geschichte,* Band IV, Abschnitt 4), Konstanz [1959], S. 28 ff. Außerdem Mau (Anm. I/67), S. 119 ff.

2 Vgl. Karl O. Paetel in: *Neue Politische Literatur* 3 (1958), Sp. 263 ff.: Die SA habe keine eigene Physiognomie entwickelt und könne mühelos in einer Gesamtdarstellung des Nationalsozialismus abgehandelt werden.

3 Ernst Fraenkel, *The Dual State. A Contribution to the Theory of Dictatorship,* New York–London–Toronto 1941, S. XV.

4 Vgl. z. B. Picker (Anm. I/16), S. 251 f. (Kampfzeit war ideale Situation für Führerauslese); auch S. 187; S. 280 f.; S. 438.

5 Vgl. Mau (Anm. I/67), S. 137: Mit dem 30. Juni habe das ganze System »seine Natur« verändert. Das eben erscheint fraglich.

6 Bullock (Anm. I/90), S. 65. Vgl. Karlheinz Schmeer, *Die Regie des öffentlichen Lebens im Dritten Reich,* München 1956, bes. S. 7 ff. (Koppelung von Propaganda und Gewalt richtig gesehen, aber Irrtum, daß sie erst ab 1933 praktiziert wurde. Der Grund dafür liegt wohl darin, daß Sch. die Ausnützung des Propaganda-Effekts auch beim Terror übersieht).

7 Hitler (Anm. I/5), S. 546; ähnlich S. 598. Vgl. auch Eugen Hadamovsky, *Propaganda und nationale Macht. Die Organisation der öffentlichen Meinung für die nationale Politik,* Oldenburg i. O. 1933, S. 21 ff.

8 Picker (Anm. I/16), S. 422.

9 *Ebda,* und *a. a. O.,* S. 425; vgl. Konrad Heiden, *Geschichte des Nationalsozialismus. Die Karriere einer Idee,* Berlin 1932, S. 28 ff.: »Kampf gegen die Bügelfalte«.

10 Hitlers Zugehörigkeit zur Reichswehr: Deuerlein, »Hitlers Eintritt ... (Anm. I/37), Dok. 1a (Fotokopie neben S. 190); Sammlung von Kämpfern: Hitler (Anm. I/5), S. 391 f.; S. 549. Dazu auch Heiden, *Geschichte ..., a. a. O.,* S. 40 ff.; ders., *Adolf Hitler* (Anm. I/81), S. 148 ff.

11 »Deutschlands erste SA ›Turn- und Sportabteilung‹ 1921, ab November 1921 ›Sturmabteilung‹«, Liste im Berliner *Document Center,* Faszikel Braun 43/I (im folgenden zitiert: *Doc. C.* mit Faszikel-Nummer).

12 Die Hälfte war 18 Jahre und jünger (u. a. ein 15jähriger, drei 16jährige). Vgl. Hitler (Anm. I/5), S. 549; Heiden, *Geschichte* ... (Anm. III/9), S. 89.

13 Heydrich, geboren 1904, gehörte 1919/20 zu den Freikorps Maercker und Halle; *Das deutsche Führerlexikon 1934/1935,* Berlin 1934.

14 Dazu und zum Folgenden Hitler (Anm. I/5), S. 549 ff.

15 Schreiben des Stabsführers der SA-Gruppe Hansa, Hamburg, vom 9. Juli 1936 (mit Bezug auf eine Mitteilung der Obersten SA-Füh-

rung über Entstehung der SA); *Doc. C.*, 43/I.

16 Heiden, *Geschichte* ... (Anm. III/9), S. 53 ff., S. 57. Hans Volz, *Daten der Geschichte der NSDAP*, 9. Aufl., Berlin-Leipzig 1939, S. 6.

17 Vgl. den Gründungsaufruf, abgedr. bei Heiden, *a. a. O.*, S. 81 f.; vgl. auch S. 88.

18 *A. a. O.*, S. 81; S. 87 (aber mit falscher Datierung: Zustrom aus O. C. kann nicht schon bei der Gründung am 3. August erfolgt sein, da Erzberger erst am 26. August ermordet wurde).

19 Mitteilung der Obersten SA-Führung, *Doc. C.*, 43/I (s. o. Anm. III/15); vgl. auch Satzungen der SA von 1926, *GRUSA (Grundsätzliche Anordnung)* II vom 31. Mai 1927 (Ziffer 1–4 zur Parteilegende), *ebda.*

20 Hitler (Anm. I/5), S. 564.

21 Picker (Anm. I/16), S. 422.

22 *A. a. O.*, S. 421 f. (Liste der Techniken und Kniffe). Außerdem Hitler (Anm. I/5), S. 538 ff.; S. 549, Heiden, *Adolf Hitler* (Anm. I/81), S. 148.

23 Hitler, *a. a. O.*, S. 613. Vgl. Volz (Anm. III/16), S. 93.

24 Hitler, *a. a. O.* S. 614 ff.; vgl. *Dokumente der Zeitgeschichte (Dokumente der Sammlung Rehse aus der Kampfzeit*, Bd. 1), hrsgg. von Adolf Dresler und Fritz Maier-Hartmann, 3. Aufl., München 1941, S. 159 f. (im folgenden zitiert: *Sammlung Rehse*). – Zum Folgenden vgl. Albert Krebs, *Tendenzen und Gestalten der NSDAP. Erinnerungen an die Frühzeit der Partei (Quellen und Darstellungen zur Zeitgeschichte*, Bd. 6), Stuttgart 1959, S. 120, der noch heute die nationalsozialistische Version aufrechterhält.

25 Hitler, *a. a. O.*, S. 618.

26 Hans v. Hentig, *Der Gangster. Eine kriminalpsychologische Studie*, Berlin–Göttingen–Heidelberg 1959, S. 128 ff.

27 Hitler (Anm. I/5), S. 618. Vgl. *Sammlung Rehse* (Anm. III/24), S. 162 (mit Bild S. 160).

28 Gründungsaufruf vom August 1921; Heiden, *Geschichte* ... (Anm. III/9), S. 81.

29 Hitler (Anm. I/5), S. 603 ff.

30 Mitteilung der Obersten SA-Führung (Anm. III/15). Vgl. Heiden, *Geschichte* ... (Anm. III/9), S. 82. – Zur Stärke der SA s. Gerd Rühle, *Das Dritte Reich. Dokumentarische Darstellung des Aufbaues der Nation*, Bd.: *Die Kampfjahre 1918–1933*, Berlin [1936], S. 76: im September 1922 = 8 Hundertschaften.

31 Ernst Röhm, *Die Geschichte eines Hochverräters*, 4., neubearb. Aufl., München 1933. Zu Röhms Stellung und den Anschauungen der bayerischen Reichswehr allgemein s. General v. Prager in: *Zeugenschrifttum* (Anm. I/53), Nr. 117, S. 3.

32 Der Infanterieführer war in der Gliederung der Reichswehr eine taktische Zwischeninstanz zwischen Regiments- und Divisionskommandeur; sein Stab gehörte zum Divisionsstab. Zur Rolle Epps jetzt Harold J. Gordon, »Ritter v. Epp und Berlin 1919–1923«, in *Wehrwissenschaftliche Rundschau* 9 (1959), S. 329 ff.

33 Heiden, *Geschichte* ... (Anm. III/9), S. 13.
34 Röhm (Anm. III/31), S. 348 (noch in der Ausgabe von 1934!).
35 *A. a. O.*, S. 172; S. 349; vgl. S. 110 ff.; S. 175 ff.
36 *A. a. O.*, S. 307 und *passim.*
37 *A. a. O.*, S. 115; S. 123 f. (Beitritt zur NSDAP bzw. Verbindung mit Hitler); S. 125 f. (Gründung der Münchener Ortsgruppe der *Reichsflagge* und des *Nationalverbands Deutscher Offiziere).*
38 Heiden, *Geschichte* ... (Anm. III/9), S. 87, und ders., *Adolf Hitler* (Anm. I/81), S. 149 ff. Heiden vertritt die Auffassung, daß die Gründung der SA ausschließlich das Werk Röhms gewesen sei, der die Ehrhardt-Leute in die SA dirigiert habe. Ähnlich Mau (Anm. I/67), S. 121. Beide übersehen, daß die oben beschriebene »Ordnertruppe« zunächst eine nach Hitlers Ideen aufgebaute Vorstufe war und daß sich die Entwicklung zum Wehrverband in mehreren Schritten vollzog; die SA in der Phase vom 3. August 1921 bis zum Frühjahr 1923 war anscheinend zunächst eine Art Kompromißlösung zwischen Hitler und Röhm.
39 Hitler (Anm. I/5), S. 619; Röhm (Anm. III/31), S. 167 ff. – Schon vorher hatte Hitler gegenüber den Oberschlesienkämpfen eine ähnliche Haltung eingenommen; Krebs (Anm. III/24), S. 121.
40 Im März 1923; Rühle (Anm. III/30), S. 79. Vgl. Volz (Anm. III/16), S. 15 f. (Klintzsch ging zu Ehrhardt zurück).
41 »Allgemeine Richtlinien bei Gründung einer SA« vom 11. Juli 1923, gez. Hoffmann, Chef des Stabes des OberKds. der SA, *Doc. C.*, 43/I: Die SA »soll der militärische Niederschlag [*sic!*] der Partei sein«. (Vgl. Röhm (Anm. III/31), S. 173; S. 183; S. 193 f.; Heiden, *Geschichte* ... (Anm. III/9), S. 124 f.; Volz, *a. a. O.*, S. 14 ff.; Rühle, *a. a. O.*, S. 78. Zur Datierung *Sammlung Rehse* (Anm. III/24), S. 169 (Bericht über Parteitag vom 28. Januar 1923), und Heiden, *a. a. O.*, S. 197 (Hitlers Aufruf zur Neugründung der SA 1925).
42 Heiden, *a. a. O.*, S. 124.
43 Hans Volz, *Die Geschichte der SA von den Anfängen bis zur Gegenwart,* bearbeitet im Auftrage der Pressestelle der SA-Obergruppe III (Berlin-Brandenburg), Berlin 1934 (Fotokopie eines unvollständigen Exemplars im Institut für Zeitgeschichte, München; mit handschriftl. Bemerkungen und Kommentaren des SA-Führers v. Pfeffer), S. 19. Ders., *Daten* ... (Anm. III/16), S. 94.
44 Volz, *Die Geschichte ..., a. a. O.*, S. 19; Heiden, *Geschichte* ... (Anm. III/9), S. 125; Neusüß-Hunkel (Anm. I/3), S. 7. – Zu Hitlers Motiven am 8./9. November 1923 s. seine Rede auf der Führertagung der NSDAP in Berchtesgaden am 5. August 1933: Wenn er nicht losgeschlagen hätte, wäre das Gesetz des Handelns auf die andere Seite übergegangen; *Schultheß, 1933,* S. 189.
45 Röhm (Anm. III/31), S. 325 ff.; Volz, *a. a. O.*, S. 28; Heiden, *a. a. O.*, S. 182 f.; Engelbrechten (Anm. I/134), S. 88 ff.; Karl W. H. Koch (SA-Sturmhauptführer), *Das Ehrenbuch der SA,* Düsseldorf 1934, S. 45; S. 48.
46 Volz, *a. a. O.*, S. 33; Heiden, *a. a. O.*, S. 197; Aktennotiz des SA-Oberführers Carlshausen, Abteilungschef OSAF, München, 7.

Oktober 1935 (zur Geschichte der SA); *Doc. C.*, 43/I.

47 Röhm (Anm. III/31), S. 337 ff.; Volz, *a. a. O.*, S. 30; Heiden, *a. a. O.*, S. 198 ff.

48 »Richtlinien für die SA im Gau Schleswig-Holstein«, gez. Lohse (undatiert; wahrscheinlich 1925); Schreiben des Reichsgeschäftsführers der NSDAP an den SA-Führer Lutze in Elberfeld vom 11. August 1925; Brief des SA-Führers von Breslau vom 12. Juni 1925 an Lutze; alle in: *Doc. C.*, 43/I; Engelbrechten (Anm. I/134), S. 33 f. (für Berlin); Hermann Okraß, *»Hamburg bleibt rot«. Das Ende einer Parole,* Hamburg 1934, S. 121 f.; S. 125. Dazu jetzt auch Krebs (Anm. III/24), S. 42 ff.

49 Heiden, *Geschichte* ... (Anm. III/9), S. 210 f.; S. 224; Karl W. H. Koch (Anm. III/45), S. 53 ff.; Gunther d'Alquen, »Die SS. Geschichte, Aufgabe und Organisation der Schutzstaffeln der NSDAP«, in: *Das Dritte Reich im Aufbau. Der organisatorische Aufbau,* hrsgg. von Paul Meier-Benneckenstein, Teil II: *Wehrhaftes Volk,* Berlin 1939, S. 201 ff. Vgl. Hans Buchheim, »Die SS in der Verfassung des Dritten Reiches«, in: *Vierteljahrshefte für Zeitgeschichte* 3 (1955), S. 127 ff.; Neusüß-Hunkel (Anm. I/3), S. 7 f., und Gerald Reitlinger, *Die SS. Tragödie einer deutschen Epoche,* Wien–München–Basel 1957, S. 9 ff. (Titel des engl. Originals: *The SS. Alibi of a Nation 1922–1945).*

50 Heiden, *a. a. O.*, S. 239; Volz, *Die Geschichte* ... (Anm. III/43), S. 37; *Sammlung Rehse* (Anm. III/24), S. 238 ff. (S. 248 f. Bekanntmachung Hitlers vom 29. Oktober 1926 über Neugründung der SA).

51 Volz, *a. a. O.*, S. 35 f.; Engelbrechten (Anm. I/134), S. 33 f. – Zur Auflösung der Brigade Ehrhardt: Erwin Reitmann, *Horst Wessel. Leben und Sterben,* Berlin 1933, S. 15, und Ingeborg Wessel, *Mein Bruder Horst. Ein Vermächtnis,* 8. Aufl., München 1939, S. 49 ff. – Zum Stahlhelm u. a.: *Stahlhelm-Handbuch,* hrsgg. von Heinrich Hildebrandt und Walter Kettner, 4. verb. Aufl., Berlin 1931, und Heinz Brauweiler, »Der Anteil des Stahlhelm«, in: *Deutscher Aufstand. Die Revolution des Nachkriegs,* hrsgg. von Curt Hotzel, Stuttgart 1934, S. 218 ff. – Zum Jungdeutschen Orden jetzt: Klaus Hornung, *Der Jungdeutsche Orden (Beiträge zur Geschichte des Parlamentarismus und der politischen Parteien,* Bd. 14), Düsseldorf 1958.

52 Heiden, *Geschichte* ... (Anm. III/9), S. 239. – Der Generationswechsel erstreckte sich nicht nur auf die SA, sondern auf die Gesamtbewegung; s. Krebs (Anm. III/24), S. 27 f., über die Wachablösung« im Herbst 1926: »reaktionäre« Kleinbürger werden durch »Frontgeneration« ersetzt; vgl. auch S. 47 f.

53 Hitler (Anm. I/5), S. 596.

54 *A. a. O.*, S. 193. Ebenso bei Picker (Anm. I/16), S. 225.

55 SABE (SA-Befehl) 1 vom 1. November 1926 (Brief Hitlers an Hauptmann v. Pfeffer), *Doc. C.*, 43/I (Auszeichnungen i. Orig.). Fast gleichlautend mit Hitler, *a. a. O.*, S. 612. Zur Wirkung dieser Argumente und Appelle s. das Bekenntnis Horst Wessels; Wessel (Anm. III/51), S. 63.

56 *Reichstag-Handbuch,* VIII. Wahlperiode 1933, Berlin 1933, S. 221; Edgar v. Schmidt-Pauli, *Geschichte der Freikorps 1918–1924,* Stuttgart 1936, S. 361; Rüdiger Graf v. d. Goltz, *Meine Sendung in Finnland und im Baltikum,* Leipzig 1920, S. 179 ff. (Libauer Putsch); Gordon, *The Reichswehr* ... (Anm. I/26), S. 435 (bezieht den Doppelnamen Pfeffer v. Salomon irrtümlich auf zwei Personen). – Volz, *Die Geschichte* ... (Anm. III/43), S. 37; S. 39 ff.; Heiden, *Geschichte* ... (Anm. III/9), S. 220; jetzt auch Krebs (Anm. III/24), S. 218 ff.

57 Hitler (Anm. I/5), Kapitel »Grundgedanken über Sinn und Organisation der SA«, z. T. von Pfeffer verfaßt; vgl. Randbemerkung Pfeffers in Volz, *a. a. O.,* S. 40; außerdem S. 39.

58 Pfeffer war offenbar ein Genie im Erfinden aussprechbarer Abkürzungen. Für die kabarettreife Stottersprache, die dadurch entstand, ist der Reiseplan des Obersten SA-Führers vom Juli 1930 charakteristisch; *Doc. C.,* 43/I. Vgl. Volz, *a. a. O.,* S. 37.

59 Unvollständige Sammlung in *Doc. C.,* 43/I. Ergänzungen bei Volz, *a. a. O.,* S. 41 ff.; Walther Oehme und Kurt Caro, *Kommt das »Dritte Reich«?,* Berlin 1930, S. 33 ff., S. 42 f., S. 45; Engelbrechten (Anm. I/134), S. 62 ff.

60 SABE 15 vom 10. Februar 1927, *Doc. C.* 43/I. – Heidens Annahme, daß die SA durch Pfeffer militarisiert worden sei (*Geschichte* ..., Anm. III/9, S. 223 f.; S. 270 f.), ist daher mißverständlich.

61 SABE 15, *a. a. O.* Vgl. auch Manfred Killinger, *Die SA in Wort und Bild,* Leipzig 1933 (abgeschl. Herbst 1932; s. S. 94 f.). Hier wird zwar die »alte Armee« als Vorbild zitiert (S. 8 f.), aber gleich darauf werden »deren Fehler« kritisiert (S. 10 ff.).

62 GRUSA I, 31. Mai 1927 (Satzung der SA), § 3, *Doc. C.,* 43/I; vgl. Volz, *Die Geschichte* ... (Anm. III/43), S. 40 ff.; Heiden, *Geschichte* ... (Anm. III/9), S. 242.

63 SABE 3, *Doc. C.,* 43/I (Auszeichnung i. Orig.).

64 Volz, *Die Geschichte* ... (Anm. III/43), S. 40.

65 SABE 15 (Anm. III/60). Ähnlich, nur umständlicher formuliert in den Satzungen, § 2 (GRUSA II, Anm. III/62).

66 Vgl. auch Heiden, *Geschichte* ... (Anm. III/9), S. 270 (Hitler auf der Generalversammlung im September 1928).

67 Oehme/Caro (Anm. III/59), S. 33 ff. (bes. Ziff. 18 ff.: Feier im Luitpoldhain).

68 SABE 1, *Doc. C.,* 43/I; ähnlich Hitler (Anm. I5), S. 612; für Berlin-Brandenburg: Engelbrechten (Anm. I/134), S. 63 (»Zweck der Sportabteilungen«, Ziff. 5).

69 Bezeichnend für das Denken in SA-Kreisen ist der Gedankengang von Killinger (Anm. III/61): Das erste Kapitel »Sinn und Zweck der SA« beginnt mit dem Abschnitt »Die Gegner«, um erst dann zur SA selbst überzugehen. Das entspricht der militärischen Lagebeurteilung, die nach dem Schema: Feind, eigene Lage, Entschluß, Befehl usw. aufgebaut ist. – Zur nationalsozialistischen Weltanschauung vgl. auch Krebs (Anm. III/24), S. 42 ff.; S. 194 f.

70 So fiel Horst Wessel bei einem Aufenthalt in Wien die stärker anti-

semitische Richtung der dortigen NSDAP (im Gegensatz zu der »sozialistischen« Berliner Richtung) auf; Wessel (Anm. III/51), S. 86; s. auch Killinger (Anm. III/61), S. 16 ff. Vgl. Broszat (Anm. I/17), S. 91.

71 Vgl. z. B. Wessel, *a. a. O.*, S. 61.

72 Reitmann (Anm. III/51), S. 63; vgl. S. 55: Spott und Haß gegen das »Bürgertum«.

73 *A. a. O.*, S. 26 f.; vgl. auch S. 21; S. 49 ff. Ein Beispiel für Horst Wessels »Schulungs«-Methode gibt Wessel (Anm. III/51), S. 127 ff.; vgl. auch S. 105 f. In anderen Berichten werden die »Sturmabende« überhaupt nicht erwähnt, z. B. *Sturm 33 Hans Maikowski,* geschrieben von Kameraden des Toten, Berlin-Schöneberg 1934.

74 Hitler (Anm. I/5), S. 611; GRUSA II, § 4, *Doc. C.*, 43/I. – Diese Sportarten wurden übrigens auch in anderen Wehrverbänden betrieben; Wessel, *a. a. O.*, S. 43 (für Ehrhardts Wiking-Bund).

75 »Einteilung des OSAF-Stabes« (nach einer handschriftl. Notiz auf dem Kopf vom Juli 1930), *Doc. C.*, 43/I; Volz, *Die Geschichte* ... (Anm. III/43), S. 55 f.

76 Allg. SABE vom 13. Juli 1929, Ziff. 27; *Doc. C.*, 43/I. Oehme Caro (Anm. III/59), S. 35; Engelbrechten (Anm. I/134), S. 95 f.

77 Affidavit Polizeipräsident Heimannsberg vom 14. November 1945, *MGN* 5, Nr. 175, Dok. PS–2955, S. 3. – Zur Bewaffnung auch Okraß (Anm. III/48), S. 19 (apologetisch).

78 Engelbrechten (Anm. I/134), S. 152; S. 227; *Sturm 33* ... (Anm. III/73), S. 31 f.

79 Eine Auswahl: Wilfrid Bade, *Die SA erobert Berlin. Ein Tatsachenbericht*, 8. Aufl., München 1943; Engelbrechten, *a. a. O.; Sturm 33* ..., *a. a. O.*, Reitmann (Anm. III/51); Wessel (Anm. III/51); *Zehn Jahre unbekannter SA-Mann,* Oldenburg i. O. 1933 (betr. Erlebnisse in Frankfurt/M. und Berlin); Okraß (Anm. III/48; für Hamburg); Kurt Schmalz, *Nationalsozialisten ringen um Braunschweig,* Braunschweig–Berlin–Hamburg 1934; Hans Henningen, *Niedersachsenland, du wurdest unser! Zehn Jahre Nationalsozialismus im Gau Ost-Hannover. Streiflichter aus der Kampfzeit,* Harburg–Wilhelmsburg 1935; Heinz Lohmann, *SA räumt auf! Aus der Kampfzeit der Bewegung. Aufzeichnungen,* Hamburg 1933 (Bericht aus Pommern); Franz Buchner, *Kamerad! Halt aus! Aus der Geschichte des Kreises Starnberg der NSDAP,* München 1938 (betr. Starnberger SS).

80 Beispiele für nichtige Anlässe: Okraß, *a. a. O.*, S. 138 f.; S. 203 f.; S. 222.

81 Heimannsberg (Anm. III/77), S. 3.

82 Bade (Anm. III/79), S. 87 ff.

83 Heimannsberg (Anm. III/77), S. 4. Der bekannteste Fall war der Helldorf-Krawall auf dem Kurfürstendamm in Berlin am 13. September 1931; Engelbrechten (Anm. I/134), S. 183 (NS-Version). Vgl. auch Okraß (Anm. III/48), S. 236.

84 Reitmann (Anm. III/51), *passim*; Engelbrechten, *a. a. O.*, S. 85 (mit Liste der »Sturmlokale«): »Sturmlokal, das ist einmal sozusagen die

befestigte Stellung in der Kampfzone«; zum anderen auch Erlebnis von »Heimat und Lebensfreude«. Vgl. auch Julius Karl v. Engelbrechten und Hans Volz, *Wir wandern durch das nationalsozialistische Berlin. Ein Führer durch die Gedenkstätten des Kampfes um die Reichshauptstadt,* München 1937. Für Hamburg: Okraß, *a. a. O.,* S. 252 f. – Zu den Verhältnissen in den USA: Hentig (Anm. III/26), bes. 2. und 3. Kapitel.

85 Henningsen (Anm. III/79), *passim;* Schmalz (Anm. III/79), *passim;* Okraß (Anm. III/48), S. 195; Engelbrechten (Anm. I/134), *passim.*

86 Charakteristisch Okraß, *a. a. O.,* S. 142 f. über die Aktivität der SA: »Kauft der Bürger ihre Zeitungen und Broschüren nicht am Zeitungsstand, dann gehen sie damit in seine Wohnung. Und kauft er sie dort nicht, dann schenken sie ihm die Blätter. Will der Bauer nicht zum Sprechabend kommen, dann gehen sie auf den sonnabendlichen Skatabend der Bauern und reden plötzlich in den Skatabend hinein und machen eine politische Versammlung daraus. Ob der Bauer will oder nicht. Und kommt der Arbeiter nicht in ihre Versammlungen, dann locken sie ihn hinein. Mit schönen Worten und groben Beleidigungen. Wie, das ist gleich. Hauptsache: Er kommt.«

87 Wessel (Anm. III/51), S. 42 (Tagebuchauszug).

88 *Der Schulungsbrief* 2 (1935), Heft 2, S. 46 f. (Faksimile-Abdruck der entsprechenden Tagebuch-Passage); vgl. Wessel, *a. a. O.,* S. 66 (mit Abweichungen). – Vgl. auch Okraß (Anm. III/48), S. 136; S. 160; S. 223 (Zitat aus dem *Hamburger Anzeiger)*; S. 233.

89 Dazu und zum Folgenden: Volz, *Die Geschichte* ... (Anm. III/43), S. 42 ff.; Killinger (Anm. III/61), S. 10 ff. Außerdem SABE 15 (Anm. III/60).

90 Dies war der Hauptgrund für ihren Ausschluß aus der Reichswehr; vgl. Artikel Seeckts in der *Deutschen Tageszeitung,* auszugsweise abgedr. bei Rabenau, *Seeckt* (Anm. I/31), S. 458 ff. Darstellung u. a. bei Friedrich Wilhelm v. Oertzen, *Die deutschen Freikorps 1918–1923,* 6. Aufl., München 1939. Charakteristische Typen sind geschildert bei Ludwig Gengler, *Rudolf Berthold,* 2. Aufl., Berlin 1934; Erich Balla, *Landsknechte wurden wir ... Abenteuer aus dem Baltikum,* Berlin 1932, S. 34 (Porträt des Majors Bischoff).

91 *Sturm 33* ... (Anm. III/73), S. 73 ff. (hier der Begriff »neues Führertum«); Reitmann (Anm. II/51); Wessel (Anm. III/51). Über Dincklage s. Schirach (Anm. I/33), S. 44 ff. Vgl. Broszat (Anm. I/17).

92 SABE 7 vom 7. November 1926, *Doc. C.,* 43/I, Ziff. 2: Aufzählung von »dienstlichen« Strafen. Dann heißt es: »Wenn über diese Strafen hinaus Kameraden persönliche Rache an einem Missetäter nehmen, so hat das mit dienstlichen Maßnahmen nichts zu tun. Dienstlich darf weder dazu aufgefordert noch nahegelegt werden. Jede Einmischung eines Vorgesetzten (auch Verbot) ist vielmehr streng zu vermeiden.« Vgl. auch Krebs (Anm. III/24), S. 66.

93 Für die Freikorps: *Die Kämpfe im Baltikum nach der zweiten Einnahme von Riga, Juni bis Dezember 1919 (Darstellung aus den*

Nachkriegskämpfen deutscher Truppen und Freikorps, Bd. III), Berlin 1938, S. 58; Einrichtung von Kompanie-Gerichten: Major a. D. Josef Bischoff, *Die letzte Front 1919. Geschichte der eisernen Division im Baltikum,* Berlin 1934, S. 120 f.; Fr. Wilhelm v. Oertzen (Anm. III/90), S. 102; S. 116 (Hinweis auf Femegerichte als Fortbildung).

94 Hentig (Anm. III/26), S. 39 ff. und bes. S. 157 ff.

95 SABE 8 vom 8. November 1926, *Doc. C.,* 43/I.

96 Heiden, *Geschichte* ... (Anm. III/9), S. 183; Engelbrechten (Anm. I/134), S. 38; S. 319.

97 Satzungen, § 8, GRUSA II, *Doc. C.,* 43/I.

98 Volz, *Die Geschichte* ... (Anm. III/43), S. 58 ff.; Rühle (Anm. III/30), S. 160; seit dem 15. November 1928 von Martin Bormann geleitet: *Nationalsozialistisches Jahrbuch 1931,* 5. Jg., München 1930, S. 160 ff.

99 Volz, *a. a. O.,* S. 60 f.; und ders., *Daten* ... (Anm. III/16), S. 97; Engelbrechten (Anm. I/134), S. 95; *Sammlung Rehse* (Anm. III/24), S. 289 (zur Datierung). Übersicht über die Außenstellen: *Nationalsozialistisches Jahrbuch 1932,* 6. Jg., München 1931, S. 159. – Heiden, *Geschichte* ... (Anm. III/9), S. 223, und ders., *Adolf Hitler* (Anm. I/81), S. 237 (Entstehung der RZM aus Hemdengeschäft von Edmund Heines).

100 Volz, *Die Geschichte* ... (Anm. III/43), S. 62; Engelbrechten, *a. a. O.,* S. 172; Okraß (Anm. III/48), S. 167; Oehme/Caro (Anm. III/59), S. 36.

101 Vgl. Anm. III/84 (Sturmlokale) und *Sturm 33* ... (Anm. III/73), S. 38; Engelbrechten, *a. a. O.,* S. 172; S. 232 f. (1931 in Berlin 24 SA-Heime und -Küchen); Okraß (Anm. III/48), S. 252 f.

102 Volz, *Die Geschichte* ... (Anm. III/43), S. 58 ff.; s. auch Krebs (Anm. III/24), S. 183.

103 Volz, *a. a. O.,* S. 63 f. – Brief Artur Dinters an Pfeffer, April 1927, *Doc. C.,* 43/I. Vgl. Okraß (Anm. III/48), S. 174.

104 Brief Pfeffers an einen Unterführer in Köln vom 13. Oktober 1928: SA muß allmählich einen »Staat im Unstaat« herausbilden; abgedr. bei Oehme/Caro (Anm. III/59), S. 40.

105 Volz, *Die Geschichte* ... (Anm. III/43), S. 60; S. 62. Besonders bezeichnend war der – nicht mehr ausgeführte – Plan Pfeffers vom Sommer 1930, die SA-Leute in der beginnenden Krisenzeit als Kundenwerber für Inhaber kleiner Geschäfte und Gewerbebetriebe einzusetzen, die ihrerseits dafür eine Abgabe leisten sollten. Diese Gelder sollten in einem Kapitalstock für kurzfristige Darlehen an Kaufleute und Handwerker dienen, um sie »von dem Zinswucher des jüdischen Leihkapitals zu befreien«; *a. a. O.,* S. 63. – Allgemein zur Mittelstandspolitik der NSDAP in der Krise s. Heinrich Uhlig, *Die* Warenhäuser im Dritten Reich, Köln–Opladen 1956, S. 63 ff.

106 Charles Drage, *The Amiable Prussian,* London 1958 (Biographie des SA-Führers Stennes), S. 72 f. – Vgl. Heiden, *Geschichte* ... (Anm. III/9), S. 223.; S. 270 f.

107 Eingeleitet durch Hitlers Rede »Wir und die Reichswehr« vom 15.

März 1929; Krausnick (Anm. I/26), S. 186 ff. Weiteres Material bei Heiden, *a. a. O.*, S. 271 ff., und ders., *Adolf Hitler* (Anm. I/81), S. 277 ff. – Zum Problem des Wehrsports: Engelbrechten (Anm. I/134), S. 95; *Sturm 33* . . . (Anm. III/73), S. 25. Die hier genannte »Volkssportschule Wünsdorf« war eine Einrichtung der Reichswehr. Vgl. die biographischen Angaben ihres damaligen Leiters Major Kühme in: *Der Großdeutsche Reichstag. 4. Wahlperiode. Beginn am 10. April 1938, verlängert bis zum 30. Januar 1947,* hrsgg. von Ernst Kienast, Berlin 1943.

108 Horst-Wessel-Tagebuch in: *Der Schulungsbrief* (Anm. III/88), S. 46; abweichend: Wessel (Anm. III/51), S. 65 f. und S. 105. Vgl. auch Okraß (Anm. III/48), S. 124 f.

109 Volz, *Die Geschichte* . . . (Anm. III/43), S. 21 f.; S. 27; S. 29; S. 46; SA-Führerliste in dem Aufstellungs-Programm für den Festzug der SA auf dem Parteitag Nürnberg, 4. August 1929, *Doc. C.*, 43/I; Engelbrechten (Anm. I/134), S. 33 ff.; S. 41 (Daluege). Killinger (Anm. III/61), S. 62 ff. Über Manfred Killinger selbst vgl. sein Buch *Ernstes und Heiteres aus dem Putschleben,* München 1934 (1. Aufl. 1927), bes. S. 9.

110 Das ist auch von nationalsozialistischer Seite unbestritten: Reitmann (Anm. III/51), S. 27 f. – Vgl. die romanhafte Darstellung von Hanns Heinz Ewers, *Horst Wessel. Ein deutsches Schicksal,* Stuttgart–Berlin 1933; danach ist die KPD-Version, daß Wessels Ermordung mindestens zusätzlich durch einen Zuhälterstreit motiviert war, nicht völlig auszuschließen.

111 Engelbrechten (Anm. I/134), S. 40.

112 *A. a. O.,* S. 102; S. 240; S. 227 und *passim.*

113 Reitmann (Anm. III/51), S. 19; vgl. auch S. 49; S. 55 f.

114 Nach Volz, *Die Geschichte* . . . (Anm. III/43), S. 68; S. 70: 100 000 Mann; Auszug aus dem Lagebericht der Polizeidirektion München vom 4. Dezember 1930, *Doc. C.,* 43/II: 60 000; Oehme/Caro (Anm. III/59), S. 47: 40 000.

115 SABE 2 vom 2. November 1926, *Doc. C.,* 43/I; GRUSA III vom 3. Juni 1927, *ebda.* – Volz, *a. a. O.,* S. 39.

116 Volz, *ebda.* Vgl. auch die handschriftl. Bemerkungen Pfeffers, *a. a. O.,* S. 4, und den Aufruf Hitlers zur Neugründung der SA vom 29. Oktober 1926, *Sammlung Rehse* (Anm. III/24), S. 248 f. – Zur Praxis s. Krebs (Anm. III/24), S. 50 f. (Pfeffer unterwirft die Hamburger HJ).

117 Dinter an Pfeffer, 6. April 1927, *Doc. C.,* 43/I (s. Anm. II/103).

118 Picker (Anm. I/16), S. 171; S. 204. Allgemein Volz, *Die Geschichte* . . . (Anm. III/43), S. 41. Zum Verhältnis Hitler–Pfeffer vgl. Krebs (Anm. III/24), S. 142; S. 144.

119 »Stellungnahme zur vorgesehenen Umorganisation der SA-Führung«, Denkschrift des OSAF/Stellvertreters-Süd, August Schneidhuber, vom 19. September 1930; Ms. in: *Doc. C.,* 43/II, Bl. 6 und *passim;* außerdem Dinter an Pfeffer, 6. April 1927, *a. a. O.,* 43/I; Engelbrechten (Anm. I/134), S. 45; Okraß (Anm. III/48), S. 133.

120 Volz, *Die Geschichte* . . . (Anm. III/43), S. 66; Heiden, *Geschichte* . . .

(Anm. III/9), S. 270 f.

121 Randbemerkung Pfeffers in: Volz, *a. a. O.*, S. 36 (Homosexuellen-Clique); Heiden, *Adolf Hitler* (Anm. I/81), S. 236 ff.; S. 276. – Göring als Rivale: *a. a. O.*, S. 259; S. 277; Engelbrechten (Anm. I/134), S. 88.

122 Vertrauliches Schreiben Pfeffers an die höheren SA-Führer vom 28. August 1930; offizieller Abschieds-Aufruf an die SA vom 29. August 1930; beides in: *Doc. C.*, 42/I. Vgl. auch Lagebericht der Polizeidirektion München vom 24. Oktober 1930; *Doc. C.*, 43/II.

123 Dazu und zum Folgenden: Schneidhuber, »Stellungnahme ...« (Anm. III/119); Polizeibericht vom 24. Oktober 1930, *a. a. O.;* Drage (Anm. III/106), S. 74 ff.; Heiden, *Geschichte* ... (Anm. III/9), S. 284 f.; ders. *Adolf Hitler* (Anm. I/81), S. 276 f.; Engelbrechten (Anm. I/134), S. 138 f. Vgl. Hans-Adolf Jacobsen und Werner Jochmann, Hrsg., *Ausgewählte Dokumente zur Geschichte des Nationalsozialismus,* Bielefeld 1961 (Dok. 2 VIII. 1930; 8. IX. 1930: Briefe v. Pfeffers und Contis).

124 *Völkischer Beobachter,* Nr. 202 vom 3. September 1930 mit Aufruf Hitlers vom 2. September 1930.

125 Bekanntmachung Hitlers und Wageners vom 3. September 1930; *Doc. C.*, 43/I.

126 Schreiben des Stabschefs an die OSAF-Stellvertreter vom 3. Oktober 1930; *Doc. C.*, 43/II. – Vereidigung war teilweise schon früher üblich: Engelbrechten (Anm. I/134), S. 45.

127 *Dienstvorschrift für die SA der NSDAP (SADV)* vom 1. Oktober 1932, München 1932, Ziff. 123, S. 82; vgl. den Entwurf dazu vom 30. Mai 1931, Ziff. 110, S. 56; *Doc. C.*, 43/I. – Zur Abschirmung gegen Strafverfolgung (s. Heiden, *Geschichte* ..., Anm. III/9, S. 183) wurde dann die Verweigerung gesetzwidriger Befehle an anderer Stelle zugelassen: *a. a. O.*, Ziff. 121, S. 61 f., und *Dienstvorschrift* ..., *a. a. O.*, Ziff. 135, S. 88 (Variante).

128 Vgl. o. Anm. III/119, Bl. 3. Es ist zu beachten, daß diese Denkschrift vor Wageners Befehl vom 3. Oktober 1930 abgefaßt wurde.

129 Vgl. die Haltung Schneidhubers mit dem Brief Halders an Beck 1934, o. S. 76 f.

130 Schneidhuber, »Stellungnahme ...« (Anm. III/119), Bl. 1.

131 Auszug aus dem Lagebericht der Polizeidirektion München vom 4. Dezember 1930 (Anm. III/114); Bericht vom 3. November 1930 über »Aussprache der SAF [SA-Führer] mit Herrn Reichsschatzmeister Schwarz über *Finanzierung der SA*«, gez. Zöberlein; *Doc. C.*, 43/II.

132 Polizeibericht vom 24. Oktober 1930 (Anm. III/122).

133 Dazu auch Befehl Wageners vom 3. Oktober 1930 (Anm. III/126); Befehl Hitlers vom 13. November 1930; *Doc. C.*, 43/II; und Entwurf der SA-Dienstvorschrift (Anm. III/127), Ziff. 68 ff., S. 40 f.; *SADV* (Anm. III/127), Ziff. 97 ff., S. 71 ff.

134 Volz, *Daten* ... (Anm. III/16), S. 62; Heiden, *Geburt* ... (Anm. I/120), S. 27; ders., *Adolf Hitler* (Anm. I/81), S. 232.

135 Befehl Wageners vom 3. Oktober 1930 (Anm. III/126); Befehl Hit-

lers vom 7. November 1930, *Doc. C.*, 43/II. – Polizeibericht vom 4. Dezember 1930 (Anm. III/114); Entwurf der SA-Dienstvorschrift (Anm. III/127), Ziff. 81 f., S. 44; *SADV* (Anm. III/127), Ziff. 82 ff., S. 60 ff. – Für die Zeit Pfeffers s. dessen SABE 4 vom 4. November 1926, *Doc. C.*, 43/I.

136 Protokoll vom 3. November 1930 (Anm. III/131). Außerdem Jacobsen/Jochmann (Anm. III/123), Dok. 28. II. 1931 (Brief Stennes' an Röhm).

137 Oehme/Caro (Anm. III/59), S. 40.

138 Vgl. Anm. III/122.

139 Vgl. Anm. III/126.

140 Volz, *Die Geschichte* ... (Anm. III/43), S. 70 f. Dort auch Antrittserlaß Röhms.

141 Heiden, *Adolf Hitler* (Anm. III/81), S. 285; S. 288.

142 Noch im Entwurf der FADV von 1931 (Anm. I/127) hatte es geheißen (Ziff. 21, S. 19): Die SA solle den Geist des Frontsoldatentums pflegen; je mehr die Wehrverbände überalterten, desto mehr werde die SA »zur alleinigen Trägerin der Tugenden des alten Heeres«. In der gedruckten Fassung *SADV*, 1932 (Anm. III/127), Ziff. 26, S. 25, dagegen wurde die SA »*neben der Reichswehr* zur Trägerin der Tugend des alten Heeres« erklärt (Auszeichnung vom Verf.).

143 Niederschrift Röhms für Dr. Georg Bell zur Verwendung auf einer Reise nach Paris; vgl. Briefwechsel Röhm–Bell, 15. April 1931, und Anschreiben von Röhms Adjutanten Graf du Moulin-Eckart vom 22. April 1931; *Doc. C.*, 43/I. – Zur Person Bells s. jetzt auch Drage (Anm. III/106), S. 86 f.

144 Erlaß Nr. 1 vom 3. Februar 1931, *Doc. C.*, 43/II; vgl. Heiden, *Adolf Hitler* (Anm. I/81), S. 285 f.; Drage (Anm. III/106), S. 82 f.: Röhm baut eine »Privatarmee innerhalb der Privatarmee« auf.

145 Drage, *a. a. O.*, S. 72 ff., bes. S. 82 ff.; Heiden, *Geburt* ... (Anm. I/120), S. 29 f. (weitgehende Übereinstimmung mit dem von Drage wiedergegebenen Bericht Stennes'); Volz, *Die Geschichte* ... (Anm. III/43), S. 73; Engelbrechten (Anm. I/134), S. 165; Okraß (Anm. III/48), S. 230; Krebs (Anm. III/24), S. 162 ff.; S. 166 f. – Die SS bekam jetzt als Lohn die Devise »SS-Mann, deine Ehre heißt Treue«; Rühle (Anm. III/30), S. 191. – Über Paul Schulz vgl. Friedrich Felgen *et al.*, *Die Femelüge*, München 1928 (4. Aufl. 1932 u. d. Titel *Femegericht*); Emil Julius Gumbel, *Verräter verfallen der Feme. Opfer, Mörder, Richter 1919–1929*, Berlin 1929; Krebs, *a. a. O.*, S. 191; Curt Rosten, *Das Abc des Nationalsozialismus*, 6. Aufl., Berlin 1933, S. 275 f.

146 Heiden, *a. a. O.*, S. 30.

147 Okraß (Anm. III/48), S. 230. Vgl. auch Jacobsen/Jochmann (Anm. III/123), Dok. 28. II. 1931 (Brief Stennes' an Röhm); 1. IV. 1931 (Bericht Dalueges an Röhm); IV. 1931 (Stennes' Aufruf).

148 Vgl. auch die bei Krebs (Anm. III/24), S. 65, geschilderte SA-Meuterei in Hamburg.

149 Bericht der Polizeidirektion München über den Verlauf der

SA-Führer-Konferenz vom 15./16. September 1931 in München, Januar 1932, *Doc. C.*, 43/I.

150 Z. B. erhielt die SA-Standarte 31, Altona, von der Traditions-Vereinigung des ehemaligen Inf.-Regts. Nr. 31 eine Prachtausgabe ihrer Regimentsgeschichte; Okraß (Anm. III/48), S. 261.

151 Volz, *Die Geschichte* ... (Anm. III/43), S. 70 ff.; Engelbrechten (Anm. I/134), S. 159 ff. und *passim;* Okraß, *a. a. O.*, S. 226 f. (Entstehung der Marine-SA); S. 231 f. – Zu der Errichtung von Führerschulen: Rühle (Anm. III/30), S. 193 (Einweihung der Reichs-Führerschule); Engelbrechten, *a. a. O.*, S. 142; S. 171; S. 241; Volz, *a. a. O.*, S. 76; *SADV* (Anm. III/127), Ziff. 72 ff., S. 56 ff. – Über die ständige Umorganisation vgl. Engelbrechten, *a. a. O.*, S. 167 ff. und *passim,* wo diese spezielle Art von Dynamik sehr anschaulich zum Ausdruck kommt.

152 Polizei-Bericht vom Januar 1932 (Anm. III/149; Hörauf, Hofmann, Kühme); *Reichstags-Handbuch,* 1933 (Anm. III/56; Dr. Hocheisen, Knickmann, Ludin). – Petersdorff war vom Mai bis Herbst 1931 SA-Führer für Berlin-Brandenburg (Nachfolger: Helldorf); Engelbrechten, *a. a. O.*, S. 166; S. 180.

153 General-Voigt-Arbeitsgemeinschaft: *a. a. O.*, S. 208 f.; S. 242; über Reichskuratorium s. o. S. 63.

154 Engelbrechten (Anm. I/134), S. 172 f.; S. 204; S. 235; Okraß (Anm. III/48), S. 271 f. Der Entwurf der SA-Dienstvorschrift von 1931 (Anm. III/127) schrieb die Einrichtung von »Helfern« vor, deren Aufgabe von Spendensammlungen bis zu Gratulations- und Beileidsbesuchen in den Familien reichen sollten (Ziff. 189, S. 103 f.).

155 Als Beispiel aus dieser Zeit s. Röhm in: *Nationalsozialistisches* Jahrbuch 1931 (Anm. III/98), S. 157 f.

156 Hitler hat das später selbst angedeutet, als er in seiner Reichstagsrede vom 13. Juli 1934 behauptete, Röhm habe 1934 während des für Juli befohlenen SA-Urlaubs »unfaßbare Tumulte« auslösen wollen »nach Art der Zustände im August 1932«, um dann mit der SA die Ordnung wiederherzustellen und dadurch die vollziehende Gewalt in die Hände zu bekommen; *Schultheß, 1934*, S. 182.

157 Allgemein: Engelbrechten (Anm. I/134), S. 178 f; S. 202 und *passim;* Okraß (Anm. III/48), S. 235 und passim. 8 Steigerung des Terrors: *a. a. O.*, S. 241; S. 269. – Ermüdungserscheinungen: *a. a. O.*, S. 259; S. 281; S. 283; Goebbels (Anm. I/92), S. 74.

158 Engelbrechten, *a. a. O.*, S. 243 f.; S. 246. Fortsetzung der Sportausbildung: *a. a. O.*, S. 165 f.; S. 174.

159 »Der Oberste SA-Führer, Chef Nr. 3845/32, München, 27. Dezember 1932«, *Doc. C.*, 43/II.

160 »Zur Politik Schleichers . . .« (Anm. I/42), S. 97.

161 Polizeibericht vom Januar 1932 (Anm. III/149).

162 Zu der Opposition gegen die Homosexuellen-Clique s. u. a. die Sammlung von Briefzuschriften (hauptsächlich aus Österreich) in: *Document Center Berlin*, Faszikel braun 42 (*Doc. C.*, 42); Krebs (Anm. III/24), S. 191. – Eine Rechtfertigung versuchte: Walter Luetgebrune-Hannover, *Ein Kampf um Röhm*, Diessen vor Mün-

chen 1933.

163 Vgl. Hans Egon Holthusen, »Deutscher Geist im Urteil der Welt«, in: *Merkur* 13 (1959), S. 668 ff.; S. 752 ff.; ein guter Überblick, der aber in der Beurteilung des Meinungswandels ab 1870 eigene Vorurteile nicht verleugnen kann.

164 Henry M. Pachter, »Freedom and Democracy in Germany«, in: *World Politics* 11 (1959), S. 300. Vgl. auch Helmut Kuhn, »Das geistige Gesicht der Weimarer Zeit«, in: *Zeitschrift für Politik* 8 (1961), S. 1–10. K.s These, die Hauptzeit der geistigen Blüte habe vor 1914 gelegen, die Weimarer Republik »adoptierte sie an Kindes Statt« und lebte geistig »von der Zeit, die 1914 zu Ende gegangen ist«, ist unhaltbar. Der geistige Aufbruch vor 1914 geschah überwiegend in Opposition zu den herrschenden gesellschaftlichen und politischen Mächten des Kaiserreichs, er gehörte, wie das gleichzeitige Anwachsen der demokratischen Kräfte (Reichstag, SPD) zu den die Republik begründenden Prozessen.

165 Allgemein zum Problem der politischen Kriminalität s. Wilhelm Sauer, *Kriminologie als reine und angewandte Wissenschaft. Ein System juristischer Tatsachenforschung,* Berlin 1950, S. 204 ff.; vgl. auch S. 164; ders., *Kriminalsoziologie,* Berlin 1933. Speziell das Attentat behandelt: Hans Langemann, *Das Attentat. Eine kriminalwissenschaftliche Studie zum politischen Kapitalverbrechen,* Hamburg 1956 (reiches Material, aber unzureichend im Begriffsapparat).

166 Nichtpolitische Gewaltverbrechen gingen sowohl im Kriege wie nachher zurück, d. h. Krieg und Bürgerkrieg hatten einen Teil der kriminellen Kräfte absorbiert; Wilhelm Sauer, *Kriminologie . . ., a. a. O.*, S. 444 ff.

167 Eine wissenschaftliche Gesamtdarstellung fehlt noch; Vorarbeiten und Hinweise u. a. bei Emil Julius Gumbel, *Vier Jahre politischer Mord,* Berlin-Fichtenau 1922; ders., *Verschwörer. Beiträge zur Geschichte und Soziologie der deutschen nationalsozialistischen Geheimbünde seit 1918*, Wien 1924; ders., *Verräter . . .* (Anm. III/145); Ernst v. Salomon, *Die Geächteten,* Gütersloh 1930; ders., *Der Fragebogen* (Anm. II/116); Friedrich Glombowski, *Organisation Heinz (O. H.). Das Schicksal der Kameraden Schlageters,* Berlin 1934; Fr. Wilhelm V. Oertzen (Anm. III/90); Langemann (Anm. III/165), S. 129 ff.; S. 140 ff.; S. 237 ff.

168 Dazu jetzt auch: Hans Beyer, »Die Landbevölkerung Schleswig-Holsteins und Niedersachsens 1928–1932«, in: *Jahrbuch der Heimatgemeinschaft des Kreises Eckernförde* 15 (1957), S. 173 ff.

169 Vgl. o. S. 230 ff.

170 Zur Entstehung dieser Ideologie s. die Werke Salomons (Anm. II/116; Anm. III/167); voll entwickelt in den zeitgenössischen Schriften Ernst Jüngers und seines Kreises; außer den o. Anm. I/12 zitierten Werken s. auch Ernst Jünger, *Der Kampf als inneres Erlebnis,* Berlin 1922.

171 Carl Schmitt, »Der Begriff des Politischen«, in: *Positionen und Begriffe . . .* (Anm. II/298), S. 67 ff. – Vgl. auch Krockow (Anm. II/292), S. 46 ff., und Bußmann (Anm. II/292), S. 65 ff.

172 Unter diesem Aspekt wäre die Analyse Krockows, *a. a. O.*, weiterzuführen. Das Ausweichen vor der eigentlichen Entscheidung, das er (zutreffend) als Quintessenz des Dezisionismus herausarbeitet, hatte einen doppelten Sinn: Es bedeutete die Flucht in die unüberlegte Tat, in den blinden Aktivismus, aber auch den Ruf nach dem rettenden Führer, dem man die Verantwortung übertragen konnte. Insofern sind Hesses *Feldherr Psychologos* (Anm. II/290) und Carl Schmitts *Hüter der Verfassung* (als juristische Variante; Anm. II/294) die konsequentesten Entwürfe des Dezisionismus. Das klassische Beispiel aus der Praxis ist die Vorgeschichte des Kapp-Putsches, als die Militärs lange nach einem politischen Führer für das Unternehmen suchten und sich schließlich, mangels eines Besseren, für Kapp entschieden, weil sie ihn für »energisch« hielten. In diesem Sinne jetzt auch Bußmann (Anm. II/292), S. 71 ff.

173 Vgl. o. S. 115 ff.; S. 171 ff.

174 In einen dieser Fälle waren Martin Bormann (als intellektueller Urheber) und Rudolf Höß (als Ausführender) verwickelt. Für Höß begann damit eine Karriere, die schließlich in der Leitung der Vergasungsindustrie von Auschwitz gipfeln und durch einen polnischen Henker enden sollte; s. Rudolf Höß, *Kommandant in Auschwitz. Autobiographische Aufzeichnungen (Quellen und Darstellungen zur Zeitgeschichte,* Bd. 5), Stuttgart 1958.

175 Plädoyer des Generalstaatsanwalts in Freiburg im Prozeß gegen Heinrich Tillessen«, 27. November 1946, in: *Die Wandlung* 2 (1947), S. 68 ff., bes. S. 76 ff.

176 *A. a. O.*, S. 80; *Der Erzberger-Mord. Dokumente menschlicher und politischer Verkommenheit,* Bühl (Baden) 1921, mit reichem Material aus der nationalistischen Presse.

177 Dazu Übersicht über Problematik und Literatur bei Bracher, *Die Auflösung* ... (Anm. I/26), S. 191 ff. Vgl. auch o. Schulz (Anm. II/167).

178 Das Folgende nach einem Bericht des Bezirksamtmanns Witt, Stadtkommissariat Bamberg, an den Regierungspräsidenten in Bayreuth vom 22. September 1924 über zwei Prozesse vom 10. und 17./18. September 1924, in: *Bayerisches Hauptstaatsarchiv,* Handakten Böhm, Sachgebiet Bayerische Landespolizei Bamberg, Bund 12, Abt. 2 (im folgenden zitiert; *Bericht Witt*).

179 Das Kommando führte Kapitän Ehrhardt, dem neben Verbänden seiner »Brigade« auch fränkische Einheiten des Jungdeutschen Ordens (als *jungdeutsche Regimenter*) unterstellt waren. Vgl. auch Hornung (Anm. III/51), S. 37 ff. (ohne nähere Bezugnahme auf die Vorgänge).

180 Über andere Übergriffe vgl. *Bericht Witt* (Anm. III/178), S. 1 ff., und den in der Anlage dazu beigefügten »Regiments«-Befehl vom 2. November 1923.

181 Über Salomons und Bests Verbindung zu Jünger s. ihre Beiträge in Ernst Jünger, *Krieg und Krieger* (Anm. I/12), S. 101 ff. und S. 135 ff. Auch sonst fanden sich Anhänger Jüngers in der NSDAP; s. Krebs (Anm. III/24), S. 84.

182 Dazu Bracher, *Die Auflösung* ... (Anm. I/26), S. 431 ff.

183 Diels (Anm. I/144), S. 296. – Ähnlich verhielt sich Jünger selbst, als er vor Kompromissen mit dem Nationalsozialismus zurückschreckte. Dazu und zum Gesamtproblem Bußmann (Anm. II/292), S. 74; S. 77.

184 Dazu jetzt die Dokumentation von Paul Kluke, »Der Fall Potempa«, in: *Vierteljahrshefte für Zeitgeschichte* 5 (1957), S. 279 ff.

185 *A. a. O.*, S. 285.

186 *Ebda.* (Auszeichnung i. Orig.).

187 Vgl. o. S. 68 f.

188 Schreiben des Referenten Bergmann an den Führer der SA-Gruppe Berlin-Brandenburg (Karl Ernst) vom 18. April 1933; *HAB,* Akten Grauert, Rep. 320/31.

189 Bergmanns Argumente waren: 1. seien die betreffenden Meldungen zu »99 % entstellt; 2. habe die SA ein Recht zur Vergeltung (s. o.); 3. hätten Verbote keinen Zweck, und 4. Unterdrückung der KPD.

190 SA-Sturmbannführer [August Max] Schäfer, *Konzentrationslager Oranienburg. Das Anti-Braunbuch über das erste deutsche Konzentrationslager,* Berlin [1934], S. 28. Vgl. die Aussage Franz Bocks (1933: SA-Sturmbannführer) in Nürnberg, *IMT* (Anm. I/55), XX, S. 73. Heydrich warf Diels vor, er habe »Sabotage an der Revolution« getrieben: »Wenn Sie nicht den Elan der SA und SS auf Flaschen gezogen hätten, wären dreißigtausend Untermenschen auf die Decke gelegt worden.« Diels (Anm. I/144), S. 350.

191 Über die Haltung der SS am 30. Juni 1934 s. die Anklageschrift des Generalstaatsanwalts am Landgericht München I vom 9. Juli 1956 im Prozeß gegen Joseph Dietrich und Michael Lippert – VIII 3324/55 – (hektogr.). S. 50; Anklageschrift des Oberstaatsanwalts beim Landgericht Osnabrück vom 21. April 1956 gegen Udo v. Woyrsch und Ernst Müller – 12 Js 18/55 – (hektogr.), S. 33; S. 40 und *passim*; Urteil des Schwurgerichts beim Landgericht Osnabrück vom 2. August 1957 gegen Udo v. Woyrsch und Ernst Müller – 16 KS 1/56 (2) – (hektogr.), S. 23; S. 101 f. und *passim.* – Vgl. auch Urteil des Schwurgerichts beim Landgericht München I gegen Joseph Dietrich und Michael Lippert vom 14. Mai 1957 – 3 Ks 4/57 – (hektogr.).

192 Vgl. das Urteil von Diels (Anm. I/144, S. 270): Die SA konnte in der »permanenten Revolution« weder verbraucht werden, noch wollte sie es.

193 So z. B. in seiner bekannten zweideutigen Erklärung vor dem Reichsgericht in Leipzig im Jahre 1930: Nach dem Sieg seiner Bewegung würden »Köpfe rollen« – allerdings nur durch einen Staatsgerichtshof; Eyck (Anm. I/28), II, S. 358 f. Vgl. auch Görings Rede vom 11. März 1933 in Essen: »Wir haben jahrelang die Abrechnung mit den Verrätern angekündigt.« *Deutsche Reichsgeschichte in Dokumenten,* hrsgg. von Johannes Hohlfeld, Bd. IV: *Die nationalsozialistische Revolution 1931–1934,* Berlin 1934, S. 597.

194 *Schultheß, 1933,* S. 35; S. 37.

195 *Zeugenschrifttum* (Anm. I/53), Nr. 105, S. 8 (Mellenthin); vgl. »Reichswehrdokumente« (Anm. I/40), S. 434 f.

196 Rede auf der Führertagung der NSDAP am 22. April 1933, *Horkenbach, 1933,* S. 179.
197 *Schultheß, 1933,* S. 124.
198 Rede vom 22. April 1933 (Anm. III/196).
199 Hitler in der Kabinettssitzung vom 1. Februar 1933: Er schlage vor, den Wahlkampf mit der Parole »Kampf dem Marxismus« zu führen; *Documents* ... (Anm. II/153), I, S. 15 ff.
200 Engelbrechten (Anm. I/134), S. 265 f. Vgl. auch Okraß (Anm. III/48), S. 303. Zur Verfolgung des Zentrums s. Heiden, *Geburt* ... (Anm. I/120), S. 115 f.; *Horkenbach, 1933,* S. 65 f.
201 Heiden, *a. a. O.,* S. 116 (Heiden zählte – nach Zeitungsmeldungen – 18 Nationalsozialisten und 51 Gegner).
202 Vgl. o. S. 58 f.; S. 68 f.
203 Zum Folgenden vgl. auch o. Schulz (Anm. II/167).
204 RGBl., I, 1933, S. 35. – Vgl. dazu die Interpretation Görings: Runderlaß vom 10. Februar 1933, in: *Ministerial-Blatt für die Preußische innere Verwaltung,* I, 1933, S. 147 ff.
205 Hermann Göring, *Aufbau einer Nation,* Berlin 1934, S. 84.
206 »Die nationalsozialistische Polizei«, Rede vor den Offizieren und Wachtmeistern der preußischen Schutzpolizei in Berlin am 7. Februar 1933, in: Hermann Göring, *Reden und Aufsätze,* München 1941, S. 17 ff.
207 Runderlaß über »Förderung der nationalen Bewegung« vom 17. Februar 1933, in: *Ministerial-Blatt für die Preußische innere Verwaltung,* I, 1933, S. 169. Ähnlich Rede an die Polizei vom 20. Februar 1933, Auszug bei Diels (Anm. I/144), S. 101 (vgl. Diels' bagatellisierende Argumentation, S. 180 f., die Görings Forderung nach Parteilichkeit der Polizeibeamten nicht berücksichtigt). – Der bei Raimund Schnabel, *Macht ohne Moral. Eine Dokumentation über die SS,* Frankfurt/M. 1957, S. 55, abgedruckte und als Görings »Schießbefehl« bezeichnete Erlaß vom 4. Oktober richtete sich gegen Flugblatt-Verteiler. Vgl. *Horkenbach, 1933,* S. 104 (Erlasse Görings an die Polizei, in denen den Polizeibeamten zur Belohnung für besonders erfolgreiche Aktionen Sonderurlaub, Geld und bevorzugte Beförderung versprochen wird).
208 Göring, *Aufbau* ... (Anm. III/206), S. 84. – Nach einem »Bericht der Polizei-Abteilung des Preuß. Ministerium des Innern über ihre Arbeiten im Jahre 1933 über den Rahmen der laufenden Tätigkeit hinaus« vom 1. Februar 1934 (*Bundesarchiv,* R. 43 I/2290), Ziff. 1, waren bis zum 31. Dezember 1933 bei der Verwaltungspolizei 1,3%, der Kriminalpolizei 1,5% der Beamten, bei der Schutzpolizei (bis zum 23. Januar 1934) 7,3% Offiziere und 1,7% Wachtmeister, bei der Landjägerei 13,5% Offiziere und 0,9% Beamte und bei der Gemeindepolizei 15% Beamte im Offiziersrang und 1,3% Wachtmeister, im ganzen 1457 Personen, entlassen worden. Dafür wurden nach dem gleichen Bericht an Beamten der staatlichen Polizei und des Gemeindepolizei-Vollzugsdienstes eingestellt: 891 SA-Männer, 200 SS-Männer, 335 Stahlhelmangehörige, 201 Mitglieder der NSDAP, zusammen 1627. Einschließlich Angestellten und Lohn-

empfängern ergab sich eine Gesamtzahl von 3669 Neueinstellungen. Zur ideologischen, strukturellen und organisatorischen Umstellung der Polizei vgl. *a. a. O.*, bes. Ziff. 6, 7, 8.

209 Liste der bis zum 22. September 1933 neuernannten Polizeipräsidenten und Polizeidirektoren in: *Gutachten des Instituts für Zeitgeschichte*, München 1958, S. 307 f. Die Liste umfaßt 31 Namen, davon 10 SA- bzw. SS-Führer. Bis zum 22. Februar 1933 erfolgten 13 Neuernennungen, davon 3 SA-Führer.

210 Vgl. o. S. 222; s. auch Diels (Anm. I/144), S. 179.

211 Vgl. Schreiben Dalueges zur Auflösung der *Sonderabteilung Daluege* vom 11. Juli 1933 (Tgb. Nr. SD. 3115. Ha/Li.); *Generalakten des ehemaligen Preußischen Justizministeriums*, jetzt im Bundesarchiv *(BA)*, P 135/10066, fol. 134.

212 Schlabrendorff (Anm. I/204), S. 33. Vgl. o. Schulz (Anm. II/167).

213 Erlaß des Preußischen Ministers des Innern, II C I 41 Nr. 150/33; *BA*, P 135/3736, fol. 1 a. Vgl. die Ausführungsbestimmungen vom 28. Februar 1933, *a. a. O.*, fol. 11 f. – Am 14. März 1933 wurde auch ein »höherer Polizeiführer im Osten« eingesetzt; vgl. den Erlaß Görings II C I 41 Nr. 150 IX/33 vom 31. Mai 1933, der die Vollmachten beider Kommissare mit Wirkung vom 10. Juni aufhob, *a. a. O.*, fol. 27.

214 Glaubwürdig Diels (Anm. I/144), S. 176: Die Einsetzung des höheren Pol. Fü. West habe der kommunistischen Gefahr gegolten.

215 Beispiele für die Praxis: Hamburger Polizei marschiert am 26. Februar 1933 in einem Demonstrationszug der SA mit; Okraß (Anm. II/48), S. 306. – Aufsatz des Polizeimajors Lettow (von der Höheren Polizeischule in Eiche bei Potsdam), »Wie lange noch?«, in: *Die Polizei*, Nr. 5 vom 5. März 1933, S. 105: Fordert an Hand einiger Beispiele – Mord an SA-Führer Maikowski, Beschießung eines Trauerzuges, Straßenkampf in Eisleben, Reichstagsbrand – schärferes Durchgreifen der Polizei gegen »kommunistische Heckenschützenbanden«. Über den Zwischenfall in Eisleben s. *Horkenbach, 1933*, S. 56. Allgemein auch Diels, *a. a. O.*, S. 243 ff.

216 Vgl. o. S. 860. – Auch im Sommer 1932 haben die NS-Regierungen in Oldenburg, Mecklenburg-Schwerin und Braunschweig Hilfspolizei aufgestellt; Hans Buchheim in: *Gutachten* . . . (Anm. III/209), S. 335.

217 Unveröffentlichter Erlaß des Preußischen Ministers des Innern, II C I 59 Nr. 40/33, vom 22. Februar 1933; dazu Anlage mit Durchführungsbestimmungen; *BA*, P 135/3736, fol. 2, 4–7; ergänzende Durchführungsbestimmungen vom 21. April 1933, *a. a. O.*, fol. 26 a–e. Jetzt abgedr. bei Buchheim, *a. a. O.*, S. 336 f.

218 Buchheim, *a. a. O.*, S. 335 f., vermutet unter Hinweis auf einen anderen Erlaß Görings vom 15. Februar, der die Einrichtung eines SA- bzw. SS-Streifendienstes ankündigte, daß die eine Woche später aufgestellte Hilfspolizei auch Kontrollaufgaben gegenüber Übergriffen der SA übernehmen sollte. Dem steht jedoch entgegen, daß (1) der Streifendienst, wie Göring in seinem Erlaß vom 15. Februar ausdrücklich erklärte, *nicht* der Polizei unterstehen sollte (verständ-

licherweise!), während bei der Hilfspolizei eben das, wenigstens formell (Ausnahmen s. o. S. 240 f.) der Fall war. (2) Außerdem sollten in die Hilfspolizei auch Stahlhelm-Mitglieder eingestellt werden. Da mindestens anfangs nur die Einstellung von Einzelpersonen, nicht von geschlossenen Verbänden vorgesehen war, mußte damit gerechnet werden, daß in Hilfspolizei-Einheiten, die gegen SA eingesetzt worden wären, auch Stahlhelm-Angehörige tätig waren, und es ist unwahrscheinlich, daß Göring und Röhm das zugelassen hätten.

219 Außerdem: Entlastung der ordentlichen Polizei, besonders im Wahlkampf.

220 *IMT* (Anm. I/55), XXXV, S. 47.

221 *Dokumente der deutschen Politik,* hrsgg. von Paul Meier-Benneckenstein, Bd. I: *Die nationalsozialistische Revolution,* 5. Aufl., Berlin 1939, S. 25 ff., bes. S. 27.

222 Duesterberg (Anm. I/138), S. 46 f. Vgl. Heiden, Geburt ... (Anm. I/120), S. 131 f. (irrtümlich auf den 4. März 1933 verlegt).

223 Okraß (Anm. III/48), S. 311. – Ein Vorbild dafür war der SA-Alarm im August 1932; Engelbrechten (Anm. I/134), S. 238.

224 Engelbrechten, *a. a. O.,* S. 267. Vgl. auch Aussage des KZ-Kommandanten Schäfer über Unterstellungsverhältnisse, *IMT* (Anm. I/55), XXI, S. 91; S. 97.

225 Nach Diels (Anm. I/144), S. 183, habe Röhm die Anregung zur Aufstellung der Hilfspolizei gegeben. Vgl. Buchheim in: *Gutachten ...* (Anm. III/209), S. 337.

226 Vgl. o. S. 56 ff.

227 *Horkenbach, 1933,* S. 99 f.

228 Genau diesen Sinn hatte es, wenn Göring und Frick in ihren zitierten Aufrufen nach der Wahl die Beseitigung der nichtnationalsozialistischen süddeutschen Länderregierungen ankündigten.

229 Rede am 1. März, *Dokumente ...* (Anm. III/221), I, S. 26.

230 Rede in Frankfurt a. M., 3. März 1933, Göring, *Reden ...* (Anm. III/206), S. 27.

231 Rede auf der Führertagung der NSDAP in München, 22. April 1933; *Horkenbach, 1933,* S. 178 f.

232 Dazu Karl Dietrich Bracher, *Nationalsozialistische Machtergreifung und Reichskonkordat. Ein Gutachten zur Frage des geschichtlichen Zusammenhangs und der politischen Verknüpfung von Reichskonkordat und nationalsozialistischer Revolution,* Wiesbaden 1956.

233 Natürlich sind Periodisierungen, wie überall, so auch hier, bis zu einem gewissen Grade willkürlich; aber Hitlers totale Herrschaft über Deutschland ist doch unzweifelhaft im Sommer 1933 in den Schwerpunkten errungen. Bezüglich des Faschismus schwanken die Angaben für die Erreichung des entsprechenden Entwicklungsabschnitts zwischen 1926 und 1928, was aber den deutlichen Unterschied des Tempos nicht aufhebt; vgl. Dante L. Germino, *The Italian Fascist Party in Power. A Study in Totalitarian Rule*, Minneapolis 1959, S. 11 (für 1926; und Heller (Anm. I/5), S. 3 f. (für 1928).

234 So Diels (Anm. I/144), S. 277 ff. Ähnlich spricht Raymond H. Geist,

ehemaliger USA-Konsul in Berlin, in seinem Bericht vom 28. August 1945 von »Terrorwellen«; *IMT* (Anm. I/55), XXVIII, S. 247.

235 Geist, *IMT, ebda.,* und Diels, *a. a. O.,* S, 273; S. 293.

236 So hatte der westfälische SA-Führer Schepmann bis Ende März außer den Partei- und Zeitungsgebäuden der sozialistischen Parteien auch sämtliche Gewerkschaftshäuser in seinem Befehlsbereich besetzt, sie aber im Gegensatz zu den ersteren anschließend wieder freigegeben, angeblich, um die Arbeiterschaft vor persönlichem Schaden zu bewahren; Schreiben Schepmanns an Göring vom 30. März 1933; *HAB,* Rep. 320/32 (Akten Grauert). Außerdem: Beschwerdeschreiben des SPD-Abgeordneten Löbe an Grauert vom 7. April 1933 (über Fälle in Liegnitz/Schles. und Bochum); *a.a.O.,* Rep. 320/31; Bericht des ehemaligen Vorsitzenden des ADGB Nürnberg, Lorenz Hagen, vom 19. Oktober 1945 über Zerstörung des dortigen Gewerkschaftsbüros am 17./18. März 1933; *IMT* (Anm. I/55), XXX, S. 240 ff.; vgl. o. Bracher (Anm. I/60).

237 Vgl. *Horkenbach, 1933,* S. 104 (Stellungnahme Ministerialdirektor Landfrieds vom 8. März 1933); S. 111 (Anweisung Fricks an die Innenminister der Länder und die Reichskommissare vom 13. März 1933); S. 166 (Polit. Zentralkommission der NSDAP verbietet am 7. April 1933 selbständige Eingriffe in das Wirtschaftsleben). *Schultheß, 1933,* S. 122 (halbamtliche Mitteilung an die Wirtschaft vom 5. Mai). Vgl. auch den Erlaß Hitlers vom 10. März 1933, *a. a. O.,* S. 56.

238 Beispiele: *Schultheß, a. a. O.,* S. 82 f.; S. 89; S. 119.

239 *Horkenbach, 1933,* S. 109; vgl. *Dienatag-Bericht* vom 7. März 1933, *BA* (erwähnt Meldungen, wonach Helldorf SA-Standgerichte einsetzen wolle).

240 *Schultheß, 1933,* S. 56.

241 *A. a. O.,* S. 103; S. 123.

242 *A. a. O.,* S. 222.

243 Diels (Anm. I/144), S. 293 (mit Bezug auf Schlesien, Rheinland, Ruhrgebiet).

244 Heiden, *Geburt ...* (Anm. I/120), S. 234, schätzt nach Zeitungsmeldungen für die Zeit vom 31. Januar bis 23. August 220 Tote (196 Nazigegner und 24 Nationalsozialisten); Diels, *a. a. O.,* S. 293; S. 267, schätzt aber allein für Preußen und nur im März und April bereits 250 Totschläge und bis Mitte Oktober 200 Tote in den Konzentrationslagern. – Zum Vergleich die von den Nationalsozialisten selbst angegebenen Zahlen für 1932: 389 politische Morde; Kurt Daluege, *Nationalsozialistischer Kampf gegen das Verbrechertum,* München 1936, S. 84.

245 Rundschreiben des Reichsinnenministers vom 11. September 1933, *MGN* 11, Ankl.-Dok.-B. 57 C, Dok. NG–969. Eine Meldung des Preußischen Pressedienstes am 11. Juli, *Schultheß, 1933,* S. 173, sprach von 18 000 Häftlingen (davon 12 000 in Preußen). Zeitgenössische Schätzungen lagen wesentlich darüber, z. B. *ebda.* (100 000 im Juli); Heiden, *a. a. O.,* S. 236 (80 000 bis 100 000 für Ende Oktober).

246 Eines von ihnen war das besonders berüchtigte Lager Hohenstein; darüber *IMT* (Anm. I/55), XXVI, S. 300 ff.

247 Diels (Anm. I/144), S. 273, berichtet einen Fall von dreimaliger Verhaftung durch Verwechslung. Er schätzte die Zahl der Freiheitsberaubungen im preußischen Staatsgebiet im April auf 30 000 (S. 346).

248 Die meisten Beobachter stimmen überein, daß die eigentliche Terrorwelle erst am Tage nach der Wahl einsetzte: Geist, *IMT* (Anm. I/55), XXVIII, S. 242; Diels, *a. a. O.*, S. 213; S. 222; *Dienatag-Berichte* vom 7. und 11. März *(BA)*; Heiden, *Geburt* ... (Anm. I/120), S. 139. Die sonst nicht immer zuverlässige Liste der Morde im *Braunbuch II: Dimitroff contra Göring. Enthüllungen über die wahren Brandstifter,* Paris 1934, S. 405 ff., zeigt deutlich eine Häufung der Morde im März und April.

249 Mühsam: Diels, *a. a. O.*, S. 265 f.; Fechenbach: *Horkenbach, 1933,* S. 330; vgl. auch *Braunbuch II, a. a. O.*, S. 387 ff.; S. 383 ff.

250 *Anklage München* (Anm. III/191), S. 35. Vgl. auch Drage (Anm. III/106), S. 87; Heiden, *Geburt* ... (Anm. I/120), S. 130 f.

251 Heiden, *a. a. O.*, S. 235.

252 Diels (Anm. I/144), S. 306 f.

253 Rotter: *Horkenbach, 1933,* S. 158; Lessing: Wilhelm Sternfeld, »Ungesühnte Verbrechen: Der Mord an Professor Theodor Lessing«, in: *Deutsche Rundschau* 82 (1956), S. 1181 ff.

254 Mord an dem Hellseher Hanussen: Diels (Anm. I/144), S. 272; Heiden, *Geburt* ... (Anm. I/120), S. 130 f.; Mord an dem pommerschen SA-Führer Andreas v. Flotow: Görlitz, *Hindenburg* (Anm. I/72), S. 414; Diels, *a. a. O.*, S. 380.

255 Diels, *a. a. O.*, S. 311.

256 Göring, *Reden* ... (Anm. III/206), S. 27. Vgl. auch Görings Rede am 11. März in Essen; *Deutsche Reichsgeschichte* ... (Anm. III/193), S. 596 f.

257 Diels (Anm. I/144), S. 224 ff.

258 Für Bayern: Berichte der Staatsanwaltschaft beim Landgericht München II an Generalstaatsanwalt beim OLG München über Ermordungen; *IMT* (Anm. I/55), XXVI, S. 171 ff.; Beschluß des Amtsgerichts Landshut vom 4. Dezember 1933 über Niederschlagung eines Verfahrens gegen neun SA-Männer, *a. a. O.*, XXXVI, S. 62 ff. – Vgl. auch Affidavit Wilhelm Hoegner vom 12. Juli 1946, *a. a. O.*, S. 58 ff.

259 Geist, *IMT, a. a. O.*, XXVIII, S. 241 (Zahl der Bunker); Diels (Anm. I/144), S. 214 ff.; S. 220 ff.; S. 233; S. 256 f. Aussage Schäfer, *IMT, a. a. O.*, XXI, S. 85. – Vielfach lieferte die Polizei politische Häftlinge wegen Überfüllung ihrer Gefängnisse an die SA aus: Engelbrechten (Anm. I/134), S. 267.

260 *Horkenbach, 1933,* S. 106; vgl. S. 123: Himmler kündigt am 20. März die Einrichtung des Konzentrationslagers Dachau mit einem Fassungsvermögen von 5000 Personen an. – Die Absicht, nach der Machtübernahme »Konzentrationslager« einzurichten, hat Hitler schon am 8. Dezember 1921 in einer Rede im Nationalen Klub in

Berlin geäußert mit der Begründung, die Machtübernahme solle möglichst unblutig durchgeführt werden (Hinweis auf frühe Legalitätsideen?); Engelbrechten/Volz (Anm. III/84), S. 53.

261 Schäfer (Anm. III/190), S. 22, schildert das Eintreffen der ersten Gefangenen in Oranienburg am Abend des 21. März, gleichzeitig mit einem Fackelzug, der zur Feier des »Anbruchs der neuen Zeit« abgehalten wurde: »Stumm ergriffen von der Größe des eben erlebten geschichtlichen Augenblicks, blickten Tausende hinüber zu dem Lastwagentransport. Kein Schrei der Empörung, daß dort Menschen vorbeigefahren wurden, die wenige Stunden vorher noch bereit gewesen wären, mitzuhelfen, den Keim der Einigung zu ersticken.« Vgl. Schäfers Aussage, *IMT* (Anm. I/55), XXI, S. 86 ff.; außerdem: Engelbrechten (Anm. I/134), S. 270; Diels (Anm. I/144), S. 257.

262 Für Preußen: Diels, *a. a. O.*, S. 257 ff. – Hohenstein: s. o. Anm. III/246. – Heuberg: *Horkenbach, 1933,* S. 123. – Dachau: *ebda.* und Eugen Kogon, *Der SS-Staat. Das System der deutschen Konzentrationslager,* 3. Aufl., Frankfurt a. M. 1948, S. 39. Schätzung der Gesamtzahl: *a. a. O.*, S. 38 (50), und *Braunbuch über Reichstagsbrand und Hitler-Terror,* Vorwort von Lord Marley, Basel 1933 (im folgenden zitiert: *Braunbuch I),* S. 274 (45).

263 Einige Beispiele: In Mecklenburg erhängte man die unseligen Opfer »zum Schein«, was einigen tatsächlich das Leben kostete; in Hohenstein erfand man einen Tropfapparat, unter dem die Häftlinge so lange stehen mußten, bis ihre Kopfhaut schwere eitrige Verletzungen aufwies; in einem Lager bei Hamburg band man Häftlinge mehrere Tage und Nächte lang bei dürftigster Verpflegung in Kreuzesform an ein Gitter, bis sie beinahe verhungert waren, usw.; Diels (Anm. I/144), S. 226; Schreiben des Reichsjustizministers an den Reichsinnenminister betr. Mißhandlungen in den Jahren 1933/34 vom 14. Mai 1935, *IMT* (Anm. I/55), XXXIII, S. 57 ff.; Schreiben des Reichsjustizministers an Hitler vom 18. Juni 1935 betr. Strafverfahren gegen Oberregierungsrat Vogel wegen Mißhandlungen, *a. a. O.*, XXVI, S. 322 f.; Eingabe des Reichsjustizministers an Hitler vom 10. September 1935 betr. den Prozeß über Mißhandlungen im Lager Hohenstein, *a. a. O.*, S. 307 ff. – Über Mißhandlungen in Sonnenburg s. Bericht der Staatsanwaltschaft an Diels (undatiert), *HAB,* Rep. 320/31 (Akten Grauert), und Diels, *a. a. O.*, S. 265 ff. Vgl. auch Gerhart Seger, *Oranienburg. Erster authentischer Bericht eines aus dem Konzentrationslager Geflüchteten,* mit einem Geleitwort von Heinrich Mann, Karlsbad 1934.

264 Schreiben des Reichsjustizministers an den Reichsinnenminister vom 14. Mai 1935, *a. a. O.* Vgl. Seger, *a. a. O.*, S. 19: Die Vernehmungen in Oranienburg waren nur Vorwand für Mißhandlungen.

265 *Horkenbach, 1933,* S. 106.

266 Vorwort (15. Februar 1934) zu Schäfer (Anm. III/190), S. 5.

267 *A. a. O.*, S. 25; S. 38; S. 41 ff.; S. 63; S. 70 ff. (unter Berufung auf das Beispiel Hitlers); S. 74 usw. – Vgl. auch Wolfgang Langhoff, *Die Moorsoldaten. 13 Monate Konzentrationslager. Unpolitischer*

Tatsachenbericht, Zürich 1935, S. 58; S. 67; S. 140; Schnabel (Anm. III/207), S. 186 (Schreiben der Hauptverwaltung des KZ Oranienburg vom 3. Mai 1934 an das Geheime Staatspolizeiamt: Das Absingen der »Internationale« durch die Häftlinge am 1. Mai beweist, daß sie »für eine Entlassung und Eingliederung in den nationalsozialistischen Staat noch nicht reif sind«).

268 Schreiben Ernsts an Grauert vom 8. September 1933 (Protest gegen Pläne zur Auflösung des KZ Oranienburg), *HAB*, Rep. 320/31. Ähnlich Göring in einer Rede auf der Delegiertentagung des Vereins der Polizei-Offiziere am 17. März 1933, *Horkenbach, 1933*, S. 119.

269 Schreiben Ernsts an Grauert, *a. a. O.*

270 Seger (Anm. III/263), S. 45; Langhoff (Anm. III/267), S. 288 f.

271 Humane Regungen: Seger, *a. a. O.*, S. 33; Langhoff, *a. a. O.*, S. 70 f; S. 88 f.; S. 93 f. (Gefängnis Düsseldorf); S. 195 (KZ Börgermoor); S. 292 (KZ Lichtenburg). Vgl. Heiden, *Geburt* ... (Anm. I/120), S. 236 (KZ Dürrgoy, Oranienburg, Dachau); Diels (Anm. I/144), S. 325 f. (über einige höhere SA-Führer; Diels' Urteile bedürfen freilich noch der Überprüfung).

272 Aus der Lagerordnung für das KZ Esterwegen, erlassen am 1. August 1934 von SS-Gruppenführer Eicke als Chef der Inspektion der Konzentrationslager: »*Zweck:* Es bleibt dem Schutzhaftgefangenen überlassen, darüber nachzudenken, warum er in das Konzentrationslager gekommen ist. Hier wird ihm Gelegenheit geboten, seine innere Einstellung gegen Volk und Vaterland zugunsten einer Volksgemeinschaft auf nationalsozialistischer Grundlage zu ändern, oder, wenn es der einzelne für wertvoller hält, für die schmutzige 2. und 3. Judeninternationale eines Marx oder Lenin zu sterben.« Schnabel (Anm. III/207), S. 136. – Für die spätere Zeit siehe Kogon (Anm. III/262), S. 36.

273 Auf hohem Niveau werden die Argumente vorgetragen in dem Sammelwerk *Deutschland und der Weltkrieg,* hrsgg. von Otto Hintze, 2. erw. Aufl., Leipzig–Berlin 1916 (s. vor allem die Beiträge von Ernst Troeltsch, Hans Delbrück und Friedrich Meinecke). Vgl. aber die Rückblicke von Ernst Troeltsch, »Das Ende des Militarismus«, in: *Spektator-Briefe. Aufsätze über die deutsche Revolution und die Weltpolitik 1918–1922,* Tübingen 1924, und Meinecke, *Die deutsche Katastrophe* (Anm. I/76), S. 64 ff.

274 Vgl. z. B. die Lagerordnung Esterwegen vom 1. August 1934; Schnabel (Anm. III/207), S. 136.

275 Langhoff (Anm. III/267), S. 266 ff.; Diels (Anm. I/144), S. 259 ff.

276 Zur Psychologie der Terrorspezialisten s. auch: François Bayle, *Psychologie et éthique du nationalsozialisme. Étude anthropologique des dirigeants SS,* Paris 1953, und Höß (Anm. III/174) als Typus des fühllosen Pflichtmenschen.

277 Zeugnis Leo Baecks in: Leon Poliakov und Josef Wulf, *Das Dritte Reich und die Juden. Dokumente und Aufsätze,* Berlin-Grunewald 1955, S. 439.

278 *Dienatag-Berichte (BA);* Heiden, *Geburt* ... (Anm. I/120), S. 242.

279 *Schultheß, 1933),* S. 56; Rundfunkerklärung Hitlers vom 12. März 1933, *Dokumente* ... (Anm. III/221), I, S. 34; Diels (Anm. I/144), S. 120 (zur Entstehung).

280 *Horkenbach, 1933*, 2. März, S. 79. Dementsprechend wurde die »schriftliche Weitergabe« (insbesondere an die Presse) des Schießerlasses vom 4. Oktober 1933 untersagt; Schnabel (Anm. III/207), S. 55.

281 Zur Psychologie des Durchschnittsmenschen gegenüber dem Nationalsozialismus: Wanda v. Baeyer-Katte, *Das Zerstörende in der Politik. Eine Psychologie der politischen Grundeinstellung,* Heidelberg 1958. Vgl. auch »Where *Gleichschaltung* failed. Nonconformity in the Third Reich« in: *The Wiener Library Bulletin* 8 (1959), Nr. 1/2, S. 9 f., und Bernhard Vollmer, *Volksopposition im Polizeistaat (Quellen und Darstellungen zur Zeitgeschichte, B*d. 2), Stuttgart 1957.

282 Buchheim, *Das Dritte Reich* ... (Anm. II/32), S. 8.

283 Diels (Anm. I/144), S. 303.

284 Vgl. o. S. 52 f.

285 Diels (Anm. I/144), S. 344.

286 *A. a. O.,* S. 253 ff. und *passim* (Aushebung von Bunkern und Auflösung von KZ); S. 346 ff.; S. 353 ff. (Entlassungen).

287 *A. a. O.,* S. 347 f. – Tatsächlich sind die Angaben von Diels über seine Erfolge bei der Bekämpfung der Konzentrationslager mindestens sehr optimistisch. Der o. Anm. III/208 zitierte Bericht Dalueges vom 1. Februar 1934 enthält (S. 4) Angaben über die Neuerrichtung von Konzentrationslagern in Preußen für 6000 Häftlinge und die Planung von Lagern für weitere 2000 Häftlinge.

288 Zur Systematisierung der Konzentrationslager s. das Material bei Schnabel (Anm. III/207), S. 110 ff.; S. 114; für Sachsen: S. 105, und *IMT* (Anm. I/55), XXXVI, S. 6. ff. (Sonderbestimmungen im Konzentrationslager Dachau, vermutlich vom Mai 1933).

289 Goebbels (Anm. I/92), S. 288, auch zur Planung. Vgl. auch den Aufruf der Parteileitung vom 28. März 1933 in: *Dokumente* ... (Anm. III/221), S. 188 ff., und Rühle (Anm. III/30), I, S. 98 f.

290 Auch später blieben die Ergebnisse hier dürftig: Baeyer-Katte (Anm. III/281); Vollmer (Anm. III/281).

291 *IMT* (Anm. I/55), XXIX, S. 264 ff., Zitat S. 266.

292 Zwar galten nicht nur Israeliten, sondern auch Angehörige der christlichen Konfessionen als Juden; diese aber nur, wenn der Nachweis gelang, daß ihre Vorfahren mosaischen Glaubens waren.

293 Brief Lenards vom 20. November 1936, Faksimile in: Poliakov/Wulf (Anm. III/277), S. 313 f.; vgl. auch S. 315 f. (Aktenvermerk für Rosenberg vom 15. April 1944): Protest gegen Diffamierung von Wissenschaftlern als »weiße Juden«, wenn sie an Einsteins Theorien festhielten.

294 Hitler (Anm. I/5), S. 129: »Es gehört zur Genialität eines großen Führers, selbst auseinanderliegende Gegner immer nur als zu einer Kategorie gehörend erscheinen zu lassen, weil die Erkenntnis verschiedener Feinde bei schwächlichen und unsicheren Charakteren

nur zu leicht zum Anfang des Zweifels am eigenen Rechte führt.« Vgl. auch Krebs (Anm. III/24), S. 210: Juden, Freimaurer und Jesuiten als »Phantomvorstellungen«.

295 Zur Frühgeschichte s. Eleonore Sterling, *Er ist wie du. Aus der Frühgeschichte des Antisemitismus in Deutschland 1815–1850,* München 1956, und Eva Gabriele Reichmann, *Die Flucht in den Haß. Die Ursachen der deutschen Judenkatastrophe,* Frankfurt a. M. [1956]. Vgl. auch Arendt (Anm. I/12).

296 Neben den einschlägigen Gesetzen und Verodnungen – dazu s. o. II. Teil – s. auch die o. s. 248 f. zitierten Äußerungen von Karl Ernst und Göring.

297 »Der Oberste SA-Führer Ch Nr. 1415/33 vom 31 Juli 1933, Betreff: Disziplin«, *Doc. C.,* 43/I. Vgl. *Braunbuch II* (Anm. III/248), S. 371.

298 *RGBl.,* I, 1933, S. 230.

299 Erlaß des preußischen Justizministers vom 26. August 1933; *BA,* P 135/4542, fol. 88 b.

300 *RGBl.,* I, 1933, S. 1016. – Damit verbanden sich Bestrebungen, ein »SA-Recht« zu schaffen; s. den Aufsatz von SA-Oberscharführer Hellmuth Türpitz, Abt.-Leiter der Pressestelle der SA, »Der SA-Mann im neuen Recht«, in: *Völkischer Beobachter,* Nr. 328 vom 24. Oktober 1933. Dazu ausführlich o. S. 318 f.

301 *RGBl., a. a. O.,* § 4: »Als Pflichtverletzung gilt jede Handlung oder Unterlassung, die den Bestand, die Organisation, die Tätigkeit oder das Ansehen der Nationalsozialistischen Deutschen Arbeiterpartei angreift oder gefährdet, bei Mitgliedern der SA (einschließlich der ihr unterstellten Gliederungen [betrifft den Stahlhelm] insbesondere jeder Verstoß gegen Zucht und Ordnung.«

302 Vgl. die hier schon zitierten Schriftwechsel und Justizakten aus dem Nürnberger Prozeßmaterial: Schriftwechsel zwischen Gürtner, Mutschmann, Heß, Hitler und Meißner über den Prozeß gegen Wachmannschaften des Konzentrationslagers Hohenstein, *IMT* (Anm. I/55), XXVI, S. 300 ff.; Schreiben Gürtners an Frick, 14. Mai 1935, *a. a. O.,* XXXIII, S. 56 ff.; Akten über Niederschlagung von Strafverfahren in Bayern, *a. a. O.,* XXXVI, S. 11 ff.; S. 41 ff.; S. 62 ff. Im Hohenstein-Prozeß wurden Richter und Schöffen unter Druck gesetzt; Diels, *a. a. O.,* S. 301 ff. (Gürtner an Heß, 5. Juni 1935). Vgl. auch Diels (Anm. I/144), S. 262 f. (Niederschlagung des Verfahrens gegen Wachmannschaften des Lagers Kemna i. Westf. durch Hitler).

303 In diesem Sinn soll sich Gürtner gegenüber Diels geäußert haben; Diels, *a. a. O.,* S. 309. – Ob der gleichzeitige Rückgang der allgemeinen Kriminalität damit zusammenhängt, bedarf noch der Untersuchung; vgl. Wilhelm Sauer, *Kriminologie* . . . (Anm. III/165), S. 446; S. 471 (auch zur Problematik der Statistik für diese Zeit).

304 Vgl. auch die treffenden Beobachtungen von Diels, *a. a. O.,* S. 236; S. 276. Sie gipfeln allerdings in ressentimentbestimmter Begriffsverwirrung, wenn er die Herrschaft der Nationalsozialisten in dieser Beziehung mit dem amerikanischen Besatzungsregime in Deutschland nach 1945 vergleicht. Erstens waren die Nationalsozialisten

keine Besatzungsmacht, und zweitens haben die Amerikaner im Gegensatz zu den Nationalsozialisten sich nach einer Übergangszeit bemüht, wieder einen gesicherten Rechtszustand herzustellen.

305 Buchheim, »Die SS ...« (Anm. III/49), S. 133. Ergänzungen dazu bei Walter Haensch, *Der organisatorische Weg zur einheitlichen Reichspolizei seit 1933*, Leipziger Diss., Berlin 1939, S. 49.

306 Vgl. o. S. 252 f. und S. 315 f.

307 Diels (Anm. I/144), S. 325.

308 Vgl. o. Schulz (Anm. II/167), III. Kapitel, und o. S. 276 ff. Außerdem: Ernest K. Bramstedt, *Dictatorship and Political Police. The Technique of Control by Fear*, New York 1945; Edward Crankshaw, *Die Gestapo*, Berlin 1959 (Titel des engl. Originals: *Gestapo. Instrument of Tyranny*, London 1956).

309 Beispiele: Razzia gegen KPD in Nürnberg, August 1932, *IMT* (Anm. I/55), XXXVI, S. 11; S. 20 ff.; S. 31 (Akten des bayerischen Justizministeriums); Engelbrechten (Anm. I/134), S. 275 (Aktion der SA-Ärzte gegen jüdische Ärzte in Berlin, 7. Juli 1933).

310 *Schultheß, 1933*, S. 190 (Meldung unter dem 8. August). Der betreffende Erlaß muß jedoch früher ergangen sein, denn ein Erlaß des preußischen Innenministeriums vom 2. August nimmt schon auf die Auflösung Bezug und ordnet listenmäßige Erfassung für diejenigen Hilfspolizisten an, die sich für spätere Fälle bereitstellen wollen; *BA*, P. 135/3736, fol. 39. – Auf Grund dessen formierte die SA-Führung SA-Stürme und -Sturmbanne z. b. V. [zur besonderen Verwendung] als Bereitschaftseinheiten; Aussage Jüttners in Nürnberg, *IMT, a. a. O.*, XXI, S. 219.

311 Vgl. o. S. 224 f.

312 Rauschning, *Gespräche* ... (Anm. I/5), S. 142 ff. Rauschnings Datierung des Gesprächs ist glaubhaft, da er sich schon Ende 1933 mit Röhm überwarf und da die in diesem Gespräch ausgesprochene Forderung Röhms nach einer öffentlich-rechtlichen Funktion der SA mit den Gesetzen vom 28. April und 1. Dezember 1933 erfüllt wurde (s. o. S. 263 f.). – Zu Röhms Ideen vgl. auch Admiral a. D. Conrad Patzig, *Zeugenschrifttum* (Anm. I/53), Nr. 540, S. 3.

313 Undatierter und unsignierter Entwurf: Der Oberste SA-Führer, Chef Nr. 1227; nach Briefbuchstempel ausgegeben am 1. Juni 1933. Daß Röhm der Urheber war, ergibt sich aus der Dienstbezeichnung »Chef des Stabes« am Schluß, außerdem aus Diktion und Gedankengang des Textes; *BA*, Kleine Erwerbungen O193/5.

314 Ernst Röhm, »SA und deutsche Revolution«, in: *Nationalsozialistische Monatshefte*, Nr. 31 (1933), S. 251 ff.

315 Vgl. seinen Befehl zur Tarnung der neuaufgestellten technischen Einheiten der SA vom 25. Juli 1933, *IMT* (Anm. I/55), XXXV, S. 6.

316 Vgl. z. B. *Stahlhelm-Handbuch* (Anm. III/51), S. 65 f.; S. 220 ff.; S. 232 ff.; Aussage Gruß, *IMT, a. a. O.*, XXI, S. 129; Duesterberg (Anm. I/138), S. 9 f.

317 Engelbrechten (Anm. I/134), S. 287.

318 Vgl. Entwurf zur SADV 1931 (Anm. III/127), Ziff. 91 ff., S. 47 (Regelung der Führungsprobleme bei gemeinsamem Einsatz von SA,

SS, HJ), und Schreiben des Obersten SA-Führers, CH II Nr. 1134/34, München, 27. Januar 1934, betr. Neueinteilung des SA-Führerkorps. Danach wurden folgende »Dienststände« geschaffen: Aktives SA-Führerkorps, SA-Führerkorps der SA-Reserve II, SA-Führerkorps z. V. (zur Verwendung), SA-Ehrenführerkorps, SA-Rangführerkorps; *Doc. C.*, 43/II.

319 Noch in der Memoiren-Ausgabe von 1934 ist Röhms monarchische Gesinnung unverändert zum Ausdruck gebracht. Vgl. auch *Zeugenschrifttum* (Anm. I/53), Nr. 105, S. 34 f. (Mellenthin); Sendtner (Anm. I/127), S. 643 (Kontakte Röhms mit Wittelsbachern 1933/34).

320 Bericht des SS-Hauptsturmführers Willich vom 21. August 1935 an Himmler über eine Auseinandersetzung mit SA-Stabschef Lutze; *Doc. C.*, 42.

321 Erklärung des Generals der Waffen-SS Karl Wolff vom 3. Mai 1947 zur Finanzierung der SS vor und nach 1933; *MGN* 5, Ankl.-Dok.-B. 14 M, Dok. NI–6047 (F), Ziff. 4.

322 Röhm (Anm. III/31), S. 350 f.

323 Dazu die Affidavits von Heinrich Gattineau vom 13. März und 12. Juli 1947, *MGN* 6, Ankl.-Dok.-B. 3, Dok. NI–4833; NI–8788. Zur Korrektur: Closing-Brief für Gattineau von Rechtsanwalt Rudolf Aschenauer, Mai 1948; *ebda.*

324 Auch dem Stahlhelm sollte die Spende »bis zu einem gewissen Grade« zugute kommen; Niederschrift über die Besprechung bei der Berufsgenossenschaft der chemischen Industrie und beim Reichsverband der Deutschen Industrie vom 16. Juni 1933; *MGN* 6, Ankl.-Dokl.-Dok.-B. 4, Dok. NI–3799. Vgl. die Bemerkung Hitlers in seiner Reichstagsrede vom 13. Juli 1934, es sei Röhm gelungen, unter der »lügenhaften Angabe, soziale Hilfsmaßnahmen für die SA durchführen zu wollen«, 12 Millionen RM für seine Putschvorbereitungen zu verwenden. *Schultheß, 1934*, S. 182. – Allgemein zur Adolf-Hitler-Spende: Brief Krupps an Schacht vom 30. Mai 1933, *MGN* 5, Ankl.-Dok.-B. 14 A, Dok. NI–439; Rundschreiben des Reichsverbands der Deutschen Industrie und der Vereinigung der Deutschen Arbeitgeberverbände vom 1. Juni 1933; *a. a. O.*, Ankl.-Dok.-B. 14 B, Dok. NI–1224 (F).

325 *Ebda*, und Dok. NI–3799, *a. a. O.* – Die IG-Farben zahlte 1933/34 924 142 RM; Aktennotiz des Zentralausschuß-Büros der IG von Oktober 1944; *MGN* 6, Ankl.-Dok.-B. 4, Dok. NI–4056.

326 Höhe der Zahlungen ca. 300 000 RM, besonders für Beschaffung von Mänteln im Winter 1933/34; Dok. NI–4833 und Closing-Brief (Anm. III/323). Nach einer Zusammenstellung des Bürovorstands des Zentralausschuß-Büros der IG, Hermann Baessler, wurden 1934 für SS/SA und Stahlhelm außer der Adolf-Hitler-Spende noch 137 600 RM gezahlt; *MGN* 6, Ankl.-Dok.-B. 4, Dok. NI–9200. – Allgemein auch Diels (Anm. I/144), S. 299; S. 301.

327 Dok. NI–4833, Dok. NI–8788, Closing-Brief (Anm. III/323). Ende 1933 wurde Gattineau zum SA-Standartenführer befördert. Nach dem 30. Juni 1934 wurde er auf Grund seiner Beziehungen zu Röhm verfolgt.

328 *Doc. C.*, 43/I; s. o. S. 222 f.

329 Abgedr. u. a. in: *NS-Monatshefte,* Nr. 46 (Januar 1934), S. 14 ff. Vgl. *Horkenbach, 1933,* S. 636 ff.

330 *NS-Monatshefte, a. a. O.,* S. 14 f.

331 *A. a. O.,* S. 16.

332 *Ebda.* Vgl. zum ganzen Problem auch Röhm (Anm. III/31), S. 9 f.; S. 349 ff.; S. 365 f.

333 *NS-Monatshefte,* Nr. 31, S. 253.

334 Röhms Protest (*a. a. O.,* S. 252) gegen die Frage: »Weshalb also noch SA und SS?« zeigt, daß die Möglichkeit der Auflösung tatsächlich diskutiert wurde, und es ist nicht ausgeschlossen, daß Parteikreise daran beteiligt waren.

335 Röhm zu Reichenau; *Zeugenschrifttum* (Anm. I/53), Nr. 44 (Gaertner), S. 4.

336 Röhm zu Rauschning; Rauschning, *Gespräche* ... (Anm. I/5), S. 143.

337 Vgl. o. S. 154 f. (Kurzausbildung) und S. 64 f. (Befehlshaberbesprechung); vgl. General a. D. v. Böckmann, *Zeugenschrifttum* (Anm. I/53), Nr. 11, S. 3 f. (Ausbildung von SA-Führern in Döberitz durch Sperrle); s. auch o. S. 270 (Reiterausbildung ab 24. April 1933).

338 Blomberg vor den Befehlshabern am 1. Juni 1933; *Liebmann-Notizen* (Anm. I/112), Bl. 53. Datum des Hitlerschen Geheimbefehls ist nicht bekannt, aber wahrscheinlich Anfang April im Zusammenhang mit Beginn der Aufrüstung oder am 17. Mai aus Anlaß der oben im Text zitierten Besprechung zwischen RWM und SA-Führung. Zur letzteren auch Keitel (Anm. I/17a), S. 53. – Zum Folgenden Vogelsang, »Der Chef ...« (Anm. I/133): Beginn der Verhandlungen zur Übernahme des Reichskuratoriums im Mai.

339 Mitteilung der Reichspressestelle der NSDAP vom 21. Juni 1933: *Dokumente* ... (Anm. III/221), I, S. 73 f. Dazu Aufruf Hitlers vom 26. Juni 1933, *Horkenbach, 1933,* S. 264. – Zur weiteren Eingliederung o. S. 267 ff.

340 Das Reichsbanner war schon am 4. März aufgelöst worden, *Horkenbach, a. a. O.,* S. 109; am 21. Juni Werwolf und Deutschnationaler Kampfring (zusammen mit der Eingliederung des Jungstahlhelms), *a. a. O.,* S. 258; Jungdo am 2. Juli, *a. a. O.,* S. 237, und Hornung (Anm. III/51). Der Werwolf wurde später teilweise auch in die SA übernommen; s. o. S. 270.

341 *RGBl.,* I, 1933, S. 230; S. 1016. Die militärische Bedeutung des Gesetzes vom 28. April ergibt sich auch daraus, daß es vom Reichskabinett zusammen mit dem Gesetz über die Wiedereinführung der Militärstrafgerichtsbarkeit behandelt und verabschiedet wurde; vgl. *Schultheß, 1933,* S. 108.

342 Reichssportkommissar: Rede Fricks auf der Konferenz der Kultusminister der Länder am 9. Mai 1933; *Dokumente* ... (Anm. III/221), I, S. 334; *Horkenbach, 1933,* S. 191 (Ernennung); Rede v. Tschammer und Ostens auf dem Kongreß des Reichsbundes für Leibesübungen am 27. Juli 1934 über Aufgaben und Ziele in: *Das*

Archiv. Nachschlagewerk für Politik, Wirtschaft, Kultur, Jg. 1934/35, August 1934, S. 750 f. – Reichsjugendführer: Verfügung Hitlers vom 17. Juni 1933, in: *Dokumente . . ., a. a. O.,* S. 73. Anfangs war auch hier das Reichskuratorium für Jugendertüchtigung eingeschaltet worden; vgl. die Rede Fricks auf der Konferenz der Kultusminister am 9. Mai (*a. a. O.*): Die Erziehung zur Wehrhaftigkeit müsse schon in der Schule beginnen; dafür kämen vor allem die Geländesport-Lehrgänge des Reichskuratoriums in Frage; *Dokumente . . ., a. a. O.,* S. 334.

343 Befehl Röhms, Oberste SA-Führung, II, Nr. 745/33 vom 23. März 1933 (in Form eines Schreibens an Baldur v. Schirach); *Doc. C.,* 43/II. Befehl Oskar Stäbels vom 29. November 1933 (mit Bezugnahme auf Befehl vom 5.März 1933), *Völkischer Beobachter,* Nr. 334 vom 30. November 1933; vgl. *Deutsche Corpszeitung* 50 (1933/34), S. 271.

344 *Deutsche Corpszeitung, a. a. O.,* S. 35 ff., und *Zentralblatt für die gesamte Unterrichtsverwaltung in Preußen,* 1933, S. 117 ff.

345 Zur Entstehung des AWA: Hans Kops, »Das Akademische Wissenschaftliche Arbeitsamt (AWA), die Wehrsportorganisation der deutschen Studentenschaft. Seine Entstehung und Organisation«, in: *Deutsche Corpszeitung* 49 (1932/33), S. 161 ff., und 48 (1931/32), S. 305 ff. (Wehrsport-Sondernummer). – Das Ausmaß dieser bisher weitgehend unbekannten studentischen Wehrsporttätigkeit war recht erheblich; der darin führende Verband, die *Deutsche Burschenschaft,* besaß ein eigenes Fliegerlager und eigene Flugzeuge; sie nahm mit einer eigenen Mannschaft am Deutschland-Flug 1933 teil und erhielt den 2. Preis. In den Sommerferien 1933 war sie in der Lage, bei ihren Übungen zwei selbstgebaute Funkstationen mit Gegenstationen zu verwenden; vgl. *a. a. O.,* 50 (1933/34), S. 156 und S. 131.

346 *Beiblatt der Deutschen Corpszeitung* 50 (1933/34), Nr. 2, S. 21 (Rundschreiben des AWA Nr. 215 vom 10. April 1933); *Deutsche Corpszeitung* 50 (1933/34), S. 99 (Sitzung des Wehrsportausschusses des Kösener SC am 23. April 1933); *a. a. O.,* S. 39 ff. (Bacmeister, »Werkjahr und Wehrsport«). – Der Leiter der AWA, Dipl.-Ing. Otto Schwab, wurde Leiter des neuen Amtes.

347 *Schultheß, 1933,* S. 167.; vgl. auch *Deutsche Reichsgeschichte . . .* (Anm. III/193), IV, S. 657 ff., und *Horkenbach, 1933,* S. 270. Zur Teilnahme Reichenaus s. dessen Brief an Lt. a. D. Richard Scheringer vom 15. Juli 1933; abgedr. in: Richard Scheringer, *Das große Los unter Soldaten, Bauern und Rebellen,* Hamburg 1959, S. 283; bestätigt durch Brief Scheringers an Wolfgang Sauer vom 6. Dezember 1959. Ferner Keitel (Anm. I/17a), S. 53.

348 *Deutsche Reichsgeschichte . . ., a. a. O.,* IV, S. 659 (zu Seldte); Duesterberg (Anm. I/138), S. 67; Aussage Gruß, *IMT* (Anm. I/55), XXI, S. 125 (Befehl Hitlers).

349 Aktennotiz Krügers vom 5. Juli 1933, *IMT, a. a. O.,* XXIX, S. 3. Vgl. auch die Darstellung der Chef AW-Organisation bei Absolon (Anm. I/232), S. 73 f., die aber den Entwurfscharakter vieler der zi-

tierten Dokumente nicht beachtet und daher ein zu »fertiges« Bild der Verhältnisse zeichnet. Besser Vogelsang, »Der Chef . . .« (Anm. I/133).

350 Aktennotiz Krügers vom 5. Juli 1933, *a. a. O.*, und Aktenvermerk vom 8. Juli 1933, *IMT*, *a. a. O.*, S. 2; vgl. S. 8.

351 Aktennotiz Krügers vom 15. Juli, *a. a. O.*, S. 4; Inhalt nicht bekannt; wie aus der Regelung der Etatfrage zu schließen ist (darüber s. o. S. 272 f.), war vermutlich Oberaufsicht des Chefs AW vorgesehen; vgl. Absolon (Anm. I/232), S. 73. – Im Zusammenhang damit scheint auch die Ernennung des Reichssportkommissars zum *Reichssportführer* am 19. Juli 1933 erfolgt zu sein; vgl. *Das deutsche Führerlexikon* . . . (Anm. III/13), S. 498.

352 Vgl. o. S. 154; Castellan. (Anm. I/79), S. 400.

353 *A. a. O.*, S. 399.

354 Befehlshaberbesprechung vom 5. Juli 1934 (Aufzählung der nach der Röhm-Affäre eingestellten Maßnahmen); dito vom 2. Februar 1934; *Liebmann-Notizen* (Anm. I/112), Bl. 95 ff.; Bl. 72. Ausführlich o. S. 330 ff.

355 Mehrfach wiederholt: Rede an die SA in Kiel, 7. Mai; Rede im Reichstag, 17. Mai; Rede auf der SA-Führertagung in Reichenhall, 1./3. Juli; Rede im Rundfunk zum Austritt aus dem Völkerbund, 14. Oktober; *Schultheß, 1933*, S. 123; S. 134; S. 168; S. 223 f.

356 Vgl. o. Anm. I/50 und *Zeugenschrifttum* (Anm. I/53), Nr. 44, S. 4 (Gaertner).

357 *A. a. O.*, S. 20 ff. (bezüglich Heines).

358 Das Verhältnis zwischen SA und SS scheint noch nicht deutlich geklärt gewesen zu sein. Nach Gaertner, *a. a. O.*, S. 5, erklärte Reichenau, der Chef AW habe an der SS kein Interesse. Vgl. aber den Vermerk Röhms vom 19. März 1934, in dem dem Chef AW die Aufsicht über die militärische Ausbildung der SS übertragen wurde; *IMT* (Anm. I/55), XXXI, S. 163.

359 Vgl. o. S. 253 f. Ein Beispiel für die Vermischung der Funktionen ist, daß die Abteilung I C der SA-Gruppe III, Berlin-Brandenburg, die in ihrem Bereich die Terrorkampagne geleitet hatte (s. o. S. 246 f.), zugleich auch die Leitung der Nachrichten-Einheiten der SA-Gruppe III hatte; Engelbrechten (Anm. I/134), S. 273.

360 *IMT* (Anm. I/55), XXXI, S. 161.

361 Diels (Anm. I/144), S. 255 f.; Engelbrechten (Anm. I/134), S. 278; vgl. Buchheim in: *Gutachten* . . . (Anm. III/216), S. 355 ff.

362 Buchheim, »Die SS . . .« (Anm. III/49), S. 139 f. (mit der Literatur). Diese paramilitärischen Verbände beschränkten sich nicht nur auf die am 17. März 1933 gegründete Berliner »Stabswache« Hitlers, die spätere *Leibstandarte SS Adolf Hitler;* die Oberabschnitts-Führungen der SS stellten 1933 auch in ihrem Bereich ohne staatliche Hilfe sogenannte »Politische Bereitschaften« bzw. »SS-Kommandos z. b. V.« auf; vgl. auch Paul Hausser, *Waffen-SS im Einsatz,* Göttingen 1953, S. 9. f.

363 Gaertner in: *Zeugenschrifttum* (Anm. I/53), Nr. 44, S. 5. Nach Angaben Gaertners soll das Gespräch im November 1933 stattgefun-

den haben.
364 Befehlshaberbesprechung vom 1. Juni 1933, *Liebmann-Notizen* (Anm. I/112), Bl. 53. Vgl. *Zeugenschrifttum* (Anm. I/53), Nr. 11, S. 4 (Böckmann).
365 Zahlenangaben für Stahlhelm: Aussage Gruß, *IMT* (Anm. I/55), XXI, S. 141 f.; Jüttner, *a. a. O.*, S. 145 (übereinstimmend). – Für SA: s. o. S. 223 und Castellan (Anm. I/79), S. 348. Vgl. aber Jüttner, *ebda.*, der die SA 1933 nur auf 300 000 Mann schätzte.
366 Vgl. o. Bracher (Anm. I/60), S. 286 ff.
367 Duesterberg (Anm. I/138), S. 45; S. 62.
368 *A. a. O.*, S. 67; Gruß, *IMT* (Anm. I/55), XXI, S. 125. Dazu und zum Folgenden auch Buchheim in: *Gutachten* ... (Anm. III/216), S. 370 ff. (der allerdings nur die politischen, nicht die militärischen Aspekte des Vorgangs berücksichtigt).
369 Buchheim, *a. a. O.*, S. 371 f.; vgl. Gruß, *a. a. O.*, S. 125; Duesterberg (Anm. I/138), S. 67.
370 *Schultheß, 1933,* S. 186.
371 Gruß, *IMT* (Anm. I/55), XXI, S. 125.
372 Duesterberg (Anm. I/138), S. 67; Engelbrechten (Anm. I/134), S. 277.
373 *Schultheß, 1933,* S. 213; vgl. *Horkenbach, 1933,* S. 413 f.; Duesterberg, *a. a. O.* S. 63 (Aufruf Seldtes) und S. 66 (Eindruck von Hitlers Rede auf die Hörer).
374 Befehl Röhms vom 24. September; abgedr. bei Duesterberg, *a. a. O.,* S. 67 f. (Duesterberg datiert, vermutlich irrtümlich, den Befehl auf den 28. September; vgl. Rühle, Anm. III/30, S. 201). Vgl. auch Engelbrechten (Anm. I/134), S. 279 (Umgliederung der Berliner SA im Oktober wegen Aufnahme des Stahlhelms).
375 *IMT* (Anm. I/55), XLII, S. 214 (Auszug); vgl. Gruß, *a. a. O.,* XXI, S. 125; Buchheim in: *Gutachten* ... (Anm. III/216), S. 372 f.; Duesterberg (Anm. I/138), S. 68. Bei den sonstigen Verbänden handelte es sich um Offiziers- und Regiments-Vereine, Waffenringe, Marine- und Kolonialverbände usw.
376 Die SA hatte bis 1933 bereits eigene Reserve-Einheiten aufgestellt. Sie blieben jetzt zunächst bei der »aktiven SA«. Am 2. Februar 1934 wurden aber auch sie mit der SA-Reserve I vereinigt und unmittelbar der Obersten SA-Führung unterstellt; der bisherige Führer der SA-Reserve I, der ehemalige Stahlhelmführer v. Stephani, wurde »zur Verfügung der Obersten SA-Führung gestellt«; *Schultheß, 1934,* S. 60. Durchführung in den unteren Instanzen aber erst Mai 1934; Engelbrechten (Anm. I/134), S. 292.
377 *Horkenbach, 1933,* S. 600.
378 Gruß, *IMT* (Anm. I/55), XXI, S. 125 f. (24. Januar 1934); Duesterberg (Anm. I/138), S. 68 (25. Januar); Engelbrechten (Anm. I/134), S. 287; vgl. Buchheim in: *Gutachten* ... (Anm. III/216), S. 373. – Für Seldte richtete Röhm ein *Quartiermeisteramt* in der Obersten SA-Führung ein: Befehl vom 24. Januar 1934, *Doc. C.*, 43/II.
379 Duesterberg, *ebda.;* Gruß, *a. a. O.,* S. 125; vgl. auch Buchheim, *a. a. O.,* S. 377 ff. – Als Anfang scheint – wiederum nach der Methode

des festlichen Appells – die Teilnahme Röhms an der Reichsgründungsfeier des Kyffhäuserbundes am 14. Januar 1934 gedacht gewesen zu sein; *Schultheß, 1934,* S. 14. Vgl. Befehl Oberst a. D. Reinhards in: *Völkischer Beobachter,* Nr. 334 vom 30. November 1933.

380 *IMT* (Anm. I/55), XXXI, S. 160 ff. (Auszug).

381 Engelbrechten (Anm. I/134), S. 271. Der Inspektor begann alsbald einen »sehr ausgedehnten Schulungsbetrieb«, und zwar hauptsächlich »im Anschluß an die einzelnen Kavallerie-Regimenter des Reichsheeres«.

382 *A. a. O.*, S. 277. – Der Werwolf trat am 24. Oktober insgesamt zur SA über; *Völkischer Beobachter,* Nr. 328 vom 24. Oktober 1933.

383 Aktive SA: 500 000 Mann, Januar 1933, + 314 000 Mann Wehrstahlhelm (Duesterberg, Anm. I/138, S. 68) + ca. 150 000 Mann direkte Zugänge (Schätzung des Verf.; vgl. Jüttner, *IMT,* Anm. I/55, XXI. S. 152), zusammen 964 000 Mann. Die Gesamtzahl, also einschließlich der verschiedenen Reserve-Einheiten, ist errechnet nach *IMT, a. a. O.,* S. 145 f.

384 Vgl. dazu die Erörterungen über die Rechtslage bei Buchheim in: *Gutachten* ... (Anm. III/216), S. 373 ff.

385 Vgl. Krosigk (Anm. I/74), S. 180 f. über die »Kriegslist« Seldtes, die SA durch den Stahlhelm zu unterwandern. Es ist kaum zweifelhaft, daß Reichenau sich von ähnlichen Gedanken leiten ließ; vielleicht haben sogar Abreden zwischen beiden bestanden.

386 Aktennotiz Krügers vom 5. Juli 1933, *IMT* (Anm. I/55), XXIX, S. 2.

387 *Zeugenschrifttum* (Anm. I/53), Nr. 44, S. 5 (Gaertner), (s. auch o. S. 267 f.). Der Vertrauensmann des Heeres bei der schlesischen SA-Gruppe war Mertz v. Quirnheim; s. o. S. 80 (mit den Hinweisen auf andere Offiziere in ähnlicher Position). Vgl. auch den Fall Brämer: durch Schleicher als Generalmajor aus der Reichswehr entlassen, dann Oberführer beim Chef AW, später Waffen-SS; *MGN* 12, Ankl.-Dok.-B. 22, Dok. NOKW–3329.

388 Aktennotiz Krügers vom 5. Juli, *a. a. O.,* und vom 15. Juli 1933: Blomberg erklärte gegenüber Krüger, er habe von Reichenaus Forderungen keine Kenntnis gehabt; *IMT* (Anm. I/55), XXIX, S. 3 ff.; vgl. auch S. 7: Notiz über Besprechung Krügers mit Staatssekretär Reinhardt vom Reichsfinanzministerium am 18. Juli 1933: Der Etat des Chefs AW sollte sich zusammensetzen aus dem Etat des bisherigen Reichskuratoriums und einem Nachtragsetat von 25 Millionen für das laufende Jahr. Dazu und zum ganzen Problem Vogelsang, »Der Chef ...« (Anm. I/133).

389 Aktennotiz vom 5. Juli, *a. a. O.,* S. 2; Aktennotiz vom 17./18. Juli 1933, *a. a. O.,* S. 8.

390 *A. a. O.,* S. 3 f. – Schon vorher hatte Reichenau bei Röhm angeregt, das Wehrpolitische Amt von den Sitzungen des RVA auszuschließen; Schreiben vom 26. Mai 1933; *IMT, a. a. O.,* XXXI, S. 164.

391 Die Datierung ergibt sich aus der Angabe Liebmanns in der Kommandeurbesprechung vom 15./18. Januar 1934: Ab 1. Oktober 1933 habe die sogenannte Ausbildung außerhalb des Heeres weitgehend

in den Händen der SA gelegen; *Liebmann-Notizen* (Anm. I/112), Bl. 59. Vgl. auch Verfügung Chef AW vom 9. Oktober 1933 mit Lehrplan für Geländesportschulen; *IMT, a. a. O.*, XXIX, S. 585 ff.

392 Auflösung: Befehlshaberbesprechung vom 12. Januar 1935, *Liebmann-Notizen, a. a. O.*, Bl. 119; Steiner (Anm. I/84), S. 113; *Zeugenschrifttum* (Anm. I/53), Nr. 44 (Gaertner), S. 6; Absolon (Anm. I/232), S. 74. – Zur Effektivität u. a. *ebda.* und Notizen Heinricis, *a. a. O.*, Nr. 66, II, S. 170. Vgl. Nr. 248, S. 38 (Holtzendorff): Die besten Ergebnisse seien auf den NSKK-Motorsportschulen erzielt worden (H. war selbst vorübergehend Mitglied des NSKK). – Zu beiden Problemen auch Vogelsang, »Der Chef . . .« (Anm. I/133).

393 Steiner, *a. a. O.*, S. 113 (Stand vom 1. Oktober 1934). In Schlesien bestanden 3 Schulen für Führer- und 12 für Mannschaftsausbildung; *Zeugenschrifttum, a. a. O.*, Nr. 44, S. 5 (Gaertner).

394 Engelbrechten (Anm. I/134), S. 291 (Befehl Röhms vom 5. Dezember; Ausführungsbestimmungen im März 1934); vgl. Vermerk Krügers vom 23. Februar 1934, *IMT* (Anm. I/55), XXVIII, S. 584.

395 *Deutsche Corpszeitung* 50 (1933/34), S. 131 (Anordnung des Führers des Kösener SC vom September 1933); S. 137 (Mitteilung über Einstellung der Wehrsport-Versicherung mit Hinweis auf Datum der Auflösung). – Zum Befehl Hitlers: erwähnt in Verfügung des SA-Hochschulamts Köln vom 14. April 1934; *IMT, a. a. O.*, XXXVI, S. 102 f.; dito München (im wesentlichen gleichlautend), *a. a. O.*, XLII, S. 422 f.

396 Die *Deutsche Studentenschaft* habe »vor allem . . . die Studenten durch Verpflichtung zum SA-Dienst und Arbeitsdienst und durch politische Schulung zu *ehrbewußten* und *wehrhaften deutschen Männern* und zum verantwortungsbereiten selbstlosen Dienst in Volk und Staat zu erziehen . . . Die Erziehung zur Wehrhaftigkeit liegt bei dem SA-Hochschulamt«; Studentische Verfassung, 2. Teil, Stück 4 (Auszeichnung i. Orig.), *Deutsche Corpszeitung 50, a. a. O.*, S. 255. – Schon vorher war der SA-Dienst auch für Dozenten und Assistenten zur Pflicht gemacht worden; Erlaß des preußischen Kultusministeriums in: *Völkischer Beobachter*, Nr. 287 vom 14. Oktober 1933.

397 *Deutsche Corpszeitung, a. a. O.*, S. 156 (Rundschau); S. 141 ff. (Rede Bluncks vom 7. Oktober 1933; bes. S. 145).

398 Z. B. Verfügung der SA-Hochschulämter von Köln und München, April 1934, s. o. Anm. III/395.

399 *Deutsche Corpszeitung* 50 (1933/34), S. 272 (Wiedergabe eines Erlasses des preußischen Kultusministeriums über Abgrenzung der Kompetenzen zwischen den SA-Hochschulämtern und den Hochschulinstituten für Leibesübungen). Vgl. *Schultheß, 1934*, S. 11 f. (zum 13. Januar).

400 Vermerk Röhms vom 19. März 1934; *IMT* (Anm. I/55), XXXI, S. 163.

401 Sie begannen schon in der zweiten Hälfte 1933: SA-Aufmarsch in Berlin, 6. August (80 000 Mann); Engelbrechten (Anm. I/134), S. 275 f.; *Horkenbach, 1933*, S. 328; Aufmarsch in Breslau (85 000

Mann); *Völkischer Beobachter,* Nr. 283 vom 10. Oktober 1933. Vor allem im Frühjahr 1934; Engelbrechten, *a. a. O.,* S. 288 ff.

402 *Zeugenschrifttum* (Anm. I/53), Nr. 44 (Gaertner), S. 19.

Viertes Kapitel: RÖHMKRISE UND ZWEITE REVOLUTION

1 Dazu Crane Brinton, *The Anatomy of Revolution,* London 1953 (deutsch: *Die Revolution und ihre Gesetze,* Frankfurt/M. 1959). B. betont mit Recht, daß die neuen Rechtsordnungen revolutionärer Regime meist ebensowenig Anspruch darauf haben, als gerecht zu gelten, wie die des jeweiligen *Ancien Régime.* Von der nationalsozialistischen Revolution unterschieden sie sich aber dadurch, daß sie Verbindlichkeit erstrebten.

2 Rede Hitlers vor den Reichsstatthaltern am 6. Juli 1933; Rundschreiben Fricks an die Reichsstatthalter vom 11. Juli 1933; Rundfunkrede von Goebbels am 17. Juli 1933; *Dokumente* ... (Anm. III/221), I, S. 74 f.; S. 76 f.; S. 77 ff.

3 *RGBl., I, 1933, S. 1016; a. a. O.,* 1934, S. 78.

4 Reden vom 13. und 15. Juni 1933; *Horkenbach, 1933,* S. 251; S. 254.

5 Rede in München am 19. März 1934; *Schultheß, 1934,* S. 91 ff.

6 Wahlrede in Hamburg, 19. August 1934; *a. a. O.,* S. 216.

7 *A. a. O.,* S. 167 f.; *Horkenbach, 1933,* S. 270.

8 Verordnung zur Durchführung der Arbeitsbeschaffungs-Maßnahmen vom 28. Juni 1933, *RGBl.,* I, 1933, S. 425 (§ 3, Abs. 2).

9 *Schultheß, 1933,* S. 168. Man beachte, daß in diesem Satz die Fortsetzung der Revolution impliziert ist. Vgl. auch die Rede auf der Führertagung der NSDAP am 5. August 1933, *a. a. O.,* S. 189 f.

10 *Dokumente* ... (Anm. III/221), I, S. 75.

11 Zum Folgenden s. o. Bracher (Anm. I/60), II. und III. Kapitel, und Schulz (Anm. II/167), hauptsächlich IV. Kapitel.

12 Rundfunkrede vom 31. Januar 1934, *Schultheß, 1934,* S. 54; angekündigt schon in Hitlers Rede vor den Reichsstatthaltern am 6. Juli 1933 (s. o. Anm. IV/2), S. 74.

13 Vgl. o. Schulz (Anm. II/167).

14 Dazu das Beispiel der Aufrüstung, o. S. 150 ff.; S. 175 ff.; außerdem o. Schulz (Anm. II/167).

15 *Schultheß,* 1934, S. 213.

16 Picker (Anm. I/16), S. 222; s. auch S. 253 und *passim.*

17 Krebs (Anm. III/24), S. 128. Ähnliches Mißverständnis bezüglich der katholischen Kirche, *a. a. O.,* S. 133; S. 138 f.

18 *Schultheß, 1934,* S. 59. Bezeichnend für die Unordnung in Hitlers Denken ist die Verwendung des seiner Vorstellungswelt im Grunde inadäquaten Begriffs »Verwaltungsapparatur«. Vgl. auch Hitlers Rede auf der Führertagung der NSDAP am 5. August 1933, in der er deutlich mit dem Problem ringt, der an die Person gebundenen charismatischen Führerherrschaft »unabhängig von Personen« Dauer zu verleihen, ohne freilich diese politische Quadratur des Kreises meistern zu können: *a. a. O., 1933,* S. 189.

19 Hitler (Anm. I/5), S. 382; S. 649 und öfter.

20 Dokumente ... (Anm. III/221), I. S. 74. Ähnlich Goebbels am 19. März 1934: Das Wesentliche der nationalsozialistischen Bewegung liege nicht in Organisationen. »Organisationen seien nichts, wenn man nicht die Menschen besitze. Auch Organisationen seien nicht Selbstzweck. Das gelte auch für die größte Organisation auf politischem Gebiet, für den Staat« (*Schultheß, 1934,* S. 94.). Die Konsequenzen klassisch formuliert bei Keitel (Anm. I/17a), S. 168: Die Beseitigung des Reichskriegsministeriums 1938 habe »ein Vakuum entstehen lassen, das dem Führer nur die gewünschte Bewegungsfreiheit schaffte u. mich vor eine unlösbare Aufgabe gestellt hat. Die Probleme u. Aufgaben waren damit nicht gelöst, daß man organisatorisch die Institutionen für ihre Behandlung beseitigt hatte.«

21 Dazu Max Weber (Anm. I/1), S. 758 ff.

22 *Die nationalsozialistische Revolution, Tatsachen und Urkunden, Reden und Schilderungen. 1. August 1914 bis 1. Mai 1933,* hrsgg. von Walther Gehl, Breslau [1933], S. 55.

23 Rede auf der Führertagung der SA am 21./22. Januar 1934, *Schultheß, 1934,* S. 21. – Vgl. auch Hitlers Reden vom 1. Juli 1933 (Anm. IV/7), 6. Juli 1933, 24. Februar 1934, 19. März 1934 usw.; *Dokumente ...* (Anm. III/221), S. 74; *Schultheß, 1934,* S. 75 ff.; S. 91.

24 So z. B. Hitler in den *Tischgesprächen;* Picker (Anm. I/16), S. 252. – Dazu Max Weber (Anm. I/1), S. 776 ff., über charismatische Erziehung: Isolierung in einer Erziehungsgemeinschaft, Mut- und Härteproben, körperliche und seelische Exerzitien, psychische Erschütterungen und physische Torturen zum Nachweis der charismatischen Qualifikation.

25 Heiden, *Adolf Hitler* (Anm. I/81), S. 116 und S. 113 ff. Heiden sagt sehr richtig, diese Methoden und Formen seien von Hitler und den Nationalsozialisten während ihrer Aktionen »durch Zufall« entdeckt worden. Zu dem irrationalen Stil des Nationalsozialismus gehörte es, daß die Mittel und Methoden nicht doktrinär abgeleitet, sondern aus der Praxis, dem »Kampf« heraus entwickelt wurden. – Zur Versammlungstechnik vgl. auch Hitler (Anm. I/5), S. 583 ff. – Ähnliches gilt für die Parteitage; Krebs (Anm. III/24), S. 55; S. 57.

26 Krebs, *a. a. O.,* S. 170.

27 Dieser Satz ist jedoch nicht umkehrbar, d. h., es gibt auch unter primitiven Verhältnissen andere bzw. gemischte Organisationsformen; dazu Max Weber (Anm. I/1), S. 756 f. und *passim.*

28 Vgl. dazu die zahlreichen Fälle, in denen Hitler seine Entscheidungen, Handlungen, Maßnahmen usw. damit motivierte, daß das Volk zur Härte erzogen werden müsse; z. B. in: *Mein Kampf* (Anm. I/5), S. 144 ff. (Prinzip des Lebenskampfes); S. 149 (Expansion nach Osten, um Friedseligkeit zu bekämpfen); S. 680 (allzuviel Rücksicht auf wirtschaftliche Interessen schwächt Kampfkraft) usw.; auch Rede vom 10. November 1938, s. o. S. 106.

29 Hitler am 5. August 1933: »Die heroische Idee der Bewegung« müsse »das ganze Volk beherrschen«; *Schultheß, 1933,* S. 189. Klassische Formulierung bei Goebbels, Rede vom 24. Juni 1934, in: *Das Archiv,* Juni 1934, S. 319: »Ich kann Ihnen sagen, daß niemals in

unserem Leben der Augenblick kommen wird, wo wir von einem Leben in Schönheit und Würde reden können. Im Gegenteil, ich bin überzeugt, daß *unser ganzes Leben aus Sorge und Kampf und Opfertum* bestehen wird. Und es ist gut so. Denn wir haben uns in unseren jungen Jahren so an den Kampf gewöhnt, daß wir ohne ihn nicht leben können« (Auszeichnung i. Orig.).

30 *Schultheß, 1934*, S. 159; *Das Archiv*, Juni 1934, S. 320 f.

31 Charakteristisch dafür ist Hitlers Bemerkung, man dürfe bei Verträgen nicht alle Rechtsfragen lösen, sondern müsse sich ungelöste Probleme für später in Reserve halten; Picker (Anm. I/16), S. 102.

32 Hitler (Anm. I/5), S. 385. Man beachte dabei die Verwendung der Termini »Größe«, »Stärke« und »Lebensberechtigung« als Synonyma, wobei die Gleichsetzung der ersten beiden Hitler offenbar unbewußt unterläuft, während er »Stärke« und »Lebensberechtigung« bewußt identifiziert.

33 Freilich wäre auch ein »Wachstum nach innen« denkbar gewesen, nämlich durch Zunahme des Terrors, also fortgesetzten inneren Kampf; aber dieser Konsequenz wichen die Nationalsozialisten verständlicherweise instinktiv aus. Erst als die Expansion im Kriege an ihre Grenze gelangte, griffen sie darauf zurück.

34 Protokoll-Auszug in: *HAB*, Rep. 335/454, S. 9ff.; in englischer Übersetzung: *Documents* ... (Anm. II/153), I, S. 114. Ähnlich die Forderung Freislers, das deutsche Volk müsse auf Jahrzehnte hinaus in einem fieberhaft revolutionären Stadium gehalten werden; *Dienatag-Bericht* vom 12. April 1933, *Sammlung Brammer (BA)*.

35 Dazu Schmeer (Anm. III/6).

36 *A. a. O.*, S. 68 ff.; vgl. o. Bracher (Anm. I/60), S. 255 f.

37 Rede an die deutsche Wehrmacht, 7. März 1935; in: *Alfred Rosenberg, Gestaltung der Idee. Reden und Aufsätze 1933–1935*, München 1936, S. 284 ff.; Zitat S. 303. Vgl. dazu die Bemerkungen von Rauschning, *Die Revolution* ... (Anm. I/12), S. 75.

38 Vgl. die Rede Hitlers zur Eröffnung der »2. Arbeitsschlacht« am 21. März 1934; *Schultheß, 1934*, S. 95.

39 Beispiele bei Vollmer (Anm. III/281), S. 27 ff. (Bericht des Regierungspräsidenten Aachen vom 5. März 1934; wichtig vor allem für die trotz Konkordat starken Spannungen zur katholischen Kirche).

40 *Völkischer Beobachter* vom 12. Mai 1934; *Schultheß, 1934*, S. 131 f. für die neue Welle ab Juni 1934 s. *Das Archiv*, Juni 1934, S. 316 ff. Zum Zusammenhang mit der Röhm-Affäre s. o. S. 342 ff.

41 Bracher, *Die Auflösung* ... (Anm. I/26), S. 64 ff.

42 Auf die Pluralität der Machtgruppen im Herrschaftssystem des »Dritten Reiches« hat zuerst Franz Neumann, *Behemoth* (Anm. I/14), hingewiesen. – Daß sich aus dieser Pluralität die o. S. 19 f. beschriebene Doppelstruktur entwickelte, beruhte auf der fortgesetzten Anwendung des Rivalitätsprinzips.

43 Brüning (Anm. I/85), S. 18 f.; Schlabrendorff (Anm. I/204), S. 35. – Zum Untergang des Zentrums s. die Dokumentation von Erich Matthias: »Die Sitzung der Reichstagsfraktion des Zentrums am 23. März 1933« in: *Vierteljahrshefte für Zeitgeschichte* 4 (1956), S.

302 ff. Dazu und zum Folgenden ausführlich o. Bracher (Anm. I/60).

44 Dazu Erich Matthias, »Der Untergang der alten Sozialdemokratie 1933« in: *Vierteljahrshefte für Zeitgeschichte* 4 (1956), S. 250 ff., und die Dokumentation dazu, *a. a. O.*, S. 179 ff. Vgl. auch ders., *Sozialdemokratie und Nation. Ein Beitrag zur Ideengeschichte der sozialdemokratischen Emigration in der Prager Zeit des Parteivorstandes 1933–1938 (Veröffentlichungen des Instituts für Zeitgeschichte),* Stuttgart 1952; Lewis J. Edinger, German Exile Politics. The Social Democratic Executive Committee in the Nazi Era, Berkeley–Los Angeles 1956.

45 Dazu von kommunistischer Seite: *Zur Geschichte der deutschen antifaschistischen Widerstandsbewegung 1933–1945. Eine Auswahl von Materialien, Berichten und Dokumenten,* hrsgg. vom Verlag des Ministeriums für nationale Verteidigung in Zusammenarbeit mit Käte Haferkorn und Hans Otto, Berlin [Ost] 1957; Otto Winzer, *Zwölf Jahre Kampf gegen Faschismus und Krieg. Ein Beitrag zur Geschichte der Kommunistischen Partei Deutschlands 1933 bis 1945,* 2. Aufl., Berlin [Ost] 1955.

46 Das hat Rauschning im Prinzip richtig gesehen (*Die Revolution* . . ., Anm. I/12, S. 329 f.), wenn er der Wehrmacht die Mobilisierung der monarchistischen Idee als politische Stütze gegenüber dem NS-Regime empfahl. Nur war es zur Zeit, als diese Empfehlung ausgesprochen wurde (1938), schon zu spät dazu.

47 Vgl. o. S. 258 f. Vgl. auch die Aussage von Dr. Betz (ehemaliger Kriegskamerad Röhms), *Urteil München* (Anm. III/191), S. 65; auch Mellenthin, *Zeugenschrifttum* (Anm. I/53), Nr. 105, S. 35. In diesem Zusammenhang ist interessant, daß zu dieser Zeit der General a. D. v. d. Schulenburg, der sich am 9. November 1918 im kaiserlichen Hauptquartier in Spa als einer der treuesten Anhänger Wilhelms II. erwiesen hatte, von Röhm in seinen engeren Stab aufgenommen wurde; s. Stapf, *a. a. O.*, Nr. 152, S. 1; S. 7; S. 14 f.; Röhricht, *a. a. O.* Nr. 125, S. 9. Es bedarf noch der Nachprüfung, ob Schulenhurg versucht hat, Röhm im monarchistischen Sinne zu beeinflussen.

48 Kontakte vor 1933: Walther H. Kaufmann, *Monarchism in the Weimar Republic,* New York 1953, S. 215 ff.; Paul Herre, *Kronprinz Wilhelm. Seine Rolle in der deutschen Politik,* München 1954, S. 215 f. – Reise der Exkaiserin Hermine im Februar 1933: *a. a. O., S.* 219, und Kaufmann, *a. a. O.,* S. 224. – Diskussion um die Rückkehr Wilhelms II. als Bürger nach Deutschland im Reichskabinett, März 1933: *ebda.* – Vgl. auch Heiden, *Adolf Hitler* (Anm. I/81), S. 418 (über einen angeblichen »Kronrat« in Potsdam, Februar 1933).

49 *Dienatag-Berichte*, 27. und 30. März *(BA); Schultheß, 1933*, S. 78; *Horkenbach, 1933,* S. 144.

50 *Schultheß, 1933,* S. 152 (2. Juni).

51 Herre (Anm. IV/48), S. 217.

52 Neue Aktion des Kronprinzen: *a. a. O.*, S. 219 f. – Brief Wilhelm II. an Hindenburg: Heiden, *Der Fuehrer. Hitler's Rise to Power,* Boston 1944, S. 735; Kaufmann (Anm. IV/48), S. 224 f. – Vorstoß an-

derer Dynasten bei Hitler: Picker (Anm. I/16), S. 256; dazu Herre, *a. a. O.*, S. 220. – Vgl. auch Werner Frhr. v. Rheinhaben, *Viermal Deutschland. Aus dem Erleben eines Seemanns, Diplomaten, Politikers 1895–1954*, Berlin 1954, S. 325 ff. (Bemühungen der Frau v. Dirksen im November 1933).

53 Warnungen: Rede Staatsrat Görlitzers vor Beamten, 17. Januar 1934, *Schultheß*, 1934, S. 20; Rede Alfred Bäumlers, 18. Januar 1934 (s. o. I. Teil, S. 314); Gauleiter Groé, Köln, 19. Januar 1934; *Schultheß, 1934*, S. 20; gleichzeitig bekam die Presse wiederholt strenge Anweisungen, zum 75. Geburtstag des Kaisers keine Artikel mit monarchistischer Tendenz zu bringen. Goebbels drohte, andernfalls das Verhalten Wilhelms II. in öffentlicher Diskussion anzuprangern. Anweisungen Nr. 182 vom 16. Januar 1934 und Nr. 200 vom 24. Januar 1934, *Sammlung Brammer* 3 *(BA)*. – *Sprengung von Kaiser-Geburtstags-Feiern* am 26./27. Januar: *Schultheß, 1934*, S. 28; Görlitz, *Hindenburg* (Anm. I/72), S. 418. – Verbot: *Schultheß, a. a. O.*, S. 58 f.

54 Tschirschky, *Zeugenschrifttum* (Anm. I/53), Nr. 568; Papen (Anm. I/69), S. 368 ff.

55 Papen, *a. a. O.*, S. 369 f.; Tschirschky, *a. a. O.;* Görlitz, Hindenburg (Anm. I/72),S. 418 ff.

56 Vgl. die Rede Hitlers zum Ermächtigungsgesetz, 23. März 1933, *Schultheß, 1933*, S. 69 (dort allerdings mit Hauptrichtung gegen die bayerischen Sonderwünsche). Vgl. auch Rheinbaben (Anm. IV/52), S. 325 ff., und Meißner (Anm. I/72), S. 322.

57 *Schultheß, 1934*, S. 40. Dazu Kaufmann (Anm. IV/48), S. 221.

58 Martin H. Sommerfeldt, *Ich war dabei. Die Verschwörung der Dämonen 1933–39. Ein Augenzeugenbericht*, Darmstadt 1949, S. 58 ff. – Zu den Verhältnissen im Hause Hohenzollern s. Kaufmann, *a. a. O.*, S. 224 (Hermine intrigiert gegen den Kronprinzen); Prinz Louis Ferdinand v. Preußen, *Als Kaiserenkel durch die Welt*, Berlin 1952, S. 256. S. 283 f. (der älteste Sohn des Kronprinzen, Prinz Wilhelm, von Erbfolge wegen unstandesgemäßer Heirat ausgeschlossen, will aber nicht verzichten).

59 Papen (Anm. I/69), S. 369; *Zeugenschrifttum* (Anm. I/53), Nr. 568, S. 6 (Tschirschky); Görlitz, *Hindenburg* (Anm. I/72), S. 416; vgl. Herre (Anm. IV/48), S. 221.

60 Sommerfeldt (Anm. IV/58), S. 61.

61 *Schultheß, 1934*, S. 39 f.

62 Allerdings scheint Rupprecht danach resigniert zu haben; Sendtner (Anm. I/27), S. 643. – Ein Beispiel aus den anderen Dynastien ist Friedrich Christian zu Schaumburg-Lippe, der wie August Wilhelm v. Preußen SA-Führer war; s. seinen Bericht *Zwischen Krone und Kerner*, Wiesbaden 1952, bes. S. 149 (Diskussion mit Goebbels, der ihm freilich die gleichen Argumente entgegenhielt wie Hitler).

63 *Zeugenschrifttum* (Anm. I/53), Nr. 568, S. 6 f. (Tschirschky); Papen (Anm. I/69), S. 370; vgl. Herre (Anm. IV/48), S. 221 f.

64 Tschirschky, *a. a. O.*, S. 11; Papen, *a. a. O.*, S. 271.

65 Tschirschky, *a. a. O.*, S. 4 ff.

66 Vgl. o. S. 79.

67 Notizen Heinrici aus einer Besprechung im Frühjahr 1934; *Zeugenschrifttum* (Anm. I/53), Nr. 66, II, S. 170: Auftrag zur Heeresvermehrung wird als Beweis für »Vertrauen des Kanzlers« gewertet.

68 Kommandeurbesprechung vom 15./18. Januar 1934, *Liebmann-Notizen* (Anm. I/112), Bl. 59.

69 Mellenthin, *Zeugenschrifttum* (Anm. I/53), Nr. 105, S. 35. Vgl. auch Fritsch in den Befehlshaberbesprechungen vom 2./3. Februar 1934, 27. Februar 1934 und 7. Mai 1934; *Liebmann-Notizen, a. a. O.* Bl. 72; Bl. 76; Bl. 83 f.

70 *A. a. O.*, Bl. 67.

71 Groener (Anm. I/31), S. 468 f.

72 Kommandeurbesprechung vom 15./18. Januar 1934, *Liebmann-Notizen* (Anm. I/112), Bl. 57. Der zitierte Passus ist im Manuskript Liebmanns gestrichen, also den Kommandeuren wohl auch nicht vorgetragen worden. Politisch ist das aber eine sekundäre Frage; in einer Armee ist maßgebend, was die Generale denken, auch wenn sie es nicht aussprechen. Vgl. auch den Artikel zu Hitlers Geburtstag im *Militär-Wochenblatt,* Nr. 39 vom 18. April 1934, Sp. 1299 f.: Im nationalsozialistischen Deutschland vollziehe sich »die Übertragung der frontsoldatischen Wertung und Sittlichkeit auf das gesamte öffentliche Leben«. Die Wehrmacht sei das »entscheidende Machtmittel der nationalsozialistischen Staatsführung und sichtbare Verkörperung der nationalsozialistischen Reichsgewalt«. Ähnlich *a. a. O.*, Nr. 23 vom 18. Dezember 1933, Sp. 737 f.; Nr. 46 vom 11. Juni 1934, Sp. 1579 ff. (der Soldat als »Typus und Vorbild für sein Volk«); Nr. 47 vom 18. Juni 1934, Sp. 1619 (Wehrmacht als »Organisation der politischen Lebensform der Nation«). – Die außenpolitische Ergänzung lieferte Reichenau: Die deutsche Wehrmacht erstrebe keine Vorherrschaft, »sondern nur den legitimen Platz, der ihr in der Welt nach der Größe ihrer Vergangenheit zukommt«; Interview vom 6. August 1934 in: *Das Archiv,* August 1934, S. 685.

73 Zur Vermeidung von Mißverständnissen muß betont werden, daß das selbstverständlich nur dann gilt, wenn die militärische Erziehung, gleichgültig ob gegenüber Berufssoldaten oder Wehrpflichtigen, als *Menschenerziehung* betrieben wird. Solange sie sich in den ihr technisch gesetzten Grenzen hält, sind solche destruktiven Resultate nicht zu erwarten, aber dann wird natürlich auch das Postulat der »Volkserziehung« sinnlos.

74 Dieser Irrtum lebt auch bei Manstein (Anm. I/174, S. 183) fort, wenn er erklärt, es bestehe heute eine Neigung, die von Röhm ausgehende Gefahr nicht nur für die Reichswehr, sondern für den Staat überhaupt zu bagatellisieren. Aber war denn Hitler etwa eine geringere Gefahr? Niemand leugnet, daß eine Herrschaft Röhms für Deutschland schlechte Aussichten eröffnet hätte, aber Hitler bot mindestens keine besseren. Der Irrtum, daß es hier eine Alternative gebe, hat das Offizierskorps in eine tödliche Krise geführt, und es ist nur dem Opfertod von Beck und seinen Kameraden zu verdanken, daß es daraus überhaupt noch eine Möglichkeit der Auferstehung gibt.

75 *Liebmann-Notizen* (Anm. I/112), Bl. 53.

76 Auszug aus den Richtlinien für das außerdienstliche Verhalten aktiver Soldaten; abgedr. in: *Oertzenscher Taschenkalender* ... (Anm. I/130); Auszeichnung i. Orig.

77 *RGBl.*, I, 1933, S. 103.

78 Verordnung über die Hoheitszeichen der deutschen Wehrmacht; *a. a. O.*, S. 133.

79 Kommandeurbesprechung vom 26. März 1933; *Liebmann–Notizen* (Anm. I/112), Bl. 42.

80 Vgl. o. S. 69 f.

81 Auszug aus den Bestimmungen für Musik- und Trompeterkorps des Reichsheeres vom 15. Juli 1933; *HDv* 32, abgedr. in: *Oertzenscher Taschenkalender* ... (Anm. I/130), S. 178 f. Die Bestimmungen regelten die *Anlässe*, bei denen die Hymnen gespielt wurden, setzten also die offizielle Einführung schon voraus.

82 Auszugsweise bekanntgegeben im *Militär-Wochenblatt*, Nr. 8 vom 25. August 1933, Sp. 267, und Nr. 11 vom 18. September 1933, Sp. 363.

83 Inhaltsangabe *a. a. O.*, Nr. 13 vom 4. Oktober 1933, Sp. 426. Danach wurde der »Deutsche Gruß« befohlen für Soldaten und Beamte in Uniform ohne Kopfbedeckung (a) beim Singen des Deutschland-Liedes und (b) »im außerdienstlichen Grußverkehr innerhalb und außerhalb der Wehrmacht«. Außerdem sollte er »als besondere Ehrung, lediglich für die Person des Reichskanzlers Adolf Hitler« in bestimmten Fällen auch diesem erwiesen werden.

84 Befehlshaberbesprechung vom 2./3. Februar 1934, *Liebmann-Notizen* (Anm. I/112), Bl. 76; Bl. 79; *Schultheß, 1934*, S. 73. – Vgl. dazu die abweichende öffentliche Begründung in: *Militär-Wochenblatt*, Nr. 32 vom 25. Februar 1934, Sp. 1059 f.

85 Vgl. die Klage über den Verlust der preußischen Kokarde, *Militär-Wochenblatt*, Nr. 40 vom 25. April 1934, Sp. 1357.

86 Verordnung über die Ergänzung des Heeres vom 9. Dezember 1927 *(HDv 477)*, § 9, Ziff. 1 f. (mit Zusätzen von 1932). – Die Nationalsozialisten waren zunächst ausgeschlossen, wurden aber im Januar 1932 durch einen vielumstrittenen Erlaß Groeners bedingt zugelassen; *Schultheß, 1932*, S. 20. Dazu Schüddekopf (Anm. I/26), S. 313.

87 Zusätze zur *HDv 477* vom August 1933; s. auch *Oertzenscher Taschenkalender* ... (Anm. I130), S. 68 f.; S. 1.

88 Einzelheiten bei Wolfgang Sauer, »Die Reichswehr« (Anm. I/26), S. 259.

89 Diese Lage wurde noch verschärft durch ein gleichzeitig erlassenes Verbot der Zugehörigkeit zur KPD und SPD; Erlaß des Reichswehrministers vom 31. August 1933, abgedr. in: *Oertzenscher Taschenkalender* ... (Anm. I/130), S. 136.

90 *Liebmann-Notizen* (Anm. I/112), Bl. 70. – Im Oktober wurde das auch auf aktive Offiziere ausgedehnt: Befehlshaberbesprechung vom 9. Oktober 1934, *a. a. O.*, Bl. 108.

91 Vgl. z. B. den Artikel im *Militär-Wochenblatt*, Nr. 7 vom 18. August 1933, Sp. 209 ff.

92 *Die jüdischen Gefallenen des deutschen Heeres, der deutschen Marine und der deutschen Schutztruppen 1914–1918. Ein Gedenkbuch,* hrsgg. vom Reichsbund jüdischer Frontsoldaten, 2. Aufl., Berlin 1932, S. 5. Das Buch enthält eine Liste von 10 154 Gefallenen und wird durch ein Schreiben Hindenburgs vom 3. Oktober 1932 eingeleitet. Es war ein Produkt des verzweifelten Kampfes der Juden um nationale Anerkennung, denn es sollte der infamen Kampagne über mangelnde Einsatzbereitschaft der deutschen Juden im Ersten Weltkrieg entgegenwirken; vgl. das Nachwort, S. 419 ff. Man kann darüber streiten, ob die Juden gut beraten waren, wenn sie den Kampf in dieser Form aufnahmen, und sie haben ihn denn auch verloren. Im Frühjahr 1934 berechnete das Reichsarchiv mit der bei ihm üblichen Akribie, daß der Prozentsatz jüdischer Gefallener geringer sei als der der »arischen« Bevölkerung, und das *Militär-Wochenblatt* entblödete sich nicht, diese Methode, nationale Gesinnung durch Errechnung von Todesprozessen »nachzuweisen«, mit den Worten zu übernehmen, »im Verhältnis der Juden zur Gesamtbevölkerung bleibt das jüdische Blutopfer also auf jeden Fall um etwas mehr oder weniger als die Hälfte ihrers pflichtmäßigen Anteils [!] zurück«; Nr. 40 vom 25. April 1934, Sp. 1371.

93 *Liebmann-Notizen* (Anm. I/112), Bl. 53.

94 *A. a. O.,* Bl. 69 (Befehlshaberbesprechung am 2. Februar 1934). Die Durchführung sollte bis zum 31. Mai beendet sein; *Militär-Wochenblatt,* Nr. 35 vom 18. März 1934, Sp. 1172. – Bereits unter dem 21. April 1934 meldete *Das Archiv,* S. 42, die Ausführung. Zahlen s. o. Anm. I/232.

95 *Oertzenscher Taschenkalender* . . . (Anm. I/130), S. 135 f.

96 *Das Archiv,* April 1934, S. 30.

97 Vgl. o. Anm. IV/72. Auf Anweisung Blombergs wurde am selben Tage auch die Kaserne des I. Btls. des Inf.-Regts. 19 in München (das die Tradition des bayerischen Regiments führte, dem Hitler im Kriege angehört hatte) in »Adolf-Hitler-Kaserne« umbenannt; *Das Archiv,* April 1934, S. 37.

98 *Das Archiv,* Juni 1934, S. 349 f.

99 Besprechung vom 7. Mai 1934; *Liebmann-Notizen* (Anm. I/112), Bl. 84.

100 Dazu das Material über Opposition gegen den Blombergschen Kurs bei Krausnick (Anm. I/26), S. 214 ff.; S. 222. Vgl. auch die Artikel im *Militär-Wochenblatt,* Nr. 38 vom 11. April 1934, Sp. 1270 f.; Nr. 40 vom 25. April 1934 (s. o. Anm. III/85); Nr. 44 vom 25. Mai 1934, Sp. 1521 f. – Sicher trifft Foertsch (*Schuld* . . ., Anm. I/25, S. 4) die Haltung vieler Offiziere, wenn er schreibt: »Das war vielleicht nicht so ernst zu nehmen und mit Lippenbekenntnissen abzutun wie in der Zeit der Weimarer Republik.«

101 *Zeugenschrifttum* (Anm. I/53), Nr. 568, S. 5 f. (Tschirschky); Nr. 105, S. 32 f. (Mellenthin).

102 Mellenthin, *ebda.*

103 *Ebda.*

104 *Zeugenschrifttum, a. a. O.,* Tschirschky, S. 6.

105 Überdies erscheint es schwer glaubhaft, daß gerade Rundstedt und Bock sich zu revolutionären Aktionen zur Verfügung gestellt haben sollen; bei Witzleben ist es schon wahrscheinlicher, doch ist darüber bisher nichts bekanntgeworden; s. Manstein (Anm. I/174), S. 182 ff., und Böckmann, *Zeugenschrifttum* (Anm. I/53), Nr. 11, S. 5 (beide gehörten damals zu einem Stab, berichten aber nichts von monarchistischen Verbindungen). – Der Abwehrabteilung waren Kontakte von Reichswehrstellen mit dem Papen-Kreis nicht bekannt; Patzig, *a. a. O.*, Nr. 540, S. 9.

106 Hinweise für andere Ansätze von Widerstand s. bei Brüning (Anm. I/85), S. 20 f., und Hensel, *Zeugenschrifttum, a. a. O.*, Nr. 534, S. 2; S. 6 ff.; S. 19 ff. (über katholische Oppositionskreise im Rheinland, insbesondere aus der katholischen Jugendbewegung und den christlichen Gewerkschaften, mit losem Kontakt zu General Kluge, Wehrkreis VI).

107 Krebs (Anm. III/24), S. 192 f.

108 *Sammlung Brammer* 3 *(BA).*

109 Krebs (Anm. III/24), S. 193.

110 Brüning (Anm. I/85), S. 18 f.; Görlitz, *Hindenburg* (Anm. I/72), S. 415. Angeblich habe er auch bei Hindenburg gegen die Ernennung Görings zum General protestiert; Rossbach (Anm. I/152), S. 144.

111 Craig, »Briefe Schleichers . . .« (Anm. I/50), S. 132. Vgl. auch Holtzendorff, *Zeugenschrifttum* (Anm. I/53), Nr. 248, S. 37.

112 Am 22. Dezember 1932 schickte Schleicher einen Weihnachtsgruß an Groener »aus der alten Soldatenstadt [Potsdam], deren Namen man im letzten Jahr etwas viel gebraucht hat, weil man von ihrem Geiste keinen Hauch verspürt hatte«; Craig, *a. a. O.*, S. 133. – Zum Wiederauftauchen Schleichers in den diplomatischen Zirkeln Anfang 1934 s. jetzt den Bericht des Pariser Botschafters Köster an das Auswärtige Amt vom 27. Juli 1934 über François-Poncet und seine Verbindungen zu den Opfern des 30. Juni; *Documents . . .* (Anm. II/153), III, S. 259 ff.

113 *Zeugenschrifttum* (Anm. I/53), Nr. 279, I, S. 20 (Ott); Nr. 248, S. 37 (Holtzendorff); Nr. 24, S. 1 (Foertsch); Nr. 569, S. 4 (Dewitz).

114 *A. a. O.*, Nr. 24, S. 2 ff. (Crüwell). – Die Weiterreise an den Rhein ist bezeugt durch eine Postkarte aus Aßmannshausen an Groener vom 21. Mai 1934; Craig, »Briefe Schleichers . . .« (Anm. I/50), S. 133.

115 Crüwell, *a. a. O.*, S. 4.

116 Bericht Kösters, *Documents . . .* (Anm. II/153), III, S. 259 f. Danach hatte François-Poncet zwei Begegnungen mit Schleicher am 29. März und 2. April 1934, die letzte im Landhaus des Bankiers Regendanz. Schleicher soll dabei zwar Kritik an der Regierung geäußert und die Ansicht vertreten haben, die gegenwärtigen Bedingungen könnten nicht von Dauer sein; aber Verschwörungspläne habe er nicht erwähnt.

117 Krosigk (Anm. I/74), S. 121; dazu Schreiben Krosigks an General a. D. v. d. Bussche-Ippenburg vom 2. April 1952; *Zeugenschrifttum* (Anm. I53), Nr. 217, S. 30 f. (nach dem Bericht eines »absolut

zuverlässigen Mannes«); Holtzendorff, *a. a. O.*, Nr. 248, S. 37 (nach Angaben von Schleichers Adjutant Noeldechen). – Möglicherweise hat dabei auch Regendanz den Vermittler gespielt; er war Anfang Juni bei Schleicher zu Gast (*a. a. O.*, S. 30) und hatte auch Beziehungen zu Röhm, dem er ein Treffen mit François-Poncet vermittelte; Bericht Kösters, *a. a. O.*, S. 262 f.

118 Zum Überfluß bestätigte Hitler in der Kabinettssitzung vom 3. Juli 1934 selbst, daß Schleicher »die Idee einer neuen Regierungsbildung« sowohl als auch seiner eventuellen Mitgliedschaft zurückgewiesen habe. *Documents* ... (Anm. II/153), III, S. 120.

119 Vgl. o. S. 41.

120 *Zeugenschrifttum* (Anm. I/53), Nr. 279, I, S. 20. Warnungen: Holtzendorff, *a. a. O.*, Nr. 248, S. 40 (durch Holtzendorff selbst, Vietinghoff, Reichenau, Ott); Krausnick (Anm. I/26), S. 226 (durch Beck). Vgl. auch Mellenthin, *Zeugenschrifttum, a. a. O.*, Nr. 105, S. 38. Überwachung durch Gestapo: Crüwell, *a. a. O.*, Nr. 24, S. 5. Auch den Vertrauensmännern Röhms im Offizierskorps war Schleichers politische Aktivität bekannt; s. Brief von Hauptmann Höfle an Röhm vom 12. Juni 1934; *Document Center Berlin*, Bestand Hauptarchiv der NSDAP, Fasz. 328; Foertsch, *Schuld* ... (Anm. I/25), S. 53 f.

121 Menne (Anm. II/336), S. 368 ff. (mit falschem Datum: 29. statt 28. Juni 1934).

122 *Das Archiv*, Juni 1934, S. 325.

123 Vgl. o. S. 180 ff. und Schulz (Anm. II/167).

124 Schweitzer, »Organisierter Kapitalismus ...« (Anm. I/20), S. 42 und S. 43 (Erklärung einer Wirtschaftsgruppe an das Reichswehrministerium vom 21. Juni 1934: Protest gegen ständische bzw. Zwangsorganisation; Votum für Selbstverwaltung).

125 Vgl. Schachts Stellungnahme in der Ministerratssitzung vom 7. Juni 1934: Forderung nach einheitlicher Kontrolle der Wirtschaft durch das Wirtschaftsministerium; *Documents* ... (Anm. II/153), II, S. 876 ff.

126 Affidavit des ehemaligen USA-Generalkonsuls in Berlin, *George S. Messersmith*, vom 15. November 1945; *IMT* (Anm. I/55), XXXVI, S. 530. Ähnlich François-Poncet (Anm. I/119), S. 286.

127 Vgl. Schweitzer, »Organisierter Kapitalismus ...« (Anm. I/20), S. 43.

128 Ein vollständiges Bild der inneren Spannungen im Frühjahr 1934 müßte hier auch die politischen Rückwirkungen des Kirchenkampfes, vor allem innerhalb der Protestantischen Kirche, berücksichtigen. Darauf wird hier unter Hinweis auf den I. Teil, V. Kapitel, dieser Arbeit verzichtet.

129 Von der Interessenintegration ist die Sammlungsfunktion zu unterscheiden, die die nationalsozialistische Ideologie zweifellos besaß, die aber den Widerstreit der Interessen nicht aufhob und auch gar nicht aufheben wollte; daher ihre zahlreichen inhaltlichen Widersprüche und Inkongruenzen, daher aber auch die »Flucht in den Kampf« bzw. der Bedarf an Feinden, wodurch dann die versäumte

bzw. verschmähte Integration erzwungen wurde.

130 *IMT* (Anm. I/55), XIV, S. 412.

131 *Zeugenschrifttum* (Anm. I/53), Nr. 182, S. 11.

132 Dazu Hans-Günther Seraphim, Hrsg., *Das politische Tagebuch Alfred Rosenbergs aus den Jahren 1934/35 und 1939/40,* Göttingen–Berlin–Frankfurt/M. 1956 (im folgenden zitiert Rosenberg, *Tagebuch*).

133 Ein bezeichnendes Teilstück aus diesem Kampf war der Streit um die Landespolizei, in dem Göring im März 1934 noch einmal über Frick siegte; Tessin (Anm. II/218), S. 248 (Anhang III: Die Landespolizei). Im übrigen s. o. Schulz (Anm. II/167).

134 Daß die formelle Unterstellung Himmlers unter Frick keine praktische Bedeutung hatte, hat Buchheim, »Die SS ...« (Anm. III/49), S. 134 ff., nachgewiesen.

135 Zu dem am 18. Januar 1934 erlassenen Gesetz über die Neuordnung der Verwaltung der Staatstheater in Preußen (*Schultheß, 1934,* S. 20) verfaßte Göring einen Artikel »Neuer Geist in den Preußischen Staatstheatern«, der vom Propagandaministerium prompt von der Veröffentlichung ausgeschlossen wurde; Anweisung Nr. 183, Wolff-Rundspruch vom 17. 1. 1934; *Sammlung Brammer* 3 *(BA).*

136 *Horkenbach, 1933,* S. 209.

137 Dazu s. o. S. 319 f.

138 Vgl. die Rede Görings im Preußischen Staatsrat vom 18. Juni 1934 über die »Aufgaben Preußens im Dritten Reich«, in der er sich bemühte, die Existenz Preußens wenigstens noch für eine Übergangsfrist zu rechtfertigen. Hitler habe ihm, so behauptete er, die Aufgabe gestellt, Preußen innerhalb eines Jahrzehnts in das Reich zu überführen. »In diesem Jahrzehnt, das der Führer vorgesehen hat, ist nun Preußen vorhanden und bleibt ein Staatsbegriff und muß verwaltet werden ...« *Das Archiv,* Juni 1934, S. 348.

139 Plädoyer des Rechtsanwalts Alfred Seidl für Oswald Pohl, *MGN* 4; vgl. Neusüß-Hunkel (Anm. I/3), S. 26.

140 Plädoyer Seidl, *a. a. O.* Vgl. o. S. 251 f.

141 Neusüß-Hunkel (Anm. I/3), S. 72 ff.

142 *MGN* 5, Dok. NI–8279 (Kontakt mit Flick-Konzern durch Verleihung von SS-Ehrenführer-Titeln).

143 Dazu ausführlich o. Schulz (Anm. II/167), 1. Kapitel.

144 *Völkischer Beobachter,* Nr. 334 vom 30. November 1933.

145 *Nationalsozialistische Monatshefte* 5 (1934), S. 10.

146 Später hat Himmler auch die Unterstellung unter Frick hingenommen. Ihm kam es mehr auf Macht als auf Stellung an.

147 Werner T. Angress und Bradley F. Smith. »Diaries of Heinrich Himmler's Early Years«, in: *The Journal of Modern History* 31 (1959), S. 206 ff.; Zitat S. 223 (Rückübersetzung).

148 *Nationalsozialistische Monatshefte* 5 (1934), S. 10.

149 *A. a. O.,* S. 4 f. – Der Artikel von Heß erschien am 22. Januar 1934 auch im *Völkischen Beobachter.*

150 Türpitz (Anm. III/300).

151 RGBl., I, 1933, S. 135; S. 723.

152 Türpitz (Anm. III/300) erwähnte eine Verfügung Röhms, die SA-Männern verbot, vor Gericht in Uniform zu erscheinen. Vermutlich ist auch der o. S. 253 zitierte Befehl über erlaubte und unerlaubte Verbrechen in diese Kategorie zu rechnen.

153 Am 12. Dezember erging die SA-Dienststrafordnung; s. o. S. 266 f.; S. 270.

154 Runderlaß des preußischen Ministerpräsidenten vom 30. Oktober 1933; *Ministerial-Blatt für die Preußische innere Verwaltung, I,* 1933, Sp. 1303 ff.

155 SA-Dienststrafordnung, Auszug in: *IMT* (Anm. I/55), XXXI, S. 161 f.

156 Befehl des Obersten SA-Führers I Nr. 129/34 vom 6. Februar 1934; *BA,* P 13/879, fol. 264. – Anscheinend haben in anderen Ländern ähnliche Einrichtungen bestanden. In der Pressekonferenz vom 19. Juli 1934 wurde bekanntgegeben, daß die »Verbindungsstellen« zwischen der SA und den Verwaltungsbehörden »in den Ländern« aufgehoben wurden; *Sammlung Brammer* 4 *(BA).*

157 *Deutsche Corpszeitung* 50 (1933/34), S. 272; *Schultheß, 1934, S.* 11.

158 *Deutsche Corpszeitung* 50 (1933/34), S. 154: Ausdruck des Bedauerns, daß »die große Mehrzahl der studentischen Verbände nicht von dieser doch sicher vorbereiteten Huldigung erfahren hat, um daran teilzunehmen«.

159 *A. a. O.*, S. 211.

160 Engelbrechten (Anm. I/134), S. 273.

161 Krebs (Anm. III/24), S. 139, behauptete, Hitler habe schon in einer Rede vor der NS-Presse im *Braunen Haus* in München im Juni 1930 für sich »und seine Nachfolger in der Führung der Nationalsozialistischen Deutschen Arbeiterpartei den Anspruch auf politische Unfehlbarkeit« erhoben.

162 Vgl. Aktenvermerk Krügers vom 19. Oktober 1933, *IMT* (Anm. I/55), XXIX, S. 10 f. Am gleichen Tage begann eine Tagung von Partei- und SA-Führern in Berlin zur Vorbereitung der Volksabstimmung vom 12. November; *Völkischer Beobachter,* Nr. 292 vom 19. Oktober 1933 (mit der Rede Hitlers). Es ist anzunehmen, daß in diesem Rahmen auch eine nichtöffentliche Konferenz der SA-Führer abgehalten wurde, auf der Hitler die zitierte Maßregelung aussprach.

163 *Documents* ... (Anm. II/153), II, S. 61 ff. (Brief Blombergs an Neurath vom 1. November 1933, in dem auf Hitlers Entscheidung verwiesen wurde). In dem *a. a. O.*, S. 11 f., abgedruckten Protokoll der Ministerratssitzung vom 17. Oktober 1933 ist Hitlers Entscheidung nicht enthalten.

164 Aktenvermerk Krügers vom 19. Oktober 1933; s. o. Anm. IV/162.

165 *Documents* ... (Anm. II/153), II, S. 61 ff.

166 Wie gut z. B. der französische Generalstab unterrichtet war, zeigt die Darstellung von Castellan (Anm. I/79), die allein auf dem französischen Nachrichtenmaterial fußt.

167 Röhm hatte angekündigt, er wolle die durch Hitlers Rüge aufgeworfene Frage in einer SA-Gruppenführer-Besprechung am 23. Oktober 1933 klären (Aktenvermerk Krügers vom 19. Oktober 1933);

Anm. IV/162). Möglicherweise ist hier der Entschluß zur »SA-Außenpolitik« gefaßt worden.

168 *Nationalsozialistische Monatshefte* 5 (1934), S. 11 ff.; s. o. S. 260 f.

169 *A. a. O.*, S. 17.

170 Vermerk Staatssekretärs v. Bülow vom 5. Dezember 1933: François-Poncet teilte ihm mit, Röhm habe ihn zu einer Unterredung eingeladen; er, F.-P., habe zwar zunächst abgesagt, möchte Röhm jedoch bei Gelegenheit sprechen. – Vermerk Bülows vom 16. Januar 1934: Bülow habe Röhm empfohlen, Einladung zum argentinischen Gesandten anzunehmen, da F.-P. dort anwesend und daher Gelegenheit sein würde, das erste Treffen auf neutralem Boden zu arrangieren. (Ob dieses Treffen stattgefunden hat, ist jedoch zweifelhaft.) Der deutsche Botschafter in Paris, Köster, berichtete am 27. Juli 1934 an das Auswärtige Amt, nach offiziellen französischen Angaben habe F.-P. sein erstes Zusammentreffen mit Röhm am 21. Februar 1934 beim Chef des Protokolls in Berlin gehabt; *Documents* (Anm. II/153), II, S. 174 ff.; S. 422; III, S. 262.

171 Bericht Kösters vom 27. Juli 1934, *a. a. O.*, II. S. 571.

172 Bericht Kösters vom 27. Juli 1934, *a. a. O.*, S. 263: Zweites Treffen mit Röhm im Landhaus des Bankiers Regendanz auf dessen Vermittlung hin am 24. März 1934. Eine weitere Einladung Röhms lehnte François-Poncet ab.

173 Aussage Jüttner, *IMT* (Anm. I/55), XXI, S. 248, und *Urteil München* (Anm. III/191), S. 70. Vgl. Mau (Anm. I/67), S. 125. In den bei Castellan (Anm. I/79) zitierten Berichten des französischen Militär-Attachés General Renondeau findet sich indessen nichts über Gespräche mit Röhm.

174 Picker (Anm. I/16), S. 166.

175 In seiner Rechtfertigungsrede vor dem Reichstag am 13. Juli 1934 spielte Hitler selbst auf den Stennes-Putsch an; *Schultheß, 1934,* S. 186.

176 *Documents* ... (Anm. II/153), III, S. 120. Als zweiten Grund für die Legalität seiner Maßnahmen führte er seine Behauptung an, es habe sich dabei um die Abwehr einer militärischen Meuterei gehandelt; vgl. auch seine Argumente vom 13. Juli 1934, *Schultheß, a. a. O.*, S. 186 f.

177 *Das Archiv,* Juni 1934, S. 359. Ähnlich Goebbels am 1. Juli, *a. a. O.*, Juli 1934, S. 491.

178 Diels (Anm. I/144), S. 386.

179 Ebenso Krausnick (Anm. I/26), S. 220. Anders Mau (Anm. I/67), S. 131, der glaubt, daß selbst nach Hitlers grundsätzlicher Entscheidung gegen Röhm die Frage der praktischen Folgerungen und Mittel noch offenblieb. Dem ist aber die Frage entgegenzuhalten, ob Hitler in einer so tiefgreifenden Auseinandersetzung überhaupt die Möglichkeit hatte, zwischen Theorie und Praxis, Zwecken und Mitteln zu unterscheiden. Wenn ein Mann neben Hitler so stark geworden war wie Röhm, dann bedeutete der Entschluß: er muß weg, zugleich das Mittel Mord. Die Urteilsbildung ist freilich in diesem Fall besonders schwierig, weil es dafür keine Vergleichsmöglichkei-

ten gibt; nie vor- und nie nachher ist ein Mann neben Hitler zu solcher Bedeutung emporgestiegen wie Röhm.

180 Vgl. Mau, *a. a. O.*, S. 127.

181 Hier sei nur an die charakteristischen Fälle der Besetzung des Rheinlandes 1936 und der Narvik-Krise während der Eroberung Norwegens 1940 erinnert.

182 Mau (Anm. I/67), S. 127.

183 Dafür gibt Franz Halder, *Hitler als Feldherr,* München 1949, treffende Beispiele (insbesondere S. 45; S. 53). Vgl. Keitel (Anm. 1/17a), S. 205: Hitler glaubte, »man könne durch die nationalsozialistische Weltanschauung ersetzen, was an Technik, d. h. an militärischem Können fehlte . . .«

184 Ähnlich auch Mau (Anm. I/67), S. 130.

185 Dazu auch Rosenberg, *Tagebuch* (Anm. IV/132), S. 18 (Gespräch mit Hitler am 4. Mai), und General a. D. Doerr, *Zeugenschrifttum* (Anm. I/53), Nr. 28, S. 5.

186 Vgl. o. S. 269 und S. 71.

187 Vgl. o. S. 322; s. auch Krosigk (Anm. I/74), S. 205.

188 *Schultheß, 1933,* S. 235 f.

189 Diels (Anm. I/144), S. 340, will aus seiner Rückberufung in das Amt des Gestapo-Chefs im Dezember 1933 den Schluß gezogen haben, daß Hitler um diese Zeit seinen Frieden mit der Reichswehr gemacht und Göring sich darauf eingestellt habe. Vgl. auch S. 376: Hitler zu Kerrl, der ihm Klagen über SA-Ausschreitungen vorlegt: »Daran stirbt kein Volk, das muß ausreifen!« (Anfang Dezember 1933).

190 *Zeugenschrifttum* (Anm. I/53), Nr. 44, S. 19 (Gaertner).

191 Zur Finanzierung durch die Industrie s. o. S. 259 f. Finanzierung aus Reichsetat: Krosigk (Anm. I/74), S. 205 f.; Meißner (Anm. I/72), S. 364: Parteigelder und Reichszuschüsse, letztere in Höhe von 3 Mill. RM monatlich.

192 *Zeugenschrifttum* (Anm. I/53), Nr. 44, S. 19 f. (Gaertner).

193 *A. a. O.*, S. 20; Mellenthin, *Zeugenschrifttum, a. a. O.*, Nr. 105, S. 33 f.; Stapf, *a. a. O.*, Nr. 152, S. 14 f.; Aussage Dr. Betz (ehemaliger Kriegskamerad Röhms) in: *Urteil München* (Anm. III/191), S. 65.

194 Stapf, *a. a. O.*, S. 7.

195 *Liebmann-Notizen* (Anm. I/112), Bl. 67 (Befehlshaberbesprechung vom 2. Februar 1934); Weichs, *Zeugenschrifttum* (Anm. I/53), Nr. 182, S. 8; Rossbach (Anm. I/152), S. 149. – Auch Gaertners und Betz' Angaben ließen sich so interpretieren (vgl. Anm. IV/193).

196 Gaertner, *Zeugenschrifttum,* a. a. O., Nr. 44, S. 20 (Blomberg als Oberbefehlshaber); Stapf, *a. a. O.*, Nr. 152, S. 2.

197 *Völkischer Beobachter* vom 3. Dezember 1933.

198 Für das Folgende s. Stapf, *Zeugenschrifttum* (Anm. I/53), Nr. 152, S. 15; Mellenthin, Nr. 105, S. 35 ff.; Böckmann, Nr. 11, S. 4; Gaertner, Nr. 44, S. 18 ff.; *Urteil Osnabrück* (Anm. III/191), S. 12 f. – Der genaue Beginn dieser Obstruktionspolitik ist nicht bekannt; Datum *post quem* ist der 1. Juli 1933 (Reichenhaller Vereinbarungen). Danach ist zunächst mit einer gewissen Anlauffrist zu rech-

nen, so daß es nicht unwahrscheinlich ist, daß der o. S. 932 geschilderte Konflikt in der zweiten Hälfte Oktober auch den Beginn der Grenzschutz-Sabotage indiziert.

199 Vgl. die Aussagen der ehemaligen SA-Führer Schultz-Pilgram, Jüttner, Siber, Proske und des Generals a. D. Faber du Faur in: *Urteil Osnabrück, a. a. O.*, S. 44; S. 68. Ferner Keitel (Anm. 1/17a), S. 67 f.

200 So Blomberg in Befehlshaberbesprechung vom 2. Februar 1934, *Liebmann-Notizen* (Anm. I/112), Bl. 67 f.

201 Manstein (Anm. I/174), S. 182; Böckmann, *Zeugenschrifttum* (Anm. I/53), Nr. 11, S. 5; *Urteil Osnabrück* (Anm. III/191), S. 14.

202 Für den Westen: Fritsch in Befehlshaberbesprechung vom 2. Februar 1934; *Liebmann-Notizen* (Anm. I/112, Bl. 72; Stapf, *Zeugenschrifttum, a. a. O.*, Nr. 152, S. 11 (mit Hinweis auf Aussage Jüttners). – Für den Süden war erst ab 1. Juli 1933 der Aufbau eines Grenzschutzes befohlen worden; s. o. S. 154 f.

203 Bor (Anm. I/84), S. 105, mit Hinweis auf die Wurzel der optimistischen Einschätzung der SA bei Reichenau und Blomberg, die die Lage unter dem Blickwinkel der ostpreußischen Verhältnisse betrachteten.

204 Notizen Heinrici aus Besprechung im RWM, etwa 24./25. Juni 1934, S. 165 f. (zur Datierung s. u. S. 956), teilweise abgedr. bei Foertsch, *Schuld* ... (Anm. I/25), S. 51 f. – Auch das positive Urteil Liebmanns (s. o. S. 300 f.) ist z. T. daraus zu erklären, daß er im Wehrkreis V (Stuttgart und Kassel) weniger Schwierigkeiten mit der SA hatte. Vgl. Befehlshaberbesprechung vom 2. Februar 1934; *Liebmann-Notizen* (Anm. I/112), Bl. 72.

205 Zum Vorstehenden s. Heinrici, *Zeugenschrifttum* (Anm. I/53), Nr. 66, II, S. 163; Stapf, Nr. 152, S. 7; S. 14; Guderian, *Erinnerungen* ... (Anm. I/199), S. 24. Zur Datierung: *Schultheß, 1933*, S. 193.

206 Castellan (Anm. I/79), S. 433; S. 435 ff.; S. 442 (1933 seien 60% des Offizierskorps für den Nationalsozialismus eingetreten; vor dem 30. Juni 1934 nur 25%, danach aber wieder 95%); s. auch . S. 739 (Beispiel Mertz v. Quirnheim), und Böckmann, *Zeugenschrifttum, a. a. O.*, Nr. 11, S. 5; vgl. Krausnick (Anm. I/26), S. 216.

207 Stapf, *Zeugenschrifttum, a. a. O.*, Nr. 152, S. 1; S. 14 f.; vgl. Mellenthin, *a. a. O.*, Nr. 105, S. 33 ff., und die Äußerungen von Fritsch selbst, Befehlshaberbesprechung vom 2. Februar 1934; *Liebmann-Notizen* (Anm. I/112), Bl. 68.

208 Stapf, *a. a. O.*, S. 1; S. 15.

209 Vgl. o. S. 163 f.; außerdem Kommandeurbesprechung im Wehrkreis V, 15./18. Januar 1934, *Liebmann-Notizen* (Anm. I/112), Bl. 59 ff. Vgl. Meinck, *Hitler* ... (Anm. II/2), S. 89 ff.

210 Stapf, *Zeugenschrifttum* (Anm. I/53), Nr. 152, S. 1; S. 14 f. (als Beteiligter; damals Oberstleutnant und stellv. Chef der Organisationsabteilung).

211 *Schultheß, 1934*, S. 21 (SA-Tagung); S. 44 (Reichstagsrede; vgl. o. S. 21 f.).

212 Diels (Anm. I/144), S. 378 ff. Dem soll Mitte Januar 1934 ein indirekter Auftrag zur Ermordung von Schleicher, Strasser und Ober-

leutnant Schulz gefolgt sein, *a. a. O.*, S. 384 f.
213 Das Verbot monarchistischer Verbände erfolgte am 2. Februar; s. o. S. 295 f.
214 Mellenthin, *Zeugenschrifttum* (Anm. I/53), Nr. 105, S. 35; Patzig, *a. a. O.*, Nr. 540, S. 2; S. 9.
215 Stellungnahme Röhms vom 6. März 1934 mit Hinweis auf Verfügung des OSAF vom 8. Januar 1934, die bewaffnetes Auftreten von Stabswachen in der Öffentlichkeit verbot; *IMT* (Anm. I/5), XXXVI, S. 72.
216 Rossbach (Anm. I/152), S. 150 (betr. Unterredung mit Röhm kurz nach Görings Geburtstag am 12. Januar 1934). Vergleiche mit gleichzeitigen Zeugnissen lassen Rossbachs Angaben als glaubwürdig erscheinen. – Vgl. auch Diels' Aussage, *Anklage München* (Anm. III/191), S. 42: Röhm habe ihm schon im Dezember 1933 erklärt, er habe sich bisher vieles gefallen lassen, habe aber nicht vor, sich völlig an die Wand drücken zu lassen; er befehle heute über 30 Divisionen.
217 Befehlshaberbesprechung vom 2. Februar 1934; *Liebmann-Notizen* (Anm. I/112), Bl. 67; ähnlich Weichs, *Zeugenschrifttum* (Anm. I/53), Nr. 182, S. 8 (für dieselbe Besprechung), und Rossbach, *a. a. O.*, S. 149 f. (Gespräch im Januar). Wheeler-Bennett (Anm. I/24), S. 309, behauptet, Röhm habe diesen seinen Plan Mitte Februar auch im Kabinett vorgetragen.
218 Blomberg am 2. Februar 1934; Fritsch am 2./3. Februar 1934; *Liebmann-Notizen, a. a. O.*, Bl. 67; Bl. 72.
219 Vgl. o. S. 162 f.
220 Die Übernahme des »Arierparagraphen« wurde von Blomberg bereits am 2. Februar 1934 angekündigt; *Liebmann-Notizen* (Anm. I/112), Bl. 69.
221 Stapf, *Zeugenschrifttum* (Anm. I/53), Nr. 152, S. 2; S. 7; S. 15. Zum Folgenden außer den o. S. 91 f. zitierten Quellen auch Blomberg in Befehlshaberbesprechung vom 5. Juli 1934; *Liebmann-Notizen, a. a. O.*, Bl. 96.
222 Der Ausdruck wird in dieser Zeit abwechselnd mit »Reichswehrministerium« verwendet.
223 Bekanntgabe von Fritsch in Befehlshaberbesprechung vom 27. Februar 1934 [gesonderte Vorbesprechung oder Datums-Irrtum Liebmanns]; *Liebmann-Notizen* (Anm. I/112), Bl. 76. Ergänzt aus Aufzeichnungen Krügers über Bedingungen des RWM vom 23. Februar 1934; *IMT* (Anm. I/55), XXVIII, S. 583 f.
224 Vgl. aber Liebmann in Kommandeurbesprechung vom 9./15. März 1934; *Liebmann-Notizen, a. a. O.*, Bl. 79: Der militärische Wert des Abkommens sei gleich Null; glatte Trennung zwischen SA und Reichswehr sei aber nicht möglich wegen »Schwäche des Heeres« und »Bluff« (außenpolitisch?).
225 Aussage des ehemaligen SS-Gruppenführers Rodenbücher; *Urteil München* (Anm. III/191), S. 67.
226 Stapf, *Zeugenschrifttum* (Anm. I/53), Nr. 152, S. 16: Seit dem 28. Februar habe Himmler sich immer mehr von Röhm distanziert.

227 Mellenthin, *a. a. O.*, Nr. 105, S. 34; Weichs, *a. a. O.*, Nr. 182, S. 10; Foertsch, *Schuld* ... (Anm. I/25), S. 48; Aussage des ehemaligen SA-Führers Stölzle in: *Anklage München* (Anm. III/191), S. 40.

228 Stölzle, *ebda.*

229 Bericht Lutzes im Sommer 1934 zu Weichs, *Zeugenschrifttum* (Anm. I/53), Nr. 182, S. 10 f.; vgl. Foertsch, *Schuld* ... (Anm. I/25), S. 48; Aussage Diels in: *Anklage München* (Anm. III/191), S. 40 f.

230 Vgl. auch Helmut Krausnick, »Der 30. Juni 1934. Bedeutung, Hintergründe, Verlauf«, in: *Das Parlament,* Beilage: »Aus Politik und Zeitgeschichte«, B XXV/54, S. 319.

231 Tschirschky, *Zeugenschrifttum* (Anm. I/53), Nr. 568, S. 5 (als Vorzimmer-Zeuge; das Gespräch soll am 3. März stattgefunden haben).

232 Krosigk (Anm. I/74), S. 206, berichtet von den ständigen Geldforderungen Röhms in dieser Zeit.

233 Meißner (Anm. I/72), S. 363; Krosigk, *a. a. O.*, S. 206. Vgl. Hitler, 13. Juli 1934; *Schultheß, 1934,* S. 177 f. – Ähnlich äußerte sich Röhm in einer Rede vor dem Diplomatischen Korps am 18. April 1934; vgl. Krausnick, »Der 30. Juni 1934« (Anm. IV/230), S. 318.

234 Nach Angaben seines Adjutanten Bergmann habe Röhm sogar im Mai die Rückkehr nach Bolivien ins Auge gefaßt; Krausnick, *a. a. O.,* S. 320.

235 Weichs, *Zeugenschrifttum* (Anm. I/53), Nr. 182, S. 11 (Übungsreise nach Bad Liebenstein).

236 Bericht Kösters vom 27. Juli 1934; *Documents* ... (Anm. II/153), III, S. 263 (Gespräch am 23. März 1934).

237 Gaertner, *Zeugenschrifttum* (Anm. I/53), Nr. 44, S. 22 f.

238 Blomberg in Befehlshaberbesprechung am 5. Juli, *Liebmann-Notizen* (Anm. I/112), Bl. 97 ff.; Hitler im Reichstag am 13. Juli, *Schultheß,* 1934, S. 182 f.

239 Krosigk (Anm. I/74), S. 206; Meißner (Anm. I/72), S. 365 f. – Göring vermied Details: Rede vor der Auslandspresse, 30. Juni, in: *Das Archiv,* Juni 1934, S. 358 f. – Aussagen Bunge, Jüttner, Betz in: *Anklage München* (Anm. III/191), S. 42. Lutze in: *Bericht Willich* (Anm. III/320).

240 *Hitler* behauptete, es hätten *zwei* Pläne bestanden. Nachdem Röhm erkannt habe, daß er, Hitler, ihm nicht nachgeben werde, sei der Unruhen-Plan verworfen und durch den eines bewaffneten Putschs zur Umbildung einer Regierung unter Einschluß Schleichers, Strassers u. a. ersetzt worden; dabei hätte er, Hitler, ermordet werden sollen. Bei *Blomberg* erscheint nur *ein* Plan: Die erwähnte Regierungsbildung hätte unter Einschluß Hitlers (also auch kein Mordplan) im Anschluß an die provozierten Unruhen stattfinden sollen. Außerdem widersprach Blomberg sich noch selbst: Einerseits behauptete er, die Putschneigung der SA sei geringer geworden, als die SA-Führung von den Gegenmaßnahmen der Reichswehr erfahren habe; anderseits motivierte er die Art von Hitlers Zugriff damit, die SA habe früher als beabsichtigt losgeschlagen, nachdem sie von Gegenmaßnahmen unterrichtet worden war. Auffallend ist ferner,

daß Hitler in der Kabinettssitzung vom 3. Juli ebenfalls nur den Unruhen-Plan erwähnte; *Documents* ... (Anm. II/153), III, S. 119 ff. Offenbar ist er sich bis zu seiner Reichstagsrede darüber klargeworden, daß diese Version zu schwach war.

241 Vgl. das im folgenden abgedr. Zitat.

242 *Das Archiv*, Juni 1934, S. 326; *Schultheß, 1934*, S. 164. – Eine Art Residuum dieser Version findet sich in Hitlers Reichstagsrede; *a. a. O.*, S. 177.

243 Vgl. die Rede des fränkischen SA-Führers v. Obernitz am 23. Juni; *Urteil München* (Anm. III/191), S. 71.

243a Ich behaupte also *nicht*, daß Röhm »auch für spätere Zeiten keine Putsch-Pläne gehegt« habe – so irreführend Görlitz, *Keitel* ... (Anm. I/17a), S. 69, Anm. 49 –, sondern lediglich, daß solche Erwägungen vor seinem Tode keine feste Gestalt gewonnen haben; vgl. u. S. 947 bei Anm. 250.

244 Die SA-Gruppe Berlin-Brandenburg z. B. ließ ihre Formationen zwischen dem 25. Februar und dem 17. Juni fünfzehn Sonntage lang in und um Berlin paradieren; Engelbrechten (Anm. I/134), S. 288 ff.

245 Patzig, *Zeugenschrifttum* (Anm. I/53), Nr. 540, S. 3, S. 9; Tschirschky, *a. a. O.*, Nr. 568, S. 7; Papen (Anm. I/69), S. 352; *Urteil Osnabrück* (Anm. III/191), S. 12.

246 Befehlshaberbesprechung durch Fritsch, 25. Juli; Notizen Heinrici, *Zeugenschrifttum, a. a. O.*, Nr. 66, II, S. 168. – Danach erscheint die Angabe Diels' in: *Anklage München* (Anm. III/191), S. 41, wonach in Oranienburg bei Berlin allein Waffen für eine Division gelagert worden sein sollen, als immerhin möglich.

247 *Der Friedensvertrag von Versailles nebst Schlußprotokoll und Rheinlandstatut. Neue durchgesehene Ausgabe in der durch das Londoner Protokoll vom 30. August 1924 revidierten Fassung*, Berlin 1925. Danach durfte eine RW-Division 12 000 Gewehre, 108 sMG und 162 lMG besitzen.

248 Aussagen Siber und Jüttner in: *Urteil Osnabrück* (Anm. III/191), S. 68.

249 Patzig, *Zeugenschrifttum* (Anm. I/53), Nr. 540, S. 9; Aussage Jüttner in: *Urteil München* (Anm. III/191), S. 68.

250 Diese Deutung wird in gewissem Grade durch die Angabe Blombergs bestätigt, wonach Röhm in einem Bewaffnungsbefehl als Grund angegeben habe, die SA solle dadurch in die Lage versetzt werden, »der Wehrmacht gegenüber d[ie] 7 Belange der SA erfolgreich zu vertreten u[nd] den Eintritt geschlossener SA-Einheiten in das Heer zu ermöglichen«; Befehlshaberbesprechung vom 5. Juli 1934; *Liebmann-Notizen* (Anm. I/112), Bl. 97. Ähnlich Hitler im Kabinett am 3. Juli; *Documents* ... (Anm. II/153), III, S. 119 ff.

251 Tschirschky, *Zeugenschrifttum* (Anm. I/53), Nr. 568, S. 7; Papen (Anm. I/69), S. 352.

252 Vermutlich vor Hitlers Auftreten gegen Röhm am 28. Februar. Die Behauptung Wheeler-Bennetts (Anm. I/24), S. 311 f., von einem »Pakt« Hitler–Blomberg, abgeschlossen auf dem Panzerschiff

Deutschland im April 1934, ist bisher unbestätigt geblieben; s. auch Krausnick, »Vorgeschichte ...« (Anm. I/26), S. 223. Ohne schlüssigen Beweis wiederholt bei Shirer (Anm. I/29a), S. 212.

253 Kommandeurbesprechung im Wehrkreis V, 9./15. März 1934; *Liebmann-Notizen* (Anm. I/112), Bl. 79; Mellenthin, *Zeugenschrifttum* (Anm. I/53), Nr. 105, S. 34; Weichs, *a. a. O.*, Nr. 182, S. 11.

254 Kommandeurbesprechung vom 9./15. März, *a. a. O.*, Bl. 79.

255 Die Truppe wurde angewiesen, Material über die Verstöße der SA zu sammeln: Fritsch am 2. Februar und 7. Mai 1934, *Liebmann-Notizen* (Anm. I/112), Bl. 68; Bl. 83. Vgl. auch den Bericht Blombergs an Hitler über die Bewaffnung der SA-Stabswachen vom 2. März 1934, *IMT* (Anm. I/55), XXXVI, S. 73, und Notizen Heinrici, *Zeugenschrifttum* (Anm. I/53), Nr. 66, II, S. 170.

256 Befehlshaberbesprechung vom 2. Februar 1934, *Liebmann-Notizen, a. a. O.*, Bl. 68. – Vgl. auch den Brief des Hauptmanns und SA-Führers Höfle an Röhm vom 12. Juni 1934 (Anm. IV/120): Das Heer strebe zielbewußt danach, durch seine Vermehrung sein Gewicht im Staate auf Kosten der SA zu erhöhen.

257 So schon zu Kerrl, s. o. S. 329 f.; s. auch Notizen Heinrici, *Zeugenschrifttum* (Anm. I/53), Nr. 66, II, S. 170: Hitler »sieht die Dinge genau. Will Dinge aber sich auskochen lassen«.

258 Krosigk (Anm. I/74), S. 206 (sehr bezeichnend für Hitlers Taktik).

259 *Schultheß, 1934*, S. 176.

260 *A. a. O.*, S. 94.

261 Auch Göring hat später berichtet, Gestapo und Partei hätten die Oberste SA-Führung »seit Wochen und Monaten« beobachtet; Rede vor der Auslandspresse am 30. Juni 1934, *Das Archiv*, Juni 1934, S. 358.

262 So wurde z. B. am 20. März 1934 der Posten des SD-Abschnittsführers in Schlesien erstmals besetzt, zunächst noch mit einem SS-Mann ohne Dienstgrad; *Anklage Osnabrück* (Anm. III/191), S. 19; S. 34.

263 *Schultheß, 1934*, S. 109; vgl. Buchheim, »Die SS ...« (Anm. III/49), S. 133 f.

264 Aussage Diels' in: *Anklage München* (Anm. III/191), S. 41; S. 47. Rosenberg, *Tagebuch* (Anm. IV/132), S. 33. Das hauptsächliche Belastungsmaterial gegen Röhm soll allerdings konstruiert worden sein; s. Walter Hagen [d. i. Wilhelm Höttl, SS-Sturmbannführer], *Die geheime Front. Organisation, Personen und Aktionen des deutschen Geheimdienstes*, Linz–Wien 1950, S. 22 f. – Der Kommandant von Dachau, Eicke, soll schon im April Auftrag erhalten haben, eine »Reichsliste« von »unerwünschten Personen« anzufertigen; *Anklage München, a. a. O.*, S. 50. Daß Röhm bereits im Januar 1934 überwacht worden sein soll, behauptet Rossbach (Anm. I/152), S. 161 (in Verbindung mit S. 148 ff.).

265 Diels (Anm. I/144), S. 349 ff. (Verfolgung der Verbrechen in den Konzentrationslagern Bredow bei Stettin und Krefeld); S. 263 (Prozeß um Konzentrationslager Kemna bei Wuppertal). Das Urteil im

Bredow-Prozeß wurde am 4. April 1934 gesprochen und »zur Abschreckung« in der gesamten deutschen Presse veröffentlicht; Gürtner an Hitler in einer undatierten Eingabe in: *IMT* (Anm. I/55), XXVI, S. 307 ff.

266 *Schultheß, 1934,* S. 177.

267 Wheeler-Bennett (Anm. I/24), S. 311 (Kommuniqué vom 27. April); Görlitz, *Hindenburg* (Anm. I/72), S. 420. Nach Meißner (Anm. I/72), S. 375, erst Anfang Mai.

268 Rosenberg, *Tagebuch* (Anm. IV/132), S. 20 (Eintragung vom 15. Mai; da Rosenberg nicht regelmäßig Eintragungen machte und daher viele Ereignisse erst zu einem späteren Zeitpunkt vermerkte – dazu Einleitung Sepharims, S. 14 –, ist das als Datum *ante quem* zu betrachten).

269 Wie Rosenbergs Tagebuch zeigt, war er über den sich zuspitzenden SA-Konflikt nicht orientiert; er ist offenbar nicht für würdig befunden worden, an dem »Männerunternehmen« vom 30. Juni teilzunehmen (er war deshalb allen Ernstes auf Goebbels eifersüchtig; s. *a. a. O.,* S. 33).

270 *Schultheß, 1934,* S. 120 ff.; S. 131 f.

271 Hitler, 13. Juli, *a. a. O.,* S. 178. Vgl. Weichs, *Zeugenschrifttum* (Anm. I/53), Nr. 182, S. 11 f.: Gauleiter Sauckel hatte einen randalierenden SA-Brigadeführer durch Polizei festnehmen lassen. Daraufhin leitete Röhm ein Ehrengerichtsverfahren gegen ihn ein mit dem Ziel, ihm seinen Rang als SA-Ehrenführer abzuerkennen.

272 *Schultheß, 1934,* S. 177.

273 Der Oberste SA-Führer, P 1455, vom 16. Mai 1934; Doc. C., 43/II.

274 Mau (Anm. I67), S. 133; Krausnick, »Vorgeschichte ...« (Anm. I/26), S. 223.

275 *Urteil Osnabrück* (Anm. III/191), S. 68 f. So kannte Patzig z. B. die Besprechungen zwischen Reichenau und Himmler nicht.

276 Aufzeichnung vom 1. Februar 1938; Hoßbach, *Zwischen Wehrmacht* ... (Anm. I/25), S. 70.

277 Gaertner, *Zeugenschrifttum* (Anm. I/53), Nr. 44, S. 22 (Urteil des damaligen Obersten v. Rabenau, Kommandanten von Breslau).

278 Anweisung Nr. 490, DNB-Rundruf vom 5. Mai, *Sammlung Brammer* 3 *(BA):* Bindung an die offizielle DNB-Meldung. Das Datum 5. Mai ist zugleich Hinweis auf mehrere Besprechungen, denn am 7. Mai fand ebenfalls in Bad Nauheim eine Befehlshaberbesprechung statt; *Liebmann-Notizen* (Anm. I/112), Bl. 83 ff. (der 5. Mai war ein Samstag). Ein Brief Neuraths an Blomberg vom 16. Mai erwähnt eine Konferenz leitender Beamter in Bad Nauheim (freilich ohne Datumsangabe), in der Probleme des Grenzschutzes West behandelt wurden; *Documents* ... (Anm. II/153), II, S. 821 f. (vielleicht handelte es sich dabei um eine Sitzung des RVA?). Auch Keitel (Anm. I/17a), S. 66, nahm an der Besprechung teil. – Die Angabe Wheeler-Bennetts (Anm. I/24), S. 313, daß am 16. Mai eine Generalskonferenz in Bad Nauheim stattgefunden habe, wird danach teilweise bestätigt, nicht aber seine Behauptung, daß dort eine Option des Offizierskorps für Hitler als Nachfolger Hindenburgs er-

folgt sei. Allerdings ist nicht auszuschließen, daß das Thema diskutiert worden ist.

279 *Liebmann-Notizen, a. a. O.*, Bl. 83. Fritsch fügte hinzu, es solle jedoch kein »Holzkomment« einreißen – eine Einschränkung, die das Verhalten der Truppe vom Temperament des jeweiligen Kommandeurs abhängig machte.

280 Gaertner, *Zeugenschrifttum* (Anm. I/53), Nr. 44, S. 23; Patzig, *a. a. O.*, Nr. 540, S. 3; S. 7; ders., Aussage in: *Urteil München* (Anm. III/191), S. 68.

281 Aussage von Himmlers Adjutanten Wolff; Mau (Anm. I/67), S. 133; *Urteil Osnabrück* (Anm. III/191), S. 17; S. 68 f. Vgl. auch die Aufzeichnung Fritschs, s. o. zu Anm. IV/276.

282 Meißner (Anm. I/72), S. 375; Görlitz, *Hindenburg...* (Anm. I/72), S. 421.

283 Tschirschky, *Zeugenschrifttum* (Anm. I/53), Nr. 568, S. 6.

284 Ministerrats-Protokoll vom 3. Juli 1934; *Documents* ... (Anm. II/153), III, S. 119 f., und Rede vom 13. Juli, *Schultheß, 1934,* S. 181; *Sammlung Rehse* (Anm. III/24), II, S. 156. Die Tatsache der Unterredung wird bestätigt durch Aussage Jüttners; *Urteil München* (Anm. III/191), S. 70. Vgl. Mau (Anm. I/67), S. 131.

285 Hitler will energisch die »Lüge« dementiert haben, er wolle die SA auflösen oder habe die Absicht, »gegen die SA vorzugehen«; *Schultheß, a. a. O.*, S. 181.

286 Dafür würde Hitlers Behauptung sprechen *(ebda),* Röhm habe sich anschließend zum gewaltsamen Vorgehen und zur Beseitigung Hitlers entschlossen, da er jetzt die Unmöglichkeit eingesehen habe, Hitler für seine Sache zu gewinnen. Vielleicht war es Hitlers Absicht, eine derartige Reaktion Röhms zu provozieren.

287 Tagesbefehl an die SA vom 8. Juni; *Völkischer Beobachter* vom 9. Juni 1934. Daß Hitler am 14./15. Juni nach Venedig reiste, um sich mit Mussolini zu treffen, beweist, daß er selbst die Lage für nicht unmittelbar bedrohlich ansah; vgl. Shirer (Anm. I/29a), S. 214.

288 Mau (Anm. I/67), S. 128; dazu *Urteil München* (Anm. III/191), S. 75.

289 Außer Röhm ging z. B. Mitte Juni auch v. Detten, Chef des Politischen Amtes der Obersten SA-Führung, nach Wildungen; Winfried Martini in: *Der Monat,* Heft 105 (1957), S. 82. Ende Juni wollte Karl Ernst, Führer der SA-Obergruppe III, Berlin, nach Madeira reisen. Vgl. auch o. S. 356.

290 *Das Archiv,* Juni 1934, S. 316 ff.: Am 6. sprach Goebbels in Gleiwitz, am 8. in Bremen; am 10. Rosenberg in Breslau; am 12. Staebe (HJ-Führer) in Braunschweig; am 15. Frick in Breslau; am 16. Goebbels in Freiburg und Rosenberg in Gera; am 17. Ley, Hitler und Goebbels in Gera; am 21. Goebbels in Berlin; am 24. Heß in Köln und Göring am Hesselberg; am 25. Goebbels in Essen, Göring in Hamburg; am 27. Goebbels in Kiel. Vgl. außerdem die Rede Görings vor dem Preußischen Staatsrat am 18. Juni, *Schultheß, 1934,* S. 153 f.

291 *Schultheß, a. a. O.*, S. 154. Dieser Passus ist in: *Das Archiv, a. a. O.*,

S. 347 f., nicht enthalten.

292 *Das Archiv,* a. a. O., S. 321; *Schultheß, a. a. O.,* S. 159. – Vgl. *Sammlung Rehse* (Anm. III/24), II, S. 156; S. 158. Auch Görings Rede im Preußischen Staatsrat wurde hier ähnlich gewertet.

293 *Das Archiv, a. a. O.,* S. 321; in *Schultheß* nicht abgedruckt.

294 *Das Archiv, a. a. O.,* S. 316; S. 318; S. 319; S. 320; S. 322.

295 *Urteil Osnabrück* (Anm. III/191), S. 17; Aussagen Max Müller, Michael Lippert (auch zur Zusammenarbeit mit der Reichswehr), Dirnagel in: *Anklage München* (Anm. III/191), S. 49; Aussage Rodenbücher in: *Urteil München* (Anm. III/191), S. 84.

296 *Schultheß, 1934,* S. 179. Vgl. auch Krausnick, »Der 30. Juni 1934« (Anm. IV/230), S. 321.

297 Aussage Best in: *Anklage München* (Anm. III/191), S. 52.

298 *Bericht Willich* (Anm. III ff., 320).

299 Papen (Anm. I/69), S. 345 ff.; Tschirschky, *Zeugenschrifttum* (Anm. I/53), Nr. 568, S. 4 ff. Abdruck in: *IMT* (Anm. I/55), XL. S. 543 ff.

300 Papen, *a. a. O.,* S. 349. Dabei bezeichnete Hitler Goebbels' Verbot als »Mißgriff«. Aber Goebbels ließ gleichzeitig erklären, Hitler und Papen hätten sich geeinigt, daß keine weitere Verbreitung der Rede stattfinden solle; der Fall sei damit erledigt; *Dienatag-Bericht (BA):* »Streng vertrauliche Mitteilung« an die Redaktion vom 18. Juni, *Sammlung Brammer (BA).*

301 Am 21. Juni fuhr Hitler allein nach Neudeck.

302 Rosenberg, *Tagebuch* (Anm. IV/132), S. 31, Eintragung vom 28. Juni (Auszeichnung i. Text). Danach habe Hitler sich verleugnen lassen, als Papen wegen der Verhaftung Jungs bei ihm vorsprechen wollte. Vgl. Papen (Anm. I/69), S. 351 f.; Tschirschky, *Zeugenschrifttum* (Anm. I/53), Nr. 568, S. 7.

303 *Schultheß, 1934*, S. 155; Meißner (Anm. I/72), S. 363 f.; Rosenberg, *a. a. O.,* S. 21 f. – Papen, *a. a. O.,* S. 351, berichtet über eine angebliche Sendung Funks nach Neudeck, der Hindenburg erklären sollte, daß Hitler mit Papen wegen dessen Marburger »Entgleisungen« nicht mehr zusammenarbeiten könne. So wird auch Hitler selbst gegenüber Hindenburg argumentiert haben.

304 Mellenthin, *Zeugenschrifttum* (Anm. I/53), Nr. 105, S. 36.

305 Vgl. Foertsch, *Schuld ...* (Anm. I/25), S. 54 f. Danach hätte der Artikel ursprünglich schon einige Tage früher erscheinen sollen.

306 Aussagen v. d. Bach-Zelewski, Frhr. v. Eberstein, v. Woyrsch (damals Führer der SS-Oberabschnitte Nordost, Mitte und Südost) in: *Urteil Osnabrück* (Anm. III/191), S. 17 ff., S. 72; *Anklage Osnabrück* (Anm. III/191), S. 29 f.; Aussage Best (SD-Oberabschnittsführer Süd) in: *Anklage München* (Anm. III/191), S. 52 (mit dem wahrscheinlich irrtümlichen Datum 28. Juni); Aussage Eberstein, *IMT* (Anm. I/55), XX, S. 317 f. Vgl. Mau (Anm. I/67), S. 133 (mit Anm. 16).

307 *Urteil Osnabrück, a. a. O.,* S. 53; Anklage Osnabrück, *a. a. O.,* S. 31 ff. Die Listen erhielten Namen von Angehörigen der KPD, des Stahlhelms, des Deutschen Offiziersbundes, der Wirtschaft,

Geistlichkeit usw.

308 Da die Angehörigen der Krügerschen Ausbildungsorganisation gleichzeitig auch von den SA-Führerkonferenzen ferngehalten wurden. wurden sie durch die Ereignisse des 30. Juni völlig überrascht; Gaertner, *Zeugenschrifttum* (Anm. I/53), Nr. 44, S. 6; S. 20.

309 Besprechung des Chefs des Allgemeinen Heeres-Amts, General Fromm; Notizen Heinrici, *Zeugenschrifttum, a. a. O.*, Nr. 66, II, S. 166. Die Notizen sind undatiert. Die Gleichzeitigkeit mit der SS-Konferenz ergibt sich (1) aus der inhaltlichen Übereinstimmung der Befehle und (2) aus der von Fromm wiedergegebenen Meldung des Wehrkreises VII über SA-Führerkonferenzen vom 21. und 23. Juni in Bad Wiessee und Reichenhall. Auch daß der gleich noch zu erwähnende Bereitschaftsbefehl Fritschs an Kleist »etwa am 24. Juni« durchgegeben wurde, stützt diese Annahme. – Vgl. auch Aussage Kuntzen in: *Urteil München* (Anm. III/191), S. 74; Mellenthin, *Zeugenschrifttum, a. a. O.*, Nr. 105, S. 36 (Alarmbereitschaft im RWM, 25. Juni).

310 Affidavit Generalfeldmarschall Ewald v. Kleist, Nürnberg 1946; vgl. Mau (Anm. I/67), S. 131; *Anklage Osnabrück* (Anm. III/191), S. 27.

311 Die Benachrichtigung über die Zusammenarbeit mit der SS scheint teilweise erst später erfolgt zu sein; *Anklage Osnabrück, a. a. O.*, S. 31. Dadurch führte die erste Fühlungnahme der SS in Schlesien zunächst zu keinem Ergebnis; *Urteil Osnabrück* (Anm. III/191), S. 18. – Zu den Verhältnissen im Wehrkreis III s. Manstein (Anm. I/174), S. 186 f.

312 Nach Angabe General Fromms befand sich die »Preußische Polizei in gewissem Alarmzustand«; Notizen Heinrici, *Zeugenschrifttum* (Anm. I/53), Nr. 66, II, S. 166. Auch die Anweisung zur Zusammenarbeit Reichswehr-Polizei, *ebda.*, kann nur nach vorheriger Absprache gegeben worden sein.

313 Aussage Ebersteins in: *Urteil Osnabrück* (Anm. III/191), S. 72; Aussage des ehemaligen Polizei-Hauptmanns Staudinger (1934 im Polizeipräsidium München) in: *Urteil München* (Anm. III/191), S. 72; General Fromm erklärte: »In SA nicht genügend Entschlußkraft«; Notizen Heinrici, *a. a. O.*, S. 166; vgl. Aussage Heinrici in: *Urteil München, a. a. O.*, S. 74: Niemand habe an den Ernst der Putschgerüchte geglaubt.

314 Besprechung General Fromm, Notizen Heinrici, *a. a. O.*, S. 166; Patzig, *Zeugenschrifttum* (Anm. I/53), Nr. 540, S. 9 f.

315 Foertsch, *Schuld* ... (Anm. I/25), S. 48.

316 Affidavit Kleist (Anm. IV/310); Aussage Müller-Altenau in: *Anklage Osnabrück* (Anm. III/191), S. 34, und *Urteil Osnabrück* (Anm. III/191), S. 16; S. 74; vgl. Mau (Anm. I/67), S. 131.

317 Affidavit Kleist, *a. a. O.:* nach Eingang des Befehls der Heeresleitung vom 24. Juni sei eine Fülle von Meldungen aus der Truppe, der SA und SS, dem alten Stahlhelm und von Behörden eingegangen, die ein Bild fieberhafter Vorbereitungstätigkeit der SA ergaben; vgl. Mau, *a. a. O.*, S. 131. – Bezeichnend ist auch, daß die

SA-Führer erst nach diesem Datum auf die Putschgerüchte aufmerksam wurden und es erst jetzt für nötig hielten, sie zu dementieren; s. die beiden unten genannten Fälle Heines und Ernst.

318 Lutze war freilich wohl mehr Werkzeug als Regisseur. Die verfügbaren Nachrichten deuten darauf hin, daß er kaum an Putschabsichten Röhms geglaubt, sondern nur dessen Opposition gegen Hitler als »zu weitgehend« empfunden hat und sich daher über die Tragweite seiner Denunziationen nicht klar war; Aussage Diels in: *Urteil München* (Anm. III/191), S. 85; Foertsch, *Schuld* . . . (Anm. I/25), S. 48; vgl. dazu *Bericht Willich* (Anm. III/320), in dem die Reue des Judas zum Ausdruck kommt.

319 Affidavit Kleist (Anm. IV/310); vgl. Mau (Anm. I/67), S. 131. – Es ist bezeichnend, daß Kleist nur an Himmler als Regisseur dachte, nicht an Reichenau.

320 Einer von diesen war Hauptmann Höfle von der Kriegsakademie; s. seinen Brief vom 12. Juni an Röhm (Anm. IV/120). Dazu auch Blumentritt, *Zeugenschrifttum* (Anm. I/53), Nr. 208, S. 85 ff.; S. 103 f.; und Blomberg in der Befehlshaberbesprechung vom 5. Juli, *Liebmann-Notizen* (Anm. I/112), Bl. 103. Nach dem 30. Juni sollte nach Angaben Blombergs, *ebda.*, auch gegen zwei andere Offiziere Anklage wegen Hochverrats erhoben werden, weil sie über die Alarmmaßnahmen der Reichswehr ständig Mitteilung an Röhm gemacht hatten.

321 Zu Heines s. Mau (Anm. I/67), S. 131 f. (Anm. 12). Auch Ernst in Berlin war bemüht, die Putschgerüchte zu dementieren; s. unten. – Allgemein Tschirschky, *Zeugenschrifttum, a. a. O.*, Nr. 568, S. 7. Papen (Anm. I/69), S. 352; Blomberg in der Befehlshaberbesprechung vom 5. Juli, *Liebmann-Notizen, a. a. O.*, Bl. 98.

322 Aussage Kuntzen in: *Urteil München* (Anm. III/191), S. 74; General a. D. v. Sodenstern, *Zeugenschrifttum, a. a. O.*, Nr. 149, S. 1; Manstein (Anm. I/174), S. 187; Aussage v. Woyrsch in: *Urteil Osnabrück* (Anm. III/191), S. 30. Vgl. die Beurteilung *a. a. O.*, S. 70 f.

323 Stapf, *Zeugenschrifttum, a. a. O.*, Nr. 152, S. 16.

324 Foertsch, *Schuld* . . . (Anm. I/25), S. 48 f.

325 *Das Archiv*, Mai 1934, S. 329: Übernahme D.'s am 11. Mai ins Reichsinnenministerium als Leiter der noch zu errichtenden Abteilung für Polizeifragen.

326 *IMT* (Anm. I/55), XII, S. 193. Shirers – unbelegte – Angabe (Anm. I/29a), S. 217, Ernst habe die Berliner SA alarmiert, da er einen »Rechtsputsch« befürchtete, steht im Widerspruch zu der zweifelsfreien Tatsache von Ernsts Hochzeitsreise. Sie läßt auch den – in der Datierung übrigens unsicheren – Bericht Keitels (Anm. I/17a), S. 67 ff., über Ernsts Putschabsichten in anderem Licht erscheinen.

327 Patzig, *Zeugenschrifttum* (Anm. I/53), Nr. 540, S. 3; S. 9; auch ders., Aussage in: *Urteil München* (Anm. III/191), S. 69. Hitler zitierte in der Kabinettssitzung am 3. Juli ebenfalls diesen Befehl; *Documents* . . . (Anm. II/153), III, S. 121; ebenso Blomberg am 5. Juli; *Liebmann-Notizen* (Anm. I/112), Bl. 97. – Patzig berichtet, daß im Verteiler des Befehls auch Himmler, Heß und Goebbels ge-

nannt waren. Er findet es selbst befremdend, daß die Betreffenden den Befehl nicht ihrerseits weitergegeben hätten, und erklärt das daraus, daß sie nicht gewußt hätten, wer aus dem Konflikt Reichswehr–SA als Sieger hervorgehen würde. Aber alle drei standen seit langem in vorderster Front im Kampf gegen Röhm; wenn sie das Schriftstück nicht weitergegeben haben, so offenbar deshalb, weil sie es nicht erhalten haben. Diese Annahme wird bestärkt durch die Tatsache, daß die Herkunft des Stückes dunkel ist. Patzig erklärt, er habe es auf seinem Schreibtisch vorgefunden und könne nicht mehr sagen, wer es ihm gegeben habe. Seine Aussagen erwecken den Eindruck, daß die Echtheit des Befehls in der Abwehrabteilung nicht genügend geprüft worden ist, weil man ohnehin glaubte, daß Röhm derartige Befehle erlassen habe. Unter diesen Umständen muß vermutet werden, daß die Abwehr-Abteilung hier einer Mystifikation zum Opfer gefallen ist.

328 Krausnick, »Der 30. Juni 1934« (Anm. IV/230), S. 322; *IMT* (Anm. I/55), XV, S. 336.

329 Doerr, *Zeugenschrifttum* (Anm. I/53), Nr. 28, S. 3. Der Irrtum Patzigs über die Haltung von Himmler, Goebbels und Heß ist dafür ebenfalls bezeichnend. Auch bei Manstein (Anm. I/174), S. 187 ff., wirken Reichenaus Täuschungsmanöver heute noch nach.

330 Sodenstern, *Zeugenschrifttum, a. a. O.,* Nr. 149, S. 2 f. Vgl. Krausnick, »Der 30. Juni 1934« (Anm. IV/230), S. 321.

331 Tschirschky, *Zeugenschrifttum, a. a. O.,* Nr. 568, S. 8.

332 Blomberg am 5. Juli: Der »entscheidende Plan« Hitlers sei »Mitte voriger Woche« gefaßt worden; *Liebmann-Notizen* (Anm. I/112), Bl. 99; das wäre also Mittwoch, der 27. Juni.

333 *Das Archiv,* Juni 1934, S. 327.

334 Vgl. die Zeugnisse bei Mau (Anm. I/67), S. 128. Auch der Adjutant Dettens soll sich bei seiner Abfahrt nach Wiessee am 29. Juni hoffnungsvoll geäußert haben; Martini (Anm. IV/289), S. 82; vgl. auch *Urteil München* (Anm. III/191), S. 75, und *Anklage München* (Anm. III/191), S. 56.

335 Doerr, *Zeugenschrifttum* (Anm. I/53), Nr. 28, S. 3; General a. D. Winter, *a. a. O.,* Nr. 149, S. 1.

336 Rede Görings vor der Auslandspresse am 30. Juni; *Das Archiv,* Juni 1934, S. 358 f.

337 *A. a. O.,* S. 320.

338 Reichswehr in München: Stapf. *Zeugenschrifttum* (Anm. I/53), Nr. 152, S. 16; Doerr, *a. a. O.,* Nr. 28, S. 3; in Thüringen: Weichs, *a. a. O.,* Nr. 182, S. 12; Schlesien und allgemein: Affidavit Kleist (Anm. IV/310); vgl. Mau (Anm. I/67), S. 131. – Alarmierung der SS: Aussage Lippert (für Wachkommando Dachau); Rodenbücher (für Sonderkommando Dachau) in: *Urteil München* (Anm. III/191), S. 18; S. 84; Aussage Dietrich in: *Anklage München* (Anm. III/191), S. 60, und Doerr, *Zeugenschrifttum, a. a. O.*, S. 3 f. (für SS-Wachbataillon Berlin). – Alarmierung des SD: Aussage Müller-Altenau (für Schlesien) in: *Anklage Osnabrück* (Anm. III/191), S. 34 f.; Best (für Bayern), Beutel (für Sachsen), Schultz (für Pommern) in: *Ur-*

teil Osnabrück (Anm. III/191), S. 86.

339 *Urteil Osnabrück, a. a. O.,* S. 29.

340 *A. a. O.*, S. 26 ff.; S. 69 f.; S. 127. Über Heines s. o. Anm. IV/321.

341 Aussage Best in: *Anklage München* (Anm. III/191), S. 52.

342 Aussagen Doerr, Martina Schmid und der ehemaligen SA-Führer Winderl und Kiessling in: *Urteil München* (Anm. III/191), S. 80 f.; Doerr, *Zeugenschrifttum* (Anm. I/53), Nr. 28, S. 4; und die Zeugnisse bei Mau; Anm. I/67), S. 132.

343 Aussage Martina Schmid, *a. a. O.,* S. 83; vgl. *Anklage München* (Anm. III/191), S. 58 f.; Mau, *a. a. O.,* S. 132.

344 Rede am 30. Juni, *Das Archiv,* Juni 1934, S. 359. Ähnlich in Nürnberg, *IMT* (Anm. I/55), IX, S. 303, und die Erklärung der Reichspressestelle vom 30. Juni, *Das Archiv, a. a. O.,* S. 326 (»Planmäßig provozierte Zwischenfälle führten dazu ...« usw.). Angesichts dieser Übereinstimmung befremden die z. T. erheblichen Widersprüche über die Rolle dieser »Putschaktion«; vgl. *ebda.;* NS-Korrespondenz vom 30. Juni, *a. a. O.,* S. 327; Blomberg am 5. Juli, *Liebmann-Notizen* (Anm. I/112), Bl. 99.

345 *Schultheß, 1934,* S. 183.

346 Doerr, *Zeugenschrifttum* (Anm. I/53), Nr. 28, S. 3 f. (Bahntransport durch die Heeresleitung); *Urteil München* (Anm. III/191), S. 9 ff.

347 *Bericht Willich* (Anm. III/320).

348 *Urteil München* (Anm. III/191), S. 56. Rosenberg behauptete, Amann und Heß hätten gewetteifert, von Hitler den Erschießungsauftrag zu erhalten; Rosenberg, *Tagebuch* (Anm. IV/132), S. 34.

349 Dazu Otto v. Taube, »Gedenken an Willi Schmid, ermordet von der SS am 30. Juni 1934«, in: *Deutsche Rundschau 79* (1953), S. 717. Außerdem: Affidavit seiner ehemaligen Ehefrau, Käte Eva Hörlin, vom 7. Juli 1945, *IMT* (Anm. I/55), XXXVII, S. 581 ff.

350 Dazu die Dokumentation in: *Vierteljahrshefte für Zeitgeschichte* 1 (1953), S. 71 ff.

351 Nach Rosenberg, *Tagebuch* (Anm. IV/132), S. 36, habe kein Befehl zum Mord an Strasser vorgelegen.

352 *Ebda.* (Auszeichnung i. Orig.).

353 Für Ostpreußen, Pommern, Sachsen s. *Urteil Osnabrück* (Anm. III/191), S. 130; für Thüringen Weichs, *Zeugenschrifttum* (Anm. I/53), Nr. 182, S. 12.

354 *Urteil Osnabrück, a. a. O.,* S. 26 ff.

355 *Anklage Osnabrück* (Anm. III/191), S. 78.

356 Gelegentlich wurde die von Heydrich befohlene Überstellung der Verhafteten nach Berlin so lange verzögert, bis die Gefahr vorüber war; *Urteil Osnabrück* (Anm. III/191), S. 130.

357 *Anklage Osnabrück* (Anm. III/191), S. 56 ff.; *Urteil ..., a. a. O.,* S. 44 ff.; S. 79 f.; S. 110; S. 140.

358 *Bericht Willich* (Anm. III/320).

359 *Anklage München* (Anm. III/191), S. 63 (ca. 200); Mau (Anm. I/67), S. 134 (150–230).

359a Shirer (Anm. I/29a), S. 200, weist mit Recht darauf hin, daß der nationalsozialistische Terror nicht, wie z. B. der in der Französischen Revolution, die Folge des Zusammenbruchs der staatlichen Autorität war, sondern im Gegenteil mit Duldung und z. T. auch auf Befehl des Staates geschah.

360 *RGBl.,* I, 1934, S. 529.

361 Dazu: »Promemoria eines bayerischen Richters zu den Juni-Morden 1934« in: *Vierteljahrshefte für Zeitgeschichte* 5 (1957), S. 102 ff.

362 So in seiner Reichstagsrede am 13. Juli 1934; *Schultheß, 1934,* S. 184.

363 Dazu *Urteil Osnabrück* (Anm. III/191), S. 57 f.; vgl. auch *Anklage Osnabrück* (Anm. III/191), S. 62; S. 65; S. 69 f.; S. 74; S. 77; S. 83 ff.

364 *Anklage ..., a. a. O.,* S. 86. Im übrigen ging ein reicher Beförderungssegen über den SD und andere SS-Führer nieder; so wurden Sepp Dietrich zum Obergruppenführer und die SS-Schergen Christian Weber und Emil Maurice zum Oberführer bzw. Standartenführer befördert; *Das Archiv,* Juli 1934, S. 470. – Erhebung der SS zur selbständigen Organisation: Verfügung Hitlers vom 20. Juli 1934; *Schultheß, 1934,* S. 187. Zur Gründung der Waffen-SS: Befehlshaberbesprechungen vom 5. Juli und 9. Oktober 1934, *Liebmann-Notizen* (Anm. I/112), Bl. 101; Bl. 110. Vgl. auch Doerr, *Zeugenschrifttum* (Anm. I/53), Nr. 28, S. 6 f.; Mellenthin, *a. a. O.,* Nr. 105, S. 38.

365 Rede am 4. Oktober 1943 auf der SS-Gruppenführertagung in Posen; *IMT* (Anm. I/55), XXIX, S. 110 ff.; Zitat S. 145.

366 Dazu vor allem Blomberg in der Befehlshaberbesprechung vom 9. Oktober 1934: Die Folgen des 30. Juni seien (1) eine Festigung der Stellung der Wehrmacht, (2) Abgrenzung der Zuständigkeiten zwischen Partei und Wehrmacht, (3) Gleichwertigkeit der beiden großen staatlichen Machtinstrumente; *Liebmann-Notizen* (Anm. I/112), Bl. 104. Vgl. Hitlers Reichstagsrede vom 13. Juli 1934; *Schultheß, 1934,* S. 180, und (als offiziösen Kommentar) Foertsch, *Die Wehrmacht ...* (Anm. I/109), S. 36 ff.

367 Bor (Anm. I/84), S. 116 f.

368 Dazu Shirer (Anm. I/29a), S. 181: »Der Kardinalfehler der deutschen Gegner des Nationalsozialismus war das Versäumnis, sich gegen ihn zusammengeschlossen zu haben.« Dem bleibt nur hinzuzufügen, daß auch die ausländischen Gegner Hitlers bis 1939 diesen Fehler machten.

Karl Dietrich Bracher: NACHWORT UND AUSBLICK

1 Otto Meißner, *Staatssekretär unter Ebert–Hindenburg–Hitler. Der Schicksalsweg des deutschen Volkes von 1918–1945, wie ich ihn erlebte,* Hamburg 1950, S. 370.

2 *Verhandlungen des Reichstags,* Bd. 458, 13. Juli 1934, S. 32.

3 *Deutsche Juristenzeitung* 39 (1934), S. 945–950.

4 *RGBl.,* I, 1934, S. 747. Geschmackvoller Kommentar der NS-Propagandisten: »Die Regierung hatte die völkische Pflicht, alle erforderlichen Maßnahmen rechtzeitig zu treffen.« Gerd Rühle, *Das*

Dritte Reich. Dokumentarische Darstellung des Aufbaues der Nation, Bd. II, Berlin 1935, S. 265 (Auszeichnung i. Orig.).

5 *RGBl.,* I, 1934, S. 751.

6 *A. a. O.,* S. 785.

7 *VB,* Nr. 233 vom 21. August 1934, S. 1.

8 Vgl. die Statistiken o. Bracher (Anm. I/60), S. 485 f.

9 *RGBl.,* I, 1934, S. 973.

10 Franz v. Papen, *Der Wahrheit eine Gasse,* München 1952, S. 295.

11 Rühle (Anm. Nachw./4), II, S. 278.

12 *Der Kongreß zu Nürnberg vom 5. bis 10. September 1934. Offizieller Bericht über den Verlauf des Reichsparteitages mit sämtlichen Reden,* München 1934, S. 18.

13 *A. a. O.,* S. 22–32.

14 *Der Parteitag der Freiheit vom 10.–16. September 1935. Offizieller Bericht,* 2. Aufl., München 1935, S. 286 f.

BIBLIOGRAPHIE

A. *Gedruckte Quellen und Literatur*

Abshagen, Karl Heinz. *Canaris. Patriot und Weltbürger,* Stuttgart 1949.

Absolon, Rudolf, *Wehrgesetz und Wehrdienst 1935–1945. Das Personalwesen in der Wehrmacht (Schriften des Bundesarchivs,* Bd. 5), Boppard/Rh. 1960.

Adler-Rudel, S., *Ostjuden in Deutschland 1880–1940,* Tübingen 1959.

Alexander, Edgar, »Church and Society in Germany«, in: *Church and Society. Catholic Social and Political Thought and Movements 1789–1950,* ed. by Joseph N. Moody, New York 1953.

Alexander, Franz, *Irrationale Kräfte unserer Zeit. Eine Studie über das Unbewußte in Politik und Geschichte,* Stuttgart 1946.

Aloisi, Baron (Pompeo), *Journal,* Paris 1957.

d'Alquen, Gunther, »Die SS. Geschichte, Aufgabe und Organisation der Schutzstaffeln der NSDAP«, in: *Das Dritte Reich im Aufbau. Der organisatorische Aufbau,* hrsgg. von Paul Meier-Benneckenstein, Teil II: *Wehrhaftes Volk,* Berlin 1939.

Althaus, Paul, *Die deutsche Stunde der Kirche,* Göttingen 1933.

Angress, Werner T., und Bradley F. Smith, »Diaries of Heinrich Himmler's Early Years«, in: *The Journal of Modern History* 31 (1959).

Anschütz, Gerhard, *Die Verfassung des Deutschen Reichs vom 11. August 1919,* 12. Aufl., Berlin 1930.

Apelt, Willibald, *Geschichte der Weimarer Verfassung,* München 1946.

»Das nationalsozialistische Arbeitsbeschaffungsprogramm und seine Finanzierung« in: *Die deutsche Volkswirtschaft. Zeitschrift für nationalsozialistische Wirtschaftsgestaltung* (Hrsg. Reichstagsabgeordneter Hunke-Heinrichsen), 1. Sonderheft 1932.

Arendt, Hannah, *Elemente und Ursprünge totaler Herrschaft,* Frankfurt/M. 1955.

Aretin, Erwein v., *Krone und Ketten. Erinnerungen eines bayerischen Edelmannes,* hrsgg. von Karl Buchheim und Karl Otmar v. Aretin, München 1955.

Aretin, Karl Otmar Frhr. v., »Die deutschen Generale und Hitlers Kriegspolitik«, in: *Politische Studien* 10, H. 113 (1959).

Arndt, Adolf, »Eine Dokumentation zur gewaltsamen Unterdrückung der SPD im Jahre 1933«, in: *SPD-Pressedienst* P/XII/256 (8. November 1957).

Aßmann, Kurt, *Deutsche Schicksalsjahre. Historische Bilder aus dem Zweiten Weltkrieg und seiner Vorgeschichte,* Wiesbaden 1950.

–, *Deutsche Seestrategie in zwei Weltkriegen,* Heidelberg 1957.

Nationalsozialistische Aufbauarbeit in Ostpreußen. Ein Arbeitsbericht, auf Grund amtlicher Quellen hrsgg. im Auftrage des Oberpräsidiums, Königsberg 1934.

Der Februar-Aufruhr 1934. Das Eingreifen des österreichischen Bundesheeres zu seiner Niederwerfung (als Manuskr. gedr.), Wien 1935.

Bade, Wilfried, *Die SA erobert Berlin. Ein Tatsachenbericht,* 8. Aufl., München 1943.

Baeck, Leo, »In Memory of Two of our Dead«, in: *Publications of the*

Leo Baeck Institute, Year Book I, London 1956.
Bäumler, Alfred, *Männerbund und Wissenschaft,* Berlin 1934.
–, »Nietzsche und der Nationalsozialismus«, in: *NS-Monatshefte* 5, H. 49 (April 1934).
–, »Der politische Volksbegriff«, in: *Recht und Jugend* (1934).
–, »Rosenberg der Ghibelline«, in: *Politische Erziehung* (hrsgg. vom NS-Lehrerbund Sachsen), 1935.
–, »Der Kampf um den Humanismus«, in: *Internationale Zeitschrift für Erziehung* (1936).
–, *Politik und Erziehung,* Berlin 1937.
Baeyer-Katte, Wanda v., *Das Zerstörende in der Politik. Eine Psychologie der politischen Grundeinstellung,* Heidelberg 1958.
Ball, M. Margaret, *Post War German Austrian Relations. The Anschluss-Movement, 1918–1936,* Stanford (Calif.) 1937.
Balla, Erich, *Landsknechte wurden wir ... Abenteuer aus dem Baltikum,* Berlin 1932.
Banse, Ewald, *Lehrbuch der organischen Geographie,* Berlin 1937.
–, *Wehrwissenschaft. Einführung in eine neue nationale Wissenschaft,* Leipzig 1933.
Bartel, Walter, »Probleme des antifaschistischen Widerstandskampfes in Deutschland«, in: *Zeitschrift für Geschichtswissenschaft* 6 (1958).
Barth, Karl, *Theologische Existenz heute!* München 1933.
Baum, Walter, »Reichsreform im Dritten Reich«, in: *Vierteljahrshefte für Zeitgeschichte* 3 (1955).
–, »Vollziehende Gewalt und Kriegsverwaltung im ›Dritten Reich‹«, in: *Wehrwissenschaftliche Rundschau* 6 (1956).
Baumecker, Otto, »*Handbuch des gesamten Reichserbhofrechts,* 2. Aufl., Köln 1934.
Bausch, Hans, *Der Rundfunk im politischen Kräftespiel der Weimarer Republik 1923–1933 (Tübinger Studien zur Geschichte und Politik,* Nr. 6), Tübingen 1956.
Bayle, François, *Psychologie et éthique du nationalsozialisme. Étude anthropologique des dirigeants SS,* Paris 1953.
Der Beamte im Geschehen der Zeit. Worte von Hermann Neeß, Berlin 1936.
Becker, Josef, »Zentrum und Ermächtigungsgesetz 1933«, in: *Vierteljahrshefte für Zeitgeschichte* 9 (1961).
Beer, Max, *Die auswärtige Politik des Dritten Reiches,* Zürich 1934.
Behrend, Hans-Karl, »Zur Personalpolitik des preußischen Ministeriums des Innern. Die Besetzung der Landratsstellen in den östlichen Provinzen 1919–1933«, in: *Jahrbücher für die Geschichte Mittel- und Ostdeutschlands* 6 (1957).
Die zweite Bekenntnissynode der Deutschen Evangelischen Kirche zu Dahlem. Text, Dokumente, Berichte (Arbeiten zur Geschichte des Kirchenkampfes, hrsgg. von K. D. Schmidt, Band III), Göttingen 1958.
Benedict, Ruth, *Race, Science and Politics,* New York 1940.
Benn, Gottfried, *Der neue Staat und die Intellektuellen,* Stuttgart–Berlin 1933.
Bensel, Rolf, *Die deutsche Flottenpolitik von 1933 bis 1939. Eine Studie*

über die Rolle des Flottenbaus in Hitlers Außenpolitik (Beiheft 3 der *Marine-Rundschau,* April 1958).

Berdrow, Wilhelm, *Alfred Krupp und sein Geschlecht. Die Familie Krupp und ihr Werk 1787–1940,* Berlin 1943.

Bergmann, Ernst, *Deutschland. Das Bildungsland der neuen Menschheit. Eine nationalsozialistische Kulturphilosophie,* Breslau 1933.

Bergmann, Robert, »Die Reichswehr«, in: *Das Buch der Hitlerjugend. Die Jugend im Dritten Reich,* hrsgg. von Ulf Uweson und Walther Ziersch, München 1934.

Berndorff, Hans Rudolf, *General zwischen Ost und West. Aus den Geheimnissen der deutschen Republik,* Hamburg 1951.

Bernhard, Ludwig, »Der Diktator und die Wirtschaft«, in: *Prozeß der Diktatur,* hrsgg. von Otto Forst de Battaglia, Zürich–Leipzig–Wien 1930.

–, *Der Staatsgedanke des Faschismus,* Berlin 1931.

Berning, Cornelia, *Die Sprache des Nationalsozialismus,* Bonn 1958 (ungedr. Diss.).

Besson, Waldemar, *Württemberg und die deutsche Staatskrise, 1928–1933. Eine Studie zur Auflösung der Weimarer Republik,* Stuttgart 1959.

Best, Werner, *Die deutsche Polizei (Forschungen zum Staats- und Verwaltungsrecht,* hrsgg. von Reinhard Höhn, Reihe A, Bd. V), 2. Aufl., Darmstadt 1941.

Bettelheim, Charles, *L'Économie allemande sous le nazisme. Un aspect de la décadence du capitalisme,* Paris 1946.

Betz, Werner, »The National-Socialist Vocabulary«, in: *The Third Reich,* London 1955.

Beveridge, William Henry, Lord, *A Defence of Free Learning,* London 1959.

Bewley, Charles, *Hermann Göring,* Göttingen 1956.

Beyer, Hans, »Die Landvolkbewegung Schleswig-Holsteins und Niedersachsens 1928–1932«, in: *Jahrbuch der Heimatgemeinschaft des Kreises Eckernförde* 15 (1957).

Beyer, Justus, *Die Ständeideologien der Systemzeit und ihre Überwindung (Forschungen zum Staats- und Verwaltungsrecht,* hrsgg. von Reinhard Höhn, Reihe A, Bd. VIII), Darmstadt 1941.

Bibliographie zur Zeitgeschichte und zum Zweiten Weltkrieg für die Jahre 1945–1950, München 1955.

Humanistische Bildung im nationalsozialistischen Staate, Leipzig–Berlin 1933.

Binz, Gerhard L., »Analyse der Wehrbereitschaft«, in: *Wehrwirtschaftliche Rundschau* 4 (1954).

Bischoff, Josef, *Die letzte Front 1919. Geschichte der eisernen Division im Baltikum,* Berlin 1934.

Blau, Bruno, *Das Ausnahmerecht für die Juden in den europäischen Ländern 1933–1945,* New York 1952.

Blomberg, Werner v., »Wehrhaftigkeit oder Pazifismus«, in: *Almanach der nationalsozialistischen Revolution,* hrsgg. von Wilhelm Kube, Berlin 1934.

Blunck, Hans Friedrich, *Unwegsame Zeiten* (Lebensbericht, Bd. II),

Mannheim 1952.
Boehm, Max Hildebert, *Das eigenständige Volk. Volkstheoretische Grundlagen der Ethnopolitik und Geisteswissenschaften,* Göttingen 1932.
–, *Volkstheorie als politische Wissenschaft*, Jena 1934.
Böhmer, Karl, *Das Dritte Reich im Spiegel der Weltpresse. Historische Dokumente über den Kampf des Nationalsozialismus gegen die ausländische Lügenhetze,* Leipzig 1934.
–, *Die Freiheit der Presse im nationalsozialistischen Staat. Ein Wort an das Ausland,* Oldenburg–Berlin 1933.
Böttcher, Oskar, »Die kommunalen Reichsspitzenverbände«, in: *Zeitschrift für Kommunalwirtschaft und Kommunale Politik* 22 (1932).
Bonhoeffer, Dietrich, *Gesammelte Schriften,* hrsgg. von Eberhard Bethge, Bd. II, München 1959.
–, *Widerstand und Ergebung. Briefe und Aufzeichnungen aus der Haft,* München 1951.
Bonhoeffer, Karl, und Jürg Zutt, »Über den Geisteszustand des Reichstagsbrandstifters Marinus van der Lubbe«, in: *Monatsschrift für Psychiatrie und Neurologie* 89 (1934).
Books on Persecution. Terror and Resistance in Nazi Germany, hrsgg. von The Wiener Library, Catalogue Series No. 1, 2. Aufl., London 1953.
Bor, Peter [d. i. Paul Lüth], *Gespräche mit Halder,* Wiesbaden 1950.
Borch, Herbert v., *Obrigkeit und Widerstand. Zur politischen Soziologie des Beamtentums,* Tübingen 1954.
–, »Obrigkeit und Widerstand«, in: *Vierteljahrshefte für Zeitgeschichte* 3 (1955).
Borries, Kurt, »Deutschland und Polen zwischen Diktatur und Verständigung«, in: *Die Welt als Geschichte* 18 (1958).
Bracher, Karl Dietrich, *Verfall und Fortschritt im Denken der frühen römischen Kaiserzeit. Studien zum Zeitgefühl und Geschichtsbewußtsein des Jahrhunderts nach Augustus,* Diss. Tübingen 1948 (ungedr.).
–, »Auflösung einer Demokratie«, in: *Faktoren der Machtbildung*, Berlin 1952
–, »Die Weimarer Republik im Spiegel der Memoiren-Literatur«, in: *Politische Literatur* 2 (1953), H. 9.
–, *Nationalsozialistische Machtergreifung und Reichskonkordat. Ein Gutachten zur Frage des geschichtlichen Zusammenhangs und der politischen Verknüpfung von Reichskonkordat und nationalsozialistischer Revolution,* Wiesbaden 1956.
–, »Der 20. Juli 1932«, in: *Zeitschrift für Politik* 3 (1956).
–, *Die Auflösung der Weimarer Republik. Eine Studie zum Problem des Machtverfalls in der Demokratie*, 5. Aufl., Villingen 1971.
–, »Das Anfangsstadium der Hitlerschen Außenpolitik«, in: *Vierteljahrshefte für Zeitgeschichte* 5 (1957).
–, »Stufen totalitärer Gleichschaltung«, in: *ebenda* 4 (1956).
–, *Der Aufstieg des Nationalsozialismus als Problem der Zeitgeschichte,* 1958 (als Manuskr. gedr.).
–, »Die lehrreiche Geschichte des Artikels 48«, in: *Deutsche Zeitung* 15,

Nr. 43 (20./21. Februar 1960).
–, »Zusammenbruch des Versailler Systems und Zweiter Weltkrieg«, in: *Propyläen-Weltgeschichte,* hrsgg. von Golo Mann, Bd. 9, Berlin 1960.
–, *Deutschland zwischen Demokratie und Diktatur,* München–Bern 1964.
–, *Die deutsche Diktatur,* 4. Aufl., Köln 1970.
–, *Das deutsche Dilemma,* München 1971.
Braeutigam, Harald, *Wirtschaftssystem des Nationalsozialismus,* Berlin 1932.
Bramstedt, Ernest K., *Dictatorship and Political Police. The Technique of Control by Fear,* New York 1945.
Brand, Artur, *Das Beamtenrecht. Die Rechtsverhältnisse der preußischen Staats- und Kommunalbeamten (Handbücher des Preußischen Verwaltungsrechts,* Bd. V), 3. Aufl., Berlin 1928.
Braubach, Max, »Politisch-diplomatische Vorgeschichte des Zweiten Weltkriegs«, in: *Schicksalsfragen der Gegenwart. Handbuch politisch historischer Bildung,* hrsgg. vom Bundesministerium für Verteidigung, Innere Führung, Bd. I, Tübingen 1957.
Braun, Otto, *Von Weimar zu Hitler,* Hamburg 1949.
Braunbuch über Reichstagsbrand und Hitler-Terror, Vorwort von Lord Marley, Basel 1933. [Braunbuch II]: *Dimitroff contra Göring. Enthüllungen über die wahren Brandstifter,* Paris 1934.
Brauweiler, Heinz, »Der Anteil des Stahlhelm«, in: *Deutscher Aufstand. Die Revolution des Nachkriegs,* hrsgg. von Curt Hotzel, Stuttgart 1934.
Brecht, Arnold, »Bureaucratic Sabotage«, in: *Annals of the American Academy of Political and Social Science* 189 (Jan. 1937).
–, *Vorspiel zum Schweigen. Das Ende der deutschen Republik,* Wien 1948.
–, *Das deutsche Beamtentum von heute* (vervielf. Manuskript der Deutschen Gesellschaft für Personalwesen e. V. in Frankfurt a. M.), 1951.
–, »How Bureaucracies Develop and Function«, in: *The Annals of the American Academy of Political and Social Science* 292 (March 1954).
–, »Die Auflösung der Weimarer Republik und die politische Wissenschaft«, in: *Zeitschrift für Politik* 2 (1955).
Breyer, Richard, *Das deutsche Reich und Polen 1932–1937. Außenpolitik und Volksgruppenfragen (Marburger Ostforschungen,* Bd. 3), Würzburg 1955.
Brinkmann, Carl, *Soziologische Theorie der Revolution,* Göttingen 1948.
Brinton, Crane, *The Anatomy of Revolution,* London 1953.
Brockdorff-Rantzau, Ulrich Graf, *Dokumente und Gedanken um Versailles,* 3. Aufl., Berlin 1925.
Broszat, Martin, »Zur Perversion der Strafjustiz im Dritten Reich«, in: *Vierteljahrshefte für Zeitgeschichte* 6 (1958).
–, »Die Anfänge der Berliner NSDAP 1926/27«, in: *Vierteljahrshefte für Zeitgeschichte* 8 (1960).
Der Nationalsozialismus. Weltanschauung, Programm und Wirklichkeit, Stuttgart 1960.
Brüning, Heinrich, »Ein Brief«, in: *Deutsche Rundschau* 70 (1947), H. 7.

Brunner, Andreas, *Rechtsstaat gegen Totalstaat,* 2 Teile, Zürich 1948.

Brunner, Otto, *»Feudalismus«. Ein Beitrag zur Begriffsgeschichte,* Wiesbaden 1959.

Bruns, Paul, *Vom Wesen und der Bedeutung der DAF. Ein Beitrag zu ihrer Würdigung als Wegbereiterin einer neuen deutschen Sozialordnung,* Diss. Leipzig 1937.

Buchheim, Hans, *Glaubenskrise im Dritten Reich. Drei Kapitel nationalsozialistischer Religionspolitik (Veröffentlichungen des Instituts für Zeitgeschichte München),* Stuttgart 1953.

–, »Die SS in der Verfassung des Dritten Reiches«, in: *Vierteljahrshefte für Zeitgeschichte* 3 (1955).

–, »Grundlagen und politische Entwicklung des Dritten Reiches«, in: *Schicksalsfragen der Gegenwart. Handbuch politisch-historischer Bildung,* hrsgg. vom Bundesministerium für Verteidigung, Bd. II, Tübingen 1957.

–, *Das Dritte Reich,* München 1958.

–, »Die Liquidation des Deutschen Reichstags«, in: *Politische Studien* 9 (1958), H. 95.

–, »Die organisatorische Entwicklung der politischen Polizei in Deutschland in den Jahren 1933 und 1934«, in: *Gutachten des Instituts für Zeitgeschichte,* München 1958.

Buchheim, Karl, *Geschichte der christlichen Parteien in Deutschland,* München 1953.

–, »Totalitarismus«, in: *Dokumente* 12 (1956), H. 4.

Buchheit, Gert, *Hitler, der Feldherr. Die Zerstörung einer Legende,* Rastatt 1958.

Buchner, Franz, *Kamerad! Halt aus! Aus der Geschichte des Kreises Starnberg der NSDAP,* München 1938.

Buchner, Hans, *Die goldene Internationale. Vom Finanzkapital, seinem System und seinen Trägern (Nationalsozialistische Bibliothek,* H. 3), München 1928.

–, *Grundriß einer nationalsozialistischen Volkswirtschaftstheorie (Nationalsozialistische Bibliothek,* H. 16), 4. Aufl., München 1932.

–, *Warenhauspolitik und Nationalsozialismus (Nationalsozialistische Bibliothek,* H. 13), 3. Aufl., München 1931.

Buchner, Max, *Auf dem Wege nach Weimar und von Weimar nach Potsdam. Ein geschichtlicher Rückblick auf die Wandlung des Bismarckreiches zum Parteienstaat und das Wiedererwachen des nationalen Deutschlands,* München o. J. [1933].

Bülow, Friedrich, *Der deutsche Ständestaat. Nationalsozialistische Gemeinschaftspolitik durch Wirtschaftsorganisation,* Leipzig 1934.

Bullock, Alan, *Hitler. A Study in Tyranny,* Long Acre–London 1952.

Burg, Paul (Hrsg.), *Neue Geschichte des Deutschen Reiches für jedermann. Von König Heinrich dem Vogelsteller bis zum Volkskanzler Adolf Hitler,* Leipzig 1934.

Burin, Frederic S., »Bureaucracy and National Socialism. A Reconsideration of Weberian Theory«, in: *Reader in Bureaucracy,* hrsgg. von Robert K. Merton *et al,* Glencoe (Ill.) 1952.

Bußmann, Walter, »Politische Ideologien zwischen Monarchie und Weimarer Republik«, in: *Historische Zeitschrift* 190 (1960).

Butler, Rohan, *The Roots of National Socialism 1783–1933,* London 1941.
Buttinger, Joseph, *Am Beispiel Österreichs. Ein geschichtlicher Beitrag zur Krise der sozialistischen Bewegung,* Köln 1953.
Carossa, Hans, *Ungleiche Welten,* Wiesbaden 1951.
Castellan, Georges, *Le réarmement clandestin du Reich 1930–1935,* Paris 1954.
Čelovský, Boris, *Das Münchener Abkommen, 1938 (Quellen und Darstellungen zur Zeitgeschichte,* Bd. 3), Stuttgart 1958.
–, »Pilsudskis Präventivkrieg gegen das nationalsozialistische Deutschland. Vorbereitung und Widerlegung einer Legende«, in: *Die Welt als Geschichte* 14 (1954).
Chamberlain, Houston Stewart, *Die Grundlagen des 19. Jahrhunderts,* 2 Bde., München 1899.
–, *Mensch und Gott,* München 1922.
Choltitz, Dietrich v., *Soldat unter Soldaten,* Konstanz–Zürich–Wien 1951.
Claß, Hans, *Die gelenkte Selbstverwaltung. Das Verhältnis des Deutschen Reiches zur materiellen (echten) Selbstverwaltung (Abhandlungen aus dem Staats- und Verwaltungsrecht mit Einschluß des Völkerrechts,* 62. Heft), Breslau 1941.
Conrad, Walter, *Der Kampf um die Kanzeln. Erinnerungen und Dokumente aus der Hitlerzeit,* Berlin 1957.
Conrad-Martius, Hedwig, *Utopien der Menschenzüchtung,* München 1955.
Conze, Werner, »Nationalstaat oder Mitteleuropa?«, in *Deutschland und Europa. Historische Studien zur Völker- und Staatenordnung des Abendlandes. Festschrift für Hans Rothfels,* Düsseldorf 1951.
–, »Zum Sturz Brünings«, in: *Vierteljahrshefte für Zeitgeschichte* 1 (1953).
–, »Die Krise des Parteienstaats in Deutschland 1929/30«, in: *HZ* 178 (1954).
Craig, Gordon A., »Briefe Schleichers an Groener«, in: *Die Welt als Geschichte* 11 (1951).
–, *The Politics of the Prussian Army 1640–1945,* Oxford 1955.
Crankshaw, Edward, *Die Gestapo,* Berlin 1959.
A Crisis in the University World, London 1935.
Cunio, Hermann, *Führerprinzip und Willensbildung im Aktienrecht,* Leipzig 1935.
Czech-Jochberg, Erich, *Deutsche Geschichte nationalsozialistisch gesehen,* Leipzig 1933.
Daeschner, Leon, *Die Deutsche Arbeitsfront,* München 1934.
Dahm, Georg, und Friedrich Schaffstein, *Methode und System des neuen Strafrechts,* Berlin 1937.
Daim, Wilfried, *Der Mann, der Hitler die Ideen gab,* München 1958.
Dale, Harold Edward, *The Higher Civil Service of Great Britain,* Oxford 1941.
Dallin, Alexander, *Deutsche Herrschaft in Rußland 1941–1945. Eine Studie über Besatzungspolitik,* Düsseldorf 1958.
Daluege, Kurt, *Nationalsozialistischer Kampf gegen das Verbrecher-*

tum, München 1936.

Danner, Lothar, *Ordnungspolizei Hamburg. Betrachtungen zu ihrer Geschichte 1918–1933,* Hamburg 1958.

Darré, R. Walther, *Das Bauerntum als Lebensquell der nordischen Rasse,* München 1929.

–, *Das Schwein als Kriterium für nordische Völker und Semiten,* München 1933.

–, *Neuadel aus Blut und Boden,* München 1934.

–, *Erkenntnisse und Werden. Aufsätze aus der Zeit vor der Machtergreifung,* hrsgg. von Marie Adelheid Prinzessin Reuß-zur Lippe, Goslar 1940.

Decker, Will, *Der deutsche Arbeitsdienst. Ziele, Leistungen und Organisation des Reichsarbeitsdienstes (Schriften zum Staatsaufbau,* Heft 14/14a), 3. Aufl., Berlin 1941.

–, *Der deutsche Weg. Ein Leitfaden zur nationalpolitischen Erziehung der deutschen Jugend im Arbeitsdienst. Aufgaben, Organisation und Aufbau,* 5. Aufl., Berlin 1933.

Deimel, Theodor, *Carlyle und der Nationalsozialismus. Eine Würdigung des englischen Denkers im Lichte der deutschen Gegenwart,* Würzburg 1937.

Deist, Wilhelm, »Brüning, Herriot und die Abrüstungsgespräche von Bessinge 1932«, in: *Vierteljahrshefte für Zeitgeschichte* 5 (1957).

–, »Schleicher und die deutsche Abrüstungspolitik im Juni/Juli 1932«, in: *Vierteljahrshefte für Zeitgeschichte* 7 (1959).

Dell, Robert, *The Geneva Racket,* London 1940.

[Delp, Alfred], *Alfred Delp. Kämpfer, Beter, Zeuge. Letzte Briefe und Beiträge von Freunden,* Berlin 1954.

–, *Im Angesicht des Todes. Geschrieben zwischen Verhaftung und Hinrichtung. 1944–1945,* Frankfurt/M. 1947.

Denne, Ludwig, *Das Danzig-Problem in der deutschen Außenpolitik 1934–1939,* Bonn o. J. [1959].

Dennewitz, Bodo, *Das nationale Deutschland ein Rechtsstaat. Die Rechtsgrundlagen des neuen deutschen Staates,* Berlin 1933.

Dernedde, Carl, »Kommissare«, in: *Reichs- und Preußisches Verwaltungsblatt* 55 (1934).

Deuerlein, Ernst, *Das Reichskonkordat. Beiträge zu Vorgeschichte, Abschluß und Vollzug des Konkordates zwischen dem Heiligen Stuhl und dem Deutschen Reich vom 20. Juli 1933,* Düsseldorf 1956.

–, »Wehrordnung und Föderalismus in Deutschland, Teil II: 1919–1935«, in: *Wehrwissenschaftliche Rundschau* 6 (1956).

–, »Hitlers Eintritt in die Politik und die Reichswehr«, in: *Vierteljahrshefte für Zeitgeschichte* 7 (1959).

Deutschland und der Weltkrieg, hrsgg. von Otto Hintze, 2. erw. Aufl., Leipzig–Berlin 1916.

Dieben, Wilhelm, »Die innere Reichsschuld seit 1933«, in: *Finanzarchiv,* N. F. 11 (1949).

Dieckmann, Carl, *Die Selbstverwaltung im neuen Staat,* Berlin 1933.

Dieckmann, Hildemarie, *Johannes Popitz. Entwicklung und Wirksamkeit in der Zeit der Weimarer Republik bis 1933 (Studien zur europäischen Geschichte aus dem Friedrich-Meinecke-Institut der Freien*

Universität Berlin, Bd. IV), Berlin 1960.
Diels, Rudolf, *Lucifer ante Portas ... es spricht der erste Chef der Gestapo ...,* Stuttgart 1950.
Dienstkenntnis. Leitfaden für den Unterricht an der Marineschule, bearb. von der Marineschule Mürwick, Teil III: *Verfassungsrecht,* Berlin 1938.
Dietrich, Otto, »Adolf Hitler als künstlerischer Mensch«, in: *NS-Monatshefte* 4, H. 43 (Oktober 1933).
–, *Mit Hitler in die Macht. Persönliche Erlebnisse mit meinem Führer,* 4. Aufl., München 1934.
–, *12 Jahre mit Hitler,* München 1955.
Diller, Albert, *Die Legalität der nationalsozialistischen Revolution,* Erlangen 1935.
Dimitroff contra Göring s. [Braunbuch II].
The Diplomats 1919–1939, hrsgg. von Gordon A. Craig und Felix Gilbert, Princeton 1953.
Dirksen, Herbert v., *Moskau, Tokio, London. Erinnerungen und Betrachtungen zu 20 Jahren deutscher Außenpolitik 1919–1939,* Stuttgart 1949.
Documents of German Foreign Policy 1918–1945, Series C (*The Third Reich: First Phase),* vol. I, Washington 1957.
Soviet Documents on Foreign Policy, selected and edited by Jane Degras, Bd. III (1933–1941), London–New York–Toronto 1953.
Dönitz, Karl, *Zehn Jahre und zwanzig Tage,* Bonn 1958.
Dokumente der Deutschen Politik, hrsgg. von Paul Meier-Benneckenstein, Bd. I: *Die nationalsozialistische Revolution 1933,* Berlin 1939.
Dokumente der Zeitgeschichte (Dokumente der Sammlung Rehse aus der Kampfzeit, Bd. 1), hrsgg. von Adolf Dresler und Fritz Maier-Hartmann, 3. Aufl., München 1941.
Dorn, Walter, »The Prussian Bureaucracy in the Eighteenth Century«, in: *Political Science Quarterly* 46 (1931); 47 (1932).
Dorpahlen, Andreas, *The World of General Haushofer,* New York 1942.
Dovifat, Emil, »Die Presse im neuen Staat. Bemerkungen zum Schriftleitergesetz«, in: *Märkische Volkszeitung,* Nr. 275 (6. Oktober 1933).
Dräger, Heinrich, *Arbeitsbeschaffung durch produktive Kreditschöpfung. Ein Beitrag zur Frage der Wirtschaftsbelebung durch das sogenannte Federgeld (Nationalsozialistische Bibliothek,* H. 41), München 1932.
Dräger, Werner, *Primat des Volkes? Ein Beitrag zur Grundfrage einer völkischen Staatslehre,* Berlin 1935.
Drage, Charles, *The Amiable Prussian,* London 1958.
Duderstadt, Henning, *Vom Reichsbanner zum Hakenkreuz. Wie es kommen mußte. Ein Bekenntnis,* Stuttgart 1933.
Duesterberg, Theodor, *Der Stahlhelm und Hitler,* Wolfenbüttel–Hannover 1949.
Ebeling, Hans, *The Caste. The Political Role of the German General Staff Between 1918 and 1938,* London 1945.
Ebenstein, William, *The Nazi State,* New York 1942.
Edelmann-Muehsam, Margaret T., »The Jewish Press in Germany«, in:

Publications of the Leo Baeck Institute, Year Book I, London 1956.
Edinger, Lewis J., *German Exile Politics. The Social Democratic Executive Committee in the Nazi Era*, Berkeley–Los Angeles 1956.
–, »German Social Democracy and Hitler's ›National Revolution‹ of 1933: A Study in Democratic Leadership«, in: *World Politics* 5 (1953).
Ehmke, Horst, *Grenzen der Verfassungsänderung*, Berlin 1953.
Ehrich, Emil, *Die Auslands-Organisation der NSDAP*, Berlin 1937.
Eichenauer, Richard, *Musik und Rasse*, München 1932.
Eichstädt, Ulrich, *Von Dollfuß zu Hitler. Geschichte des Anschlusses Österreichs 1933–1938*, Wiesbaden 1955.
Elster (Pol.-Maj.), »Der ›militärische‹ Charakter der deutschen Polizei«, in: *Die Polizei* 30 (1933).
Das Ende der Parteien 1933 (Veröffentlichung der Kommission für Geschichte des Parlamentarismus und der politischen Parteien), hrsgg. von Erich Matthias und Rudolf Morsey, Düsseldorf 1960.
Engelbrechten, Julius Karl v., *Eine braune Armee entsteht. Die Geschichte der Berlin–Brandenburger SA*, München–Berlin 1937.
Engelbrechten, Julius Karl v., und Hans Volz, *Wir wandern durch das nationalsozialistische Berlin. Ein Führer durch die Gedenkstätten des Kampfes um die Reichshauptstadt*, München 1937.
Entwicklung und Reform des Beamtenrechts (Veröffentlichungen der Vereinigung der Deutschen Staatsrechtslehrer, H. 7), Berlin–Leipzig 1932.
Der katholische Episkopat in der nationalen Revolution Deutschlands 1933, hrsgg. von Emil Franz Josef Müller, Freiburg (Schweiz) 1934.
Erbe, René, *Die nationalsozialistische Wirtschaftspolitik 1933–1939 im Lichte der modernen Theorie*, Zürich 1958.
Erbt, Wilhelm, *Weltgeschichte auf rassischer Grundlage. Urzeit, Morgenland, Mittelmeer, Abendland und Nordland*, 2. Aufl., Leipzig 1934.
Erdmann, Karl Dietrich, »Das Problem der Ost- oder Westorientierung in der Locarnopolitik Stresemanns«, in: *Geschichte in Wissenschaft und Unterricht* 6 (1955).
–, *Die Zeit der Weltkriege (Handbuch der deutschen Geschichte*, Bd. IV), Stuttgart 1959.
Erdmann, Lothar, »Die Wege des Satans«, in: *Die Hilfe* 40 (1934).
Erfurth, Waldemar, *Die Geschichte des deutschen Generalstabes von 1918 bis 1945 (Studien zur Geschichte des zweiten Weltkrieges*, Bd. 1), Göttingen–Berlin–Frankfurt 1957.
Ermarth, Fritz, *Theorie und Praxis des faschistisch-korporativen Staates (Heidelberger Rechtswissenschaftliche Abhandlungen*, Nr. 14), Heidelberg 1932.
Ernst, Fritz, »Aus dem Nachlaß des Generals Walther Reinhardt«, in: *Die Welt als Geschichte* 18 (1958).
Der Erzberger-Mord. Dokumente menschlicher und politischer Verkommenheit, Bühl (Baden) 1921.
Deutsche Erziehung im neuen Staat, hrsgg. von Friedrich Hiller, Langensalza–Berlin–Leipzig 1934.
Eschenburg, Theodor, *Der Beamte in Partei und Parlament (Kleine Schriften für den Staatsbürger*, H. 15), Frankfurt/M. 1952.

–, *Die improvisierte Demokratie der Weimarer Republik (Geschichte und Politik,* H. 10), Laupheim 1954.
–, *Staat und Gesellschaft in Deutschland,* Stuttgart 1956.
Esser, Hermann, *Die jüdische Weltpest. Judendämmerung auf dem Erdball,* 6. Aufl., München 1943.
Eulenburg, Franz, *Großraumwirtschaft und Autarkie (Kieler Vorträge . . .,* Nr. 37), Jena 1932.
Everling, Friedrich, *Organischer Aufbau des Dritten Reichs,* München 1931.
Ewers, Hanns Heinz, *Horst Wessel. Ein deutsches Schicksal,* Stuttgart–Berlin 1933.
Eyck, Erich, *Geschichte der Weimarer Republik,* 2 Bde., Erlenbach–Zürich–Stuttgart 1954–1956.
Faber du Faur, Moriz v., *Macht und Ohnmacht. Erinnerungen eines alten Offiziers,* Stuttgart 1953.
Facius, Friedrich, *Wirtschaft und Staat. Die Entwicklung der staatlichen Wirtschaftsverwaltung in Deutschland vom 17. Jahrhundert bis 1945 (Schriften des Bundesarchivs,* Bd. 6), Boppard a. Rh. 1959.
Faul, Erwin, »Hitlers Über-Machiavellismus«, in *Vierteljahrshefte für Zeitgeschichte* 2 (1954).
Faulhaber, Michael, *Judentum, Christentum, Germanentum,* München [1934].
Feder, Gottfried, *Das Manifest zur Brechung der Zinsknechtschaft des Geldes,* München 1919.
–, *Das Programm der NSDAP und seine weltanschaulichen Grundgedanken (Nationalsozialistische Bibliothek,* H. 1), 41.–50. Aufl., München 1931.
–, *Der deutsche Staat auf nationaler und sozialer Grundlage. Neue Wege in Staat, Finanz und Wirtschaft,* 5. Aufl., München 1932.
–, *Kampf gegen die Hochfinanz,* 6. Aufl., München 1935.
Feickert, Andreas, *Studenten greifen an. Nationalsozialistische Hochschulreform,* Hamburg 1934.
Feiling, Keith, *The Life of Neville Chamberlain,* London 1946.
Feinberg, Nathan, »The Activities of Central Jewish Organisations Following Hitler's Rise to Power«, in: *Yad Washem Studies on the European Jewish Catastrophe and Resistance,* I, Jerusalem 1957.
Felgen, Friedrich, *et al., Die Femelüge,* München 1928 (4. Aufl., 1932 u. d. T.: *Femgericht).*
Fiehler, Karl, »Die Aufgabe des Deutschen Gemeindetages«, in: *Der Gemeindetag* 27 (1933).
Fijalkowski, Jürgen, *Die Wendung zum Führerstaat. Ideologische Komponenten in der politischen Philosophie Carl Schmitts (Schriften des Instituts für politische Wissenschaft,* Bd. 12), Köln–Opladen 1958.
Fischer, Kurt E., *Dokumente zur Geschichte des deutschen Rundfunks und Fernsehens (Quellensammlung zur Kulturgeschichte,* Bd. 11), Göttingen–Berlin–Frankfurt 1957.
Fischer, Rudolf, *Schleicher. Mythos und Wirklichkeit,* Hamburg 1932.
Flechtheim, Ossip K., *Die Kommunistische Partei Deutschlands in der Weimarer Republik,* Offenbach 1948.
Föhr, Ernst, *Geschichte des badischen Konkordats,* Freiburg 1958.

Foerster, Wolfgang, *Generaloberst Ludwig Beck. Sein Kampf gegen den Krieg. Aus den nachgelassenen Papieren des Generalstabschefs,* München 1953.

Foertsch, Hermann, *Die Wehrmacht im nationalsozialistischen Staat,* Hamburg 1935.

–, *Schuld und Verhängnis. Die Fritschkrise im Frühjahr 1938 als Wendepunkt in der Geschichte der nationalsozialistischen Zeit (Veröffentlichungen des Deutschen Instituts für Geschichte der nationalsozialistischen Zeit* [jetzt: *Institut für Zeitgeschichte*], Nr. 1), Stuttgart 1951.

Forell, Birger, »National-Socialism and the Protestant Churches in Germany«, in: *The Third Reich,* London 1955.

Forsthoff, Ernst, *Die Krise der Gemeindeverwaltung im heutigen Staat,* Berlin 1932.

–, *Der totale Staat,* Hamburg 1933.

Fraenkel, Ernst, *Zur Soziologie der Klassenjustiz (Jungsozialistische Schriftenreihe),* Berlin 1927.

–, *The Dual State. A Contribution to the Theory of Dictatorship,* London–New York–Toronto 1941.

–, »Freiheit und politisches Betätigungsrecht der Beamten in Deutschland und USA«, in: *Veritas, Justitia, Libertas. Festschrift zur 200-Jahr-Feier der Columbia University New York,* Berlin o. J. [1952].

–, *Die repräsentative und die plebiszitäre Komponente im demokratischen Verfassungsstaat,* Tübingen 1958.

François-Poncet, André, *Als Botschafter in Berlin. 1931–1938,* 2. Aufl., Mainz 1949.

Frank, Hans, *Recht und Verwaltung,* München 1939.

–, *Die Technik des Staates (Schriftenreihe des Institutes für die Technik des Staates an der Technischen Hochschule München),* Berlin–Leipzig–Wien 1942.

–, *Im Angesicht des Galgens. Deutung Hitlers und seiner Zeit auf Grund eigener Erlebnisse und Erkenntnisse,* München-Gräfelfing 1953.

Frank, Hans, Heinrich Himmler, Werner Best, Reinhard Höhn, *Grundfragen der deutschen Polizei. Bericht über die konstituierende Sitzung des Ausschusses für Polizeirecht der Akademie für Deutsches Recht am 11. Oktober 1936,* Hamburg 1937.

Frank, Walter, *Hofprediger Adolf Stoecker und die christlich-soziale Bewegung,* Berlin 1928.

–, *Die deutschen Geisteswissenschaften im Kriege* (Rede am 18. Mai 1940 an der Universität Berlin), Hamburg 1940.

–, »Die Erforschung der Judenfrage. Rückblick und Ausblick«, in: *Forschungen zur Judenfrage (Schriften des Reichsinstituts für Geschichte des neuen Deutschlands,* Bd. 5), Hamburg 1941.

–, »Deutsche Wissenschaft und Judenfrage«, in: *Forschungen zur Judenfrage,* Hamburg 1941.

Franz, Leopold, *Die Gewerkschaften in der Demokratie und in der Diktatur,* Karlsbad 1935.

Frauendorfer, Max, *Der ständische Gedanke im Nationalsozialismus (Nationalsozialistische Bibliothek,* H. 40), München 1932 (3. Aufl. 1933).

–, *Was ist ständischer Aufbau?,* Berlin 1934.

Freisler, Roland, Walter Luetgebrune *et al.*, *Denkschrift des Zentralausschusses der Strafrechtsabteilung der Akademie für Deutsches Recht über die Grundzüge eines Allgemeinen Deutschen Strafrechts (Schriften der Akademie für Deutsches Recht,* H. 1), Berlin 1934.

Freksa, Friedrich, Hrsg., *Kapitän Ehrhardt. Abenteuer und Schicksale,* Berlin 1924.

Freudenberger, Heinrich, »Bauernkraft – Wehrkraft«, in: *Der Bauer im Umbruch der Zeit,* hrsgg. von Wolfgang Clauß, Berlin 1935.

Freund, Gerald, *Unholy Alliance. Russian-German Relations from the Treaty of Brest-Litowsk to the Treaty of Berlin,* London 1957.

Freund, Michael, *Deutsche Geschichte,* Gütersloh 1960.

Freyer, Hans. *Das politische Semester. Ein Vorschlag zur Universitätsreform,* Jena 1933.

Frick, Wilhelm, *Der Neuaufbau des Dritten Reiches. Vortrag, gehalten vor Offizieren der Reichswehr am 15. November 1934,* Berlin o. J.

–, »Student im Volk. Völkische Aufgaben der Hochschulreform«, in: *Mann's Pädagogisches Magazin,* Langensalza 1934.

[–,] *Dr. Wilhelm Frick und sein Ministerium. Aus Anlaß des 60. Geburtstages des Reichs- und Preußischen Ministers des Innern Dr. Wilhelm Frick am 12. März 1937,* hrsgg. von Hans Pfundtner, München 1937.

Fried, Ferdinand [Friedrich Zimmermann], *Das Ende des Kapitalismus,* Jena 1931.

Friedensburg, Ferdinand, *Die Weimarer Republik,* (Neuaufl.) Hannover–Frankfurt 1957.

Der Friedensvertrag von Versailles nebst Schlußprotokoll und Rheinlandstatut, durchgesehene Ausgabe in der durch das Londoner Protokoll vom 30. August 1924 revidierten Fassung, Berlin 1925.

Friedrich, Carl Joachim, »Das Ende der Kabinettspolitik«, in: *Außenpolitik* 1 (1950).

–, *Der Verfassungsstaat der Neuzeit (Enzyklopädie der Rechts- und Staatswissenschaft, Abt. Staatswissenschaft),* Berlin–Göttingen–Heidelberg 1953.

–, *Totalitarian Dictatorship and Autocracy,* Cambridge (Mass.) 1956.

Fritsch, Hans v., *Die Gewaltherrschaft in Österreich 1933 bis 1938. Eine staatsrechtliche Untersuchung,* Leipzig–Wien 1938.

Frobenius, Else, *Die Frau im Dritten Reich,* Berlin 1933.

Das deutsche Führerlexikon 1934/1935, Berlin 1934.

Funk, Walther, *Befreiung von Kriegstributen durch wirtschaftliche und soziale Erneuerungen* (Vortrag ..., hrsgg. von der Gesellschaft für deutsche Wirtschafts- und Sozialpolitik), Berlin 1929.

Furtwängler, Josef, *ÖTV. Die Geschichte einer Gewerkschaft,* Stuttgart 1955.

Gaertner, Hans, »Problems of Jewish Schools in Germany During the Hitler Regime«, in: *Publications of the Leo Baeck Institute, Year Book I,* London 1956.

Ganzer, Karl Richard, *Aufstand und Reich. Lebenskräfte deutscher Geschichte. Reden und Aufsätze,* München–Berlin 1940.

Gatzke, Hans W., *Stresemann and the Rearmament of Germany,* Baltimore 1954.

–, »Stresemann und die deutsche Rußlandpolitik«, in: *Vierteljahrshefte für Zeitgeschichte* 4 (1956).
–, »Russo-German Military Collaboration During the Weimar Republic«, in: *American Historical Review* 63 (1958).
Gauger, Joachim, *Chronik der Kirchenwirren,* Elberfeld 1934.
Die jüdischen Gefallenen des deutschen Heeres, der deutschen Marine und der deutschen Schutztruppen 1914–1918. Ein Gedenkbuch, hrsgg. vom Reichsbund jüdischer Frontsoldaten, 2. Aufl., Berlin 1932.
Gehl, Walther, *Die Jahre I–IV des nationalsozialistischen Staates,* Breslau 1937.
Geigenmüller, Otto, *Die politische Schutzhaft im nationalsozialistischen Deutschland,* 2. Aufl., Würzburg 1937.
Geiger, Theodor, *Die soziale Schichtung des deutschen Volkes. Soziographischer Versuch auf statistischer Grundlage,* Stuttgart 1932.
Geissmar, Berta, *Musik im Schatten der Politik,* 3. Aufl., Zürich–Freiburg/Br. 1951.
Deutscher Geist zwischen gestern und morgen. Bilanz der kulturellen Entwicklung seit 1945, hrsgg. von Joachim Moras und Hans Paeschke, Stuttgart 1954.
SA-Geist im Betrieb. Vom Ringen um die Durchsetzung des deutschen Sozialismus, hrsgg. von der Obersten SA-Führung, München 1938.
Die Deutsche Gemeindeordnung vom 30. Januar 1935. Textausgabe, bearb. von Harry Goetz, 8. Aufl., Berlin 1940.
Generalfeldmarschall Keitel. Verbrecher oder Offizier?, hrsgg. von Walter Görlitz, Göttingen–Berlin–Frankfurt/M. 1961.
Die Generalstäbe in Deutschland von 1871–1945. Aufgaben in der Armee und Stellung im Staate [von Wiegand Schmidt-Richberg]. – *Die Entwicklung der militärischen Luftfahrt in Deutschland von 1920–1933. Planung und Maßnahmen zur Schaffung einer Fliegertruppe in der Reichswehr* [von Karl Heinz Völker], in 1 Bd. *(Beiträge zur Militär- und Kriegsgeschichte,* Bd. 3), Stuttgart 1962.
Gengler, Ludwig, *Rudolf Berthold,* 2. Aufl., Berlin 1934.
Gerber, Hans, »Vom Begriff und Wesen des Beamtentums«, in: *Archiv des öffentlichen Rechts,* N. F. 18 (1930).
–, *Politische Erziehung des Berufsbeamtentums im Nationalsozialistischen Staat. Eröffnungsvortrag ... am 30. Oktober 1933,* Tübingen 1933.
Gercke, Achim, *Die Aufgaben des Sachverständigen für Rasseforschung beim Reichsministerium des Innern (Flugschriften für Familiengeschichte,* H. 23), Leipzig 1933.
Germany in the Third Reich. As Seen by Anglo-Saxon Writers, selected and annotated by Gustav Schad, Frankfurt/M. 1936.
Germino, Dante L., *The Italien Fascist Party in Power. A Study in Totalitarian Rule,* Minneapolis 1959.
Gerth, Hans, »The Nazi Party: Its Leadership and Composition«, in: *American Journal of Sociology* 14 (Jan. 1940).
Geschichte der Republik Österreich, hrsgg. von Heinrich Benedikt, München 1954.
Zur Geschichte der deutschen antifaschistischen Widerstandsbewegung, 1933–1945. Eine Auswahl von Materialien, Berichten und Dokumen-

ten, Berlin 1957.
Die Gesetzgebung des Kabinetts Hitler, hrsgg. von Werner Hoche, H. 1, Berlin 1933.
Geßler, Otto, *Reichswehrpolitik in der Weimarer Zeit,* hrsgg. von Kurt Sendtner, Stuttgart 1958.
Das nationalsozialistische Gewissen in Danzig. Aus sechs Jahren Kampf für Hitler. Nach Reden und Niederschriften des Gauleiters von Danzig, Albert Forster, hrsgg. von Wilhelm Löbsack, Danzig 1936.
Das Gewissen steht auf. 64 Lebensbilder aus dem deutschen Widerstand 1933–1945, ges. von Annedore Leber, hrsgg. in Zusammenarbeit mit Willy Brandt und Karl Dietrich Bracher, Berlin–Frankfurt/M. 1954.
Das Gewissen entscheidet. Bereiche des deutschen Widerstandes von 1933–1945 in Lebensbildern, hrsgg. von Annedore Leber in Zusammenarbeit mit Willy Brandt und Karl Dietrich Bracher, Berlin–Frankfurt/M. 1957.
Geyr v. Schweppenburg, Leo Frhr., *Erinnerungen eines Militärattachés. London 1933–1937.* Stuttgart 1949.
–, *Gebrochenes Schwert,* Berlin 1952.
Giese, Friedrich, *Das Berufsbeamtentum im deutschen Volksstaat,* 2. Aufl., Berlin 1930.
Giese, Fritz Ernst, *Die deutsche Marine 1920–1945. Aufbau und Untergang,* Frankfurt/M. 1956.
Giese, Gerhardt, *Staat und Erziehung. Grundzüge einer politischen Pädagogik und Schulpolitik,* Hamburg 1933.
Gilbert, Felix, »Mitteleuropa – The Final Stage«, in: *Journal of Central European Affairs* 7 (1947).
Glombowski, Friedrich, *Organisation Heinz (O. H.). Das Schicksal der Kameraden Schlageters,* Berlin 1934.
Glungler, Wilhelm, *Die Lehre vom neuen Staat,* Darmstadt 1934.
–, *Vorlesung über Volk und Staat,* München–Leipzig 1936.
–, *Theorie der Politik. Grundlehren einer Wissenschaft von Volk und Staat,* München–Leipzig 1939.
Goebbels, Joseph, *Der Nazi-Sozi. Fragen und Antworten für den Nationalsozialisten,* Elberfeld o. J. [1927].
–, *Vom Kaiserhof zur Reichskanzlei. Eine historische Darstellung in Tagebuchblättern,* Berlin 1933.
–, *Revolution der Deutschen,* Oldenburg 1933.
–, *Signale der neuen Zeit,* 2. Aufl., München 1934.
–, *Der Angriff. Aufsätze aus der Kampfzeit,* München 1935.
Goerdeler, Carl, »Die Gemeinde als Teil des Reichsganzen«, in: *Der Städtetag* 27 (1933).
Göring, Hermann, *Aufbau einer Nation,* Berlin 1934.
–, *Reden und Aufsätze,* München 1941.
Görlitz, Walter, *Der deutsche Generalstab. Geschichte und Gestalt. 1657–1945,* Frankfurt/M. [1950].
–, *Hindenburg. Ein Lebensbild,* Bonn 1953.
Görlitz Walter, und Herbert A. Quint, *Adolf Hitler. Eine Biographie,* Stuttgart 1952.
Görlitz, Walter, Hrsg., *Paulus »Ich stehe hier auf Befehl!« Lebensweg des Generalfeldmarschalls Friedrich Paulus,* Frankfurt/M. 1960.

Götte, Karl-Heinz, *Die Propaganda der Glaubensbewegung »Deutsche Christen« und ihre Beurteilung in der deutschen Tagespresse,* Diss. Münster 1957.

Goetz, Walter, *Historiker in meiner Zeit. Gesammelte Aufsätze,* hrsgg. von Herbert Grundmann, Köln–Graz 1957.

Goldberg, Otto, *Die politischen Beamten im deutschen Rechte,* Diss. Leipzig 1932.

Goltz, Friedrich Frhr. von der, und Theodor Stiefenhofer, *Unsterbliches Deutschland. Völkischer Durchbruch in der Geschichte,* Hamburg 1936.

Goltz, Rüdiger Graf von der, *Meine Sendung in Finnland und im Baltikum,* Leipzig 1920.

Goltz, Rüdiger Graf von der, *Tribut-Justiz. Ein Buch um die deutsche Freiheit,* Berlin 1932.

Gordon, Harold Jackson, »Ritter v. Epp und Berlin 1919–1923«, in: *Wehrwissenschaftliche Rundschau* 9 (1959).

–, *The Reichswehr and the German Republic 1919–1926,* Princeton (N. Y.) 1957 *(Die Reichswehr und die Weimarer Republik 1919–1926,* Frankfurt a. M. 1959).

Graml, Hermann, *Der 9. November 1938, »Reichskristallnacht« (Schriftenreihe der Bundeszentrale für Heimatdienst,* H. 2), Bonn 1953.

–, »Mischlinge und Mischehen«, in: *Gutachten des Instituts für Zeitgeschichte,* München 1958.

Grauert, Wilhelm, »Die Entwicklung des Polizeirechts im nationalsozialistischen Staat«, in: *Deutsche Juristenzeitung* 39 (1934).

Grebing, Helga, *Der Nationalsozialismus,* München 1959.

Grensemann, Heinrich, *Leitfaden für den Geschäftsbetrieb der Reichskulturkammer,* Berlin 1937.

Grimm, Friedrich, *Hitlers deutsche Sendung,* Berlin 1934.

–, *Politische Justiz, die Krankheit unserer Zeit. 40 Jahre Dienst am Recht,* Bonn o. J. [1953].

Grimm, Hans, *Volk ohne Raum,* 1. Aufl., München 1928.

Gritzbach, Erich, *Hermann Göring, Werk und Mensch,* München 1941.

Groener, Wilhelm, *Lebenserinnerungen. Jugend, Generalstab, Weltkrieg,* hrsgg. von Friedrich Frhr. Hiller v. Gaertringen, Göttingen 1957.

Groener-Geyer, Dorothea, *General Groener. Soldat und Staatsmann,* Frankfurt/M. 1955.

Groppe, Theodor, *Ein Kampf um Recht und Sitte. Erlebnisse um Wehrmacht, Partei, Gestapo,* 2. Aufl., Trier 1959.

Grosser, Alfred, *Hitler, la presse et la naissance d'une dictature,* Paris 1959.

Großmann, Wassilij, *Die Hölle von Treblinka,* Moskau 1946.

Grotkopp, Wilhelm, *Die große Krise. Lehren aus der Überwindung der Wirtschaftskrise 1929–1932,* Düsseldorf 1954.

Gruenewald, Max, »The Beginning of the ›Reichsvertretung‹«, in: *Publications of the Leo Baeck Institute, Year Book I,* London 1956.

Grunsky, Hans Alfred, *Seele und Staat. Die psychologischen Grundlagen des nationalsozialistischen Siegs über den bürgerlichen und bolschewistischen Menschen,* Berlin 1935.

Grzesinski, Albert, *Das Beamtentum im neuen Staat. Zwei Vorträge von Grzesinski und Hans Völter auf dem Mitteldeutschen Beamtentag in Magdeburg am 1. Dezember 1929,* Berlin 1930.

–, *Inside Germany,* New York 1939.

Guderian, Heinz, *Achtung – Panzer! Die Entwicklung der Panzerwaffen, ihre Kampftaktik und ihre operativen Möglichkeiten,* 4. Aufl., Stuttgart [1943?].

–, *Erinnerungen eines Soldaten,* Heidelberg 1951.

Günther, Albrecht Erich, »Die Aufgabe der Wehrwissenschaften an der Hochschule«, in: *Zeitschrift für die gesamte Staatswissenschaft* 95 (1935).

Günther, Gerhard, *Das Reich (Das Reich im Werden. Arbeitshefte im Dienste politischer Erziehung,* Heft 3), Frankfurt/M. 1934.

Günther, Hans F. K., *Platon als Hüter des Lebens. Platons Zucht- und Erziehungsgedanken und ihre Bedeutung für die Gegenwart,* München 1928.

–, *Rassenkunde des deutschen Volkes,* 1. Aufl. München 1922.

Gürtler, Paul, *Nationalsozialismus und evangelische Kirchen im Warthegau (Arbeiten zur Geschichte des Kirchenkampfs,* Bd. 2), Göttingen 1958.

Gütt, Arthur, Ernst Rüdin und Falk Ruttke, *Gesetz zur Verhütung erbkranken Nachwuchses vom 14. Juli 1933,* München 1934.

Gütt, Arthur, Herbert Linden und Franz Maßfeller, *Blutschutz und Ehegesundheitsgesetz,* München 1936.

Gumbel, Emil Julius, *Vier Jahre politischer Mord,* Berlin–Fichtenau 1922.

–, *Verschwörer. Beiträge zur Geschichte und Soziologie der deutschen nationalistischen Geheimbünde seit 1918,* Wien 1924.

–, *Denkschrift des Reichsjustizministers zu »Vier Jahre politischer Mord«,* Berlin 1924.

–, *Acht Jahre politische Justiz. Das Zuchthaus – die politische Waffe,* Berlin 1927.

–, *Verräter verfallen der Feme. Opfer, Mörder, Richter 1919–1929,* Berlin 1929.

Gurian, Waldemar, *Der Kampf um die Kirche im Dritten Reich,* Luzern 1936.

Gutachten des Instituts für Zeitgeschichte, München 1958.

Guth, Karl, *Die Reichsgruppe Industrie. Standort und Aufgabe der industriellen Organisation (Schriften zum Staatsaufbau),* Berlin 1941.

Hadamovsky, Eugen, *Propaganda und nationale Macht. Die Organisation der öffentlichen Meinung für die nationale Politik,* Oldenburg i. O. 1933.

Häberlein, Ludwig, *Das Verhältnis von Staat und Wirtschaft mit besonderer Hervorhebung der Selbstverwaltung des Reichsnährstandes und der landwirtschaftlichen Marktordnung,* Bd. I: *Staat und Wirtschaft;* Bd. II: *Bauerntum, Reichsnährstand und landwirtschaftliche Marktordnung,* beide Berlin 1938.

Haensch, Walter, *Der organisatorische Weg zur einheitlichen Reichspolizei seit 1933,* Leipziger Diss., Berlin 1939.

Haensel, Carl, und Richard Strahl, *Politisches Abc des neuen Reichs.*

Schlag- und Stichwörterbuch für den deutschen Volksgenossen, Stuttgart 1933.

Härtle, Heinrich, *Nietzsche und der Nationalsozialismus,* 3. Aufl., München 1942.

Hagemann, Walter, *Publizistik im Dritten Reich. Ein Beitrag zur Methodik der Massenführung,* Hamburg 1948.

–, *Vom Mythos der Masse. Ein Beitrag zur Psychologie der Öffentlichkeit,* Heidelberg 1951.

Hagen, Walther, *Die geheime Front. Organisation, Personen und Aktionen des deutschen Geheimdienstes,* Linz–Wien 1950.

Hagmann, Meinrad, *Der Weg ins Verhängnis. Reichstagswahlergebnisse 1919 bis 1933, besonders aus Bayern,* München 1946.

Halder, Franz, *Hitler als Feldherr,* München 1949.

Hallgarten, George Wolfgang F., *Hitler, Reichswehr und Industrie. Zur Geschichte der Jahre 1918–1933,* Frankfurt/M. 1955.

–, *Dämonen oder Retter. Eine Geschichte der Diktatur,* Frankfurt/M. 1957.

Hameit, Paul, *Die Entwicklung des ständischen Problems,* Diss. Hamburg 1937.

Hamel, Walter, »Die Polizei im neuen Reich«, in: *Deutsches Recht* 5 (1935).

Hammer, Hermann, »Die deutschen Ausgaben von Hitlers ›Mein Kampf‹«, in: *Vierteljahrshefte für Zeitgeschichte* 4 (1956).

Hammerstein, Kunrat Frhr. v., »Schleicher, Hammerstein und die Machtübernahme 1933«, in: *Frankfurter Hefte* 11 (1956).

Hancke, Kurt, *Deutscher Aufstand gegen den Westen,* 2. Aufl., Berlin 1941.

Statistisches Handbuch von Deutschland 1929–1949, hrsgg. vom Länderrat des Amerikanischen Besatzungsgebiets, München 1949.

Nationalsozialistisches Handbuch für Recht und Gesetzgebung, hrsgg. von Hans Frank, München 1935.

Handbuch des deutschen Staatsrechts, Bd. II, Tübingen 1932.

Hanfstaengl, Ernst, *Hitler. The Missing Years,* London 1957.

d'Harcourt, Robert, »National Socialism and the Catholic Church in Germany«, in: *The Third Reich,* London 1955.

Hart, Basil Henry, Liddell, *Jetzt dürfen sie reden. Hitlers Generale berichten,* Stuttgart–Hamburg 1950.

Hartshorne, Edward Y., *The German Universities and National Socialism,* Cambridge (Mass.) 1937.

Hartung, Fritz, *Staatsbildende Kräfte der Neuzeit. Gesammelte Aufsätze,* Berlin 1961.

Hase, Günther, *Der Werdegang des Arbeitsdienstes,* Berlin–Leipzig 1940.

Haugg, Werner, *Das Reichsministerium für die kirchlichen Angelegenheiten,* Berlin 1940.

Haupt, Joachim, *Neuordnung im Schulwesen und Hochschulwesen (Das Recht der nationalen Revolution,* hrsgg. von Georg Kaisenberg und Franz Albrecht Medicus, H. 5), Berlin 1933.

Haus, Wolfgang, »Staatskommissare und Selbstverwaltung 1930–1933«, in: *Der Städtetag,* N. F. 9 (1956).

Hausser, Paul, *Waffen-SS im Einsatz,* Göttingen 1933.

Heberle, Rudolf, *From Democracy to Nazism. A Regional Case Study on Political Parties in Germany,* Baton Rouge (Louisiana) 1945.

–, *Social Movements. An Introduction to Political Sociology,* New York 1951.

Heer, Friedrich, *Koexistenz, Zusammenarbeit, Widerstand. Grundfragen europäischer und christlicher Einigung,* Zürich 1956.

Heffter, Heinrich, *Die deutsche Selbstverwaltung im 19. Jahrhundert. Geschichte der Ideen und Institutionen,* Stuttgart 1950.

Heiber, Helmut, »Zur Justiz im Dritten Reich. Der Fall Elias«, in: *Vierteljahrshefte für Zeitgeschichte* 3 (1955).

–, »Der Fall Grünspan«, in: *Vierteljahrshefte für Zeitgeschichte* 5 (1957).

Heidegger, Hermann, *Die deutsche Sozialdemokratie und der nationale Staat 1870–1920. Unter besonderer Berücksichtigung der Kriegs- und Revolutionsjahre,* Göttingen–Berlin–Frankfurt 1956.

Heidegger, Martin, *Die Selbstbehauptung der deutschen Universität,* Breslau 1934.

Heiden, Konrad, *Geschichte des Nationalsozialismus. Die Karriere einer Idee,* Berlin 1932.

–, *Der Fuehrer. Hitler's Rise to Power,* Boston 1944.

–, *Geburt des Dritten Reiches. Die Geschichte des Nationalsozialismus bis Herbst 1933,* 2. Aufl., Zürich 1934.

–, *Adolf Hitler. Das Zeitalter der Verantwortungslosigkeit. Eine Biographie,* Bd. I, Zürich 1936.

Heigert, Hans, »Der Selbstmord der deutschen Studentenschaft«, in: *Frankfurter Allgemeine Zeitung,* Nr. 80 (5. April 1958).

Heinkel, Ernst, *Stürmisches Leben,* hrsgg. von Jürgen Thorwald, 3. Aufl., Stuttgart 1953.

Heinrich, Walter, *Das Ständewesen mit besonderer Berücksichtigung der Selbstverwaltung der Wirtschaft,* Jena 1932 (2. Aufl. 1934).

–, »Überwindung der Krise durch ständische Neuordnung der Wirtschaft«, in: *Braune Wirtschaftspost,* H. 1 (Juli 1932).

Heinrichsbauer, August, *Schwerindustrie und Politik,* Essen-Kettwig 1948.

Heinrichsen, H. [= Hunke, Heinrich], »Nationalsozialismus und Weltwirtschaft«, in: *Die deutsche Volkswirtschaft* 1 (1932).

Helbig, Herbert, *Die Träger der Rapallo-Politik,* Göttingen 1958.

Helbing, Lothar, *Der dritte Humanismus,* 3. Aufl., Berlin 1935.

Heller, Hermann, *Europa und der Fascismus,* 2. Aufl., Berlin–Leipzig 1931.

Henningsen, Hans, *Niedersachsenland, du wurdest unser! Zehn Jahre Nationalsozialismus im Gau Ost-Hannover. Streiflichter aus der Kampfzeit,* Harburg-Wilhelmsburg 1935.

Hentig, Hans v., *Der Gangster. Eine kriminalpsychologische Studie,* Berlin–Göttingen–Heidelberg 1959.

Herlin, Hans, *Udet – eines Mannes Leben und die Geschichte seiner Zeit,* Hamburg 1958.

Hermelink, Heinrich, *Kirche im Kampf. Dokumente des Widerstands und des Aufbaus der evangelischen Kirche in Deutschland von*

1933–1945, Stuttgart 1950.
Herre, Paul, *Kronprinz Wilhelm. Seine Rolle in der deutschen Politik,* München 1954.
Hertz, Paul, »Das Ende der deutschen Konsumgenossenschaftsbewegung«, in: *Zeitschrift für Sozialismus,* Karlsbad 1936.
Herzfeld, Hans, »Zur neueren Literatur über das Heeresproblem in der deutschen Geschichte«, in: *Vierteljahrshefte für Zeitgeschichte* 4 (1956).
–, *Demokratie und Selbstverwaltung in der Weimarer Epoche (Schriftenreihe des Vereins zur Pflege kommunalwissenschaftlicher Aufgaben,* Bd. 2), Stuttgart 1957.
–, *Die moderne Welt 1789–1945,* Teil II, 2. Aufl., Braunschweig 1957.
–, »Johannes Popitz. Ein Beitrag zur Geschichte des deutschen Beamtentums«, in: *Forschungen zu Staat und Verfassung. Festgabe für Fritz Hartung,* Berlin 1958.
[–,] *Zur Geschichte und Problematik der Demokratie. Festgabe für Hans Herzfeld,* Berlin 1958.
Hesse, Kurt, *Der Feldherr Psychologos. Ein Suchen nach dem Führer der deutschen Zukunft,* Berlin 1922.
–, *Miliz,* Hamburg 1933.
Heusinger, Adolf, *Befehl im Widerstreit. Schicksalsstunden der deutschen Armee 1923–1945,* Tübingen–Stuttgart 1950.
Heuss, Theodor, *Hitlers Weg. Eine historisch-politische Studie über den Nationalsozialismus,* 9. Aufl., Stuttgart–Berlin–Leipzig 1932.
–, »Der Kampf um das deutsche Geschichtsbild«, in: *Die Hilfe* 40 (1934).
–, *Friedrich Naumann. Der Mann, das Werk, die Zeit,* 2. Aufl., Stuttgart–Tübingen 1949.
Heyden, Günter, *Kritik der deutschen Geopolitik. Wesen und soziale Funktion einer reaktionären soziologischen Schule,* Berlin 1958.
Heydrich, Reinhard, »Die Bekämpfung der Staatsfeinde«, in: *Deutsches Recht* 6 (1936).
[–,] *Reinhard Heydrich. Ein Leben der Tat,* hrsgg. von Erich Schneider, Prag 1944.
Heye, Hellmuth, *Die deutsche Kriegsmarine. Aufgaben und Aufbau,* Berlin 1939.
Hierl, Konstantin, *Grundlagen einer deutschen Wehrpolitik. Rede, gehalten am Nürnberger Parteitag 1929,* München 1929.
Hieronimi, Hermann, *Berufsbeamtentum und Politik,* Würzburg 1933.
Hilferding, Rudolf, »Das historische Problem« (aus dem Nachlaß hrsgg. von Benedikt Kautsky), in: *Zeitschrift für Politik,* N. F. 1 (1954).
Hilger, Gustav, *Wir und der Kreml. Deutsch-sowjetische Beziehungen 191ᶜ ˈ941. Erinnerungen eines deutschen Diplomaten,* 2. Aufl., Frankfurt/M.–Berlin 1956.
Hinkel, Hans, und Wulf Bley, *Kabinett Hitler,* 2. Aufl., Berlin 1933.
Hintze, Otto, *Staat und Verfassung. Gesammelte Abhandlungen zur allgemeinen Verfassungsgeschichte (Gesammelte Abhandlungen,* Bd. I, hrsgg. von Fritz Hartung), Leipzig 1941.
–, *Geist und Epochen der preußischen Geschichte (Gesammelte Abhandlungen,* hrsgg. von Fritz Hartung, Bd. III), Leipzig 1943.

Hippel, Fritz v., *Die nationalsozialistische Herrschaftsordnung als Warnung und Lehre. Eine juristische Betrachtung,* 2. Aufl., Tübingen 1947.
–, *Die Perversion von Rechtsordnungen,* Tübingen 1955.
Hirsch, Emanuel, *Das kirchliche Wollen der Deutschen Christen,* Berlin 1933.
Hirsch, Helmut, *Die Saar von Genf. Die Saarfrage während des Völkerbundregimes von 1920–1935 (Rheinisches Archiv* 42), Bonn 1954.
Hirsch, Paul, *Der Weg der Sozialdemokratie zur Macht in Preußen,* Berlin 1929.
Hirsch-Weber, Wolfgang, *Gewerkschaften in der Politik. Von der Massenstreikdebatte zum Kampf um das Mitbestimmungsrecht (Schriften des Instituts für politische Wissenschaft,* Bd. 13), Köln–Opladen 1959.
[*Hitler, Adolf*], *Vortrag Adolf Hitlers vor westdeutschen Wirtschaftlern im Industrie-Klub zu Düsseldorf am 27. Januar 1932,* München 1932.
–, *Mein Kampf, Volksausgabe,* 18. Aufl., München 1933.
[–,] *Die Reden Hitlers für Gleichberechtigung und Frieden,* München 1934.
[–,] *Die Reden Hitlers als Kanzler. Das junge Deutschland will Arbeit und Frieden,* 4. Aufl., München 1934.
[–,] *Sozialismus, wie ihn der Führer sieht. Worte des Führers zu sozialen Fragen,* zusammengestellt von Fritz Meystre, München 1935.
[–,] *Adolf Hitler an seine Jugend,* München 1936.
–, *Volk und Erziehung. Abschnitte aus »Mein Kampf« und den Reden des Führers,* Breslau 1937.
[–,] *Der Führer antwortet Roosevelt. Reichstagsrede vom 28. April 1939,* München 1939.
[–,] *Aufrufe, Tagesbefehle und Reden des Führers im Krieg 1939/41,* Karlsruhe 1941.
Hitler in der Karikatur der Welt. Tat gegen Tinte, Berlin 1938.
Hitlers Tischgespräche s. Picker, Henry.
Hitlers zweites Buch. Ein Dokument aus dem Jahr 1928, eingel. und komm. von Gerhard L. Weinberg *(Quellen und Darstellungen zur Zeitgeschichte,* Bd. 7), Stuttgart 1961.
Hoare, Sir Samuel, *Neun bewegte Jahre. Englands Weg nach München,* Düsseldorf 1955.
Hochmann, Walther, »Zur nationalpolitischen Erziehung«, in: *Die Erziehung* 8 (1933).
Hochschule für Politik der NSDAP. Ein Leitfaden, hrsgg. von Josef Wagner und Alfred Beck, München 1933.
Neue Hochschule. Vorschläge für eine totale Hochschulreform (Corpsstudentische Schriftenreihe 3), Frankfurt/M. 1935.
Hochstetter, Franz, *Leihkapital und Goldwährung als Grundlagen der Geldversklavung in Deutschland (Nationalsozialistische Bibliothek,* H. 26), München 1931.
Hock, Wolfgang, *Deutscher Antikapitalismus. Der ideologische Kampf gegen die freie Wirtschaft im Zeichen der großen Krise (Veröffentlichungen des Instituts für Bankwirtschaft und Bankrecht an der Universität Köln),* Frankfurt/M. 1960.

Hoegner, Wilhelm, *Die verratene Republik. Geschichte der deutschen Gegenrevolution,* München 1958.

–, *Der schwierige Außenseiter. Erinnerungen eines Abgeordneten, Emigranten und Ministerpräsidenten,* München 1959.

Höltje, Christian, *Die Weimarer Republik und das Ostlocarno-Problem 1919–1934. Revision oder Garantie der deutschen Ostgrenze von 1919 (Marburger Ostforschungen,* Bd. 8), Würzburg 1958.

Höpker-Aschoff, Hermann, »Demokratie und Führertum«, in: *Die Hilfe* 40 (1934).

–, »Die Lehre vom Rechtsstaat«, in: *Die Hilfe* 40 (1934).

–, »Zu den Waffen des deutschen Geistes!«, in: *Die Hilfe* 40 (1934).

–, »Währungsmanipulationen seit 1914«, in: *Finanzarchiv,* N. F. 11 (1949).

Höß, Rudolf, *Kommandant in Auschwitz. Autobiographische Aufzeichnungen.* Eingeleitet und kommentiert von Martin Broszat (*Quellen und Darstellungen zur Zeitgeschichte,* Bd. 5), Stuttgart 1958.

Hofer, Walther, *Der Nationalsozialismus. Dokumente 1933–1945 (Fischer-Bücherei,* Bd. 172), Frankfurt/M.-Hamburg 1958.

–, *Die Diktatur Hitlers bis zum Beginn des zweiten Weltkrieges,* I. Teil (*Handbuch der deutschen Geschichte,* Bd. IV, Abschn. 4), Konstanz [1959].

Hoggan, David L., *Der erzwungene Krieg. Die Ursachen und Urheber des 2. Weltkrieges,* Tübingen 1961.

Hohlfeld, Johannes, Hrsg., *Deutsche Reichsgeschichte in Dokumenten. Urkunden und Aktenstücke zur inneren und äußeren Politik des Deutschen Reiches,* Bd. IV: *Die nationalsozialistische Revolution. 1931–1934,* 2. Aufl., Berlin 1934.

Holthusen, Hans Egon, »Deutscher Geist im Urteil der Welt«, in: *Merkur* 13 (1959).

Hommes, Jakob, *Lebens- und Bildungsphilosophie als völkische und katholische Aufgabe,* Freiburg/Br. 1934.

Hoppe, Willy, *Die Führerpersönlichkeit in der deutschen Geschichte (Schriften der Deutschen Hochschule für Politik,* H. 2), Berlin 1934.

Hordt, Philipp, *Ernst Krieck. Volk als Schicksal und Aufgabe,* Heidelberg 1932.

Horneffer, Ernst, *Demokratie und Selbstverwaltung. Ein Entwurf zum deutschen Staate,* Essen 1927.

Horneffer, Reinhold, »Das Problem der Rechtsgeltung und der Restbestand der Weimarer Verfassung«, in: *Zeitschrift für die gesamte Staatswissenschaft* 99 (1938).

Hornung, Klaus, *Der Jungdeutsche Orden (Beiträge zur Geschichte des Parlamentarismus und der politischen Parteien,* Bd. 14), Düsseldorf 1958.

Horwitz, Hans Werner, *Der Staatskommissar als Mittel der Staatsaufsicht über die Gemeinden. Eine geschichtliche, dogmatische und in bezug auf deutsche Länder rechtsvergleichende Darstellung,* Diss. Heidelberg 1933.

Horstmann, Kurt, *Der Ottplan und der Sturz von Papen* (ungedr. Prüfungsarbeit an der Pädagogischen Akademie Bielefeld).

Hoske, Hans, *Die menschliche Leistung als Grundlage des totalen Staa-*

tes, Leipzig 1936.

Hoßbach, Friedrich, *Zwischen Wehrmacht und Hitler 1934–1938,* Wolfenbüttel–Hannover 1949.

–, *Die Entwicklung des Oberbefehls über das Heer in Brandenburg, Preußen und im Deutschen Reich von 1655–1945,* Würzburg 1957.

Hubatsch, Walther, *Der Admiralstab und die obersten Marinebehörden in Deutschland, 1845–1945,* Frankfurt/M. 1958.

Huber, Engelbert, *Das ist Nationalsozialismus. Organisation und Weltanschauung der NSDAP,* 7. Aufl., Stuttgart–Berlin–Leipzig o. J.

Huber, Ernst Rudolf, »Bedeutungswandel der Grundrechte«, in: *Archiv des öffentlichen Rechts* 23 (1932).

–, Hrsg., *Quellen zum Staatsrecht der Neuzeit,* Bd. 2: *Deutsche Verfassungsdokumente der Gegenwart (1919–1951),* Tübingen 1951.

Hueck, Alfred, Hans Carl Nipperdey und Rolf Dietz, *Gesetz zur Ordnung der nationalen Arbeit mit sämtlichen Durchführungsverordnungen . . .,* München–Berlin 1934.

Hue de Grais, Robert Graf, *Handbuch der Verfassung und Verwaltung in Preußen und dem Deutschen Reiche,* 23. Aufl., Berlin 1926.

[Hugenberg, Alfred], *Hugenbergs Ringen in deutschen Schicksalsstunden. Tatsachen und Entscheidungen in den Verfahren zu Detmold und Düsseldorf 1949/50* (hrsgg. von Josef Borchmeyer), Detmold [1951].

Hunger, Kurt, »Die Bildungsidee des Humanismus in ihrem Verhältnis zu der politischen Bildungsidee der Gegenwart«, in: *Zeitschrift für Geschichte der Erziehung und des Unterrichts* 23 (1933).

Hunke, Heinrich, »Die Eingliederung des Kampfbunds des gewerblichen Mittelstandes in die DAF«, in: *Arbeitertum* 3 (1933/34).

Hutten, Kurt, *Seher, Grübler, Enthusiasten. Sekten und religiöse Sondergemeinschaften der Gegenwart,* 4. Aufl., Stuttgart 1954.

Ihde, Wilhelm, *Wegscheide 1789,* 4. Aufl., Leipzig–Berlin 1940.

Im Kampf um die Macht. Hitlers Rede vom 28. Februar *vor dem Hamburger Nationalklub von 1919 (Veröffentlichungen der Forschungsstelle für die Geschichte des Nationalsozialismus in Hamburg,* Bd. 1), Frankfurt/M. 1960.

Ipsen, Hans Peter, *Hamburgs Verfassung von Weimar bis Bonn,* Hamburg 1956.

Jacobsen, Hans-Adolf, und Werner Jochmann, Hrsg., *Ausgewählte Dokumente zur Geschichte des Nationalsozialismus,* Bielefeld 1961.

Nationalsozialistisches Jahrbuch 1931, 5. Jg., hrsgg. unter Mitwirkung der Reichsleitung der NSDAP, München 1930.

Nationalsozialistisches Jahrbuch 1932, 6. Jg., hrsgg. unter Mitwirkung der Reichsleitung der NSDAP, München o. J. [1931].

Kirchliches Jahrbuch für die evangelische Kirche in Deutschland 1933–1944, hrsgg. von Johannes Beckmann, Gütersloh 1948.

Statistisches Jahrbuch für das Deutsche Reich, hrsgg. vom Statistischen Reichsamt, 49. Jg. (1930).

Statistisches Jahrbuch deutscher Städte. Amtliche Veröffentlichung des Deutschen Städtetages, bearb. vom Verband der deutschen Städtestatistiker, begr. von M. Neefe, 27. Jg. (N. F. 6. Jg.), Jena 1932.

Jahrbuch für nationalsozialistische Wirtschaft, hrsgg. von Otto Mönckmeier, Stuttgart–Berlin 1935.

200 Jahre Dienst am Recht. Gedenkschrift aus Anlaß des 200jährigen Gründungstages des Preußischen Justizministeriums, hrsgg. vom Reichsminister der Justiz Franz Gürtner, Berlin o. J.

Zehn Jahre unbekannter SA-Mann, Oldenburg i. O. 1933.

Jarman, Thomas Leckie, *The Rise and Fall of Nazi Germany,* London 1955.

Jellinek, Walter, »Verfassungsneubau«, in: *Reich und Länder. Vorschläge, Begründung, Gesetzentwürfe,* Bd. X (1932–33).

–, *Verwaltungsrecht,* 3. Aufl., Berlin–Göttingen–Heidelberg 1931, Neudruck Offenburg 1948.

Jeserich, Kurt, »Die Gemeinde im nationalsozialistischen Staat«, in: *Der Städtetag* 27 (1933).

German Jewry. Its History (The Wiener Library Catalogue, Series no. 3), London 1958.

Jünger, Ernst, *Der Kampf als inneres Erlebnis,* Berlin 1922.

–, *Der Arbeiter. Herrschaft und Gestalt,* 3. Aufl., Hamburg 1932.

–, Hrsg., *Krieg und Krieger,* Berlin 1930.

Deutscher Juristentag 1933. 4. Reichstagung des Bundes Nationalsozialistischer Deutscher Juristen. Ansprachen und Fachvorträge, zusammengest. und bearb. von Rudolf Schraut, Berlin 1933.

Jux, Hubert, *Der Zeitschriftenverleger und die Anordnungen der Reichspressekammer,* Berlin 1934.

Die Kämpfe im Baltikum nach der zweiten Einnahme von Riga, Juni bis Dezember 1919 (Darstellungen aus den Nachkriegskämpfen deutscher Truppen und Freikorps, Bd. III), Berlin 1938.

Kaisenberg, Georg, »Das Ermächtigungsgesetz«, in: *Deutsche Juristenzeitung* 38 (1933).

Kaiser, Joseph Heinrich, *Die Repräsentation organisierter Interessen,* Berlin 1956.

Kandler, Johannes, *Der deutsche Heeresetat vor und nach dem Kriege,* Leipzig 1930.

Kanter, Hugo, *Staat und berufsständischer Aufbau,* Wolfenbüttel 1932.

Kaufmann, Erich, *Das Wesen des Völkerrechts und die Clausula Rebus sic Stantibus. Rechtsphilosophische Studie zum Rechts-, Staats- und Vertragsbegriff*, Tübingen 1911.

Kaufmann, Walther H., *Monarchism in the Weimar Republic,* New York 1953.

Kaul, Friedrich Karl, *Justiz und Verbrechen. Der Pitaval der Weimarer Republik,* Berlin 1953.

Keil, Georg, *Vormarsch der Arbeitslagerbewegung. Geschichte und Erfahrung der Arbeitslagerbewegung für Arbeiter, Bauern und Studenten 1925–1932,* Berlin–Leipzig 1932.

Keil, Wilhelm, *Erlebnisse eines Sozialdemokraten*, Bd. II, Stuttgart 1948.

Kelsen, Hans, »Die staatsrechtliche Durchführung des Anschlusses Österreichs an das Deutsche Reich«, in: *Zeitschrift für öffentliches Recht* 6, H. 3 (1926), (Sonderdruck Wien 1927).

Kern, Ernst, *Die Institution des Berufsbeamtentums im kontinentaleuropäischen Staat. Eine rechts- und verwaltungsvergleichende Studie (Verwaltung und Wirtschaft. Schriftenreihe der westfälischen Verwal-*

tungs- und Wirtschaftsakademien, Heft 5), Dortmund 1952.
Kesselring, Albert, *Soldat bis zum letzten Tag,* Bonn 1953.
Kielmannsegg, Johann Adolf Graf v., *Der Fritsch-Prozeß 1938. Ablauf und Hintergründe,* Hamburg 1949.
Killinger, Manfred, *Ernstes und Heiteres aus dem Putschleben,* München 1934 (1. Aufl. 1927).
–, *Die SA. In Wort und Bild,* Leipzig 1933.
Klagges, Dietrich, *Geschichtsunterricht als nationalpolitische Erziehung,* Frankfurt/M. 1936.
Klein, Burton Harold, *Germany's Economic Preparations for War,* Cambridge (Mass.) 1959.
Klein, Fritz, »Zur Vorbereitung der faschistischen Diktatur durch die deutsche Großbourgeoisie (1929–1932)«, in: *Zeitschrift für Geschichtswissenschaft* 1 (1953).
Kleist-Schmenzin, Ewald v., »Die letzte Möglichkeit. Zur Ernennung Hitlers zum Reichskanzler am 30. Januar 1933«, in: *Politische Studien* 10 (1959).
Klemperer, Klemens v., *Germany's New Conservativism,* Princeton 1957.
Klemperer, Viktor, *LTI [lingua tertii imperii]. Notizbuch eines Philologen,* 2. Aufl., Berlin 1949.
Klepper, Jochen, *Unter dem Schatten Deiner Flügel,* hrsgg. von Hildegard Klepper, Stuttgart 1956.
Klineberg, Otto, »Racialism in Nazi Germany«, in: *The Third Reich,* London 1955.
Klönne, Arno, *Hitlerjugend. Die Jugend und ihre Organisation im Dritten Reich,* Hannover–Frankfurt/M. 1955.
–, *Gegen den Strom. Bericht über den Jugendwiderstand im Dritten Reich,* Hannover–Frankfurt/M. 1957.
Klütz, Alfred, »Die Arbeit der Justizbehörden in der Darstellung durch Theater, Film und Rundfunk«, in: *Deutsche Justiz* 96 (1934).
–, »Die Aufgaben der Justizpressestellen«, in: *Deutsche Justiz* 95 (1933).
–, »Die deutsche Justiz und das Filmschaffen«, in: *Licht – Bild – Bühne,* Nr. 79 (5. April 1934).
Kluke, Paul, »Der Fall Potempa«, in: *Vierteljahrshefte für Zeitgeschichte* 5 (1957).
–, »Nationalsozialistische Europaideologie«, in: *Vierteljahrshefte für Zeitgeschichte* 5 (1957).
Knight-Patterson, W. M., *Germany from Defeat to Conquest 1913–1933,* London 1945.
Koch, Erich, »Sind wir Faschisten?«, in: *Arbeitertum* 1, H. 9 (1. Juli 1931).
Koch, Horst-Adalbert, *Flak. Die Geschichte der deutschen Flakartillerie 1935–1945,* Nauheim 1954.
Koch, Karl W. H., *Das Ehrenbuch der SA,* Düsseldorf 1934.
Kochan, Lionel, *Pogrom. 10. November 1938,* London 1957.
Koellreutter, Otto, *Grundriß der Allgemeinen Staatslehre,* Tübingen 1933.
–, »Der nationale Rechtsstaat«, in: *Deutsche Juristenzeitung* 38 (1933).
–, *Vom Sinn und Wesen der nationalen Revolution (Recht und Staat in*

Geschichte und Gegenwart, H. 101), Tübingen 1933.
–, *Der deutsche Führerstaat,* Tübingen 1934.
–, *Volk und Staat in der Weltanschauung des Nationalsozialismus,* Berlin 1935.
Koerner, Ralf Richard, *So haben sie es damals gemacht. Die Propagandavorbereitung zum Österreich-Anschluß durch das Hitlerregime 1933 bis 1938,* Wien 1958.
Koeth, Josef, »Von der Wehrwirtschaft«, in: *Wehrfreiheit. Jahrbuch der »Deutschen Gesellschaft für Wehrpolitik und Wehrwissenschaften« 1935,* Hamburg 1935.
Köttgen, Arnold, *Beamtenrecht (Jedermanns Bücherei),* Breslau 1929.
–, *Das deutsche Berufsbeamtentum und die parlamentarische Demokratie,* Berlin–Leipzig 1928.
–, *Die Krise der kommunalen Selbstverwaltung,* Tübingen 1931.
–, »Die Neuordnung der kommunalen Selbstverwaltung«, in: *Der Städtetag* 27 (1933).
Kogon, Eugen, *Der SS-Staat. Das System der deutschen Konzentrationslager,* 3. Aufl., Frankfurt/M. 1948.
Kolnai, Aurel, *The War Against the West,* London 1938.
Der Konkordatsprozeß (Veröffentlichungen des Instituts für Staatslehre und Politik, Bd. VII), München 1957.
Kops, Hans, »Das Akademische Wissenschaftliche Arbeitsamt (AWA), die Wehrsportorganisation der deutschen Studentenschaft. Seine Entstehung und Organisation«, in: *Deutsche Corpszeitung* 49 (1932/33).
Kordt, Erich, *Wahn und Wirklichkeit. Die Außenpolitik des Dritten Reiches,* 2. Aufl., Stuttgart 1948.
–, *Nicht aus den Akten. Die Wilhelmstraße in Frieden und Krieg. Erlebnisse, Begegnungen und Eindrücke 1928–1945,* Stuttgart 1950.
Korfes, Otto, *Grundzüge der Wehrwirtschaftslehre. Allgemeine Grundlagen der Wehrwirtschaft und Kriegswirtschaft,* Hamburg 1936.
Koszyk, Kurt, *Zwischen Kaiserreich und Diktatur. Die sozialdemokratische Presse von 1914 bis 1933,* Heidelberg 1958.
Kral, Josef, *Deutsche Katholiken und Nationalsozialismus. Versuch einer Synthese,* Abensberg 1934.
Krausnick, Helmut, »Der 30. Juni 1934. Bedeutung, Hintergründe, Verlauf«, in: *Das Parlament,* Beilage: *Aus Politik und Zeitgeschichte,* B XXV/54.
–, »Vorgeschichte und Beginn des militärischen Widerstandes gegen Hitler«, in: *Die Vollmacht des Gewissens,* hrsgg. von der Europäischen Publikation e. V., [München] 1956.
Krebs, Albert, *Tendenzen und Gestalten der NSDAP. Erinnerungen an die Frühzeit der Partei (Quellen und Darstellungen zur Zeitgeschichte,* Bd. 6), Stuttgart 1959.
Krieck, Ernst, »Der Neubau der Universität«, in: *Die deutsche Hochschule* 1, Marburg 1933.
–, *Nationalpolitische Erziehung,* 8. Aufl., Leipzig 1933.
Krieger, Leonhard, *The German Idea of Freedom. History of a Political Tradition,* Boston 1957.
Krockow, Christian Graf. v., *Die Entscheidung. Eine Untersuchung über Ernst Jünger, Carl Schmitt, Martin Heidegger (Göttinger Ab-*

handlungen zur Soziologie, Bd. 3), Stuttgart 1958.
Kroll, Erwin, »Verbotene Musik«, in: *Vierteljahrshefte für Zeitgeschichte* 7 (1959).
Kroll, Gerhard, *Von der Weltwirtschaftskrise zur Staatskonjunktur,* Berlin 1958.
Külz, Wilhelm, »Die Parteien und die Kommunalpolitik«, in: *Selbstverwaltung und Demokratie. Monatsschrift für demokratische Kommunalpolitik* 6, Nr. 2 (15. Februar 1933).
Künneth, Walther, *Der große Abfall. Eine geschichtstheologische Untersuchung der Begegnung zwischen Nationalsozialismus und Christentum,* Hamburg 1947.
Kuhn, Helmut, »Das geistige Gesicht der Weimarer Zeit«, in: *Zeitschrift für Politik* 8 (1961).
Deutsche Kultur im Neuen Reich. Wesen, Aufgabe und Ziel der Reichskulturkammer, Berlin 1934.
Kunz, Willi, *Ernst Krieck. Leben und Werk,* Leipzig 1942.
Kupisch, Karl, *Zwischen Idealismus und Massendemokratie. Eine Geschichte der evangelischen Kirche in Deutschland von 1815–1945,* Berlin 1955.
Deutschlands wirtschaftliche Lage an der Jahreswende 1933/34 (Berichte der Reichs-Kredit-Gesellschaft, als Manuskript gedr.). Dass. für *1934/35.*
Lamm, Hans, *Die innere und äußere Entwicklung des deutschen Judentums im Dritten Reich,* Diss. Erlangen 1951.
Lammers, Clemens, *Autarkie, Planwirtschaft und berufsständischer Staat?,* Berlin 1932.
Lammers, Hans Heinrich, »Die Staatsführung im Dritten Reich«, in: *Deutsche Justiz* 96 (1934).
Langemann, Hans, *Das Attentat. Eine kriminalwissenschaftliche Studie zum politischen Kapitalverbrechen,* Hamburg 1956.
Langenbucher, Hellmuth, *Nationalsozialistische Dichtung. Einführung und Übersicht,* Berlin 1935.
Langhoff, Wolfgang, *Die Moorsoldaten. 13 Monate Konzentrationslager. Unpolitischer Tatsachenbericht,* Zürich 1935.
Lasswell, Harold Dwight, »The Psychology of Hitlerism«, in: *Political Quarterly* 4 (1933).
Lauer, Klaus, *Die Polizei im nationalsozialistischen Staat,* Hamburg 1935.
Lautenbach, Wilhelm, *Zins, Kredit und Produktion,* Tübingen 1952.
Leber, Julius, *Ein Mann geht seinen Weg. Schriften, Reden und Briefe,* hrsgg. von seinen Freunden, Berlin–Schöneberg–Frankfurt/M. 1952.
Lederer, J. J., »La sidérurgie européenne et les cartels avant le plan Schuman«, in: *Politique Etrangère* 16 (1951).
Leeb, Emil, *Aus der Rüstung des Dritten Reiches (Das Heereswaffenamt 1938–1945),* in: *Wehrtechnische Monatshefte,* Beiheft 4 (Mai 1958).
Leibbrandt Gottlieb, *Stand, Staat, Volk (Gesellschaftswissenschaftliche Abhandlungen,* hrsgg. von Othmar Spann, Bd. V), Leipzig-Wien 1935.
Leibholz, Gerhard, »Ideologie und Macht in den zwischenstaatlichen Beziehungen des 20. Jahrhunderts«, in: *Göttinger Vorträge und Schriften* 4 (1949).

–, »Das Phänomen des totalen Staates«, in: *Mensch und Staat in Recht und Geschichte* (Festschrift für Herbert Kraus), Kitzingen/Main 1954.
–, *Strukturprobleme der modernen Demokratie,* Karlsruhe 1958.
Leiß, Ludwig, *Großdeutsches Abstammungsrecht. Gesamtdarstellung mit einschlägigen Gesetzesbestimmungen,* Berlin–Leipzig–Wien 1943.
Leistritz, Karl, *Staatshandbuch des Volksgenossen,* 11. Aufl., Berlin-Südende 1936.
Leitfaden der Geschichte der Kommunistischen Internationale, Moskau–Leningrad 1934.
Lepawski, Albert, »The Nazis Reform the Reich«, in: *American Political Science Review* 30 (1936).
Lerner, Daniel, *The Nazi Elite,* Stanford 1951.
Leschnitzer, Adolf, *The Magic Background of Modern Anti-Semitism. An Analysis of the German-Jewish Relationship,* New York 1956.
Leuschner, Joachim, *Volk und Raum. Zum Stil der nationalsozialistischen Außenpolitik,* Göttingen 1958.
Ley, Robert, *Deutschland ist schöner geworden,* hrsgg. von Hans Dauer und Walter Kiehl, Berlin 1936.
Lingg, Anton, *Die Verwaltung der Nationalsozialistischen Deutschen Arbeiterpartei,* 4. Aufl., München 1941.
Lipset, Seymour Martin, »Der ›Faschismus‹ – die Linke, die Rechte und die Mitte«, in: *Kölner Zeitschrift für Soziologie und Sozialpsychologie* 11 (1959).
Litt, Theodor, »The National-Socialist Use of Moral Tendencies in Germany«, in: *The Third Reich,* London 1955.
Lochner, Louis Paul, *Die Mächtigen und der Tyrann. Die deutsche Industrie von Hitler bis Adenauer,* Darmstadt 1955.
Löbe, Paul, *Der Weg war lang. Lebenserinnerungen,* 2. Aufl., Berlin 1954.
Loerke, Oskar, *Tagebücher 1903–1939,* hrsgg. von Hermann Kasack, Heidelberg–Darmstadt 1955.
Lösener, Bernhard, und Friedrich August Knost, *Die Nürnberger Gesetze,* 3. Aufl., Berlin 1939.
Löwenstein, Karl, »Zum Machtverfall der Weimarer Republik«, in: *Zeitschrift für Politik* 4 (1957).
Löwith, Karl, »M. Heidegger, Denker in dürftiger Zeit«, in: *Neue Rundschau* 63 (1952).
Lohmann, Gertrud, *Friedrich Naumanns deutscher Sozialismus,* Berlin 1935.
Lohmann, Heinz, *SA räumt auf! Aus der Kampfzeit der Bewegung. Aufzeichnungen,* Hamburg 1933.
Lohmann, Karl, *Hitlers Staatsauffassung,* Berlin 1933.
Lorenz, Reinhold, *Der Staat wider Willen. Österreich 1918–1938.* 2. Aufl., Berlin 1941.
Lortz, Joseph, *Katholischer Zugang zum Nationalsozialismus kirchengeschichtlich gesehen,* Münster 1933.
Lüke, Rolf E., *Von der Stabilisierung zur Krise,* Zürich 1958.
Luetgebrune, Walter, *Neu-Preußens Bauernkrieg. Entstehung und Kampf der Landvolkbewegung,* Hamburg–Berlin–Leipzig 1931.

–, *Ein Kampf um Röhm,* Diessen vor München 1933.
Lukács, Georg, *Die Zerstörung der Vernunft,* Berlin 1954.
Lunau, Heinz, *Die geistige Situation der Deutschen. Untersuchung über den Zustand der politischen Wissenschaften in Deutschland, einschließlich des Völkerrechts,* Brüssel 1936.
Lutz, Hermann, »Fälschungen zur Auslandsfinanzierung Hitlers«, in: *Vierteljahrshefte für Zeitgeschichte* 2 (1954).
–, *German-French Unity. Basis for European Peace. Historical Facts for a Constructive Policy, 1870–1933,* Chicago 1957.
Maaß, Bruno, »Vorgeschichte der Spitzengliederung der früheren deutschen Luftwaffe (1920–1933)«, in: *Wehrwissenschaftliche Rundschau* 7 (1957).
Die neuen Männer. Verzeichnis der Dienststellenbesetzungen in Reichs- und Länderministerien, Berlin 1933.
Malaparte, Curzio [d. i. Karl Suckert], *Der Staatsstreich,* Leipzig–Wien 1932.
Malinowski, Wolfgang, »Das deutsch-englische Flottenabkommen vom 18. Juni 1935 als Ausgangspunkt für Hitlers doktrinäre Bündnispolitik«, in: *Wehrwissenschaftliche Rundschau* 5 (1955).
SS-Mann und Blutsfrage. Die biologischen Grundlagen und ihre sinngemäße Anwendung für die Erhaltung und Mehrung des nordischen Blutes, hrsgg. vom SS-Hauptamt-Schulungsamt, Berlin o. J.
Manstein, Erich v., *Aus einem Soldatenleben. 1887–1939,* Bonn 1958.
Marcks, Erich, »Das Reichsheer von 1919 bis 1935«, in: *Deutsche Heeresgeschichte,* hrsgg. von Karl Linnebach, Hamburg 1935 (2. Aufl. 1943).
Martini, Winfried, *Das Ende aller Sicherheit. Eine Kritik des Westens,* Stuttgart 1954.
Marx, Fritz Morstein, »Civil Service in Germany«, in: *Civil Service Personnel,* New York–London 1935.
–, *Government in the Third Reich,* 2. Aufl., New York–London 1937.
Mattern, Johannes, *Geopolitik: Doctrine of National Self-Sufficiency and Empire,* Baltimore 1942.
Matthias, Erich, *Sozialdemokratie und Nation. Ein Beitrag zur Ideengeschichte der sozialdemokratischen Emigration in der Prager Zeit des Parteivorstandes 1933–1938 (Veröffentlichungen des Instituts für Zeitgeschichte München),* Stuttgart 1952.
–, »Der Untergang der Sozialdemokratie«, in: *Vierteljahrshefte für Zeitgeschichte* 4 (1956).
–, »Die Sitzung der Reichstagsfraktion des Zentrums am 23. März 1933«, in: *Vierteljahrshefte für Zeitgeschichte* 4 (1956).
Mau, Hermann, »Die ›zweite Revolution‹ – der 30. Juni 1934«, in: *Vierteljahrshefte für Zeitgeschichte* 1 (1953).
Mau, Hermann, und Helmut Krausnick, *Deutsche Geschichte der jüngsten Vergangenheit 1933–1945,* Tübingen–Stuttgart 1956.
Medicus, Franz Albrecht, *Programm der Reichsregierung und Ermächtigungsgesetz (Das Recht der nationalen Revolution,* H. 1), Berlin 1933.
–, *Das Reichsministerium des Innern. Geschichte und Aufbau,* Berlin 1940.

Mehrens, Bernhard, *Die Marktordnung des Reichsnährstandes (Schriften der Internationalen Konferenz für Agrarwissenschaft),* Berlin 1938.

Mehringer, Helmut, *Die NSDAP als politische Ausleseorganisation,* München 1938.

Meinck, Gerhard, »Der Reichsverteidigungsrat«, in: *Wehrwissenschaftliche Rundschau* 6 (1956).

–, *Hitler und die deutsche Aufrüstung 1933–1937,* Wiesbaden 1959.

Meinecke, Friedrich, *Die deutsche Katastrophe. Betrachtungen und Erinnerungen,* 4. Aufl., Wiesbaden 1949.

–, *Politische Schriften und Reden,* hrsgg. und eingel. von Georg Kotowski (*Werke,* Bd. 2), Darmstadt 1958.

Meißner, Hans Otto, und Harry Wilde, *Die Machtergreifung. Ein Bericht über die Technik des nationalsozialistischen Staatsstreichs,* Stuttgart 1958.

Meißner, Otto, *Staatssekretär unter Ebert–Hindenburg–Hitler. Der Schicksalsweg des deutschen Volkes von 1918–1945, wie ich ihn erlebte,* Hamburg 1950.

Menne, Bernhard, *Krupp. Deutschlands Kanonenkönige,* Zürich 1937.

Merk, Walther, *Der Gedanke des gemeinen Besten in der deutschen Staats- und Rechtsentwicklung,* Weimar 1934.

Merkel, Hans, »Recht und Rechtsschöpfung im Reichsnährstand«, in: *Zeitschrift der Akademie für Deutsches Recht* 2 (1935).

Merker, Paul, *Deutschland. Sein oder Nichtsein?* Bd. I, Mexico 1944.

Merkl, Adolf, *Die ständisch-autoritäre Verfassung Österreichs. Ein kritisch-systematischer Grundriß,* Wien 1935.

Merton, Richard, *Erinnernswertes aus meinem Leben, das über das Persönliche hinausgeht,* Frankfurt/M. 1955.

Metnitz, Gustav Adolf v., *Die deutsche Nationalbewegung. 1871–1933,* Berlin 1939.

Meyer, Gerhard, *Neue ständische Formen,* Köln 1935.

Meyer, Henry Cord., *Mitteleuropa in German Thought and Action 1815–1945,* The Hague 1955.

Michaelis, Cassie, Heinz Michaelis, W. O. Somin, *Die braune Kultur. Ein Dokumentenspiegel,* Zürich 1934.

Miller, Max, *Eugen Bolz. Staatsmann und Bekenner,* Stuttgart 1951.

Milosz, Czeslaw, *Verführtes Denken,* Köln–Berlin 1953.

Mirgeler, Albert, »Der Faschismus in der Geschichte des modernen Staates«, in: *Saeculum* 6 (1955).

Moeller, Hero, »Schacht als Geld- und Finanzpolitiker. Bemerkungen zu seiner Selbstdarstellung«, in: *Finanzarchiv,* N. F. 11 (1949).

Moeller van den Bruck, Arthur, *Das Dritte Reich,* 4. Aufl., Hamburg 1931.

Mößmer, Ferdinand, »Rassenmischehe und geltendes Recht«, in: *Zeitschrift der Akademie für Deutsches Recht* 1 (1934).

Mohler, Armin, *Die konservative Revolution in Deutschland 1918–1932. Grundriß ihrer Weltanschauungen.* Stuttgart 1950.

Mommsen, Wilhelm, *Politische Geschichte von Bismarck bis zur Gegenwart. 1850–1933,* Frankfurt/M. 1935.

Morsey, Rudolf, »Aus westfälischer Wissenschaft und Politik«, in:

Westfälische Forschungen 10 (1957).
–, »Hitlers Verhandlungen mit der Zentrumsführung am 31. Januar 1933«, in: *Vierteljahrshefte für Zeitgeschichte* 9 (1961).
Mowat, Charles Loch, *Britain Between the Wars 1918–1940,* London 1955.
Mühlen, Norbert, *Die Krupps,* Frankfurt/M. 1960.
Mühsam, Kurt, *Wie wir belogen wurden. Die amtliche Irreführung des deutschen Volkes,* München 1918.
Müller, Alfred, *Die neugermanischen Religionsbildungen der Gegenwart,* Bonn 1934.
Müller, Georg-Wilhelm, *Das Reichsministerium für Volksaufklärung und Propaganda (Schriften zum Staatsaufbau,* H. 43), Berlin 1940.
Müller, Heinz, »Die Reichsgruppe Industrie«, in: *Der Weg zum industriellen Spitzenverband,* hrsgg. vom Bundesverband der Deutschen Industrie, Darmstadt 1956.
Müller, Josef, *Die Entwicklung des Rassenantisemitismus in den letzten Jahrzehnten des 19. Jahrhunderts (Historische Studien,* H. 372), Berlin 1940.
Müller, Karl Alexander v., *Vom alten zum neuen Deutschland (1914 bis 1938),* Stuttgart–Berlin 1938.
Müller, Karl Valentin, *Aufstieg des Arbeiters durch Rasse und Meisterschaft,* München 1935.
Müller, Willy, *Das soziale Leben im neuen Deutschland unter besonderer Berücksichtigung der Deutschen Arbeitsfront,* Berlin 1938.
Müller-Blattau, Josef, *Germanisches Erbe in deutscher Tonkunst,* Berlin 1938.
Müller-Hegemann, Dietfried, *Zur Psychologie des deutschen Faschisten,* Rudolstadt 1955.
Mueller-Hillebrand, Burkhart, *Das Heer 1933–1945. Entwicklung des organisatorischen Aufbaues,* Bd. I, Darmstadt 1954.
Münch, Kurt, *Wirtschaftliche Selbstverwaltung,* Hamburg 1936.
Münzenberg, Willi, *Propaganda als Waffe,* Basel [1937].
Mulatty, Frederick, *Fascism Inside England,* London 1946.
Muschg, Walter, *Die Zerstörung der deutschen Literatur,* Bern 1956.
Muschler, Reinhold Conrad, *Das deutsche Führerbuch. Sieger aus eigener Kraft,* Berlin 1933.
–, *Ein deutscher Weg,* Leipzig 1933.
Nadler, Josef, *Literaturgeschichte der deutschen Stämme und Landschaften,* 1. Aufl., 3 Bde., Regensburg 1912–1918.
(4. Aufl., 4 Bde., Berlin 1938–1941: *Literaturgeschichte des deutschen Volkes).*
–, *Das stammhafte Gefüge des deutschen Volkes,* München 1934.
–, *Nation, Staat, Dichtung,* München 1934.
Nadolny, Rudolf, *Germanisierung oder Slawisierung,* Berlin 1928.
–, *Mein Beitrag,* Wiesbaden 1955.
Namier, Sir Lewis, *In the Nazi Era,* London 1952.
Was wir vom Nationalsozialismus erwarten. Zwanzig Antworten, hrsgg. von Albrecht Erich Günther, Heilbronn 1932.
Die Nationalversammlung von Potsdam. Deutschlands große Tage 21. bis 23. März 1933, mit verbindendem Text von Hans Wendt, Berlin

1933.
Naumann, Hans, *Deutsche Nation in Gefahr,* Stuttgart 1932.
–, *Wandlung und Erfüllung,* Stuttgart 1934.
Nawiasky, Hans, *Die Stellung des Berufsbeamtentums im parlamentarischen Staat,* München 1926.
Nazis Against the World. The Counter-Boycott is the Only Defensive Weapon Against Hitlerism's World-Threat to Civilization. Selected Speeches from World Leaders of Public Opinion, issued by the Non-Sectarian Anti-Nazi League to Champion Human Rights, New York o. J. [1934].
Neeß, Hermann, *Der Beamte im Geschehen der Zeit,* Berlin 1936.
Neeße, Gottfried, *Partei und Staat,* Hamburg 1936.
Nell-Breuning, Oswald v., »Ständischer Gesellschaftsaufbau«, in: *Handwörterbuch der Sozialwissenschaften,* Bd. XII, Stuttgart–Tübingen–Göttingen 1956.
Neufeldt, Hans-Joachim, Jürgen Huck und Georg Tessin, *Zur Geschichte der Ordnungspolizei 1936–1945 (Schriften des Bundesarchivs,* Bd. 3), als Manuskr. gedr., Koblenz 1957.
Neuhäusler, Johann, *Kreuz und Hakenkreuz. Der Kampf des Nationalsozialismus gegen die katholische Kirche und den kirchlichen Widerstand,* Bd. I, 2. Aufl., München 1946.
Neumann, Franz Leopold, *Behemoth. The Structure and Practice of National Socialism,* 2. Aufl., New York 1944.
–, »Intellektuelle und politische Freiheit«, in: *Sociologica. Aufsätze Max Horkheimer zum sechzigsten Geburtstag gewidmet (Frankfurter Beiträge zur Soziologie,* Bd. 1), Frankfurt/M. 1955.
–, *The Democratic and the Authoritarian State. Essays in Political and Legal Theory,* ed. by Herbert Marcuse, Glencoe (Ill.) 1957.
Neumann, Sigmund, »Englische Wandlungen«, in: *Die Hilfe* 40 (1934).
–, *Permanent Revolution. The Total State in a World at War,* New York–London 1942.
Neurohr, Jean, *Der Mythos vom Dritten Reich. Zur Geistesgeschichte des Nationalsozialismus,* Stuttgart 1957.
Neusüß-Hunkel, Ermenhild, *Die SS (Schriftenreihe des Instituts für wissenschaftliche Politik,* Bd. 2), Hannover–Frankfurt/M. 1956.
Nicolai, Helmut, *Der Staat im nationalsozialistischen Weltbild (Neugestaltung von Recht und Wirtschaft,* hrsgg. von C. Schaeffer, H. 1), Leipzig 1933.
–, *Die rassengesetzliche Rechtslehre. Grundzüge einer nationalsozialistischen Rechtsphilosophie (Nationalsozialistische Bibliothek,* H. 39), 3. Aufl., München 1934.
–, *Grundlagen der kommenden Verfassung. Über den staatsrechtlichen Aufbau des Dritten Reiches,* Berlin 1933.
–, *Staat, Behörden und Beamte in Waldeck 1814–1868 (Geschichtsblätter für Waldeck,* 48. Bd.), Waldeck 1956.
Niederer, Werner, *Der Ständestaat des Faschismus. Der italienische Berufsverein und seine rechtliche Struktur,* München–Leipzig 1932.
Niekisch, Ernst, *Das Reich der niederen Dämonen,* Hamburg 1953.
–, *Gewagtes Leben,* Köln–Berlin 1958.
Niemöller, Wilhelm, *Kampf und Zeugnis der Bekennenden Kirche,* Bie-

lefeld 1948.
–, *Bekennende Kirche in Westfalen,* Bielefeld 1952.
–, *Die Evangelische Kirche im Dritten Reich. Handbuch des Kirchenkampfes,* Bielefeld 1956.
Nilson, Sten S., »Wahlsoziologische Probleme des Nationalsozialismus«, in: *Zeitschrift für die gesamte Staatswissenschaft* 110 (1954).
Norden, Albert, *Lehren deutscher Geschichte. Zur politischen Rolle des Finanzkapitals und der Junker,* Berlin 1947.
Noske, Gustav, *Erlebtes aus Aufstieg und Niedergang einer Demokratie,* Offenbach/M. 1947.
Obermann, Emil, *Soldaten, Bürger, Militaristen. Militär und Demokratie in Deutschland,* Stuttgart 1958.
Oehme, Walther, und Kurt Caro, *Kommt das »Dritte Reich«?* Berlin 1930.
Oertzen, Friedrich Wilhelm v., *Die deutschen Freikorps 1918–1923,* 6. Aufl., München 1939.
Oertzen, Karl Ludwig v., *Rüstung und Abrüstung. Eine Umschau über das Heer- und Kriegswesen aller Länder,* Berlin 1929.
Okraß, Hermann, *»Hamburg bleibt rot«. Das Ende einer Parole,* Hamburg 1934.
Olden, Rudolf, *Hitler,* Amsterdam 1936.
Organisation der Deutschen Arbeitsfront und der NS-Gemeinschaft Kraft durch Freude, Berlin–Leipzig o. J. [1934].
Organisationsbuch der NSDAP, hrsgg. vom Reichsorganisationsleiter der NSDAP, 2. Aufl., München 1937.
Pachter, Henry M., »Freedom and Democracy in Germany«, in: *World Politics* 11 (1959).
Paetel, Karl O., »Der Schwarze Orden. Zur Literatur über die ›SS‹«, in: *Neue Politische Literatur* 3 (1958).
Papen, Franz v., *Der Wahrheit eine Gasse,* München 1952.
–, *Memoirs,* London 1952.
Pareto, Vilfredo, *The Mind and Society,* ed. by Arthur Livingston, 4 Bde., 3. Aufl., New York 1942.
Parteien in der Bundesrepublik. Studien zur Entwicklung der deutschen Parteien bis zur Bundestagswahl 1953 (Schriften des Instituts für politische Wissenschaft, Bd. 6), Stuttgart–Düsseldorf 1955.
Parteitage der NSDAP:
Der Kongreß zu Nürnberg vom 5. bis 10. September 1934. Offizieller Bericht über den Verlauf des Reichsparteitages mit sämtlichen Reden, München 1934.
Der große Reichsparteitag der NSDAP in Nürnberg vom 1. bis 3. September 1933. Der Kongreß des Sieges, Dresden 1934.
Der Parteitag der Freiheit vom 10. bis 16. September 1935. Offizieller Bericht, 2. Aufl., München 1935.
Pascal, Roy, *The Nazi Dictatorship,* London 1934.
Peace and War. US Foreign Policy 1931–1934, Washington 1943.
Pechel, Rudolf, *Deutscher Widerstand,* Erlenbach–Zürich 1947.
–, *Zwischen den Zeilen. Der Kampf einer Zeitschrift für Freiheit und Recht. 1932–1942. Aufsätze,* Wiesentheid 1948.
Pelloux, Robert, *Le parti national-socialiste et ses rapports avec l'état,*

Paris 1936.
Perroux, François, *Des mythes hitlériens à l'Europe allemande*, 2. Aufl., Paris 1940.
The Authoritarian Personality (Studies in Prejudice Series, vol. 3), New York 1950.
Peters, Hans, *Grenzen der kommunalen Selbstverwaltung*, Berlin 1926.
–, *Lehrbuch der Verwaltung*, Berlin–Göttingen–Heidelberg 1949.
–, »Der Kampf um den Verwaltungsstaat«, in: *Verfassung und Verwaltung in Theorie und Wirklichkeit. Festschrift für Wilhelm Laforet (Veröffentlichungen des Instituts für Staatslehre und Politik in Mainz*, Bd. 3), München 1952.
Petersen, Julius, *Die Sehnsucht nach dem Dritten Reich in deutscher Sage und Dichtung*, Stuttgart 1934.
Petersen, Kurt, »Zur großwirtschaftlichen Neugestaltung«, in: *Braune Wirtschafts-Post* 2 (1933).
Petwaidic, Walter, *Die autoritäre Anarchie. Streiflichter des deutschen Zusammenbruchs*, Hamburg 1946.
Pfaff, Alfred, *Wege zur Brechung der Zinsknechtschaft*, München 1932.
Phelps, Reginald H., »Aus den Groener-Dokumenten«, in: *Deutsche Rundschau* 76 (1950).
–, »Aus den Groener-Dokumenten«, in: *Deutsche Rundschau* 77 (1951).
Picker, Henry, *Hitlers Tischgespräche im Führerhauptquartier 1941 bis 1942*, Bonn 1951.
Pikart, Eberhard, »Preußische Beamtenpolitik 1918–1933«, in: *Vierteljahrshefte für Zeitgeschichte* 6 (1958).
Pitsch, Ilse, *Das Theater als politisch-publizistisches Führungsmittel im Dritten Reich*, Diss. Münster 1952.
»Plädoyer des Generalstaatsanwalts in Freiburg im Prozeß gegen Heinrich Tillessen« (27. November 1946), in: *Die Wandlung* 2 (1947).
Plessner, Helmuth, *Das Schicksal des deutschen Geistes im Ausgang seiner bürgerlichen Epoche*, Zürich–Leipzig 1935. Neuaufl. u. d. T.: *Die verspätete Nation. Über die politische Verführbarkeit bürgerlichen Geistes*, Stuttgart 1959.
Pleyer, Klemens, *Die Vermögens- und Personalverwaltung der deutschen Universitäten. Ein Beitrag zum Problemkreis Universität und Staat*, Marburg 1955.
Poetzsch-Heffter, Fritz, »Vom Staatsleben unter der Weimarer Verfassung, III. Teil (vom 1. Januar 1929 bis 31. Januar 1933)«, in: *Jahrbuch des öffentlichen Rechts der Gegenwart* 21 (1934).
–, »Vom Deutschen Staatsleben (vom 30. Januar bis 31. Dezember 1933)«, in: *Jahrbuch des öffentlichen Rechts der Gegenwart* 22 (1935).
Pohle, Heinz, *Der Rundfunk als Instrument der Politik. Zur Geschichte des deutschen Rundfunks von 1923–1938 (Wissenschaftliche Schriftenreihe für Rundfunk und Fernsehen*, Bd. 1), Hamburg 1955.
Poliakow, Léon, »The Weapon of Antisemitism«, in: *The Third Reich*, London 1955.
Poliakov, Léon, und Josef Wulf, *Das Dritte Reich und die Juden. Dokumente und Aufsätze*, Berlin-Grunewald 1955.
–, *Das Dritte Reich und seine Denker, Dokumente*, Berlin-Grunewald 1959.

Pollock, James Kerr, und Homer Thomas, *Germany in Power and Eclipse. The Background of German Development,* New York–Toronto–London 1952.
Popitz, Johannes, »Zentralismus und Selbstverwaltung«, in: *Volk und Reich der Deutschen. Vorlesungen, gehalten in der Deutschen Vereinigung für Staatswissenschaftliche Fortbildung,* hrsgg. von Bernhard Harms, Bd. II, Berlin 1929.
[–,] *Johannes Popitz zum Gedächtnis,* Sondernummer der *Finanzrundschau* 5 (1954).
Portmann, Heinrich, *Kardinal von Galen,* 2. Aufl., Münster 1950.
Presse in Fesseln. Eine Schilderung des NS-Pressetrusts, Berlin 1948.
Preußen, Prinz Louis Ferdinand v., *Als Kaiserenkel durch die Welt,* Berlin 1952.
Prion, Willi, *Das Finanzwunder. Die Geldbeschaffung für den deutschen Wirtschaftsaufschwung,* Berlin-Wilmersdorf 1938.
Prittwitz und Gaffron, Friedrich v., *Zwischen Petersburg und Washington. Ein Diplomatenleben,* München 1952.
Das Problem des Reichsrats. Leitsätze mit Begründung, Gesetzentwürfe mit Begründung, Vergleiche mit anderen Staaten, hrsgg. vom Bund zur Erneuerung des Reiches, Berlin 1930.
Über die Probleme der deutschen Außenwirtschaft, Gutachten des Instituts für Konjunkturforschung, Berlin 1936.
Probleme des deutschen Wirtschaftslebens. Erstrebtes und Erreichtes. Eine Sammlung von Abhandlungen, hrsgg. vom Deutschen Institut für Bankwissenschaft und Bankwesen, Berlin–Leipzig 1937.
»Promemoria eines bayerischen Richters zu den Junimorden 1934«, in: *Vierteljahrshefte für Zeitgeschichte* 5 (1957).
Prophetien wider das Dritte Reich. Aus den Schriften des Dr. Fritz Gerlich und des Pastors Ingbert Naab, ges. von Johannes Steiner, München 1946.
Quentin, Emil, Die Deutschen als Volk für andere, Berlin–Leipzig 1938.
Rabenau, Friedrich v., *Die alte Armee und die junge Generation. Kritische Betrachtungen,* Berlin 1925.
–, *Seeckt. Aus seinem Leben 1918–1936,* Leipzig 1940.
Radbruch, Gustav, *Der innere Weg. Aufriß meines Lebens,* Stuttgart 1951.
Raeder, Erich, *Mein Leben,* Bd. I, Tübingen 1956.
Rämisch, Raimund, »Der berufsständische Gedanke als Episode in der nationalsozialistischen Politik«, in: *Zeitschrift für Politik,* N. F. 4 (1957).
Ramcke, Bernhard, *Vom Schiffsjungen zum Fallschirmjäger-General,* Berlin 1943.
Rantzau, Johann Albrecht v., »The Glorification of the State in German Historical Writing«, in: *German History. Some New German Views,* ed. by Hans Kohn, London 1954.
Ratzel, Friedrich, *Erdenmacht und Völkerschicksal. Eine Auswahl aus seinen Werken,* Stuttgart 1940.
Rauschning, Hermann, *Die Revolution des Nihilismus. Kulisse und Wirklichkeit im Dritten Reich,* 4. Aufl., Zürich–New York 1938.
–, *Gespräche mit Hitler,* 4. Aufl., Zürich–Wien–New York 1940.

Rave, Paul Ortwin, *Kunstdiktatur im Dritten Reich,* Hamburg 1949.
Réal, Jean, »The Religious Conception of Race: Houston Stewart Chamberlain and German Christianity«, in: *The Third Reich,* London 1955.
Reche, Otto, »Das Problem der Auslese für das Hochschulstudium«, in: *Volk und Rasse* 9 (1934).
Die Rechtsentwicklung der Jahre 1933 bis 1935/36, hrsgg. von Erich Volkmann, Alexander Elster, Günther Küchenhoff (*Handwörterbuch der Rechtswissenschaft,* Bd. VIII), Berlin–Leipzig 1937.
Rehm, Max, »Carl Goerdeler«, in: *Staats- und Kommunal-Verwaltung,* H. 2 (Februar 1956).
Das Dritte Reich und Europa. Bericht über die Tagung des Instituts für Zeitgeschichte in Tutzing, Mai 1956, München 1957.
The Third Reich, London 1955.
Reichmann, Eva Gabriele, *Die Flucht in den Haß. Die Ursachen der deutschen Judenkatastrophe,* Frankfurt/M. [1956].
Der Reichsführer SS. Der Chef des Sicherheitshauptamtes, *Zersetzung der nationalsozialistischen Grundwerte im deutschsprachigen Schrifttum seit 1933,* Sonderbericht, Nr. 245 (Juni 1936; hektogr.).
Reichstagsbrandprozeß. Dokumente, Briefe, Aufzeichnungen, Berlin 1946.
Reichstags-Handbuch, VIII. Wahlperiode 1933, Berlin 1933.
Der Großdeutsche Reichstag. 4. Wahlperiode. Beginn am 10. April 1938, verlängert bis zum 30. Januar 1947, hrsgg. von Ernst Kienast, Berlin 1943.
Reinhardt, Fritz, *Die Herrschaft der Börse (Nationalsozialistische Bibliothek,* H. 2), München 1927.
–, *Generalplan gegen die Arbeitslosigkeit. Vortrag, gehalten im Klub zu Bremen,* Oldenburg 1933.
Reischle, Hermann, »Nationalsozialistische Rechtsgestaltung im Reichsnährstand«, in: *Zeitschrift der Akademie für Deutsches Recht* 2 (1935).
Reithinger, Anton, *Am Wendepunkt der Konjunktur,* Berlin 1932.
–, *Stand und Ursachen der Arbeitslosigkeit in Deutschland (Vierteljahrshefte zur Konjunkturforschung,* Sonderheft 29), Berlin 1932.
Reitlinger, Gerald, *Die Endlösung. Hitlers Versuch der Ausrottung der Juden Europas 1939 bis 1945,* Berlin 1956.
–, *Die SS. Tragödie einer deutschen Epoche,* Wien–München–Basel 1957.
Reitmann, Erwin, *Horst Wessel. Leben und Sterben,* Berlin 1933.
Reitz, Wilhelm, »German Higher Education and National Socialism«, in: *Journal of Higher Education* 5 (1934).
Nazi-Soviet Relations, 1939–1941. Documents from the Archives of the German Foreign Office, ed. by Raymond James Sontag and James Stuart Beddie, Washington 1948.
Religionsfreiheit. Amtliche Dokumente. Worte führender Männer, 5. Aufl., Zwickau 1936.
Renner, Karl, *Österreich von der ersten zur zweiten Republik,* Wien 1953.
Reupke, Hans. *Das Wirtschaftssystem des Faschismus,* Berlin 1930.

–, *Der Nationalsozialismus und die Wirtschaft. Erläuterung der wirtschaftlichen Programmpunkte und Ideenlehre der nationalsozialistischen Bewegung,* Berlin 1931.
–, *Unternehmer und Arbeiter in der faschistischen Wirtschaftsidee,* Berlin 1931.
Reventlow, Ernst Graf, *Deutscher Sozialismus. Civitas Dei Germanica,* Weimar 1930.
Rheinbaben, Werner Frhr. v., *Viermal Deutschland. Aus dem Erleben eines Seemanns, Diplomaten, Politikers 1895–1954,* Berlin 1954.
Ribbentrop, Joachim v., *Zwischen London und Moskau. Erinnerungen und letzte Aufzeichnungen,* Leoni 1953.
Richtlinien für die Parteigeschichte der NSDAP in der Fassung vom 17. Februar 1934, hrsgg. von der Reichsleitung der NSDAP, München 1934.
Rieck, Heinz, *Volkstum und Wissenschaft (Gesellschaftswissenschaftliche Abhandlungen,* hrsgg. von Othmar Spann, Bd. VII), Leipzig–Wien 1937.
Rieckhoff, Herbert Joachim, *Trumpf oder Bluff? 12 Jahre deutsche Luftwaffe,* Genf 1945.
Riemer, Hans, *Volk und Wirtschaft. Herkunft und Ziele ständischer Wirtschaftsverfassung,* Bonn 1933.
Rieß, Curt, *Joseph Goebbels. Eine Biographie,* Baden-Baden 1950.
Rimscha, Hans v., »Zur Gleichschaltung der deutschen Volksgruppen durch das Dritte Reich«, in: *Historische Zeitschrift* 182 (1956).
Ritter, Emil, *Der Weg des politischen Katholizismus in Deutschland,* Breslau 1934.
Ritter, Gerhard, »Die Fälschung des deutschen Geschichtsbildes im Hitlerreich«, in: *Deutsche Rundschau* 70 (April 1947).
–, *Europa und die deutsche Frage. Betrachtungen über die geschichtliche Eigenart des deutschen Staatsdenkens,* München 1948.
–, *Carl Goerdeler und die deutsche Widerstandsbewegung,* Stuttgart 1954.
–, *Staatskunst und Kriegshandwerk. Das Problem des Militarismus in Deutschland,* Bd. I (1740–1890), München 1954.
–, »The Historical Foundations of the Rise of National-Socialism«, in: *The Third Reich,* London 1955.
Ritterbusch, Paul, *Idee und Aufgabe der Reichsuniversität (Der deutsche Staat der Gegenwart,* H. 8), Hamburg 1935.
Ritthaler, Anton, »Eine Etappe auf Hitlers Weg zur ungeteilten Macht«, in: *Vierteljahrshefte für Zeitgeschichte* 8 (1960).
Rock, Christa Maria, und Hans Brückner, *Das musikalische Juden-Abc,* München 1935.
Röhm, Ernst, *Die Geschichte eines Hochverräters,* 4. neubearb. Aufl., München 1933.
–, »SA und deutsche Revolution«, in: *Nationalsozialistische Monatshefte,* Nr. 31 (1933).
Rößle, Wilhelm, *Ständestaat und politischer Staat (Recht und Staat in Geschichte und Gegenwart,* H. 113), Tübingen 1934.
Rogge, Heinrich, *Hitlers Versuche zur Verständigung mit England,* Berlin 1940.

Roh, Franz, *Geschichte der deutschen Kunst von 1900 bis zur Gegenwart*, München 1958.
Rohr, Hans Olof v., Hrsg., *Großgrundbesitz im Umbruch der Zeit*, Berlin 1935.
Roos, Hans, »Die ›Präventivkriegspläne‹ Pilsudskis von 1933«, in: *Vierteljahrshefte für Zeitgeschichte* 3 (1955).
–, *Polen und Europa. Studien zur polnischen Außenpolitik 1931–1939 (Tübinger Studien zur Geschichte und Politik*, Bd. 7), Tübingen 1957.
Rosenberg, Alfred, *Wesen, Grundsätze und Ziele der Nationalsozialistischen Deutschen Arbeiterpartei. Das Programm der Bewegung*, München 1930.
–, *Das Wesensgefüge des Nationalsozialismus. Grundlagen der deutschen Wiedergeburt*, München 1932 (10. Aufl. 1934).
–, *Der Mythus des 20. Jahrhunderts. Eine Wertung der seelisch-geistigen Gestaltenkämpfe unserer Zeit*, 67.–70. Aufl., München 1935.
–, *Gestaltung der Idee. Reden und Aufsätze von 1933–1935*, München 1936.
–, *Weltanschauung und Wissenschaft (Nationalsozialistische Wissenschaft*, Schriftenreihe der *NS-Monatshefte*, H. 6), München 1936.
–, *Weltanschauung und Glaubenslehre (Schriften der Hallischen Wissenschaftlichen Gesellschaft*, Bd. 4), Halle/S. 1939.
–, Tagebuch s. Seraphim, Hans-Günther.
Rosenberg, Arthur, *Geschichte der deutschen Republik*, Karlsbad 1935.
–, *Entstehung und Geschichte der Weimarer Republik*, Frankfurt/M. 1955.
Rosenberg, Hans, *Bureaucracy, Aristocracy and Autocracy. The Prussian Experience, 1660–1815*, Cambridge 1958.
Rosenstock, Werner, »Jewish Emigration from Germany«, in: *Publications of the Leo Baeck Institute, Year Book I*, London 1956.
Rossbach, Gerhard, *Mein Weg durch die Zeit. Erinnerungen und Bekenntnisse*, Weilburg/Lahn 1950.
Rossitter, Clinton L., *Constitutional Dictatorship. Crisis Government in the Modern Democracies*, Princeton 1948.
Rosten, Curt, *Das Abc des Nationalsozialismus*, 6. Aufl., Berlin 1933.
Roth, Jack J., »Sorel und die totalitären Systeme«, in: *Vierteljahrshefte für Zeitgeschichte* 6 (1958).
Rothfels, Hans, »Sinn und Grenzen des Primats der Außenpolitik«, in: *Außenpolitik* 6 (1955).
–, »Vom Primat der Außenpolitik«, in: *Außenpolitik* 1 (1950).
–, *Gesellschaftsform und auswärtige Politik (Geschichte und Politik*, H. 5), Laupheim 1951.
–, *Die deutsche Opposition gegen Hitler. Eine Würdigung (Fischer-Bücherei*, Bd. 198), Frankfurt/M.–Hamburg 1958.
Rothstein, Andrew, *The Munich Conspiracy*, London 1958.
Rüdiger, Wilhelm, »Grundlagen deutscher Kunst«, in: *NS-Monatshefte* 4, H. 43 (Oktober 1933).
Rühle, Gerd, *Das Dritte Reich. Dokumentarische Darstellung des Aufbaues der Nation*. Ergänzungsband: *Die Kampfjahre 1918–1933*, Berlin [1936].
–, *Rasse und Sozialismus im Recht (Deutsche Rechtsbücherei*, hrsgg.

von Hans Frank), Berlin [1935].
Rüstow, Alexander, *Ortsbestimmung der Gegenwart. Eine universalgeschichtliche Kulturkritik*, 3 Bde., Erlenbach–Zürich 1950–1957.
Ruge, Friedrich, *Der Seekrieg 1939–1945*, Stuttgart 1954.
Ruhland, Gustav, *System der politischen Ökonomie*, bearb. von Günther Pacyna, Goslar 1939.
Russel, Bertrand, »The Revolt Against Reason«, in: *Atlantic Monthly*, Febr. 1935.
Rychner, Max, »Bemerkungen zum deutschen Schriftleitergesetz«, in: *Neue Zürcher Zeitung*, Nr. 1830 (10. Oktober 1933).
Sack, Alfons, *Der Reichstagsbrand-Prozeß*, Berlin 1934.
Salomon, Ernst v., *Die Geächteten*, Gütersloh 1930.
–, *Der Fragebogen*, Hamburg 1951.
Sauberzweig, Dieter, »Die Kapitulation der deutschen Universitäten«, in: *Die Zeit* 16 (1961), Nr. 11 ff.
Sauer, Wilhelm, *Kriminalsoziologie*, Berlin 1933.
–, *Kriminologie als reine und angewandte Wissenschaft. Ein System juristischer Tatsachenforschung*, Berlin 1950.
Sauer, Wolfgang, »Armee und Politik in Deutschland«, in: *Neue Politische Literatur* 4 (1959).
–, »Die Reichswehr«, in: Karl Dietrich Bracher. *Die Auflösung der Weimarer Republik. Eine Studie zum Problem des Machtverfalls in der Demokratie (Schriften des Instituts für politische Wissenschaft*, Bd. 4), Teil I, IX. Kapitel, 3. Aufl., Stuttgart–Düsseldorf 1960.
Schacht, Hjalmar, *Nicht reden, handeln! Deutschland, nimm dein Schicksal selbst in die Hand* (Rede ... am 3. Dezember 1930), Berlin o. J. [1931?].
[–,] *Schacht in seinen Äußerungen*, im Auftrag des Reichsbankdirektoriums zusammengestellt in der Statistischen Abteilung der Reichsbank, Berlin 1937.
–, *Abrechnung mit Hitler*, Hamburg–Stuttgart 1948.
–, *76 Jahre meines Lebens*, Bad Wörishofen 1953.
Schäfer, August Max, *Konzentrationslager Oranienburg. Das Anti-Braunbuch über das erste deutsche Konzentrationslager*, Berlin [1934].
Schäfer, Leopold, Hans Richter und Josef Schafheutle, *Die Strafgesetznovellen von 1933 mit Ausführungsvorschriften*, Berlin 1934.
–, *Die Novellen zum Strafrecht und Strafverfahren von 1935 ...*, Berlin 1936.
S., R. [Schäfer, Rudolf], »Die Vorgänge um das Ermächtigungsgesetz von 1933«, in: *Frankfurter Hefte* 2 (1947).
Schäfer, Wolfgang, *NSDAP. Entwicklung und Struktur der Staatspartei des Dritten Reiches (Schriftenreihe des Instituts für wissenschaftliche Politik*, Marburg/Lahn, Nr. 3), Hannover–Frankfurt/M. 1956.
Schaffstein, Friedrich, *Politische Strafrechtswissenschaft (Der deutsche Staat der Gegenwart, Heft 4)*, Hamburg 1934.
Schallaufnahmen politischen Inhalts des Deutschen Rundfunks. 31. Januar 1933 bis 15. Januar 1935, Berlin 1935.
Schaller, Hermann, *Die Schule im Staate Adolf Hitlers. Eine völkische Grundlegung*, Breslau 1935.

Schaumburg-Lippe, Friedrich Christian zu, *Zwischen Krone und Kerker,* Wiesbaden 1952.
Schellenberg, Walter, *The Labyrinth. Memoirs,* New York 1956.
Schemann, Ludwig, *Die Rasse in den Geisteswissenschaften. Studie zur Geschichte des Rassengedankens,* 3 Bde., München–Berlin 1928.
[Schemm, Hans], *Hans Schemm spricht,* bearb. von Gertrud Kahl-Furthmann, Bayreuth 1935.
Scheringer, Richard, *Das große Los unter Soldaten, Bauern und Rebellen,* Hamburg 1959.
Scheunemann, Walther, *Der Nationalsozialismus. Quellenkritische Studie einer Staats- und Wirtschaftsauffassung,* Berlin 1931.
Scheuner, Ulrich, »Das Verordnungsrecht der Länder nach dem Gesetz über den Neuaufbau des Reiches«, in: *Reichsverwaltungsblatt und Preußisches Verwaltungsblatt* 55 (1934).
–, »Die nationale Revolution. Eine staatsrechtliche Untersuchung«, in: *Archiv des öffentlichen Rechts* (1933/34).
Schieder, Theodor, *Die Probleme des Rapallo-Vertrags. Eine Studie über die deutsch-russischen Beziehungen 1922–1926,* Köln–Opladen 1956.
Schiffer, Eugen, *Die deutsche Justiz. Grundzüge einer durchgreifenden Reform,* Berlin 1928.
Schiller, Karl, *Arbeitsbeschaffung und Finanzordnung in Deutschland (Zum wirtschaftlichen Schicksal Europas,* II. Teil, 4. H.), Berlin 1936.
Schilling, Hans, »Richard Wagners ethischer Nationalsozialismus«, in: *NS-Monatshefte* 4, H. 40 (Juli 1933).
Schirach, Baldur v., *Die Pioniere des Dritten Reiches,* Essen [1933].
–, *Revolution der Erziehung,* München 1938 (4. Aufl. 1943).
Schlabrendorff, Fabian v., *Offiziere gegen Hitler,* 2. Aufl., Zürich–Wien–Konstanz [1950].
Schlegelberger, Franz, *Was erwarten das deutsche Volk und der deutsche Jurist von der Vereinheitlichung der deutschen Justiz. Vortrag ...,* Berlin 1934.
Die Schleife. Dokumente zum Weg von Ernst Jünger, zusammengestellt von Armin Mohler, Zürich 1955.
Schlemmer, Oskar, *Briefe und Tagebücher,* München 1958.
Schlossarek, Max, *Nationalsozialistische Revolution in der humanistischen Bildung,* Breslau 1933.
Schmahl, Eugen, und Wilhelm Seipel, *Entwicklung der völkischen Bewegung,* Gießen 1933.
Schmalz, Kurz, *Nationalsozialisten ringen um Braunschweig,* Braunschweig–Berlin–Hamburg 1934.
Schmaus, Michael, *Begegnungen zwischen katholischem Christentum und nationalsozialistischer Weltanschauung,* Regensburg 1933.
Schmeer, Karlheinz, *Die Regie des öffentlichen Lebens im Dritten Reich,* München 1956.
Schmidt, Kurt Dietrich, *Die Bekenntnisse und grundsätzlichen Äußerungen zur Kirchenfrage 1933–1935,* 3 Bde., Göttingen 1934–1936.
–, *Grundriß der Kirchengeschichte,* Bd. IV, Göttingen 1954.
Schmidt, Paul, *Statist auf diplomatischer Bühne 1923–1945. Erlebnisse eines Chefdolmetschers im Auswärtigen Amt mit den Staatsmännern*

Europas, Bonn 1950.
Schmidt-Hannover, Otto, *Umdenken oder Anarchie,* Göttingen 1959.
Schmidt-Leonhardt, Hans, und Peter Gast, *Das Schriftleitergesetz vom 4. Oktober 1933 nebst den einschlägigen Bestimmungen (Taschen-Gesetzsammlung* 157), Berlin 1934.
Schmidt-Pauli, Edgar v., *Geschichte der Freikorps 1918–1924,* Stuttgart 1936.
Schmieder, Gottfried, *Die Beschränkung der Regierungsgewalt durch eigenständische Organisationen in Österreich,* Diss. Leipzig, Innsbruck 1935.
Schmitt, Carl, *Die geistesgeschichtliche Lage des heutigen Parlamentarismus,* 1. Aufl., München–Leipzig 1923.
–, *Die Diktatur. Von den Anfängen des modernen Souveränitätsgedankens bis zum proletarischen Klassenkampf,* 2. Aufl., München–Leipzig 1928.
–, *Legalität und Legitimität,* München–Leipzig 1932.
–, »Das Gesetz zur Behebung der Not von Volk und Reich«, in: *Deutsche Juristenzeitung* 38 (1933).
–, *Staat, Bewegung, Volk. Eine Dreigliederung der politischen Einheit,* Hamburg 1933.
–, »Ein Jahr nationalsozialistischer Verfassungsstaat«, in: *Deutsches Recht* 4 (1934).
–, »Das neue Verfassungsgesetz«, in: *Völkischer Beobachter* (1. Februar 1934).
–, *Der Leviathan in der Staatslehre des Thomas Hobbes. Sinn und Fehlschlag eines politischen Symbols,* Hamburg 1938.
–, *Positionen und Begriffe im Kampf mit Weimar–Genf–Versailles. 1923–1939,* Hamburg 1940.
–, *Verfassungslehre,* unver. Neudr. Berlin 1954.
–, *Verfassungsrechtliche Aufsätze aus den Jahren 1924–1954. Materialien zu einer Verfassungslehre,* Berlin 1958.
Schnabel, Raimund, *Macht ohne Moral. Eine Dokumentation über die SS,* Frankfurt/M. 1957.
Schnee, Heinrich, *Geschichtsunterricht im völkischen Nationalstaat. Ein Handbuch für Lehrende,* Bochum 1933 (4. Aufl. 1936).
Schneider, Erich, »Technik und Waffenentwicklung im Kriege«, in: *Bilanz des zweiten Weltkrieges. Erkenntnisse und Verpflichtungen für die Zukunft,* Oldenburg i. O.–Hamburg 1953.
Schneider, Hans, »Das Ermächtigungsgesetz vom 24. März 1933. Bericht über das Zustandekommen und die Anwendung des Gesetzes«, in: *Vierteljahrshefte für Zeitgeschichte* 1 (1953). – 2. erw. Aufl., Bonn 1961.
Schneider, Peter, *Ausnahmezustand und Norm. Eine Studie zur Rechtslehre von Carl Schmitt (Quellen und Darstellungen zur Zeitgeschichte,* Bd. 1), Stuttgart 1957.
Schober, Reinhold, *Politische Jurisprudenz. Eine Würdigung ihres Wegbereiters Ihering,* Berlin 1933.
Schoeps, Hans Joachim, *Die letzten dreißig Jahre. Rückblicke,* Stuttgart 1956.
Schorn, Hubert, *Der Richter im Dritten Reich. Geschichte und Doku-*

mente, Frankfurt/M. 1959.
Schrade, Hubert, »Der Sinn der künstlerischen Aufgabe und politische Architektur«, in: *NS-Monatshefte* 5, H. 51 (Juni 1934).
Schreckenbach, Hans-Joachim, »Innerdeutsche Gesandtschaften 1867 bis 1945«, in: *Archivar und Historiker. Studien zur Archiv- und Geschichtswissenschaft zum 65. Geburtstag von Heinrich Otto Meisner,* Berlin 1956.
Schrieber, Karl-Friedrich, *Das Recht der Reichskulturkammer. Sammlung der für den Kulturstand geltenden Gesetze und Verordnungen, der amtlichen Anordnungen und Bekanntmachungen der Reichskulturkammer und ihrer Einzelkammern,* Berlin 1935.
–, *Die Reichskulturkammer. Organisation und Ziele der deutschen Kulturpolitik,* Berlin 1934.
Das grenzdeutsche Schrifttum. Ein bibliographisches Verzeichnis, Berlin 1933.
Schröder, Gerhard, »Aus den Schriften politischer Buchverlage«, in: *Der Deutsche Student. Amtliches Organ der Deutschen Studentenschaft* (Juni 1935).
Schroe, Hermann, *Mord – Judentum – Todesstrafe (Judentum und Recht,* Heft 2), München o. J.
Schüddekopf, Otto-Ernst, *Das Heer und die Republik. Quellen zur Politik der Reichswehrführung 1918 bis 1933,* Hannover–Frankfurt/M. 1955.
Schüßler, Wilhelm, *Deutsche Einheit und gesamtdeutsche Geschichtsbetrachtung,* Stuttgart 1937.
Schütz, Wilhelm Wolfgang, *Organische Außenpolitik. Vom Einzelstaat zum Überstaat,* Stuttgart 1951.
Schultes, Karl, *Die Jurisprudenz zur Diktatur des Reichspräsidenten nach Art. 48 Abs. II der Weimarer Verfassung. Ein kritischer Rückblick (Bonner Rechtswissenschaftliche Abhandlungen,* H. 30), Bonn 1934.
Schultz, Wolfgang, *Grundgedanken nationalsozialistischer Kulturpolitik,* München 1939.
Schultze-Naumburg, Paul, *Kunst und Rasse,* München 1927.
–, »Das neue Reich und die Kunst«, in: *NS-Monatshefte* 4, H. 43 (Oktober 1933).
–, *Rassegebundene Kunst,* Berlin 1934.
–, *Kunst aus Blut und Boden,* Leipzig 1934.
Schultze-Pfaelzer, Gerhard, *Hindenburg und Hitler zur Führung vereint,* Berlin 1933.
Schulz, Gerhard, »Die CDU – Merkmale ihres Aufbaus«, in: *Parteien in der Bundesrepublik. Studien zur Entwicklung der deutschen Parteien bis zur Bundestagswahl 1953 (Schriften des Instituts für politische Wissenschaft,* Bd. 6), Stuttgart–Düsseldorf 1955.
–, »Der Stil der Historie und der Stand der Erfahrungen«, in: *Zur Geschichte und Problematik der Demokratie. Festgabe für Hans Herzfeld,* Berlin 1958.
–, »Die ›große Krise‹ in der Zeitgeschichte«, in: *Neue Politische Literatur* 4 (1959).
–, »Die kommunale Selbstverwaltung in Deutschland vor 1933 – Ideen,

Institutionen und Interessen«, in: *Franz-Lieber-Hefte. Zeitschrift für politische Wissenschaft,* H. 3, 1959.
Schulze-Soelde, Walther, *Weltanschauung und Politik,* Leipzig 1937.
Schumann, Hans-Gerd, *Nationalsozialismus und Gewerkschaftsbewegung. Die Vernichtung der deutschen Gewerkschaften und der Aufbau der »Deutschen Arbeitsfront«,* Hannover–Frankfurt/M. 1958.
Schwarz, Albert, *Die Weimarer Republik,* Konstanz 1958.
Schwarz, Hermann, *Nationalsozialistische Weltanschauung. Freie Beiträge zur Philosophie des Nationalsozialismus aus den Jahren 1919–1933,* Berlin 1933.
Schwarz, Otto, *Die Entwicklung der Ausgaben und Einnahmen Deutschlands, Englands, Frankreichs und Italiens vor und nach dem Weltkrieg,* Magdeburg 1921.
Schwarzenberger, Georg, *Power Politics. A Study of International Society,* 2. Aufl., New York 1951.
Schweitzer, Arthur, »Die wirtschaftliche Wiederaufrüstung Deutschlands von 1934–1936«, in: *Zeitschrift für die gesamte Staatswissenschaft* 114 (1958).
–, »Organisierter Kapitalismus und Parteidiktatur 1933 bis 1936«, in: *Schmollers Jahrbuch für Gesetzgebung, Verwaltung und Volkswirtschaft* 79 (1959).
Schwend, Karl, *Bayern zwischen Monarchie und Diktatur. Beiträge zur bayerischen Frage in der Zeit von 1928 bis 1933,* München 1954.
Schwerin v. Krosigk, Lutz Graf, *Es geschah in Deutschland. Menschenbilder unseres Jahrhunderts,* Tübingen–Stuttgart 1951.
–, »Wie wurde der zweite Weltkrieg finanziert?«, in: *Bilanz des zweiten Weltkrieges. Erkenntnisse und Verpflichtungen für die Zukunft,* Oldenburg–Berlin 1953.
–, *Die große Zeit des Feuers. Der Weg der deutschen Industrie,* Bd. II, Tübingen 1958.
Schwertfeger, Bernhard, *Rätsel um Deutschland,* Heidelberg 1948.
Seabury, Paul, *The Wilhelmstraße. A Study of German Diplomats Under the Nazi Regime,* Berkeley–Los Angeles 1954.
Sedlmayr, Hans, *Verlust der Mitte. Die bildende Kunst des 19. und 20. Jahrhunderts als System und Symbol der Zeit,* Salzburg 1948.
Seeckt, Hans v., *Gedanken eines Soldaten,* Leipzig 1929.
Seelbach, Hermann, *Das Ende der Gewerkschaften. Aufzeichnungen über den geistigen Zusammenbruch eines Systems,* Berlin 1934.
Seger, Gerhart, *Oranienburg. Erster authentischer Bericht eines aus dem Konzentrationslager Geflüchteten,* Karlsbad 1934.
Seiz, Wolfgang, »Zum Ursprung einiger Seeckt-›Zitate‹«, in: *Wehrwissenschaftliche Rundschau* 8 (1958).
Sell, Friedrich C., *Die Tragödie des deutschen Liberalismus,* Stuttgart 1953.
Selzner, Claus, *Die Deutsche Arbeitsfront. Idee und Gestalt. Kurzer Abriß,* Berlin 1935.
Sendtner, Kurt, *Rupprecht von Wittelsbach Kronprinz von Bayern,* München 1954.
Senger, Alexander v., »Der Baubolschewismus und seine Verkoppelung mit Wirtschaft und Politik«, in: *NS-Monatshefte* 5, H. 51 (Juni 1934).

Seraphim, Hans-Günther, *Das politische Tagebuch Alfred Rosenbergs aus den Jahren 1934/35 und 1939/40,* Göttingen–Berlin–Frankfurt/M. 1956.
–, »SS-Verfügungstruppe und Wehrmacht«, in: *Wehrwissenschaftliche Rundschau* 5 (1955).
Severing, Carl, *Mein Lebensweg,* Bd. II, Köln 1950.
Shirer, William L., *Aufstieg und Fall des Dritten Reiches,* Köln–Berlin 1961 (Titel des amerik. Orig.: *The Rise and Fall of the Third Reich,* London 1960).
Shuster, George N., *Like a Mighty Army. Hitler Versus Established Religion,* New York 1935.
Siebarth, Werner, *Hitlers Wollen. Nach Kernsätzen aus seinen Schriften und Reden,* 8. Aufl., München 1940.
Sieburg, Friedrich, *Es werde Deutschland,* Frankfurt/M. 1933.
–, *Polen – Legende und Wirklichkeit,* Frankfurt/M.1934.
Simmel, Georg, *Soziologie, Untersuchungen über die Formen der Vergesellschaftung,* 2. Aufl., München–Leipzig 1922.
Simon, Ernst, »Jewish Adult Education in the Nazi Germany as Spiritual Resistance«, in: *Publications of the Leo Baeck Institute, Year Book I,* London 1956.
–, *Aufbau im Untergang. Jüdische Erwachsenenbildung im nationalsozialistischen Deutschland als geistiger Widerstand,* Tübingen 1959.
Six, Alfred, »Nachwuchs und Auslese an den deutschen Hochschulen«, in: *Der deutsche Student,* März 1935.
Skilling, H. G., »Austrian Origins of National Sozialism«, in: *University of Toronto Quarterly* 10 (1940–41).
Skizze über den deutschen Außenhandel (Gutachten des Instituts für Konjunkturforschung), Berlin 1935.
Smend, Rudolf, *Verfassung und Verfassungsrecht,* München–Leipzig 1928.
Snyder, Louis L., *German Nationalism. The Tragedy of a People. Extremism Contra Liberalism in Modern German History,* Harrisburg (Penn.) 1952.
Wirtschaftliches Sofortprogramm der NSDAP, ausgearb. von der Hauptabteilung IV (Wirtschaft) der Reichsorganisationsleitung der NSDAP, München 1932.
Sombart, Werner, *Deutscher Sozialismus,* Berlin 1934.
[–,] *Werner Sombart: Deutscher Sozialismus im Urteil der Presse. Ein Zeitbild, zusammengestellt von den Verlegern . . .,* Berlin 1935.
Sommer, Paul, *Deutschlands Erwachen. 120 Aufsatzthemen und -entwürfe über die jüngste nationale Erhebung zum Gebrauch für die deutsche Schule und die Hitler-Jugend,* 2. Aufl., Leipzig 1933.
Sommerfeld, Martin H., *Ich war dabei. Die Verschwörung der Dämonen 1933–39. Ein Augenzeugenbericht,* Darmstadt 1949.
Sontheimer, Kurt, »Antidemokratisches Denken in der Weimarer Republik«, in: *Vierteljahrshefte für Zeitgeschichte* 5 (1957).
–, »Der Tatkreis«, in: *Vierteljahreshefte für Zeitgeschichte* 7 (1959).
Sorel, Georges, *Reflexions sur la violence,* 6. Aufl., Paris 1925.
Spahn, Martin, *Für den Reichsgedanken. Historisch-politische Aufsätze 1915–1934,* Berlin–Bonn 1936.

Spann, Othmar, *Der wahre Staat. Vorlesungen über Abbruch und Neubau der Gesellschaft,* Leipzig 1921.

–, *Irrungen des Marxismus. Eine Darstellung und Prüfung seiner Wirtschaftslehre (Die Bücherei des Ständestaates,* 1. H.), 1. Aufl., Berlin 1929.

–, *Hauptpunkte der universalistischen Staatsauffassung (Die Bücherei des Ständestaates,* 3. H.), 1. Aufl., Berlin 1930.

Speidel, Helm, »Reichswehr und Rote Armee«, in: *Vierteljahrshefte für Zeitgeschichte* 1 (1953).

Spengler, Oswald, *Der Untergang des Abendlandes. Umrisse einer Morphologie der Weltgeschichte,* 2 Bde., 1. Aufl. 1918–1922.

Spohr, Werner, »Das Recht der Schutzhaft«, in: *Deutsche Justiz* 96 (1934).

Sport und Staat, Berlin 1934.

Spranger, Eduard, *Mein Konflikt mit der Hitlerregierung 1933* (als Manuskr. gedr.), Tübingen 1955.

Sprengel, Johann Georg, *Der Staatsgedanke in der deutschen Dichtung vom Mittelalter bis zur Gegenwart,* Berlin 1933.

Srbik, Heinrich Ritter v., *Geist und Geschichte vom deutschen Humanismus bis zur Gegenwart,* Bd. II, München 1951.

Stadelmann, Rudolf, »Deutschland und England am Vorabend des zweiten Weltkriegs«, in: *Festschrift für Gerhard Ritter zu seinem 60. Geburtstag,* hrsgg. von Richard Nürnberger, Tübingen 1950.

Der Deutsche Städtetag. 25 Jahre Gemeinschaftsarbeit deutscher Städte (Schriftenreihe des Deutschen Städtetages, H. 12), 3. Aufl., Berlin 1930.

Stahlhelm-Handbuch, hrsgg. von Heinrich Hildebrand und Walter Kettner, 4. verb. Aufl., Berlin 1931.

Stammer, Otto, »Politische Soziologie«, in: *Soziologie. Ein Lehr- und Handbuch zur modernen Gesellschaftskunde,* hrsgg. von Arnold Gehlen und Helmut Schelsky, Düsseldorf–Köln 1955.

Stampfer, Friedrich, *Die ersten 14 Jahre der Deutschen Republik,* 2. Aufl., Offenbach 1947.

–, *Erfahrungen und Erkenntnisse,* Köln 1957.

Starcke, Gerhard, *NSBO und Deutsche Arbeitsfront,* Berlin 1934.

Staritz, Ekkehart, *Die West-Ost-Bewegung in der deutschen Geschichte. Ein Versuch zur Geopolitik Deutschlands,* Breslau 1935.

Stasiewski, Werner, »Die Kirchenpolitik der Nationalsozialisten im Warthegau 1939–1945«, in: *Vierteljahrshefte für Zeitgeschichte* 7 (1959).

Statistik des Deutschen Reiches, bearb. im Statistischen Reichsamt, Bd. 434, Berlin 1935.

Steed, Wickham, »From Frederick the Great to Hitler. The Consistency of German Aims«, in: *International Affairs* 17 (1938).

Stegemann, Hermann, *Weltwende,* Berlin 1934.

Steinbrink, Konrad, *Die Revolution Adolf Hitlers. Eine staatsrechtliche und politische Betrachtung der Machtergreifung des Nationalsozialismus,* Berlin 1934.

Steiner, Felix, *Von Clausewitz bis Bulganin. Erkenntnisse und Lehren einer Wehrepoche,* Bielefeld 1956.

Stellrecht, Helmut, *Der deutsche Arbeitsdienst. Aufgaben, Organisation und Aufbau,* 5. Aufl., Berlin 1933.
Stengel, Theo, und Herbert Gerigk (u. a.), *Lexikon der Juden in der Musik,* Berlin 1940.
Sterling, Eleonore, *Er ist wie du. Aus der Frühgeschichte des Antisemitismus in Deutschland 1815–1850,* München 1956.
Sternfeld, Wilhelm, »Ungesühnte Verbrechen: Der Mord an Professor Theodor Lessing«, in: *Deutsche Rundschau* 82 (1956).
Stippel, Fritz, *Die Zerstörung der Person. Kritische Studie zur nationalsozialistischen Pädagogik,* Donauwörth 1957.
Stirk, Samuel Dickinson, *The Prussian Spirit. A Survey of German Literature and Politics 1914–1940,* London 1941.
Stone, Shepard, »Twilight of the German University«, in: *Current History* 40 (April 1934).
Das kommende deutsche Strafrecht. Allgemeiner Teil, Bericht über die Arbeit der amtlichen Strafrechtskommission, hrsgg. von Franz Gürtner, Berlin 1934.
–, *Besonderer Teil,* Berlin 1935.
Nationalsozialistisches Strafrecht. Denkschrift des preußischen Justizministers, Berlin 1933.
Der Strafvollzug im III. Reich. Denkschrift und Materialsammlung, hrsgg. von der Union für Recht und Freiheit, Prag [1936]
Strasser, Otto, *Hitler und ich,* Konstanz 1948.
Straß, Willi, *Die Konzentrationsbewegung im deutschen Bankgewerbe. Ein Beitrag zur Organisationsentwicklung der Wirtschaft unter dem Einfluß der Konzentration des Kapitals mit besonderer Berücksichtigung der Nachkriegszeit (Sozialwissenschaftliche Forschungen,* Abt. IV–4, 6), Berlin–Leipzig 1928.
Strausz-Hupé, Robert, *Geopolitics: The Struggle for Space and Power,* New York 1942.
Strölin, Karl, »Gemeinde und Mittelstand«, in: *Der Städtetag* 27 (1933).
Stuckart, Wilhelm, und Hans Globke, *Reichsbürgergesetz, Blutschutzgesetz und Ehegesundheitsgesetz (Kommentare zur deutschen Rassengesetzgebung,* Bd. I), München–Berlin 1936.
Stucken, Rudolf, *Deutsche Geld- und Kreditpolitik 1914–1953,* 2. Aufl., Tübingen 1953.
Stuebel, Heinrich, »Die Finanzierung der Aufrüstung im Dritten Reich«, in: *Europa-Archiv* 6 (1951).
Stumme, Wolfgang, Hrsg., *Musik im Volk, Grundfragen der Musikerziehung,* Berlin 1939.
Sturm 33 Hans Maikowski, geschrieben von Kameraden des Toten, Berlin-Schöneberg 1934.
Stutterheim, Hermann v., *Die Reichskanzlei (Schriften zum Staatsaufbau,* H. 45), Berlin 1940.
Surén, Friedrich-Karl, und Wilhelm Loschelder, *Die Deutsche Gemeindeordnung vom 30. Januar 1935. Kommentar,* 2 Bde., Berlin 1940.
Sweet, P., »Recent German Literature on Mitteleuropa«, in: *Journal of Central European Affairs* 3 (1943).
Täschner, Franz, *Der Totalitätsanspruch des Nationalsozialismus und der deutsche Katholizismus,* Münster 1934.

Das Tagebuch von Joseph Goebbels 1925/26, mit weiteren Dokumenten, hrsgg. von Helmut Heiber (*Schriftenreihe der Vierteljahrshefte für Zeitgeschichte*, Nr. 1), Stuttgart [1960].

Tagung der Vorstände des Deutschen Gemeindetages und seiner Landes- und Provinzialdienststellen am 6. Juni 1936, Sonderdruck des Deutschen Gemeindetages.

Talmon, J. L., *The Origins of Totalitarian Democracy*, London 1952.

Oertzenscher Taschenkalender für die Offiziere des deutschen Reichsheeres, hrsgg. von E.-J. Graf v. Westarp, 55. Jg. (1934/1935), Grimmen 1934.

Taube, Otto v., »Gedanken an Willi Schmid, ermordet von der SS am 30. Juni 1934«, in: *Deutsche Rundschau 79* (1953).

Taylor, Alan John Percival, *The Origins of the Second World War*, London 1961 (dtsch. u. d. Titel: *Die Ursprünge des zweiten Weltkrieges*, Gütersloh 1962).

Taylor, Horace, »German Education in the Republic and in the Third Reich«, in: *Redirecting Education*, Bd. II, New York 1935.

Taylor, Telford, *Sword and Swastika. The Wehrmacht in the Third Reich*, London 1953.

Teichmann, Ulrich, *Die Politik der Agrarpreisstützung. Marktbeeinflussung als Teil des Agrarinterventionismus in Deutschland*, Köln-Deutz 1955.

Tenenbaum, Joseph, *Race and Reich. The Story of an Epoch*, New York 1956.

Teske, Hermann, *Die silbernen Spiegel. Generalstabsdienst unter der Lupe*, Heidelberg 1952.

Tessin, Georg, *Formationsgeschichte der Wehrmacht 1933–1939. Stäbe und Truppenteile des Heeres und der Luftwaffe* (*Schriften des Bundesarchivs*, Bd. 7), Boppard/Rh. 1959.

Texte zur Geschichte des Pfarrernotbundes, hrsgg. von Wilhelm Niemöller, Berlin 1958.

Theisen, Helmut, *Die Entwicklung zum nihilistischen Nationalismus in Deutschland 1918–1933. Eine historisch-soziologische Studie*, München 1955.

Thier, Erich, *Wegbereiter des deutschen Sozialismus*, Stuttgart 1940.

Thimme, Anneliese, *Gustav Stresemann. Eine politische Biographie zur Geschichte der Weimarer Republik*, Hannover–Frankfurt/M. 1957.

Thomas, Georg, »Gedanken über die deutsche Wehrwirtschaft«, in: *Bericht über die Mitgliederversammlung der Wirtschaftsgruppe eisenschaffende Industrie in Berlin am 9. Juni 1936* (als Manuskr. gedr.), Berlin 1936.

–, »Breite und Tiefe der Rüstung«, in: *Militärwissenschaftliche Rundschau* 2 (1937).

–, »Wehrwirtschaft«, in: *Die deutsche Wehrmacht 1914–1939: Rückblick und Ausblick*, hrsgg. von Georg Wetzell, Berlin [1939].

Thomée, Gerhard, *Der Wiederaufstieg des deutschen Heeres 1918–1938*, Berlin 1939.

Thyssen, Fritz, *I Paid Hitler*, New York–Toronto 1941.

Tillich, Paul, »The Totalitarian State and the Claims of the Church«, in: *Social Research* 1 (November 1934).

Tobias, Fritz, *Der Reichstagsbrand. Legende und Wirklichkeit,* Rastatt 1962.

Toeche Mittler, Theodor, *Kommissare. Eine staats- und verwaltungsrechtliche Studie,* Berlin 1934.

Tönnies, Ferdinand, *Gemeinschaft und Gesellschaft. Grundbegriffe der reinen Soziologie,* 6. u. 7. Aufl., Berlin 1926.

Treue, Wilhelm, »Gummi in Deutschland zwischen 1933 und 1945«, in: *Wehrwissenschaftliche Rundschau* 5 (1955).

–, »Hitlers Denkschrift zum Vierjahresplan 1936«, in: *Vierteljahrshefte für Zeitgeschichte* 3 (1955).

–, »Rede Hitlers vor der deutschen Presse (10. November 1938)«, in: *Vierteljahrshefte für Zeitgeschichte* 6 (1958).

Trevor-Roper, Hugh Rewald, *Hitlers letzte Tage,* Zürich 1948.

–, »Hitlers Kriegsziele«, in: *Vierteljahrshefte für Zeitgeschichte* 8 (1960).

Troeltsch, Ernst, *Spektator-Briefe. Aufsätze über die deutsche Revolution und die Weltpolitik 1918–1922,* Tübingen 1924.

Uhlig, Heinrich, *Die Warenhäuser im Dritten Reich,* Köln–Opladen 1956.

Ullmann, Hermann, *Durchbruch zur Nation. Geschichte des deutschen Volkes, 1919–1933,* Jena 1933.

Vagts, Alfred, *A History of Militarism. Civilian and Military,* 2., überarb. Aufl., London 1959.

Vallotton, Henry, *Bismarck et Hitler,* Paris 1954.

Vansittard, Lord Robert, *Black Record. Germans Past and Present,* London 1941.

Veit, Otto, *Die Flucht vor der Freiheit,* Frankfurt/M. 1947, neubearb. u. d. Titel: *Soziologie der Freiheit,* Frankfurt/M. 1957.

Verboten und verbrannt. Deutsche Literatur, 12 Jahre unterdrückt, hrsgg. von Richard Drews und Alfred Kantorowicz, Berlin–München 1947.

Vermeil, Edmond, »Le national-socialisme et la culture allemande«, in: *Centre d'études germaniques de l'université de Strasbourg,* cahier. no. 1 (1950).

–, »The Origin, Nature, and Development of German Nationalist Ideology in the 19th and 20th Centuries«, in: *The Third Reich,* London 1955.

Deutsches Verwaltungsrecht, hrsgg. von Hans Frank, München 1937.

Voegelin, Erich, *Rasse und Staat,* Tübingen 1933.

Völker, Karl Heinz, *Die Entwicklung der militärischen Luftfahrt* ... s. *Die Generalstäbe* ...

Vogelsang, Thilo, »Neue Dokumente zur Geschichte der Reichswehr«, in: *Vierteljahrshefte für Zeitgeschichte* 2 (1954).

–, »Die Reichswehr in Bayern und der Münchener Putsch 1923«, in: *Vierteljahrshefte für Zeitgeschichte* 5 (1957).

–, »Zur Politik Schleichers gegenüber der NSDAP 1932«, in: *Vierteljahrshefte für Zeitgeschichte* 6 (1958).

Vollmer, Bernhard, *Volksopposition im Polizeistaat (Quellen und Darstellungen zur Zeitgeschichte,* Bd. 2), Stuttgart 1957.

Volz, Hans, *Die Geschichte der SA von den Anfängen bis zur Gegenwart,* bearb. im Auftrag der Pressestelle der SA-Obergruppe III (Ber-

lin-Brandenburg), Berlin 1934.
–, *Daten der Geschichte der NSDAP,* 9. Aufl., Berlin–Leipzig 1939.
Wacker, Wolfgang, *Der Bau des Panzerschiffes »A« und der Reichstag (Tübinger Studien zur Geschichte und Politik,* Bd. 11), Tübingen 1959.
Wagemann, Ernst, *Zwischenbilanz der Krisenpolitik. Eine international vergleichende konjunkturpolitische Studie,* Berlin 1935.
Waite, Robert G. L., *Vanguard of Nazism. The Free Corps Movement in Postwar Germany 1918–1923,* Cambridge (Mass.) 1952.
Waldmann, Guido, *Rasse und Musik,* Berlin 1939.
Wallowitz, Werner, *Deutschland, nur Deutschland, nichts als Deutschland. Grundriß einer deutschen Staatsbürgerkunde,* Leipzig 1933.
Walter, Friedrich, *Schicksal einer deutschen Stadt. Geschichte Mannheims 1907–1945,* Bd. II, Frankfurt/M. 1950.
Walz, Gustav Adolf, *Das Ende der Zwischenverfassung. Betrachtungen zur Entstehung des nationalsozialistischen Staates,* Stuttgart 1933.
Warlimont, Walter, »Volk und Wehrwirtschaft«, in: *Volk und Wehrkraft. Jahrbuch der »Deutschen Gesellschaft für Wehrpolitik und Wehrwissenschaften« 1936,* Hamburg 1936.
Watt, D. C., »The Anglo-German Naval Agreement of 1935: An Interim Judgment«, in: *The Journal of Modern History 28* (1956).
Weber, Max, *Gesammelte politische Schriften,* München 1921.
–, *Politik als Beruf,* München–Leipzig 1926.
–, *Wirtschaft und Gesellschaft (Grundriß der Sozialökonomik,* III. Abt.), 3. Aufl., 2. Halbbd., Tübingen 1947.
Weber, Werner, »Die kleinen Religionsgemeinschaften im Staatskirchenrecht des nationalsozialistischen Regimes«, in: *Gedächtnisschrift für Walter Jellinek,* München 1955.
–, »Die staatskirchenrechtliche Entwicklung des nationalsozialistischen Regimes in zeitgenössischer Betrachtung«, in: *Festgabe für Rudolf Smend,* Göttingen 1952.
Weberstedt, Hans, und Kurt Langer, *Gedenkhalle für die Gefallenen des Dritten Reiches,* München 1935.
Wehrgedanken. Eine Sammlung wehrpolitischer Aufsätze, hrsgg. von Friedrich v. Cochenhausen, Hamburg 1933.
Wehrgeist und Schule im Ausland, Hamburg 1935.
Durch Wehrhaftigkeit zum Frieden. Jahrbuch der »Deutschen Gesellschaft für Wehrpolitik und Wehrwissenschaften« 1934, Hamburg 1934.
Weidemann, Johannes, »Zur Entstehungsgeschichte der Deutschen Gemeindeordnung«, in: *Jahrbuch der Akademie für Deutsches Recht* 2 (1935).
Weigmann, Hans, *Politische Raumordnung. Gedanken zur Neugestaltung des deutschen Lebensraumes,* Hamburg 1935.
From Weimar to Hitler. Germany 1918–1933, hrsgg. von The Wiener Library, Catalogue Series no. 2, London 1951.
Weinstock, Heinrich, »Die Grenzen der formalen Bildung«, in: *Politik und Erziehung,* Berlin 1937.
Weippert, Georg, *Das Reich als deutscher Auftrag (Philosophie und Geschichte,* H. 51), Tübingen 1934.
Weiß, Bernhard, *Polizei und Politik,* Berlin 1928.

Weißdorn, B. J., »Grenzschutz-Miliz!«, in: *Militärpolitisches Forum* 3 (1954).
Weizsäcker, Ernst v., *Erinnerungen,* München–Leipzig–Freiburg 1950.
Wells, Roger H., »The Liquidation of the German Länder«, in: *American Political Science Review* 30 (136).
Weltgeschichte der Gegenwart in Dokumenten, Bd. I (1934–1935), bearb. von Michael Freund, Teil I, Essen 1944.
Wendt, Hans, *Die Märzrevolution von 1933,* Oldenburg 1933.
–, *Hitler regiert,* 4. Aufl., Berlin 1933.
Wessel, Ingeborg, *Mein Bruder Horst. Ein Vermächtnis,* 8. Aufl., München 1939.
Westphal, Siegfried, *Heer in Fesseln. Aus den Papieren des Stabschefs von Rommel, Kesselring und Rundstedt,* 2. Aufl., Bonn 1952.
Wheeler-Bennet, John W., *Munich. Prologue to Tragedy,* London 1948.
–, *The Nemesis of Power. The German Army in Politics 1918–1945,* London 1953.
»Where Gleichschaltung Failed. Nonconformity in the Third Reich«, in: *The Wiener Library Bulletin* 8 (1959).
Whiteside, Andrew G., *»The Nature and Origins of National Socialism«,* in: *Journal of Central European Affairs* 17 (1957).
Whittlesey, Derwent, *German Strategy of World Conquest,* New York 1942.
Wilden, Josef, *Die berufsständische Organisation der Wirtschaft,* Köln 1932.
Wilhelm, Theodor, *Die Idee des Berufsbeamtentums. Ein Beitrag zur Staatslehre des deutschen Frühkonstitutionalismus,* Tübingen 1933.
Winkler, Franz, *Die Diktatur in Österreich,* Zürich–Leipzig 1935.
Winzer, Otto, *Zwölf Jahre Kampf gegen Faschismus und Krieg. Ein Beitrag zur Geschichte der Kommunistischen Partei Deutschlands 1933 bis 1945,* 2. Aufl., Berlin 1955.
Wiskemann, Elizabeth, *The Rome–Berlin Axis. A History of the Relations Between Hitler and Mussolini,* London–New York 1949.
Wittfogel, Karl August, *Oriental Despotism. A Comparative Study of Total Power,* New Haven 1957.
Wittmayer, Leo, *Die Weimarer Reichsverfassung,* Tübingen 1923.
Wittram, Reinhard, »Geschichtsauffassung und Außendeutschtum«, in: *Volk und Hochschule im Umbruch,* hrsgg. von Artur Schürmann, Oldenburg–Berlin 1937.
Wolf, Heinrich, *Wie wir Deutschen uns selbst entdeckten,* Leipzig 1933.
Wolff, Richard, *Der Reichstagsbrand 1933. Ein Forschungsbericht (Aus Politik und Zeitgeschichte,* Beilage zu: *Das Parlament,* B. III), Bonn 1956.
Wundt, Max, *Aufstieg und Niedergang der Völker. Gedanken über Weltgeschichte auf rassischer Grundlage,* München 1940.
Wurm, Theophil, *Erinnerungen aus meinem Leben. Ein Beitrag zur neuesten Kirchengeschichte;* Stuttgart 1953.
Young, George Malcolm, *Stanley Baldwin,* London 1952.
Zarnow, Gottfried, *Gefesselte Justiz. Politische Bilder aus deutscher Gegenwart,* 2 Bde., München 1931/32.
Zeitler, Ralf, »125 Jahre kommunale Selbstverwaltung«, in: *Der Städte-*

tag 27 (1933).
Zeller, Eberhard, *Geist der Freiheit. Der zwanzigste Juli,* 2. Aufl., München 1954.
Vor der Zertrümmerung des waffenstudentischen Ehrbegriffs durch »Revolutionierung«? Wehrschrift der anerkannten ADW-Verbände, Berlin 1935.
Ziebill, Otto, *Geschichte des Deutschen Städtetages. Fünfzig Jahre deutscher Kommunalpolitik,* hrsgg. vom Deutschen Städtetag, Stuttgart–Köln 1955.
Zimmermann, Karl, *Deutsche Geschichte als Rassenschicksal,* Leipzig 1933.
Zimmermann, Ludwig, *Deutsche Außenpolitik in der Ära der Weimarer Republik,* Göttingen–Berlin–Frankfurt 1958.
Zinner-Biberach, F. [d. i. Maria Winter], *Führer, Volk und Tat. Geschichte und Gestalt der Nation,* München 1934.
Zweig, Stefan, *Die Welt von gestern. Erinnerungen eines Europäers,* Frankfurt/M. 1947.
Zwoch, Gerhard, *Die Erfüllungs- und Verständigungspolitik der Weimarer Republik und die deutsche öffentliche Meinung,* ungedr. Diss., Kiel 1950.

B. Ungedruckte Quellen

Die Verfasser haben auf folgende, derzeit verfügbare Aktenbestände und ungedruckte Materialien zurückgreifen und diese systematisch benutzen können:

1. Aus dem Bundesarchiv zu Koblenz:
   Akten der ehemaligen Reichskanzlei betreffend Reichsreform.
   Akten des ehemaligen Reichs- und Preußischen Ministeriums des Innern betreffend die Reichsreform 1934/35.
   Runderlaßsammlung und Handakten von Beamten des ehemaligen Reichs- und Preußischen Ministeriums für Wissenschaft, Erziehung und Volksbildung.
   Generalakten des ehemaligen Preußischen Ministeriums der Justiz.
   Akten des ehemaligen Deutschen Gemeindetages (Teilbestand; vgl. auch Ziff. 4).
   Akten der ehemaligen Reichswirtschaftskammer (Akten des ehemaligen Deutschen Industrie- und Handelstages betreffend den berufsständischen Aufbau der deutschen Wirtschaft).
   Handakten des Geschäftsführers der Reichstagsfraktion der NSDAP.
   Sammlung Karl Brammer (Informationsberichte des »Dienstes nationaler Tageszeitungen« [Dienatag]: Anweisungen des ehemaligen Reichsministeriums für Volksaufklärung und Propaganda, Bestellungen und Rundrufe aus der Reichspressekonferenz).

2. Aus dem Hauptarchiv Berlin:
   Akten des Staatssekretärs im ehemaligen Reichsinnenministerium Pfundtner.

Restakten des ehemaligen Reichsarbeitsministeriums (Akten der Abteilungen Ia und IVb).
Restakten der Abteilung Energiewirtschaft beim ehemaligen Reichsinspektor für Wirtschaft und Energie.
Akten des ehemaligen Preußischen Staatsministeriums.
Akten des Staatssekretärs im ehemaligen Preußischen Ministerium des Innern Grauert.

3. Aus dem Bayerischen Hauptstaatsarchiv:
Akten der bayerischen Landespolizei Bamberg.

4. Aus dem Archiv des Vereins zur Pflege Kommunalwissenschaftlicher Aufgaben e. V. im Ernst-Reuter-Haus zu Berlin:
Akten der ehemaligen kommunalen Spitzenverbände und des Deutschen Gemeindetages.

5. Aus dem Archiv des Deutschen Industrieinstituts in Köln:
Einzelne Aktenstücke des ehemaligen Reichsverbandes der Deutschen Industrie.

6. Aus dem Institut für Zeitgeschichte München:
Befehlshaberbesprechungen des Reichswehrministeriums (Originalnotizen des Generals Liebmann).
Zeugenschrifttum.
Fotokopien von Akten aus dem Document Centre Berlin (Akten zur Geschichte der SA; Bestand Hauptarchiv der NSDAP).

7. Nachlässe und persönliche Aufzeichnungen:
Nachlaß des ehemaligen Reichswehrministers General Groener (Mikrofilm im Friedrich-Meinecke-Institut der Freien Universität Berlin).
Nachlaß des Generalobersten v. Seeckt (Mikrofilm ebendort).
Aufzeichnungen des ehemaligen Reichsfinanzministers Lutz Graf Schwerin von Krosigk in der Rathmannsdorfer Hauschronik (Original in den National Archives, Washington D. C., Captured German Documents: World War II).

8. Akten der Prozesse vor dem US-Militärgerichtshof zu Nürnberg:
Fall 3 (Juristen-Prozeß),
Fall 4 (Einsatzgruppen-Prozeß),
Fall 5 (Flick-Prozeß),
Fall 6 (IG Farben-Prozeß),
Fall 10 (Krupp-Prozeß),
Fall 11 (Wilhelmstraßen-Prozeß),
Fall 12 (OKW-Prozeß).

9. Aus dem Prozeß gegen Joseph Dietrich und Michael Lippert (sog. Röhm-Putsch-Prozeß):
Anklageschrift des Generalstaatsanwalts beim Landgericht München I vom 9. Juli 1956.

Urteil des Schwurgerichts beim Landgericht München I vom 14. Mai 1957.

10. Aus dem Prozeß gegen Udo Woyrsch und Ernst Müller:
Anklageschrift des Oberstaatsanwalts beim Landgericht Osnabrück vom 21. April 1956.
Urteil des Schwurgerichts beim Landgericht Osnabrück vom 2. August 1957.

Benutzte Einzelstücke und kleinere Aktensplitter sind in dieser Aufzählung nicht enthalten.

PERSONENREGISTER*

* Der Name Hitler ist nicht berücksichtigt worden, ebenso die Anmerkungen S. 374–492.

Bitte beachten Sie
die folgenden Seiten

Ullstein Materialien

Wissenschaft im Taschenbuch

Folgende Bände sind bisher erschienen:

ein Ullstein Buch

Karl Marx
Das Kapital
Band 1 · Ullstein Buch 2806
Band 2 · Ullstein Buch 2805
Band 3 · Ullstein Buch 2807

Franz Mehring
Die Lessing-Legende
Ullstein Buch 2854

Friedrich Nietzsche
Werke Band 1 bis Band 5
Ullstein Buch 2907 bis 2911

Ludwig August von Rochau
Grundsätze der Realpolitik
Ullstein Buch 2915

Daniel Paul Schreber
Denkwürdigkeiten eines Nervenkranken
Ullstein Buch 2957

Otto-Ernst Schüddekopf

Nationalbolschewismus in Deutschland 1918-1933

Ullstein Buch 2996

ein Ullstein Buch

Diese Studie über die mannigfachen Kontakte des revolutionären Nationalismus mit dem Kommunismus in der Epoche der Weimarer Republik stellt einen Beitrag zur Geschichte der Entstehung, der Krisen und der Auflösung dieses deutschen Staates dar. Potsdam und Moskau als die Antipoden Weimars: auf diese kurze Formel kann man das Thema dieser Untersuchung bringen.

Manfred Hinz
(Herausgeber)

Räte-China

Dokumente der
chinesischen Revolution
1927–1934

Ullstein Buch 3003

ein Ullstein Buch

Hier werden völlig unbekannte und in der Diskussion über die chinesische Revolution daher bisher unberücksichtigte Dokumente zum Problem der Revolution in China und dem Aufbau des Räte-Systems der Jahre 1927–1934 vorgelegt.
Das Buch erschien 1934 in Rußland in einer kleinen Auflage und gehört heute zu den gesuchtesten Texten.

Leo Balet/
E. Gerhard

Die Verbürgerlichung der deutschen Kunst, Literatur und Musik im 18. Jahrhundert

Herausgegeben und eingeleitet von
Gert Mattenklott

Ullstein Buch 2995

ein Ullstein Buch

Dieser Nachdruck macht ein Buch wieder zugänglich, das in den Seminaren über soziologische Fragen des 18. Jahrhunderts sehr gebraucht wird. Thematischer Mittelpunkt ist der »Aufstieg des Bürgertums« und die davon ausgehende Beeinflussung der Kunstentwicklung, wie sie heute in Literaturgeschichte und Kultursoziologie im Umkreis von Benjamin, Adorno, Horkheimer und Lukács diskutiert wird.

Ernst
Opgenoorth

Einführung in das Studium der neueren Geschichte

Ullstein Buch 3025

ein Ullstein Buch

An die Anfänger des Geschichtsstudiums im weiten Sinne wendet sich dieses Buch: Studenten der verschiedenen Hochschultypen oder andere Interessierte, denen daran liegt, sich die Arbeitsweise der Geschichtswissenschaft im Felde der neueren Geschichte in den Grundzügen vertraut zu machen.

Hauptströmungen der sozialwissenschaftlichen Forschung

Herausgegeben
von der UNESCO

Folgende Bände sind
bisher erschienen:

ein Ullstein Buch

Stein Rokkan
Vergleichende Sozialwissenschaft
Ullstein Buch 2918

O. Lange / W. Brus / T. Kowalik / I. Sachs
Wirtschaftswissenschaft
Ullstein Buch 2919

W. J. M. Mackenzie
Politikwissenschaft
Ullstein Buch 2923

Raymond Boudon
Mathematische Modelle und Methoden
Ullstein Buch 2942

Jean Piaget
Erkenntnistheorie der Wissenschaften vom Menschen
Ullstein Buch 2950

Paul F. Lazarsfeld
Soziologie
Ullstein Buch 2956

Pierre de Bie
Problemorientierte Forschung
Ullstein Buch 2962

Jean Bourgeois-Pichat
Bevölkerungswissenschaft
Ullstein Buch 2963